本书是国家社科基金重大项目
《中国文学人类学理论与方法研究》
（10ZD&100）成果

相山学术丛书

王 政◎著

RENLEIXUE MEIXUE YANJIU

# 人类学美学研究

中国社会科学出版社

图书在版编目（CIP）数据

人类学美学研究/王政著. —北京：中国社会科学出版社，
2017. 12
（相山学术丛书）
ISBN 978-7-5203-1342-1

Ⅰ.①人⋯　Ⅱ.①王⋯　Ⅲ.①文化人类学—美学—研究
Ⅳ.①C958-05

中国版本图书馆 CIP 数据核字（2017）第 273462 号

出 版 人　赵剑英
责任编辑　郭晓鸿
特约编辑　席建海
责任校对　韩海超
责任印制　戴　宽

出　　版　中国社会科学出版社
社　　址　北京鼓楼西大街甲 158 号
邮　　编　100720
网　　址　http://www.csspw.cn
发 行 部　010-84083685
门 市 部　010-84029450
经　　销　新华书店及其他书店

印　　刷　北京明恒达印务有限公司
装　　订　廊坊市广阳区广增装订厂
版　　次　2017 年 12 月第 1 版
印　　次　2017 年 12 月第 1 次印刷

开　　本　710×1000　1/16
印　　张　39.25
插　　页　2
字　　数　609 千字
定　　价　158.00 元

# 目　录

# 第一章　审美人类学与艺术经验

荷兰审美人类学学者范丹姆曾说："西方人类学家或民族志学者……绝大多数在撒哈拉以南非洲、大洋洲各地和美国土著之中从事研究。他们亦在中亚和东南亚等地区进行考察，不过还未涉及其他地区，包括欧洲和中国。中国的人类学家除了探讨汉民族的民间传统，似乎更多以少数民族为研究对象。就此而言……从事'审美民族志'研究的人类学家数量不多。不过，艺术史家，或中国的民俗学家，会对小型社会的审美问题进行同样的研究。这些研究者大多采用20世纪'田野人类学家'发展出来的方法和路径进行当地研究。"① 范丹姆主张，应该以人类学的方法和视角，在世界各民族文化中对美学和艺术进行整体性的关照。这一思想对于推进我们的艺术美学研究、建构中国特点的审美人类学理论实践体系、重新考量我国古代艺术经验的跨民族性等，都具有重要意义。

## 第一节　审美人类学与族群文化的美学内涵

审美人类学的主要研究对象是族群文化中的审美观念及其表现形式以及它们生成、变化与发展的规律。当一个族群文化的审美内涵被工业文明、大众文化所浸润，其独特内核已走向消解时，那就不再是审美人类学关注的重心了。审美人类学应宜立足于自己的特殊领域——族群文化审美内涵，并保持人类学学科的实证性——"特异品格"。

---

① 范丹姆：《导论：作为一门跨文化和跨学科研究的审美人类学》，转引自《审美人类学：视野与方法》，李修建、向丽译，中国文联出版社2015年版，第1—10页。

## （一）

德国哲学人类学家施宾格勒把文化分为"原始文化"与"高等文化"。"原始文化"的基本特点就是它的"族群性"或"部族性"。它和"高等文化"一样，是一种"坚强""完整""非常生动和有力的东西"。施宾格勒说：人类学家们"喜欢从五大洲的各个角落去搜集部族生活的一些片断"。他们发现部族文化有一个共同点，"那就是它们依存于这个或那个高等文化的世界中，（然）而（却）没有参加那个高等文化的内容生活"①。这种没有加入"高等文化内部生活"又能保持自我"完整、生动"状态并与之共存的族群文化②，是审美人类学应予特别关注的对象。这个对象具有原生态、本土、地方文化圈、族群习俗制度的性质，与现代性文化、大众文化有明显分野，对于建构审美人类学具有非常适合的实际意义。

20 世纪末，人类学学界就有一种对传统人类学的批评，认为"人类学家仍拘泥于原始部落之追寻"，应该"跨出原始"，"以现代国家体系、全球性的经济与国际政治体制下的文化体系为依归"，去探讨"宏观文化"意义的"历史传统、文化思潮"③。这种想法把人类学立脚的基点忽略了。早在 20 世纪 30 年代，林惠祥先生就在《文化人类学·序》中说："文化人类学即是研究原始文化即人类文化起源及进化的科学"，"它只着重在'原始的'文化"④。林先生的话今天看来仍有意义，它启示我们，与文化人类学毗邻的审美人类学学科，在建设中当由"原始"二字推衍开去，将其推衍为相对现代工业文明的"原始"，推衍为相对封建时代古典文化传统的"原始"。"原始"不必泥定在人类史前文明或未开化民族。它可泛指工业文明及主流传统之外的一切民族、民间、种族、部族的文化生活形态。与"现代性"文明异质的"原生态文化"或者整个封建社会历史时期

---

① 庄锡昌：《多维视野中的文化理论》，浙江人民出版社 1987 年版，第 173 页。

② 不少学者用"民族"的概念，如覃德清说"审美人类学是美学领域对异民族异文化或本民族本社会中的民间文化进行美学研究"，"是美学和人类学……多重交融形成的一门具有鲜明区域民族文化特色的人文学科"。（《中国审美人类学研究的回顾与反思》，载《柳州师专学报》2008 年第 2 期）事实上用"族群"更灵便一些，因"族群"可以是一个民族，亦可以是一个民族的次级群体，如汉族人中又有客家人、广府人，也都是语言风俗自有特点的人群共同体。

③ 吴燕和：《跨越东西方的香港人类学》，《中国社会科学季刊》（香港）1996 年第 2 期。

④ 林惠祥：《文化人类学》，商务印书馆 1991 年版，第 1 页。

中非主流形态的民间、民族、封闭型地域文化等，都应是审美人类学扎根的沃土。

19 世纪至 20 世纪初叶，西方人类学家不辞艰辛地去探寻世界各地部族文化或族群文化，并把它们作为一种"异文化"来看视（这个"异文化"之"异"的"观视镜片"之后，显然还有一个非"异"的大的"主流文化背景"，即西方古典主义文化传统或工业文明后的资本主义文化）。其探寻的目的大多不是像施宾格勒那样去推衍西方文明的没落趋势；倒是恰恰相反，在于要印证或有效地说明西方文化中心主义意义的"文化统一性"，其理念的实质仍在人类文化的整合规范。这是人类学兴起以来形成的研究定势。今之审美人类学如果要走向"革命性"思维的话，那就该把人类学传统认知方式倒过来，即探寻"异文化"形态的审美遗产，不是用于印证非"异文化"或"中心话语文化之传统"，而是要表明、揭示或断论："它就是它"。文化人类学家巴斯蒂安归纳过一种人类学上的"并行现象"，认为地理、民族、种族因素构成的非传播性的区域文化与四处传播并被统治者转为国家意识形态、帝国政治形态的文化是并列生存的①。井水河水，未必就要流到一起来。审美人类学的指导思想应该基于此：遵照人类学学界注重探讨"异文化"界域美学遗产，而不是为了论证"中心话语"或"主流文化背景"的传统，坚持巴斯蒂安的"并行"思想，去发现"中心话语""主流文化背景"之外那无数的自成一格的族群文化审美风貌。所以，我们是否可以这么说：审美人类学应将族群审美作为自己立足的特殊领域，实现与其他人类学分支学科、美学分支学科的"特异品格"，审美人类学应该是重点关注族群审美观念及其表现形式、表现规律的人类学分支学科。

像各个人类学分支学科一样，审美人类学也要保持它的实例性、实地性特点，杜绝"玄谈"或"形而上"，注重民族志记录。记得林惠祥先生描述"人体妆饰"时，举了达尔文送一块红布给南美"火地人"，"火地人"不用之做衣裳而把它撕成片送同伴们妆饰肢体的例子，他说："除住在北极的民族不能不有全套的衣服以外，原始民族大都是妆饰多于衣

---

① 林惠祥：《文化人类学》，商务印书馆 1991 年版，第 23 页。

服。库克曾说火地人，'他们宁愿裸体，却渴望美观'，这种爱美的观念别民族都有。"① 这里，如果林惠祥先生把他说的"别民族都有"的具体事实——罗列出来，在对照比勘中归纳出经验的形态以及诸多事实所体现的审美形式规律、特点、异同，等等，那就是典型的审美人类学研究方式了。德国人类学家格罗塞就是这样做的。他考察发饰时讲："发饰，从它受着美观的支持的这点来说，是从活动装饰进到固定装饰的。"在安达曼岛上，女子"只剩了两绺从顶上挂到颈上的头发［……］（这大概是）妇女处于从属地位的一种象征"。爱斯基摩人妇女是"将鬓发结成小髻挂在耳下，而用象牙环或铜环挂在耳上面"，布须曼人无论男女"都用红色的矿土和着脂油很厚地涂在头发上……发尖挂结上兔子尾巴、金属钮扣以及其他类似的饰物"。在澳洲，昆斯兰德人是"用蜡涂在头上，使头发在日光下像油漆过的那样发光［……］再插上羽毛、苔绒、蟹爪"等。"这类的习俗，已赶上非支人（Fijian）的惊人的发饰艺术了"②。格罗塞列举了安达曼人、爱斯基摩人、布须曼人、昆斯兰德人等实例，说明发饰在原始族群中是受美的观念"支持"的，且其规律是"从活动装饰进到固定装饰"。

由此我们也可以看出一个问题：审美人类学的研究既相当微观，又相当"宏观"。说它微观，是因其必从那些琐细的涵具着族群审美意识、经验的具体事象出发，它必须是个案的、实例的。说它"宏观"，是因为它必须把握众多族群"原生文化"的广阔视野或参照系，洞明它们的历史由来，它需要一种背景化的参照系研究。而且，审美人类学似乎给自己划定了一种社会形态或历史的时空，即偏重于非工业文明的族群文化，以之为立足点。从这个意义上说，审美人类学带有一些历史学科的属性。它比较倾向于清理工业文明前的族群文化的美学思想资料及观念形态。这些资料及观念与工业文明以来的西方中心话语的文化形态可以说正好是"对位"的。这种"对位"也就是它的个性与内涵。

审美人类学又要特别重视田野调查。因留存于族群民间的活态风俗会帮助我们认识悠远的族群文化遗制及审美积淀。例如，岑家梧考察图腾艺

① 林惠祥：《文化人类学》，商务印书馆1991年版，第304页。
② 格罗塞：《艺术的起源》，商务印书馆1987年版，第64—70页。

术时发现，世界各地岩画大都有许多人的手掌印，掌印周围一般有马、赤鹿、山羚羊、象、野牛等动物描写，有的掌印还"印在野牛的体部"。这到底有何意涵呢？颇费解。后来他读到美古路卓·马克来（Miklucho-Ma-clay）旅行新几内亚的田野日记，得知那里的土著居民在造好了小船后都举行"下水礼"，众邻人参祭并聚宴。宴会终了，土人们会"雕刻各种难解的图像于木杆上"。经寻问方知，那些杆上图纹是表示进行仪式的时间、人数、宴用祭物的碟盘数，以及祭杀的猪牲种类，等等。由此，岑先生悟出了岩画掌印纹的奥秘，他说："图腾民族于洞壁上所作掌形，当为记录部族成员参加仪式之人数；或于各成员进入洞穴时，自将掌纹印于石岩，类似今日出席会议之会员签名式。或又为表现成员与图腾祖先互相关联的咒术行为，如 Castillo 洞之掌形，尚有捺于动物图像之上者，尤可据以推知此种用意。"[1] 在这里，是田野采风的实例给了岑先生破译岩画手掌纹原始内涵的启示的。现今，我们所面对的族群文化审美遗迹尤其繁复，识读其渊源与古义，田野调查是一把金钥匙。

（二）

族群审美中应予关注并正视的是审美偏好性问题。马克思曾说，"印度人极其爱好装饰品，甚至最低阶级中的那些几乎是裸体的人们通常都戴着一副金耳坠，脖子上套着某种金饰品。手指和脚趾上戴环戒也很普遍"[2]。马克思发现，耳坠、环戒、趾饰这些美饰物，并不是印度民间劳动阶层的生活必需品，但他们却极喜好。这就是值得深入探究的族群性审美嗜好了。

族群审美的特点还在于，不一定是纯艺术现象，更多的是融渗在日常活动中，在战猎、生产、宗教、习俗、传授历史、繁衍育嗣等事象中都会潜寄族群审美的灵魂。人类学家贾克·马奎曾讲，族群艺术的基础常常在"仪式性 [……] 或宗教性"，一开始并不是当作"艺术品而制作的"。它们或者是武器，或者是器皿，或者是王位表征与标识，或者是法术圣物，或者是礼仪服饰，"都具有特定的工具用途"，"主要功能并非纯为观赏"，

---

① 岑家梧：《图腾艺术史》，学林出版社 1986 年版，第 73 页。
② 马克思：《不列颠在印度的统治》，《马克思恩格斯全集》第 9 卷，人民出版社 1961 年版，第 148—150 页。

"例如，传统的非洲面具与雕像在仪式结束后便遭丢弃，任其风化"①。为什么？因为用过了，没用了。杰里米·库特也说，在那些拥有"艺术传统的社会里"，审美的东西往往"在艺术作品中得到最完美的体现"，或者在艺术哲学中"得到最精致的表达"。但对一些土著族群而言，美的观念则更多地与家庭装饰、衣物、器具等"发生着关系"，美的价值潜藏在生活的"隐蔽处或文化的裂缝之中"，或者"出现在仪式、讲故事的行为中"②（Stoller and Canver 95）。这些归纳都很精到，它揭示了族群审美的特别存在形式：一般不在特别制作的艺术品中，而往往附赘于宗教、仪式、风俗，往往储存在族人平时活动的"文化裂缝"中或"隐蔽处"。列维－斯特劳斯谈到过一个例子，流散的塞努福人在归宗时都进行"入族仪式"。仪式中摆列58座小雕像，每座雕像对应一个动物图腾，即"象征着"一个族系、一个族系的某个"代"或族史上某"代"发生的某事件。这就形成了一个有含义的形象系列，它们"按一定的次序给新入族的人看"，从而"构成了一组对新入族者进行教诲的宗教画"。斯特劳斯认为，这种具有"隐蔽"意蕴的"系列形象"教诲法，正是原始宗教艺术的常见"类型"③。

斯特劳斯又举出奥撒格人"旭日祭"的例子。祭司被美饰，"整个身子被涂红"，面颊与前额之间"画一条黑线"，然后主持祭仪。人们都面朝东，静观旭日东升。这里，祭司"被涂成红色"，表示他带的人都生活得像太阳那样"丰富多彩，并（且所有参祭的男人均）可繁衍后代"；而祭司额头那道黑线，则代表"地平线"或"一道围栏"，它会将一切不吉挡在线外，维持部族生活的安详④。像这种在"隐蔽处"寄托意义的艺术存在形式，我国少数民族中亦多见。如维吾尔族年轻人喜戴丝绒花帽，称其为"奇依曼朵帕"；藏族妇女在长裙外系一条"牛筋巴"花围腰；黎族人把竹木房搭构成船篷形；佤族人在屋脊两端安放木刻燕子；纳西族在小楼山墙上装饰"垂鱼"；侗人待客劝酒唱上一段酒礼歌；楚雄彝民

---

① 贾克·马奎：《美感经验：一位人类学者眼中的视觉艺术》，台北雄狮图书出版有限公司2003年版，第105、117、111页。

② Stoller and Canver, "Anthropology, Philosophy and Aesthetics", in J. M. Cordwell (ed.), *The Visual Arts*, *Plastic and Graphic*, *The Hague*, New York：Mouton, 1979, p.95.

③ 列维－斯特劳斯：《野性的思维》，商务印书馆1987年版，第174—176页。

④ 同上书，第164页。

二月初八将马樱花插在牛厩边，等等，都是平常生活"文化裂缝"中夹带"艺蕴"的典例。

审美人类学视角的族群美学考察，不是鉴赏意义的异域采风，它会涉及族群文化的深层意蕴，或引发对族群文化中那些历久不变的审美形式、艺术幽旨背后究竟潜存了何种"本源"性东西的叩问？如滇桂地区"黑衣壮"以穿黑衣为美，并以之为族群标记。20世纪末那坡县委书记农敏坚同志在弄文屯调研，看见84岁的女寿星过寿，依旧穿一身黑色裙装。山东大学的范玉娟博士在田野调查时走访了一位85岁的韦玉珍老人。老人孙女叫阿美。范问老人，阿美"穿什么衣服最漂亮"？老人说："穿我们的黑衣服漂亮。"这种尚黑的俗信传统，本源在哪里呢？据他们的族系传说，很久前，其首领侬老发在抵御外族时负伤，隐蔽于密林。他随手摘一把野生的蓝靛缠裹伤口，迅即止住了血并痊愈。后来他率众重上战场，击退了来犯者。从此，他就让族人都穿用野生蓝靛染制的黑色布衣①。当然，还有其他的传说与解说。不管哪种靠谱，有一点应是无异议的，那就是"黑衣壮"以黑为美是以其悠远的族群俗信为依托的。

从这个意义上讲，人类学视野的"族群记忆"理论或对我们有帮助。在人类学家看来，每一个种族或族群都会在自己的艺术、风俗、仪式、民间宗教、社会组织等生活领域积聚一些历史化（有时是相当遥远）的心理经验及其情感，这就是"族群记忆"。艺术家往往是"族群记忆"的代言者，他所记述的群体记忆，能在每一个群族人身上唤起一种犹似"共鸣"的"亲切力量"及"大家族"似的认同情志②。如岑家梧先生的研究，在夏洛特皇后群岛一个叫"马赛"的海达人村落，屋柱上刻着故事："猎人偶到熊的家，适熊外出，猎人就与熊的妻子发生恋爱。为熊所察而深责其妻，其妻极力否认。熊乃在她出门入水求食时，结一魔术丝于她的身上。由此，熊遂发见她与猎人的秘密，结果，熊杀了他的妻子。"岑家梧讲，海达人以为洪水过后人都没了，唯人祖活下来与母熊结合又衍生了一群人，即海达人，故他们生得甚雄壮，不怕冷。海达人屋柱所刻，其实就是

---

① 何毛堂、李玉田、李全伟：《黑衣壮的人类学考察》，广西民族出版社1999年版，第4页。
② 叶舒宪：《文学人类学探索》，广西师范大学出版社1998年版，第5页。

"记述其［……］部族"来历的，是海达人"为保留陈事之记忆而做（的）象形描写"①。岑氏的表述涉及一个重要现象——族群文化记忆会向艺术、审美形式沉淀，而这正是审美人类学应予关注的领域。

在文化人类学界，谈到不同形态文化相"遭遇"时，常使用"涵化"（accultusation）一词。什么是"涵化"呢？"涵化"就是"正在进行中的文化变迁"，是一个"个人或群体通过直接接触和相互作用而获得其他个人或群体的文化特征的过程"。"涵化可能引起文化……适应"，并且往往"改变（一个）群体的自我认同"②。近些年，西南少数民族每每举行文化节，在用于交流的传统民间工艺品制作上，往往吸收现代工艺技术③，使产品更靓丽精巧，这正是一种审美人类学范畴的"涵化"现象。重视此类现象的研究，即可把族群审美文化的原生状态、历史本相及其在"现代文明"中的迁变、发展、走向等内容揭示出来，帮助我们看到活态的族群文化运演情势。但是有一点，我们得留心：当一个族群文化审美内核在"涵化"中被另一种审美文化所浸润，其"自我认同"丢失了根本，或者说其属于自身的独特审美属性已消解，那它就应退出我们的审美人类学界域。

## 第二节　从东巴经文看纳西人审美意识

"东巴经"是我国纳西族人的宗教——东巴教的经书，由东巴教的经师"东巴"念诵使用，并以象形表意的东巴文字写在一种特制的树皮纸上，世代传承，它主要分布于金沙江上游的纳西族西部方言区，包括丽江和中甸、维西等地。"东巴经"卷帙浩繁，现存约四万册，其中不雷同的也有一千多种。它们产生于公元 11 世纪以前，反映了古代纳西人的宗教民俗、社会历史、民族生活、文学艺术等方面的面貌，是纳西人古代社会的百科全书。这里仅就其中的审美意识内容简述如下。

---

① 岑家梧：《图腾艺术史》，学林出版社 1986 年版，第 69、81 页。
② 叶舒宪：《文学人类学探索》，广西师范大学出版社 1998 年版，第 5、47 页。
③ 王杰：《审美人类学：研究方法与学科意义》，《民族艺术》2000 年第 3 期。

## 一　纳西人的自然美观念

纳西人的"自然美"意识是清晰的。即使民间宗教的东巴"文本"中，也充满了对自然界事物的审美情调。像迸出红光的太阳，射出白辉的月亮，梅开二度的花树，还有"天空留上美丽的白云，大地留下碧茵的青色"，[①] 无不在宗教幻想里渗透了纳西人对自然美的感受与赞叹。

纳西人认为，在自然界无生命的事物中，山是一个最值得注意的审美对象。山的美，美在自然天成，无须人们再付出任何多余的劳动。东巴经文《哈埃斯埃》，描写了一个哈族男子在和斯族男子商量分家时，他最关心的事情，就是能否分到大山。因为在他们的生活环境里，"最美的是山，最高也是山，山花黄灿灿，永远不须辛苦来修建"[②]。在自然界有生命的东西中，虎可以夺取美的桂冠。因为虎身上的斑纹特别绚烂，并且那漂亮的斑纹还来自"神"的赐予。东巴经《拉统贝》说，在很早很早以前，虎只是一种雄壮的动物，其外"貌（并）不美"，"阿布乌鸦"（神鸦）对虎说，今后你吃肉时若能请我，我就赏给你令世人惊叹的"美纹"。老虎动心了，它收敛着口腹之欲去满足神鸦。它请神鸦吃公鹿，神鸦赏给它"额前美旋纹"；请神鸦吃肥羊，神鸦赏给它"眼圈美旋纹"。老虎又连续不断地请神鸦吃红牛、吃白蛇、吃黄鼠、吃水獭、吃梅花鹿，虎的肩膀、尾巴、前腿、后臀，都得到了斑斓的花纹。老虎的模样焕然一新，成了动物中"身壮又美貌、纹丽又威严"的"美兽"。然而神鸦却在贪吃中变成了一个"丑物"，失去了"神的灵性"[③]。

当然，东巴"文本"中的纳西人的自然审美，不是纯然意义的自然审美。它在自然审美中夹带了一些民间的象征。这种象征本身也成为纳西人美学思维方式的一种体现。在经文《拉统贝》中，有一段祷词说：大地红虎哟，额生"宝珠纹"，"象征夫妻恩爱长寿"；头有"串枝纹"，"象征九

---

① 吕大吉、何耀华：《中国原始宗教资料丛编》，上海人民出版社1993年版，第347页。《东埃术埃》中亦道："天大无云遮，天空广又阔，星辰布满天，日出射光芒，月出夜晚亮。地大无埋石，地坪广又宽，绿草铺满地，池塘水汪汪，牛羊遍地跑，庄稼长得茂。"（和志武：《东巴经典选译》，云南人民出版社1994年版，第27页）

② 和志武：《东巴经典选译》，云南人民出版社1994年版，第42页。

③ 同上书，第184页。

代祭祀多福禄";右脚杆的"犁头纹","象征庄稼丰收将会富起来";长尾巴上的"鹰爪纹","象征举起战戟把敌人消灭光";大腿上的"铜镜纹","象征媳妇灿烂美貌又佳颜"。① 在这里,对自然现象的各种"虎纹"的审美观照就成了有着不同象征意义的审美符号,与社会生活中的审美追求联系在一起了。

## 二 对人的审美认识

在纳西人关于人的审美思索中,人的美丑是与"起源神话"中的"色彩转化"相关的。其中白色和碧色关联着美,黑色则关联着丑。东族《库苟汝冉》描述,东族的男始祖想找伴侣。他把口中的白沫、眼中的清泪和手脚上的白指甲,"放进碧海中",三天以后,"茫茫的碧海中,走出一个漂亮的姑娘,她的身体呀,犹如宝石闪绿光"。这是"美"的人体范本。术族的男始祖也想找伴,他把口中的黑沫、眼中的黑泪、身上的黑肉,"放进黑海中",三天以后,黑海中"走出一个丑恶的姑娘"。黑色所化生的只是"丑"的人种②。从东巴经《崇般飒》中还可以看出,在纳西人的审美观念中,男子之美在于身躯之高大,女子之美在于容貌之姣好。但这两种美都须通过神来求取。经文讲:"崇仁丽恩"和天女"衬红褒白命"结婚后,不懂得生育的奥妙。崇仁丽恩的岳母窃窃地唠叨说,"养儿只望身体高",女儿女婿"却不会算(祈求)高处神","美女只盼人才好,(女儿女婿又)不会请低处神"。蝙蝠使者听到了这话,转告于人间的崇仁丽恩和衬红褒白命。他俩这才明白,高处神管男儿之壮美,低处神管女儿之姣美,开始了"养儿望身高,卜算高处神;养女盼美貌,迎请低处神"的生殖祭求。③

人之"美"(特别是女子之美)靠神的赐予,在纳西族民间传说中仍有遗存。据说四川木里县乌角区的乌角山上,有一座纳西族摩梭支系人崇拜的"巴丁喇木"女神(钟乳石)像,传闻她是"一位身材高大、容貌美

---

① 和志武:《东巴经典选译》,云南人民出版社 1994 年版,第 186—187 页。
② 同上书,第 225—226 页。
③ 同上书,第 210 页。

丽、威武能干的女神"，"（由）她主宰妇女的生育、身材的美丑"①。在永宁坝，则由格姆女山神掌握人们的妍媸。据说"永宁坝的摩梭人身材窈窕修长，容貌美丽，这是格姆女山神显灵的结果"，而格姆女神的背朝着泸沽湖地区，那儿的纳西妇女便"腰粗臀肥"了②。在干木山南面有一个神龛，龛内供"一个骑鹿的女人形象"（女神），她视觉"望到哪里，哪里的姑娘（就）最漂亮"③。

图 1-1 《人类迁徙记》书影④

人之美主要在面容，尤其是女性的面容。族与族的战争中，勇士的刃剑再锋利，也不应去碰男子的脸庞以及女人的红颜。《东埃术埃》中，术族人要杀东族的小伙子阿璐，他的情侣术女为他求情说：阿璐是个好男儿，"他的脸庞像日月明亮，别让污血沾染他的白光脸！"⑤《哈埃斯埃》经文写哈族攻杀斯族，摧垮斯族33个村寨，残杀斯族人千千万，但却不遗

① 杨学政：《宗教调查与研究》，云南社会科学院宗教所 1986 年版，第 191 页。
② 同上书，第 176 页。
③ 严汝娴、宋兆麟：《永宁纳西族的母系制》，云南人民出版社 1983 年版，第 198 页。
④ 周晓陆：《中国消失的文字》，山东画报出版社 2014 年版，第 236 页。
⑤ 吕大吉、何耀华：《中国原始宗教资料丛编》，上海人民出版社 1993 年版，第 352 页。

忘一个原则，"最美的是脸蛋，美脸不能伤"①。

东巴经典透示，在自然物种中，女人是美的。她们对男子来说有着特殊的美感吸引。《东埃术埃》中有一美妙少女麦达苟沐命，她就坚信"能干的汉子喜欢漂亮女人"的道理，去诱惑她的族系仇人东子阿璐。阿璐躲在海里不上岸，她就装作弯腰洗手，"故意袒胸露奶头"，阿璐还是不上岸。她又假装淌水洗脚，"卷裙露出大腿来"，阿璐经不住了，他到底上了岸，和麦达苟沐命喜成婚媾。殊不知这是一个"美"的圈套。阿璐从此被术族人扣住了。术族人的刀箭未能战胜他的勇力，但女子的美感诱引，却把他俘虏了②。

图 1-2　丽江宝山乡窝母村乌孜嘎所写祭风除鬼经跋语③

女子虽然美，但许多审美价值较高的物质材料对她的"美化"也相当重要。《鲁般鲁饶》中有句经文："妇女不挂珍珠串，恰似女奴要私奔"，意思是珍珠之美能够抬衬女性之美，显出她的审美格调及其身价。④《鲁般鲁饶》还描绘，牧奴们用刀去砍神树，砍下的白片化成白银，打成银耳环，挂上姑娘耳，"耳也显得美"；砍下的黄片化成黄金，打制黄金盘，"挂在姑娘胸前，胸也显得美"；砍下的绿片化成碧玉块，雕成玉手镯，戴

---

① 和志武：《东巴经典选译》，云南人民出版社 1994 年版，第 44 页。
② 经文描写："术女麦达苟沐命，穿上银白色小褂，套上玉碧色褶裙，系上金黄色彩带，来到蔚蓝色海边，弹起动听的金竹口弦来：'好姑娘的好心肠呀，一心都挂在阿哥上；好哥哥的心肠硬呀，不把我放在心头上。好猎犬的好心肠呀，一心都挂在麂子上，好麂子的心肠硬呀，没把猎犬记在心呀！我心爱的阿璐哥哥呀，术家兵马都转回去了，一个术兵没有留下，一匹术马都没有剩下了呀！'东子阿璐的灵魂做变化，变作一只利眼的白鹰，飞到东地上空旋三转，真的没有看见一个术兵，也望不到一匹术马，但他还是不放心，又钻进海中躲起来。"（和志武：《东巴经典选译》，云南人民出版社 1994 年版，第 8—9 页）
③ 邓章应：《纳西东巴文分域与断代研究》，人民出版社 2013 年版，第 169 页。
④ 和志武：《东巴经典选译》，云南人民出版社 1994 年版，第 77 页。

上姑娘腕，"手也显得美"；砍下的黑片，变成墨玉，磨出珍珠琏，套上姑娘颈，"头也显得美"……神树转化出了审美属性极高的物质材料，对女性的美产生了渲染与提高。经文《猛厄绪》中也有表述："姑娘的心，想在金衣银裙上，想在戒指手镯上，想在闪亮的铜镜上。"① 女性对这些审美装饰性的东西，格外的"心想"，格外的有兴趣。

**图 1 - 3　丽江鸣音乡东华村驱鬼送鬼经文②**

## 三　对形式美的感受

在纳西先民看来，美可能是一种形式的东西，形式上美的东西，未必内在中包含着"善"，也未必符合生活的功用。《崇邦统》经文描写，洪灾劫后只剩下崇仁丽恩一个，他向阳神公公请教如何寻娶伴侣。阳神说："天高星岩下，岩脚绿树丛，有一对天女：美女生直眼，丑女生横眼。不要去请直眼的美女，要把横眼良女请回来。"崇仁丽恩没有听阳神公公的话，他的心被美色陶醉了，他"一心想……找美貌的配偶。他不理睬丑的横眼女，却把美貌的直眼女领了来"。直眼女虽然漂亮，但却不能生人。她第一胎生了蛇和蛙，第二胎生了松和栗，第三胎生下了猪和熊，第四胎生下了猴和鸡，都是与人不相干的怪胎。③ 后来崇仁丽恩又去娶回了丑的横眼女，才繁衍了人类。这表明人类最早就爱那形式美的东西，但形式之美和人类生存中的实际需要，往往不能相吻合。在《布杷过书》经文中，金子蝙蝠到十八层天上去求女神盘祖萨美。盘祖萨美没有出来会客，她让她粗俗的家奴"穿上一套金色银色的新衣"来见金

---

① 和志武：《东巴经典选译》，云南人民出版社 1994 年版，第 68 页。
② 邓章应：《纳西东巴文分域与断代研究》，人民出版社 2013 年版，第 173 页。
③ 吕大吉、何耀华：《中国原始宗教资料丛编》，上海人民出版社 1993 年版，第 324 页。

子蝙蝠。蝙蝠说:"你呀,穿着新衣服很美,内心可不一定纯洁呀!我的三句要言不能对你说,我只希望盘祖萨美出来会见我。"女奴羞惭地退了进去。盘祖萨美在内闻知,"穿上一套破旧的衣裳"来见金子蝙蝠,蝙蝠说:"你的穿着虽然已破旧,你的良心可是高尚呀!我的三句要言就要对您说:天底下的白鹤独子生了病,大地上的开美闺女发了烧,生病不知该祭什么鬼,见客不懂待客的礼仪。世人推我来寻东巴的卜经,俗众选我来找巫者的卜书,世俗尊敬的盘祖萨美您呀!我从什么地方来进您们家呵?"盘祖萨美告诉金子蝙蝠说: "你从人类迁徙大门里头进来吧。"① 这一则东巴经文故事也说明,美作为一种外在的因素,并不意味着它的内在也是美的。

图1-4 《崇搬图·创世纪》中的一段文字②

在东巴经典中,非但美的外在形式难与美善的内在结缘,相反,美的外形却成了丑恶妖邪之外壳。《母鲁金补若》描述,母鲁金补若在鬼国中开天,遇见一个美女,很快沉浸于与她的做爱。而这美女原是一个邪鬼,在她的诱惑下,母鲁金补若被鬼官将捉住了,关进了七层黑牢底。③《什罗飒》经文中的魔女"星命没登空思玛"美丽异常,但她一身妖气。天神丁巴什罗在尼窝国和她邂逅,不能不惊叹她的美:"我在天国十八层顶上,本有九十九个能干的伴侣,就是没有一个像你这样的美貌,一百里头还缺一个美女呀!在尼窝国度里,早就听说有位举世无双的美人,我才特地来此找你结良缘。"④

然而她内在的魔性是根深蒂固的,她终究不能与丁巴什罗地久天长。

---

① 和志武:《东巴经典选译》,云南人民出版社1994年版,第98页。

② 和钟华、杨世光:《纳西族文学史》,四川民族出版社1992年版,第82页。

③ 吕大吉、何耀华:《中国原始宗教资料丛编》,上海人民出版社1993年版,第222页。

④ 和志武:《东巴经典选译》,云南人民出版社1994年版,第62页。

丁巴什罗最后还是杀死了这个"美"与"魔"畸形结合的女性，以致星命没登空思玛死前咒他①。

## 四　东巴经文中的审美理想

同其他宗教文化形态一样，纳西人在东巴经文中极力地陈诉人世之劳苦、彼岸之美好。《鲁般鲁饶》中，爱神诱唤开美姑娘和情侣久命金双双上吊殉情时说："在那人世间，苦死一辈子，不得吃个饱；挤奶一辈子，不得喝个足……"到殉情后的天国来吧。"来看好山景……来踩好茵草……来挤好鲜奶！住到白云缭绕的山国，来喝山间清泉水，来吃树尖甜松糖，来喝树叶美甘露！（这里的）红虎可以当乘骑，公鹿可以当耕牛，白云可以来织布"。一对情人听了爱神的话，殉情后步及天国："好眼望上晶莹的银龙，快脚踏上软绵的碧毯，巧手采上艳丽的鲜花，步入白云缭绕的乐园。这里有穿不完的绫罗绸缎，这里有吃不完的鲜果珍品，这里有喝不完的美酒甜奶，这里有用不完的金沙银团。火红斑虎当乘骑，银角花鹿来耕耘，宽耳狐狸做猎犬，花尾锦鸡来报晓……自己放牧自己得温饱；织一件呀一代穿不烂，播一季呀一世吃不完。这里的冬天布谷声声叫，百鸟朝阳竞飞翔；这里的夏天鲜花朵朵开，百花争艳芳香传"，一切都是无比美好②。在《东埃术埃》经中，东子阿璐与术女相爱。术女说，我们"不要住在这个人世间，听说下面有一个地方，天是由玉石补的，地是由黄金砌成的……咱俩去到那里生活吧！"两人果然找到了这绝美的世界，"天是蓝湛湛，地是黄灿灿，树上开银花，石上开金花……"③　这都是幻影中的美好想象，是纳西人现实中的审美愿望向宗教玄思的过渡。它在人间天地之外幻设出另一个自由、富足、美丽的空间境界，用美学对象化的方式，反映了纳西人关于生活、生存以及人生的审美理想。

---

① 经文说："魔王星命没登空思玛，奄奄一息的当儿，口服心不服，身死嘴不死，嘴里还咒骂出三句话：'丁巴什罗你呀，虽有九十九个能干的妻子，但愿她们没有一个像我好！愿你的金板铃套烂的快，愿你的乘骑变成一匹坏马，愿你的住房经常会漏雨！'"（和志武：《东巴经典选译》，云南人民出版社1994年版，第64页）

② 和志武：《东巴经典选译》，云南人民出版社1994年版，第88、93页。

③ 同上书，第10页。

# 第三节　美的本义:羊生殖崇拜

　　黄杨的《"美"字本义新探——说羊道美》一文①，读后颇受启益。文章以为美的本义与"羊"的文化符号有关，是"羊"体现的原始宗教祭祀（祥）、道德（善）、正义（义）等观念的凝合。笔者以为，黄君所说的这些的确与"美"的上古意义有关，但不是美的本义，至少不是本义的主要构成成分。美的本义缘由"羊"的生殖崇拜，是羊的生殖特性给人们感官想象中的一种美的感觉，一种祈求。现试述如下。

　　从甲骨卜辞中可以看到，上古妇女一个最大的忧郁是分娩。

　　"帚鼠娩妫（嘉）"（前七·一四·四）（妇鼠分娩好吗?）

　　"帚娝娩不其妫"（后下三四·四）（妇娝分娩不会好吧?）

　　"汝娩不其妫"（拾·九·二）（汝分娩不会好吧?）

　　"妹娩不其妫"（佚四四五）（妹分娩不好吧?）

　　"帚㛰娩妫"（续四·二八·四）（妇㛰分娩好吗?）

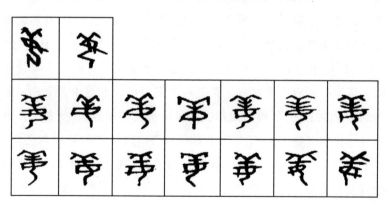

**图 1-5　甲骨文、金文中的"姜"字**

　　上古妇女和她们的亲人特别担心害怕分娩时刻，总要占卜妇人分娩到底是难产还是顺产。如果产妇能够"有力"地从体内把婴孩排出，那就是全部祈求祷祝的最佳结果，那就是"妫"，"妫"即古"嘉"字，"嘉"就

---

① 黄杨:《"美"字本义新探——说羊道美》,《文史哲》1995 年第 4 期。

图 1－6　西周早期的"大簋"，通高 13.2 厘米、口径 17.2 厘米，重
1.85 公斤。侈口方唇，深腹微鼓，圈足较高。颈部铸有花纹。
【铭文】或释为"大"，由其图像看，也是头顶有"符号"的

是美好。

为了这种分娩中的"嘉"（妿）美，人们崇祀于羊。因为羊的生殖顺
达畅美。羊生小羊，胞衣不破，胞胎出母羊体后，母羊咬破胞衣，小羊羔才
从里面挣脱而出。这种胞胎的产育，滑溜顺利，母羊没有太大的痛苦。人就
不行了，小儿先在母体中挣破胞衣，手足四肢伸张，形体变大，不再是圆卵
形，从母体娩出时，母亲就有较大的苦楚。《诗经·大雅·生民》写姜嫄
生后稷，"诞弥厥月，先生如达，不拆不副……"姜嫄怀后稷怀足了月份，
生产时下体不破也不裂，很滑顺地生出一个"胞胎"（即孩子连同胞衣一
齐娩出），像母羊生小羊羔一样（"先生如达"的"达"即小羊羔的意
思）。这种不痛苦的畅顺滑美的"羊"式分娩成为神奇值得称颂的现象，

图1-7　春秋早期人首羊首合体
铜削坠饰（1976年陕西
凤翔县八旗屯出土）①

也成为所生孩子（后稷）神异不凡的一个衬托。

　　所以我们看到金文中的"美"字这样写：𦍌（见商代父乙簋）。这是一个孕妇，她挺着一个将要临产的大肚子，头上戴着羊骨或羊角。她怀着宗教祈求的希望，希望从"羊"身上吸收顺利娩子的生殖灵气，以避免分娩中可怕的痛苦。也就是说，她以"羊"为巫术祈求的对象，也为自身分娩躯体的喻象。经过祈求，若能像"羊"产羊羔那样滑畅顺当，那就是她的最"美"愿望了。② 到《魏书·高车传》卷一百三，我们还可以看到北朝妇女依然把羊骨用皮包裹着，"戴之首上，萦屈发鬓而缀之，有似轩冕"，沿袭着祈佑于羊以求分娩嘉美的遗风。由是可知，中国人最初的"美"的观念是感觉中的美，是羊生殖崇拜的折光，是宗教祈求中的祥美，是分娩安顺没有肉体痛苦的畅美。

　　萧兵先生也曾根据"人"形之上头戴羊角或羊骨的形象（𦍋），提出过"羊人为美"的精见③。但他说的"羊人"是"冠羊"进行图腾扮演的祭司或酋长，"羊人"不是妇女，故与祈羊求育的美蕴无关。赵国华先生虽然接触到我们上面提到女性的"羊人"（冠羊角或羊骨的孕妇），也意识到"上古人类的审美观念……不能脱离生殖崇拜"，但他把美的本义仅仅理解为这个孕妇的"怀胎之美"或"孕妇之美"④。这就把美的本义引到孕

---

　　① 张道一：《中国图案大系》（二），山东美术出版社1993年版，第21页。
　　② 后有学者称，甲骨文、金文中的"姜"字（图1-5）亦和"美"近似，与羊生育崇拜有关，可备参考。如郑先兴说："姜像头戴羊角的孕妇，或像怀孕的羊"，"姜的本意在于……接触羊生产巫术的生殖崇拜。"（郑先兴：《民间信仰与汉代生肖图像研究》，河南大学出版社2012年版，第163页）
　　③ 李泽厚、刘纲纪：《中国美学史》第一卷，中国社会科学出版社1984年版，第80页。
　　④ 赵国华：《生殖崇拜文化论》，中国社会科学出版社1990年版，第252页。

妇的形体之美或生殖形象之美上去了，忽略了孕妇头上羊角或羊骨的意义，与我们所理解的"孕妇祈羊求取生育畅美"的美之本义，也就擦肩而过了。[①]

## 第四节　中国史前彩陶纹"右旋律"及其演衍

在以圆或圆周为艺术设计或审美观照"单元格"的器物造型中，"右旋律"（或"顺时针律"）广泛地存在着；其使用的频率大大地高于"左旋"。作为中国史前文化遗产的仰韶、龙山等文化谱系中的彩陶器，由于多于瓶、罐、壶、盘、钵的沿口、底部、腹肩部施绘，故右旋的倾向尤为明显。这就使得中国艺术在它的起源阶段就将"右旋"的方式慢慢沉积为一种"规则"或"模态"，并在秦汉以后的造型艺术（乃至璇玑图回文

---

[①]　美的本义是祈求顺产，是王政 1996 年提出的，原文《美的本义：羊生殖崇拜》，刊于《文史哲》1996 年第 2 期。陈望衡先生评价说："中国美学也有这种审美发生学，中国古典美学中的美这一概念，其来源有五种说法：（1）'羊大'说。中国文化最早开发的区域在西北，那个地方的人以羊为主要食物，个头大的羊格外受到人们的喜爱，故'羊大为美'。（2）'羊人'说。中国古代巫术盛行，'美'为头戴羊面具的巫师，巫师是当时社会上最有本领的人，故为美。（3）'色好'说。'美'字本为'媄'字，'媄'为美女，后转训成'媄'，'媄'字后简化成'美'字。（4）'顺产'说。商代青铜器父乙簋上，'美'字的写法像一个孕妇。为何要将孕妇的形象与羊联系起来？因为羊是顺产的，妇女顺产则为美。（5）'味甘'说。《说文解字》说：'甘，美也，从口含一，一，道也。凡甘之属皆从甘。'既然可以用'美'来解释'甘'，那么，也可以用'甘'来解释'美'。美就是甜。这些解释均符合审美发生学的基本原理。'羊大'说和'羊人'说，是影响最大的说法，但是，我认为，按审美发生学的基本原理，'色好'说和'顺产'说应为第一，这两说立足于性的吸引和种的繁衍，植根于人的自然本性，应是审美最初的萌芽……'顺产'说关系人种的生存"。（陈望衡：《中国古典美学中关于"美"的理解》，《社会科学战线》2010 年第 11 期，收入陈望衡《美在境界》，武汉大学出版社 2014 年版，第 439—452 页）

汪涌豪先生亦赞同，他说："羊在当日先民的生活中可谓无所不在。所以，有的游牧民族如羌族就以羊为图腾，'羌''美'形近，非为无因。此外，还有一个原因也很重要，那就是羊生产时通常胞衣不破，滑溜顺利，母羊无大痛苦，羊羔成活率高，这在先民看来无疑是一种美。这一点，同样有实物遗存可证明。商代有一著名的青铜器叫父乙簋，簋在当时为实用器，主盛饭，兼用为礼器。它上面的'美'字就被写成一挺身大肚子的孕妇，头戴羊角与羊骨，似在祈求生殖平顺。所以，我们看《诗经·大雅·生民》吟诵姜嫄生周的始祖后稷之事，有所谓'诞弥厥月，先生如达。不坼不副，无菑无害'的吟唱，意思就是到了满月，那头胎生得可顺溜了，母体没有撕裂损伤。可谓无灾无难啊。其中'达'字通'羍'，《毛诗》郑笺解为'羊子'，就是羊羔的意思。孔疏更指出此段文字是在说'羊子初生之易'，由此可知，美在那个时候与先民的生殖崇拜大有关系。《魏书》记载，北朝妇女有用皮裹羊骨做头饰的，就是此风的遗存。而这种祈求生殖过程的顺美与生命的祥美，又正可解释《说文》何以用'祥'来释'羊'的缘由。"（汪涌豪：《文明的垂顾：汪涌豪人文演讲录》，中西书局 2014 年版，第 181 页）

诗）中得到更充分的发展。这里仅对这一现象的表征、构成要素及特点做以浅要的描述与分析。

（一）右旋中的涡纹、鱼纹及龙蛇

右旋律的形式之一是水的涡旋纹。水涡的特点是从周边向涡心旋动，愈是到涡底，愈有"深扭转入"的感觉。水涡纹在由周边向涡心旋搅时，自然呈右旋。马家窑出土过人头壶，人面由双目一嘴显出。壶的腹部乃一涡旋纹，涡心突出，旋向为顺时针，极度夸张（图1-8）。

图1-8　马家窑出土的人头壶

图1-9　王家坪出土的彩陶瓶

水涡纹的右旋常配合以"鱼"。甘谷王家坪出土一个彩陶瓶，口部已残，其瓶腹为涡旋状，水流顺时针卷向涡心，涡心处似有一条鱼而被水势卷入，可见涡流激急（图1-9）。临洮马家窑出土一个彩陶盆，盆中绘一个同心圆迭压在三个同心圆之上。下三个同心圆的边缘绘出三根半边形态的椭圆线条，该线条尾部分叉为三根，半椭圆的尖部有一黑点。蒋书庆称此为"三叉形回旋纹"，未指明为何具象（图1-10）。卢晓辉以为即蛙腹与蛙腹的变形①。林少

---

① 卢晓辉：《中国彩陶与岩画的生死母题》，上海文化出版社2001年版，第173页。

图 1-10　马家窑出土的彩陶盆

雄则将整个图案定为"水蚤类动物的变形"①。

其实细心识别，半椭圆线纹乃是由水波中伸出的鱼头，椭圆尖部的黑点为鱼眼睛，线条的分叉表现鱼背部竖立的"脊刺"；这也是借"顺时针"的鱼游状态渲染水之右旋。

植物叶瓣亦衬托右旋涡纹，如甘肃榆中县马家坬出土的彩陶盆，底部中间由四个花叶组成一个"十"字形的圆心，四周有三股旋流向中心斡旋，也为顺向卷动（图 1-11）。

有学者或以为右旋的水涡纹表达了那个时代人们之于"水的记忆与颖悟"，②这思考有道理，但其间可能还有更内在的东西渗透着。如兰州红山大坪出土的一个彩陶钵，钵底绘右旋涡纹，涡旋从钵边向钵心（即由外向边线渐转入中）。

图 1-11　马家坬出土的彩陶盆

在涡流线边，有上下左右四个呈"丫"形发式的人头。这图形明显含有值得探究的巫术魇制用意（图 1-12）。

形成之二，鱼之右旋。偃师二里头出土一平底盆，盆侧壁上有两条鱼

① 林少雄：《中国彩陶的文化读解》，上海文化出版社 2001 年版，第 157 页。
② 同上书，第 57 页。

图1-12　兰州红山大坪出土的
彩陶钵

图1-13　偃师二里头出土的
平底盆

作右向逐游状（图1-13）。又有一种阴阳鱼右旋图纹，主要出现在屈家岭文化纺轮上（图1-14）。这种旋纹，陆思贤先生指为"太极图式旋涡纹"，以为"旋转着的鱼……黑白相间，可视为最原始的太极图"[1]。

史前的右旋鱼纹亦流传下来了。东周暗纹陶（又名砑花陶）上，有三条鱼首尾相续、呈环形右旋的图案（图1-15）。秦代漆盂上，一只鹭鸟追赶两条鱼，右向旋转着。蒋书庆以为，这种旋转似为"寒来暑往不断轮回的象征"[2]。鱼之右旋在楚汉漆器中表现得极漂亮。郑军所编《中国鱼纹图案集》中收有一幅汉代漆耳杯图，杯的椭圆空间中，三条形态各异的鱼口中吐着"气泡"，正作右向回游[3]。旅大营城子出土汉代陶洗中，则绘制六鱼环游；鱼数六条，取"六六顺余"之意[4]。若为双鱼右向而游，则必一雌一雄，含阴阳夫妇和谐之意也。唐代佛教艺术流行后，双鱼右旋图式中的鱼演换为"摩竭"。"摩竭"是佛教传说中的体巨凶怪之鱼。释辨机《大唐西域记》卷八载：诸商侣"泛舟南海，遭风失路，波涛飘浪……俄见大山，崇崖峻岭，两日联晖，重明照朗。时诸商侣更相慰曰：'我曹有福，遇此大山，宜于中止，得自安乐。'商主曰：'非山也，乃

①　陆思贤：《神话考古》，文物出版社1995年版，第234页。
②　蒋书庆：《远古彩陶花纹揭秘》，上海文化出版社2001年版，第189页插图18。
③　郑军编：《中国鱼纹图案集》，上海书店出版社1996年版，第47页。
④　吴山：《中国历代装饰纹样》第二册，人民美术出版社1988年版，第579页。

图 1 - 14　阴阳鱼右旋图纹　　　图 1 - 15　东周暗纹陶三鱼首尾相续图案

摩竭鱼耳。崇崖峻岭，鬐鬣也；两日联晖，眼光也。'"①《一切经音义》四十一"摩竭"条："摩竭者，梵语也，海中大鱼，吞陷一切。"②内蒙古喀喇沁旗哈达沟门出土过唐代肃宗或宪宗时期"双摩竭"银盘，盘心为佛家宝珠纹，两条粗壮的摩竭鱼围之右旋戏弄，意欲吞之③。

　　古人以为龙蛇口中均有珠，故龙蛇及神鱼特喜戏玩于珠。南朝梁任昉《述异志》卷上云："凡珠，有龙珠，龙所吐者也；蛇珠，蛇所吐者。南海俗谚云：蛇珠千枚，不及玫瑰。言蛇珠贱也。玫瑰亦是美珠也。越人谚云：种千亩木奴，不如一龙珠。"④《太平御览》卷八〇三卷珍宝部引张说《梁四公记》载："帝命杰公记蛇、鹤二珠，斗馀杂珠散于殿前，取大黄

---

①　季羡林：《大唐西域记校注》，中华书局 2000 年版，第 681 页。

②　释慧琳：《一切经音义》，日本元文三年至延亨三年狮谷莲社刻本。

③　刘志雄：《龙与中国文化》，人民出版社 1992 年版，第 203 页。该书作者刘志雄在记述此图时交代，摩竭鱼旋戏火珠，表现有"鱼龙变"之义。中国的摩竭鱼形象"与龙纹相似"，故此图中的二"摩竭"（鱼）戏珠是文物图案中传统的二龙戏珠的变形，似摩竭鱼吞噬宝珠即可化为龙也。因为在中国文化沉积中，龙珠关系是联连的。如《庄子·列御寇》："夫千金之珠，必在九重之渊，而骊龙颔下。"（郭庆藩：《庄子集释》第 4 册，中华书局 1997 年版，第 1061 页）《史记·龟策列传》："明月之珠出于江海，藏于蚌中，蛟龙伏之。"（司马迁：《史记》第 10 册，中华书局 1982 年版，第 3227 页）《初学记》卷二七引《尚书考灵曜》"赤用藏，龙吐珠。"［徐坚：《初学记》（下卷），京华出版社 2000 年版，第 418 页］刘禹锡《答乐天所寄咏怀》诗中也有"骊龙颔被探珠去"的句子。（陈贻焮主编：《增订注释全唐诗》第 2 册，文化艺术出版社 2001 年版，第 1637 页）《本草纲目·鳞部》："龙口旁有须髯，颔下有明珠。"（李时珍：《本草纲目》，中医古籍出版社 1997 年版，第 1000 页）诸例皆为龙珠系联之证。

④　任昉：《述异志》，《百子全书》第 5 册，岳麓书社 1993 年版，第 4361 页。

蛇、玄鹤各十数，处布珠中间。于是鹤衔其珠，鸣舞徘徊；蛇衔其珠，盘屈宛转。群公观者，莫不叹服。帝复出如意、龙、虫等珠，校光之远近，七九之数，皆如杰公之言。"① 明代陈仁锡《潜确类书》云："龙珠在颔，鲛珠在皮，蛇珠在口，鳖珠在足，鱼珠在眼，蚌珠在腹。"② 李时珍《本草纲目》鳞部第四十三卷"诸蛇"条论及蛇时云："其珠在口（陆佃云：龙珠在颔，蛇珠在口。怀珠之蛇，多喜投暗。见人张口，吐气如烬）。"③ 上述双摩竭银盘中心那颗闪烁的珠所表达正是这种传统主题。

图 1-16　襄汾陶寺出土的彩陶底部

图 1-17　商代铜盘

形成之三，是龙蛇的右向盘旋。徐建融认为，彩陶中的涡漩纹应为盘旋的蛇纹，即旋虫或句龙。④ 其实"右向律"的"旋虫或句龙"，商周文物上尤多，未必和涡漩纹牵扯在一起。襄汾陶寺遗址出土彩陶底部，绘一顺时针的蟠龙，龙体有双条斑纹，吻中衔草穗状物。商代铜盘中常作一蟠龙，四周或有鱼、夔龙、鸟围绕它右向旋动，而蟠龙盘曲的方式则是由头到尾顺时针地卷过来（见图 1-16、图 1-17）。马承源曾把这种旋动的蟠龙命名为"卷体龙纹"，以为其特点是"龙头居中，体躯作环形盘转成圆形"，而"大多施于盘的中心……盛行于商末周初"⑤。蛇首居中而尾巴按顺时针走势甩

①　李昉：《太平御览》第四册，中华书局 1998 年版，第 3568 页。
②　转引自张英《渊鉴类函》第十册，上海古籍出版社 1992 年版，第 686 页。
③　李时珍：《本草纲目》，中医古籍出版社 1997 年版，第 1015 页。
④　徐建融：《彩陶纹饰与生殖崇拜》，《美术史论》1989 年第 4 期。
⑤　马承源：《中国青铜器》，上海古籍出版社 1988 年版，第 330 页。

上去，东巴尔干文明中也有遗迹。朱狄书中引用过一幅出土于罗马尼亚坦戈（Tangiru）的陶盘图片，盘中为不规则的"四角星"形，"星"之中乃一黑蛇，躯尾右旋。朱先生评之云："它是一种促使动植物和人类周期性生长的表意符号，是一种保证生命继续的符号，生命就存在于线条的流动和循环之中……"①　这只是一种猜测；原本之义究竟为何，诚难泥定。

除此之外，其他器物也存在右旋龙纹。流于海外的殷代龙纹匕，匕上有一个"六角形"的枣核状图案，"核"中是一条侧身的蟠龙，其吻大张，下啖食物，颈身及尾则右向卷翘而起。上海博物馆藏有蟠龙纹钟，钟的"鼓"部（即下部）铸一头居中而躯尾右旋的蟠龙②。

殷周玉器中有种"衔尾龙"③，很特别。从造型看，吻尾相"接"（或连或不连），尾巴顺时针地勾卷，看上去呈环形。此类旋龙，或即《说文》中的"珑"字。它的"旋动势"，应当与祈雨有关④

图 1 - 18　殷周玉器中的衔尾龙

---

① 朱狄：《信仰时代的文明》，中国青年出版社 1999 年版，第 169 页。

② 马承源：《中国青铜器》，上海古籍出版社 1988 年版，第 170、291 页。

③ 朱国祯《涌幢小品》卷 27 记载过"蛇衔尾"："十八年夏初，乳源前江，多蛇衔尾自下而上，至燕口岩穴中，一日夜始尽。人击之，亦不为害。"（《涌幢小品》下册，中华书局上海编辑所 1959 年版，第 644 页）

④ 古玉中的"珑"为龙形，有时作为半璧的璜形，并因龙形雕刻"龙文"。段玉裁在《说文解字》中，为"珑"字下注："瓏龙为玉也。"（《说文解字注》，凤凰出版社 2007 年版，第 19 页）意思是：缘龙之形，刻以龙体之纹。王筠《说文句读》中，"珑"字下引《字林》曰："祷旱玉为珑。《山海经》：'应龙在地下，故数旱。旱而为应龙状，乃得大雨。'是以祷旱之玉为龙文也。"（《说文解字句读》，中华书局 1988 年版，第 8 页）段、王皆以龙形、龙文之玉为"珑"。这种"珑"形器红山文化中就曾出过。其中"三星他拉"出土的那件是标准的"珑"玉，龙体弯曲之态中透示着龙之卷缩隐伏的神性。而辽宁建平出土的那件"珑"形器，其首大拙似猪，学界因之称为"猪龙"。"猪龙"致雨的传说，一直到宋代仍在祈雨风俗中流行。苏轼《次韵舒尧文祈雪雾猪泉》诗就云："岂知泉下有猪龙，卧枕雷车踏阴轴。前年太守为旱请，雨点随人如撒菽。"（《苏东坡全集》，北京燕山出版社 1998 年版，第 630 页）另外，哈佛大学福格博物馆藏洛阳金村出土之"珑"，中山王墓出土之"珑"，长丰杨公战国墓出土之"珑"，广州象岗西汉南越王墓出土的"金钩珑"，都是既具龙形，又在龙体上雕刻有花纹，以之祈雨。

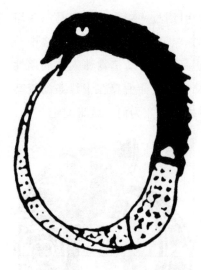

图 1-19　国外衔尾蛇图案

（图 1-18）。美洲印加文化、古埃及、希腊以及中世纪欧洲民间，均有这种衔尾蛇图案（图 1-19）。德国艺术家汉斯·比德曼说："咬着（或吞食）自己尾巴的蛇，在很多文化传统里都可以找到。这种具有象征意义的图像，它是由一个动物构成的一个圆，代表'永恒的轮回'，暗示在一个无止境的循环里……象征死亡与再生。"①

秦汉以后，龙蛇盘旋纹饰有推衍，单体右旋的龙蛇过渡到多条龙蛇互逐右旋。此多出现在以圆为单元格的器物上。吴山先生《中国历代装饰纹样》第二册收有秦铜镜一面，镜以云纹作底，上铸三条虺蛇顺时针绕镜一周②，最为典型；形式与我们见到的秘鲁彩陶瓶绘双龙右旋图近似③。

龙蛇盘旋或右旋，有它的原始宗教或巫术意义。笔者见到一块台湾民间流行的图腾板，板为方形，中刻一锐首蝮蛇，正顺时针旋动，将一个人面缠裹于蛇身中。这显然是为魇制诅咒他人而作（图 1-20）④。

在艺术形式上，龙蛇右旋图案涉及国外原始艺术史家们指出的一种"旋转透视"（Pers Pective tordue）现象。它的特点是：所刻绘的动物（例如牛）的"身体是侧面的，而巨大的弯曲的牛角则是正面的"⑤。在旧石器时代的佩里戈尔文化以及西班牙黎凡特岩画中均有此种体现。殷周铜器中右旋龙蛇纹的设计，也有用到"旋转透视"法的（图 1-21）。

① 汉斯·比德曼：《世界文化象征辞典》，漓江出版社 2000 年版，第 378 页。另外，此种见解又见于另一处动物右旋的解释。欧洲中世纪教堂的窗户有开为圆形的习惯，圆形窗上画三只右旋奔跑的兔子，汉斯·比德曼说："我们经常看到三只兔子在一个圆圈里的图画，它们的耳朵构成一个三角形——这使人很容易想到圣父、圣子和圣灵的三位一体，或时间的循环过程。"（《世界文化象征辞典》，漓江出版社 2000 年版，第 360 页）

② 吴山：《中国历代装饰纹样》第二册，人民美术出版社 1988 年版，第 116 页。

③ 田旭桐：《美洲民俗民间图案》，广西美术出版社 2000 年版，第 39 页。

④ 陈兆复：《原始艺术史》，上海人民出版社 1998 年版，第 422 页。

⑤ 同上书，第 147 页。

图 1-20　台湾民间图腾板

（二）右旋中的鸟纹及其他

另一种值得注意的彩陶右旋
纹则是：鸟之盘旋或飞逐。兰州
西坡洼出土的彩钵，绘四只长尾
鸟，两两比翼，在钵底右向飞转，
展示着流畅、悠扬的动感。甘肃
省文物商店藏有辛店文化时期的
陶壶，壶之颈部排列一队"鸟"
（鸟形不一，共 10 只），鸟首均朝
一个方向，呈"走动态"，正好顺
时针地绕壶颈转了一圈。陕西华县
柳子镇泉护村出土的庙底沟型彩陶
器上出现太阳鸟形象，鸟张两翅，
背负太阳，按覆盆式抛物线（苍
穹）由东而西（也即从左向右）

图 1-21　殷周铜器中运用"旋转
透视"法的右旋龙蛇纹

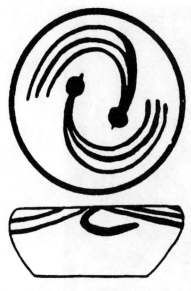

图 1-22　马家窑类型陶钵
对鸟右旋图案

图 1-23　双凤旋鸟图纹

飞行①。马家窑类型陶钵中又常见一种对鸟右旋的图案（图 1-22），含有雌雄互逐嬉戏的意味，使我们很容易想到《诗经》中的"燕燕于飞"。

这种"旋飞的鸟"纹，陆思贤以为与神话中"玄鸟生商"的"玄鸟"有关。陆说："《诗经·商颂·玄鸟》：'天命玄鸟，降而生商'……玄鸟即旋鸟……鸟之能翻转，即旋飞上下于天，故能作为天帝的使者，'降而生商'。"② 此论予人启发颇多。

旋鸟图式在后来的文物图像中延续不绝。北京平谷刘家河出土的商代铜盘，盘壁有三只鸟摆成"品"字形右向飞逐。对鸟盘旋纹，到湖南战国墓出土的漆盘上，演变为双凤，双凤首居盘中、尾贴盘沿，作右旋飞行（图 1-23）。长沙唐墓出土过铜质梳。梳背较宽大，上有右旋双鸟。左为雄，右为雌，皆长尾，寓夫妇恩爱意。还有宋代人烧制的瓷碗内壁，多绘三只凤鸟右旋。凤翅开张，呈飞翔状，唯凤首似鸡。这大概与碗之为餐具有关。

以鸟纹作右旋，国外彩陶中也用到此法。陈兆复收集到一幅藏于德黑兰考古博物馆、出土于依斯麦拉巴多、公元前 4000 年前后的鸟纹彩陶钵图片。钵中绘 21 只长腿细脖的水鸟，鸟的头喙前伸，依次列队，右旋于

---

① 蒋书庆：《远古彩陶花纹揭秘》，上海文化出版社 2001 年版，第 143 页插图。
② 陆思贤：《神话考古》，文物出版社 1995 年版，第 241 页。

钵周①。朱狄先生也收集到一些欧洲新石器时代的旋鸟陶纹，以为与欧洲人的月亮盈亏观念有涉。朱狄说："（这）此陶器的纹饰也被认为是再现月亮盈亏的。它们的纹饰带有一种自循环的旋转性，是表现'转生'（met-empsychosis）的。这些纹饰往往画在陶器的内壁上……它们都属于库库特尼晚期文化，制作年代约为公元前 4000 年左右。这些纹饰都被认为是表现'一轮弯月转向了它的对立面'。"②

彩陶右旋纹在抽象发展中又表现为一种左折右旋的"卍"字纹。藏于青海文物考古队的双肩耳罐及马厂型彩陶壶、彩陶盘上，有此类型（图 1－24）。1977 年青海民和加仁庄出土一只单耳彩陶瓶，在波折纹的上下缀饰有右旋的"卍"字纹。1959 年临洮寺洼山出土的齐家文化型陶壶上，则在"×"交叉纹中插入右旋"卍"字纹。1974 年甘肃永登蒋家坪出土的彩陶盘（藏甘肃省博物馆），盘绘五角星，星中有同心圆，圆内是左折右旋的"卍"字。1977 年内蒙古

图 1－24　刻有"卍"
字纹的彩陶盘

自治区翁牛特旗解放营子乡南沟村石棚山新石器时期墓葬中出土的陶罐，罐腹的"卍"字纹均为右旋③。另外，西藏恰克桑一号岩画中也有此类

---

① 陈兆复：《原始艺术史》，上海人民出版社 1998 年版，第 384、174 页。

② 朱狄：《信仰时代的文明》，中国青年出版社 1999 年版，第 340—341 页。

③ 古之骨瓮或地下所埋之瓮的意蕴尤其复杂。如宋张君房《云笈七签》卷 78 "方药部"五有"神水埋瓮法"，其文曰："先埋瓮于地中为架，架上重重安之，以瓦盆合瓮口"，"其埋瓮处，勿使妇人、小儿、鸡犬、污物犯之"，"明日欲埋瓮，今夜须宿斋净心。当埋之时，勿令妇人、小儿、鸡犬、疾病人见之，又以成、满、除日为之，复得福德建王盛洁等地埋之，最佳"（文渊阁四库全书本，第 1060 册，台湾商务印书馆 1986 年版，第 835 页）。又如，晚清陈其元《庸闲斋笔记》卷 1 记："余家系出渤海高氏，宋时以勋戚随高宗南渡，籍临安……一日者，于门隙见双灯野外来，潜出窥之，则一儒衣冠者，一道士也。道士指公室旁一地曰：'此穴最吉，葬之子孙位极人臣，有一石八斗芝麻官数。'儒冠者曰：'以何为验？'曰：'以鸡卵二枚坎其中，明日此时，鸡子出矣。'乃于怀中取卵埋之而去。次日公起磨腐，忽忆前事，往探其处，则闻然二鸡雏也。正骇异间，又见双灯遥遥至，雏已出壳，不以埋，急于室中取卵易之，而屏息以伺。二人者至，揙之，则仍卵也。儒冠者咎其言不酬，道士迟疑良久，曰：'或气运尚未至耶？'遂去不复返。（转下页）

"卍"字右旋符号。

国外陶器亦见右旋"卍"字纹。雅典国立考古博物馆藏公元前八世纪放骨灰用的陶罐，上绘死者卧在那里，其头部有三个右旋"卍"字纹，这无疑具有宗教寓意。又如意大利阿尔巴诺湖附近出土过"骨殖瓮"，瓮腹刻有一圈"卍"字纹，这可能与导魂或护灵有关。

彩陶纹"右旋"律又以花叶的形式体现，主要见于马家窑文化。其特点是："围绕圆点纹用弧线勾画翻转式花瓣，便得旋转式的花形效果。"（图1-25）花叶纹右旋，后世文物图案中仍多见。云冈石窟所刻缠枝纹，即枝叶上卷，呈顺时针方向。唐代银盒上有种不断头的缠枝，也是顺时针环形结构。宋代磁州窑瓷瓶上好以缠枝卷带一种花朵（最多的是牡丹），作右旋状。

（1）　　　　　　　　（2）

**图1-25　花叶形成的右旋彩陶纹**

另外，由人物的朝向也可构成"右旋"。1957年酒泉市东南甘干骨崖四坝文化墓地M59出土的双耳彩陶罐，肩腹部绘一排跪拜的女子，均侧身，一个接一个地"右旋"一周（图1-26）。又如广西西村出土的280号铜鼓①，饰有河上祈游图，从船上划船人的朝向（再联系船头所向、鹭鸟、

（接上页）居久之，公乃奉东园公骨瓮葬其中。二世之后，遂有登科者，至今已三百年，举、贡、进士至二百数十人，位宰相者三人，官尚书、侍郎、巡抚、布政使者十一人，科第已十三世矣。"（章伯锋、顾亚主编：《近代稗海》第10辑，四川人民出版社1988年版，第327页）
①　中国古代铜鼓研究会：《中国古代铜鼓》，文物出版社1988年版，第171页插图。

鱼游的情状）看，也是围绕鼓腰右
旋的。

（三）右旋律的内在意蕴

右旋的主导倾向与战国前中国
人的宇宙意识有关。上古人信"盖
天说"，以为"天象盖笠，地法覆
盘，天离地八万里"[1]。日月沿天穹
之弧盖运行，天晚时下到地盘之下
的水中，次日又从地盘东侧水中冒
出，日复一日，年复一年，《周髀
算经》所谓"天圆如张盖……日月
右行……天牵之以西没"。宋代黄
伦《尚书精义》卷二："日月星辰

图 1-26 酒泉市东南甘干骨崖四坝
文化墓地出土的双耳彩陶罐

则自东而西，所谓右旋。"[2] 王与之《周礼订义》卷四四亦云："日月星辰
右旋。"[3] 清代毛奇龄《尚书广听录》卷一："天得常度，日右旋。"[4] 秦蕙
田《五礼通考》卷一九二："恒星循黄道右旋。"卷一九七："每昼夜日右
旋一度。度也者。行而过之之名。"[5] 又如古人金木水火土排列为右旋，宋
代朱元升《三易备遗》卷六说："金火木水土之序……也即日月星辰右旋
之理也。"[6] 华夏先民居住于北半球，以坐北朝南为正向，日月由东而西，
自左达右，经行于天地间；长此以往，就自然内化为一种"顺时针"的周
行习惯了。[7] 邱振声先生曾对他所见到的"冷水冲式"及"北流式"铜鼓

① 赵爽：《周髀算经》（卷下），《中华杂经集成》第一卷，中国社会科学出版社 1994 年版，
第 851 页。

② 黄伦：《尚书精义》，文渊阁四库全书本，第 58 册，第 158 页。

③ 王与之：《周礼订义》，文渊阁四库全书本，第 93 册，第 726 页。

④ 毛奇龄：《尚书广听录》，文渊阁四库全书本，第 66 册，第 635 页。

⑤ 秦蕙田：《五礼通考》，文渊阁四库全书本，第 139 册，第 639、806 页。

⑥ 朱元升：《三易备遗》，文渊阁四库全书本，第 20 册，第 826 页。

⑦ 古人的右旋观念确与日月周行有关。唐卢肇《浑天法》曰："日出地上，于卦在晋；日入
地下，卦为明夷。乾为天，坎为水。天右旋入水为夕，则天在水下，于卦为需。""日傅于天，天
右旋入海，而日随之。"（董诰：《全唐文》第 4 册，上海古籍出版社 1990 年版，第 3545 页）明张
介宾《类经》卷 23 云，"岐伯曰：上者右行，下者左行，左右周天，余而复会也。上者右行，言
天气右旋，自东而西以降于地。下者左行，言地气左转，自西而东以升于天。故司天在 （转下页）

上立蛙的朝向做过一个详细的统计。他发现鼓面立蛙"顺时针"旋向的极多，"是有含义的。""立蛙的顺时针向，可以看作是月亮跟着太阳走。"①他也意识到了"顺时针向"与日月经行的关系。

彩陶纹的右旋形式与上古原始宗教巫性思维分不开。从殷周时代文物符号遗留看，上古巫觋祭祷祈求时往往作"右旋"化模拟；特别是在祭于"丘"、祭于"社树社丛"、祷于祭坛或祭台时。在甲骨文中，"正"字作一个"方框"和一个"脚印"形。"方框"代表祭台，而足印则是巫者旋其四周之义。在商代且己爵上，正字则作一个"方框"周边四个"脚印"

---

（接上页）上，必历巳午未申而西降；在泉在下，必历亥子丑寅而东升也。"（《类经》，文渊阁四库全书本，第776册，第467页）又如祝允明《前闻纪》记："夫日月五星之丽天也，除太阳人目不能见其行于列宿之间，其太阴与五星昭然右旋，何以见之？当天清气爽之时，指一宿为主，使太阴居列宿之西一文许，尽一夜则太阴过而东矣。盖列宿附天舍次而不动者，太阴过东，则其右旋明矣。夫左旋者随天体也，右旋者附天体也。必如五星右旋为顺行，左旋为逆行，其顺行之日常多，逆行之日常少"。尹直《謇斋琐缀录》卷7亦云："地道右旋，是以太阳次子方为子时，次午方为午时，顺行十二方而为十二时，此所以今夜之子时即为明日之初，宜也。"（分别见王熹主编《中华野史·明朝卷》，泰山出版社2000年版，第358、531页）又如清代方浚师《蕉轩续录》卷2有"日月五星右旋"条，文说：朱子谓"历家以右旋为说，取其易见日月之度。"又谓："历家只算所退之度，却云日行一度，月行十三度有奇，此乃截法；故有日月五星右行之说"。"（余）偶阅明《高皇帝集·七曜天体循环论》云：'蔡氏所注《尚书》言乾旋之道，但知其肤，不究其肌……朕自起兵以来，与知天文、精历数者昼夜仰观俯察，二十有三年矣。知天体左旋，日月五星右旋，非此一日之辩，非寻常之机。所以非寻常之机何？因与群雄并驱，欲明休咎，特用心焉。故知日月五星右旋之必然也。'""浚师案：高帝此论，确有证见，非经生家一知半解者比。顾亭林《日知录》谓右旋之说本之陈祥道，不知实出高帝独断也。"（《蕉轩随录续录》，中华书局1995年版，第551页）清孙承泽《天府广记》卷29也说："天左旋，日月五星右旋。盖二十八宿经也，附天体而不动。日月五星纬乎天者也。""日月五星行乎十二辰之次，纬天右旋"。（《天府广记》，北京古籍出版社1982年版，第385页）吴伟业云："天为动物，本行无不右旋为性，所循黄道，所宗黄极"［《吴梅村全集》（中），上海古籍出版社1990年版，第1114页］。朱彝尊《书传会选跋》云："天体左旋，日月五星右旋。"（《曝书亭集》卷42，文渊阁四库全书本，第1318册，第131页）李慈铭云："自来言天者，皆曰天左旋，日月右旋，《晋》《天文志》乃有蚁行磨上之喻，谓磨左旋蚁右行，磨疾蚁迟，不得不西。"（《越缦堂读书记》，辽宁教育出版社2001年版，第537页）日月等天体右旋运行规律对古代中国有深刻影响，古人在社会生活中常自觉模拟这一自然法则。如杜佑《通典·军礼》（二）记，射礼中有右旋之仪："协律郎偃麾，乐止。射者右旋，东面弛弓，北面立，乃退，复西阶下位。"《宋史·舆服志》记"指南车"："上刻木为仙人；其车行，木人指南。若折而东，推辕右旋。"［《二十五史》第5册《宋史》（上），浙江古籍出版社1998年版，第401页］又如清方绚《采莲船》描写文人置酒美人履中、饮"莲杯酒"，也依次右旋六巡。之所以"右旋者，（乃因）莲开六月，以天道东行也。（之所以）六巡者，（乃因）莲花十八瓣，坐有六人，重之得并头莲也。"（虫天子编：《中国香艳全书》第2册，团结出版社2005年版，第900页），诸例皆为古人右旋观念受天体运行规律影响的显证。

① 邱振声：《壮族图腾考》，广西教育出版社1996年版，第190—197页。

形，脚印循方坛四边顺时针摆列，那是
巫师或祭者之足绕于祭台四周以祈求祖
灵神禳灾佑福的形象化反映（图1－27）。
所以甲骨学学者赵诚先生曾讲，"正"字
是一个"祭"名。卜辞中"正于父乙"
（遗·八五四），即在圣坛下周旋步踏、
求"父乙"神灵解除殃祸。[①] 在广西左
江岩画第八画区第九组（总第一〇五
组），我们也可以看到环形顺向的祭祷阵
容。左一人腰挂长刀、"巫步"立于兽
身，似巫酉之尊者，由他指挥祭典。祈

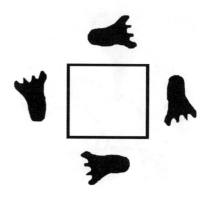

图1－27　商代且己爵上的右旋纹

求目的不太明晰，从祭者举击两面铜鼓看，似与晴雨有关。参祭人上排两
手向右，下排两手向左，大致形成"顺时针"环状格局（图1－28）。

图1－28　广西左江岩画第八画区第九组祭舞场面

最著名的青海大通孙家寨彩陶盆上那祭舞场面：舞人三组，每组五
人，头后垂一发辫状物，衣拖尾饰。从其头面及衣之尾饰的动势看，这

---

① 赵诚：《甲骨文简明辞典》，中华书局1988年版，第246页。

图1－29　云南沧源崖画第七地点第九区的右旋巫舞

群舞人应该是在"右旋"。右旋巫舞在云南沧源崖画第七地点第九区也有表现，舞者五人，围圆而舞，是为男子的狩猎祭祷舞。正上一舞人扬左手，右腿向左迈进；右一人亦扬左手，似右腿于左腿后向左虚进一步，然后再撤左腿；右下那一舞者也是右腿于左腿后向左虚进一步，不同的是他扬挥着右臂……这就已经透显出舞队在整体上正作顺时针旋转（图1－29）。

这些巫祈、巫步或巫舞多作右旋的事实，正与后世学者所记述的"筮者右旋"的行为模式相吻合，司马光《书仪》卷七云："卜筮者许诺，右旋，就席北面坐，述命。"①清代徐乾学《读礼通考》卷四十六云："卜师筮师俱曰：'诺'，遂述命。讫，右旋，就席北面坐。"②这就告诉我们，右旋或顺时针旋动曾广泛地渗透于上古文明的原始宗教生活与巫术仪节，并迁移到后来，"内化"（或潜移默化）成了一种行为习惯。在这个意义上，彩陶纹右旋就不仅仅是一种简单或纯然的艺术细节，而是上古人寰宇空间意识在文化活动方式与巫术艺术中留下的沉积与折光。我们理解彩陶纹右旋律，当由此入手。彩陶纹右旋和那个时代其他文化形式右旋在土壤上可以说是共同的，都是上古中国人生成"日月右行"空间观念时连带的东西，而当这种"连带"有绵厚深广的原始宗教作背景时，它就显得更加表层化与鲜明化了。

## 第五节　战国前文物纹饰与"拆半律"

"拆半律"是法国人类学家列维－斯特劳斯在总结美洲西北海岸原始

---

①　司马光：《书仪》，文渊阁四库全书本，第142册，第501页。
②　徐乾学：《读礼通考》，文渊阁四库全书本，第113册，第148页。

艺术时发现的。这种规律在中国战国前青铜器、玉器、陶器造型纹饰中亦有体现。这种现象既有审美形式追求上的原因，也有宗教巫术、神话传说的内涵，是多重因素构成的。

（一）

法国人类学家列维－斯特劳斯在他的《结构人类学》中提到过一种艺术"拆半律"，认为它是东西方装饰艺术及视觉经验的共有规律。

这里有两种情形。一种情形是，有些动物从正面看去，未必能够看全它的双眼、脸面侧部及身体的两侧。但若我们把这种动物由背脊部或尾部向前分剖，剖到鼻嘴处或让其连着，将剖开的两身体侧面"一"字形展开压平，那就可以看清其全部了。他说：有一种"用平面……来表现动物的独特方法"，"仿佛有一个人抓住这只动物，把它纵长拆半分开，从尾端几乎一直到鼻尖，然后把这两半撕开，把这只平分为两半的动物面朝外地平放着，分开的两半只在（面部或）鼻尖连接"着。

比如弗·博厄斯《原始艺术》一书中搜集的海达人的熊画即是如此。"熊被……分开，仅头前部相连"，"熊头由两个侧面构成，它们连结在一起使人可以看到如此宽大的熊嘴。"在"这种拆分"下，"仿佛描绘了两头熊"[1]；其实是一只熊由背部剖开后的展开图（图1－30）。又如海达人的鲨鱼画，鱼头呈正视图，显出鲨鱼的特征，鱼身从尾部分剖拉开，平置在头的左右两侧，这样，乍一看去好像是一条"一头两身"的鲨鱼了（图1－31）。

图1－30　海达人的熊画

按照斯特劳斯的理解，中国战国前青铜器、玉器及其他材质的器

---

① 列维－斯特劳斯：《结构人类学》，文化艺术出版社1989年版，第84—85页。

图 1-31　海达人的鲨鱼画

图 1-32　二里头"双龙身"

物装饰图案也惯用此种"拆半"方式，做器者在表现一个动物时，往往把动物身躯分剖开，使分剖的身躯向左、右两侧展开。斯特劳斯的研究，使我们想起了河南偃师二里头文化遗址陶器盖上那条神秘的"一首双身"龙①（图 1-32）。它形式上与海达人的鲨鱼画颇相似，也是一个头拖出两个身躯来；龙头吊眼圆目，呈三角形，如矢锋状。这种"一首双身"的龙蛇形象延续到殷周陶器、青铜礼器中有了较多的反映。如殷墟妇好墓出土的司粤母方壶，四面铸饰着头有柱角的四条"一首双身"龙，龙口向下，龙额有菱形方孔，龙躯长约 9 厘米，躯下生有一足（图 1-33）。据妇好墓清理工作者介绍，墓中 800 号标本青铜钺的两面也铸有"一首两身的龙纹。龙口向刃部，圆眼，头上有钝角一对，面部两侧出身尾，短足前屈，尾上卷……龙鼻之上铭'妇好'二字"。② 像这种身躯分剖开来的"一首双身"龙形图饰，还有很多。如西周早期斿父癸壶肩部的双身龙纹，房山琉璃河出土的圉方鼎上的双身龙③，新中国成立后出土于陕西岐山县礼村西

---

① 荆门左冢楚墓发掘报告讲："浮雕车壁皮袋，1 件（M1S：104）。仅存木质边框。……边框中段正面的一组浮雕为一龙二蛇相蟠图案，龙作一首双身，龙的两侧各有一条小蛇，蛇尾卷曲并列压住龙的双身。"（湖北省文物考古研究所：《荆门左冢楚墓》，文物出版社 2006 年版，第 101 页）刘敦愿《山西石楼出土龙纹铜觥的装饰艺术与族属问题》："商周方鼎上多见，都是那种一首双身的神话动物……此器所见……这条龙龙身在左侧有一条两间尖细、中段粗大的带状物，不知另一个动物还是一首双身龙的另一支躯体，疑不能明，如果是后者，那也应是一种很特殊的处理方式。"［孙进已等：《中国考古集成》（三），哈尔滨出版社 1994 年版，第 1694 页］曾侯乙墓发掘报告云："最能表现青铜器装饰效果的莫过于尊盘。如尊的……腹及圈足在浅浮雕及镂空的蟠螭纹上，各装饰四条一首双身龙。"［湖北省博物馆：《曾侯乙墓》（上），文物出版社 1989 年版，第 481 页］

② 中国社会科学院考古研究所编：《殷墟妇好墓》，文物出版社 1980 年版，第 105 页。

③ 马承源：《中国青铜器》，上海古籍出版社 1988 年版，第 348 页。

图 1 - 33　殷墟妇好墓司彝母方壶

周王方鼎上的双身龙纹①（图 1 - 34），安阳出土的殷代白陶罐沿口的双身龙纹，1980 年出土于陕西淳化史家塬西周大鼎肩下的双身龙②，殷墟正觚圈足上的双身龙，殷周铜方彝上沿口的双身龙③，春秋铜壶上的双身龙，战国玉雕上的双身龙④，1975 年出于扶风县白龙村商姤姒康方鼎上部的双身龙，⑤战国双身龙佩件（图 1 - 35），等等，都与妇好墓司彝母方壶双身龙类似。

图 1 - 34　陕西岐山县礼村西周王方鼎

特别要一提的是，殷周青铜器上惯用的"舟"字纹（图 1 - 36）及西周铜器上的云雷纹，在设计上有一个兽面居中，而躯身则两边旁分，也表现出一种一首双躯的意

图 1 - 35⑥　战国双身龙佩件

---

①　陕西省文物管理委员会编：《陕西出土商周青铜器》（一），文物出版社 1979 年版，第 119 页。

②　杜廼松：《中国青铜器发展史》，紫禁城出版社 1995 年版，彩版第 15 页。

③　吴山：《中国历代装饰纹样》第一册，人民美术出版社 1988 年版，第 315 页。

④　同上书，第 165 页。

⑤　陕西省文物管理委员会编：《陕西出土商周青铜器》（一），文物出版社 1979 年版，第 56 页。

⑥　周南泉：《中国古玉断代与辨伪》（下），蓝天出版社 2007 年版，第 519 页。

味。① 虎纹也有拉开呈"一首双身"的，如三星堆青铜器纹饰（图1 -37）。②

图1-36③ 殷周青铜器"舟"字纹

图1-37④ 三星堆青铜器纹饰

和列维－斯特劳斯一样，我国学者或也把"一首双身"龙纹看作仅仅

---

① 在战国前的双身龙纹纹饰中，还有一种形式，即龙蛇的双躯不是"一"字形摆开，而是龙蛇之首与双躯呈侧面状，与《山海经》上的肥遗形象相接近。如夏家店文化上层陶器上双身龙纹，殷墟妇好墓大型瓿（778）肩部那种"身分两歧"的夔龙纹等。另外，长沙楚帛书十二神中的"余"神，也是一首双身，只不过双身扭缠在一起。李学勤描述说"蛇首青色，口吐歧舌，首侧有伸出的四角。双身，一赤一棕，互相扭结"。由于蛇双身扭结，有"交"之象，故帛书云"取女"吉。何新先生看到了这点，他讲："余蛇……即偶蛇也。""偶蛇，即骈体之蛇……偶蛇，有利于婚姻。"（《宇宙的起源》，时事出版社2002年版，第241页）

② 四川省文物管理委员会：《广汉三星堆遗址一号祭祀坑发掘简报》，《文物》1987年第10期。

③ 周南泉：《中国古玉断代与辨伪》（下），蓝天出版社2007年版，第519页。

④ 同上。

是表现形式上的问题。马承源先生说："以龙首为中心，体躯向两侧展开。旧称双尾龙纹……这种图案常饰在器颈部的狭长范围内而呈带状，使龙的体躯有充分展开的余地，即所谓'双体龙纹'；实际上是龙的正视展开图。"① 谢崇安也说："在商器中，龙形作为装饰图案的主题时，考虑到对称构图的美观需要，它往往作成'一首双身'。这种形式也见于西北的游牧人铜牌饰。宁夏中卫的青铜短剑墓中所出的透雕龙形牌饰，即雕刻成一首双身。"② 马承源以为"双体龙纹"是为了使龙之躯体在器物上能充分展开，谢崇安则认为"一首双身"是考虑到对称美观。

　　看来不能简单地作如是观。因为在上古中国人的观念中，本有一种"一首双身"的龙蛇类动物，即《山海经》中的肥遗。《山海经·北山经》记："浑夕之山……有蛇一首两身，名曰肥遗，见则其国大旱。"③ 郭璞《山海经图赞·北山经》"肥遗"条亦云："肥遗之蛇，一头两身。"李时珍《本草纲目》第四十三卷"鳞部"将蛇分为"两首者""两身者"。"两身者"即《北山经》所说"一首两身"之肥遗蛇。又如《管子·水地篇》曰："涸川之精者，生于蟡。蟡者，一头而两身，其形若蛇，其长八尺。以其名呼之，可以取鱼鳖。"④ 管子所说的"蟡"即肥遗，"蟡"是"肥遗"连促读音的变异。

　　古人的观念中，见到肥遗非祥兆，肥遗乃旱灾之象。《山海经·西山经》云："有蛇焉，名曰肥遗，六足四翼，见则天下大旱。"⑤ 郭璞注："汤时此蛇见于阳山下。"郭璞《山海经图赞·西山经》"肥遗蛇"条也说："肥遗为物，与灾合契。鼓翼阳山，以表亢厉。桑林既祷，倏忽潜逝。"张华《博物志》卷三记："华山有蛇名肥遗，六足四翼，见则天下大旱。"⑥ 故《全唐文》卷九四二收杜光庭《蜀王青城山祈雨醮词》文曰："赐臣以时和岁稔，拯臣以雨顺风调，驱肥遗于穷荒，舞商羊于中境。"《晚晴簃诗汇》卷七一收诸锦《大学释褐观石鼓》诗云："活师戏食水，肥

　　① 马承源：《中国青铜器》，上海古籍出版社 1988 年版，第 331 页。
　　② 谢崇安：《商周艺术》，巴蜀书社 1997 年版，第 211 页。
　　③ 袁珂：《山海经校注》，上海古籍出版社 1980 年版，第 78 页。
　　④ 《诸子集成》第 6 册，岳麓书社 1996 年版，第 290 页。
　　⑤ 袁珂：《山海经校注》，上海古籍出版社 1980 年版，第 22 页。
　　⑥ 范宁：《博物志校证》，中华书局 1980 年版，第 22 页。

遗出浑夕。"卷七八收陶元藻《谒南海神庙百韵》诗曰："肥遗罔象恍惚逢，森罗鬼怪执戟雄。"清人赵慎畛《榆巢杂识》上卷记朱壁所作《揭钵图》，"画法精入毫芒"，图中"前有饥蛟后肥遗"。在商周时代，肥遗就如黄帝时的女魃一样，充当着旱魃的角色，人们对之惧见忌遇、祷祈咒遣。二里头陶器及殷周礼器之所以绘铸其形象，与畏奉敬祈并借之以辟邪的复杂的原始宗教心理是有极大关系的。

（二）

列维－斯特劳斯所谈"拆半表现"的另一种情况是：把一个圆体的动物形象做在方形的器物上。他说："要在一只方盒上表现一只动物，就必定要……使他它适合盒子的角形外形。"即把动物面形或体形按鼻中线分剖为"左侧"与"右侧"，沿盒子的角贴附上去，"把脸拆成两半来表现"，以适应方盒的各个侧面[①]。

这种沿方体的角"拆半"表现兽面或人面的美学定理，我们在中国长江下游新石器文化最后阶段的良渚玉器中可以发现。最常见的是方柱体玉琮，柱面的纹饰一般是一个个半边状态的人面与兽面，即独眼、半边嘴。若转个"方"，仍然是一个个"半边"的人面或兽面。但若将一"方"上的半边人面、兽面与另一"方"的半边人面兽面展连开来，那就形成了一个个完整的人面兽面了。如江苏武进寺墩遗址（M4）1982 年出土的透闪石软玉玉琮，就是一方最典型的由琮的方柱体的"角"构成的对人面与兽面的分拆性表现（图 1 - 38）。

类此较多。如常熟莫城出土的玉琮高 15.8 厘米，方柱体的边长 7 厘米。把它立放着正面看去，柱表沿中轴线两侧各有六张层叠排起的"半面"的兽面面孔。一只眼半张嘴，半张嘴中伸出一颗獠牙。瑶山遗址 M12 所出玉琮一件，四棱柱表上分出二层，每层有一个"拆半"的神人面或兽面。草鞋山遗址 M198 出土一件玉琮，琮身分为七节，四棱柱表拆半分布的神人兽面为七层，眼睛只是一个圆圈，嘴也是半张（图 1 - 39）。

另外，浙江余杭瑶山良渚文化祭坛出土的三叉形器上，中间的一叉略短，有一个正面的"神兽面"，左、右两叉上有头戴羽冠的神人面像，

---

[①] 　列维－斯特劳斯：《结构人类学》，文化艺术出版社 1989 年版，第 100 页。

图 1 - 38　江苏武进寺墩遗址（M4）1982 年出土的透闪石软玉玉琮

但神人面像都被裁为"半面"，仅显出半个鼻、半张脸、一只眼。左叉
上为右"半面"，右叉上为左"半面"。这也是一种"拆半"的表现
（图 1 - 40）。

　　良渚玉器通过四棱柱体的角把"人、兽面纹"拆分在两个"面"上
的方法，殷周青铜器纹样设计上仍延续前人。如郑州商城遗址所出土的
兽面乳钉纹大方鼎，高 1 米，重 86 千克，乃王室重器，其乳钉纹兽面即
附在方鼎的直角上，被方鼎的直角线在视觉上分剖为二；我们把它展开
就可以看其全貌了（图 1 - 41）。

　　良渚玉器"拆半"律在殷周青铜器饕餮纹中也有反映。如妇好长方扁
足鼎上的兽面纹，有个完整的兽面居中，两侧又各有一个分剖开来的兽面
的半面（图 1 - 42）。小屯 M331 出土的尊的腹部纹饰也是在一个兽面纹的
"两端再补上半个兽面纹"[1]　（图 1 - 43）。这里如果将其中居中的兽面拿
去，将两侧的半张兽面沿中轴线拼合，也将是一张完整的兽面。另外，如

_____

[1]　陈公柔：《殷周青铜器上兽面纹的断代研究》，《考古学报》1990 年第 2 期。

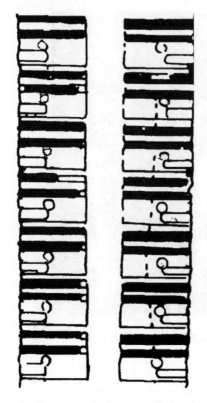

**图1-39 草鞋山遗址M198
出土的玉琮四棱柱拆半兽面**

小屯M238卣、小屯M331罍、小屯M388
罍、黄陂李家嘴M1罍的兽面纹均有此种
情况。这些"半张兽面"附在完整兽面
两侧的艺术方式是在运用人们视觉感知
中的"分拆—整合"机能。视觉思维采
取"分拆"分析时,呈现在感觉中的是
一个完整兽面附了两个"半张兽面";视
觉思维采取"整合"观照时,则可以理
解为一个具有四只眼睛的兽的面孔,即
传说中的"黄金四目"①的方相氏脸谱了
(今存韩国首尔昌德宫的李朝时期的方相
氏木刻面具)。

和"四目"的饕餮纹近似,良渚玉
琮"分拆"性地表现"神人兽面",亦有
其宗教内涵。它含意凝结的关键,在于
"神人兽面"出现在四方体玉琮的棱角
上。这里的奥妙应该是:一个玉琮竖立
在那里,有东、南、西、北、东南、西
南、东北、西北八方。四个兽面如果按东

---

① 范晔《后汉书》卷9《孝献帝纪》注引《续汉书》云:"天子葬,太仆驾四轮辒为宾车,
大练为屋幪……方相氏黄金四目,蒙熊皮,玄衣朱裳,执戈扬楯,立乘四马先驱。旗长三刃,十
有二旒曳地,画日、月、升龙。书旒曰'天子之柩'。"(391页)《后汉书·礼仪志》中"大傩"
条也记:"先腊一日,大傩,谓之逐疫。其仪:选中黄门子弟十岁以上,十二以下,百二十人为
侲子。皆赤帻皂制,执大鼗。方相氏黄金四目,蒙熊皮,玄衣朱裳,执戈扬楯。十二兽有衣毛角。
中黄门行之,冗从仆射将之,以逐恶鬼于禁中。"(3127页)《后汉书·礼仪志》(下)"大丧"条
亦云:"大驾,太仆御。方相氏黄金四目,蒙熊皮,玄衣朱裳,执戈扬楯,立乘四马先驱。"(3144
页)《隋书》卷八《礼仪志》(三)云:"齐制,季冬晦,选乐人子弟十岁以上,十二以下为侲子,
合二百四十……方相氏黄金四目,熊皮蒙首,玄衣朱裳,执戈扬楯。"(169页)此"四目",显
然为面具矣。又古人以四目者为凶异,故可辟邪。《三国志·魏书》卷1注云:操"笑谓贼曰:
'汝欲观曹公邪?亦犹人也,非有四目两口,但多智耳!'"(35页)《南齐书》卷十八《祥瑞志》
记:"六月,建城县昌城田获四目龟一头,下有'万齐'字。"(356页)《新唐书》卷34《五行
志》(一)记:"十一年夏,雉集河内县署。咸通中,吴越有异鸟极大,四目三足,鸣山林,其声
曰'罗平'。占曰:'国有兵,人相食。'"(891页)《明史》卷30《五行志》(三)记:"嘉靖二
十年,民家生一犬,八足四耳四目。"(487页)

南西北四方各放一个，那么兽面的巫术力量只能震摄四方；而四个兽面直角形地"折附"在玉琮的四个棱角上，不仅东、南、西、北四方的正面有了兽面的巫术威势，东南、西南、东北、西北四方也同时有了镇魅的力量。正是出于这种八方都有震慑力的考虑，作器者才把完整的神人兽面"折附"在玉琮的直角上的。而经此处理，

图 1-40　浙江余杭瑶山良渚文化祭坛出土的三叉形器

我们从玉琮东南西北四方正面看去，神人兽面也就成了视觉中的一个个"半面"了。由此可见，良渚玉器中的"拆半律"，也是出于原始巫术宗教的需要。

（1）整体图　　　　　　　（2）局部图，直角分剖兽面

图 1-41　兽面乳钉纹大鼎

图 1-42　妇好长方扁足鼎上的兽面纹

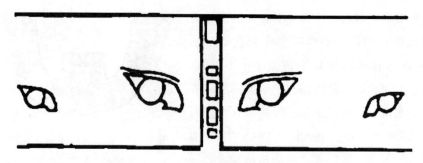

图1-43　小屯M331出土的尊的腹部纹饰

## 第六节　战国前青铜器、玉器造型纹饰"回首律"

在战国前的青铜器、玉器造型中，作器者或设计者喜欢安排动物作"回首状"，似慢慢形成一种特别的"范型"或艺术表达方式，对后世产生了重要影响。这一现象虽属屑小、细末或枝节问题，但实际上却潜寄着一种对传神、动感、曲线构形予以追求的艺术理性与审美情调，也表现了一种强调生命与活力的美学意识，值得我们认真地总结与探究。

（一）铜器玉器"回首"造型及纹饰的类型

战国前青铜器、玉器造型及纹饰中的"动物回首"，主要分三个类型。

首先是龙蛇类的"回首"。尹盛平先生《神权变革一千年》书中收有一件西周"玉盘龙"佩饰件，造器者让龙的躯爪作"平铺在地"形，而其尾上翘，其颈首则上抬并转向所翘之尾，这样，一个龙回首的形象就完成了。① 陕西蓝田辋川公社指甲湾村出土西周晚期宗仲盘②，盘周铸龙躯纹饰，以示有一龙蛇围绕于盘，然后由盘中伸出龙蛇的颈首，颈首再扭过来，倒啃盘沿，侧视之，恰似龙蛇回头噬咬状③。其他，如陕西扶风北桥

---

① 尹盛平：《神权变革一千年》，上海辞书出版社2001年版，第152页。

② 马承源：《中国青铜器》，上海古籍出版社1988年版，第269页。

③ 古人刻画龙蛇回头噬咬的凶猛之相，盖缘自此类生物的实际特性。宋洪迈《夷坚志·乙》卷3"小隐蛇"条："绍熙五年七月二日，圃人徐三……见二犬共擒一蛇，大如柱，其长五六尺。蛇回头反啮其颔。一犬径衔蛇头吞嚼，喉间滞碍，不能伸缩，复为蛇啮舌，遽吐之。俄顷犬死，其一遭毒。不逾时，三者俱毙。蛇体黑花，方纹间之……盖蝮也。"可见，虺龙蝮蛇"回头反啮"，乃其性（洪迈：《夷坚志》，中华书局1981年版，第818页）。

出土西周晚期带流盘、上海博物馆藏春秋早期郑伯盘、春秋晚期"者尚"盘纹饰皆近似。

龙蛇类动物由于其躯干较长,在器物用途及用材上均不可能允其伸展,故令其回首卷躯,将其压缩在一定的"单元格"之内。这大概是作器者最实际的考虑。战国龙形玉佩多雕为"回头龙",盖亦此理(图1-44)。商代青铜器上的夔龙纹,也有铸成回首状的。往往龙头回转时,其尾也钩折,整体控制在一个长方形的图案之中,形式感就出来了(图1-45)。

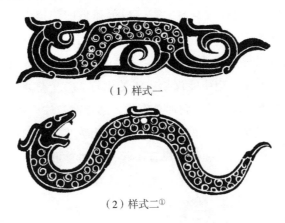

(1)样式一

(2)样式二①

图1-44　战国龙形玉佩雕饰

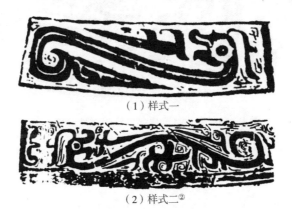

(1)样式一

(2)样式二②

图1-45　商代青铜器上的夔龙纹

---

① 张道一:《中国图案大系》(二),山东美术出版社1993年版,第194页。

② 吴山:《中国历代装饰纹样》第一册,人民美术出版社1988年版,第209页。

汉代以后"回首"龙蛇逐渐变为吉符,这在遁甲术数中有所反映。明程道生《遁甲演义》卷一《青龙回首》云:"歌曰:甲加丙兮龙回首。不问阴阳二遁,得此局更合奇门,上吉;虽无吉门,亦可用事。"卷二《烟波钓叟赋》亦讲:"丙加甲兮鸟跌穴,甲加丙兮龙回首。只此二者是吉神,为事如意十八九。"[1]

其次,鸟回首的造型及纹样亦出现较早。上海金山县出土良渚文化陶器残片上,即有鸟回首图像;只是回首鸟纹已"几何纹"化,鸟身变得修长,似蛇了。[2] 到了商代青铜簋、壶等肩部弧形的装饰带上,有了规整化的鸟回首图案(图1-46)[3]。殷及西周玉器中有回首鸟,鸟儿有勾喙,呈蹲伏,回首侧目以视(图1-47)[4]。鸟回首形象发展到后来,出现了最漂亮的器物,即广西合浦望牛岭汉墓出土的铜灯。整个灯形为一只凤鸟,有冠,尾细长,铸鳞片状羽毛。它回首衔物,翅背部乃放火烛之平台(图1-48)[5]。汉代铜镜上也有单体的回首鸟纹。吴山先生摹绘过一些,其中一只凤鸟,鼓双翅而舞,羽尾翘扬,凤首昂起,呈回首形(图1-49[6]);有一幅图案则作凤鸟边蹒跚走动、边回望状,甚有意味。

图1-46　商代簋壶肩部装饰带之鸟回首图案

① 金沛霖:《四库全书·子部精要》(中册),天津古籍出版社1998年版,第237—238页。
② 吴山:《中国历代装饰纹样》第一册,人民美术出版社1988年版,第129页。
③ 同上书,第224页。
④ 同上书,第360页。
⑤ 吴山:《中国历代装饰纹样》第二册,人民美术出版社1988年版,第405页。
⑥ 同上书,第456—457页。

图 1-47 殷及西周玉器中的回首鸟

图 1-48 广西合浦望牛岭汉墓出土的铜灯

图 1-49　吴山先生摹绘的汉代铜镜上的单体回首鸟纹

　　最后，战国前青铜器及玉器上又有鹿回首的形象。江西新干大洋洲商代大墓，出土过一件青铜甗，甗上部的鼎耳上，站着一只雄鹿，正回首顾视。① 马承源先生介绍，鹿之回首，在青铜器上乃定型化纹饰，西周早期貉子卣上即有"鹿回顾作卧状"纹样。马先生说，此卣"铭文提到赠鹿之事，与鹿纹正相应"②。似"鹿回首纹"与古之馈礼有联系，的确值得深究。陕西宝鸡茹家庄出土有西周时期的回头玉鹿，鹿的角与耳几乎和鹿的身躯差不多大；鹿角之形与鹿的回首神态成为艺术渲染的焦点（图 1-50）③。

图 1-50　鹿角之形与鹿的回首神态

---

① 尹盛平：《神权变革一千年》，上海辞书出版社 2001 年版，第 51 页。
② 马承源：《中国青铜器》，上海古籍出版社 1988 年版，第 350、335 页。
③ 吴山：《中国历代装饰纹样》第一册，人民美术出版社 1988 年版，第 28、370 页。

　　汉代画像石上多沿用"鹿回首"技法。洛阳出土画像砖，有图作二鹿驰跑，一鹿首视前，一鹿首回望（图 1 - 51）①。汉铜镜及瓦当中的仙鹿图，亦是鹿角长而歧、并作回头状②。一般回首状的仙鹿之眼都刻划得格外大，且刻的清楚、细腻（图 1 - 52）③。

　　在徐州铜山小李村汉代画像石上，回首鹿显得特别健壮，犹似马一样，可谓别具一格。应该说，"鹿回头"不光是个形式问题，它有民间文化沉积的内涵。《云笈七签》卷三二《杂修摄》记，华佗告诉他的弟子吴普，"吾有一术，名曰五禽戏。……鹿戏者，四肢距地，引项反顾，左三右二，左右伸脚，伸缩亦三亦二也"。④ 可见，在民间流传的健身术五禽戏

---

　　① 吴山：《中国历代装饰纹样》第二册，人民美术出版社 1988 年版，第 317 页。图 1 - 51 - 2 之鹿颇似"两头"，或与古代"两头鹿"神话相关。李时珍《本草纲目》卷五十一"茶首机"条云："藏器曰：按张华《博物志》云：茶首机出永昌郡，是两头鹿名也，似鹿两头。其胎中屎，以四月取之。范晔《后汉书》云：云阳县有神鹿，两头，能食毒草。《华阳国志》云：此鹿出云阳南郡熊舍山，即余义也。时珍曰：按盛弘之《荆州记》云：武陵郡云阳山、点苍山产两头兽，似鹿，前后有头，一头食，一头行，山人时或见之。段成式《杂俎》云：双头鹿矢名耶希。夷人谓鹿为耶，谓屎为希。按：《唐韵》屎字又音希，即此义也。"（李时珍：《本草纲目》，中医古籍出版社 1994 年版，第 1165 页）

　　② 凡鹿属角歧繁乃灵性之征，古人每每记写。唐韦应物《述园鹿诗》："麚班始力直，鹰角已苍然。"宋黄庭坚《题罗公山古柏庵》："千角鹿死尚精神。"金李俊民《驯鹿赋》："有足而歧，有角而枝。"明田艺蘅《白鹿赋》："会何事于犄角，顾标枝而容与。"宋赞宁《宋高僧传》卷四云：唐京师安国寺释元康，"先居山野，恒务持诵观音，求加慧解，遂感鹿一首角分八歧，厥形绝异。康见之，抚而驯伏，遂豢养之，乘而致远，曾无倦色。"（宋赞宁：《宋高僧传》上册，中华书局 1996 年版，第 69 页）清张廷玉《骈字类编》"鸟兽门·麚羊"条云："按王安石《字说》，'……（麚）独栖，悬角木上以远害，可谓灵也，故字从鹿从灵。'"［张廷玉：《骈字类编》（第 11 册第 213 卷），中国书店 1984 年版，第 9 页］鹿若独角，亦灵贵之物。据《魏书》卷一百一十二《灵征志》记："太祖登国六年十二月，上猎，亲获鹿一角。召问群臣，皆曰：'鹿当二角，今一，是诸国将并之应也。'"又太和三年三月，"肆州献一角鹿。""神龟元年七月，徐州献一角鹿。"（魏收：《魏书》，中华书局 1974 年版，第 2931 页）《太平御览》906 卷"鹿"条："《交州记》曰：'合浦口有麚，角当额上，戴科藤一株三四条，长可一寻。射师为禽，每见而不敢射。'"［李昉：《太平御览》（第 4 册），中华书局 1960 年版，第 4014 页］宋代董逌《书东丹王千角鹿》云："秘阁有李赞华画鹿，角直而歧出，若斜藤相扶而生，长三倍其身，觕触斗立，群角森列，故画录号千角鹿，其实则角上而横出者众也。崇宁四年，诏下秘阁收其画以入，使者疑其状且求其说，古有是类者当得其名，以备顾问所及。余谓邪希有鹿，两头而角且千（杂俎），云南郡有神鹿，一身两头而角众列（华阳国志），合浦有鹿，额带斜藤一枝，四条直上各丈，人以为角，条支桃枝一角者为天禄，两角者为辟邪拨，《道书》有两头鹿，其角且千，皆古之异鹿也。此画得之，殆为瑞应而出者邪！条录谨上。"［（宋）董逌：《广川画跋》"丛书集成初编"本，商务印书馆 1939 年版，第 4 页］

　　③ 吴山：《中国历代装饰纹样》第二册，人民美术出版社 1988 年版，第 462 页。

　　④ 张君房：《云笈七签》第 2 册，中华书局 2003 年版，第 731 页。

图1-15-1

图1-15-2

图 1 - 51　鹿驰跑画像砖

图 1 - 52　汉铜镜及瓦当中的仙鹿图

中，就有模仿鹿回首反顾的成分。

在古代民间巫医观念中，鹿乃仙兽，具有觅识药草的灵性。[①] 明周文华《圃史》卷十说，"鹿性警烈，多别良草，常食九物。……饵药之人不可食鹿，以鹿常食解毒草，是故能制散诸药也。"[②]《本草》"衔薇"条引《释名》云："鹿衔，恭曰：南人谓之吴风草，一名鹿衔草，言鹿有疾衔此草即瘥也。"《本草》"鹿藿"条载："时珍曰：豆叶曰藿，鹿喜食之，故名。梁简文帝《劝医论》：'胡麻鹿藿，才救头痛之痾；麦曲芎䓖，反止河鱼之疾。'"因此，大凡鹿徘徊返顾之地，皆有仙药灵草生于其间。故民间采药郎中特别留心鹿麑行走山间而忽然驻足返首之处。我国地名中有许多叫鹿回首岭、鹿回头关的，不是没有缘由的。

古人刻摹"鹿回首"神态，还与鹿性警怯、鹿时刻顾防袭己之物的特性有关。宋陆佃《埤雅》卷三"鹿"条云："鹿性警防，分背而食，以备人物之害。……食则相呼群，居则环其角外向，以防物之害己。"宋罗愿《尔雅翼》卷二十"麝"条记："麝之性怯，又谓之麞。章者，张皇也。俗谓之白肉，言其白胆易惊怯。……其饮水见影惊奔。粗豪之人食其心肝者，便即小胆。"汉《焦氏易林》"益·噬嗑"说："且如惊鹿，不能定足。""姤·比"则云："鹿畏人匿，俱入深谷。"马融《长笛赋》描述："闻之者，莫不张耳鹿骇。"以"鹿骇"状人之惊顾。唐代刘禹锡《蛮子歌》道："忽闻乘马客，恍若惊麞顾。"李商隐《行坎西郊诗》也有"廷臣列麞怯"之句。元王恽《鹿喻》诗状鹿之警疑亦云："得远机窜地……置疑齿吻间。"清赵翼《陔余丛考》卷十五"鹿角"条云："鹿角者，以连枝木环营树之，如鹿角然。……《三馀赘笔》云：'今官府衙门列木于外，谓之鹿角。盖鹿性警，群居则环其角，圆围如阵，以防人物之害。军

---

①　徐珂《清稗类钞》植物类记："鹿衔草，产云南之顺宁。以牝牡二鹿之交也，牡则惫不能起，牝衔是草以喂之，牡顿起，因以得名。可入药。"（徐珂：《清稗类钞》第 43 册，商务印书馆 1928 年版，第 157 页）清姚元之《竹叶亭杂记》卷 3 记："木兰为较猎之所，又谓之哨，哨者，哨鹿也。哨鹿者着鹿皮衣，冠鹿冠冠，夜半于旷山中吹哨作牝鹿声，则牝鹿衔芝以哺之。盖鹿性淫，一牡能交百牝，必至于死，死则牝鹿啣芝草以生之，故哨之以取其芝也。"（姚元之：《竹叶亭杂记》，中华书局 1982 年版，第 64 页）

②　四库全书存目丛书编纂委员会编：《四库全书存目丛书·子部》第 81 册，齐鲁书社 1995 年版，第 789 页。

中寨栅，埋树木外向，亦名鹿角。'"① 这些对我们理解鹿类之所以好作"回首"状，都有众多启示。

后世"回头鹿"则演变为吉祥图案。宋孟元老《东京梦华录》卷十"十二月"条记："近岁节，市井皆印卖门神、钟馗、桃板、桃符，及财门钝驴、回头鹿马之行帖子。……亦驱祟之道也。"② 可见宋时民间张贴"回头鹿帖子"以驱邪。

（二）"回首"造型及纹饰的艺术分析

1. 有些器物造型、纹饰中的兽之回首，是为其特定的艺术情境所决定的：即不得不尔，而非作态。如河南辉县出土的战国刻纹铜奁上有狩猎图像③，图中有两条狼状兽仓皇而走，惊惶之间尚回首张吻，似恐吓猎者。

这种情境在后来狩猎母题的汉画像中得到了充分的表现。吴山先生《中国历代装饰纹样》收有一图，一猎者左手执剑，右手似抓住一只狼的左后爪，狼回首张大嘴巴欲噬之（图1-53）④。河南南阳陇西寨出土捕猎图，三人骑马、一人骑虎，追一兽；兽边逃边回首，以长长的巨吻威慑追者（图1-54）⑤。

图1-53　猎者擒狼图

---

① 赵翼：《陔余丛考》，商务印书馆1957年版，第279页。
② 邓之诚：《东京梦华录注》，中华书局1982年版，第249页。
③ 吴山：《中国历代装饰纹样》第二册，人民美术出版社1988年版，第34页。
④ 同上书，第284页。
⑤ 同上书，第282页。

**图1-54　河南南阳陇西寨出土捕猎图**

又一块南阳画像：两人夹击一虎，一人骑马追赶，另一人率三条猎犬迎头拦截，虎不顾及拦杀者，而回头张吻向赶者发怒。① 汉画像中还有一种戏兽图，人手中持物，故意在龙兽后惹它，龙兽每每回首以齿吻威吓人（图1-55）②。与兽的回首相呼应，汉画像狩猎纹中的人物回首"镜头"，也相当精彩。猎者或于马上追猎，忽见空中或地上有鸟兽逃过，于是搭箭回身相射。就那张弓的一瞬间，成了画像砖的"取象"（图1-56、图1-57）③。画像砖就在反映那"一瞬间"，非常典型地说明着中国古典艺术的时间"向度"。

**图1-55　戏兽图**

2. 回首造型也不单纯是出于艺术生动效应的考虑，有时它是器物本身用途或"体式"所致。从战国开始，由北方草原传入中原的青铜带钩以及后来的玉带钩，多做禽蛇龙兽回首形。上海博物馆藏凫形带钩、龙形带钩（图1-58）④。即是其例。吴山先生《中国历代装饰纹样》第二册也有实物

---

① 吴山：《中国历代装饰纹样》第二册，人民美术出版社1988年版，第34、283页。

② 同上书，第287、288页。

③ 同上书，第224、226、232页。

④ 马承源：《中国青铜器》，上海古籍出版社1988年版，第303页。

图 1 - 56　汉画像狩猎图纹

图 1 - 57　猎者张弓

图样，兽头回折，自然产生"挂钩"作用（图 1−59、图 1−60）[①]。

图 1−58　凫形带钩、龙形带钩

图 1−59　兽头回折玉钩

图 1−60　玉带钩

新干商墓中出过一件兽面纹青铜方卣，乃盛酒器。卣的提梁一般按照造型规则铸一躬身的双首龙蛇，龙蛇身颈垂下。此卣的特别之处虺蛇的头

---

① 吴山：《中国历代装饰纹样》第二册，人民美术出版社 1988 年版，第 128、540 页。

图 1 –61　龙形器耳一

并不下探，而是扭过颈来向上，就其头与躯而言，形成一种"向上"的"回头"。此"回头"虺蛇，乃因循卣之提梁，稍加变化而成也。① 殷周青铜器的器耳由于是半圆环体，故多铸成龙形。但若将龙首贴于器表，会显得呆滞，故作器者时常将龙首再向外扭，成"S"形。这就形成了曲线之美，而在我们的视角中，那龙首又在"回望"（图 1 –61、图 1 –62）。若用其他动物附在器身上做器耳，亦以此法使其回首向后，同一理也。②

与上相近，青铜器造型中还有一种"爬附"的形式，即让龙蛇猛兽爬在器物上。有学者称之为"爬龙"纹。其实所爬器者未必都是龙蛇，有时也有虎豹之类。这种"爬附"型的龙虎，也呈回首状。《商周彝器通考》中有四虎方鼎③，鼎的四角攀爬着四条乳虎，竖起尖耳，似爬鼎觅食，因有所顾忌，它们在回头看动静；那神态既憨玩，又敏警。陕西郿县李村出土的西周中期盠驹尊情形类似④。尊的肩部爬一对虬龙。龙爪抓住尊肩部的环，而其首目与尊体相背，正张望着身后。又如，河北邢台出土西周戚的边缘也爬附两条回首兽⑤。

---

① 尹盛平：《神权变革一千年》，上海辞书出版社 2001 年版，第 51 页。

② 吴山：《中国历代装饰纹样》第一册，人民美术出版社 1988 年版，第 289、301、302 页。

③ 马承源：《中国青铜器》，上海古籍出版社 1988 年版，第 109 页。

④ 同上书，第 201 页。

⑤ 扬之水：《诗经名物新证》，北京古籍出版社 2000 年版，第 32 页。

3. 在一些以圆形为造型空间的器物上，动物"回首状"也比较多。战国铜镜上的蟠螭纹最典型（图 1 - 63）①，蟠螭在穿绕的植物纹中回转头来。这种圆形空间中的兽之回首，在后来的秦汉瓦当上表现得较充分，一般是凶猛的虎豹大张其吻而回首，欲噬身尾后之物（图 1 - 64）②。还有瓦当中的朱雀，虽无凶噬的内涵去发挥，然作成回首自观其尾羽，构思上完全因动物特性而为之；③ 不能不谓之"巧"。

4. 安排"对子"化的"回首"，即由对禽、对兽构成相背而回望的艺术组合，也是战国前及后世文物造"型、饰"的常用手法。分为两种类型，一是"对接"型，如河姆渡出土的木篦上的双凤朝阳纹，实即两鸟头转颈相视的神态。龚宁先生收集到的战国嵌松石红铜壶肩部有两对鸟，作回首对吻状

图 1 - 62　龙形器耳二

图 1 - 63　战国铜镜上的蟠螭回首纹

---

① 龚宁：《中国历代器物图案集成》上册，台湾南天书局 1994 年版，第 262 页。
② 吴山：《中国历代装饰纹样》第一册，人民美术出版社 1988 年版，第 556 页。
③ 吴山：《中国历代装饰纹样》第二册，人民美术出版社 1988 年版，第 561 页。

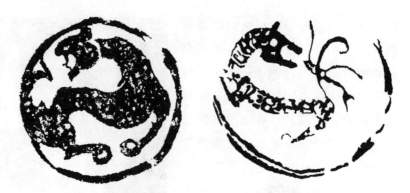

图1-64　秦汉瓦当上的虎、豹回首纹

（图1-65）①。在鄂尔多斯青铜器中，有一把"触角式鸟首短剑"。此剑乃商代器，有学者把它和"鬼方"文物放在一起，称其为"鬼方剑"。剑柄顶端是两个回头相接的鸟头，鸟之喙竟相触，侧面可见双鸟圆睁的大眼。②后山东济宁出土的汉画像砖上有两鸟相背而回首共衔一鱼（图1-66），河南郑州新通桥出土的画像砖上有一对舞人是间隔一鼓、回首对舞（图1-67）③，皆此型之延承。

图1-65　战国嵌松石红铜壶肩部有两对鸟回首纹

　　"对子"化的鸟兽回望，第二种是不"对接"型，即一对鸟兽各自回首而不相顾。这种类型最早出现在殷代及西周初的青铜壶、簋肩部带纹上④。随县擂鼓墩曾侯乙墓出土楚王为曾侯铸和大钟，钟之"舞"

---

① 龚宁：《中国历代器物图案集成》上册，台湾南天书局1994年版，第271页。
② 尹盛平：《神权变革一千年》，上海辞书出版社2001年版，第45页。
③ 吴山：《中国历代装饰纹样》第二册，人民美术出版社1988年版，第238页。
④ 吴山：《中国历代装饰纹样》第一册，人民美术出版社1988年版，第224页。

图 1 - 66　山东济宁出土的汉画像砖上的两鸟回首衔鱼纹

图 1 - 67　郑州新通桥出土的画像砖上的回首对舞纹

上，蹲伏一对"团龙"，身躯短肥，以透雕形式铸成回首态[1]。吴山先生摹绘的西周铜器钮环以及战国铜钟钮环纹饰中，有对虎回首观望神态

---

① 马承源：《中国青铜器》，上海古籍出版社 1988 年版，第 292 页。

**图 1 – 68　对虎回首纹**

（图 1 – 68）①，与以上类型相近。春秋时期刺绣的鞍褥面上也可见"对凤"各回首而不相顾状（图 1 – 69）②。吴山先生《中国历代装饰纹样》中收一汉代铜壶③，壶颈部的对鸟各回其首、互反其视，也属此种类型。

**图 1 – 69　鞍褥面上的对凤各回其首**

　　① 吴山：《中国历代装饰纹样》第一册，人民美术出版社 1988 年版，第 309 页；第二册，第 66 页。

　　② 吴山：《中国历代装饰纹样》第一册，人民美术出版社 1988 年版，第 417 页。

　　③ 吴山：《中国历代装饰纹样》第二册，人民美术出版社 1988 年版，第 407 页。

# 第二章　国外典籍文献与文化人类学

文化人类学应该考虑两个要点：一是差异性文化间的共同性；二是文化观照理解中的"他视性"。关于第一个问题，按照霍夫斯坦特的理解，文化是一种在一个特定环境中生成的共同性东西。它不是一种个体特征，而是具有共同生活经验的许多人所共有的心理认同及制度风习。那么，这就产生了一个问题：不同区域、不同群体、不同文化之间有无事象的共同性呢？事实告诉我们，回答是肯定的。第二个问题文化的"他视性"，指的是处于差异性文化间的彼此对他者的"观视"；这个"观视"有时是客观的，有时是隔膜的。本章写作从上述两个方面出发，一方面，通过对国外典籍文献的解读，观察差异性文化间事象的共同性规律；另一方面，我们选择了布留尔、弗雷泽的人类学著作，以期观察一下他们的文化"他视性"结果及其得失。

## 第一节　列维·布留尔的《原始思维》与中国风俗

法国人类学家列维·布留尔在他的《原始思维》一书中，提出了原始民族人具有原逻辑思维方式、原逻辑思维受"互渗律"支配，并以世代相传的神秘的"集体表象"为基础的著名观点。他在论述原逻辑思维、"互渗律"、集体表象三大命题内涵时，引用了许多中国风俗、巫术或民俗方面的事例。我们认为他对东方民族包括华夏民族的文化形态及其思维方式是关注的，他的人类学视野也是开阔的。本节主要对列维·布留尔书中涉及的中国风俗材料与其理论的关系以及他对中国风俗材料解析的正误进行分析探究，以求教于海内外同人。

（一）布留尔《原始思维》的主要观点与中国风俗事象

1. 集体表象与中国风俗事例

布留尔的首要观点是他提出原始民族人对事物观照时，有一种"集体表象"的方式。所谓"集体表象"就是原始民族人对客观事物做反映时，他们的大脑里不仅有关于事物本身的映象，而且还会粘连着与事物"客体相联系的什么东西"。这种"东西"也像事物本身一样发生着"某种确定的影响"。原始民族人也认为它也像事物本身那样"是一种实在"，因此，它也就成为原始民族人印象中的关于该事物"表象的一个主要部分"。布留尔把原始民族人这种对事物感知所形成的"复合性"映象称为"集体表象"。他描述道："在原始人的集体表象中，每个存在物、每件东西、每种自然现象，都不是我们认为的那样。我们在它们身上见到……了许多我们意想不到的东西。"① "集体表象给这一切客体平添上神秘的力量，而普遍流行的大量信仰和风俗又正是与这种力量联系着的……由于一切存在着的东西都具有神秘的属性，由于这些神秘属性就其本性而言要比我们靠感觉认识的那些属性更为重要，所以，原始人的思维不像我们的思维那样对存在物和客体的区别感到兴趣。实际上，原始人的思维极其经常地忽视这种区别"。② 这就是说，原始人的表象思维给事物的"客体映象"附加上了"什么东西"，这个"什么东西"成了他们所获识的"表象的主要部分"，表象发生了一种复合，"许多我们意想不到的东西"被他们的思维"复合"进去了。

所以布留尔在第三章中提到："集体表象通常还形成一部分神秘的复合，在这种复合中，情感的和激情的因素简直不让真正的思维获得任何优势。对原始人的思维来说，很难存在赤裸裸的事实和实在的客体。这种思维想象到的任何东西都是包裹着神秘因素的。"③

这里所用的"复合"一词最能揭示"集体表象思维"观照事物的特点。它使被观照的客体事物或存在物象"包裹"了一层东西，失去了它原生态的应有映象，而大多是复合进了原始民族的风俗信仰、礼仪认识、宗

---

① 列维·布留尔：《原始思维》，丁由译，商务印书馆1981年版，第27—28页。
② 同上书，第30页。
③ 同上书，第102页。

教想象、既定传统等，使感知到的客体或存在物成了加进了信仰、迷信、宗教等神秘因素的主观观念化的客体映象。布留尔还说："原始人是生活在和行动在这样一些存在物和客体中间，它们除了具有我们也承认的那些属性外，还拥有神秘的能力。他感知它们的客观实在时还在这种实在中掺和着另外的什么实在。"①所谓"掺和着另外的什么实在"，也是指把与客体、存在物无关的原始民族人自身神性体验的东西复合、附着于客体或存在物之上，并认为前者就是后者与生俱来的特点或性质了。布留尔举例说："在中国，按照古代的学说，'宇宙到处充满了无数的'神'和'鬼'……每一个存在物和每一个客体都因为或者具有'神'的精神，或者具有'鬼'的精神，或者同时具有二者而使自己有灵性。'"②他认为中国人把神灵或鬼灵"掺和"（或者说"复合"）于各种事物中。这样各种事物的"神灵"性就成了大家共识共睹的客体映象，就比各种事物原本的实际表象多了"复合"的成分；长此以往传承下来，就是集体表象了。从中国民间建门户祷门神、养蚕祀蚕神、育马祭马祖、烧饭有灶神、挖井祈井神等风俗看，中国人确实把神之影填塞进了相关事物及活动，使其成为映象。

另外，世界上很多民族都以为"土地对他们来说是神圣的"。耕翻土地往往会亵渎神灵。土地有灵成为有普遍意义的"集体表象"③。中国也是如此。布留尔说："同样的，人的手带给土地状况的任何变动，什么新建筑、什么土方工程、修矿井、建铁路、毁坏了什么建筑物或者只不过对它的外表作了点改变、什么增建工程，——这一切都可能成为大灾大难的原因。格罗特说：'如果有谁突然患病或者死去，则这个人的全家立即会诿咎于某个变动了东西摆放的既定秩序、在自己的家务中做了什么改善的人……可以举出很多这样的事例：病人或者死者的全家突然袭击被怀疑的人的住宅，毒打他，毁坏他的家具……所以中国人不修葺自己的住宅，一直弄到房子完全倒塌，这是毫不足怪的。'在北京，天主教堂要修建一座钟楼，招来了居民方面的如此善意的反对，以致不得不放弃这件

---

① 列维·布留尔：《原始思维》，丁由译，商务印书馆1981年版，第58页。
② 同上书，第59页。
③ 同上书，第31页。

事。这种神秘的信仰是与中国人叫做'风水'的那种东西联系着的。"① 布留尔用中国"风水术"中不能随意在某个地方动土造楼，来说明原始民族人在土地的"集体表象"中"复合"进了某种神秘的东西。

布留尔又认为，集体表象会作用于原始民族中人们对事物知觉的趋向，从而把他们对事物的知觉牵引到神秘的层位。在这一观点的表述中，布留尔引证了中国人关于图像、名字、影子等方面的材料。他说："大家都知道这样一个事实：原始人，甚至已经相当发达但仍保留着或多或少原始的思维方式的社会的成员们，认为美术像，不论是画像、雕像或者塑像，都与被造型的个体一样是实在的。格罗特写道：'在中国人那里，像与存在物的联想不论在物质上或精神上都真正变成了同一。特别是逼真的画像或者雕塑像乃是有生命的实体的 alter ego（另一个'我'），乃是原型的灵魂之所寓，不但如此，它还是原型自身……这个如此生动的联想实际上就是中国的偶像崇拜和灵物崇拜的基础。'格罗特为了加强自己的论点，引述了整整一系列故事，这些故事根本不近情理，但在它们的中国作者看来却是完全合乎自然的。例如，一个年青寡妇能够从她丈夫的泥土塑像那儿受孕生孩子，肖像变成活人；木制的狗可以跑；纸做的如马一类的动物能像活的动物一样行动……从这里很容易转到在中国极为流行的一些风俗，如在死者的坟上供纸糊的兽像，烧纸钱，等等。"② 布留尔认为，中国人之所以把图像等同其原型实体，是因为传统的集体表象给他们对两者的知觉融入了神秘的观念：原型和肖像是互渗的。正是这种神秘的观念互渗影响了他们对于肖像的知觉。

在谈到中国人的名字信仰时，布留尔引用了格罗特的话："（中国人）有一种把名字与其拥有者等同起来的倾向，一种表现出与下述现象非常接近的倾向，即由许多事实确凿证明了的他们没有把图像或标记与它们使人想到的那些实体区别开来的能力。"③ 布留尔认为，中国人不具备把实体与"图像或标记""区别开来的能力"，以及中国人把名字与人实体等同的意识，这些同样根源于"集体表象"。根源于"集体表象"以为名字与实体

---

① 列维·布留尔：《原始思维》，丁由译，商务印书馆1981年版，第33页。
② 同上书，第37—38页。
③ 同上书，第44页。

是互渗的。因之也就引导了他们对于名字的知觉，以为"名字是神秘的，正如同图像是神秘的一样"①。

谈到影子，布留尔表述道：中国"有这种谨慎。'在棺材快要盖上盖的那一刻，大部分在场的人，如果他们不是至亲，都要稍稍退后几步；或者甚至退到耳房里去，因为如果一个人的影子被棺材盖盖住了，这对他的健康是十分有害的，对他的运气也有损。'……格罗特得出结论说，'影子是个人的一部分，它对个人的命运有很大影响'，我们见到，这个结论也适用于个人的肖像或者名字"。布留尔以为，中国人对影子的知觉"如同对……人的肖像或名字的知觉一样，乃是神秘的知觉"。因为在中国人的观念中，生命的"可触实体"与影子之间是"互渗的"——"中国人拥有与生命和可触实体的一切属性互渗的影子的神秘知觉，他们不能把影子想象成简单的'光的否定'。"② 布留尔觉得，这没有什么奇怪，在原始民族人那里，没有什么事物能够摆脱传统俗信而被确切地感知为实实在在客体映象的，"影子"当然也不会例外。

2. 互渗律与中国风俗事例

如果说布留尔"集体表象"的概念是就原始民族人对一个事物本身作观照中的映象偏差来谈的，那么他的另一重要观点"互渗律"则是就原始民族人对一个事物与其他事物联系的认识偏差来谈的了。布留尔认为，原始民族人"对现象的客观联系往往根本不加考虑……却对现象之间……（那些）神秘联系表现出特别的注意"。他们非常善于在存在物的关系中发觉神秘的联系，发觉"人和物之间的'互渗'"③。布留尔把这种存在物之间的神秘关联，特别是人与物之间互相影响互相作用的联系，称为"互渗律"。

在这一原理的揭示中，布留尔又来寻觅中国风俗的例证了。他说："例如在中国，据格罗特说，非生物的灵经常以预告灾祸的方式来表现自己凶险的存在，对于这些简单的不合逻辑的头脑来说，这等于是灾祸的准备和起因。典籍常常告诉我们，在没有显见的原因而摔倒东西以后，接着

---

① 列维·布留尔：《原始思维》，丁由译，商务印书馆1981年版，第45页。
② 同上书，第46—47页。
③ 同上书，第69页。

必定发生死亡、火灾或者其他灾祸。这里，再一次说明了，原始人的思维对于这两次事件的时间关系是不感兴趣的，它的全部注意都集中在联系这些事件的互渗上。"① 中国民间文化讲究"兆头"。一个不祥之事发生前，或许有某种朕兆。这种"兆"与后来事情的关联性，在布留尔这里也成了他所说的"互渗"。

布留尔又把"互渗"细分为直接的或中介的两种。而后者的典型例证就是中国古代的和尚求雨风俗。他叙述道：有些民族人求雨，感觉没有"办法来直接和雨打交道。例如，格罗特说，在中国的某些地区，人们完全负担寺院的开支，因为他们相信寺院能够调节风雨，从而保证收成；因为在中国的这些缺乏树林的地区是很容易遭到旱灾的……他们自愿捐款来修建和维修寺院，对这一点的报酬是，和尚们在需要时必须借助自己的仪式来停止旱灾。而和尚又求助于有关的神并调节着风水。在澳大利亚土人那里则相反，我们既没有发现祭司，也没有发现任何种类的中间人。'英迪修马仪式'说明了雨图腾和雨之间的直接联系和神秘的互渗，这与袋鼠图腾的成员与袋鼠之间的互渗是相似的"②。布留尔发现：和澳洲土人"英迪修马仪式"直接在雨图腾与雨水间造成互渗不同，中国人则请出寺庙里的和尚，由他去作法邀请某种能和雨水构成互渗的神（雨神、水神）出面，从而诱发降雨。在这里，和尚和雨水没有互渗关系，他只是个请祈雨神（或水神）与雨水发生互渗作用的"中间人"而已。

布留尔在研究中还意识到，在有图腾联系的人之间，互渗作用尤为明显。而与此相关，那些有血亲或亲缘关系的人之间的互渗也极为灵验。从这个意义上，布留尔涉及了一些中国孕妇的禁忌。他讲："在中国的厦门，丈夫在自己妻子怀孕期间行动必须非常谨慎。'如果他走路震响了地板，则通过感应的途径，母腹中的胎儿的安宁和成长也将受到破坏……尤其可怕的是在墙上钉钉子，因为这可能把寓居在墙里的土地神钉住，而使婴儿生下来某一肢体瘫痪或者瘸腿，或者是个独眼龙。这还可能引起新生儿的内脏麻痹和致命的便秘。随着产期临近，威胁着孕妇的危险越来越多。在

---

① 列维·布留尔：《原始思维》，丁由译，商务印书馆1981年版，第278页。

② 同上书，第241—242页。

怀孕期的最后，屋里的任何一件重东西都不应移动，因为明知土地神喜欢住在那些由于沉重而很少移动的东西里。甚至轻便东西的移动也可能成为危险的起因。大家都知道这样一些例子：父亲们把自己床上铺了很久的席子卷起来，就出了吓人的事——婴儿的一只耳朵卷起来了。有一次，我看见一个长着兔唇的孩子，他的父亲对我说，他的妻子怀这孩子的时候缝补他的一件旧衣服，不小心把这件衣服剪破了。'"① 这材料是布留尔照搬格罗特的。有些解释不太符合中国民俗认识的本意（如说怕在墙上钉钉、可能钉住土地神而影响胎中婴孩成为瘫痪、瘸腿之类），但他由此论证了他关于在婴儿与父母间有种"本质的互渗"的重要观点②。

　　互渗是一种不可消解的联系性。处于互渗"关系"中的有亲缘联系的人，甚至连死亡也不能使他们摆脱"互渗"。布留尔说到中国古代的寡妇："在中国，寡妇在亡夫坟上自尽的事仍然十分普遍。格罗特用极有意义的措辞谈到了这一点。他说：'寡妇自杀一类的案件最多，她们希望避免冒再醮或者以其他什么方式失去贞操的危险……实际上，一个贞节的妇女作为丈夫的财产，即使在丈夫死后也只能认为。如果委身他人，则是对亡夫之灵的最大的不义之举，甚至形同偷人……她害怕她会成为一个不如在他死时那样贞淑的人在来世与丈夫再聚。这些考虑显然由来已久，其源当溯及某种部落时代……那时有一种把寡妇弃之荒野的风俗，因为她已经是魂的妻子了；那时对待寡妇的态度，事实上就象今日的中国人通常对待死者私人的动产的态度一样。'"③ 在布留尔看来，寡妇之所以自尽、守贞、被人冷落、歧视，盖因她是"魂"的妻子。她和死去丈夫在生时"确立着一种互渗，这种互渗无疑使她从属于他，但同时又使她的行动能对他发生影响"④。如果丈夫死前休了她，那他们间的互渗性联系可以"断绝"，"如果他没有休她而死，则她和亡夫之间仍保持着互渗及其一切后果"⑤。互渗性联系是不因为死亡而终了的。布留尔想告诉人们：原始民族人的思维中，

---

① 列维·布留尔：《原始思维》，丁由译，商务印书馆1981年版，第248—249页。

② 同上书，第247页。

③ 同上书，第324页。

④ 同上书，第323页。

⑤ 同上。

人与物、人与人的"互渗"联系是"神秘"化的，越出事物客观规则的。

3. 原逻辑思维与中国风俗事例

由"互渗"构成的事物间的关联，也随之形成事物映象（也即"集体表象"）间的关系。这是原始民族人思维活动对外在事物做出反映、组合、结构的特有形式。布留尔称之为"原逻辑思维"或"前逻辑思维"。在这种思维中，既无主客体间的区别，又无想象与现实间的差异，对事物的判断更不受矛盾律等因果联系的影响；感情因素取代了逻辑概括。它是原始民族人巫术活动或图腾崇拜的思维基础及认识模式。

布留尔认为，原逻辑思维具有"整一性"特点。他说："东南西北正好四个方位，从这四个方向吹来的风、在这四方的上面居住着的神、那里住着的神圣的动物、象征着四个方位的四种颜色……原逻辑思维从来就不拥有这些彼此孤立的观念……相反的，所有这些观念从一开始就包括在一个'复合'的表象中，这个表象具有集体的和宗教的性质。在它里面，神秘的因素遮盖着我们叫作实在的那些因素。在这些因素里也包括了神秘的互渗……当神秘的互渗已经不再被感觉到了，则这些到处都稍许保留着的联想就好象是那些互渗留下来的残渣。这时，它们实际上就只是一些联想了。因为把它们结合在一起的内部联系消失了。但是，最初的时候它们却不是联想。"① 这里所谓的"集体"，即带有群体认知的特点。它是一种由原始民族人中"神职文化人"设定、传下的东西。如四方之色的比并配置。"在中国广为流行的东南西北四方、一年四季、四种颜色等等之间的联想关系就是这样的东西。格罗特给我们提供了下述的例子：东、春、蓝、龙，南、夏、红、鸟，西、秋、白、虎，北、冬、黑、龟"。②

布留尔看到，在方位、季节、颜色、神性动物（或神的形象）这种结构化的比并配置中，原有它的宗教化互渗内涵。它是复合整一化的东西，而非简单的联想。即使我们今天的逻辑思维已经无法搞清楚它原本的"内部联系"（即最原始的互渗关系）究竟意味着什么；但它的原逻辑思维性质的结构化功能，是很明显的。我们也可以感知它、理解它。在第三章第

---

① 列维·布留尔：《原始思维》，丁由译，商务印书馆1981年版，第206页。

② 同上。

五节中，布留尔也说到类似的情形："在北美印第安人那里，在中国，等等，到处都发现了，自然界中的一切事物——动物、植物、星辰、方位、颜色、一般的客体，都被划分成或者最初被划分成象社会集体的成员那样的'等'；假如社会集体的成员被分成许多图腾，那么，树、河流、星辰等等也被分成许多'等'。某种树属于某一'等'，因此它应当专门用来制作那一'等'人的武器、棺材和其他物品……（在）这里，我们见到了……与我们的智力习惯根本不同的智力习惯，即主要是通过存在物的神秘的互渗来使它们接近和联合起来。这个在同一图腾或者同一集体的成员之间、在所有成员与作为他们的图腾的动物或植物种之间被强烈感觉到的互渗，也在图腾集团与那些在空间中占据同样位置的人们之间被感觉到。"[1] 植物、动物、天体之物、空间、色彩，部族群体按照互渗的原理划出它们的"等"，产生它们的接近与联合；这种结构分类的方式，同样是"原逻辑"的。正是从这个意义上，布留尔说："原逻辑思维服从于互渗律"，因为它的本质是以"一种神秘的复合来想象空间方向"等的关系。[2]

布留尔对中国人原逻辑思维的发达有特别的估量。他在谈到"颜色"的搭配时讲："如果不谈印欧和闪族各民族，类似的事实在整个远东都可见到。在中国，包括'数'在内的对应和互渗的复杂程度达到无穷无尽。而这一切又是错综复杂甚至互相矛盾的，但这丝毫不扰乱中国人的逻辑判断力。"[3] 他看到，由互渗（事物的彼此影响与联结）导出的各种事物的结构化联系，在中国信仰风俗中相当繁复，具有变化、派生以致没有穷尽的特点；有时甚至出现错综或彼此抵牾，但这并不影响这个民族原逻辑思维的智能方式。

布留尔指出，以逻辑思维分析事物，是不能允许逻辑混乱或彼此矛盾之现象发生的。但由原逻辑思维作用的互渗风俗中，不合逻辑则成为"自然"。布留尔说："新死的人过了几天以后既是在自己的坟墓里，又是在他死时的住宅的附近"[4]，"我们很难理解……死者怎么能够既和自己的尸体

---

① 列维·布留尔：《原始思维》，丁由译，商务印书馆1981年版，第123页。

② 同上书，第209页。

③ 同上书，第212页。

④ 同上书，第394页。

一起留在坟墓里，同时又以一种守护神的形式留在他生前居住过的住宅里；但在中国人看来，在这个观念里并没有什么难以置信的东西"。① 布留尔发现，中国人观念里的新死者，或在此，或在彼；或魄归坟柩，或魂游家宅；他们并不觉得有什么矛盾的地方。而这就正是原逻辑思维的自身特点。

为说明原逻辑思维与互渗现象的联系性，布留尔在《原始思维》第八章第三节中提到中国民间及澳洲、东非的不化尸的凶鬼。他说："澳大利亚土人不时去探望腐烂着的尸体，并且问留在尸体附近的魂，它认为什么时候骨头可以完全脱离肉，以便举行终结仪式。我也在原始人中间极为流行的和至今仍然在中国保持着的一个信仰中看到了……证实。有一些鬼特别可怕和凶险，这就是催命鬼，它们的出现引起极度的恐怖。并且，当人们为了制服这些非常吓人的鬼而启他们的墓时，都发现好象这些尸体根本没有腐烂。在罗安哥，'当启开坟墓时，发现尸体完好无损，眼睛睁着……人们用火把它烧掉。'在东非，'人死后的几个星期内，其近亲、妻子、丈夫或姊妹每夜都梦见他，在惊恐中醒来，走出茅屋，四下里张望，看见这死鬼坐在屋门近旁。或者常常有这样的事，人们看见鬼坐在村边他小时候常玩的地方。这些鬼的身材永远比死者的真身大……在这些场合下，就要由死者的一个近亲，通常是他的兄弟之一来启开坟墓，而且尸体总是一点儿也没有腐烂，肉色苍白。人们把尸体启出烧掉，然后改葬骨灰。这以后，鬼就不再出现了。"② 意思是：包括中国古代人在内的原始民族人由于以原逻辑思维的方式把死亡认定为骨与肉的分离（即尸体的完全腐烂），那么不腐的尸体就会与其魂继续发生种种互渗作用（如魂逗留尸旁、魂借尸而存、魂借躯尸的样子做鬼闹鬼，等等）。只有尸化了，骨与肉分离了，魂无所依附了，它也就远离了。魂与尸的互渗化联系也就消失了。鬼也就没有了。在这里，布留尔借风俗传说中"尸与魂"的关系告诉我们：原逻辑思维一旦给事物（如死亡）性质赋予了特别规定，那跟着而来的神秘互渗关系（两物间的相互依存、影响与作用——尸对魂的招引、魂对尸的寄

---

① 列维·布留尔：《原始思维》，丁由译，商务印书馆 1981 年版，第 329 页。
② 同上书，第 313 页。

附）也就连带产生了。

（二）布留尔引证中国风俗材料的价值与不足

布留尔《原始思维》一书，运用了许多中国风俗事例。他的材料虽然来源于传教士德·格罗特的《中国的宗教制度》，但他本人的人道主义精神及其人文关怀的立场，常常闪烁在字里行间，这是值得珍视的。比如他说，"在从古至今的全部中国文献中……没有过门而守寡的年轻姑娘，'在得到父母和未婚夫的父母的允许后，可以永远不过夫妇生活。按规矩，允许她住在死者的家里终老，并且与死了的未婚夫正式结婚。'我们听说，'从前在中国有一个奇怪的风俗，妇女死了，与她在结婚前死去的青年未婚夫并骨。'舆论如此颂扬那些追随着自己的丈夫一同进坟墓的妻子的牺牲精神，这种牺牲给家庭带来无上光荣，以至未亡人常常都想死，或者至少是愿意死，或者甚至可能被她们的家族逼着去死"①。描述中渗透了作者人道情绪的叹惋，一种不可思议的感受溢于辞表，表露了他对中国妇女的殉死与守贞的深深同情，其叙写的语气都似乎有点反讽的味道了。

布留尔对中国风俗事象的引用中，又体现了他的理论的批判精神与思理的精细性。他在谈到弗雷泽著名的"感应巫术"时说："'感应巫术'在进一步追求'类似的东西对类似的东西发生作用'的原则时所采用的众所周知的仪式，其目的也是为了确立互渗。假如我们研究已经有相当高度发展的社会中的这些仪式，我们也许会倾向于认为，把它们归结为联想和客观的东西与主观的东西混淆是恰当的。例如，在中国，可以见到无数这类的仪式，它们有时看来像是有某种双关的作用。比如，在出殡的一定时刻，'死者的儿子……与大多数在场的男亲戚一起匆忙吞下几口煮熟的挂面，他们聪明地推断，挂面的长条应当最能抵销甚或完全消除寿衣可能给他个人带来的那种短阳寿的影响。'在这里，我们见到的似乎是受中国人的稍许抽象的微妙感所影响的联想之一的例子：但是这一观念的底蕴却是力图阻断引起恐惧的互渗。"②注意：布留尔用到了"似乎是"这个口气。很显然，在他想来，中国人吃长挂面与想长寿虽然用"感应巫术"的"类

----

① 列维·布留尔：《原始思维》，丁由译，商务印书馆 1981 年版，第 297 页。
② 同上书，第 291 页。

似联想"也能"讲的通",但这里的实质还是"互渗"。因为吃面者不是在随意地联想,也显然不是"个体的联想"。吃面者之所以以吃面行为去诱启自身像死者一样高寿的企图背后,有一个世代传承的"集体表象"。这个"集体表象"已经规定了吃面中包含某种神秘的目的或神秘的联系。也就是说,在这个"吃面"的表象中早就互渗了与长寿的"秘密关系",无须个体的类似联想,它都将必然具备长寿产生的结果。所以布留尔说:"用类似联想来解释这些事实,说他们想象类似的东西将产生类似的东西,这就够了吗?这种解释是'讲得通的',可是,当我们知道在原始民族中,这类风俗不是来源于个体的联想,而是来源于在集体的表象中被想象和被感觉了的互渗,则这种解释就很难站住脚了。"[1] 可见,他的分析要比弗雷泽更仔细。

当然,布留尔对中国风俗的引证也存在一些误识。如在第八章第四节,布留尔论及许多民族都让死者带走他的占有物时说:中国的情况也是这样的,"从前在中国,死一个人会弄得倾家荡产。后来,贵重物品与死者一同埋葬的风俗逐渐废除了,但并不是完全绝迹。同时,孝道则越来越成为一种必须遵行的东西。亦即孩子们在实际上不再拒绝继承父母的遗产,但仍然十分热中于装出拒绝的样子……穿最不值钱的衣服,尽可能吃最俭省的饭食"。[2] 在这一段的解说中,布留尔有误点。古之人子居丧期间,为了体现孝心或失去亲人的悲悯,在衣、食、住、行上都必须俭省,尽量做出卧不解衣、食不甘味之态,不能食荤、不能有夫妻生活、不能有任何享乐之举;只有这样方能显出尽孝之道。布留尔不十分明了这里的究底,而把居丧时穿不值钱的衣服、吃粗茶淡饭说成是孝子在装出拒绝父母遗产的样子。这与风俗的本义就有距离了。

## 第二节　弗雷泽的《金枝》与中国民间巫术

詹·乔·弗雷泽,19 世纪末 20 世纪初的英国著名人类学家。他的名

---

① 列维·布留尔:《原始思维》,丁由译,商务印书馆 1981 年版,第 291 页。
② 同上书,第 317 页。

著《金枝》涉及了对中国民间巫术与文化的分析研究。虽然内容的分量不是太多，但触类旁通、视野开阔、见解敏锐，代表了那个时代英国人类学的基本倾向与风貌，今天看来也不失为近代西方汉学史上应该引起足够重视的有价值的篇章。

（一）《金枝》的基本理论与中国民俗巫术的阐释

1.弗雷泽《金枝》的一个基本理论是"顺势巫术"，它的核心是"相似律"。它认为事物间只要具有类似关系，就会彼此影响。民间巫术就借这种"相似间的影响"，通过模拟"此事物"去作用"彼事物"。这就叫"顺势巫术"。弗雷泽阐发这一理论时，以中国人的寿衣习俗作为支撑。他说，"在中国，为了确保长寿曾求助于某种复杂的法术。这些法术本身集中了顺势原则，"而其中，"没有比寿衣更合适的例子了"。弗雷泽发现，中国人给老人做寿衣，望其长寿。做寿衣的时间都"选择有闰月的年份"。"因为，在中国人的心目中，有闰月的年份既然不寻常地长，那么也就更具有延长生命的能力，在这样的年份里制做寿衣显然更好些"。① 在这里，闰月"加长"年份时间长度，由此这个月做的寿衣也定能"加长"穿衣老人的寿命，在"加长"这一共同点上，"此"影响了"彼"，顺势巫术构成了。弗雷泽还发现，中国人上古以来就喜欢"在坟地植树"，且大多是松柏，这也含顺势巫术的用意。因为"松柏四季常青，千年不朽"，栽在"坟地四周"，也一定可以影响死者的躯体，"免其遗体腐烂"②。像这些借古俗论证其"顺势巫术"原理的例子还很多，不一一枚举了。

2.弗雷泽书中的另一要点是"接触巫术"。内涵是"物体一经相互接触，在中断实体接触后，还会继续远距离地互相作用。"因此，只要某个物体曾经被某个人接触过，巫术活动即能够通过这个物体对那个人施加影响。弗雷泽悟出，上面谈到的中国寿衣习俗的一个环节，正基于"接触巫术"的原理之上，中国人给老人做寿衣，一般规定"由未婚姑娘或很年轻的妇女来剪裁和缝制"。这表明中国人"聪明地考虑到她们年方少艾，在缝制寿衣时，她们那旺盛的生命力将肯定有一部分传给这些寿衣"。通过

---

① 弗雷泽：《金枝》，徐育新译本，中国民间文艺出版社1987年版，第55页。
② 同上书，第175页。

寿衣又会传给老人，使老人得到青春生命力的补充，从而"延缓许多年"的寿命①。

3. 与弗雷泽"顺势巫术"紧密相关的是他提出的巫术构成中的"同类相生"原理。所谓"同类相生"是指巫术理解中"一种现象与另外一种现象之间会出现类似的神秘感应"。这实际上是在理论上进一步解释"顺势巫术"。比如柬埔寨猎人的猎网网不住野猪。他就自己装作没看见，一头撞进网中，然后叫："怎么被捉住了！"而后他就认定野猪们会一个个被网住了。

从这一观点出发，弗雷泽写道："中国人还有一种信仰，我们从中可以看到'同类相生'原理的应用。中国人相信一个城市的命运深受该城廓形状的影响，他们必须根据与该城市形状非常相似的那种东西的特点来对城廓加以适当地改造。"弗雷泽的具体例证是：据说泉州府城市轮廓形状像一条鲤鱼，与它邻近的永春县则像一个张开的大渔网。"因而泉州府就经常成为永春县城掠夺的牺牲品"。后来泉州府居民想出了一个办法：在城市的中心兴建了两座宝塔，从轮廓上改变了像鱼的城市面貌。从此，永春人不再掠抢泉州府了。弗雷泽说，"这是因为这两座宝塔高耸在城市之上，阻止了想象中的渔网降下来网住想象中的鲤鱼，"打破了本来城市形貌给市民生活带来的"同类相生"的"厄运"②。在这里，中国民间关于城市风水的巫术观念成了他"同类相生"原理的最好证明。他对中国民间文化的猎取，转山绕水，还是回到了他个人理论建树的基点上了。③

（二）对中国民间宗教习俗内容特征的分析

1. 对"神"的驾驭。弗雷泽发现，中国许多民间宗教活动中，那种拜倒在神像脚下的诚惶诚恐似乎很淡漠。人们在神的面前是驾驭的态度，是

---

① 弗雷泽：《金枝》，徐育新译本，中国民间文艺出版社 1987 年版，第 55 页。
② 同上书，第 56 页。
③ 类似的例子还有，弗雷泽说："大约 40 年前，上海的聪明人发现了一起正在酝酿中的地方叛乱，对此深为忧心。后来经过周密调查，才知道引起这个乱子的因由是由于一所新建庙宇的形状竟十分不幸像一只乌龟，而乌龟是一种秉性极为恶劣的动物。但如果推倒重修，就会亵渎神明招致灾祸，若让它仍然保留龟形将招来类似的甚至更可怕的灾难。困难严重，危险逼人。在此紧要关头，该地的占卜先生们灵机一动，成功地找到了好办法，避免了一场灾难。"（弗雷泽：《金枝》，徐育新译本，中国民间文艺出版社 1987 年版，第 55 页）

支配的主人。弗雷泽介绍说，中国人需要下雨时，用木头、纸张做一条龙，它就是"雨神象征"。人们舞动长龙在街上转了几天，若仍不下雨，龙就会"被诅咒和被撕碎"，"有时就公开废黜它的神位"，或者"恫吓和鞭打这位雨神"。1888年4月，广东的满清官吏率民间龙神祈求止雨，没有应验，他们竟将"雨神"的"塑像锁押起来整整五天"，这么一来，龙神让步了，"雨停了，于是龙王爷也恢复了自由"。而在此之前，广东大旱的几年里，人们拿龙王爷试问，给它"套上了锁链，牵到它的神庙的院子当中暴晒了好些天，为的是让它自己去感受一下缺雨水的苦楚"。① 中国人这样对待民间神的态度，叫弗雷泽惊讶。他感到非常好笑，觉得这是"中国人（之）擅长"。

后来弗雷泽又在欧洲西西里岛土著居民那里发现了类似情况。1893年，岛上大旱。人们恐慌地祈求圣像，但无济于事。农民们恼怒了，"他们把圣约瑟的圣像扔在一个花园里，让他自己去看那干旱景况，他们发誓要让它在那里呆在太阳底下直到下雨为止"。在岛南部的"卡尔塔尼塞塔，人们撕下天使长米迦勒肩上金色翅膀，代之以纸板做的翅膀。他的深紫色斗篷被取走，然后以破布缠身。在利卡塔，守护神圣安吉洛的遭遇甚至更坏。他身上没有留下任何衣布缠身，人们咒骂他，给他铐上脚镣手铐，以淹死或吊死恫吓他：'给雨水，还是要绳子！'"② 意思是，再祈不到雨水，就把你吊起来。弗雷泽认为，这种把"神"摆弄来折腾去的态度，和中国人没有二致。

2. 群体精神在春天的复苏。弗雷泽朦胧地体验到，民间宗教里往往跳动着群体精神与青春复苏的脉律。他发现寒带的斯拉夫各民族"总是在春天驱除死神"，温带人也常常在冬季结束时驱邪，都"与自然节令的变化相应"。这大概与"人们急于摆脱过去"的心理要求密切相关。人们通过仪式，"激起兴奋情绪"和"欢乐的冲动"，"青春的活力重新复生"，心灵世界从严冬的"沉重抑压中解脱出来"，实现了一种群体精神的境界转换。③ 为了说明这种伴随时间转换的精神转换，弗雷泽推出了中国三月的

---

① 弗雷泽：《金枝》，徐育新译本，中国民间文艺出版社1987年版，第112页。
② 同上书，第113页。
③ 同上书，第821页。

驱邪风俗。他说："中国许多土著部落每年三月间举行一次盛大节会，欢庆彻底驱除过去 12 个月来的一切邪恶。其做法如下：将一只装满火药、石子、小碎铁块的陶制大缸埋在土下……把导线点着，缸内火药立即爆炸。这里，石子和铁片表示过去一年的疾病和灾害，经过爆炸飞裂，表示疾病和灾害被驱除，整个节日充满着狂欢和醉酒。"① 这里除了"火药爆炸"的描述（其实是"鞭炮炸邪"）有些"近代化"以外，驱邪却病、节日气氛、欢乐饮酒等都基本吻合于中国许多民族三月间的民俗风情。弗雷泽看出了其中的价值，在于告别过去和灾难，在于狂欢新年的开始，生命和精神都在三月"节会"上转过一个弯道去，能不为之"欢庆"吗？

3. 闹剧。在弗雷泽看来，民间宗教文化中有一种"准美学"意义的"闹剧"现象。它的构成因素是两点。一是戏谑的哄闹。像曼丹的印第安男人，在野牛舞会上扮演野牛追逐妇女，以象征来年森林中多繁殖野牛。活动的最后，他被攻击。"妇女们追在他后面嘘他、笑他、用棍打他、用脏东西砸他"。二是假装与化妆。如加利福尼亚波莫人的赶鬼仪式，鬼由人化妆而成，浑身涂上粗野的条纹，戴上假面具，吼叫着。妇女们"假装"吓得尖叫，男人们则假装英勇无比。"全都闹剧的结尾是……一阵惊人的吵嚷和假斗的闹声之后，妖魔被赶进了山里"②。

这神民间宗教的闹剧现象，由弗雷泽在东方国度里找到了典型的"复本"。他在描绘中国人的送瘟神仪式时说，"中国有一些土著部落，为了防止疫病，常挑选身强力壮的男人充当瘟神的替身"。他进行化妆，"脸上涂抹着油彩，做着各种令人可笑的动作，意思是要诱使一切瘟疫邪恶都附集在他一人身上去"。他在仪式中假装成胆怯的样子，而送瘟神的"男男女女（却）敲锣打鼓"，拿他开心，"追逐他"，在哄笑中撵他出城③。显然，对这种仪式中的瘟神扮演者，弗雷泽没有视之为"小丑"；相反，言辞语吻之中潜寄了对他的看重。因为正是这个被取笑的"替身"，为民间担待了罪恶，为人们带走了灾祸，他不过以闹剧的形式改编了一场焚香祷祭、祈求吉福的正剧。

---

① 弗雷泽：《金枝》，徐育新译本，中国民间文艺出版社 1987 年版，第 809 页。
② 同上书，第 796 页。
③ 同上书，第 800 页。

（三）特别的青睐、批判的笔触及其不足

1. 尤其值得一提的是弗雷泽对中国少数民族的宗教习俗倍加青睐，他在谈到世界各民族的"灵魂离体"观念和招魂仪式时说，"中国的倮罗相信灵魂要离开有慢性病病人的身体。遇到这种情况，他们就念一种精心准备好的祷文，呼唤灵魂的名字，要它从迷途的地方……回来。与此同时，还在门口放着杯碗，内盛水酒米饭，供远道跋涉归来倦累的灵魂食用。仪式之后，在病人臂上系一根红带子拴住其灵魂……"① 弗雷泽这里所说的"倮罗"就是中国西南地区人口最多、拥有铜鼓文化、毕摩文化以及特殊民间宗教形式西波教的彝族人。他描述的"唤魂"仪式，在中国彝族自己叫作"哈咕"，直到 20 世纪 40 年代依然流行。《石屏州志·卢鹿蛮》有载，"（彝）人偶有病，盒饭一盂……门外招之，谓之叫魂"②。他所提到的"祷文"，就是彝人宗教祭司"毕摩""西波"平时诵念的禳灾祈福、招灵驱鬼的"彝文经书"。至于弗雷泽讲到的"红带子"，就是后来彝族人招魂活动中的"拴魂线"。线多是红色，但也有蓝色的，一般按照男左女右的习惯拴在失魂者的手腕上。③ 由此可见，弗雷泽的描述大体上是中国彝俗的实情。

另外，在弗雷泽的著作中，还涉及中国苗族的神权崇拜、蒙古族的魂化黄蜂神话、藏族人的祈祥祭典，等等，都从不同角度反映了他对中国少数民族宗教文化与民间风俗的浓厚兴趣。在他看来，少数民族的巫术事象更具有原始宗教的丰富内涵和朴素形式。

2. 弗雷泽对中国宗教民俗的研究也时有批判的笔触。他这样介绍了西藏民间的替罪仪式：每年二月间，拉萨哲蚌寺的铁棒喇嘛就拥有了 33 天的神圣权力。他这时代表喇嘛教中最高神接受众僧的致敬。人们把他叫作"协敖"。他大量收取税金，占为己有。用税金的极小部分为世人举行禳除邪病的祭仪。祭仪中选了一个替罪羊，人称"太岁"。"太岁"每天坐在市场中央，随便想要什么就拿什么，并接受众人的"小小捐款"。但他也"手持黑牦牛尾做的拂尘，向人身上摇拂，将运气引到自己身上"。他最后

① 弗雷泽：《金枝》，徐育新译本，中国民间文艺出版社 1987 年版，第 277 页。
② 《中国各民族宗教与神话大词典》，学苑出版社 1990 年版，第 658 页。
③ 同上书，第 659 页。

的命运很不佳，往往被置于"巨蟒猛兽的包围中"。如果他死了，"人们便认为是大吉之兆"①。弗雷泽认为，西藏喇嘛教中的最高神主，既然享有了神的最高权力，他本人也应是众生罪孽的承担者。他应该以自身的献祭像基督那样为世人赎罪。然而他没有这样做，他选择了一个暂时代替他的僧主，给他二十多天最高神的权力，由他做"替罪者"（协敖）。这位暂时拥有最高神权的替罪者"协敖"，又复摆弄最高神主的故技，选了一个叫作"太岁"的替罪者，给他七天为所欲为的神的特权，然后由他去做为众人赎罪的"替罪羊"。这位"太岁""以自己的生命为代价买得权利与荣誉的短暂的转让，他就是大喇嘛的替身"。虽然只有七天，他觉得他有了"临终前的耽玩"，他没有虚度一生，他值得。弗雷泽批判并嘲弄了这种东方宗教的矛盾与可笑。他说，喇嘛教的最高神"一方面保持神的特权，同时又卸却为神应受的惩罚与苦难"。他把神为民众赎罪的神圣职责转嫁给了一个贪图一时私欲的"可怜虫"去履行，自己却养尊处优去了。这是一种令人悲哀的神职的蜕化②。

3. 最后顺便指出的是，弗雷泽对中国民间文化的研究，主要是依赖当时英法人类学者的书面材料，他缺乏实地考察的具体成果。比如他在谈到中国人"影子"忌讳时有段话说："在中国，当收殓死者，要盖棺的时候，除死者最近的亲属外，其他人都退后几步，甚至退入别的房间，因为如果人的影子被关进棺材，此人的健康便受到危害。"③ 这话显然是在复述长期在中国传教的汉学家德·格罗特的认识。格罗特在他的巨著《中国的宗教制度》中说，中国人"在棺快要盖上盖的那一刻，大部分在场的人，如果他们不是至亲，都要稍稍退后几步；或者甚至退到耳房里，因为如果一个人的影子被棺材盖盖住了，这对他的健康是十分有害的，对他的运气也有损"。④ 格罗特本来就没有说清楚，这种害怕影子入棺的风俗具体发生在中国的南方还是北方、汉人还是少数民族，弗雷泽取过来就用，自然就显得十分笼统了。所以刘魁立先生曾说，弗雷泽的"中国研究"，还有"粗糙

---

① 弗雷泽：《金枝》，徐育新译本，中国民间文艺出版社 1987 年版，第 809 页。

② 同上书，第 810 页。

③ 同上书，第 289 页。

④ 转引自列维·布留尔《原始思维》，丁由译，商务印书馆 1981 年版，第 46 页。

之处",① 就是指这种情况。

# 第三节　印度教及佛教文化中的性别喻码

黑格尔谈到印度吠陀及婆罗门文化时说，"洞穴和宝塔里面，总是用阳具来象征阳性生殖力，莲花象征阴性生殖力"，"所有的七级浮屠里面，没有不容留娼妓舞女的，她们奉了婆罗门的命令……务必要使姿态美丽，身段动人，而一切众生，凡是缴纳了一定的夜度资，都可以和她们真个销魂"。② 这种宗教意味的性别容纳与放纵，反映到印度教文化的细部以及流播广远的佛教文化中，遂积淀产生出许多带有含意性的喻码。以下分类作以叙介。

（一）以自然现象为喻码

光。光在印度古老宗教及佛教文化中是生育力的喻码。婆罗门典籍《百道梵书》（ⅤⅢ.7.1.16）说，"光便是生殖的力"③。在西藏僧侣的俗信观念中，"创世之初，人的繁殖方式是……从男人体内发出的光射入子宫，照射而使之受孕"④。光作为生育力现象又分为两个类型。一个类型是光等于男子生育力的直接释放。《考史多启奥义书》（1.6）中说，"我之生出作为给妻子的……作为年岁的光，作为每一单个生物的自我（阿特曼）"。《梨俱吠陀》（Ⅹ.121.1）中，造物主（prajapati）被描绘为"金色的胎儿"（Hjranyagarbha），亦即"太阳的精子"。《阇弥尼奥义梵书》（Ⅲ.10.4－5）则说，"当人类之父将彼作为精子射入子宫时，以彼为精子射入子宫的即是太阳"。可见，在这个类型，光就等于生命本源，是物质化的东西。这与埃及民间把生命说成"从太阳泄出的光线"或"从创造了神的生殖器流出的精液"⑤——那种光线、生命水的神圣类比，十分相似。

在另一类型，光不是男子单方生育力的简单直接释放，而是男女结合之际双方共有的升华的精神状态。佛教密宗以为，与少女结合的宗教仪式

① 刘魁立：《金枝·中译本序》，中国民间文艺出版社1987年版，第17页。
② 黑格尔：《历史哲学》，王造时译本，上海书店出版社1999年版，第162页。
③ 转引自米尔希·埃利亚德《神秘主义·巫术与文化风尚》，光明日报出版社1990年版，第131页。
④ 同上书，第138页。
⑤ 同上书，第132页。

中，"必不可以"流泻，身体中流动的无欲的"菩提心"（Bod-dhicitta），所谓"觉悟的心"，或称"露滴"，它以五色之光从头顶流注而下，"充满两种"身体。当此之时，"结合"者的脑海只应出现两个意象：金刚（vajar，男阳）与莲花（Pdma，胎宫），并想象五色光环"充溢其中"。这种五色的光就不再是物质（生命水）的喻象，而是"作为圣礼行动的两者结合（maihuna）"时产生的神秘心理体验，一种"生育力"[①] 在思维中的闪光。[②]

水。在印度教经典《摩诃婆罗多》中，水似乎是一种孕育的传媒体。该书《初篇》57章描述婆薮王心里想着姿容妙相的山娘，他的生命水落入了阎牟拿河。受大梵天诅咒变成一条鱼的绝色天女"不姑"正在河水中游着，婆薮王的生育力由水的传递使她怀了孕，第十个月时，"肚子里剖出

---

① 米尔希·埃利亚德：《神秘主义·巫术与文化风尚》，光明日报出版社1990年版，第141页。

② 中国少数民族有感光孕生传说。波斯历史学家志费尼在其名著《世界征服史》里记载，维吾尔人有棵女神树，当"天光降于大树"之际，树感孕生子。他们就是维吾尔人祖先卜古可汗五兄弟。在维吾尔史诗《乌古斯》中族人"感光生"的神话又是一番姿态：夜幕降临，天上闪出一道蓝光，比月亮明，比太阳亮。少年乌古斯可汗近前一看，光中有一妙龄少女，头上有颗亮晶晶的斑痣，好似北极星。后来少女生了三个孩子，大的叫昆（太阳），二的叫阿依（月亮），小的叫优勒都兹（星星）。维吾尔人由是衍生（谷德明编：《中国少数民族神话》，中国民间文艺出版社1987年版，第738页）。蒙古族神话：美丽的阿阑豁阿生了三个儿子。族人见她未婚而育，纷纷指斥她的耻行。她向族人解释说："每夜，在从天窗照进来的光中有一个黄白色的人进来，抚摩我的肚腹，他的光透入了我的肚腹……你们乱说什么？看起来这是天帝的儿子……怎么可以比为凡人来议论！将来做了全汗国的君主，那时百姓们才会明白。"她的话后来果然应验了，三子不忽搭吉、不合秃撒勒只、索端察儿蒙合黑均成了汗国首领，原来他们是日月之光及天帝的种嗣（同上书，第60页）。朝鲜族传说，一个女子从水中"坐石而出"。国王把她禁闭于别宫，宫窗上透进弥漫的日光，照在她身上，她感到舒适温和（"女怀牖中日曜"），"因以有娠"。到了神雀四年，她生下一个男孩，名叫"朱蒙"。他就是朝鲜人的始祖（《朝鲜旧三国史东明王本纪》，岳玉玺、李泉编：《傅斯年选集》，天津人民出版社1996年版，第251页）。中国古籍亦有记述。《玉函山房辑佚书》辑《河图稽命徵》："附宝之郊野，大电绕斗枢星，耀感附宝，生轩。"（《纬书集成》，上海古籍出版社1994年版，第1064页）《春秋纬·元命苞》："黄帝时，大星如虹，下流华渚，女节梦接，意感而生帝朱宣。"（转引自袁轲《古神话选释》，人民文学出版社1979年版，第171页）朱宣即少昊帝。段成式《酉阳杂俎·玉格》："李母本元君也，日精入口，吞而有孕，三色气绕身，五行兽卫形，如此七十二年而生（老子）陈国苦县赖乡涡水之阳九井西李下。"北魏宣武帝母亲高夫人，梦日光追逐，"既而有娠"，至太和年四月，"生帝于平城宫"（《魏书·世宗纪》，台湾"中研院"汉籍文献资料库本，第191页）。朱元璋母亲陈氏，梦见神授药丸，药丸"置掌中有光"，吞下后，余香满口，后生朱元璋，也"红光满室"（《明史·太祖本纪》，台湾"中研院"汉籍文献资料库本，第1页）。

了一女一男"。印度教另一部史诗《罗摩衍那》中，水的固体形象——雪山代表了强大的生育力。黑格尔复述这一段情节说：湿婆和乌玛幽合，"一次就达一百年之久，中间从不间断，使得众神对湿婆的生殖力感到惊惧，替将来的婴儿担忧，就央求湿婆把他的"生命之水力倾泻到大地上去，于是这"就长成了白山，把印度和鞑靼隔开"[①]。白山即雪山，它以充沛无限的水源的形式象征了大神湿婆的生育力以及他创造天地人类的巨大本原力量。在印度教神话中，水液状的牛奶也用来象征育嗣的生命之水。《罗摩衍那·童年》15 章、17 章，十车王举行祭祀求子，神灵在祭火中出现，抱大宝瓶。他说，国王，接受这奶粥吧！它是天上神仙所造，能召来子嗣。国王把牛奶分给三个爱妻。她们喝了，就都生了儿子。这和希伯来人的民间观念相通。《圣经》中约伯受难时呼吁神说："你的手创造我……你不是倒出我来好像奶，使我凝结如同奶饼吗？"（《圣经·旧约·约伯记》第 10 章）也以奶汁喻指男子的生育力。

（二）动植物与喻码

蛇。尤其是凶猛的眼镜蛇在佛教与印度教文化中是男性生育力的象征。反映在民间习俗中，印度男子的成丁礼，必佩挂由三股麻绳搓成的"圣线"。这种"圣线"原是蛇的变异物象。婆罗门教与印度教主神湿婆有一幅有名的三面像，左面是含笑低眉的女子娇容，她手拿一朵象征她生命形象的莲花；右面是凶恶的男性面孔，手拿具有男阳意义的猛蛇。

蚌蛤。在民间，蚌蛤为女子象征。[②] 中国民间有广泛流传的蚌蛤化女的故事[③]。佛教流入中国后又融变出"蛤生佛像"的传说。据说隋炀帝爱

---

① 黑格尔：《美学》卷二，商务印书馆 1979 年版，第 56 页。

② 《水浒传》第二十四回，西门庆见了潘金莲，"先自酥了半边"。次日一早即想买通王婆做"撮合山"。王婆心中明白，只管和他挑逗。西门庆问，她家卖些什么？王婆说："他家卖蒸河漏子"。河漏子苏北江淮间方言就是蚌蛤，指妇女。王婆用意在暗示西门庆那金莲有些"腥气"，如蚌蛤自行开闭，本不尊重，有隙可乘。西门庆听出出了名堂，又假作正经笑道："你看这婆子，只是风！"蚌蛤在其壳内孕珠如妇怀娠，新月时壳内是空的，到了满月时壳内就成了满的。这种与月亮盈亏有关的孕珠能力，与女性生理极相似。故称蚌胎。唐代诗人高适曾咏道："日出见鱼目，月圆知蚌胎。"由于蚌蛤孕珠的孕育能力，南方人女儿出嫁，都要用蚌蛤壳做成粉末、用红纸包数百包，名曰"护姑粉"。在女儿登轿后，手不辍掷于道中，以象征此去婆家，生儿育女，没有停辍得闲的日子。

③ 广东东莞流传，一个渔夫从门缝里窥见蛤蜊从壳里蜕身而出，变成了一个十七八岁的小女子。渔夫突然闯进去把蛤蜊壳藏了起来，女子再也回不了壳，只好与渔夫结为夫妇。

吃蛤，遇一蛤击不破它的壳，放在几上，夜出光芒。次日，蛤壳自开，中间生出一尊佛和二尊菩萨像来（《酉阳杂俎》续集五）。这使人很容易想起隋代开皇年间盛行的铜佛造像，佛像不管大小，都有类似女器形状的所谓"光背"作背景衬托在佛身后。这个"衬托"即有一个潜意识，即蚌蛤类似女、蚌蛤生人、蚌蛤也生佛的文化想象。

与蚌蛤相联系的是"珠"。印度佛教六字真言说："唵嘛呢叭咪吽"，意谓："唵，红莲花上的宝珠，吽！""神！红莲之珠，吉！"这六字真言的形象是，下面一朵灼灼怒放的红莲，上有一颗光焰闪烁的宝珠，宝珠内又有盛开的红莲，莲上又有熠熠生辉的宝珠，层叠向上生发。红莲、宝珠皆暗指女子，和中国典籍《杂事秘辛》《二刻拍案惊奇》《玄女经》以火齐珠、赤珠、明珠作喻，取意略同。

植物中，葫芦的女性意义最为人常道。季羡林先生考证，葫芦这个词在梵文中的意思就是"葫芦胎"或"胎葫芦"，"胎的样子同葫芦很相似，胎里面有胎儿，葫芦里面有子"。① 所以《罗摩衍那》中，罗摩祖先萨谒罗国王的第二皇后顺摩底在她的葫芦胎中，一次就生出六万个儿子。她受到赞颂："顺摩底呢，虎般的人！"（第一篇第 37 章）

在佛教文化及印度古老宗教中，莲花是最典型的女性形象。印度民间把宗教法器林迦（神祖神根）通常放在莲花瓣上，或用莲花叶饰花边，以显现男女婚爱结合的生育奥秘。印度荷花女神，站在浮出水面的莲花盘上，手中有朵象征玄牝的初放的荷，身边有男子意义的大象鼻子向她手中的荷蕾喷水。据芬克·瓦格尔《标准民俗神话和传说词典》② 记载，莲花在整个东方佛文化圈都代表着"约尼"（女性生育力的总称）。印度教创生神话，大神毗湿奴的肚脐上长出一枝莲花，上有千万个花瓣，浮出海洋，上面山峦重叠，清水流淌。在这之上才产生了男男女女的创造神。所以我们看到一个异乎寻常的艺术形式，梵的神祇们都坐在一个莲花座上，唠叨的口头禅是："就这样吧，莲花座，阿门。"莲花座是一切被生育的万物的母体。中国佛教观念中，西方净土有莲花圣湖。湖中每朵莲都吐释一个灵

---

① 季羡林：《关于葫芦神话》，上海《民间文艺季刊》1984 年第 5 集。

② 王炽文译：《莲花的民俗和象征》，《民间文学论坛》1992 年第 6 期。

魂。灵魂经过一生磨难，死后又回到莲蕾中安息再生。所以中国佛寺多有象征性的莲池，池中的莲也都带有神性胎宫的孕育意义。莲的女性意味还深入明清市井细民的俗文学中。明话本之《月明和尚度柳翠》一篇，写至聪禅师遇美妇人红莲，两人合欢沐浴后一并坐化。偈语说："有道山僧号至聪，十年不下祝融峰，腰间所积菩提水，泻向红莲一叶中。"偈语中的"红莲"，一语双关地喻指美妇人女身。

（三）人体及人的行为的喻指

手。佛教及佛教史前的印度宗教中，手有浓厚的生育意蕴。大拇指多喻男性。大神悉法有一法象，拿一根绳作一圆圈，套绕着大拇指。这是他的生育法象，含义不算婉约。[①] 印度人把结婚称为 Panigra hand，词的本义为握手。丈夫想要男孩，握住新娘的拇指；想要女孩，握住新娘四个指头（四指构成缝隙，象征女性）。中国民间有种手势语，左手组成圆圈，右手食指贯入，喻阴阳结合。这非常接近日本佛教的"智拳印"手势。"智拳印"手势也以手半握成圆筒状，另一手食指居中，它是"化生"的含义。可以这么理解，民间生育意味的手势语在佛家手势造型特别是千手观音造像中趋于升华高雅。不少学者也都意识到，千手观音由手指构成无数男阳女具的造型，除了渲染法力无边，主要还是生育精神，一种"强大的'生'的力量"。[②]

脚。在佛教文献中，梵天的脚跟等于女子产门，生下首陀罗和吠舍。《百论疏》卷上之中："梵天口生婆罗门，臂生刹利，胁生毘舍，脚生首陀。"《提婆菩萨释楞伽经·外道小乘涅槃论》："彼梵天作一切命，无命物从梵天口中生，婆罗门两臂中生，刹利两髀中生，毘舍从两脚跟生。"就"生"这一点来说，梵天的脚无疑象征着女子生育形象。但在印度宗教中还同时可以发现，神佛们的腿脚一旦和女性神接触，它的男性意义就复原了。

印度民间的荷花女神为了帮助农业丰获，她常常"坐在男神之膝上，或抚摸男神之足"，[③] 以此具有生育意义的抚摸接触来刺激庄稼的孕苞结实。印度及孟加拉国地区，每年举行太阳神和大地女神的婚仪，由祭司扮饰

---

① W. 爱伯哈德：《中国文化象征词典》，湖南文艺出版社1991年版，第108页。
② 车广锦：《中华传统文化论》，《东南文化》1992年第5期。
③ 王炽文译：《莲花的民俗和象征》，《民间文学论坛》1992年第6期。

太阳神达姆，其妻饰大地女神。婚仪中，由一个强壮男人把太阳神从神林背回村里，女人们都在村口迎接，为他洗脚，然后像正常人结婚那样……①这个结合前的洗脚的细节值得注意，它是净化男体的一个喻象，也是"佛脚"（或神足）男子生命意义在民间的流变。

种田与耕作，在印度婆罗门观念中代表生育。《摩奴法论》说："女子相传是田地（胎宫），男子相传为种子（男阳）；一切有身体的生物皆因田地和种子的结合而出生。""种子与胎宫相比较，据说种子更显要；因为一切生物的后代都以种子的特征为特征"。"然而种子在发育过程中并没有显露出母胎的任何属性"，"大地（才）被称为生物的原始母胎"。② 男子的生育行为被喻为播种，种子落生的田地是孕育孩婴的女子腹宫。这与阿拉伯人把男子买得妻子说成是"买得其生殖之田"③，和中国民间讲夫妻圆房是"晚间耕耨之期"与"播种常例"④ 如出一辙。古希腊哲人普鲁达克亦曾说过，如果一个男人爱上了别人贞淑美貌的妻子，不应该私通，而应向她的丈夫请求，"在他的富饶的土地上，种下良好的儿子"⑤。在《旧约·利未记》第十九章，耶和华通过摩西告诫世人，应该维护生育行为的"纯种"性（或纯血统性），"不可叫你的牲畜与异类配合；不可用两样掺杂的种种你的地……婢女许配了丈夫，还没有被赎得释放，人若与她"私合，那"二人要受刑罚"。联系上下文意可知，这里说的"种地"绝非农民意义的"种地"，而是在给下文人们的生育行为作借喻。

---

① 弗雷泽：《金枝》，中国民间文艺出版社 1987 年版，第 220 页。

② 蒋忠新译：《摩奴法论》，中国社会科学出版社 1986 年版，第 176—188 页。

③ 鲁妥努：《男女关系的进化》，上海文化出版社 1989 年版，第 133 页。在《古兰经》中，田地象征着一个男子的爱妻。第二章《黄牛》，主告诉他的信士，"你们的妻室像你们的田地，你们到自己的田地可以听便随意"。林松先生曾这样阐释，把妻室比喻为田地，是告诫当丈夫的"对妻子，应该像农夫对待庄稼地那样爱护备至，并享有合法权益"（《古兰经韵译》，中央民族学院出版社 1988 年版，第 58 页）。

④ 蒲松龄：《聊斋志异·林氏》。道家文献《洞玄子》也以耕田指婚合："阳锋来往磨耕神田、幽谷之间，其势若农夫之垦秋壤"。明代洪基《摄生总要》讲到"采阴补阳"的养生术时，将少女比作能够长灵芝的田："采阴须采产芝田，十五才交二八年。"如果男夫不能清心节欲，垮了身子，命归黄泉，所爱妻室为他人所属，那在民谣中就被说成了"田地移主"："血败气衰将何补？尺宅寸田属别人，玉炉丹灶阿谁主？劝世人，休恋色。"（李鹏飞：《三元延寿参赞书》引《神仙·可惜许》）

⑤ 鲁妥努：《男女关系的进化》，上海文化出版社 1989 年版，第 257 页。

（四）　器用与喻指

钵是僧人的食器，在印度教中代表育儿的胎宫。《摩诃婆罗多·初篇》121 章，出浴的天女诃哩达吉，不留神被风掀去了衣裙。她的美妙诱惑使睿智仙人顷刻间流溢了"生命之水"。这"水"盛放在一个木钵里，诞生了睿智仙人的长子。由于他没在母体胎宫而是在木钵里长成的，故名德罗纳。德罗纳即梵语木钵。木钵代替母体胎宫即由是而来。在佛典《地藏菩萨本愿经·地神护法品》中，佛告诉大地女神比里底毗，你的神力诸神莫及，土地、草木、谷米以及人的繁生，皆靠"汝神力拥护"。佛给她的形象就是左手持钵，钵中盛着鲜花和谷穗，作为她生育力的象征。

中国民间用鼎喻女妾。六朝《读曲歌》："暂出白门柳，杨柳可藏乌。欢作沉水香，侬作博山炉。"博山炉是一种中空的香炉，女子引以为自比，而把相约欲来柳丛幽会的情人喻为在鼎炉中燃烧的沉水香，这是一种情欲生活的想象。《金瓶梅》七十五回，吴月娘见西门庆心只在金莲身上，便劝说："从东京来，通影边儿不进后边歇一夜儿，叫人怎么不恼你？冷灶着一把火，热灶着一把儿才好。"月娘讲的冷灶或热灶里烧火，即喻西门庆与其妻妾间的"同房"，"火"指西门庆，而炉灶则指妻妾们。

皮囊或盛物的囊袋在中国化的佛家俗语中是女身的隐喻。明代龙遵叙《食色绅言·男女绅言》记载一位高僧超脱世间七情六欲，一日有妙龄女子自称天女来僧殿借宿，并予调惹。高僧明白她的意思，说："吾心若死灰，无以革囊见试。"宋书功先生于此下注说："革囊：皮囊，此喻女。"[①]

臼杵。臼是舂稻谷用的凹形石器，杵则是向凹中下舂的木棒或石棒。臼杵一起代表男女夫妇的结合。佛教大神大自在天的偶像即是一个大杵，他的后妃毗摩罗天女偶像则是"臼"的形状，恰好吻合杵臼的生育繁衍意义。印度教中以一个座台象征婆罗门。座上摆着花瓶，花瓶形状象征玄牝，瓶上插的一根玉杵，代表灵根。《百道梵书》第四篇第四章又有如下一段："天神用酥油金刚杵打击自己的妻子，使她们软弱下去。她们受了打击，弱了，就对遗产和自己的身体没有权利了。"[②] 这段话的意蕴是，男

---

①　宋书功：《中国古代房室养生集要》，中国医药科技出版社 1991 年版，第 431 页。

②　金克木：《梵语文学史》，人民文学出版社 1964 年版，第 79 页。

性战胜了母系时代以女性为生育本源生育特权的观念,女性崇拜失落,女权遭受世界意义的失败,父系时代走上文明地平线。

碾磨与车轮。世界上不少民族宗教都以碾磨与车轮比喻生育活动。考古学发现,中国泉州东郊海乡下围村有一婆罗门教石龛。龛中竖立一个塔状的"林伽"(男阳)和一个磨盘状的"由龙"(女具),榫接在一体。由于辗磨盘与柱状"林伽"的组合是男女夫妇生育结合的渲染与强调,所以这一石龛长期吸引着方圆几十里地那些祈求生子的香客们来膜拜它。

在吠陀教典籍《梨俱吠陀》中,车与轮的组合代表着男女合婚。书中妹妹阎蜜对哥哥阎摩发生了爱的欲求,她期待地说:"阎摩的爱欲来向我阎蜜,在一处,在一床,同卧起;如妻子对丈夫献身体;结合不分如车轮在车里。"理智的阎摩知道这是见不得人的事,他奉劝妹妹,"快去找我以外的别人吧,去和他结合不分,如车轮在车里。"[1] 印度传统中以车与轮象征夫妇的婚合,这和中国民间信仰中"轮轴为夫妇,梦得轮轴,夫妇之事"(《北堂书钞》卷141)完全一致。[2]

# 第四节 《五十奥义书》人类学事象琐记

"奥义书"(音译"邬波尼煞陀"),最早约产生于公元前10—公元前5

----

① 金克木:《比较文化论集》,生活·读书·新知三联书店1984年版,第98页。印度人常以车为喻。《唱赞奥义书》六篇15章中说,"生气为父,生气为母,生气为兄弟,生气为姊妹,""生气大于希望者也,譬如车辐皆安立于车毂,万物皆安立于'生命之气息'。""若其人'生命之气息'已出离矣,则当以叉搅合之,使其尽焚"(指火葬)。(《五十奥义书》,第224页)

② 在《周易》中,车的轮轴即比婚配夫妇。《小畜》"九三,舆说辐,夫妻反目。""象曰:夫妻反目,不得正室也。"辐,是"凹"形的轴槽,由它扣夹住车轮的中轴,中轴在中转动。"说辐",轮轴从槽中脱出,车子也就不能行走;所以它成为夫妻婚姻离异或不能谐和之象。《焦氏易林》承继了这一观念。《随·比》说:"同载共舆,中道别去。丧我无夫,独与孤苦。"这是一个丧偶女子的泣泪。她把她和丈夫花好月圆的时节喻之为同乘载舆,丈夫撇她半路而去,纵有那空美的华车在,也只会愈加触惹她的孤独伶仃。《晋·节》里,另一位女子有着同样的命运:"重载伤车,妇女无夫。三十不室,独坐空庐。"年已三十,仍没有男女在她身边。她显然有过一次花红彩披、与夫共舆的机缘,可惜未能长久,很快就车破人散,成了独坐空房的寡妇。《蛊·讼》中,一个名为"姬姜"的女子也说到"车破"的喻辞:"长舌乱家,大斧破车。阴阳不顺,姬姜哀忧。"她和夫君虽然还绑在一辆"车"上,但情感的中轴已受到媵妾们长舌利斧的中伤与分割,夫君对她已有间疑,夫妇恩爱日疏,阴阳亲合失常,犹如同车之人并非同志;她的处境自然难堪。

世纪之间，是指附在"森林书"（音译"阿兰若迦"）之后解释吠陀奥义的一类经籍。"奥义书"实是一种"文体"，多到一百好几十部。19 世纪末期，德国哲学家杜森学习梵文，译了《奥义书六十种》，又用康德的哲学思想加以解说，在欧洲产生重大影响。

"奥义书"作为古印度婆罗门教经典，内容十分丰富，反映了古代印度韦檀多时代的宇宙本源观念、宗教祭祀仪旨以及修行生活、种姓制度、民间风俗，等等，具有文化人类学的典型意义。我们这里以徐梵澄先生译的《五十奥义书》（以下写作《奥义书》）为研读文本，琐记如下。

1. 巫药

巫药必以月光下采之。《生气火祀奥义书》一章云："蔬药多百种，见在'梭摩'城。……愿其护我辈，无有于苦疾。"[1] 注云："梭摩城，梭摩本植物名；然谓此为'月光城'亦无不可。采药常在月下云。"此与我国端午采艾在天将明时近似。古人观念，采玉亦当在月下。按照古代印度人的想法，巫药可使人长寿，也能驱邪。《生气火祀奥义书》第一章："新雨既沾足，我撷此蔬药，充满新生力，束之献之汝；俾汝得长寿，怖驱恶罗刹。"（792 页）

《奥义书》所言巫药中，似有助于怀妊者。《大林间奥义书》第六分第四婆罗门书云："水之真元，草木也。草木之真元，花也。花之真元，果也。果之真元，人也。人之真元，精液也。""人当向下面礼女子。彼以其前之石杵[2]与之，以此而服焉[3]（指"梭摩液"）。""有行'武事裸祭'（vaj apeya）者[4]，……如此而与女子合者……而女子之功德皆归之。彼不知此而女子合者，则女子取去其功德"（656—657 页）。此段译文断续难懂，但所言乃指用草木果实制的"梭摩"液剂对男子繁衍子嗣有"力气"之助，不懂此道者，与女子合，则丧其"气力"，所谓"女子取去其功德"也。

人之求愿，需用到草汁巫药。《唱赞奥义书》第五篇二章描写："若

---

① 徐梵澄：《五十奥义书》，中国社会科学出版社 2007 年版，第 791 页。以下随文标出页码。

② 注："此即榨'梭摩'液之石杵。"

③ 注："另义为'而有娠焉'。"

④ 注："原义为'气力之饮'，所饮者，'梭摩'酒也，或可谓'饮之以得气力。'"

有人求臻至……在圆月之夜和合方剂，取诸药草捣汁，和以蜜……"遂酌酥油灌于火，并祝"献于臻至处"云云，边读《黎俱韦陀》边饮之，然后卧于坛地，若"（梦）见一妇人，则当知此事成办矣"。故"颂曰：若人有求愿，以行其祀事，乃梦见妇人，当知所愿求，于是得圆满"（174—175页）。

在古印度，牛粪或为药，乃可食之物；抑或用于辟邪，净洁坛场。《比邱奥义书》云："诃萨者（比邱中一种），于村落中仅留一宿……食常杂以牛溲牛粪。"（1008页）注云："牛粪之食则《火神古事记》中有之，谓以牛粪大于拇指者，与酥油等同食之。似佛法初入中国时，佛徒亦曾有此习惯，《论衡》谓楚王英曾食'不清'，盖指此事。或以之为药物耶？似牛粪亦非至不洁之物，至今天竺仍以之和水而洁净坛场屋壁，或为饼曝干而以之代薪，亦犹塞上之燃马通耳。密乘典籍中常言及雪山白牛之食香草者，取其粪垩治法坛云云……""佛法……有'浮屠不三宿桑下'之说"。

2. 婚育

在印度娶同族姓的女子，似有禁讳。故《出世奥义书》中说："娶同族姓女，尽力燃圣火，日夜献灌斟，梵神祀安妥。"（1013页）意思是要格外注意祀神献灌，以求平安。

在印度，女子出嫁亦用婚车，然牵护婚车者，非其新郎，而是两个叫"阿施文"的天神。两个"阿施文"是孪生兄弟，一名奇神（dasra），一名真神（Nasatya），"皆金光美丽，带莲华鬘，迅速雄强，多智莫测。最嗜饮蜜，肌肤皆为蜜所充满。其出现在黎明之后，日出之前，乃登车而落人间，驱除黑暗邪魅……为太阳女之二夫，与之同载，故婚礼颂赞中，要两阿施文护新女车乘"（558页）。

若求婚育如愿，亦当祷献。《大林间奥义书》第六分第四婆罗门书云："乃于向晨之际，溶酥油如羹糜，则勺此羹糜一杓而灌之于火，祝曰：'献于火神！娑诃！献于爱神！娑诃！真生所属者！娑诃！'灌献已，勺而啜之。啜之已，授与其妇。盥水已，以瓶盛水，以水三洒其妇而祝曰：维施涡婆苏（risrarasu），起起由此去，且往求他女，丰容盛髯者。使此妇与夫，伉俪能共处！"（659页）注云："羹糜，原义为'罐烹'，乃灌献之一种，即小麦或米和牛乳熬成之糜粥"。"爱神，义为'神圣惠爱之女神'，特求其赐福于生子者……在仪式中，则合于月圆之日"。"太阳神，此谓为'真实生殖所属者'"。"（维施涡婆苏），乃一乾闼婆，乃假想中未婚女子之夫，婚礼中则祈祷之他去，使夫妇得以结合也"。

然后便是生育祈献。同书中说："分娩之际，则洒之以水而祝曰：如柔风四方动莲池，在汝身激扰良若斯。愿来下随裹胞胎衣，于是生出之中藏儿！因陀罗建造此城堡，门栅周护之！因陀罗，随胞胎使生此子好！"（660 页）祷词把母体比作因陀罗所建造的保护婴孩的城堡①与门栅，颂祈怀生之子能连胎衣而产出且安好也。

婴孩落草，遂祝之祥："（其父）乃俯而就婴儿之右耳，曰：'语言'！'语言'！如是三遍。和凝乳，蜂蜜，酥油，以金匙不置于其口中而哺之，祝曰：'我授尔地！授尔空！授尔天！我授尔地，空，天，及世界万物！'"接着还要祷祝其母有奶水哺育："于是抱与其母，哺之以乳，祝曰：'乳甘自不竭，多财宝善施！以此育万物。智慧之女神！愿以哺此儿！'"（661 页）

在婚前，又有求爱巫术。《考史多启奥义书》二章载："［说］神圣之爱念：若人愿得某男子或某女子或此辈或彼等之爱，则唯当于前所说之时，燃火如仪，［亦］如是酌酥油而灌献之于火，［向之而祝曰］：'汝之语言，我奉献于我内中，汝某某——娑诃！汝之气息，我奉献于我内中，汝某某——娑诃！汝之眼，我奉献于我内中，汝某某——裟诃！汝之耳，我奉献于我内中，汝某某——娑诃！汝之意，我奉献于我内中，汝某某——娑诃！汝之智识，我奉献于我内中，汝某某——娑诃！'于是嗅此烟气，以酥油涂其肢体已，嘿默不语，往而近之，接触其人，或独立顺风而语，则彼当为人所爱或为人所念矣。"（45 页）即：祷语可获爱也。

祭求于月，也多与妇人、子嗣有关。《考史多启奥义书》二章："圆月之夜，当礼方出现于东方之月，仪式如前，祝曰：'……汝其毋以我辈之

---

① 城之喻常见。《大林间奥义书》第二分第五婆罗门书云："'彼常作城安二足……为其居民即神我。'诚然，此神我者，遍居于一切城中者也。"（560 页）注云："此城即身体。原文为 Puras。"神我即自我，性灵。《唱赞奥义书》八篇一章："于此大梵城中，有一小莲花屋，中有小空间。此空中何有，是所当审辨"（232 页）。注云："商羯罗以'城'为（人之）身体，'莲花屋'为心。"

生命、后嗣、羊牛而为损减！彼憎恨我辈者乃我辈憎恨者，汝乃以其生命，后嗣、牛羊而为损减！我如是随汝神圣之转而转，我随太阳之行而转！'说是语已，彼向右臂而转。""其次，与其妇并坐，当抚其心而祝曰：'分发美人兮，汝心造物主（指月亮）内存。我思我知此，使我毋劰于儿孙！'如是，则彼（指坐妇）之子孙，不先彼而卒矣"（50—51 页）。

本章中又写道："每月新月之夜，月方出现于西方，亦当礼之……若其人犹未有子嗣，则当诵此三诗①：'增大乎！使入乎汝……''汝酬饮！气力增集……''诸光明！太阳子，张大之……'"这也是祈月求子之仪（48 页）。

3. 《奥义书》中提到了额饰现象

《迦那阿祇尼楼达罗奥义书》说："于头额、胸肩，各作三横画，此是商波之神咒。""三额纹度量，乃为三画，从额至目上，从眉中央至眉中央"。"其第一画者，家主火也……其神灵为'大自在'"。"其第二画者，南火也。……其神灵为'萨陀湿婆'"。"其第三画者，东火也。……其神灵为'大天'"（1039 页）。徐氏注："商波即湿婆神。""从额至目上谓上下，从眉中至眉中谓左右之长"（1039 页）。"于额上涂黄点丹者，是之谓'奔荼罗'（Pun dram）三画，则谓之'怛里奔荼罗'（tri pun dram）"（1036 页）。经文又云："如法以灰而画此三纹者，无论其人为学究、梵净行者、家主、林栖士、游方士，凡其大罪附罪皆涤除矣。"（1039 页）可见，额饰具有咒符意义。

4. 对女子的禁忌

古印度对有月事的女子是禁忌的。《大林间奥义书》第六分第四婆罗门书中云："若妇有月病，则三日不得饮于金属之器。不得浣衣。贱族之男女皆不得近之。过三夜已，始可沐浴，而当为之备稻米。"（658 页）有

---

① 注云："'三诗'前二首出《黎俱韦陀》，第三首出《阿他婆韦陀》，于此皆仅出首句数字。第一首为致月光女神之词，大意谓：'增大乎！来自各处之力倘皆入乎汝！助我等得食！'（'自各处'意谓'自火之每一体或自太阳来'）第二首亦为致月光女神者，大意谓：'月光女神乎！汝之乳饮，其酬我子孙，此饮增气力，助人克仇敌！梭摩女神兮！增永生之欢乐！最上之光荣，汝于天安置！'——'乳饮'或为梭摩酒，'增永生之欢乐'说者谓为庆生子。故尚未有子孙者诵之。'最上之光荣'谓'此液汁之川流'云。第三首亦为说'梭摩'者，大意谓'诸道光明（或梭摩茎），太阳子，张大之（欢喜之），不灭之太阳子所饮，梭摩自不灭！唯愿般荼帕底，蒲厉赫斯帕底，维奴拿，使我辈以此欢悦！'"（48 页）

月病即不得碰金属器，祭祀可想而知。

与祭祀同理，修行时必持戒，很多事物不当近，尤其女色。《瑜伽真性奥义书》云："盐，芥子，酸物，热物，涩物，辛物，蔬菜之类，兴渠等，及祀火，近妇女、远行及晨间沐浴绝食等事，凡足以起身烦恼者，皆当免除。"（894 页）因在印度民间，房事、女子乃有不净洁处。《摩奴法典》第三卷第 250 条云："如果一个人参与斯罗陀祭后，在同一天和一个妇女共寝，他的祖先（灵魂）将在此月内卧在该妇女的粪便中。"第四卷第 40、41 条又说："不要接近月经开始出现的妻子，不可与她同床共寝。因为人若接近被月经所污的妇女，其学识、精力、体力、视力和寿命完全破坏。"① 此皆月事忌。

5. 祈雨

印度人或向太阳祈雨。《弥勒奥义书》六章中讲："是故人当以'唵'声，礼敬彼无量光明力。彼现示者三，于火中，于太阳中，于生命气息中也。凡奉献于火之充盛粮食，经（其间之）达道升入于太阳；由是菁液流注，下降如雨，如高唱诗声。以此而世间生命气息得以存，由此而后有生物也。于此称引曰：'奉献火中之祭品，上达于太阳，太阳以其光明而降溉之为雨，由是粮食生焉。于是有颂曰：奉献于火者，行之合礼仪，上达于太阳。太阳乃生雨，由雨生食粮，食生有生者。"（472 页）可见，他们认为祭日可生雨。

求雨当唱颂诗。《唱赞奥义书》第二篇三章云："人当敬想风雨中五重三曼：'兴'声为起风。'导唱'为生云。'高唱'为降雨。'答唱'为雷电。'结唱'为雨止。有如是知风雨中五重三曼而敬想之者，求雨则雨为彼降矣。"（100 页）第十五章写道："'兴'声为务（雾）集，'导唱'为云生，'高唱'为雨下，'答唱'为雷电交作。'结唱'为雾止。此是'维鲁帕'三曼，交织于雨云②者也。有如是知此'维鲁帕'三曼交织于雨云者，增殖畜牲，乃多形妙色；充其寿数而长生，子孙蕃衍，牛羊数多，声誉光大。其格言为'有雨而不怨'。"（110 页）此皆为唱诗祷雨。

---

① 迭朗善译：《摩奴法典》，商务印书馆 2009 年版，第 77、85 页。
② 注："有解此为'雨神'（Parjanya）者。"

《唱赞奥义书》三篇十三章写到了雨神："北方之门，是为平气则意也。是为雨神。当敬想之为荣华为美丽。有如是知者，则充满荣华而美丽焉。"（137 页）

6. 唱诗"凝想"

唱颂诗时要"用心凝想"。《唱赞奥义书》二篇二十二章："人当唱祷，为天神求其永生，为父祖之灵得其享祀，为他人得其愿求，为牲畜得其水草，为祀者得其天国，为一己得其食粮。凡此，皆当凝想于心而不放逸，然后唱之也。"注："此谓唱颂诗时之用心，唱者即 udgatr 祭司也。"（116 页）这里提出了一项重要的艺术思维之原则，即唱颂诗时要投入具体的联想与想象，所谓"凝想"也；这样祈求的愿景与事物才可走来。

"凝想"又称"敬想"，即要有祭神如神在之虔敬之心。《唱赞奥义书》二篇五章云："人当敬想诸季中五重三曼：'兴'声为春季。'导唱'为夏季。'高唱'为雨季。'答唱'为秋季。'结唱'为冬季。有如是知而敬想诸季中五重三曼者，诸季皆奉事之，且富于季焉。"（101 页）这一艺术思想是值得总结的。

7. 裸祭

《考史多启奥义书》二章提到"内中之裸祭"。徐梵澄注："裸祭，即灌祭。吾国古礼以郁鬯灌地，天竺古以酥油灌火，其事略同。"（45 页）他的理解是对的。

《奥义书》多处写及裸献。如《唱赞奥义书》二篇二十四章："清晨唱祷始事之前……唱此三曼，奉献婆苏众（即空界之神，诸"天"）。其词曰：'广开世界门，吾人得见汝……'于是为其斟灌，祝曰：'……我此奉献者……娑诃（尚享之意)！请汝开门楗！'祝是语已，起身。婆苏等乃赐以晨间斟献之余（意即婆苏神回赐于裸献者）。"（120 页）注云："此以新月形之木杓，勺酥油灌火中为献也。"同书三篇十五章记："其东方，谓之杓。"（139 页）注云："奉献者，以'杓'酌醴或酥，东向而灌之，故曰杓。"第十六章记："人，祭祀也。其始生之二十四年，晨间之祀事也。《伽耶特黎》，诗格二十音，故晨间祀事唱《伽耶特黎》格律之诗。"（141 页）注云："晨间祀事，为全部牺牲奉祀之一部分，则斟'梭摩'酒（soma）而灌献者也。"按此，古印度人裸祭也用酒。又第四篇十七章记："若唱

《黎俱》……酌而灌于家主火。""若唱《夜珠》……酌而灌于南祀火"。"若唱《三曼》……酌而灌于东坛火"。（168页）[1] 裸献主要浇于火上。

《蒙查羯奥义书》第一书下篇写道裸祭的细节："火焰初炽盛，祀燎方明扬。在两斟灌间，敬信颂献享。"注云："新月祭或满月祭中，于祀神火之南北两分间，当斟酥油灌献二次，祝曰：'奉与火神，尚享！奉于梭摩，尚享！'然后致其余诸灌献于火中央。"（683页）酥油灌于火，是为关键。《大林间奥义书》第三分第一婆罗门书叙之更详，有一段问答："问：'……在此祭祀中，当几番灌献于火耶？'答：'三也'！问：'奚其三？'答：'斟灌而炽扬者也，奉献而腾溢者也，斟灌而平沈者也。'问：'以此何所得？'答：'斟灌而炽扬者，得诸天界；诸天界固若明炽者然。奉献而腾溢者，得祖灵界，祖灵界固若在上者然。斟灌而平沉者，得人类世界，盖人类世界宛如在下也。'"注云："一为灌酥油或加木；二为投肉于火；三为灌牛乳与梭摩汁。"（567页）由此可知，投洒火上者，尚用乳、肉、梭摩汁。

8. 马祭

古印度有马祭。《大林间奥义书》第三分第三婆罗门书中，蒲支约询问帕利克洗多王的后嗣情况及去向，雅若洼基夜答道："彼诸后嗣，皆已至于行马祭者所至之处矣？"（571页）从这段文词看，古印度人行马祭之祀。

《大林间奥义书》第一分"第一婆罗门书"记之较详："唵！维朝霞，祭祀马之首也。日，眼也。风，气息也。口，宇宙之火也。年，祭祀马之身也。天，背也。两间，腹内之虚；地，腹外之隆也。……维昼，马前之盘盂也，以作；其藏在东海。维夜，马后之盘盂也，以作，其藏在西海。置此二盘盂以卫此马。其为骐骥也，则负诸天；其为骏马也，则负乾闼婆，其为骁马也，则负阿修罗，其为凡马也，则负人。"（511页）

徐梵澄注云："古印度祭祀之事五，以牺牲而异。用人，用马，用牛，

---

① 古印度祭祀必唱颂诗。徐梵澄注："乌特伽多祭司织以《三曼》分，此则全三明之自我也"一段云："在康婆及其他学派中，说颂诗，祭祀，生命气息，大梵，皆同为一体。……祭祀以'颂诗'而成，是祭祀亦即颂诗，""'执事祭司'即用《夜珠韦陀》之祭司，'和特黎祭司'即唱《黎俱韦陀》者。'乌特伽多祭司'即唱《三曼韦陀》者"。"注家谓'执事祭司'口唱'颂诗'，无此则祭坛之火不燃，故当存念口为祭坛之火，己身是火，即是生命气息云"。(46页)

用羊，用山羊。主祭者，多酋长邦君，必一夫一妇。行礼之祭司，有专唱赞者，有执事者，有纠仪者。尚有宰夫，火夫等。每一大祭祀，必有目的，必用牺牲，必有布施。以寻常者而论，其事始于入山伐木为柱，所以系牲也。斧斤有祝，伐树有度，长或五，六，八，九，十一，十二，十三肘不等……伐后有咒，涂酥油而祷其生新枝也。柱数十一，表火神等十一神，斫之八方。其次掘地，土必堆向东方，洒水，布草，灌酥入穴，涂油于柱而树立之。以草作环环之。皆有祝诵。其次筑坛，燃火，仪式繁重。其次牵牲束柱，咒诵洒水以洁之，又饮之以水，以涤其腑脏也。更涂酥油于其额而洁化之。作若干仪式已，祭司始发命曰'靖之！'屠人乃或缢之或宰之。至是，主祭者之妇，捧水前而祝福，以水涤牲之窍穴，口，鼻等。余水之半，祭司等取以洗涤之。然后剖而割其脂膏以燔于火，涂酥而炙之。次作洁身之礼，而以稻麦制饼为献。次第取心，舌，胸，前腿，胁，肾等，涂酥以炙之。大抵初献十一次，亚献十一次，终献十一次。事毕，取牲血和泥烧砖，备筑坛之用。取贯其心之叉，埋于干土湿土相交之处；以为牲畜被杀，其苦毒皆聚于心。由心而传于叉，若投之水则传之水，若埋于地则灾及草木也，故埋于干土湿土相混合之处也。此种祭祀，仪文繁多，每一微细动作，皆有象征而不可乱也。古代盛行，至佛教起而其事始衰。顾'马祭'犹有异于余者，典礼更隆重，唯在国君则行之。一年以前，拣祭祀之马，作种种仪式已，放而任其行，国君则引大军随其后。凡此马所过之境，其王必或降或战，终必尽皆征服而后已，一年以后，驱马及其俘虏而归，乃行此大典，所以夸耀战功也。于史有征者，公元前二世纪，松嘉王（PusyamitraSunga）尝恢复此古礼行之。公元后四世纪海护王（Samudragupta）又尝行之，五世纪童护王（Kumragupta）犹行之。至七世纪，则日军王（Adityasena）亦尝行之。每行此大典，必有诗人咏歌其事，或铸纪念钱币发行。七世纪以后，遂无闻焉。"（512 页）可见，马祭是一相当重要的祭典。它伴随着军旅征服之事。

《大林间奥义书》第一分第二婆罗门书又说："彼起愿望：'我身倘可供祭祀乎！由是我将有身乎！'遂化为马。是其张大者，是足供祭祀矣。此'马祭'一名之由来也。有如是知此者，是知马祭者也。遂不羁，而放之于意，一年，取之以自奉。牛羊则奉之于诸天。是故同于供奉诸天神，即此奉于造物主之牺牲矣。（谓祭祀之马。）唯然，彼光辉者（太阳），即马祭也。年岁，其身也。此世间之火，马祭之火也，诸世界为其身。二者，一为祭祀之火，一为马祭，二而一者也，唯是一神。"徐梵澄注云："'一名之由来'句，原文直译乃'马祭之马祭牲也'。""'马祭'之马，即牺牲品，在祭祀之前一年，即任其邀游，不羁也"（515页）。不难发现，马祭就是以马为祭牲之祭也。但它同时又是一个复杂的象喻系统。

9. 祭月

和中国古俗一样，印度人亦有月祭。《大林间奥义书》第一分第五婆罗门书记："新月祭与满月祭也……人不当以此祭祀而有私求。"（533页）注云："约当阴历初一初二，为新月祭。初一作一饼，献火神、雷电神；初二以一饼献火神，以酸牛乳献太阳神与大法神。满月祭即圆月祭，当十五、十六两日。十五以一饼奉火神与月神，十六和甘乳酸乳献雷电神，以一饼献火神。饼则晨献之，乳则午献之。执事者或五人：主祭者（家主），司火者，婆罗门祭司（监坛），执事祭司，唱颂祭司。每次由执事祭司洒乳浆于火各方而毕。其所唱所行，亦颇繁缛已。"经文又曰："新月之夜……不得断任何有生命者之气息，虽一蜥蜴亦不可，盖以此修敬于彼神也。"（536页）

祈祝月神时用到绿草。《考史多启奥义书》二章"新月之夜，月方出现于西方，亦当礼之……投以绿草二茎，祝曰：'分发美人兮！我心安立于明月！永生女主兮！使我毋恸儿孙殁！'如是，则彼之子孙不先彼而卒也"。（48页）这个"投草"的细节是值得注意的。

祭月神亦以草汁。《大林间奥义书》第二分第一婆罗门书："葭基夜曰：'维彼月中之神人，我敬之为大梵也'！""王曰：'毋语我以是！彼为白袤之大君，梭摩王也，而我敬之'。——有如是敬之者，日日挹其梭摩而又挹之，其食无损减"。（542页）注云："（挹）原义为压榨……而出之汁液。究自何种植物取汁，至今失传。取汁之后，以羊毛滤之，或和以牛乳或酸乳或小麦粉而饮之。"

人们或向月亮祈宝物。《考史多启奥义书》二章："如有求某一宝物者，当圆月或新月之夜，在上弦半月中，吉祥星象下，燃火如仪，周遍扫除，散布圣草，咒言洒水，……屈其右膝，以祭杓或以木杯，或以铜盂斟酥油而灌于火，（向之而祝曰）：'天神名为语言者，是能获取者！愿彼为

我从某某获得此物！献与彼，娑诃！天神名为气息者，是能获取者！愿彼
为我从某某获得此物！献与彼，娑诃！天神名为眼者，是能获取者！愿彼
为我从某某获得此物！献与彼，娑诃！天神名为耳者，是能获取者！愿彼
为我从某某获得此物！献与彼，娑诃！天神名为意识者，是能获取者！愿
彼为我从某某获得此物！献与彼，娑诃！天神名为般若者，是能获取者！
愿彼为我从某某获得此物！献与彼，娑诃！'于是嗅此烟气，以酥油涂其
肢体，嘿默不语，往而申其所求于其主者，或遣使求之，则得之矣！"（44
页）按此，祭仪当在求取行动之前为之。

10. 植物与祭祀

《大林间奥义书》第六分第三婆罗门书云："有愿望'我当臻至于伟
大'者，则当……采集诸药草及果实，洒扫拂拭，燃火，散草布地，备酥
油如仪，在阳性星象下，捣合成剂已，斟灌于火，（向之而祝曰）：'……
我今以此分，灌献于彼等，彼等乐意我，祈皆满我愿！娑诃！……'于是
一啜，祝曰：太阳神光辉至可怡！……甘如饴河流动涟漪。愿药草于我皆
蜜滋！地，娑诃！……'"（650—652 页）徐梵澄于"散草布地"处注云：
"草名 Darbha，凡祭坛多散之地。"这说明祭祈中或用 Darbha 草，与中国
上古用茅或近似。《胎藏奥义书》中有喻辞说："五业根，祭祀所用也。
头，祭盂也；发，茅藉也；口，内祭坛也。"（488 页）此处正是将"发"
比作"茅藉"。

图 2-1　两河流域哈拉夫文化陶器上表示敬献于神的植物纹①

《阿室罗摩奥义书》中讲到以植物果实献祭："外坎那萨者（义为
vikhanasa 之学者），以野生之草木，在村落外从事敬火之仪……乌遁婆罗
者（摘无花果者），晨起，随所视之方向，拾无花果，枣实，野生谷，黍，
从事于敬火之仪……婆赖契略者（身体极小之人）……在羯底迦月圆日，

---

① 杨建华：《两河流域史前时代》，吉林大学出版社 1993 年版，第 129 页。

为花果之献祀。"（999页）

《出世奥义书》："赫黎，唵！于是，有人安立祭祀之火者，其卒也，斯逝者之福乐，以《韦陀》之咒颂而兴。或亦有人处安乐境，而愿超出人生诸期；乃撷集献祀祖祢之蔬果，入乎林间，于黑半月初一日之晨，犹（最后一次）安置祭祀之火，祭献祖祢，备飨讫事，则以酥油食物等投火中敬献大梵神，而诵咒曰：'彼全知，遍明，是智成光热，献与此圣灌，永生庶可得！'于是更从而诵曰：'大梵升于天，弥漫此、彼界，遍生成万物，愿我善愿神，赐予一切福。'再诵'大梵初始生'云云。"（1012页）此也明确说到"献祀蔬果"。

图 2－2　江苏连云港将军崖岩画中的"植物灵"

《摩诃婆罗多》三十章描写，金翅鸟为救母亲摆脱奴隶地位，拿来了甘露。甘露瓶放在达哩薄草上，"那一丛丛的达哩薄草，则因接触过甘露而变得圣洁"。"当时（众蛇）便都去舔达哩薄草……众蛇的舌头后来裂开了两条"。译者注："即拘舍草，吉祥草，印度古代常常用于各种宗教活动。"又《摩诃婆罗多》五十四章，黑仙岛生仙人来见才结束蛇祭的镇群王，他见到"人人沐首涂膏，又有众位祭师，犹如天神一般，个个精明强干，坐在专为祭祀铺开的瑞草上"。此皆反映古印度人祭祀用各种草。①

---

① 黄宝生等：《摩诃婆罗多》，中国社会科学出版社 2005 年版，第 86、132 页。达哩薄草，《罗摩衍那》第三章亦提到："这完美的牟尼啜了点水，站在那里，双手合十，坐在东向的达哩薄草上，用达磨来检查全部故事。"（《季羡林文集》第 17 卷《罗摩衍那》第 1 册，江西教育出版社 1995 年版，第 25 页）

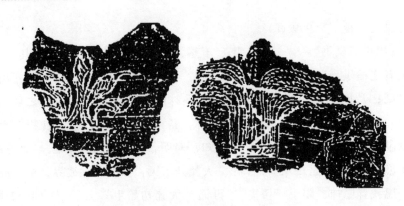

图 2-3　浙江余姚河姆渡陶片植物祭

苏美尔泥版文书中，杜穆济向乌图祈求说："你是我的内兄，我是你的妹丈。我曾向埃阿纳神庙奉献祭草……将我的两腿化为瞪羚的后肢。我逃脱魔掌。"① 向神庙献祭草，说明古代苏美尔人以草为献祭物。古代希伯来人中间也流行植物祭，称之为"素祭"。《旧约·利未记》第 2 章载，"若向耶和华献初熟之物为素祭②，要献上烘了的禾穗了，就是轧了的新穗子，当作初熟之物的素祭，并要抹上油，加上乳香，这是素祭。祭司要把其中作为纪念的，就是一些轧了的禾穗子和一些油，并所有的乳香，都焚烧，是向耶和华献的火祭"。《利未记》23 章又记："耶和华对摩西说：'你晓谕以色列人说：你们到了我赐给你们的地，收割庄稼的时候，要将初熟的庄稼一捆带给祭司。他要把这一捆在耶和华（神）面前摇一摇，使你们得蒙悦纳。祭司要在安息日的次日，把这捆摇一摇。……无论是饼，是烘的籽粒，是新穗子，你们都不可吃，直等到把你们献给神的供物带来的那一天才可以吃。……你们要从安息日的次日，献禾捆为摇祭的那日算起，要满了七个安息日。'"《民数记》15 章耶和华告诉摩西："你们到了我所领你们进去的那地，吃那地的粮食，就要把举祭献给耶和

---

① 魏庆征：《古代两河流域与西亚神话》，山西人民出版社 1999 年版，第 190 页。

② 果禾初熟献祭是神特在意的。《伊利亚特》第九卷中有一段奥纽斯国王忽视果实初熟献祭神明的交代："金座的阿尔特弥斯给他们送来这祸害，（因为）奥纽斯国王没有把葡萄园的初次收获奉献给她；其他神明享受百牲祭，他却没有供奉伟人的宙斯的女儿，也许是忘记或疏忽，心里犯了大错误。宙斯的孩子、弓箭女神很是生气，送来一条住在草地上的白牙的野猪，它造成祸害，不断地毁坏奥纽斯的葡萄园。"（《荷马史诗》，人民文学出版社 2002 年版，第 153 页）

华。你们要用初熟的麦子磨面，作饼当举祭奉献；你们举上，好像举禾场的举祭一样。"28 章中说，"七七节庄稼初熟，你们'献新'素祭给耶和华……"这种向神供献"新穗"的"素祭"，在神前"献禾捆"的"摇祭"，以及"举禾""献新"的"举祭"，与中国上古的"登"与"荐"性质颇相类似。

在《利未记》19 章中，耶和华又告诫摩西及他的族民："你们到了迦南地，栽种各样结果子的树木，就要以结的果子如未受割礼一样。三年之久，你们要以这些果子，如未受割礼的，是不可吃的。但第四年所结的果子全要成为圣，用以赞美耶和华。第五年，你们要吃那树上的果，好叫树给你们结果子更多。我是耶和华你们的神。"《利未记》23章，耶和华训诫摩西："你们收藏了地的出产……要拿美好树上的果子和棕树上的枝子，与茂密树的枝条，并河旁的柳枝，在耶和华你们的神面前，欢乐七日。"耶和华要求人们把新栽果树第四年结的果实作为祭品献给神，并在每年七月的"住棚节"日子里向耶和华献鲜果

图 2 - 4　大汶口文化植物祭

与嫩枝；这也反映了希伯来民间以果实献神的植物祭现象。

《民数记》19 章还有一个细节，耶和华要求人们将母牛焚献于他，在焚献时，"祭司要把香柏木、牛膝草……丢在烧牛的火中"。焚祭牲物的同时添放柏树枝及牛膝草，实质上也是植物祭的遗留。

在世界上许多土著民族中也有植物祭现象。美国人类学家罗札尔多在考察墨西哥恰帕斯高地玛雅社区的船货崇拜祭仪中就曾发现："船货持有者（祭者）走到房中的祭坛前跪下来祈祷。他们用右手背触祭坛，并鞠躬用前额触祭坛，同时向上帝、耶稣基督、埃斯基普拉斯祈祷，他们将更换供奉他的花草。每一组人都开始自己的工作：乐师们唱歌奏乐，船货持有

者换花，Mr 和 M（参祭人）脱掉他们的羊毛衫，松开他们的头巾，然后把蕨类草、天竺葵和松枝从房中祭坛上放花的拱门中取下来。……把新的花放在房中祭坛上方的拱门中……换下来的干枯花草放在祭坛前的席子上，以后扔掉……"① 按照罗札尔多的描述，整个祭仪的核心，是敬荐蕨草与天竺葵，祭仪属"植物祭"范畴。列维－斯特劳斯则在他的研究中收集到这么一桩事实："当用一根黄瓜充作祭品时，尼尔人把它说成是一头牛，在这样做时他们所说的不止是黄瓜取代了牛。他们当然不说黄瓜就是牛，而在把这样一个特殊的黄瓜在献祭场合说成是牛时，他们不过是指出，黄瓜在此特殊场合可被看成是牛。因而他们在举行祭礼时的所作所为就尽可能地接近于当祭品真是牛时的状况。这种相似是概念性的，而非知觉性的。"② 斯特劳斯由此看出了一种祭品代码性的"互换规律"，作为他的重要理论发现并做了充分的论述；而我们也由此悟出了一个问题，那就是：植物祭看来并非是在动物祭（牲祭）发达后就完全消匿的，随着人们意识到"牲祭"的付出代价"太奢费"以后，植物祭仍不失为一种可以保留的荐奉形式。

古代伊朗雅利安人以游牧为主，祭仪较简单，他们在野外划出干净空地，用一种名为豪麻的植物礼神，有时把豪麻捣碎，发酵成豪麻酒，那效力更好。③ 著名的阿吉亚·特里阿德哈石棺描绘了这样的祭奉场景，祭桌上一头被绑的公牛，祭坛前站着妇女，祭柱上面有鸟，后面是神祠，祠后有棵树，而背景是一篮水果及陶壶。这牛、水果、壶（装有酒）即是给死者的植物祭。④

11. 其他

祭坛。在印度人想来，祭祈的意愿乃至祭品都将呈随神灵，故其火祭之坛呈鸟形。《弥勒奥义书》六章云："诚然，此家主火及其五砖甓，年也。其五砖甓者，春季，夏季，雨季，秋季，冬季也。以是而此火有一头，两翼，一背，一尾。"注云："火坛作为鸟形，故有是喻。以五层砖甓成也。"（468 页）

---

① 史宗：《20 世纪西方宗教人类学文选》，上海三联书店 1995 年版，第 583—584 页。
② 列维－斯特劳斯：《野性的思维》，商务印书馆 1987 年版，第 255 页。
③ 王新中、冀开运：《中东国家通史·伊朗卷》，商务印书馆 2002 年版，第 56 页。
④ 格里菲思·佩德利：《希腊艺术与考古学》，广西师范大学出版社 2005 年版，第 80 页。

古印度也用燔祭。《唱赞奥义书》第六篇第七章，有老父对其儿曰："吾儿，如大燔燎也，唯一星炭犹存，大如荧火，是以不复炽，盛也""吾儿，如大燔燎也，唯一星炭犹存，大如荧火，若加以乾草，则又炽然，由此而更大焚也。"（201 页）

图 2－5　仰韶彩陶上植物纹

祭祀若无牺牲、享宾等，是祭为"虚礼"，对祖宗后代不利。《蒙查羯奥义书》下篇云："火祀礼虚行，而无新月祭，亦无圆月祭，复无秋雨祭，又无尝新祭，且无宾客享，终无所牺牲，不施十方神（注：'施食鸟兽也'），行之不如仪，是皆足以毁，彼之七天界"。（注"上及曾祖，下及曾孙，与已为七"）（683 页）

中国上古祭祀尤重视祭牲的角，这种情形我们在《大林间奥义书》第三分第一婆罗门书中亦见到了，其文云："唵！维迭赫王禅那迦者，行大祀典，多所赈施，于是俱卢人班茶罗人之婆罗门皆集焉。维迭赫王禅那迦，爰欲知谁为诸婆罗门之最有学闻者，……一一系十金于其角。"（564页）系金于角，即饰牲角也。

求生畜祭。《唱赞奥义书》二篇六章："家畜中亦当敬想五重三曼：'兴'声为山羊。'导唱'为绵羊。'高唱'为母羊。答唱为马。结唱为人。有如是知而敬想家畜中五重三曼者，家畜皆属之，且富于家畜焉。"（102 页）诵祷时"想"家畜，即得如"想"。

《奥义书》中有类似"饮福余"的描写。饮福余，即饮转化成了神赐的东西。《大林间皇义书》第六分第三婆罗门书，记求臻于伟大者行祭事，备诸药草果实等捣合成的"剂"，然后"献于最优者，娑诃！……斟（酥油）灌于火已，倾余沥于剂中。……献于最美富者，娑诃！……斟灌于火已，倾余沥于剂中。献与安立处，娑诃！……斟灌于火已，倾余沥于剂中。献与臻至处，娑诃！……斟灌于火已，倾余沥于剂中。……献与火，娑诃！……斟灌于火已，倾余沥于剂中。献于梭摩，娑诃！……斟灌于火已，倾余沥于剂中。献与地，娑诃！……斟灌于火已，倾余沥于剂中。献于空，娑诃！……斟灌于火已，倾余沥于剂中。献于天，娑诃！……斟灌于火已，倾余沥于剂中。……啜剂至尽，盥手，臣人于火次，首东向。"（651—654 页）此"剂"即献神之"余沥"，即神赐福酒之义，即神佑之"实体"转入祈祷者身中也。

影子与魂身。《大林间奥义书》第六分第四婆罗门书云："若人见已影于水中，则当诵此咒曰：光芒，精力、荣誉、财富、善业，皆归于我！"（658 页）此明显是担心作为影子的魂身把自己的精财带走了。

中国古祭用薪柴，印度教亦然。《奥义书》提到了这事象。《大林间奥义书》第二分第四婆罗门书所谓"是如厝湿薪于火也，则烟缕缕而生"也（554 页）。由于薪之用途，故当时有持薪礼。《考史多启奥义书》第四章中，蒗那启与王有一番对答，王为蒗解答了许多疑问，"于是蒗那启手持束薪，往谓王曰：'请从师矣！'"（68 页）徐梵澄注，"手持束薪，乃左天竺贽敬，初从师之礼也。"《唱赞奥义书》第五篇十一章："王曰：'明日我将为诸君子说之。'次晨，彼等各手持束薪往焉。"（184 页）《蒙查羯奥义书》第一节下篇也道："故当往寻师，……捧薪求教义。"（687 页）

古印度人对子嗣尤重视。《考史多启奥义书》二章中云："人他往而归也，当摩其子之头曰：'——我肢体，尔乃自之出，尔生自我心，我儿尔即我！尔乃救护我，尔寿其百龄！某某儿！'——彼遂名之。'尔其为贞石，尔其为斧斤！尔其为坚金，尔其昌光明！尔寿其百龄！某某儿！'——彼遂名之。"（51 页）父为子祷，望其生命坚若金石也！

# 第五节　国外诗歌中猫头鹰不祥与中国背景

在国外诗歌及文化中，猫头鹰为"不祥鸟"。它的出现常与鬼灵、死神、坟墓、棺柩、亡者等相伴，象征着灾凶、祸患与不吉。人们对之有避忌心理。这可能与该鸟极凶戾、每每虐杀馋食弱者，且喜欢"鬼祟"地在夜间活动，又爱食不洁的鼠类等诸多习性有关。这些在中国诗歌及民俗学叙事中均有反映。将这些"反映"拿出来予以对照,可以见出人类文化思维的共同性。

(一)

在国外诗歌及文化中,猫头鹰的民俗学含义大多凶煞不祥。它的出现象征着灾凶与祸患。巴比伦史诗《吉尔伽美什》(第七块泥版)中咒词说:"让忠诚的男子之妻向你吼叫,让建筑者不为你修葺屋顶,让荒野的猫头鹰栖于墙的缝隙,让亲友拒不出席你的宴席,让你那胸腔之道为脓所布满……"[①] 在乌鲁克城咒师观念中,猫头鹰停在谁的屋庭谁就有祸事,故咒词以猫头鹰栖于被咒者的墙隙为毒咒。俄罗斯女诗人阿赫玛托娃(1889—1966)《湖对岸的月亮静止不动》也说:"我们预感到,可怖的灾难……猫头鹰在鸣叫。"[②]

在中国古代诗歌中,猫头鹰亦为"不祥物"。《诗经·陈风·墓门》咏道:"墓门有梅,有鸮萃止。夫也不良,歌以讯之。讯予不顾,颠倒思予。"此诗,闻一多《风诗类钞》以为"刺夫有秽行也"。陈子展引魏源云:"《墓门》刺陈佗也。桓公庶子佗,每微行淫佚,国人皆知其无行……其后佗竟杀嫡篡国,而佗亦以外淫被杀于蔡。诗人早见其微,故刺之。墓门,行淫期会之所。"[③] 综合起来看,诗的口吻似是一女子,其丈夫(倒不一定是陈佗)常于墓门荆丛幽僻之所有淫会之事,其邪思贪欢竟不顾那里鸮鸟蹲集、会触惹不祥。故而女子作歌启示之,望其不要不顾忌鸮鸟再去坟地,否则一定会招来凶恶之灾的。

《诗经》中鸮鸟的出现又预示邦国灾殃。《豳风·鸱鸮》写道:"鸱鸮鸱鸮,既取我子,无毁我室。……予羽谯谯,予尾翛翛。予室翘翘,风雨所漂摇。"传统诗说以为周武王丧逝后,殷之武庚诱合周之管叔、蔡叔叛乱。周王室风雨飘摇。赖周公旦忠信,平乱定邦,使周皇室转危为安。诗中周公以受损害的护巢雌鸟自比,指斥凶顽的鸱鸮抓食了她的幼雏,怒责鸱鸮不要再破坏其巢穴。其中,鸱鸮借比殷之武庚,被食幼雏借比上当受害的管叔、蔡叔,巢穴喻周王室。汉之《焦氏易林·坤之遁》曾点示此诗

①　魏庆征:《古代两河流域与西亚神话》,山西人民出版社 1999 年版,第 110 页。
②　汪剑钊译:《阿赫玛托娃诗 14 首》,《俄罗斯文艺》2005 年第 2 期。
③　陈子展:《诗经直解》,复旦大学出版社 1983 年版,第 425 页。

诗旨说："《鸱鸮》《破斧》，邦人危殆。赖旦忠德，转祸为福，倾危复立。"① 焦延寿以为，诗是借鸱鸮之鸟的凶夭不祥整体暗喻周王室那一次凶险的颠覆，那一场危如累卵的政治灾难。

汉后诗歌及韵文中，鸮仍是不祥鸟。汉《焦氏易林·大畜之蹇》描述说："鶪鵙鸱鸮，治成御灾。"意谓伯劳与鸱鸮哀鸣，预示有灾祸。孔臧《鸮赋》则曰："季夏庚子，思道静居。爰有飞鸮，集我屋隅。异物之来，吉凶之符。……昔在贾生，有识之士。忌兹服鸟，卒用丧己。"说鸮飞屋上令人"丧"。此与汉方士以为"枭乃天毒所生，见闻者必罹殃祸"，长沙楚帛书《月名与月忌》谓"于邦有枭，灾于上下"，均相符合。

唐人也视鸮鸟为不吉。韩愈《永贞行》慨叹刘禹锡等人谪居的环境云："狐鸣枭噪争署置……怪鸟鸣唤令人憎。"白居易《凶宅》诗记长安一宅，入住其中的公卿，非窜即丧，人谓"凶宅"。而此宅的怪异之点就在于："枭鸣松桂树，狐藏兰菊丛。"包佶《岭下卧疾寄刘长卿员外》："岁时供放逐，身世付空虚。……丧马思开卦，占鸮懒发书。"丢马后，想翻《易》卜一下它在哪；闻鸮鸣，已懒得检书猜测究竟有何不祥了！唐代墓志铭叹人夭折亦云："降年不永，鸺鸟兴灾，……呜呼！以贞元十八年九月廿七日，终于河南三市之里，享年卅七。"② 宋以还，鸮凶的迷信有增无减。欧阳修《初至夷陵答苏子美见寄》："县楼朝见虎，官舍夜闻鸮。"张耒《感遇》云："麇之亦安有，庚子鸮在堂。"③ 梅尧臣《周仲章通判润州》："已免卑湿忧，仍离鸮鵩恶。"徐铉《得浙西郝判官书》："秋风海上久离居……尝忧座侧飞鸮鸟。"

（二）

在外国文学描写中，猫头鹰与鬼灵、死神有关。拜斯（1889—1975）的长诗《远征》第五节说："统帅通往死海的一幅幅图像的猫头鹰呵，何处可觅得将洗亮我们眼睛的夜水？"④ 猫头鹰是夜晚引人去"死海"者。在

---

① 尚秉和：《焦氏易林注》，中国大百科全书出版社 2005 年版，第 465 页。
② 周绍良主编：《全唐文新编》第 3 部第 1 册，吉林文史出版社 2000 年版，第 5731 页。
③ 张耒：《张耒集》，中华书局 1998 年版，第 157 页。
④ 飞白主编，胡小跃编：《世界诗库》第 3 卷《法国·荷兰·比利时》，花城出版社 1994 年版，第 476 页。

莎士比亚名剧《哈姆雷特》诗一般的台词中，欧菲莉亚说："有人说，猫头鹰曾是个面包师的女儿"。译者注："据当代传说，一位面包师的女儿，因吝啬而被惩罚为猫头鹰。"按此，猫头鹰乃是面包师女儿死后的魂灵。美国人类学家莫里斯·奥普勒也曾对阿帕切民族的猫头鹰迷信做过描述。他说，阿帕切人把死者亡魂附在人身上称为"猫头鹰病"。"因此猫头鹰就被当成是死人的魂。"① 法国诗人阿波利奈尔（1880—1918）的《地带》诗写及死神逼近时，道："深渊中的恶魔抬起头"，"他是在模仿朱迪亚的巫师西蒙"，"教士们永远举着圣饼上升"，"飞向那里的是鹰隼、猫头鹰"。② 意即猫头鹰是随恶魔、巫师、教士收人魂气者。在古老的苏美尔人那里，猫头鹰被视为冥府的精灵。它叫"莉莉特"，是个女性巨灵神，爱以裸体的色相诱惑男子，叫男子销魂。魏庆征《古代两河流域与西亚神话》一书

收有"莉莉特"的裸体像，为一丰腴之少女（图 2 - 6）。但当她为冥府当差摄人灵魂时，便会"以狰狞恶魔的面目出现"。她带的两个小助手因不能幻形，就是两个站在她身边的小猫头鹰。西北太平洋的钦西安人把猫头鹰当作恶死者四处作祟的灵魂。民间化妆戏剧演出时，时常抬出猫头鹰面具，让它代表不可见的祟人的阴灵。其眼部极度夸张，透出凶光。在南海巴布亚人的祭祀舞蹈里，男人们化装成各种各样的鸟。舞蹈一般都"由猫头鹰开始"。它们的面部画着"丑陋的白色装饰"。妇女们看了每每嫌忌，指着说："瞧这……"其实，这丑陋的猫

图 2 - 6　西亚神话中莉莉特
身边的鸱灵③

头鹰代表着"死者的亡灵"。④ 英人帕林德介绍，非洲土人相信，猫头鹰是

①　史宗：《20 世纪西方宗教人类学文选》，上海三联书店 1995 年版，第 824 页。

②　庞德等：《外国诗》第 2 册，外国文学出版社 1984 年版，第 38 页。

③　魏庆征：《古代两河流域与西亚神话》，北岳文艺出版社 1999 年版，附图第 34 页。

④　利普斯：《事物的起源》，敦煌文艺出版社 2000 年版，第 268 页。

供妖巫驱使的精灵，"妖巫骑在猫头鹰……背上飞去集会"。在玛雅文化中，"猫头鹰是冥界和死亡的象征"。① 玛雅人的死神哈恩汉（Hunhan）就长着一幅猫头鹰的面孔。越南汉文小说《岭南摭怪列传》卷二也有"鬼精已化为鸮"的情节。

中国古诗中猫头鹰亦召唤鬼灵为伴。宋苏舜钦《和马承之古庙》叙空山古庙里："木暗鸮呼鬼，庭荒雀啅蛇。"明郭登《枭》诗描述："白日在何处，每到夜黑来飞鸣。有时呼啸声愈厉，召号怪鬼征邪精。"② 在有些诗篇中，猫头鹰则与会说话的"髑髅"、夜鬼声息相应。宋谢翱《虞美人草词》云："髑髅起语鸮叫啸，山精夜啼楚王庙。"明贝琼《殳史吟并引》云："石仆麒麟罢官守，林宿鸥鸮闻鬼语。"有的诗人还以为，那些屈死的骚人之魂往往驾骑着鬼车鸟（鸮鸟的一种）夜行。宋谢逸《怀汪信民》诗云："长沙隔重湖，莽苍无四壁。骚魂驾鬼车，月黑阴火赤。"另外，在唐宋人观念中，鸮与"鬼火"联系紧密。李贺《神弦曲》云："西山日没东山昏，旋风吹马马踏云。……百年老鸮成木魅，笑声碧火巢中起。""旋风"即俗说的"鬼旋风"，"碧火"即"鬼火"。李贺以为百年的鸮鸟会化为"木魅"，他卷带着鬼火在夜间作祟。宋人李复《过高平县》诗云："秦鼓一击赵括死，四十万人坑黄沙。白日忽落天地黑，鸮衔碧火来人家。至今野土尽血色，古镞渍血生铜花。髑髅衔恨骨不朽，千岁开口生齿牙。……满眼山川无草木。昼阴夜惨少行人，愁雨荒烟闻鬼哭。"他说死魂多的地方，猫头鹰好衔着鬼火到人家恶作剧。明清人诗中也时常见到鸮鸟与磷火、鬼魅、髑髅的连带关系。明顾德辉《金粟冢中秋日燕集》："梨花自寒食，夜雨鬼啾啾。飞钱化蝴蝶，走磷惊鸺鹠。"宋濂《忆与刘伯温章三益叶景渊三君子同上江表五六》："暗陵走魑魅，灌木啼鸺鼪。"陈子龙《边风行》："鸥枭宵啼啄战场，白狐青冢磷光紫。"清王士禛《池北偶谈》卷六引明人王遵坦诗云："怪鸮扑人山鬼叫，草际幽磷旧年少。古冢老狸夜宴宾，髑髅为盘罗八珍。"清蒋本生《同吴长庚太史谒柳祠次韵》诗云："寺荒雨过栖磷火，树老秋深啸夜鸮。"陈瑚《悲洪都》："南昌城头髑髅哭，鸺鹠夜

---

① 帕林德：《非洲传统宗教》，商务印书馆1999年版，第135页。
② 仇春霖主编：《古代中国寓言大系》第3卷，山西教育出版社1994年版，第225页。

夜啼人屋。"王嵩高《罗两峰画鬼趣图》："髑髅人立相向语,阴风飒飒鸺鹠呼。"

最典型的是朱彝尊的《怪鸥行》,实写其鸺来子丧之经过:"曩时怪鸥吟啸池上柳,丧我南村诗人李十九。五年不闻汝恶声,东邻西舍贺太平。今秋胡然忽而至,……叹息鸥来命将逝。初犹远林深处夜半鸣,既乃横飞不待日晦盲。摇头鼓翼坐屋角,后咷先笑窥檐楹。始知是物本为鬼伯使,如伥导虎山蹊行。……唤人魂魄亦何苦,况择善者戕其生。呜呼吾子今死矣,欲不迁怒及汝非人情。"(《曝书亭集》卷二十四)朱语沉痛,明指鸺鸟"唤人魂魄",乃"鬼伯(之)使"也!

(三)

与上述相关联,猫头鹰又总和坟墓、棺柩、亡者等连在一起,叫人有避忌心理。美国诗人金斯堡(1926—1997)的《在阿波里奈墓前》描绘说:"回过头来坐在你的墓前……夏日的枝叶伞形覆盖在柱石之上;这里空无一人。这猫头鹰的叫声何等凶险,吉约姆你近来可好?……在地底堆积的交叉枯骨,或许是黄色的头颅……布勒蒙家族躺在附近,基督在他们的墓中悬着宽敞的胸脯。"[1] 波兰诗人齐别根纽·赫伯特《我们的恐惧》诗说:"我们的恐惧",不在"猫头鹰的眼睛;不是去掀开一只棺材盖子,而熄灭一支尚在燃烧的蜡烛;甚至不具有一张死者的面容"。1923年诺贝尔文学奖获得者叶芝也曾在《旋转》中这样写:"鲜血和污泥沾满了敏感的身体……我在古墓里叹息""大理石的破碎坟墓"边,有"鸡貂和猫头鹰"。[2] 波兰诗人辛波丝卡《墓志铭》里亦说:"在此长眠着一个旧派的女人……她的坟墓没有豪华的装饰,除了……牛蒡和猫头鹰。"[3] 意谓坟旁牛蒡丛生、鸺鸟蹲栖,煞是凄荒!

我国古诗亦常写到鸺鸟与坟墓陵庙的关系。唐王绩《东皋子集》卷中《过汉故城》"余基不可识,古墓列成行。狐兔惊魍魉,鸱鸺吓猵狂。"《元诗选二集》卷三赵文《上陵》叙汉章帝元和三年自作的上陵云:"上古陵,古陵无可上。苔雨绣涩,草烟凄怆。鸱鸺号荒林,狐狸穴空圹。"《明诗

---

①　李斯编:《垮掉的一代》,海南出版社1996年版,第318页。
②　叶芝:《叶芝文集》,东方出版社1996年版,第256页。
③　本社编:《诺贝尔文学奖获奖作家短诗精品》,百花洲文艺出版社2011年版,第262页。

综》卷二十周忱《徐州过桓山宋司马桓魋之墓》："此山昔葬骨，废穴尚留名。宿土消饭含，飘风散精灵。日中狐兔集，夜半鸱鸮鸣。"卷二九马中锡《谒元世祖庙》："世祖祠堂带夕曛，碧苔年久暗碑文。蓟门此日瞻遗像，起辇何人识故坟。绰楔半存蒙古字，阴廊尚绘伯颜军。可怜老树无花发，白昼鸦鸣到夜分。"《晚晴簃诗汇》十五卷收邢昉《东湖樵夫歌》诗云："侍中碧血今犹在，荒祠白日鸣鸱枭。"其他文体中亦有。《周书》四十六卷记，汾阴人皇甫遐为母造墓，"当其营墓之初，乃有鸱鸟各一，徘徊悲鸣，不离墓侧"。[1] 陆龟蒙《野庙碑》记："瓯、越间好事鬼，山椒水滨多淫祀。其庙……敞之以庭堂，峻之以陛级。左右老木，攒植森拱，萝茑翳于上，鸱鸮室其间。"

（四）

人们嫌忌、惧避猫头鹰，可能还与该鸟的一些习性有关。

其一，这种鸟属猛禽，颇凶戾，往往虐杀、馋食弱小的鸟，甚至害食小儿。美国黑人作家休斯的《云雀》诗曾描述云雀被"一只高翔的鸟""夺走生命"，说那鸟"比猫头鹰或兀鹰还要狠心"[2]。语意中猫头鹰也是"狠心"之鸟。又如，俄罗斯诗人古米廖夫（1886—1921）《鹦鹉》："恐惧和勇气使我振起羽翅，要和猫头鹰的幽灵奋力抗争"。莎士比亚《麦克白》第四幕第二场，麦克白夫人说："鸟类中最微小的鹪鹩也会奋不顾身，和鸱鸮争斗，保护它巢中的众雏。"这都潜含了猫头鹰欺凌啄食弱鸟的语意。列维-斯特劳斯介绍过奥德布尔湖畔的猫头鹰迷信：那儿每晚都有一个孩子神秘地失踪。原来有一个"猫头鹰孩"，白天像孩子，一到了晚间即变成猫头鹰，偷吃小孩。在纳斯河流域，人们传说：酋长有一女一子。子好哭泣，家人用猫头鹰吓他。猫头鹰真的来了。但它不叫小男孩，而是把姐姐叼走了。[3]

猫头鹰的残忍凶戾在中国诗歌及民俗学叙事中也有反映，宋人程俱《寄开化李令光》诗曾写到鸮啄杀雀雏以饱其腹："山间古梅林，有鸮集其端。不飞亦不鸣，弹射莫敢干。下窥群雀雏，啄颡刳其肝。欣然舐两爪，意得良自安。"王安石《鸱》诗中也有"欺黄雀在蓬蒿"之词。明人郭登

---

① 令狐德棻：《周书》，中华书局 1971 年版，第 832 页。

② 袁可嘉：《外国名诗选》，中国青年出版社 1997 年版，第 1007 页。

③ 列维-斯特劳斯：《结构人类学》，文化艺术出版社 1989 年版，第 271 页。

《枭》诗则描写了鸮入人家残食鸡雏:"南村孀妇贫且苦,夫死未葬儿东征。伏雌五雏初解壳,偎寒就暖声咿嘤。土房穿漏窗户破,枭竟突入鸡啼惊。雏死脑尽裂,雌偃不能争。孀时睡艳甋,欲起视夜无油灯。乞邻把火照昏黑,枭止未去势欲相欺陵。口吻尚流血,两目光睖睁。孀发竖股慄,返走扑地魂飞腾。有夫攘臂挟弓矢,弗斩此枭何以征?入门无所见,但闻狐鸣鬼啸寒气飒飗如凝冰。孀悲呼天涕垂膺,卵此恶物当谁憎。"

中国民间传说,小鸱鸮长大后,啄其母而食之,然后才能飞。宋陈正敏《遁斋闲览》叙及目睹的雏鸮食母现象:"余尝偶居北阿镇小寺。寺后乔木数株,有枭巢其上。凡生八九子,大能飞,身皆与母等。求食益急,母势不能供,即避伏荆棘间,群子噪逐不已。母知必不能逃,乃仰身披翅而卧,任众子啄食,至尽乃散。去就视,惟毛嘴存焉。"① 古诗中对鸮食母有具体描绘。李贺《汉康姬饮酒歌》讲:"强枭噬母心,奔厉索人魂。"寒山诗:"贪人好聚财,恰如枭爱子。子大而食母,财多还害己。"韩愈《孟东野失子》也以鸮子食母喻劝人们的求子之心:"鸱枭啄母脑,母死子始翻。……有子且勿喜,无子固勿叹。"此也可见鸮之凶性。

国外诗歌还写到猫头鹰会把肮脏的老鼠当作美食,此性亦人之嫌忌。法国人洛特-加龙省雷阿蒙散文诗《马尔多罗之歌》第一支歌中讲:"我们沉浸在苦涩","对着斜飞过……嘴中叼着给儿女的美味活食——一只老鼠……的猫头鹰"。②

我国古诗文中亦有相近内容,写鸱鸮尤爱吃死老鼠。《易林》"复之涣"讲:"贪妒腐鼠,而呼鹊鸮。""履之否"讲:"贪妒腐鼠,而呼鸮鸢。"桓宽《盐铁论》卷四记:"泰山之鸮,俯啄腐鼠。"《抱朴子·名实》说:"竞腐鼠于踞鸮,而枉尺以直寻。"隋卢思道《劳生论》云:"虫惜春浆,鸮吝腐鼠"。明方孝孺《闲居感怀》诗云:"群鸮得腐鼠,笑汝长苦饥。"罗玘《送吴老归宜兴》诗云:"君不见饥鸮低飞啄腐鼠,饱鸣人屋人射汝。"清施闰章《警志诗》也有"鸮争腐鼠"的句子。清周龙藻《孤鹤篇》:"鸮鸮搏腐鼠,大嚼自谓豪。"丁耀亢《续金瓶梅》卷十一云:"试

---

① 徐海荣:《中国娱乐大典》,华夏出版社 2000 年版,第 972 页。
② 车槿山:《洛特雷阿蒙作品全集》,东方出版社 2001 年版,第 12 页。

看群鸥环腐鼠，可怜寸鹓未能尝。"《庄子·秋水》里有一则俏皮地讥讽鹓嗜腐肉的小品。庄子说，南方有一种鹓鸟，性至高洁，非泉水不饮，"鸥得腐鼠，鹓鶵过之，（鸥）仰而视之曰：吓……"在鸥得到一只死老鼠时，有鹓鸟走来。当此之时，鸥会大喝一声，吓退对方；因为"鸥以腐鼠为美"（郭庆藩疏注语），它还以为别人也和它一样呢。文人们常写到这种"鸥吓"现象。唐人徐夤《西塞寓居》诗云："鸥鸢啄腐疑雏凤，神鬼欺贫笑伯龙。"宋程俱《北山集》卷一《独游保宁凤凰台》道："饥鹓吓腐鼠，鸣鸟久不闻。"孔平仲《读庄子》诗也讲："老鸥吓腐鼠，安可施于此！"

其二，猫头鹰喜欢在黄昏后及夜间活动，这习性也给人一种"鬼祟"感。意大利诗人夸西莫多《一条空旷的拱廊》里云："黄昏落下，落在大地的碎块上，猫头鹰敲着'突'的声音，仅仅发出寂静。"[1] 美国黑人作家兰斯顿·休斯（1902—1967）有首诗叫《狼嚎》，其中道：在那"死寂的林间"，只剩下"猫头鹰耳朵"以及狼的"涎水"。[2] 威尔士作家狄兰·托马斯的《序诗》则云："猫头鹰，你月光般的目光，摇曳的滑行和潜游，幽谷中毛茸茸的小鹿的死亡！"[3] 这是说此鸟每于夜间搜索猎物。美国自白派诗人西尔维娅·普拉斯（1932—1963）《你是》云："你是一个丑角，你把握着命运之神……猫头鹰……在黑暗之中。"[4] 泰国女诗人诗琳通《猫头鹰》诗咏道："万籁俱寂时刻，一阵神秘的振翼声沙沙响起：那是猫头鹰在夜间出游……看到这鸟儿在黑夜里寻觅，我想到茫茫宇宙间生活的意义"，那就是死亡的"真谛"[5]。古代墨西哥阿兹台克人以为，猫头鹰"如魔鬼一般出没于黑夜，是一种不祥之兆"，他们在祭祀时，把猫头鹰杀死奉给"雨神"去享食。德国学者汉斯比德曼说："猫头鹰夜间活动的习性（'鬼祟'）……使它久而久之成为拒绝精神之光……的象征。"[6]

我国古诗文亦谈到这一点。《旧唐书·晏宰传》及《李宝臣传》所谓"鸺鹠幸夜""鸺鹠为怪，必取其昏"。王建《东征行》诗说："枭雏夜飞

---

① 冯国超：《意大利法国诗歌经典》，内蒙古少年儿童出版社 2001 年版，第 69 页。

② 刘湛秋、马高明：《外国现代派百家诗选》，贵州人民出版社 1990 年版，第 447 页。

③ 本社编：《外国诗歌经典》，北京师范大学出版社 2004 年版，第 448 页。

④ 蓝羊：《外国名家情诗经典》，新疆人民出版社 2000 年版，第 336 页。

⑤ 杨恒达：《外国诗歌鉴赏辞典·现当代卷》，上海辞书出版社 2010 年版，第 806 页。

⑥ 汉斯比德曼：《世界象征文化词典》，漓江出版社 2000 年版，第 213 页。

林木恶。"唐刘长卿《酬包谏议见寄之什》:"落日栖鸺鸟,行人遗鲤鱼。"柳宗元《鸺说》云:"今夫枭鸺,晦于昼而神于夜。"宋人道原《景德传灯录》卷十三记:"鸥枭夜半欺鹰隼。"华镇《云溪居士集·上温倅张朝奉书》道:"飘风经天则雕虎夜啸,薄云掩日则鸥鸺夜飞。"金刘祁《归潜志》卷十一引周昂《送路铎外补诗》云:"龙移鳅鳝舞,日落鸥枭啸。"明王锜《寓圃杂记》"刘廷美《钟馗诗》"条引刘原博诗说:"飞萤负火明月羞,枥窠影黑啼鸺鹠。"陈与郊《袁氏义犬》杂剧卷四剧词则有:"夜来风闹,正朦胧西窗雨敲。到三更怪梦初回……树杪群鸥不住嗥。"清杨岱《大慈寺》云:"昏月宿寒鸥……空留孟昶碑。"邹炳泰《破寺》讲:"夜黑鸥争树,人稀虎到门。"朱筠《打钟岭》云:"鸺啼入夜知连树。"陈鸿寿《宋自公堂后双古柏》:"空堂无人老狐入,夜深屋脊鸺鹠泣。"刘文麟《上峡》:"惊定有余怖,月黑鸺鹠鸣。"丁耀亢《续金瓶梅》三十四回有诗道:"青鸟已归瑶浦冷,林深月黑叫鸥鸢。"四十五卷在谈到应花子这个人物时说:"(这)是个不祥之物,一到人家就没有好事,如鸥鸺一般,人人叫他做夜猫子。因鸺鸟生的猫头鸟翼,白日不能见物,到夜里乘着阴气害人,因此北方人指鸺为夜猫以比小人凶恶,无人敢近。"这都是说鸥鸺好在夜里活动,叫人神魂惊悸。

其三,猫头鹰的叫声亦是人们讨厌它的原因之一。似乎它一叫就在"预约"着一个人的死亡。所以,它的叫声令人忧疑、恐惧、惊惶。英国诗人司各特(1771—1832)在《青春的骄傲》中写道:"萤火虫幽幽闪闪,把你的坟墓照亮,送葬,猫头鹰将在塔尖高唱:欢迎你……"① 意大利诗人夸西莫多(1901—1968)《一条空旷的拱廊》诗中道:"死亡死去,它不懂得猫头鹰未唱出的歌……一条(陵墓)空旷的拱廊……某人将要来。"19 世纪法国诗人洛特-加龙省雷阿蒙长篇散文诗《马尔多罗之歌》第一支歌云:"鸥鸺唱着低沉的悲歌,听到它的人毛骨悚然。……医院里一个垂死的瘟疫病人"。他用的夜鸣渲染瘟疫者的垂死。美国人类学家莫里斯·奥普勒说,"在阿帕切人看来最不吉利的兆头就是猫头鹰在自己营地的周围发出阵阵叫声。如果这种鸟飞临自己所在营地,特别是在其亲戚死后不

---

① 林雅妹:《美文选萃》,首都师范大学出版社 2009 年版,第 38 页。

久，那么必定会引起整个营地的极大恐慌"。"在阿帕切人看来，猫头鹰的叫声是属于他们所能理解的阿帕切语族中的一种语言。当然你必须认真听才能明白这种叫声所包含的意思。如果它发出的是一种使人毛骨悚然的叫声，那就是在告诉人们：'我将去吸你们的血'。但是更多的时候，猫头鹰的叫声是在告诉某人他与其（已故亲人）之间的关系，比如'我是你死去的亲戚'，就是当猫头鹰在某人附近发出叫声时阿帕切人靠其扭曲的想象力最常附会出来的一句话。猫头鹰也喜欢向人们发有关他们亲戚的不祥警告。它经常给人们带来像'你所有的亲戚都将死'这样令人悲伤的消息。有一个妇人在本部落的战士出征后，听到一只猫头鹰反反复复地'说'这样一句话：'我以前是你的一个亲戚'。结果第二天出征的男人们都回来了，唯独没有她的儿子，他已经战死了"。① 所以，德国学者汉斯比德曼曾归纳说：猫头鹰"绝望痛苦的叫声"乃是"死亡的前兆"。②

中国人也有这样的观念，以为"枭以凶叫，鸱以愁啸"，鸮鸱一叫必有"凶愁"之事。明彭大翼《山堂肆考》卷二百一十六"鸮"条："鸣则有祸，俗所谓祸鸟也。《本草》：一名黄祸侯，声如小儿吹竽。"民间还说，鸮鸣有时像人讲话，或如人笑，此情最可怖。孟郊说他在峡江碰到过"枭鸱作人语"（《峡哀》）。陆游《夏夜》诗有"枭语似呼人"之句。清纪昀《阅微草堂笔记·如是我闻一》讲："鹏鹠岁久能人语。"李国梁《华屋叹》亦云："鹏鹠夜作人声泣。"③ 李时珍《本草纲目》四十九卷"鸱鸺"条引陈藏器曰：鸮鸟常聚一处似无害，"若闻其声如笑者，宜速去之"。又有种鸮叫训狐，"大如鸱鸺，作笑声，当有人死。"李时珍补证曰："鸣则雌雄相唤，其声如老人，初如呼，后若笑，所至所不祥。"尤其是鸮类的鹏鹠，"其声连嘹，如云：休留！休留！故名曰鹠。江东呼为车载板，楚人呼为快扛鸟，蜀人呼为春哥儿，皆言其鸣主有人死也，试之亦验"④。陈元龙《格致镜原》卷八十一"鹏鹠"条云："昼伏夜出，鸣则雌雄相唤，声如老人。初若呼，后若笑，所至多不祥。"

---

① 史宗：《20世纪西方宗教人类学文选》，上海三联书店1995年版，第824页。
② 汉斯比德曼：《世界象征文化词典》，漓江出版社2000年版，第213页。
③ 徐世昌：《晚晴簃诗汇》，中华书局1990年版，第2472页。
④ 李时珍：《本草纲目》，中医古籍出版社1994年版，第1107页。

古代文人多写及人们对鸮鸣的厌忌。柳宗元《同刘二十八院长述旧》云："枭族音常聒……魂惊怯怒蛙。"韩愈《射训狐》云："有鸟夜飞名训狐……声势慷慨非常粗。安然大唤谁畏忌……慈母抱儿怕入席。"元稹《大觜乌》诗云："呦嘤呼群鹏，翩翩集怪鸥……夜半仍惊噪，鹏鹏逐老狸。"欧阳修《亳州谢上表》道："鸣枭之恶音，孰不闻而掩耳？"王禹偁《闻鸮诗序》说："滁，淮地也。郡堞之上，鸱鸮巢集焉。秋冬永夕，鸣啸不已，妻子惊咤，或终夜不寐。"梅尧臣《训狐诗》："黄昏月暗夭鸟鸣……潜事嘴吻欲我惊"。苏轼《秋怀》诗："窗前有栖鹏，夜啸如狐狸。"元人张翥《今我不乐》述其"不乐"的缘由即是："鸱鸮夜鸣兮天似漆。"清吴兰畹《杂咏》："鸱鸮啼我前，……彷徨摧中肠。"

曹子建在《恶鸟论》中曾幽默地陈述了这个问题。他讲："鸟鸣之恶自取憎，人言之恶自取灭……枭鸟之鸣不可更者，天性然也。昔荆之枭将徙巢于吴，鸠遇之曰：'子将安之？'枭曰：'将巢于吴。'鸠曰：'何去荆而巢吴乎？'枭曰：'荆人恶予之声。'鸠曰'子能革子之声则免，无为去荆而巢吴也。如不能革子之音，则吴楚之民不异情也。为子计者，莫若宛颈戢翼，终身勿复鸣也。'……"子建以鸠、枭对话的寓言方式，指出了枭之为鸟被人厌忌的根由在其鸣叫声；从而说明了"鸟鸣之恶自取憎，人言之恶自取灭"的道理。宋李复《潏水集》卷十《答严隐之》以诗语叙之："闻昔荆有鸮，荆人恶其声。自荆将迁吴，鸤鸠止其行：'尔欲人不恶，无若革尔鸣。鸣声尚犹尔，荆吴无异情。'"

（五）

由上叙述可见，与中国人的民间观念一样，国外诗歌及文化叙事中猫头鹰亦为"不祥"之鸟。它出现在黄昏后或黑暗的夜晚，伴随着鬼灵、死神、坟墓、棺柩与亡者，是灾凶、祸患与不吉的象征。人们避忌它、厌惧它。

那么，中外诗歌及文学叙事中的猫头鹰意象何以会有相通相似之处呢？我们的理解，这当与世界各民族文化体检及经验的共同性有关。马克思《评普鲁士人的普鲁士国王和社会改革》说："人的实质也就是人的真正的共同体。"这个"共同体"在征服自然的历史发展中，有着不以人的意志为转移的共同境遇。这就决定了许多民族在生产方式、行为模式、风俗习惯以及文化经验等等方面会产生一定程度的共同性。恩格斯在分析日耳曼部落精神文化时谈到，人类"各个民族之间的差异之点"，越是向历史的荒古"追溯"，"就越来越消失"，也即"相互之间就越接近，共同之处就越多"。他的意思是：越是在人类历史的初叶，民族间的文化共同性越高。斯大林《民族问题与列宁主义》一文中也说，民族间的"文化共同性"，"不是从天上掉下来的，而是还在资本主义以前的时期逐渐形成的"。他也指出了"文化共相"乃"历史形成"的道理。正是在这个意义上，原始文化学者泰勒强调：由于"人的本性的一般相似性"，加之人的"生活环境的一般相似性"，于是"人类的性格和习惯就出现了相似和一致的现象"。黑格尔《历史哲学》一书提出，应重视对各个民族精神上"共同特质"的观照，"从历史上记载的事实细节找出那种特殊共同的东西"。我们上面叙述的中外诗歌中猫头鹰"不祥"的母题，正是一种文化经验的共同性在文学书写中的具体反映。它从一个侧面展现了人类风俗思维的共相品格与跨民族特征。

## 第六节　维吉尔的《埃涅阿斯纪》俗信事象述要

维吉尔的《埃涅阿斯纪》是取材于古罗马神话传说的一部英雄史诗。它叙述了特洛伊英雄埃涅阿斯在特洛伊城被希腊联军攻破后，率众来到意大利拉丁姆地区，成为罗马开国之君的经历。其中较多地反映了古罗马人的宗教俗信及风习文化，具有人类学史意义。摘其精要，述记于下。

1. 羽饰帽与戴花冠

史诗卷六，第752—853行中写道：埃涅阿斯在冥界，他的父亲安奇塞斯指点那些幽魂们说："你看见他的头盔上笔直的两根翎毛没有？这就是他父亲的徽记，表明他将来是与众不同的。"① "他"指的是战神之子罗木路斯，他的形象是戴翎毛头盔。头盔上插羽毛，应是古罗马人的头饰习惯。类此描写还有：史诗卷七，第641—817行写图努斯："他的高高的盔顶上插着三根羽毛，还裹着一个妖怪奇迈拉的像，它嘴里吐出埃特那火山

---

① 维吉尔：《埃涅阿斯纪》，译林出版社1999年版，第161页。以下随文标出页码。

的火焰。"（200 页）卷三第 463—505 行描写：赫勒努斯送给埃涅阿斯一些礼品，其中就有"一件用三股金丝联结的铁锁子护身甲，还有皮鲁斯用过的尖顶饰有飘动的羽毛的精致的头盔"（71 页）。史诗第十卷，第 260—286 行则写：埃涅阿斯的战船冲向鲁图利亚王的军阵，"埃涅阿斯头上戴的盔闪闪发光，盔顶飘着翎毛像火焰一样，盾牌上的黄金护心凸包吐出一片火光，就像有时晴朗的夜空一颗血红色的彗星散发出不祥的光彩，又像火一般的天狼星升起，给不幸的人们带来干旱和疾病，它的凶光给天空盖上了一层阴沉的气氛"（269 页）。可见，羽饰盔帽也是一种地位的象征。据研究，古罗马国王常扎着一条叫作"diadem"的装饰头带，这头带上即插饰羽毛，它代表权力与荣耀。

按古罗马人的习俗，庄重的宗教仪式中，要戴花草编成的冠。他们以为："戴的花越多，神就会越喜欢。如果不戴花冠而参与祭礼，神就不理会你。"[①] 这与中国古代楚民族行祭戴花冠颇近似。

2. 不祥鸟

《埃涅阿斯纪》中描写了许多不吉祥的鸟，枭就是一种。史诗十二卷，第 843—886 行写道：决战的前夜，一只枭鸟飞到了图尔努斯的营区，"这种鸟有时候在深夜里蹲在坟墓上或空阒无人的屋顶上，在黑影里唱着丧气的歌。这瘟鸟在图尔努斯面前呼啸着，飞来又飞去，用翅膀扑打他的盾牌。……但茹图尔娜从远处认出了凶神飞翔时的嘶叫声，她为她弟弟感到难过，她解开发髻，扯自己的头发，把脸和胸抓出一道道污浊的血痕。她哭道：'……肮脏不祥的鸟，你们不必再吓唬我……我认得你们那扑打着的翅膀，带来死亡的喧嚣……'"（353 页）茹图尔娜感觉到"不祥"，结果第二天，图尔努斯就战死了。四卷第 450—473 行写道：狄多想到要自杀，这时在她亡夫的神庙则"有一只枭鸟在屋顶上哀鸣，唱着挽歌，拖长了声音，好像在苦号"（96 页）。她感到恐惧。可见，古罗马人也把猫头鹰视为死神。

3. 捡骨与自毁

史诗卷六第 212—235 行描写：特洛亚人把米塞努斯的尸体安放在火葬

---

① 萨福残篇，XV，16。参见库朗热《古代城邦》，华东师范大学出版社 2006 年版，第 146 页。

台上，"他们一面悲悼，一面把他的尸体安放在火葬台上，在尸体上覆盖着他的紫红色袍子——他常穿的外衣。还有些人按照祖先的习惯，把巨大的尸床抬起，把自己的脸转向一边，把火炬伸到柴堆下面，擎着不动，这确是一件无人愿做的工作。成堆的祭品——乳香、食物和盛满橄榄油的碗，都拿来焚化了。随着灰烬沉落，火焰熄灭之后，他们用酒把他的骸骨和干燥的尸灰洗过，柯吕奈乌斯把骸骨捡出，装进一个铜瓮里"。"虔诚的埃涅阿斯建造了一座墓，把米塞努斯用过的遗物、他的桨和号角安放在墓上。这墓在一座高耸入云的峻岭脚下，这座山至今还叫米塞努斯，时间流逝，但他的名字将永垂不朽"（146 页）。史诗十一卷第 182—224 行写道："人们按照祖先的惯例把自己的阵亡者的尸体抬来，把冒黑烟的火把放在木堆底下把它燃着……直到第三天的黎明把寒影从天宇移开，人们才含着悲痛扒开一堆堆灰烬，找出杂乱的骸骨，用余热未尽的土把它们掩埋起来。"（299 页）这是古罗马人的捡骨葬丧俗。

荷马在《伊利亚特》中写到阿喀琉斯的葬礼时，也有这样的描写："礼毕，他们将柴堆点燃。火苗熊熊燃烧起来。遵照宙斯的旨意，风神埃洛斯送出了急风，呼啸着煽起冲天的火焰，木柴堆烧得噼啪作响。尸体化为灰烬。英雄们用酒浇熄了余烬。在灰烬中阿喀琉斯的骸骨清晰可辨，如同一位巨人的骨架。他的朋友们捡起他的遗骸，装进一只镶金嵌银的盒子中，并安葬在海岸的最高处，和他的朋友帕特洛克罗斯的尸骨并排。"这里也同样描写了捡骨葬，可见这种葬俗在古代许多民族中都存在过。

古罗马人又在丧仪中自毁身容。十一卷第 1—99 行：帕拉斯战死了，"在送葬行列中有阿科厄特斯（他的亲人），可怜他年老体衰，要人搀着才能行走，他一会儿用拳头把胸膛打得青紫，一会儿用指甲抓脸，最后直挺挺地倒在了地上"（294 页）。这种毁容毁身表达了理丧者对死者的悲痛。这种行为，在我国古文献中也有记述。

4. 占卜

这里有鸟占鸟卜。《埃涅阿斯纪》第三卷第 356—373 行提到鸟卜。埃涅阿斯向老特洛亚王的儿子赫勒努斯请教，他说"你能知晓阿婆罗的心思，你能解他的神签，……你懂得鸟语，你能从鸟的飞翔中参详出朕兆来，请你告诉我——因为我这一路上见到的都是吉祥的朕兆……"（67

页）赫勒努斯为他解惑，说："特洛亚人还有很长的路程要走，要看到一头白色母猪才到达目的地"。这是赫勒努斯延伸了鸟之祥兆，暗喻地告诉了埃涅阿斯他想知道的前景。另外，罗马城的创建者罗慕路斯在筑城前也依照飞鸟的行踪，去探知神的意志。神给他指定了帕拉丁。

　　"荷马史诗"中也较多地出现了鸟。荷马研究者似乎都没有过多地关注其内涵。荷马史诗中描写，可从飞鸟的出现以及所飞的方向来判断事情。鸟从右边飞过代表吉，鸟从左边飞过代表凶。这些在维吉尔史诗中都有所承继。罗马人典型的方式是，观察鸟飞行的样子或者观察其内脏。秃鹰的出现往往被认为是好兆头。在古罗马，所有公共活动或公开决定都有一种特殊的祭司（叫作"augures"，占卜师）参与意见，他们即察看由飞鸟、云层或群星组成的图案，然后加以分析，说出诸神的讯息和意志。

　　鸟占鸟卜在中国古代文学作品中很常见。中国古代占卜术中就有一种"风角鸟占"①。

　　还有一种羊肚肠卜法。在四卷第56—89行，狄多女王想嫁给埃涅阿斯，她觉得这背叛了给亡夫的诺言，她拿不定主意，于是祈请神灵："她们按照惯例杀了牙齿已经长齐的羊献给立法女神克列斯、阿婆罗和酒神巴库斯，她们还特别向司掌婚姻的尤诺献了牺牲。美丽的狄多亲手拿着酒碗，把酒浇在一头雪白母牛的两只犄角之间，她又在神像面前一路拜舞到放着丰盛祭品的神坛，重新献上当天的祭礼，她张着嘴谛视着破开的羊肚，想从那还没有死透的五脏六腑发现朕兆。"（82页）

　　在古罗马，有一类叫作"haruscipes"（以动物内脏占卜的僧人）的祭司，他们专门负责检查献祭动物的内脏，从中找出特别的讯息或神谕，以卜说人事的可否。狄多的命运就掌握在此类祭司手里。

　　卜用羊皮。卷七第45—106行：描写到拉提努斯在祭祀时，火烧着了女儿，他来到林中，卜凶吉。"拉提努斯亲自来到此处寻求解答，按照礼节献上了一百头两岁的绵羊，把羊杀了，把羊皮铺开，他就躺在了羊皮上"。这样，按照俗信，入睡之后他就能看见许多奇怪的形象，听到各种

---

① 房继荣：《鸟卜源流考——兼论文化遗产的利用和保护》，《社科纵横》2007年第3期。

声音，和神交谈。拉提努斯也由此获得神示，"树林深处发出声音，"要他把女儿嫁到外族去，她将生下一个"声名远扬天外"的后代。（176页）

5. 祭祀

和东方民族一样，古罗马人筑城必献祭。三卷第16—68行：埃涅阿斯逃离特洛亚后，拟在附近的海湾另建一座新城。建前，"我在海边上杀头精壮的公牛，捧出圣物，准备献给我的母亲维纳斯、其他神祇和上天诸神之王，为我们建城的工作祝福"（55页）。可见，他主要是求众神护佑筑城成功。

古罗马或以人献祭[①]，且牲人还要扎彩带，二卷第57—198行描写：诈称自己是被希腊人选中做牺牲的西农说，"他们准备把我祭献，把谷粮用盐拌过，把红白彩带箍在我头上……"（31页）

人祭中尚有处女祭。如卷二第57—198行描写：西农说了这样的话，"神谕说：'希腊人，你们当初出发到特洛亚的时候，杀死了一个处女，奉献了血的牺牲，才平息了风暴。'"（31页）可见，人性亦为了对付自然界的灾患。

中国人的人祭在殷商时代为盛，黄展岳先生有过详细的研究。玛雅文化、阿兹特克文化中也有这种残酷的习俗。

与中国古代相似，古罗马人行血祭。卷二第57—198行：西农向特洛亚说神谕的话："你们今天要回去，也必须用一个希腊人的血祭献神灵。"（30页）卷三第13—68行：埃涅阿斯一行安葬波利多鲁斯，"为他的亡魂立了两座祭坛，装饰忧郁的深蓝色的飘带和一株黝黑的柏树，按照我们的风俗，四周站着特洛亚的妇女，披散着头发；我们献上几碗泛着泡沫的热奶，几杯牺牲的血，就这样我们使他的亡魂能在坟墓中安息，并大声呼唤他的名字，向他最后告别"（56页）。十卷第510—605行描写：埃涅河斯为战死的帕拉斯复仇，"他一路活活杀了苏尔摩的四个年轻的儿子，又杀死乌劳斯抚养的四个儿子，他想用他们作为献给帕拉斯亡魂的祭礼，用这

---

① 主要的祭牲当是牛。史诗第二卷第200—205行描写："一种新的征象——尤为骇人听闻——显现于我们面前，使我们那愚顽的心灵更加困惑：拉奥孔——依签被选定的波塞冬的祭司，在祭坛前以牡牛隆重献祭。"（这段译文据魏庆征《古代希腊罗马神话》，北岳文艺出版社1999年版，第270页）

些俘虏的血洒在火葬堆的烈焰上。"（278 页）十一卷第 1—99 行：帕拉斯葬礼时又提到，"埃涅阿斯事先还捆绑了一批俘虏，双手缚在背后，准备把他们杀了，把他们当做祭品送到阴曹地府，用他们的血洒在焚尸的火焰上"（294 页）。这些都说明，古罗马人信奉血祭，他们相信，人的血能抚慰死者的灵魂。

古罗马许多祭祀仪式都用到血。比如古罗马的库贝拉和阿提斯仪式，以公牛做牺牲，崇拜者站在一个深坑里，用作牺牲的公牛放在其头顶用木板搭成的地面上，杀牛后，即以公牛的血为他洗浴。

世界许多民族都流行过血祭。中国人青铜器、兵器做铸好了，那就要用"血"来衅器。① 公元 726 年的一幅亚斯奇兰横木雕刻，表现的是一位公主在受洗。在此之前，她要刺穿舌头，用滴出的鲜血浸泡纸张，继而再烧掉这些纸。这也是把她的血献走了。在墨西哥的阿兹特克山顶上建有神庙，专门用来祭祀雨神特拉洛克。每年春天，人们都要选一个孩子作为祭品，用孩子的血洗涤神像。

取"毛"以祭。卷六第 236—263 行描写：在埃涅阿斯进入冥界前的祭典中，"女先知先把四头黑皮牛犊牵到这里，把酒倒在它们前额上，然后拨下它们两角之间翘得最高的鬃毛，投入圣火，作为初祭，一面呼唤着在天上和地府都有权威的赫卡特的名字"（147 页）。十二卷第 113—215 行描写：特洛亚人在战前立誓，"从特洛亚营垒中出来……一名祭司，他身穿白袍，赶着一头毛茸茸的野猪的仔畜和一头没剪过毛的两岁绵羊，把它们带到烈火熊熊的祭坛前。领袖们眼睛朝着升起的太阳，用手捧上加盐的谷物，把牺牲头顶的毛割下一撮，拿起酒碗向祭坛奠酒"（329 页）。这种以"牲毛"献祭的情况很特殊。

---

① 《周礼注疏》卷第二十："上春衅宝镇及宝器。"注："上春，孟春也。衅谓杀牲以血血之。"［疏］"谓建寅之月也，杀牲取血衅之，若《月令》上春衅龟筴等也。……或曰衅鼓之衅者，读从定四年祝佗云君以军行祓社衅鼓。衅，皆以血血之也"。钱绎《方言笺疏》卷六："今人犹名器微裂为釁，是古之遗语也。釁即衅之异文，亦作衅。《众经音义》卷一云：釁，瑕隙也。器破而未离，谓之釁，取牲血以涂器之罅隙，亦谓之衅。《说文》：衅，血祭也。《孟子梁惠王篇》将以衅钟，赵岐注云：新铸钟，杀牲以血涂其衅，郗因以祭之曰衅。《汉书高帝纪》衅鼓，应劭曰：衅，祭也，杀牲以血涂鼓。……按凡言衅庙衅钟衅鼓衅宝镇宝器衅龟策衅宗庙名器，皆同以血涂之，因荐而祭之也。"（清光绪刻民国补刻本）

6. 神庙壁画与造像

古罗马人的绘画艺术已经达到臻善，他们最具代表性的是闻名世界的马庞贝壁画。而在《埃涅阿斯纪》中，也有关于壁画的精彩描写。第一卷第 418—493 行：在尤诺神庙，埃涅阿斯"看到一些描绘特洛亚战争的壁画，一景挨着一景……画上有阿加门农和墨涅劳斯，既有普利阿姆斯，也有残忍的阿奇琉斯。……他看到特洛亚人在逃跑，阿奇琉斯头戴羽盔驾着战车追随在后。在稍远处，他泪眼汪汪地认出了雷素斯营中雪白帆布做的帐篷……同时，特洛亚的妇女们披头散发正在向敌视特洛亚的雅典娜女神的庙宇走去……他在画里也认出了自己在和希腊将领混战，又看到一些埃塞俄比亚的黑人军队，这是梅姆农率领的武装。还有阿玛松的女王彭特希莱亚也率领一批女兵，拿着月牙形的盾牌，疯也似地在千军万马之中厮杀，她用一条金腰带束在一只裸露的乳房之下……"（17 页）如果维吉尔的描写真实的话，我们可以看出，古罗马壁画在描绘战争，这和我国汉代前壁画以描写神灵与神话人物为主，显然是有差异的。

宗教造像艺术极为普遍。如赫克托尔英灵托梦劝埃涅阿斯赶快逃走时说："特洛伊将佩纳特和祭坛赋予你，你携之启程，终生相伴，可为他们找到寄寓之所。""他讲完这一席话，从圣所奉出维斯塔"。① 接下来，史诗的叙述还提到："（埃涅阿斯说）父亲，请你取走圣物和佩纳特神像；我如触及，则是罪恶，我刚刚脱离交战和杀戮，我必须先在流水中净手。""（埃涅阿斯自叙行动经过时说）我将幼子尤卢斯、父亲安基塞斯、特洛伊的佩纳特神像托与忠实的从者，并让他们隐藏在谷地的僻静处，我身着明晃晃的甲胄，又赶回城中"。② 这里，赫克托尔之灵所说的及后文提及的"佩纳特"，即家族守护神之像，家人对之敬奉，手不洁都不能碰；而赫克托尔"奉出的维斯塔"，当即后世传说的圣火女神雅典娜的雕像。

7. 动物哺育人子

我国古代有虎狼育人子的传说，《埃涅阿斯纪》中亦写到了。四卷第362—392 行：狄多怨恨埃涅阿斯忘恩负义，她怒气冲冲地对他说："你的

---

① 转引自魏庆征《古代希腊罗马神话》，北岳文艺出版社 1999 年版，第 273—274 页。

② 同上书，第 275、277 页。

母亲不是什么天神，达达努斯也不是你的什么祖先，你是那冥顽巉刻的高加索山生出来的，是许尔卡尼亚的老虎哺育的。"（93 页）她的意思是埃涅阿斯没有"人"的情感，对她太绝情，是石头里蹦出来的，是老虎哺育的，太歹毒了。这就侧面透示出，古罗马人亦有雌虎哺育人婴的神话。①

八卷第 608—731 行写道：埃涅阿斯之母维纳斯委托火神给埃涅阿斯打造盾牌，"盾上雕着那只母狼，产仔之后卧在战神玛尔斯的青葱的洞窟里，一对孪生的男婴围绕着她累累的乳头嬉戏，吸吮着他们的狼乳母的奶汁，毫无惧怕之意；母狼转动着她的光洁的头颈轮流抚弄着他们，还用舌头舔他们的身体……"（224 页）这是母狼育人子神话。

它的本原是：罗慕路斯和雷穆斯（Romulus And Remus），这对双胞胎兄弟是战争之神玛尔斯和阿尔巴国王努米托之女瑞亚·西尔维娅的儿子。努米托的兄弟阿穆利乌斯窃取了王位，他让西尔维娅作照看灶神庙炉火的圣女，圣女是不能繁育后代的。当双胞胎出生时，阿穆利乌斯下令将他们抛弃。他们被放在一个篮子里漂浮在台伯河上，然而篮子被帕拉丁山下的一棵无花果树根拦住。一头母狼发现了并且抚养了他们，后来由一个牧人把他们带回家。当他们得知努米托就是他们的外祖父时，两兄弟杀死了阿穆利乌斯，让努米托重新掌权。他们决定在承载过他们的篮子上岸的地方修建一座城。但在争吵中罗慕路斯杀死了雷穆斯。城于公元前 753 年建好，罗慕路斯成了第一任君王。这就是罗马城。维吉尔的作品属于"英雄史诗"，故其出现这样的神话因子。它强调英雄所以杰出，因他有与平凡人完全不同的出身。

8. 天上的星星

在史诗中，天星似可代表天神谕示于人。二卷第 687—704 行描写："父亲安基塞斯举目仰望星辰，不胜欢悦，两臂向苍穹伸展开来，大声吁求：'倘若你聆听我们的祈求，无所不能的尤皮特，请惠予关注，既然我们虔敬奉神，请降赐征兆，父神，并予以明示！'他刚刚吁求完毕，突然响起隆隆雷声，从左方，一星自天宇而降，在我们头顶掠过，明晃晃划破

---

① 我国古代也有。《左传·宣公四年》记："初，若敖娶于䢵，生斗伯比。若敖卒，从其母畜于䢵，淫于䢵子之女，生子文焉，䢵夫人使弃诸梦中，虎乳之。䢵子田，见之，惧而归，以告，遂使收之。楚人谓乳谷，谓虎於菟，故命之曰斗谷於菟。以其女妻伯比，实为令尹子文。"

昏暗，在夜空中光辉夺目。我们目睹，它在屋顶一闪而过，光芒四射，落于高高的伊达山的林中，在夜空留下垄沟状的光迹，照得四周一片通明，硫磺的气息扑鼻而来。父亲有感于此征兆，仰首望天，向诸神吁求，并向神圣的星辰礼敬：'我不再迟延，是的，去往你们所指引之处，父辈诸神！务请拯救我的家族，拯救我之孙！你们已降赐征兆，特洛伊在你们神圣的威权之下。我做出让步，我的儿子：我将与你同行。'"① 面临战败，怎么办？埃涅阿斯的父亲安基塞斯祈问诸神，天降流星，指示了方向，安基塞斯决定，和儿子一起按星示的方向逃离。

天狗星（亦称天狼星）。卷三第 121—191 行写道："天狗星把田地烤炙得五谷不生；草木枯萎，庄稼染了病，不出粮食。"（59 页）第十卷第260—286 行云：埃涅阿斯的战船在冲向鲁图利亚王的军阵，"埃涅阿斯头上戴的盔闪闪发光，盔顶飘着翎毛像火焰一样，盾牌上的黄金护心凸包吐出一片火光，就像有时晴朗的夜空一颗血红色的彗星散发出不祥的光彩，又像火一般的天狼星升起，给不幸的人们带来干旱和疾病，它的凶光给天空盖上了一层阴沉的气氛。"（269 页）从维吉尔的描写中可以看出，天狗星在古罗马人眼中是干旱与疾病的象征，是不祥之星。

所以我们看到，古罗马每年七月，当天狗星初现时，人们总要献上红毛狗，作为给他的祭品。诗人写道："火星闪烁着温和的红光，而天狗星的红色却比它更强。"

天狗星在古代中国也被认为是灾星。从东晋郭璞开始，《山海经》里记载的"天狗""天犬"被解释为天狗星了。郭璞在注释中引《周书》云："天狗所止地尽倾，余光烛天为流星，长数十丈，其疾如风，其声如雷，其光如电。吴楚七国反时，吠过梁国者是也。"② 唐贞观十七年（公元643 年）与天宝三年（公元 744 年）两次出现"天狗"谣言，引起京都人恐慌。该谣言所指的"天狗"在唐代被认为是大凶与战事之兆。后来人们也把天上陨落的彗星称为天狗。《荆州占》曰："流星有光，见人白坠无音，若有足，名天狗。其色白，其中黄，如遗犬状，主候兵讨贼，破军杀

---

① 转引自魏庆征《古代希腊罗马神话》，北岳文艺出版社 1999 年版，第 274—275 页。
② 袁珂：《山海经校注》，上海古籍出版社 1980 年版，第 407 页。

将。"① 人们认为天狗星预兆着战乱。

在民间观点中，天狗星也被看作是凶兆。京剧《狸猫换太子》中，宋真宗曾经对臣子们说："众卿，昨日钦天监奏道：天狗星直犯御座，与朕不利，不知众卿可有原解。"结果后来发生了狸猫换太子的事件。②

毕星兆雨。卷三第 506—547 行描写：在夜半停航时，帕里努鲁斯总是不眠，"用耳朵倾听风声，观察寂静的夜空中所有移动的星斗，大角星、预兆降雨的毕宿，大小熊座……他看天空一切宁静，就从船上吹起响亮的号角，我们随即拆除了宿营，张起了帆篷，摸索着前进"（73 页）。可见，古罗马人亦把毕星视为雨兆。在中国，殷商时代就有毕星兆雨的传说。如卜辞中云："丙申卜：今月（夕）方雨，毕，不凤（风）？允不。六月。"

9. 地下与冥界的事情

古罗马人观念中是有冥界存在的。六卷第 98—155 行描写：埃涅阿斯想进入冥府去会见亡父。"埃涅阿斯这样祈求着，手扶着祭坛。这时女先知又开始讲话：'天神的血胤和后裔，安奇塞斯的儿子，下到阿维尔努斯去是容易的，黝黑的冥界的大门是昼夜敞开的。但是你要走回头路，逃回到人间来，这可困难，这可是费力的。只有少数天神的后代才办得到，那是因为公正的尤比特宠爱他们，或者因为他们有超人之勇才得回到人间。这一路上都是拦路的密林。无奈河科奇土斯的黑水盘旋环绕地流着"（143 页）。女先知向埃涅阿斯描述了去冥界的途程之恶劣，有"拦路的密林"，有"盘旋的黑水"。故当后来埃涅阿斯在冥界见到父亲安奇塞斯时，父亲"眼泪顺着双颊流了下来"，第一句话就说："你到底来了！你的虔诚克服了道途的艰险。"这时他的语调是"失声"的。

引魂鸟——五彩鸟。四卷第 693—705 行描写：狄多王后自杀了，由于"她并非命中注定要死，又不该死……因此冥后普洛塞皮娜还不曾从她头上剪去一缕金发，把她送往地府，所以她的灵魂被肢体纠缠着，"不能最后咽气而挣扎着。冥后知道后立即派出一只五彩鸟来，剪走了她的头发，立刻，狄多的体温散失，元气化入清风中（105 页）。可见，这五彩鸟是阴

① 聂明主编：《海外藏书》第 6 卷，中央民族大学出版社 2001 年版，第 394 页。
② 王戈：《犬神》，《紫禁城》2006 年第 2 期。

司中派出的，它是古罗马神话传说中冥后的宠物，它专门将人的灵魂引入冥界；这就和中国神话中西王母有只供使唤的青鸟一样。

亡灵托梦与预示。二卷第268—297行，埃涅阿斯复述到郝克托尔给他托梦："那夜正在我熟睡的时候，忽然赫克托尔呈现在我眼前，他满面愁苦，痛哭流涕；他就像当初拖在战车后面，尘土和血污使他变得黧黑，用皮带穿透的两只脚是肿的。……说道：'唉，女神之子逃跑吧，逃开这熊熊烈火吧。敌人已经占领城邦，特洛亚高耸入云的城堡已经倒塌了……现在特洛亚把它的一切圣物，把它的神祇，都托付给你了，把它们带着，和你同命运……过海之后，最终你是要建立一个伟大的城邦的。'他说着就从神庙的后堂捧出了彩带，威力强大的维斯塔女神像和她的永不熄灭的火。"（37页）正是有了这段托梦与指点，埃涅阿斯才有了他的未来。

又如，埃涅阿斯在黑暗中返回城堡时遇见克柔萨的幽灵，"我苦苦寻找，几乎找遍全城。蓦地，克柔萨那悲愁的幽灵出现在面前：其灵体较之在世时那熟悉的身影要高。我顿时呆若木鸡，哽咽难言。她对我百般安慰，说道：'你如此过度悲伤，又有何益？亲爱的丈夫。如今之一切，并非无神之意，难道不是命中注定让你失去克柔萨？奥林波斯那永生的主宰无意让我相伴！你将在辽阔的海洋上久久漂泊，最终抵达赫斯佩里亚；吕底亚的台伯河，缓缓流过丰饶的田野。福运和王国期待着你，尚有出身王族的妻室。莫为亲爱的克柔萨掉泪。……此间，再见吧，保护亲爱的儿子。'我泪流如注，有很多话要讲，刚讲了几句，幽灵离我而去，消失在虚无缥缈中。我三度欲拥抱她，将她留住，若隐若现的幽灵三度离去，犹如气息，犹如飘忽的幻影"。[①] 他的妻子亦以灵的口气告知他，他将漂流海上，最终成为一个王国之主。

10. 药草

史诗卷四第504—521行，描写狄多自杀，她"设了祭坛，……（有）位女祭司披散着头发，口中大声呼喊着三百神灵、冥界神、混沌神、三位一体的赫卡特——也就是有三张脸的处女神狄阿娜。她洒过据说是地府阿维尔努斯湖的湖水，又取来药草，这是在月光下用青铜镰刀割

---

① 转引自魏庆征《古代希腊罗马神话》，北岳文艺出版社1999年版，第277—278页。

来的，饱含着黑色有毒的汁液；接着又取来一种春药，这是从刚出世的马驹额上，趁母马没有咬掉的时候，摘下的一颗肉瘤。狄多本人站在祭坛边，用洗净的手握着圣谷，一只脚穿鞋，另一只赤脚，解开了长袍的腰带，在赴死之前呼吁天神和善知命运的星宿来做见证，接着她又向一切正义的、有同情心的神祇祝祷，请他们垂怜一切婚姻多舛的情侣"（98页）。这里"月光下割来药草""春药"都是巫药。

史诗里写到还魂的药草。卷七第641—817行：维尔比乌斯被继母害死，但"通过阿婆罗的药草，……他又起死回生了"。天父很生气，又将比乌斯"用雷击到冥河斯提克斯，因为他竟发现了有这样大效应的药物"（200页）。这里出现了能使人复生的阿婆罗药草，显然是巫草之药。

按古罗马人的想象，巫草药可以改变人形。卷七第1—35行：埃涅阿斯经过刻尔吉岛，从海上可以听到刻尔吉女神"豢养的狮子在樊笼里挣扎而发出的怒吼，直到深夜还在嚎叫，还可以听到鬃毛倒竖的豪猪和关在栏里的熊罴，还有一些状如巨狼的兽在疯狂地啼啸，这一切都是无情的女神刻尔吉用一种药力极强的草让人吃了，这些人就从人形变成了兽面兽身"（173页）。从这段描写可以看出，女神刻尔吉就是掌握巫草之药的神。①

# 第七节　《古兰经》《旧约》笔札

## （一）

按照伊斯兰经典《古兰经》的美学思维，夜空璀璨的星光、朦胧的月色、云中降下的雨水、海枣树的花和串串枣球，以及那去田野吃草的牛羊，人的生命和繁育，等等，对于崇信安拉的信士们来说，无不含有"迹象"或"真迹"的象征意味，无不可以从中领悟到一些"主"想显示的真谛。这种方式的本质，无疑是艺术的、审美的、喻象化的。它体现了伊斯兰文化的美的水准。在这无数"迹象"所显示的意义之中，有一部分是关于人类生活中生殖与婚配内容的，也构成一系列喻义与喻象。我们下面列举一些，看看它们所反映的具体内涵以及它们与世界其他民族同类事象是

---

① 这一节是笔者和研究生张蔚共同研究的。

否存在着共同的经验基础。

灵树与生育。《古兰经·十九章·玛尔嫣》描写圣处女玛尔嫣怀了孕，她无法向世人说明，带着孕身，她来到了伯利恒山谷。阵痛一天天逼近她，使她不由自主地走到一棵椰枣树下。她痛苦极了，说："哎哟！但愿我以前早已死去，而且早已被人忽略忘记。"这是一棵有益于生育的灵树，它听到玛尔嫣疼痛的呻吟，对她呼唤说："你用不着忧虑，你的主已在下面辟了一条小溪，你可以摇撼这椰枣树，成熟的枣就会为你纷纷落地……"于是玛尔嫣分娩了，她生下了安拉的使者——尔萨。这种灵树助产的现象，我们在佛教文化中也可以看到。敦煌变文《太子成道经》记述有一种无忧树，有特别灵验的生育妙方，可以免去妇人分娩之苦。变文写摩耶夫人怀孕后，非常担忧生育时的灾痛，国王告诉她后园有一棵灵树，叫无忧树，观看此树，产婴时将顺达无忧。摩耶便带宫女来后园看树，看了树，腹中很快骚动，她临产了。她按照嘱咐，手攀无忧树枝，由姨母波阁波提抱起她的腰，婴儿便从她的胁下落入金盆。这叫"无忧华树叶敷荣，夫人彼中缓步行。举手或攀枝余叶，释迦圣主袖中生"。在日本，民间大叶树有助于生育，男人们总是把它的树皮刮下，回去煎汤给妇人喝，她产子便安顺吉祥①。在俄罗斯，丈夫按照传统的意想，用白桦树的枝条轻打妻子的下身，据说可以保证她们的"临盆顺利"②。罗马尼亚吉卜赛人的乔治节上，椰树是值得注意的。孕妇们向它献上花环，将自己下体内衣放在树下过夜，夜露潮气把椰树叶打落在内衣上，她们的胎儿就容易娩出③。可见"生育灵树"的意识不是伊斯兰文化独有的，它带有许多民族共同信奉的特点，有一定的文化人类学基础。

驼卵。《古兰经》说，安拉的信徒在来世的乐园里有美妙的生活，他们躺在椅榻上，面前有味醇如蜜的食料，"他们身边有纯真美目的伴侣，她们好似驼卵被〔羽翼〕珍藏遮蔽……"（三十七章《排班者》）信徒美丽的女伴被喻之为驼卵。卵，作为女性及其繁衍的喻象在希腊神话中就出现了。传说美艳无比的海伦就是从天鹅卵中化身而出的。中国传说中的圣

---

① 李大川：《从鹤见神社的水出祭看日本民俗中的生殖崇拜》，《民俗研究》1989 年第 3 期。
② 魏勒：《性崇拜》，中国青年出版社 1988 年版，第 49 页。
③ 弗雷泽：《金枝》，徐育新译本，中国民间文艺出版社 1987 年版，第 194 页。

处女简狄，由鸟卵诱发感孕生下了契。古代徐国宫人分娩时，竟是一个卵落下，卵中孵化出东夷文化的著名人物徐偃王。朝鲜族东明王的母亲添子，从她的左胁下"生一卵"。苗族人说他们的始祖是雌性蝴蝶，蝴蝶出嫁后生下十二个"卵"，卵中繁衍了无数的人群。这些女性"卵生"的现象和伊斯兰观念中把信士女伴喻为鸵卵，在幽旨上是相通的，都潜藏了一种对女性生育之美的希求。

公鸡。《古兰经》透露的民间观念中，公鸡有男性淫湎之意。第二章《黄牛》说，安拉显示他的神力，拿"四只飞禽"放到山岭上去，再一呼唤，都又飞来聚集。据法赫尔·丁·拉济的注解，这四种飞禽分别代表四种人的恶习，由易卜拉欣进行驯化。其中兀鹰代表人的贪食，孔雀是人过分求美，乌鸦象征人的懒惰，而公鸡则是淫湎的喻象。公鸡喻男子淫酒习性或生殖行为，其他民族也有成例。俄罗斯诗人普希金就这样比喻："在一个夏季的白天，鸡埘里的高傲的苏丹——我的公鸡满院飞奔追赶着胆怯的母鸡，它那淫邪的翅膀，已经把女友拥抱。"（《鲁斯兰与柳德米拉》）①公鸡苏丹是一个占女性便宜的色鬼形象。在中国民间，公鸡则主要借喻男性繁衍力。市井间百姓想使女妇生男孩，男人就祈灵于雄鸡，把"雄鸡尾尖上长毛茎"悄悄地放在妇人的卧席之下，据说即可奏效②。在巴博尔半岛，农人想生儿子，找一只大雄鸡，"提着它的腿，举向妇人的头前祝曰：'乌浦勒肉，请你采纳此鸡，降生下一个孩子来，我恳求，降下一个孩子来'。"③ 由此而知，《古兰经》取公鸡喻男性淫邪不是完全没有民间观念作依托的。

血与土。细思《古兰经》的繁衍意识，血是生命的原始形式，是孕育的兆萌。人是由凝血或血块长成的。七十五章《复生》中说，人怎能在主的面前放荡无忌呢？"他原先不是……血块？主创造他，使他具备形体"。穆罕默德四十岁受到主的最初启示也是主"从血块创造了人类"（九十六

---

① 转引自谢·爱森斯坦《论作品的结构》，《世界艺术与美学》第二辑，文化艺术出版社1983年版，第330页。

② 陈自明：《妇人良方》，转引自宋书功《中国古代房室养生集要》，中国医药科技出版社1991年版。

③ 佛兰柔：《交感巫术》，上海文艺出版社1989年版，第6页。

章《血块》)。林松先生说,"血块"也可称为"凝血","指胎儿的孕育从父精母血开始"。[1] 这种血的孕育意义,许多民族普遍存有。中国凉山彝族人说,他们的先祖最早为女性,由于她的裙子上滴上了三滴雄鹰的血,她怀孕生下了男始祖"纸加儿"。蒙古人神话,仙女在湖岸的石头上歇坐,她的月潮滴在了石头上,过了一会儿,一只公猴也来此蹲坐小解,九千九百年以后,这"血"就变成了人[2]。

除血外,构成人的生育形成的因素还有"土"。第十八章《山洞》:"他(安拉)先用泥土……创造了你,然后使你形成一个男子完整的形体。"二十章《朝觐》说:"是我创造了你们:先从泥土……继从凝血,后从成形与不成形的肉胚……我使我所愿的胎儿……定期安居,然后使你们出生为婴儿。"五十五章《普慈之主》则说,"他创造人类,用类似陶器的泥土;他创造神类,用火焰和光烛"。由于人的生命由土构成,所以那些在人世间做了恶事的人害怕末日的审判,他们这样哀呼:"多么糟糕啊!我宁愿化为泥土!"他们想"还原"到"土"的形态,重新做人。

土作为人的生殖构成的主要元素,中国汉族、少数民族都有接近的认识。黄河流域早就传有"女娲抟黄土作人"的神话[3]。在傈僳族创世传说中,由天神木布帕从天上背下一包土,捏成了一对猴人,猴人便繁衍,发源了傈僳人。[4] 普米族史诗《直呆南木》中,一个排行老三的男子因品行诚厚,得天女爱慕。但天女不能长期和他相伴,她便用火塘中的泥灰捏成一个和自己一般美丽的姑娘作为老三的配偶。他俩就是普米族的先祖先妣。生活在帕米尔高原直接受伊斯兰文化影响的塔吉克族人相信,天地间开始没有人,真主向天使下令:"你们用泥土造出一些人形来。"天使们按真主的指示来到湖边,湖面上倒映出人的形貌。于是他们仿造着用土造出了人。[5] 佤族人说,世上原来只有一个人,他感到寂寞,就用泥巴捏成了两个泥人,用嘴巴一吹,变成一男一女,由他们结婚生育了无数的人[6]。

---

[1] 林松:《古兰经韵译》,中央民族学院出版社1988年版,第1133页。
[2] 《中国各民族宗教与神话大词典》,学苑出版社1990年版,第455页。
[3] 袁珂:《神话选译百题》,上海古籍出版社1980年版,第10页。
[4] 《中国各民族宗教与神话大词典》,学苑出版社1990年版,第386页。
[5] 同上书,第568页。
[6] 同上书,第591页。

苗族民间设想，远古天神纳罗引勾，奉天帝之命用泥土捏成人，放进窑里去烧，烧好后在他们的天灵盖上轻轻一敲，他们便啼哭诞生了①。上述种种泥土造人的神话和《古兰经》泥土转生胎儿的观念，在逻辑和底蕴上应该说没有二致，都起源于生命构成意识的神学思考。

风吹而育。《古兰经》中，女子孕育可以因风或气流吹入的方式实现。第二十一章《先知们》中说，"还有那保持贞操的处女（玛尔嫣），我把我的鲁哈吹入她的躯体，我（安拉）用她儿子作为世人的征迹"。在六十六章《禁忌》中，经文复述这一事实："伊斯兰之妇玛尔嫣，她坚守贞操，我将鲁哈吹送进去，她诚信养主的言辞和经籍，她本来属于虔敬的妇女。"类似传闻，中国神话中有。《博物志》卷四记白鹢，"雄鸣上风则雌孕"②。《禽经》说鹤也是"雄鸣上风，雌鸣下风，以声交而孕"。《淮南子·泰族训》说"腾蛇雄鸣于上风，雌鸣于下风，而化成形"。在初民神话里，人感风气而育的故事也相应出现。《异域志》卷下记：东南海上有女人国，那儿莲开数丈，桃核二尺，就是没有男人。"女人遇南风裸形，感风而生"③，倒也不会灭迹。高山族傣雅人说，荒古之时，茵嘎赫朗巨石迸裂，走出一翩翩女子。她仰卧山巅，任习习山风"吹入胯间"，生育一个男孩。男孩长大和母亲婚配，这就是傣雅人的开始。④ 壮族神话，天地分开以后，花萼中长出女神姆六甲。她见大地没有生机，"便受风怀孕"，育化了人类。⑤ 据王充《论衡·吉验篇》，北夷橐离国国王有个宠爱的侍婢，一天，空中降下鸡蛋大小的风流气体，她就孕育生下一子。在原始初民的意识中，风或气体是流动有生命的，潜入女体即生育，似乎很是自然。国外传说和中国类似。萨摩亚人以为，鹤鸟不是交颈孵卵的，而是"因风而妊"。⑥ 希腊神话中的 HEYA（希剌），也有因风或气流受胎的故事。在芬兰史诗《卡列瓦拉》中，大气女神从蓝色的天空落于大海，化为水母。海上的风流使她怀上身子，但迟迟七个世纪过去了，未能分娩（可见其婴孩

---

① 《中国各民族宗教与神话大词典》，学苑出版社 1990 年版，第 461 页。
② 张华：《博物志》（外七种），上海古籍出版社 2012 年版，第 20 页。
③ 周致中：《异域志》，中华书局 1981 年版，第 54 页。
④ 《中国各民族宗教与神话大词典》，学苑出版社 1990 年版，第 145 页。
⑤ 同上书，第 784 页。
⑥ 朱云影：《人类性生活史》，上海文化出版社 1989 年版，第 133 页。

之大）。在埃及人的观念中，秃鹫"在某一时刻……停留在空中……风使它们"孕生小鹫。由于秃鹫特殊强盛的生育力，埃及人便"选择秃鹫作为母亲的象征"。而且他们想："秃鹫被描写成是靠风受孕的，那么，为什么同样的事情在某种场合不能发生在女人身上呢？"① 这些动人的神话传说，对于我们理解《古兰经》安拉通过吹入气流使圣处女玛尔嫣致孕，无疑会有丰富的启迪。

（二）

在希伯来民族文化渊典《旧约》中，一些经验性的事象或情韵都沉淀、转换，或构成一种文化的象征。这些象征在世界其他民族中又都可找到与其近似的同类。这种经验的叠合表明，俗信"情结"和其他文化情愫一样，一旦思维的运演从"泥定具体"升位到审美转换与艺术象征，人们的经验认识便会在"集体表象"的界域中会合。试述几点如下。

井。在《旧约》中，女或被喻为"井"。《旧约·箴言》23 章说，"妓女是深坑，处女是窄阱"。《雅歌》第四章吟诵，一个新郎为娶得了贞洁的姑娘而高兴："我妹子……你是……活水的井""禁闭的井"。《箴言》中提醒已婚的男人不要受诱惑，不要疏远自己的妻子，也应防犯妻子的外遇，说："愿她（原配之妻）的胸怀使你时时知足"，"你要……饮自己井里的活水"，它"唯独归你一人，不可与外人同用"。

在中国汉族民间，"一个人想结婚但找不到新娘，人们就（会）说他盼河望井"。在福建沿海，每年七月初七牛郎会织女的时候，最宜感应着人间夫妇得子。所以总是有一个象征性的行动，打扫一下"水井的清洁"②。侗族女子把自己比为"井"，而他的情人就是"井"中的"龙"。如果她失恋了，她就会这样唱道："伴去了，就像井底飞去一条龙，龙去井干，坡崩田坎垮，情哥去了肝肠寸断心头溶。"（《失恋歌》）张君房的《云笈七鉴》则载，金堂县利化圆观中有一口九眼井。每年三月初三，远近都向井中乞嗣，捞得圆石者得子，捞得瓦砾者得女。按照民间思维的逻辑，井口越大或井眼越多（民间常见的是两眼井、三眼井），它所具有的

---

① 弗洛伊德：《弗洛伊德论美文选》，知识出版社 1987 年版，第 62—63 页。
② 爱伯哈德：《中国文化象征辞典》，湖南文艺出版社 1991 年版，第 349 页。

赐人子嗣的能力越强。据说印度有种流行的"七口井"（即七眼井），在灯节的夜晚从中"打水来给"不育的人洗澡，是一种"治疗不育症"的良方①。水族传说：一对仙男仙女，男的叫阿腊，女的叫阿向。他俩结成一对恩爱夫妻。尘顶王要赶他们走，他们眷恋生活着的土地，男的变成一个坡，女的变成一口井。井与女子之间的联系，在故事里获得了神话逻辑的阐发。在孟加拉地区，井就是女性神。女性神也像男性神一样向民间索取配偶，否则她就不把自己的福力赐给民间妇女。人们每开一口井，都同时雕刻一尊男性的木偶，让他"入赘给（井中的）水之女神"。② 熟悉了这些民俗事象，《旧约》中"女子乃井"之喻也就很耐寻味了。

泉水与河流。《旧约》中以泉指女子。一个男子娶到了一个处子身份的新妇，他会情不自禁地赞美她："我妹子，我新妇"，"你是园中的泉""封闭的泉"。（《雅歌》四章）他为她的新娘而陶醉。当一个男子对邻人之妻有了觊觎之心而他的妻子也可能效法他的行为以示报复时，神会警示他："你要喝自己池中的水……你的泉源岂可涨溢在外？……要使你的泉源蒙福，要喜悦你幼年所娶的妻。她如可爱的麀鹿，可喜的母鹿。"（《旧约·箴言》第5章）后来，罗马民间把女子、生育女神埃吉利亚想象成一眼从神圣的橡树根下流出的清泉，她的神水"可以使妇女怀孕并且容易分娩"，"怀孕妇女都向她礼拜"，由她"保佑孕妇易产"，与《旧约》女性为泉的观念有承继延续的关系。

中国人关于泉的意识与希伯来人的观念雷同呼应。古代汉族人称女户就叫作"鸿泉"或"幽泉"（见《玉房秘诀》和《洞玄子》）。中国纳西族人把泉池视为圣母所在，泉池的水就是"产子露"。一个女子如果祈求生育或多育，捧泉水喝上几口，就意味着已净化、冲洗、滋养、补充了她的气血，产子就有了把握。

河与泉相类，《旧约》中，男子用它指妻室。《旧约·箴言》告诫那些有外心的男人，不要因之导引出自己妻子也生离叛之心，说："你为何恋慕淫妇？为何抱外女的胸怀？""你的河水岂可流在街上？"（第5章）

---

① 列维·布留尔：《原始思维》，丁由译，商务印书馆1981年版，第213页。
② 弗雷泽：《金枝》，徐育新译本，中国民间文艺出版社1987年版，第218页。

河之喻，可以说是许多民族的共识。罗马繁育女神狄安娜即以潺潺河流的自然面貌出现在民间，她住在静静的河湖边上。希腊女神阿尔忒弥斯既是"河流的女主人"，也是增殖女神，这"一身二任"本身就揭示了一种互比的逻辑联系。[1] 在中国湖南衡阳，有出傩戏《大盘洞》：戏中有巫扬去请傩娘的情节。巫扬见了傩娘后，说她"人相也还生得好，缺少一条放水河"。"放水河"即衡阳民间的隐语。在印度史诗《摩诃婆罗多·初篇》中，有一条珠贝河，她流过"有灵性的噪鸣山"，噪鸣山爱慕她的清涓，"把她半路拦住"，拥抱了她。于是他们就"生了一双儿女"（第五十七章）。这说明印度人也把女子与河相比拟。直到 21 世纪初，法国艺术家马约尔还把西方女人与河的观念表现在巴黎卢佛尔博物馆门前的雕塑作品《河》上。那是"一位肌肤丰满的女人，侧卧在河滩，两手自然地抬起，仿佛在承接纯净的河水，而头部下垂着，浓发奔下，给人那么流畅、舒爽、欢快、轻灵之感"[2]。

女脚。按照《旧约》沉积的民俗意念，女子的脚是她的羞体，是女子之美的集中所在。《旧约·雅歌》说："王女啊，你的脚在鞋中何其美好，你的大脚圆润好像美玉，是巧匠的手做成的。"如果因为世道的纷乱或生活的困顿，女子们无法再珍护她们美丽的脚，那是一种最大的耻辱。《以赛亚书》预言巴比伦败落后的少女们难堪的处境时就说："巴比伦的处女啊，下来坐在尘埃；迦勒底的闺女啊，没有宝座，要坐在地上；因为你不再称为柔弱娇嫩的。要用磨磨面，揭去帕子，脱去长衣，露脚蹚河。你的下体必被露出。"（47 章）

由于脚是羞体，所以它在《旧约》中还成为一种男女私情接触的隐喻。《雅歌》中有一段有夫之妇欲和一个男子私会又有所顾忌的描绘。男子敲门说："我的妹子，我的佳偶……求你给我开门，因我的头满了露水，我的头发被夜露滴湿。"女子回答："我洗了脚，怎能再玷污呢？""洗了脚再玷污"是她已许身一个男子不能再侍奉另一个男子的婉语。但她到底没有守住自己，还是为这个男子（良人）开门了："我的良人从门孔里伸进

---

① 弗雷泽：《金枝》，徐育新译本，中国民间文艺出版社 1987 年版，第 214 页。
② 卞集：《人体：马约尔的雕塑语言》，《美术大观》1988 年第 10 期。

手来，我便因他动了心。我起来，要给我良人开门，我的两手滴下没药，我的指头有没药汁滴在门闩上。我给我的良人开了门。"

"脚"之婉言的表达方式在后来很多民族婚俗中还可见到一些遗留或变形。女子通过婚仪中对"脚"的处理，表明她已把自己交给了她终身仰靠的丈夫。在苏门答腊的鄂兰族和麦麦族人中，新婚的夫妇对坐在地上，"两脚相触，便算是结婚礼"。在安达曼群岛，由伴娘拉开新妇的双脚，让新郎就坐在新妇的大腿上，犹如中国人喝交杯酒一般①。在克罗默蒂，新娘出阁注意修饰的不是她的发式眉型或衣饰，而是她的脚。她们总是在婚礼前的一天举行洗脚礼，水中还放些钱币。在诺森伯兰，也盛行这种习俗，但据说新娘洗脚的方式"较为隐秘"，不给人看②。

在中国汉族文化中也有类似情形。淮阳人祭人祖求子时，跳一种舞蹈叫"担衣蓝"。这种舞蹈只能由妇女跳，在妇女内部传授，跳时"以黑纱使脚勾挂"③。湖南衡阳的传统婚仪上，新郎新妇坐在一条凳子上。新郎的左足压在新妇的右腿脚上，新妇亦然④。这种当众表演的脚腿的交叠穿插，喻象什么，自不待言。据葛洪《抱朴子·疾谬篇》记载，晋时在中原婚俗闹新房有一种"戏妇之法"，在"稠众之中，亲属之前……（把女子）系足倒悬"。系足倒悬，意即"翻女子的老底"，"足"在这里代表着"女子的老底"。《金瓶梅》中西门庆把潘金莲系足吊在葡萄架下戏耍，就是由此而来的。在敦煌遗书中，女子如果发现丈夫不爱自己了，她可以"取赤扬（痒）足，出夫哜（脐）处下着，（夫）即爱妇"⑤。这是种取爱巫术，意谓女子用自己赤裸的脚，在丈夫肚脐下处擦痒，丈夫即会爱她。把这些情形同《旧约》显露的希伯来人视女脚为羞体的意识贯通起来思索，我们看到的不正是一种不同民族文化细部的幽通暗合么？

女性不洁与天旱不雨。根据《旧约》所透示的，女性的不贞洁与嫌恶，将对自然界的雨水产生影响，形成干旱与炽风。在《何西阿书》中，

---

①　朱云影：《人类性生活史》，上海文化出版社1989年版，第88页。
②　韦斯特马克：《人类婚姻简史》，商务印书馆1992年版，第138页。
③　宋兆麟：《生育巫术对艺术的点染》，《文博》1990年第4期。
④　黄华节：《闹新房》，《东方杂志》1934年11月第31卷。
⑤　敦煌遗书伯2610号卷《禳女子婚人述秘法》。

何西阿的妻子歌篾是一个不规矩的女人。神于是说："叫她除掉脸上的淫象和脸前的淫态，免得我剥她的衣服，使她赤体"，也免得"干旱之地，因渴而死"（第 2 章）。神还说那些跟了三四个男人的女人极其"不顾羞耻"。她们的"淫行邪恶玷污了全地。因此甘霖停止，春雨不降"（《耶利米书》第 3 章）。而面对整个耶路撒冷男人与女人的荒淫糜烂，神大声疾呼："耶路撒冷啊，你有祸了！你不肯洁净，还要到几时呢？""因为无雨降在地上，地都干裂"。"贵胄打发家僮打水，他们来到水池，见没有水……"（同上，第 14 章）

女子的邪行或不洁会使天降旱不雨，这是许多民族都有的俗信观念。《荀子·大略》中有一首《祷雨辞》，云："政不节与？使民疾与？何以不雨，至斯极也？宫室崇与？妇谒盛与？何以不雨，至斯极也？苞苴行与？谗夫兴与？何以不雨，至斯极也？"意思是天旱可能有政令不宜等多种原因，但其中一条最重要的当是"妇谒盛"，即可能是有姿色的女子在宫中媚惑了君王；天降旱，示警也。这一思想很流行①。

中国上古传说中的旱魃女魃（女妭），亦是一个邪而不检守者②。她生得"秃无发"，明显有生理嫌忌，且癖好"袒身"，又有"目在顶上"之残疾，所以她"所居之处，天不雨"。

按照原始先民的理解，把像女妭这样有邪嫌的女性放在太阳下曝晒或者焚烧，即能结束干旱，获得霖雨。所以我们看到《论衡·明雩》等典籍中都有一些关于曝巫求雨的记载。

---

① 刘向《说苑》卷一《君道》："汤之时大旱七年，雒坼川竭，煎沙烂石，于是使人持三足鼎，祝山川，教之祝曰：'政不节耶？使人疾耶？苞苴行耶？谗夫昌耶？宫室营耶？女谒盛耶？何不雨之极也！'盖言未已而天大雨。"（向宗鲁：《说苑校证》，第 20 页）《春秋公羊传》桓公五年："雩，大雩者何？旱祭也。"何休曰："君亲之南郊以六事谢过自责曰：'政不善与？民失职与？宫室崇与？妇谒盛与？苞苴行与？谗夫倡与？'"

② 洛阳西汉古墓出土有《神虎食魃》图，画中有一女，袒上身，乳下垂，双目紧闭，长发系之于树上。树枝稀疏，叶呈红色，似焦枯状。树上方有一飞鸟掠过，不敢在树上停留。树上另挂一曳地红衣，当为裸女之衣。此女即女魃（洛阳博物馆：《洛阳汉代彩画》，河南美术出版社 1986 年版，第 28—29 页。河南省文物局文物队：《洛阳西汉壁画墓发掘报告》，《考古学报》1964 年第 2 期）。20 世纪 50 年代，甘肃洮泯地区有驱杀旱魃（女魃）仪式：年轻妇女们唱道："红心柳，两张杈，旱魔怕的是娘们家。裤子脱下鞋脱下，不顾羞丑跑一挂（一挂即一趟）。"唱完便大呼小叫跑向山顶，在半山腰脱光衣服，把脸抹黑，到了山顶，点起火堆。这也是模拟女魃的放浪邪行（郗慧民：《西北花儿文学》，兰州大学出版社 1989 年版，第 109—111 页）。

《诗经》中还有一篇《月出》，学者们或认为与求雨有关。辞云："月出皎兮，佼人僚兮，舒窈纠兮，劳心悄兮！月出皓兮，佼人懰兮，舒忧受兮，劳心慅兮！月出照兮，佼人燎兮，舒夭绍兮，劳心惨兮。"高亨先生说：诗语中的"燎"即指焚烧佼人之"尸"。徐仁甫先生《古诗别解》则以为所焚佼人乃是女巫。焚她，我心里痛啊！焚她，我心如刀割啊！焚她，我心欲碎啊！反复喟叹，痛不欲生，反复突出这火烧活人的惨剧及其给作者带来的伤痛。作者极可能是女巫的丈夫或情人。杨树森认为，此乃焚女巫祭月神以求雨，云："诗的主题，应是陈国贵族公开烧死了一位女巫，目的是为了祭祀月神而祈雨。古人认为，月神是雨的主宰，祈雨必由女巫主持祭月。《月出》一诗为我们所描绘的正是一幅月下焚巫、祭月、祈雨的场面。"① 此也属于焚女巫救旱之例。

在国外民俗中，女性的巫一般带有生理的嫌恶，她们也是导致天旱不雨的主要因素。据说整个拉丁语系中的女巫都被附加了这种民俗认识。"她们有超自然的能力"，"常常在夜晚集聚狂欢，并召请魔鬼到场，狂欢怀孕的孩子在生下来8天后烧死，用孩子的骨灰模仿圣教徒的圣餐，她们的恶习足以'拴'住雨水造成旱灾"②。据英国学者玛格丽特·穆礼女士调查，西欧鲁德利耶一位女巫，在被绞死前她自己提出，要把她的尸体烧掉，骨灰撒进水里。否则她的骨灰随风飘扬，将继续产生"干旱"③。弗雷泽也记载，非洲南部的佩迪氏族，哪位妇女流产的血暴露在外边，就会引起炽热的熏风，天也不再降雨。因为当雨水快要接近血水流过的地方时，它也不敢前行，害怕受到玷污。人们要从河里装来清洁的水，冲洗所有沾过血的处所，洗涤以后，这个地区才会有雨水的滋润④。

由这些民俗事象贯通来看，《旧约》把女性的不洁或邪嫌作为天旱不雨的原因，就不是偶然孤立的风俗意识了。

综上，我们可以得出以下认识，《古兰经》《旧约》透示的婚育及女子语义在内涵与表象上都具有广泛的民间经验基础，设喻的方式和设喻所取

① 杨树森：《焚巫·祭月·祈雨》，《吉林大学学报》1994年第1期。
② 米尔希·埃利亚德：《神秘主义·巫术与文化风尚》，光明日报出版社1990年版，第107页。
③ 玛格丽特·穆礼：《女巫与巫术》，漓江出版社1992年版，第117页。
④ 弗雷泽：《金枝》，徐育新译，中国民间文艺出版社1987年版，第314页。

的事物在世界其他民族特别是中国各民族中都可援引到"同类"。这一现象表明，伊斯兰文化、圣经文化在思维的根本路径上和其他文化思维有合辙与吻合的地方。它从一个侧面透示了伊斯兰文化、圣经文化何以能够在世界范围内播化流衍的奥秘，也显示了一个文化传播学的真理：一种文化要想具有为更多民族所接受的生命力，就必须使自己的内涵、表象和思维路径尽可能地遵循人类共同的经验轨辙，植根于许多民族共有的"观念的土壤"之中。

# 第三章　中国文物遗存的人类学解说

人类学的文化考察对文物考古学的帮助是极大的。考古学家戈登·柴尔德曾指出："在完成功能性分类时，考古学家不断从民族学与民俗学求得有益的援助。几乎没有遭到甚至完全没有遭到产业革命影响的社会集团，到很晚近的时期都还存在，一部分直到今天还存在，这样的集团的消费活动尚未机械化，甚至有的还不知道金属，这确实是活生生的化石。有关他们的工具、消费过程、日常生活等方面的知识，给考古学所记录的残缺而有限的干巴巴的片断骨骼，重新添上了肌肤，为复原创造这些文明的人类社会，提供了最有效的手腕。"① 这里柴尔德揭示了人类学资料（包括民族志、民俗遗留）对文物遗存的阐释学意义。所以张光直先生曾撰《考古学与"如何建设具有中国特色的人类学"》一文，专门探究考古学文物遗存与人类学发展的关系。这对我们是一种启示。

## 第一节　良渚"神徽"羽冠与人类学中的"羽饰"

长江下游新石器遗址良渚文化玉器上出现了"羽冠"神巫的形象。这种巫之"羽冠"或"羽饰"是文化人类学中的典型现象，有其跨民族、跨文化的广阔的原始宗教背景。

在良渚文化遗址出土的玉器中，反山 M12：98 号玉琮上的神人兽面图最值得注意。考古学界称之为良渚"神徽"。神人圆目大鼻，头戴宽大的

_____

① 转引自国分直一、徐平《考古学研讨和民族学、民俗学的援用》，《世界民族》1990 年第 3 期。

羽冠，羽翎呈放射状。神人下部刻出一兽头，兽之双眼极度夸张，獠牙伸出口外，并有尖利的钩爪。张光直先生曾认为，神人乃大巫形象，他正骑在他的脚力（虎）身上，迅驰作法，通达于阴阳与天地之间。良渚"神徽"所显现的神巫羽冠形象，又见于其他良渚玉器，如瑶山（M7：26）三叉形器、（M2：1）冠状器，以及反山（M12：100）玉钺、（M15：7）冠状器、（M22：20）玉璜，等等①。

图 3-1　良渚神徽

图 3-2　戴羽冠神人压牌

神巫戴羽或以羽为饰是原始宗教思维及文化人类学领域时常见到的典型现象。杨福泉先生介绍，中甸三坝的纳西人东巴为人料丧时，首先要把头上的法帽（"次巴拿"）来历讲述一番，夸饰其镇魅之力；实际上帽饰极简单，仅有苍鹰的翎羽或雉尾而已。② 据郭淑云同志研究，满族胡姓、赵姓萨满有神谕说："一只母鹰从太阳里飞过，抖了抖羽毛，把火和光装进羽毛里头，然后飞到世上。"③ 因此萨满的神帽、神衣、神裙上都饰有翘立的神鹰及其翅羽，用以擒捉凶煞之"灵"鬼。

在藏族民间，巫师出场多穿黑皮法衣，"戴上黑鸟毛的羽冠，颈上戴着大自在天的人头项珠"④。跳大神之巫，则"顶盔上竖鸡毛（以）……逐鬼"。⑤ 西藏祭司在参加火祭时都使用一种特具灵力的外衣，叫作"垛

① 徐湖平：《东方文明之光》，海南国际新闻出版中心 1996 年版，第 404—405 页。

② 吕大吉、何耀华：《中国原始宗教资料丛编·纳西族卷》，上海人民出版社 1993 年版，第92—96 页。

③ 郭淑云：《满族古文化遗存探考》，《满族研究》1991 年第 3 期。

④ 王沂暖译：《格萨尔王传·卡切玉宗之部》，甘肃人民出版社 1984 年版，第 233 页。

⑤ 陈克纯：《西域遗闻》，《禹贡学会会刊》1936 年。

来"。奥地利学者内贝斯基曾经将它与通古斯人的"羽篷"做比较，他说："通古斯人都穿饰有羽毛的斗篷，戴饰有羽毛的头饰。……这与藏族祭司穿的所谓'垛来'有相似之处。'垛来'是祭司举行火祭仪式或表演宗教舞蹈时穿的外衣。实际上'垛来'是一种插有羽毛的衣服，是一种经过简化改变的萨满教标志。'垛来'的肩部也用羽毛装饰。除了这些相似的地方之外，信仰萨满教的民族都把猫头鹰的羽毛作为斗篷的装饰羽毛，而西藏祭司是把兀鹰这种藏地最大的鸟的羽毛用来装饰'垛来'。兀鹰的羽毛也用来装饰西藏巫师的头盔。"① 内贝斯基看出，"垛来"羽衣和通古斯"羽篷"是相近的，本质上都带有萨满法具的镇魅意义。格勒·安才旦同志在对藏北那曲卓巴民间宗教进行调查时发现，"拉巴"（巫人）在为人治病时胸前挂铜镜，帽子

图 3 – 3　景颇族祭司戴羽

"插上老鹰胸部的白羽毛"，用意是威逼病人身上的邪气，使病好②。

蒙古族《请祖先》祭歌则唱："在内五旗草原啊，有阿塔萨满祖先，有鸢鸟的帽子，有牛羊的'书色'。有烧松枝的烟灶，有牧羊姑娘的母亲，阿塔萨满的祖先，住在遥远的北边。"③ 阿塔萨满请邀祖先的神灵光顾。祭请时巫帽上有鸢鸟羽饰，那是迎引祖灵的鸟灵符号。科尔沁草原还有一首《叫魂曲》云："回来吧，宝贝的灵魂，年迈的'博'（巫人）为你驱走了

① 内贝斯基：《关于对西藏萨满教的几点注释》，谢继胜译，《国外藏学研究译文集》第4辑，西藏人民出版社1988年版。

② 格勒·安才旦：《藏北牧区社会调查报告·那曲卓巴民间宗教》，转引自吕大吉、何耀华《中国各民族原始宗教资料集成·藏族卷》，中国社会科学出版社1999年版，第826页。

③ 吕大吉、何耀华：《中国各民族原始宗教资料集成·蒙古族卷》，中国社会科学出版社1999年版，第717页。

恶魔。白鸢的翅膀是一双，地狱的大门只一个。回来吧，宝贝的灵魂，花衣博为你把一切担着。"① 萨满让迷走的魂灵乘坐他的法器"鸢鸟羽饰"物件回来，别执迷不悟地走向地狱之门。在萨满的想象中，鸢鸟羽饰的物件成了引渡亡魂的活的"白鸢翅膀"。

  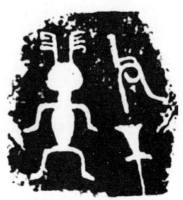

图 3－4　金文"斐"　　图 3－5　金文"美"　　图 3－6　父辛觚铭
字即人头饰羽　　　　字人头饰羽②　　　　　"美"字③

有些戴羽、羽饰大概是图腾因子的遗留。达赉湖是天鹅的聚集处。鄂温克人鹅特巴亚基尔氏族即以"天鹅"为自己氏族的"嘎勒布尔"（根，即图腾）。在他们的婚仪上，参加庆宴的女性披天鹅翅膀形的白布，并以红布折成天鹅羽冠罩于首上。鄂温克萨满则将伸开翅羽的天鹅排在神衣前胸的两边，动势夸张。这样他们在"过阴"途中自然感到胆壮气雄了许多。④

戴羽或羽饰在岩画考古学资料中有其生动的体现。1988 年，新疆呼图壁康家石门子岩画展示在考古工作者面前。岩画中雕刻的人物可以断定是游牧于哈萨克草原的塞种人形象。其中女性人物的特点是身体高大，胸宽

---

① 吕大吉、何耀华：《中国各民族原始宗教资料集成·蒙古族卷》，中国社会科学出版社 1999 年版，第 721 页。

② 唐冶泽：《甲骨文字趣释》，重庆出版社 2002 年版，第 32 页。

③ 严志斌：《商代青铜器铭文分期断代研究》（下），社会科学文献出版社 2014 年版，第 1372 页。

④ 苏日台：《狩猎民族原始艺术》，转引自《中国各民族原始宗教资料集成·鄂温克族卷》，中国社会科学出版社 1999 年版，第 179 页。

（画面以倒三角表示），腰细，臀部肥硕，两腿修长，头"戴插有两根翎羽的尖顶帽"，似笑非笑，面容俊秀①；而图中的男子则多无"翎羽帽"装饰。在裕民县巴尔达库尔山岩画中，则有三个男子形象——顶戴"鸟首翎羽"形饰物（其中有两个并有尾饰）。最上层有五根羽饰的男子正与一女子交媾，女子也有"鸟首翎羽"形饰件。最下方的男子好像媾合于羊犬类动物。

苏北海先生在对伊犁地区岩画做考察中发现，在海拔1450米的特克斯县乔拉克热乡阔克苏村，一块高3.5米的巨石上"凿刻（着）一个插有两根翎羽的圆头形人"，男性，左手握拳，生殖器粗壮下拖，显然与生殖巫术的祈祝对象有关。② 1978年甘肃省博物馆初仕宾等同志对嘉峪关黑山岩画进行了踏察摹记，并编了号。结果表明：S3号，刻一人，叉腰站立，"头上羽毛状饰物"。S4号，两人叉腰立，"头上有羽状饰物"。S18号，一人站立，"头上饰羽毛状物"。S31号，刻两排舞蹈人，"头上有羽毛状饰物"。S34与S31号略同。S81号"刻二排舞者，上排六人，下排二人。一手叉腰，一手挥舞，有的着长裙，有的露双足和头饰羽毛状物"。他如S94号、S46号均有形迹不明晰的羽角状头饰。③

云南沧源崖画中的羽饰现象最突出。在专家分剖的第一点第二区的"巨人"足下，有一人臂上画许多短线，"似表示身着……羽毛之衣"（图3-7）。第七点五区中还有一人头有"竿状物"，两边分披短线条，所以很"可能表示头饰羽毛"（图3-8）。类似此"竿羽头饰"者，又见于第五点崖画画面人物。在崖画第三

图3-7　沧源岩画第一点二区

---

① 周菁葆：《丝绸之路岩画艺术》，新疆人民出版社1993年版，第150页。

② 苏北海：《新疆伊犁地区岩画中的生殖崇拜及猎牧文化》，转引自周菁葆《丝绸之路岩画艺术》，新疆人民出版社1993年版。

③ 甘肃博物馆：《甘肃嘉峪关黑山古代岩画》"附表"，转引自周菁葆《丝绸之路岩画艺术》，新疆人民出版社1993年版。

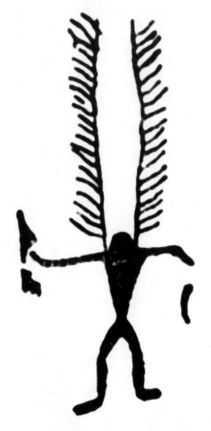

**图 3－8　云南沧源岩画第七点五区**

点的中部，有一人着宽大肥阔的羽衣（因衣边布满短线条），正两腿交叉作展衣而舞状。这些对我们了解滇缅区域古代少数民族的羽饰风貌是不可多得的。[①]据李祥石同志说，宁夏贺兰山岩画中有特别引人注目的"人面像"。它是"祖灵"符号，是祈拜者祷诵的焦点。在这些"人面像"上，"有的插羽毛"，"有的头上有角状和羽毛装饰"；而且"有的人面像上（是）以写实的手法刻出插羽毛"的，故显出有些刻板。[②] 在广西左江岩画群中，羽饰是人像外部的主要细节。考古工作者分析为三个类型。一是头插羽毛，以正面人像为多，一般头顶画一根或两根鸟羽，均较粗大。二是头戴羽冠，冠顶二三根羽毛不等。三是身缀羽毛。左江岩画中仅宁明花山"区块"见到数例。[③]

据陈兆复先生的探索，国外岩画中的"羽饰"母题习以为常。在他取名为"S形舞蹈人物"的印度皮摩特卡岩画中，人物作两排，上排第三人明显作"鸟首羽翎"头饰；下排右侧人头上划"短线条"，也似"羽饰"，可惜残断不清了。在被称为"家居生活"的印度博帕尔地区卡托兹阿岩画里，也有两幅夫妇媾会图中的女子作鸟羽头饰[④]。

在美国犹他州崖画上，巫师的身躯夸大地刻得很长，胸前有"圆形巫

---

① 云南省历史研究所调查组：《云南沧源崖画》，转引自周菁葆《丝绸之路岩画艺术》，新疆人民出版社 1993 年版。

② 李祥石：《宁夏贺兰山岩画》，转引自周菁葆《丝绸之路岩画艺术》，新疆人民出版社 1993 年版。

③ 王克荣：《广西左江岩画》，文物出版社 1988 年版，第 191 页。

④ 陈兆复：《原始艺术史》，上海人民出版社 1998 年版，第 380—381 页。

符"，左手掐一条蛇，头顶两条"翎羽
饰"，羽毛左右分披的形状都清清楚楚。夏
威夷岩画巫人，两臂作"⌒"形，头上独
竖一根"竿羽"，很像云南沧源岩画中的
"竿羽头饰"人物。在密克罗尼西亚，岩画
上的巫师戴羽冠，以线条刻出，羽冠分作
八块；头下身体特细，无腿脚部分。另外，
像北美海岸岩画中的"竖角发"型"人面
像"，美国西南岩画中的"羊"形人；都或
多或少地与"羽冠头饰"有关①。

　　域外风俗中的戴羽或羽饰也毫无疑问
地带有巫灵文化的互渗意义。人类学家鲁
蒙霍尔茨发现，回乔尔族印第安人选择猛
禽的羽毛缠绕在他们的箭上。在他们的观
念中，"羽毛赋有完全特殊的神秘属性。
'鸟，特别是鹰……能听见一切。它们的羽
毛也赋有这种能力。据印第安人说，它们
的羽毛也能听见，也赋有神秘能力。在回
乔尔人的眼中，羽毛是健康、生命和幸福
的象征。巫师们靠羽毛的帮助，能听见从
地下，从世界各地向他们说的一切话，他
们借助羽毛来完成巫术的功绩……一切种
类的羽毛都是宗教仪式用品的很合理想的
装饰品；因而回乔尔人经常缺少羽毛'"②。

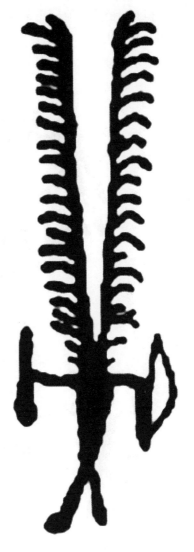

图 3 - 9　沧源岩画第七点四区

列维·布留尔也说："装束方面的情形也与
食物一样：在这里，神秘因素起重要作用，而在某些场合，神秘因素又压
倒了功利因素。许多'野蛮'部族在开始与白种人接触以前根本没有衣

---

① 周菁葆：《丝绸之路岩画艺术》，新疆人民出版社 1993 年版，第 690—691 页插图。
② 列维·布留尔：《原始思维》，丁由译，商务印书馆 1981 年版，第 118 页。

服。但是没有发现有哪个部族完全没有装饰：羽毛、珠串、文身……这些
装饰在最初大抵不只是装饰。它们具有神秘的性质，并且赋有巫术的力
量。鹰羽使插戴它的人赋有鹰的力量、敏锐的视力、智慧，等等。"①

图 3 - 10　沧源岩画第三点局部

图 3 - 11　沧源岩画第六点三区

列维－斯特劳斯在他的著作中提到过新墨西哥州祖尼人的羽毛巫术。
一个施术者声称他所做的一些特异的事，都"是由于那些有魔力的羽毛所
致，这些羽毛使他和他的亲属变成非人的形体。（人们）便要求他出示羽

① 列维·布留尔：《原始思维》，丁由译，商务印书馆 1981 年版，第 289 页。

毛，以资佐证，他找出种种托词，但都被一一驳回，他最终不得不将审判者们带到自己家中。他说隐藏羽毛的那堵墙他无法摧毁。人们责令他拆墙，等砸下一部分墙面并仔细地对灰泥进行一番检查后，他想用记性不好来开脱：这些羽毛藏于两年之前，确切的隐藏地点他已经忘了。人们强迫他继续搜寻，于是他便开始砸另外一堵墙的墙面。又干了一小时之后，泥灰中露出一片陈旧的羽毛。他急切地抓起羽毛，把它作为他所说的施巫术的工具交给那些纠缠不休的人们"[①]。

图 3 – 12　沧源岩画第一点二区

　　在北美洲曼丹人那里，最受崇敬的东西是各个部族帐篷内放着的装有三四加仑水的皮囊。皮囊像大乌龟，但却"一束鹰羽粘在后面当尾巴"。这就表明皮囊可以飞往四方不断补充来自东南西北的水。巫医一本正经地告诉人们"从开天辟地之时起这些水就装在这里了"[②]。囊中水可拯救衰危的族人。不用说，其间"鹰羽"的巫术意味也是非常特殊的。在加拿大西北部，猎大角鹿的猎人把自己头发涂成红色，"并用鹰羽装饰"。人类学家或以为这样做的"目的是要讨好猎物"，但在我们想来，"鹰羽"讨好"大角

---

①　列维 – 斯特劳斯：《结构人类学》，文化艺术出版社 1989 年版，第 7 页。
②　列维·布留尔：《原始思维》，丁由译，商务印书馆 1981 年版，第 207 页。

鹿"，风马牛不相及，这里还是潜藏着猎人的巫术感促的擒获用意①。

图 3 - 13　西林出土的铜鼓上羽人②

图 3 - 14　贵县罗泊湾出土的铜鼓上羽人③

　　澳洲好几个地区的土人，尤其是麦累河（Murray）下游的妇女，多把鼻膈打通，然后插入一根雕的羽毛作为"鼻穿"（Howitt Brough Symth，Vol. I，p. 278）。这样，他们就以为自己有了神异的巫人化的嗅觉，能够随时察知接近于自己的对己有灾患的灵魅，而不致突然死亡。

　　在沟通鬼神的意义上，域外民间的羽饰或执羽也与中国相同。据埃尔描

---

①　列维·布留尔：《原始思维》，丁由译，商务印书馆 1981 年版，第 224 页。
②　张道一：《中国图案大系》（二），山东美术出版社 1993 年版，第 375 页。
③　同上书，第 353 页。

图 3 - 15　晋宁石寨山出土铜鼓上羽人①

述，在摩轮特，祭祀神偶的人都把自己的脸给涂了（这是让鬼灵不认识自己），头上戴上白鹦鹉羽毛，手中拿"一束与头上相似的羽毛"。被祭的神偶像是野草芦苇袋鼠皮加工成的。"一根细长的棒束着一大丛羽毛。伸出上端的代表头部。两边有两根束着红色羽毛的棒，代表两手。"② 很明白，神偶只是一具空壳，祭祀时神灵降附凭依，参祭舞者头上手中以及偶像本身扎粘的羽毛都是招引"巫灵"下临的。又澳洲土人每每接祭可怕的神——魅帝（mindi）。接祭时也提供一个树木雕粘的偶像。男子妇女人各一只小木杖（"杖上装着一束羽毛"），排成单列舞拜偶像。"舞杖束羽毛"，用意和上面近似。

　　从上面的叙述看，戴羽、执羽、"羽饰"是一个跨国度意义的在世界各个民族中都盛行过甚至有些地方至今亦未衰退的人类学现象。它是重要的，也是复杂的。就其内涵而言，至少具有引神接灵（巫灵使者）、魇胜辟邪、巫灵符号、互渗感发、图腾信仰等等类型。良渚神巫的戴羽大体与导接神灵、降灵凭依以及感召促发的巫术企图有关系，它是一个神巫法力的象征代码。从宗教人类学的视角看，有其深广的背景和典型意义。

---

① 张道一：《中国图案大系》（二），山东美术出版社 1993 年版，第 358 页。
② 格罗塞：《艺术的起源》，商务印书馆 1987 年版，第 169 页。

## 第二节　殷墟文化中的鸮鸟辟邪观念

1976 年，河南安阳殷墟妇好墓出土玉器6件，包括圆雕4件，浮雕2

**图 3 - 16　古希腊银币两面——雅典娜与其圣鸟鸮①**

**图 3 - 17　古希腊铜币两面——雅典娜与对鸮②**

**图 3 - 18　古希腊银币两面——雅典娜与鸮立陶罐③**

---

① 李铁生：《古希腊币》，北京出版集团 2013 年版，第 64 页。
② 同上书，第 65 页。
③ 同上书，第 66 页。

图 3 - 19　古埃及银币两面——雅典娜与鸮（公元前 380—前 360 年）①

图 3 - 20　妇好墓铜鸮尊

件。其中 507 号高 5.7 厘米，呈深褐色，造型作"鸮蹲"形。鸮之双腿粗壮，尾着地，两耳相连，有小孔，显然是佩戴品。472 号高 10.6 厘米，是墨绿玉浮雕。鸮的形态钩喙圆眼，头有冠毛，颈饰鳞纹，线形流利。有穿孔，也为挂饰物。与此相类，墓中有一件高 25.6 厘米、宽达 8 厘米的黑色石磬，双面单线刻画站立状的鸥鸮，长尾内卷，五爪劲健。顶端有穿径 1 厘米的圆孔，供奏击时悬系。同墓中又出土有青铜鸮尊多件。第 784 号鸮尊高 45.9 厘米，重

图 3 - 21　妇好墓玉鸮

①　李铁生：《古希腊币》，北京出版集团 2013 年版，第 131 页。

图 3 - 23　殷墟鸮纹 1①

图 3 - 22　妇好墓鸮磬

图 3 - 24　殷墟玉鸮②

16.7 公斤，尊口内壁有铭文"妇好"二字。形象上鸮目圆瞪，双耳耸竖，鸮翅纹饰极其细致。特别值得注意的是，鸮尊的尾部又铸一鸮面，这就打破了"鸮形器"模拟蹲鸮的写实性风格，带有符号标示的味道了。

　　"鸮形器"中又有鸮虎组合的特别纹饰。司母辛铜四足觥（803 号）、妇好铜圈足觥（802 号）均属此类型。器形总体上似虎，觥之流为虎头虎口，但觥的把部又显出鸮面、鸮目、鸮翅与鸮之足爪，构思巧妙。赵铨先生在谈到此类造型时曾俏皮地说："全然像虎，而身体则与鸱鸮相同，有着一双翅膀，真可谓'如虎添翼'了。"③

---

①　王晓强：《中国记忆 5000 年：占玉里隐藏的秘密》，岭南美术出版社 2010 年版，第 85 页。
②　同上书，第 80 页。
③　中国社会科学院考古研究所：《殷墟玉器》，文物出版社 1982 年版，第 21 页。

图 3 - 25　殷墟鸮纹 2 - 4[1]

　　殷墟妇好墓"鸮形器"不是孤立的[2]，其他殷文化遗迹中也有类似的发现。1980 年河南罗山李村出土鸮形卣，高 21 厘米。卣盖边沿伸出鸮鸟的钩喙，卣的腹部展开鸮的两翼，鸮翼以逆时针的涡漩纹构成。河南温县小南张出土过殷鸮纹铜罍，腹部正中铸鸮面，突出渲染圆鼓的鸮目，其他皆虚化。殷代石雕中也有蹲鸱形象，双爪圆柱形，耸耳呈"丫"状，鸮喙部夸张，正面看去像吐着大舌头。这些都是殷人以鸮鸟为辟邪物的物态化显现。

　　其实，殷人鸮鸟辟邪的观念很早就开始积淀了。内蒙古巴林右旗红山文化遗址出土有黄玉鸮形器，鸮垂首蹲伏，作振羽欲飞状（现藏巴林右旗文物馆）。山东日照两城镇所出土的龙山文化玉圭纹饰，考古学界称为兽

----

　　①　王晓强：《中国记忆 5000 年：古玉里隐藏的秘密》，岭南美术出版社 2010 年版，第 288 页。

　　②　学者们考论："妇好之名，在武丁时期甲骨文中有较多的记载，多达 240—250 条。郭沫若同志指出：'帚乃妇省，妇好乃武丁之妇，名常见，每有从事征战之事。'妇好是武丁的配偶，生前曾参与国家大事，从事征战。墓内出土两件铸有'妇好'铭文的大铜钺，斧钺主要用于治军，看来妇好拥有相当大的军事统率权。她带兵攻过西部的羌方，打过北部的土方，征过西南的巴方，伐过东部的夷方，武丁时的名将……侯告等均在其麾下。甲骨文中记有'辛巳卜，贞，登妇好三千，登旅万，乎伐羌'。一次伐羌用兵达 13000 人，可见战争规模之大。在商代，祭祀是重要的政治活动，往往是商王本人亲自主持的。有的商王也命令他的亲信、重臣代为主祭。妇好就曾代武丁主持过一系列的多种祭祀。《左传》云：'国之大事，在祀与戎。'妇好既领兵打仗，又主持祭祀，可见其地位重要，声势显赫。"（河南省文物研究所：《河南考古四十年 1952—1992》，河南人民出版社 1994 年版，第 211 页）从妇好这身份及由她主持国祭看，这其间用器自然是"圣重"的，非一般的。

面纹（现藏台北"故宫"博物院）。王昆吾先生提出，兽面上的兽目实际上是"鸱目"[①]，我很同意他的观点。陕西华县太平庄出土仰韶文化庙底

图3-26 仰韶文化陶鸮鼎，陕西省华县太平庄出土

图3-27 商代铜鸮尊纹饰

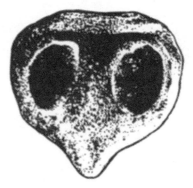

图3-28 庙底沟陶鸮[②]

---

① 王昆吾：《中国早期艺术与宗教》，东方出版中心1988年版，第44页。
② 张道一：《中国图案大系》（一），山东美术出版社1993年版，第54页。

沟类型的彩陶鼎，鼎作肥壮的大鸟，吴山先生名之为"陶鸮鼎"，甚为准确。由此可见，殷人鸮鸟辟邪的巫术意识极其悠远，新石器时代文化中已有所表现。这与古希腊、西亚神话颇近似。古希腊女神雅典娜肩膀上就常有一只鸮。古希腊、古埃及货币即用此图（见图3－16至3－19），当然为吉福之物①。西周以后，鸮不再是辟邪物，它转化为凶鸟、恶鸟或不祥之鸟。这在《诗经》中已有明确反映。② 汉魏后，人们的忌鸮心理越来越深重，且在民间沉积，至今未见根除。

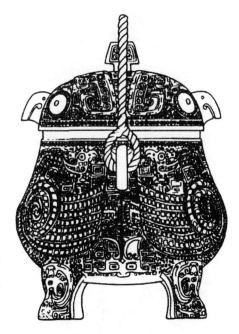

图3－29　安阳大司空南539号墓铜鸮卣

①　在西方文明起源观念中，雅典娜代表美。柏拉图说："所有的东西不一定都必须用黄金装点成，用黄金装饰的不一定都是美的……菲迪亚斯的圣灵雅典娜巨像所用的便不都是黄金——她毫无疑问是美的。"（柏拉图：《柏拉图的精神哲学》，唐译编译，吉林出版集团有限责任公司2013年版，第225页）

②　叶舒宪先生说："孙新周发表《鸱鸮崇拜与华夏历史文明》一文，以更加激进的方式要求恢复猫头鹰作为商代图腾的地位，提出所谓生商的'玄鸟'就是鸱鸮即猫头鹰。并且认为鸱枭地位的降低和最后被丑化是由于周人对前代的敌对者圣物采取亵渎和侮辱态度。马银琴就孙新周文提出补充论证，并大胆用人类学的图腾圣餐理论，解释汉代文献所记端午用枭羹的习俗，认为那是殷商民族的鸱鸮与太阳图腾圣餐礼之遗留形态。并附和孙氏的周人打压殷商的鸱鸮崇拜，导致其形象彻底转变为负面的。""从妇好墓出土的精美绝伦的青铜器鸮尊，而且同样是成对出土的情况来判断，鸱鸮显然……应为商朝最尊崇的图腾偶像"（叶舒宪：《中华文明探源的神话学研究》，社会科学文献出版社2015年版，第511、515页）。王昆吾也说："自西周以后，鸱鸮的地位不断下降，其形象不再见于祭祀重器；在文献中，它也不得不改变形象以三足鸟的面目出现，并被看作恶的象征。这些情况，进一步证明鸱鸮是具有强烈的民族性的宗教符号，其地位的升降，乃反映了商、周两民族的图腾观念的嬗替。"（王昆吾：《中国早期艺术与宗教》，东方出版中心1998年版，第46页）王晓强说"猫头鹰的形象，就是《诗经·商颂·玄鸟》中所及的'天命玄鸟，降而生商'的'玄鸟'，这'玄鸟'，就是当时殷人心中的凤凰……商代后期一些凤鸟的形象里，显然在猫头鹰钩喙、角、耳、钩爪、顶生毛的特征下，同构进了孔雀，但造型者对其源头上崇敬的保留，却不曾疏忽"（王晓强：《中国记忆5000年：古玉里隐藏的秘密》，岭南美术出版社2010年版，第288页）。这些认识都是很有道理的。

## 第三节　巫术交感与魇制：战国前考古学图像的典型特征

在战国前的考古学文化谱系及类型中，存在着大量的图像或纹饰造型。这些图像的特点在于，它们不仅仅是艺术的装点符号，而往往是巫术交感的特别媒介，或是具有宗教魇制功能的某种形式。具体表现为：青铜器及玉器的食人图像、刺兵的巫符现象、捕鱼用途的彩陶纹、狩猎图像，等等。这是各民族早期艺术发生学的生动写照及典型规律。从这个角度，我们看到了艺术与原始巫术宗教浑然一体的深刻联系。

（一）青铜器及玉器中的食人图像

图 3 - 30　虎食人卣[①]

魇制图像最典型的是商代"虎食人卣"，原出土湖南安化县。卣铸成猛虎踞坐形，有提梁，虎口张开，两虎后爪与尾构成鼎足，虎前肢抓抱一人，欲吞之。从被吞者腿至臀部有蛇纹看，乃一文身部落男子（图 3 - 30）。现藏于日本住友氏家屋博物馆（有学者说，"虎食人卣"，出有两件，另一件铸形类同于湖南安化所出卣，现藏巴黎赛努施基博物馆）。1986 年三星堆祭祀坑所出的铜尊上，也有虎衔人纹样。[②]司母辛大鼎的耳部有两虎共食人头的表现，被食之人的头顶竖冠状饰，显然为贵族身份。浑源李峪村出土过鸟兽龙纹壶，壶上有虎食人的浮雕，虎咬住人的腰部，人为裸体。又据《支那古玉图录》所收虎食人头纹玉刀，也以线刻的

① 谢崇安：《商周艺术》，巴蜀书社 1997 年版，第 313 页。
② 梁白泉：《国宝大观》，上海文化出版社 1990 年版，第 242 页。

形式表现了一幅猛虎欲吞人头的图形。1976年安阳小屯妇好墓出土青铜钺肩下部，在长方形的图案中铸双虎侧身相向而立，皆张开大口，两个虎吻之间铸人首（图3-31）①。1957年阜南月儿河出土龙虎尊，尊腹部铸一只一首双身的虎，虎口下一裸人，呈被吞食状（图3-32）。

图3-31　妇好墓出土的青铜钺肩下部图案

　　龙食人的魇制图像也是值得注意的。②何新先生发现过一个商周时期的猛龙噬人玉佩。他提供的图片不清楚，但有这样的描述："一条巨龙正绞缠着一个挣扎的人，以双足扼抱其胸腹，作绞缠和吞噬之状。"③

图3-32　阜南月儿河出土的龙虎尊④

---

① 朱凤瀚：《古代中国青铜器》，南开大学出版社1995年版，第450页。

② 殷周前巫术思维是很特别的。一方面人们要借一些凶怪之物作为压制仇敌的工具或助手，搞"借刀杀人"的把戏；另一方面又要对凶猛之物实施魇制与压服，使其不得以患害。何新先生在谈到"龍"字何以头上有"辛"时说："《说文》：'辛，辠也。'郭沫若说：'辛字是剞劂之象形文。'……'辛'置龙头上，象征刑杀，很可能是古文字中一种具有巫术意义的镇伏记号，用以施诸那种凶悍不祥之物，盖取厌胜之义耳。……古文字中，除龙外，还有一些猛兽头上亦有'辛'字。如野猪……朱芳圃释作'豙'。（《殷周文字释丛》）《说文》：'豙，豕怒毛竖。一曰残义也，从豕辛。'对此字的说解颇为含糊。但我们可以约略地推度出，在怒豕（野猪）头上加辛，的确涵有残义——即刑杀镇伏之义。"（何新：《龙：神话与真相》，时事出版社2002年版，第20页）

③ 何新：《龙：神话与真相》，时事出版社2002年版，第23页。

④ 张光直：《中国青铜时代》，生活·读书·新知三联书店1999年版，第432页。

据马承源先生介绍，美国华盛顿弗利尔美术陈列馆藏有一件中国商代的卷角兽觥，觥足有一人面蛇身的怪物。此怪物的头被觥体后部铸的龙头獠牙紧紧咬住。三门峡上岭村虢国墓地 1705 号墓出土一西周晚期车軎。軎的顶端为龙形，龙口的正面及左右两侧均衔咬着一个人头。上海博物馆也藏有一件龙形车軎，龙口作噬人头状。

再者就是饕餮食人的图像。《吕氏春秋·先识览》称，"周鼎著饕餮，有首无身，食人未咽"。有学者称，殷墟石雕上的兽首人身刻纹即"食人未咽"的具体表现（图 3 - 33）[1]。被食未咽之人呈蹲踞状，裸身赤足，首肩已入怪首口腹之中。[2]

谢崇安先生曾用古之"报祭"解释兽虎食人形象，他说："青铜礼器中占显著位置的兽面纹，作为时人其祖神的象征凭借，每每要在不同的祭祀场合，象征性接受人、畜牺牲的报祭，这就是所谓的'食人未咽'……就是时人回报祖先或神灵的恩赐。……商代的虎食人卣诸器中怪兽食人形象，实际

---

① 谢崇安：《商周艺术》，巴蜀书社 1997 年版，第 309 页。

② 袁珂《山海经校注》卷 10 "大荒南经·宋山枫木"云："关于蚩尤被杀神话，已见《大荒东经》'应龙'节注：盖传说非一，此其一也。《路史后纪·四·蚩尤传》于记蚩尤被杀之后，复说云：'后代圣人著其像于尊彝，以为贪戒。'其说当有所本。罗苹注云：'蚩尤天符之神，状类不常，三代彝器，多著蚩尤之像，为贪虐者之戒。其状率为兽形，傅以肉翅。'〔吴任臣《山海经广注（大荒北经)》引《博古图》略同此说。〕揆其所说，殆饕餮也。《左传》文公十八年云：'缙云氏有不才子，贪于饮食，冒于货贿，侵欲崇侈，不可盈厌；聚敛积实，不知纪极；不分孤寡，不恤穷匮；天下之民，以比三凶，谓之饕餮。'《史记·五帝本纪》集解引贾逵曰：'缙云氏，姜姓也，炎帝之苗裔，当黄帝时任缙云之官也。'而蚩尤姜姓，亦炎帝之苗裔，故说蚩尤即是此缙云氏之'不才子'饕餮，乃大有可能也。《吕氏春秋先识篇》云：'周鼎著饕餮，有首无身，食人未咽，害及己身，以言报更也。'然殷周鼎彝所著饕餮图形，实非'无身'也，其全部之身已图案化而为首矣，细视之则尾足俱在，其背且傅有肉翅，正《路史》注所说蚩尤形象也。《吕览》所云，殊未省察，不足信也。然谓是'饕餮'则无可疑。《北次二经》云：'钩吾之山，有兽焉，其状〔如〕羊身而人面，其目在腋下，虎齿人爪，其音如婴儿，名曰狍鸮，是食人。'郭璞注云：'为物贪婪，食人未尽，还害其身，像在夏鼎，《左传》所谓饕餮也。'图赞大体与注相同，惟于'食人未尽'下作'还自龈割'，则尤形象生动而达意。郭注狍鸮即饕餮，当有古说凭依，非臆说也。而狍鸮为物，固'羊身、虎齿、人爪'，非如《吕览》所说'有首无身'者。郭注多取《吕览》之说，独弃'有首无身'一语，更证以今殷周鼎彝饕餮图形，以知《吕览》此说盖妄也。《大戴礼·用兵篇》云：'蚩尤，庶人之贪者也。'与狍鸮、饕餮之贪婪，义固相应，故古以蚩尤比于狍鸮、饕餮之兽而著于鼎彝，非无因也。《神异经西南荒经》云：'西南方有人焉，身多毛，头上戴豕。贪如狼恶，好自积财，而不食人谷（《史记五帝本纪》正义引此经作'积财而不用，善夺人谷米'，于义为长）。强者夺老弱者，畏群而击单，名曰饕餮。《春秋》言饕餮者，缙云氏之不才子也。'是又后世本诸《吕氏春秋》而于饕餮加以神话化之状写者也。果蚩尤即饕餮之说可以成立，则前代统治者于蚩尤之嫉恶诋毁，亦已甚矣。"（《山海经校注》，上海古籍出版社 1980 年版，第 374—375 页）

图 3 - 33　殷墟石雕兽食人纹

上是对报祭祀仪的忠实记录。……商周艺术的报祭形式的起源，我们甚至还可追溯到六千至七千年前的……仰韶文化彩陶中的人面衔鱼纹，人面即可代表神灵，人面衔鱼加上张网的图案，也是表现时人贿神祈福的用意。漫长的岁月过去，环境与社会背景的变迁，使得人面变异成了怪兽，动物牺牲变成了人牲。"[1]　谢先生把被衔之鱼及被食之人视为牲体，把衔鱼的人面解为受牲的祖灵神，这都说得通；然随之逻辑连带的，说食人的虎及吞人未咽的兽面纹代表接受祭牲的祖先神灵，就稍嫌挂碍了。我们认为，若将虎之噬人、"饕餮吞人未咽纹"解为巫术意识中惯常的借凶悍之物以压镇仇侮更为妥帖些，此种方式原有其跨区域、跨文明源以及跨民族的广泛背景。

　　三代玉器中有不少魇镇形象。美国弗利尔博物馆藏有一件殷商时期的玉刀，有三孔，学界又称之为"玉笏形器"。刀刃的一边刻有两个侧面的人头，戴船形帽，有耳环饰，后有独角猛兽（有学者称"犀牛"）欲咬噬人头。[2]

　　故宫博物院藏的那件人所熟悉的"鹰攫人首"玉佩饰，则刻鹰居上，两翅展开，两个利爪各抓一个人头。有学者讲，"人头应是被鸷鹰征服的对象"[3]。表象的示义盖如此，然内在的涵具当是借凶禽魇镇于"人"，"人"是巫术意念企图制服但可能尚未得以制伏的对象，这里潜伏着一种

① 谢崇安：《商周艺术》，巴蜀书社 1997 年版，第 55—57 页。
② 臧振：《中国古玉文化》，中国书店 2001 年版，第 58 页。
③ 同上书，第 143 页。

伸向现实生存状态，并准备影响现实状态的张力。最值得研究的是妇好墓
出土的那件"插尾"玉人器。其人跪坐，后腰臀间似被插入"硬器"（图
3-34）①。学界多将跪着的人释为"仆役"，然从其服饰冠饰之华贵雍容
看，不似下等的奴役之仆。其后背被"插"、做成"拿柄"状，是否具有
受虐于墓主神圣之灵的巫术意义呢？尚待考索。在甘肃灵台白草坡西周贵
族墓地（M1：99）曾出土一件玉人像，高 7.9cm②。像本置于墓主人腰坑
部位。玉人戴高冠，四肢雕刻成被捆缚状（图 3-35）③。此人身份当如墓
主人一样为贵族，然被捆绑置于身下，正应民间俗谈所谓："我死了拿你
垫背"之语。此似是墓主人至死仍不放过之人的巫术魇镇法。臧振先生
说："玉人出自腰坑口部……其功能应不同于一般俑人，似是献祭于神灵
的牺牲；若系墓主生前佩带，也应具有某种巫术含义。"④ 此分析是对的。

图 3-34　妇好墓出土的插尾玉人器

---

① 臧振：《中国古玉文化》，中国书店 2001 年版，第 147 页。

② 同上书，第 155 页。

③ 1974 年陕西户县宋村出土捆缚人纹辖首轴头。张道一：《中国图案大系》（二），山东美
术出版社 1993 年版，第 27 页。

④ 臧振：《中国古玉文化》，中国书店 2001 年版，第 155 页。

图 3 - 35　陕西户县宋村
出土的捆缚人纹辖首轴头

图 3 - 36　三连环鸟首玉人像

　　20 世纪 70 年代后期，考古工作者在陕西神木石峁遗址龙山文化遗址试掘，发现玉雕人头像一件。人面钩鼻大眼，双面平雕；然在其面颊部透钻一圆孔，形制特别。我们考虑，这个被穿颊贯串的人像，有利用巫术"残损"从而魇制某种对象的可能。[1]

　　沈从文先生收集的殷代墓葬所出玉人像中有一枚，一女子侧面蹲坐，其上探下一龙首，龙首叼衔一人，形体较小，恰与女子背靠背。[2] 沈先生在研究此类形象时，用了"具惩罚性的人形"一语[3]，说在了点子上。商代的三连环鸟首玉人像更特别。玉人面像似鸟，有弯曲的长喙，蹲立在那里。头上有长羽冠，但从他的后脑部套了"锁链"。这也是一个被"锁控"的"怪人"，巫术用意深隐曲晦（图 3 - 36）[4]。

　　《史记·殷本纪》载，"帝武乙无道，为偶人，谓之天神，与之搏，令

①　臧振：《中国古玉文化》，中国书店 2001 年版，第 194 页。
②　沈从文：《中国古代服饰研究》，香港商务印书馆 1981 年版，第 39 页。
③　同上书，第 9 页。
④　刘炜：《神权变革一千年》，上海辞书出版社 2001 年版，第 77 页。

人为行。天神不胜，以僇辱之。为革囊盛血，仰而射之，命曰射天。"［正义］云："偶，对也。以土木为人，对象于人形也。"① 《艺文类聚》卷五十九《武部·战伐》目引《太公金匮》云："武王伐殷，丁侯不朝。尚父乃画丁侯射之。丁侯病。遣使请臣。尚父乃以甲乙日拔其头箭，丙丁日拔目箭，戊己日拔腹箭，庚辛日拔股箭，壬癸日拔足箭。丁侯病乃愈。四夷闻乃惧。越裳氏献白雉。"② 又《吕氏春秋·过理篇》记"宋王筑为'蘖帝'（台），鸱夷血，高悬之，射著甲胄，从下，血坠流地。左右皆贺曰：'王之贤过汤、武矣……'宋王大悦，饮酒。室中有呼万岁者……"陈奇猷释之云："盖宋王（即史称为宋康王者）以木蘖作为天帝之形，以鸱夷（大皮囊）悬血以射之……窃疑宋王盖视天帝为蘖，意在骄功以胜之，故筑高台悬血囊射之，因名为'蘖帝'欤？'鸱夷血'犹云囊血。"③ 据《战国策·燕策二》，宋康王又曾按秦王面孔刻一木人，闲时以箭"射其面"④。又制成与之为敌的多位诸侯像，放在厕所里，每于出恭时"展（扭折）其臂，弹其鼻"。⑤

又周灵王时，诸侯不来朝觐。臣苌弘画了个"狸首"为箭靶，令参加

---

① 司马迁：《史记》，台湾"中研院"汉籍文献库本，第104页。

② 欧阳询：《艺文类聚》，台湾"中研院"汉籍文献库本，第1063页。

③ 陈奇猷：《吕氏春秋校释》，学林出版社1995年版，第1567页。关于这段，高诱注云："言康王筑为台，革囊之大者为鸱夷，盛血于台上，高悬之以像天，著甲胄，自下射之，血流堕地，与之名，言中天神下其血也。"杨宽先生说："这个解释有很大的错误。当时射的是作为敌国君主的木人或铸像，所谓'著甲胄'，是指作为敌国君主的木人或铸像著着甲胄。所谓'鸱夷血'，就是用大皮囊盛着血。《史记·宋世家》说：'盛血以韦囊，悬而射之，命曰射天。'所说'盛血以韦囊'就是《吕氏春秋》所谓'鸱夷血'。盛血的皮囊是挂在著有甲胄的敌国君主的人像上，因此射中皮囊，血就下流，象征着射死了敌国君主，因而宋王左右观看的人都欢呼：'王之贤过汤、武矣，'室中、堂上、堂下的观众都高呼万岁了，甚至门外庭中也呼应了。这就是咒诅敌国君主的巫术的精彩表演。"（杨宽：《秦"诅楚文"所表演的"诅"的巫术》，《文学遗产》1995年第5期）

④ 刘向《战国策》"秦召燕王"条："秦欲攻安邑，恐齐救之，则以宋委于齐，曰：'宋王无道，为木人以写寡人，射其面，寡人地绝兵远，不能攻也，王苟能破宋有之，寡人如自得之。'"（刘向：《战国策》，上海古籍出版社1985年版，第1080页）

⑤ 刘向《战国策》"客谓燕王"条："（客）谓齐王曰：'齐南破楚，西屈秦，用韩、魏之兵，燕、赵之众，犹鞭策也。臣闻当世之举王，必诛暴正乱，举无道，攻不义。今宋王射天笞地，铸诸侯之象，使侍屏匽，展其臂，弹其鼻，此天下之无道不义，而王不伐，王名终不成。且夫宋，中国膏腴之地，邻民之所处也。与其得百里于燕，不如得十里于宋。伐之，名则义，实则利，王何为弗为？'"（刘向：《战国策》，上海古籍出版社1995年版，第1113页）

射礼的人众矢射之。狸，古音读"埋"，"埋"即"不来"二字的促读之音。以箭射"狸首"即以巫术手段影指众人射的是那些"不来"的诸侯；和尚父射丁侯画像实为同技。后之射仪中还有咒词云："不宁侯，不属于王所，故抗而射女（汝）。"①射时诅咒不来王所的谓"不安分的诸侯"（不宁侯）。古今有学者认为，此咒歌乃《狸首》逸诗之片断，或即是也。这些偶像辱弄或靶射的现象，与上述青铜中以图像、图案及符号寄托巫术魇制功能，在本源上实乃一脉相承。

（二）巫兵现象

战国乃至秦汉前的兵器制作中也有浓重的巫术魇镇风气。这已为许多考古学发现所证明。陕西扶风齐镇西周贵族墓中出短剑（同墓中出丕旹方鼎），为穆王、共王时期物，现藏故宫博物院。剑身基部铸一人头形。河南浚县也出一剑，长 25.2cm，剑身也有人面像。甘肃白草坡西周墓出过铜戈，銎部铸人头。虢国墓地所出西周"元"戈，戈身浮雕一人头，隆鼻大眼，似非中原人。江苏仪征破口山、湖南长沙金井也出土有人面纹短剑。钟少异先生曾指出，殷周青铜兵器上的人头像多为"异族人的头像，大概象征着馘首之意，体现了古人对敌族的鄙视和必折其首的心念"。②钟先生所说的"心念"，其实并非"不斩楼兰终不还"的豪情壮志，而是魇制敌手的巫术之念。

云南江川李家山出土一战国时期短剑（长 28.2cm），柄部铸一人，咬牙切齿，胯下夹一人头，左手揪其发，右手正欲下刀割之。巴蜀式剑上铸有倒置的"人头"以及化妆作法蹓踙的巫师，也是需要认真破解的巫术魇制符号。广东曲江石峡出土百越早期扁茎铜剑一件（残长 16.5cm），剑身上铸人面纹③，此人头顶云雷纹状冠饰，显然是越族仇侣吴楚或中原人形象（图 3 - 37）。广州逻岗出土战国剑（长 29.4cm），剑身上铸一"Y"字形夹板，中夹一人头；其意旨的巫化色彩颇浓。

从魇镇对手的用意出发，古之剑器上常铸凶禽猛兽图纹。北京昌平

①　《十三经注疏·仪礼注疏》，台湾"中研院"汉籍文献库本，第 215 页。

②　钟少异：《古剑的历史和传说》，生活·读书·新知三联书店 2003 年版，第 26—27 页。

③　又有铸四连人面于剑者，1978 年陕西宝鸡县西高泉村出土，春秋早期。图 3 - 38。张道一：《中国图案大系》（二），山东美术出版社 1993 年版，第 26 页。

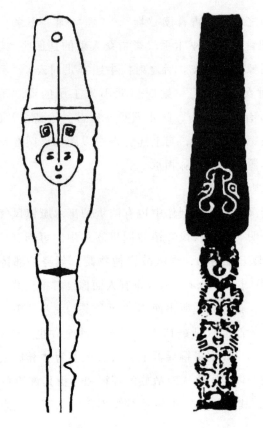

图 3 - 37　扁茎铜剑　　　图 3 - 38　四连人面剑

白浮出土短剑（长 25cm），剑柄首铸为鹰头形，鹰吻钩尖。陕西竹园沟出土的扁茎柳叶形铜剑上（长 27.8cm），铸一修蛇，蛇尾拖向剑尖。台北古越阁藏一北方草原地区流行的短剑，柄乃黄金铸成，其剑格造型巧妙地制成两个钩曲的鹰嘴。随县擂鼓墩出土的曾侯乙玉剑，虽非实战之器，然其剑柄首也雕成两虎首下探之形。北京延庆玉皇庙出土的东周胡剑（长约 23cm），其剑柄首为双环状，双环交连处为一虺蛇头，恰好构成古传说的"一首双身蛇"形。①

古人铸兽蛇猛禽于剑，与古人视刀剑为"饮血"食肉之物相关。古之

---

① 又有种春秋攫鹰纹戈，亦寓勾杀之意。如图 3 - 39，图 3 - 40。张道一：《中国图案大系》（二），山东美术出版社 1993 年版，第 90 页。

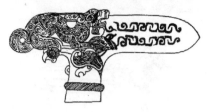

图 3 - 39 春秋攫鹰纹戈一　　　图 3 - 40 春秋攫鹰纹戈二

北方民族必以血牲祀于刀剑。据钟少异先生的研究，斯基泰人祀剑，立剑于平台，每年供牛马牺牲外，还要杀一百名俘虏中的一人，以其血供祭。匈奴人有"径路神祠"，"径路"即短剑。据《汉书·匈奴传上》，汉之降将李广利，后即死于匈奴人的"径路"神之祭，他作了祭奉、"喂饲""径路"剑神的牺牲①。云南宁蒗大兴镇出土滇西式战国短剑（残长 27cm），剑基部铸刻猫头鹰圆瞪的眼睛②，是为死神之面影。甘肃宁县宇村出土一匕首（长 23cm），柄端饰兽首，兽口衔一人头，人头呈张皇恐怖状。③

　　据冯汉骥、童恩正先生的研究，巴蜀系统的青铜戈矛上，每铸虎纹，虎吐舌甚长（舌下还有涎水之滴）；由虎舌指向戈尖，形成戈之中脊。剑戈杀人，似虎在啖人。如图 3 - 41（成都南郊墓出土）、图 3 - 42④、图 3 - 43⑤、图 3 - 44（成都三合场出土⑥）。亦有饰饕餮纹的，道理同于虎纹。

---

① 钟少异：《古剑的历史和传说》，生活·读书·新知三联书店 2003 年版，第 146 页。《汉书》卷二十五《郊祀志》记："京师近县鄠，则有劳谷、五床山、日月、五帝、仙人、玉女祠。云阳有径路神祠，祭休屠王也。"师古曰："休屠，匈奴王号也。径路神，本匈奴之祠也。"（台湾"中研院"汉籍文献库本，第 1250 页）匈奴人有刀就叫径路刀。《汉书》卷九十四《匈奴传》记："（韩）昌、猛与单于及大臣俱登匈奴诺水东山，刑白马，单于以径路刀金留犁挠酒，以老上单于所破月氏王头为饮器者共饮血盟。"应劭曰："径路，匈奴宝刀也。金，契金也。留犁，饭匕也。挠，和也。契金着酒中，挠搅饮之。"师古曰："契，刻；挠，搅也。"（台湾"中研院"汉籍文献库本，第 3801 页）

② 钟少异：《古剑的历史和传说》，生活·读书·新知三联书店 2003 年版，第 170 页。

③ 同上书，第 300 页。

④ 1972 年郫县红光公社出土。张道一：《中国图案大系》（二），山东美术出版社 1993 年版，第 171 页。

⑤ 1957 年成都出土。张道一：《中国图案大系》（二），山东美术出版社 1993 年版，第 247 页。

⑥ 冯汉骥：《关于"楚公受"戈的真伪并略论四川"巴蜀"时期的兵器》，《巴蜀考古论文集》，文物出版社 1987 年版，第 203 页。

图 3 – 45。①

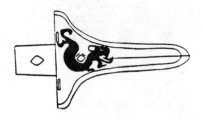

图 3 – 41　成都南郊墓出土的青铜戈

图 3 – 42　郫县红光公社出土的青铜戈

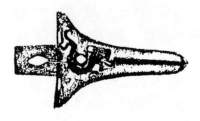

图 3 – 43　成都出土的戈

图 3 – 44　成都三合场出土的戈

图 3 – 45　饰有饕餮纹的刺兵

另外，在古兵器上还出现了许多非具象的符号，特别是巴蜀兵器上有学界习称为"巴蜀图语"的巫符，它们所强化的"巫兵"魇镇性质，最具特点。以下是孙华先生收集到的部分铸刻在巴蜀兵器上的"图语符号"（图 3 – 46、图 3 – 47②）。

这些图语多是组合型的，意义也自成它的系统，究竟作何解释，似相当复杂。徐中舒先生讲："图谱乃夷人巫师所作……只能表意，不是可以按字宣读的语言，只有巫师才能认识，还要多方譬喻解说……"③ 孙华先生也说，"巴蜀符号绝大部分都分布在兵器上……它应当是带有原始巫术色彩的……用意大概是佑护使用者，使使用者免于伤害，给使用者以力量……"④ 我们想，大概不宁唯是，有些图语本身（如手纹中的心脏纹、角

---

① 1976 年绵竹船棺墓出土。张道一：《中国图案大系》（二），山东美术出版社 1993 年版，第 163 页。
② 《巴蜀考古论文集》，文物出版社 1987 年版，第 90、96 页。
③ 徐中舒：《古今文字对照表·序》，四川人民出版社 1979 年版，第 1 页。
④ 《巴蜀考古论文集》，文物出版社 1987 年版，第 99 页。

图 3 - 46　孙华先生收集的部分巴蜀兵器"图语符号"（一）

图 3 - 47　孙华先生收集的部分巴蜀兵器"图语符号"（二）

状纹的人面纹等等）即具"扼杀"性相，它不仅仅是吉祥护佑巫符，同时也带有魇镇的"黑巫术"色彩。

国外民俗中，兵器巫符化的现象也大量存在。而且许多原始民族认为，兵器一旦经过巫术化处理后，其杀死对手的效能会强过未经"巫化"者。布留尔曾介绍："有谁被施过巫术的武器杀伤了，哪怕只是一点擦伤，也定死无疑。""土人受了伤……如果他相信伤害他的武器是咒过的，因而赋有'阿龙魁尔塔'（凶恶的妖力），那他一定会死的。他躺着，绝食，眼睁睁地去了"。在澳大利亚，一个老年土人"把尖头棍子猛力向想象的敌人那方投去以后，显然他自己也是心乱如麻的，他对我们说，'阿龙魁尔塔'钻进他的脑袋里了"①。中古时期的冰岛人崇拜一种"巫符"性的文字——罗纳文字。它带有"经咒"（语音、声符）表达与图形（刻写、雕拓、打印）表达的双重巫性灵力，可以感召促发使用者实现各种意图。从冰岛史诗《埃达》的具体描写看，把这种文字刻在兵器上，操兵人战无不胜。第 22 首诗云："要用罗纳文字镌刻在剑柄上，有的要刻在剑身或是剑把上。镌刻时要祈祷两遍托尔（雷神）庇佑，这样你去打仗才能赢得胜利。"37 首亦写到，温德卡尔德请教利兵。费厄尔斯维恩说："有一柄利剑叫莱瓦坦恩，原是火神洛基而铸造，剑身上的罗纳铭文镌刻，法力可以一直穿透地府……"②中国先秦前的兵器巫符化虽然还达不到澳洲土人或冰岛人的想象程度，但其巫符思维的指向与赋予"阿龙魁尔塔"或"穿透地府之法力"，没有本质的差异。

尤为费解的是，有些剑柄铸成裸人像。内蒙古昭乌达盟宁城地区出土一剑（长 21.2cm），剑柄一面铸男裸人，另一面则铸女裸人，男、女裸人阴部均清晰可见（图 3 - 48、图 3 - 49）。云南晋宁石寨山出土青铜剑的柄铸成箕踞垂乳状的女人像（女人箕踞为亵，孟子曾因此欲逐妻③），不便于手握，显然不是实用之兵器，而含有魇镇之义。1974 年，长沙树木岭 1 号墓出土一短剑（长 20cm），柄部（长 8cm）铸一上身裸露的女子形，女子饰耳环，系短裙，胸部乳房露出，赤脚而立。广东清远也出土过裸人匕首。④此也为狠毒的巫咒法之一。盖古人以为人的裸形，特别是妇女裸形可以魇制敌方兵器失灵，从而制杀对方。明清时期，战争中用裸体妇女魇制对方火炮是常事。

宋兆麟先生介绍，傣族人用木竹制一男根，外刻套女阴状。平时秘不示人，"每逢战争……则由家长拿出来，佩在出门者的身上，他就能安全归来，刀枪不入。（故）……汉代将士的盔甲上，也有悬佩男根的风俗，据

---

① 列维·布留尔：《原始思维》，丁由译，商务印书馆 1981 年版，第 270 页。
② 石琴娥译：《埃达》，译林出版社 2000 年版，第 329、475 页。
③ 《韩诗外传》卷九载："孟子妻独居，踞。孟子入户视之，谓其母曰：'妇无礼，请去之。'"
④ 以上分别见钟少异《古剑的历史和传说》第 258 页插图；童恩正《南方文明》，第 532 页插图；马承源《中国青铜器》，第 493 页插图。

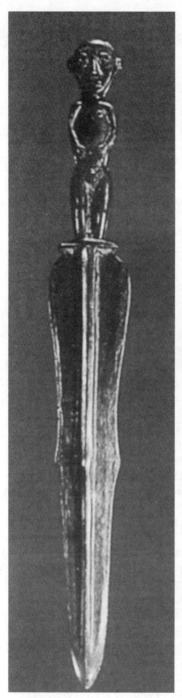
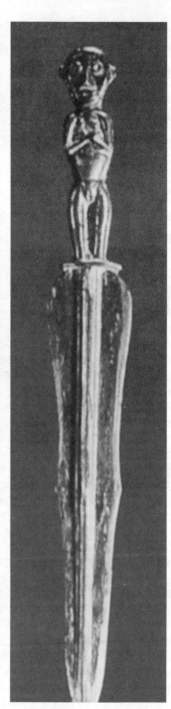

图 3 - 48　铸男裸人的剑　　图 3 - 49　铸女裸人的剑

说起防弹衣的作用"。① 又如柴小梵《梵天庐丛录》卷十三"厌炮"条云："光绪甲午春，四川顺庆土匪作乱。徐杏林时以全省营务处代理提督，适患足疾，遣部将马总兵雄飞带兵平之。一日，战未毕，忽见对阵之匪拥出裸妇数十，哭声震天，官兵大炮竟不燃。此见诸近人笔记者，名曰'婚人厌炮'。昔读《六合内外琐言》，亦有妇人裸以厌炮之说，诚不值通人一笑。"② 江绍原先生说：这叫作"用阴户厌敌"。③ 方以智《物理小识》卷十二云："李霖寰大司马征播，杨应龙败逃囤上。李公以大炮攻之，杨裸诸妇向炮，炮竟不然（燃），此受厌也。崇祯乙亥，流贼围桐，城上架炮，贼亦逼人裸阴向城，时乃泼狗血、烧羊角烟火以解之，炮竟发矣。"④ 由是可见。上古时代以裸妇饰兵，是有渊源的。⑤

---

① 宋兆麟：《中国生育信仰》，上海文艺出版社 1999 年版，第 340 页。

② 柴小梵：《梵天庐丛录》，山西古籍出版社 1999 年版，第 1129 页。

③ 江绍原：《民俗与迷信》，北京出版社 2003 年版，第 37 页。江先生书中又有"阴门之骨可御神龙"条，材料极能说明问题。江氏记：鄞县西乡布政市有客民王阿昌，其妻亡，葬之三日，有人盗墓，王阿昌"发现其亡妻尸身下部血肉狼藉……当时以为尸身被兽所咬，自认晦气，改葬了事，故附近邻居亦未加注意矣。"后距布政市不远处冯家女公子早夭，葬后又有人盗墓，改葬时"发现（冯女）尸身下部阴门骨被毁（折而去），遍觅无着，不知去向。"众人始悟，此系"专盗女尸之阴门骨"者，与王阿昌妻案同例。"据该乡村老传述，谓迷信社会，有一种怪诞之恶习。凡属大帆船或捕鱼船下水，船上挂帆之桅，其顶上须嵌妇人之阴门骨一枚，则可避免飓风。盖帆船往洋，时遇飓风……迷信者谓是龙王作怪。龙惧秽物，故以妇人阴门骨以抵御之云云。观此，则此剥尸盗骨之奸人，盗得阴门骨归去，售与渔人船夫，作御龙之用，可知矣。"（江绍原：《民俗与迷信》，北京出版社 2003 年版，第 50 页）古史上的女国有"女阴咒"，"即以女阴当面示人进行诅咒，这是最恶毒的诅咒"（张云：《丝路文化·吐蕃卷》，浙江人民出版社 1995 年版，第 70 页）。

④ 类此记述尚有，李光壂《守汴日志》："崇祯十五年壬午正月初一日辛未，贼用阴门阵……贼趋妇人，赤身濠边，望城叫骂，城上点大炮，悉倒泄。"徐鼒《小腆纪年》卷一："九年（丙子）正月，合诸贼连营数十里，攻滁州。知州刘大巩、太仆寺卿李觉斯督众固守，火炮交发，燔其云梯，贼死无算。贼乃掠妇女裸而淫之；已而断其头，环向堞，植趺倒埋，露其私以厌炮。炮迸裂，或喑不鸣。觉斯命取民间圊牏向以厌，胜之；贼复大创，怒攻益急。"（徐鼒：《小腆纪年》，中华书局 2010 年版，第 8 页）林西藩《隐忧续记》："布兴有亦扎营沿江守之。何文庆焚掠沿江村民殆尽，掠妇女悉令裸体，执旗于江岸立以厌炮。"（殆知阁《史藏·志存记录》，第 789 部）

⑤ 妇好墓中也出土过裸体的小男人、小女人像。其用意则当与求子有关了。因为从殷墟卜辞看，妇好很是为得子作难。如卜辞中云："妇好孕？"（京·二〇三五）"妇好娩，幼[嘉]？王占曰：其佳[唯]丁娩，幼；其佳庚娩，弘吉。三月又一日甲寅娩，不幼。佳女。"（乙·七七三一）"妇好有子？"（铁·一二七·一）墓中所出裸玉人可能是妇好生前的求子用器。用裸男女小像求子是亚洲及其印度文化圈共有的习俗。列维·布留尔记载了这么一节："印度南部的……提拉帕梯，人们用木材雕刻成一些裸体男人和女人的小像，出卖给印度教徒。没有孩子的人们给这些小像举行穿耳仪式，相信这样做的结果就会生孩子。"（列维·布留尔：《原始思维》，丁由译，商务印书馆 1981 年版，第 291 页）

（三）彩陶纹与捕鱼的巫术

在西非的马绍纳兰德，土人捕鱼前从不敢说出"鱼的名称，因为（他们）害怕神们会告诉……鱼有人在猎捕它们"。① 这就使得渔人部落在捕鱼前的祭祀及一切准备活动中，对于"鱼"都只字不提；即关于鱼的话语，不用语言交际，而只用实物、图像或某种示意来交际、对话。这可能是彩陶时代先民把鱼画在盆钵里，画得那么"实"的一个缘由。

据说在苏兹人那里，为了使捕猎物出现，"巫师在一根立于适当位置的杆子顶上升某位著名的猎人和巫师的画像。画像具有这个人的力量，而系在画像上的各种饰物必须有助于控制这动物的行动"。② 可见，在原始民族的巫性思维中，部落善捕人的面像（或者常为捕捞实施巫咒的巫师的面像）也是捕获活动前奏即应"展示"的"巫符"。彩陶器衔鱼人面像是否也具此种性质？我们可以此为重要的研究线索。

根据列维·布留尔的研究，"以捕鱼为主要生活来源的原始民族……他们借助舞蹈来对鱼施加巫术影响……托列斯海峡岛民的舞蹈是在晚上进行的，这些舞蹈的目的是保证……捕鱼的成功……在以保证捕鱼成功为目的的舞蹈中，面具是呈鱼的形状"。③ 从捕鱼舞蹈的视角来看青海马家窑文化类型的踏舞彩陶盆，我们觉得陆思贤先生的"细心"给研究者提示了新的空间。陆先生发现，在三组舞者作舞的单元格相连处，"细加观察，是一条跳跃鱼，（此鱼）头部昂起，呈流线型，额上有脊刺；躯体呈滚圆状，夸张前鳍，向前勾卷"（图3-50)④。而拖着尾饰的舞者五人两边则绘为水流涡纹线条（陆先生理解为雨纹，似稍偏）；这就启发我们，此舞者集体踏舞所求者，岂非获鱼乎?⑤

由此而见，彩陶盆上那些衔鱼人面纹，则可能就是求鱼舞舞者及其巫

---

① 列维·布留尔:《原始思维》，丁由译，商务印书馆1981年版，第223页。
② 同上书，第222页。
③ 同上书，第231页。
④ 陆思贤:《神话考古》，文物出版社1995年版，第324页。
⑤ 尾饰，不仅狩猎民族中有，捕渔民族中也存在。格罗塞在谈到靠捉鱼为生的爱斯基摩妇女时讲，"她们又用一种臀部装饰区别她们自己，那是从背心的后面延出一条像尾巴似的东西，那东西一直挂到膝弯为止"。（格罗塞:《艺术的起源》，商务印书馆1984年版，第74页）

**图 3 - 50　青海马家窑文化类型的踏舞彩陶盆平面及局部**

人所戴的"呈鱼的形状"的"面具"。① 作为"面具"最典型的特征就是每个人面纹的头顶部均有带鱼脊刺或鱼尾特点的"三角形"的冠饰，加上耳边的珥鱼，嘴边的衔鱼，这都是"面具"整体呈现的面貌。面具上人眼画成"一"字紧闭形，或是渲染巫者（或祈鱼求祷者）祈念咒语的专注神态。因为我们知道许多原始渔猎民族都是把咒语挂在嘴边的。②

　　渔人捕捞前，夫妻生活是被严格禁止的。在尼科巴岛，"男人想要去

---

　　① 北方民族的诱鱼巫舞面具，艺术史上是有记载的。格罗塞谈到，在萨满教流行的北方欧亚地区，有一种假面具，"叫'阿满卦克'（aman guak）"，它"是用在引诱鱼类，尤其是鲑鱼和海豹到河内来以便捕捉的仪式中的。这种假面具的图形……面部涂以灰白两色，两边生着两手，脸上还画上两根萨满教的咒棒，在中间还夹着一个海豹图（形）。在面部左右两边的下面，有两个方孔，在方孔下有几个带孔的红色空圆球，这些是用以表示许多河流的出口，象征鲑鱼将被萨满教的法力，驱逐入河"（格罗塞：《艺术的起源》，商务印书馆1984年版，第142页）。
　　② 布留尔介绍，契洛基人在捕获的头一晚，他"向水边走去，并念着适当的经咒"。第二天向晚，"他又向水边走去，并念着自己的经咒"。在新南威尔士，土人发现了鹈鹕，他们就"念着巫术的咒语……使它发晕"。而在林肯港的土人，"自远古以来，他们就从祖先那里继承了一定数量的、由两句短诗组成的经咒……当他们追踪着动物或者是向它投矛，他们就不停地飞快地重复念这些经咒。他们完全不知道这些经咒的意义，也根本不能对它们作任何解释……然而他们坚信这些经咒有一种力量能够使被追踪的动物迷惑"（列维·布留尔：《原始思维》，丁由译，商务印书馆1981年版，第224、227页）。诸如此类，还很多。

捕海龙，他就……一个月内远避妻子。"① 在加拿大的马尔加什，捕鲸者出海前八天开始"禁绝女色"。在加罗林群岛，出海前看都不准看女人一眼，"如果偷瞧一眼的话，那海里的飞鱼必定要在夜间钻瞎他的眼睛"。马布亚格岛渔人在十月或十一月捕捞，尤其禁止男女私生活。因为十月至十一月是海龟交配的季节，渔人若有此举，海龟嗅到气味，会把他们的捕捞船顶翻。中婆罗洲的卡扬人认为，男人不留心碰了一下"妇女的衣服都会在渔猎中……失利"。弗雷泽曾经解释："所有野蛮民族渔猎时都严守贞操，并以此作为成败的关键。这方面的许多事例表明这种习俗总是来源于迷信，并非考虑如不严格节制性欲则会造成渔猎者身体的暂时软弱。一般说来，大都并不是考虑后者，而是……认为如不贞节，会触怒野兽，不为猎获"②。

可见，在万物有灵的世界里，渔猎者性活动的暂时禁止主要是怕亵惹了猎获动物的"灵"，以致渔获失败；而不是出于体力、斗志或勇气的考虑。从上述背景来认识1964年青海柳湾六坪台出土的那件阴阳两性同体的彩陶器，其内涵就值得我们深思了。它根本不是"雌雄同体"的文化现象，也不是一般意义的生殖崇拜，更不是与蛙纹相联系的祈求繁衍；它是渔猎民族进行渔捕活动时严禁男女媾合行为的一种巫术化"公示"；在进行渔捕祭仪时，它摆在那里，大家都知道那是"习惯法"的警示与制约，是神性巫文化的一个细节性"告示"；谁违之，当渎于神也，其后果也是不堪想象的。彩陶时代的原始先民，是渴求生殖繁衍、希望群体日益扩张的部族社会，但在进行生产活动（渔猎）时则约守巫术化的性禁忌；此即"阴阳同体"人形彩陶器的根本性意义。

原始渔猎民族在捕捞或寻猎时，往往以人的血腥或肤肉诱来水族或山兽。据列维·布留尔的研究，新南威尔士土人进入丛林觅兽时，"在一只小口袋里放进死人身上的一点脂肪或者一块皮"。德桑族印第安人在捕鲸、捕海牛、捕海龟时，"用贝壳划破自己的脸和身子"，他们"到水中去泡"，划破的血水溶于水中，鲸鱼海牛一嗅到就会来。在努特卡印第安人那里，打伤了熊后，马上把它腿蹄部的血迹洗干净；大概担心留在地上的血迹会

---

① 列维·布留尔：《原始思维》，丁由译，商务印书馆1981年版，第231页。
② 弗雷泽：《金枝》，中国民间文艺出版社1987年版，第325、317、326页。

引来其他猛兽追击。契洛基人则是把捕蝇草放在口中反复咀嚼，待其浸透了口液后放入水中，以之诱引鱼的嗅闻。尼科巴群岛土人在到了捕捞海龙的地点，他们"就对着它撒尿。这可以使它……向渔人这方向游过来"①。原始土民这样做的同时伴随着复杂的其他巫术仪式及细节，他们念咒语，把钓钩放在粪便边，把烟斗剩余的烟末撒到水中。他们唱歌，到海牛出没的地方洗澡，戴上龟甲面具舞蹈，为杀死的鱼兽进行安抚祭，等等。在传承的烦琐的仪节中，真正的以血水人肉及人的躯体气味诱引鱼兽的细节反而被湮没了，被不在意了；久而久之也不知所以然了。

图 3-51 马家窑彩陶蠹面人头器盖

中国南方百越民族以及许多海岛民族喜在身上作蠹痕纹饰，最初可能即与用奴隶身份的人划割肤肉以诱水物，后来慢慢演化为一种"开渔祭仪"之细节有关。如马家窑彩陶蠹面人头器盖所呈现的形象（图 3-51）。愚意推之，当是划身诱鱼之祭进入原始社会后期巫祭文化已高度发达的"被割人牲"的替代品。它是渔猎活动的一个巫术化"诱引"。

上古先民可能已经掌握驯捕水鸟以逮鱼的技能。② 故彩陶纹饰中方才出现了那么多鸟鱼组合图案。这些图案均与祈祝多获鱼有关。宝鸡北首岭 M52 出土的蒜头壶（碳同位素年代为距今6800—6000 年）肩部绘着一只长喙的鸟，啄住一条大鱼的尾，鱼扭转挣扎，然不得脱身（图 3-52）。刘方复同志分析，这幅水鸟衔鱼图，具有巫

---

① 列维·布留尔：《原始思维》，丁由译，商务印书馆 1981 年版，第 227、232、234、231 页。

② 古人驯之捕鱼的鸟乃鸬鹚，称为"摸鱼公""水老鸦"，其性善捕鱼。《埤雅》"鹚"条记："鸬鹚，水鸟……能没于深水取鱼食之。……《夔州图经》称，峡中人谓鸬鹚为乌鬼。蜀人临水居之，皆养此鸟，绳系其颈，使入（水）捕鱼，得鱼则倒提出之。杜甫诗云'家家养乌鬼'是也。"《尔雅翼》卷 17 则云："鹚，水鸟，深黑色，钩喙，善没水中逐鱼。……今蜀中尤多。临水居者，多畜养之。以绳约其吭，才通小鱼，其大鱼不可得下，时呼而取出之，乃复遣去，指顾皆如人意；有得鱼而不以归者，则押者啄而使之归。比之放鹰鹘，无驰走之劳而利者差厚。渔者养数十头，日得鱼可数十斤。然鱼出咽，皆鲑涎不美。"（罗愿：《尔雅翼》，黄山书社 1991 年版，第 176 页）

术的成分①。诚如其言。河南临汝阎村出土瓮葬缸上那幅《鹳鱼石斧图》，白鹳圆睛长腿，叼一鱼。严文明先生在谈此幅鹳鱼图，反复强调它是出现在"葬具"上的。② 由于是"葬具"，故它呈现的鹳衔鱼的含义便与被葬者的彼岸生活有关。它似在以巫术交感的方式祝祷他于灵魂世界中依然鱼食丰足，无饥馁之忧③。

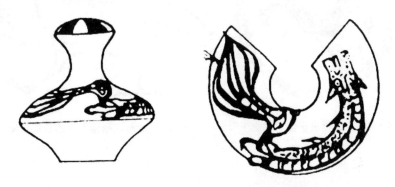

图 3 - 52　宝鸡北首岭 M52 出土的蒜头壶

鸟捉鱼的图纹在后来文物图像上十分多见，已成为一个惯常性的母题。如山东济阳出土的西周玉雕、凤翔出土的秦瓦当（图 3 - 53）、徐州汉

---

① 刘方复：《鸟衔鱼纹析》，《文物天地》1991 年第 2 期。

② 严文明：《鹳鱼石斧图跋》，《文物》1981 年第 12 期。

③ 古人以为鹳是鱼的拥有者，常捉鱼蓄池中以用。《尔雅翼》云："鹳，似鸿而大……作巢大如车轮，卵如三升杯，泥其巢，一傍为池，含水满之，畜鱼其中，以哺其子。"（罗愿：《尔雅翼》，黄山书社 1991 年版，第 154 页）《毛诗陆疏广要》"鹳鸣于垤"亦云："取鱼置池中，稍稍以食其雏。"（转引自陈梦雷《古今图书集成》第 52 册《博物汇编·禽虫典》，中华书局、巴蜀书社 1985 年版，第 63277 页）蒋德璟《鹳经》也说："营小池养鱼以饲雏。"（本社编：《禽鱼虫兽编》，上海古籍出版社 1993 年版，第 76 页）《续博物志》："鹳有长水石，故能于巢中养鱼而水不涸。"（《百子全书》第 5 册，岳麓书社 1993 年版，第 4336 页）也有人否认鹳蓄鱼饲子。《本草纲目》"鹳"条下"集解"引寇宗奭曰："鹳身如鹤，但头无丹……多在楼殿吻上作巢。尝日夕观之，并无作池养鱼之说。"（李时珍：《本草纲目》，中国中医药出版社 2013 年版，第 1368 页）不过从史料看，鹳身更嗜食蛇鳝类。《后汉书·杨震传》记："后有冠雀衔三鳝鱼飞集讲堂前。（原注：冠音贯，即鹳雀也。）"陆佃《埤雅》卷六"鹳"条："鹳……每遇巨石知其下有蛇，即于石前如术士禹步，其石阽然而转。"（陆佃：《埤雅》，中华书局 1985 年版，第 136 页）蒋德璟《鹳经》"罡师"条云："鸬画印开穴以出蠹，而鼠窃之；鸠步罡转石以出蛇，而蘁（鹳）如之。蘁（鹳）能以喙书符作法。"（本社编：《禽鱼虫兽编》，上海古籍出版社 1993 年版，第 77 页）由于鹳鸟善捉蛇，故《本草纲目》"集解"中陈藏器说鹳为药可治"蛇虺咬"（第 1369 页）。古器物图中也多见鹳衔蛇状。

画像石（图 3 - 54）、河南襄城画像石等。

图 3 - 53　凤翔出土的秦瓦当上　　图 3 - 54　徐州汉画像石上的鸟捉鱼图案

　　　　　　鸟捉鱼图案

　　陕西宝鸡北首岭出土过属于半坡晚期类型的网饰壶。过去不少学者把它认作"船形壶"。刘锡诚先生曾指出，"当地没有发现关于舟楫的其他物证"①。他的考虑是对的。事实上这个壶乃为两端呈鸟首的器形，供拴系用的壶耳钻孔巧妙地代用为鸟眼，壶腹绘网与壶形为鸟，是在企想交感以捉鱼。刘锡诚先生说："根据黄河上游渭河流域的考古发掘，有关遗址中出土了数量较多的网坠和制作精美的骨质鱼叉，可以断言，当地原始先民傍水而居，鱼是他们主要的生活来源。……鸟和鱼的生态特点，可能……引起某种联想，从而反映在彩陶装饰图画中，也就不可避免地出现了各种各样的不同的构思。……很有可能，原始先民还在这些图画中注入了某种巫术思想，或在某种巫术思想和巫术需要的支配下，才作这幅画的。"② 我们同意刘先生的最后推测，即鸟捉鱼图当本于获取生活来源物品（鱼）的巫术意图。

　　把鸟的符号作为捉鱼的巫术感发，是人类学上的通例。列维·布留尔介绍，"在托列斯海峡，大部分独木舟船尾上刻着的图像很显然具有巫术意义……这些图像描绘的是军舰鸟的头或海鹰的头……这些动物都是吃鱼的"。在尼科巴群岛，渔人下海捕猎海龙的前一个月打死一只鹰，"割下它

---

① 刘锡诚：《中国原始艺术》，上海文艺出版社 1998 年版，第 129 页。
② 同上书，第 158 页。

的爪子……紧紧地系在独木舟的顶端上"。他这样做是为了"能更准确地瞄准和打中海龙。……有时，他在鹰爪上系块木头，为的是使海龙在水中像浮标一样地浮着，这样就容易击中它。"①

（四）猎兽的交感图像

祈祝交感的对象主要是禽兽动物，即生活的必需品，特别是为了填饱肚子的东西。河姆渡遗址出土过一件夹碳黑陶钵，呈长方形，高11.6cm，长21.2cm，宽17.2cm。钵上绘刻着两头野猪，嘴吻较长，鬃毛竖起，瞪圆眼。绘刻者稚拙的艺术思维将猪腹内的心脏什物也作了"透视"性的表现。有学者以为这可能表明"该猪纹钵所属的部落就是一个以猪为图腾的民族"（图3－55）②。其实没有那么"大"的意义，它表达的不过是祈求把野猪变成"钵"中餐的巫术想象而已。③

图3－55　河姆渡遗址出土的黑陶钵钵体图案

《诗经·召南·驺虞》篇唱道："彼茁者葭，壹发五豝……""彼茁者蓬，壹发五豵……"诗意为，在那蓬茁的草丛芦苇中，一箭射去能射中五只小野猪，一箭射去能射中五只小母猪。叶舒宪先生说，这是猎人"借助

---

①　列维·布留尔：《原始思维》，丁由译，商务印书馆1981年版，第231—234页。

②　刘锡诚：《中国原始艺术》，上海文艺出版社1998年版，第135页。

③　鲁迅先生早就说过这种巫术想象："画在西班牙的亚勒泰米拉（Altamira）洞里的野牛，是有名的原始人的遗迹，许多艺术史家说，这正是'为艺术而艺术'，原始人画着玩的。但这种解析未免过于'摩登'，因为原始人没有十九世纪的文艺家那末有闲，他的画一只牛，是有缘故的，为的是关于野牛、或是猎取野牛、禁咒野牛的事。"（《且介亭杂文·门外文谈》，《鲁迅全集》卷6，人民文学出版社2005年版，第89页）

于祝词的法力去强化（他的）狩猎效果"，是射猎者的咒歌。[①] 从祈得野猪的"交感巫想"看，上面的陶钵绘猪与此诗旨，原没有本质的差别，不过一借咒语、一借图像罢了。

在中国岩画中，那些透示着作为祭祈场所及祭祷对象的岩画，明显具有原始巫术的交感意义。据岩画学专家调查，在阿尔泰山区的中山、底山，有12个自然形成的山洞，里面绘有彩色岩画。绘彩用赭红色，间以白彩。所绘图案，有人物、动物、植物纹、女性生殖器、星星等。研究者认为"这些绘有岩画的洞穴是古代山地居民举行某种祭祀的场所"[②]。凡是此类用于祭祝感发的图像，其中的动植物及女性生殖器图，都与祭求者想在现实中获得的"巫想"相联系。

另外，有巫术感发意图的岩画中，往往有典型的巫术符码，像脚印纹、手掌纹等。它们的存在说明岩画中事物将被影响、被占有、被征服、被阻控……总之被巫术化地驾驭掌握着。且末县昆仑山有一幅岩刻，画面上有野牛、羚羊、大角鹿、山犬等。在这些动物形象间刻有三个比动物实体大得多的手掌印，手指伸开；并有三个脚掌印，脚趾刻得过分长，以致让人误以为手印（图3-56）。这种岩画就有原始宗教巫术的"虚拟控制"意识渗透其间；它不是写实的，而是有所冀求，并通过巫法力量的脚印、手印去实现着冀求的。

图3-56　昆仑山岩刻上的动物、掌纹图案

---

① 叶舒宪：《〈诗经〉的文化阐释》，湖北人民出版社1994年版，第71页。
② 刘锡诚：《中国原始艺术》，上海文艺出版社1998年版，第278页。

　　类似的情形又见于新疆皮山县桑株镇岩画，画面上端为射猪场景，画面左下侧一只大角鹿（或卷角羊）向左走，其下有一手纹符码；右下侧长角羊在跑，身后也有一"手符"。此为巫法想象中关于猎物"逃不脱手心"的通俗表达（图 3 – 57）。

图 3 – 57　新疆皮山县桑株镇射猪场景岩画

　　盖山林先生在论述乌拉特中旗几公海勒斯太沟第三地点一幅岩画时提到，两个射手正搭箭欲射前面的野马，而前面的野马已绘作倒地并肢解状。在原始岩画中，"动物倒绘"是一种"表意法"，倒绘表示死亡[1]。盖先生讲的这种表意法，其实原是巫人意识把巫法实现的结果超前地摆在了图像中而已。"超前摆上"，就是为了借图像以感召实体（实际）。

　　巫术感促意识的"表意法"可以说是岩画艺术中一种特别表现方式的规律性总结。它负载着先民的美好祈求，召唤着希望发生的事情，蕴涵着"艺术地掌握现实"的本质要求。宁夏贺兰山回回沟及阴山岩画中都绘有身躯特大的野牛图，野牛的腹中、腹下或脊背上又绘刻小野牛（由于仅是

---

　　① 盖山林：《阴山岩画》，文物出版社 1986 年版，第 273 页。

线条，绘得竟不怎么像）。刘锡诚先生说："（这）可能与原始作画者们的巫术观念有关，也许他们认为在大动物身上刻划小动物，就意味着……幼仔，可以源源不断地向人们提供食物来源。"（图 3－58、图 3－59）① 所论甚是。

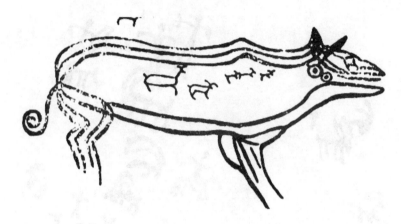

图 3－58　大动物身上刻小动物的野牛岩画

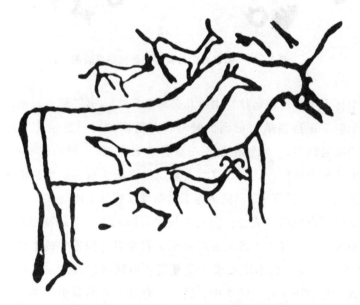

图 3－59　大动物身上刻小动物的野鹿岩画

---

① 刘锡诚：《中国原始艺术》，上海文艺出版社 1998 年版，第 309、308 页。

古代岩画特别注意渲染了一些猎物被射伤、拴控或被猎者助犬控制的细节，这也是颇有寓意的。甘肃嘉峪关黑山四道鼓岩画，猎者将弓箭插在野牛臀部。新疆托克逊县科普加衣岩画有类似画面，并有带箭的野鹿像。巴里坤岩画中，鹿中箭奔跑，猎人持弓相迎（图3-60）。陈兆复先生摹勾过一张阴山岩画中的"行猎图"。两个猎人射岩羊，一支箭射在羊头部，另一支箭连着羊的胸口。陈先生幽默地说："两支箭都直对着岩羊的两个要害部位命中了。在这里，作者是多么尽情地表现着自己的愿望！"①

图3-60　猎人持弓射鹿岩画

新疆温泉苏鲁北津岩画群有一幅岩画，一躯肢雄壮的野牛拼命奔跑，而其后脊部已被一支箭射中，猎手在后仍备箭搭射。在巴尔达库尔山岩画中，一男子的弓箭夸张性延长，箭锋一直刺入前面作奔跑状的野牛尾股部位（图3-61）。乌苏鲁别真岩画里，一个猎手的箭好似射在了长角鹿的左蹄，鹿无法逃走；而猎手挥着右臂喝使他的驯犬向右追猎。在该岩画的另外一个角落，并未见猎手身影，而一支壮大的野牛的嘴吻被一弓箭插住，

① 陈兆复：《中国古代少数民族美术》，人民美术出版社1991年版，第17—18页。

野牛呈不动状。在有些岩画表现中，猎者不是用箭射杀动物，而是甩出绳网把猎物套住。新疆托里岩刻中有这样的描绘，乌什德特沟岩画里，被套的显然是一匹小野马（图3-62）。新疆鄯县连木沁沟岩画—猎人套—野牛（图3-63）。

图 3-61　猎手射野牛岩画

图 3-62　套野马岩刻

古人常驯犬以助猎。蒋学熙先生收集到的天山北麓博尔塔拉河南岸岩画中有一幅，一只驯犬追上长角鹿，并似咬住了它的后腿。在玛依勒山喀拉曲克牧场岩刻中，我们看到狩猎场面的中心，一支肥大的鹿被三只驯犬

图 3 - 63 猎人套野牛岩画

围扑，鹿颈下部那只犬咬住鹿脖不放，鹿已被迫跪在地上。

　　列维·布留尔曾指出，"在狩猎中，第一个最重要的行动是对猎物施加巫术的影响"，没有"巫术的行动，最有经验的猎人和渔人也会碰不到野物或鱼；即使碰到了，它们也会避开他……或者是他的弓箭失灵，枪击不中"。印第安人采取一种巫舞作为猎野牛的前奏"影响"，跳舞中的一人化装成野牛①，在场的人"用弓向他射出一枝钝头的箭，他像野牛一样倒下去了，在场的人……在他身上挥舞着刀子"。有些土人则使用画像，在画像上标示"有助于控制这动物的行动"；据说这样，"所希望的效果（也可）达到"②。廷德尔则说，"这种艺术品的目的很不容易推断。有些很可能是一种魔术，和法国及西班牙山洞里许多更古老的壁画中的情形相同。画上野兽，或者再伴之以某种歌唱或跳舞的仪式，猎人是在把他所画的野兽和他想要捕猎的野兽等同起来，他感到他这样画了，就给了他保证能成功地制服这些野兽的力量"。③ 利普斯也曾描述过类似的事实："非洲的布须曼人和澳洲的土著居民，在狩猎之前要集会举行巫术性舞蹈和仪式，以保证狩猎取得成功。他们在巫师带头下唱歌和表演，把要猎的动物（不论是袋鼠还是羚羊）的像，画在沙上或用赭石画在崖壁之上，猎人们然后群

---

　　① 战国狩猎攻战刻纹中的鸟人当也近此。如图 3 - 64，1983 年山西潞城县潞河大队出土战国初青铜匜刻纹。张道一：《中国图案大系》（二），山东美术出版社 1993 年版，第 124 页。
　　② 列维·布留尔：《原始思维》，丁由译，商务印书馆 1981 年版，第 220—222 页。
　　③ P. E. N. 廷德尔：《中非史》，上海人民出版社 1976 年版，第 24 页。

集在其周围，用矛来刺这些动物的像；这些部落坚信若无此仪式，次日将不能获得动物；在原始人心目之中，物体和其形象之间没有区别；对他来说，画的动物和动物本身是一致的。因此，被画下来和刺击过的动物，已经完全杀死，次日的狩猎仅不过是履行手续而已。"①

**图 3 - 64  战国狩猎攻战刻纹**

上述岩画中猎物被射杀、被拘系、被犬噬，可能即为布留尔所讲的"巫术化前奏影响"；即使把它们看作现实狩猎胜利结果的展示性摹绘，然而当下一次狩猎开始在此岩刻前施行巫祭祷祝活动时②，它也成了下一轮狩猎巫祈预祝的起点。所以，我们从巫术前奏或"巫艺（或巫技）感发"的视角来看它们，到底差不到哪里去。

《考工记·梓人》记载了古之箭靶（侯）的制作礼制，文有曰："梓人为侯……张皮侯"，郑玄释"皮侯"云："以皮所饰之侯。司裘职曰：'王大射，则共（供）虎侯熊侯豹侯。'"用虎、熊、豹之皮来作箭靶以习射演

---

① E. 利普斯：《事物的起源》，敦煌文艺出版社 2000 年版，第 73 页。

② 刘锡诚先生介绍："1985 年 4 月 20 日沧源地区傣族举行泼水节的最后一天，笔者（他）到位于勐来区的岩画第一点考察时，适逢当地傣、彝群众相随去祭祀岩画，人们就把崖壁上的岩画当成他们的神圣崇拜物。"（《中国原始艺术》，上海文艺出版社 1998 年版，第 346 页）刘先生的表述不确切，应该不是去"祭祀岩画"，而是临就岩画旁举行相关祭祀，以岩画涵具的巫术意旨去"感促"影响现实的祈望。这可能是千百年来传统的岩画助成祭祀活动的一种延续或蜕变。

练，此正是上古猎前巫术演仪的传承痕迹；只是在周人的文化中已抽象化、礼制化了。对中国古巫现象有深研的胡新生同志曾说："周代贵族射箭用的靶子有的用熊皮、虎豹之皮、麋鹿之皮做成，有的是在布上画出这些动物的形象。这种靶制可能来自原始狩猎巫术。"① 他看得很透彻。

# 第四节　魂屋与魂鸟

## （一）

上古丧仪中的招魂最初就含有类比的象征意义。人若死在路上，其灵魂就由招魂者登车唤回；人若死在家中或死在别国馆舍，招魂者便从南向"登梯上屋顶，走至屋顶中央"，手挥死者衣服，向北呼喊他的名字，然后从屋的南檐降下，把死者之衣"复盖在尸体上，好似灵魂已被'复'衣招来，降附在死者身上之状"②。这种登屋招魂的仪式，使"屋"沾结了灵魂归聚的意味。在演化中屋室招魂、魂归屋宇、魂屋以及灵堂③、宗祠的观念便慢慢发生并演续了。

楚人是流行魂屋招魂的。《楚辞·招魂》，由巫祝诱说亡魂，告诉他这里有仿照其生前"旧庐"专门营造的供其安乐闲处的屋舍："高堂邃宇，槛层轩些。层台累榭，临高山些。网户朱缀，刻方连些。"屋室之中，"翡翠被珠，烂齐光些。蒻阿拂壁，罗帱张些。纂组绮编，结琦璜些"。且有兰膏明烛，二八淑女，漫舞宴乐。《楚辞·大招》是招那种离躯出窍的生魂，巫祝也渲染有供生魂消遣的屋宇如何之好："夏屋广大，沙堂秀只。

---

①　胡新生：《中国古代巫术》，山东人民出版社1998年版，第414页。

②　吕静：《春秋战国时期丧葬礼俗研究》，上海民俗学社《国风》1989年第一卷第4期。

③　欧阳修、宋祁《新唐书·义阳王琮传》记："琮三子：行远、行芳、行休。始，琮与二弟同死桂林。开元四年，行休请身迎柩，既至，无封树，议者谓不可得。行休归，地布席以祈。是夜梦王乘舟，舟判为二。既而适野，见东洲中断，乃悟焉。又灵堂锁一夕莝自屈，管上有指迹，一奇二并。使卜人筮之，曰：'屈，于文为尸出；指者，示也；一奇二并，三殡也。先王告之矣。'乃趣其所，发之如言，而一节独阙。行休号而寝，梦琮告曰：'在洛南洲。'明日，直殡南得之。于是以三丧归，陪葬昭陵，赠琮陈州刺史。"（中华书局1975年版，第3578页）东北亚的朝鲜民族中亦流行。《朝鲜王朝实录·世宗实录》"二十八年·夏四月"载："设三斋于大慈庵。左副承旨朴以昌谓礼曹参判尹炯曰：'僧徒当斋夕，迎王妃灵轝于佛前，而后入安于灵室。观其所为，盖屈仙驭，以示归依之形，实痛于心。'"（台湾"中研院"汉籍文献资料库本，第5页）

南房小坛，观绝霤只。曲屋步櫩，宜扰畜只。……魂乎归徕！恣志虑只"注云："为魂造作高殿峻屋，其中广大，又以丹沙朱画其堂，其形秀异，宜居处也。""复有南房别室，闲静小堂……与大殿宇绝远，宜游宴也"。"南堂之外，复有曲屋，周旋阁道，步櫩长砌……行游观也"。"魂乎徕归，居有大殿，宴有小堂，游有园囿，恣君所志而处之也"。① 这种诱灵魂归处的华屋，正是魂屋的夸饰性审美描述。

刘晓路先生在研究马王堆三号墓楚帛画时提出，有几个帛画碎片至今没有公布。未公布的碎片中就有"房屋建筑画面"（或可称为《建筑图》）。已经公布的《划船游乐图》应为《划船招魂图》。"划船招魂"和"房屋建筑"合起来，"就是对《招魂》中部分内容的图解。《招魂》中极力铺陈了楚国的生活之美：层台临山、高堂入宇的宫殿，砥室翠翘、

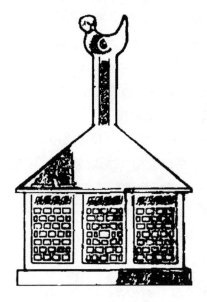

图 3-65　绍兴 306 号越墓
出土的铜屋③

翡翠曲琼的陈设，华容高贵的美人，娴雅殷勤的婢女……可以从西壁帛画乃至东壁帛画上找到踪影"②。据刘先生的理解，那么公布的帛画碎片中的《建筑图》，可能带有楚人"招魂屋"的性质。

古越民族也有"魂屋"或"鬼屋"。绍兴 306 号越墓出土的铜屋模型就是最典型的招魂屋宇。屋顶矗立着图腾柱，柱头是招魂鸟——长尾鸠（图 3-65）。屋内乐师四人，一人击鼓，一人吹笙，二人抚弦，两人跪唱，均似裸体，并梳有女子的髻式。萧兵先生引《楚辞》乐舞招魂的场面："肴羞未通，女乐罗些。陈钟按鼓，造新歌些。《涉江》《采菱》，发《扬荷》些。竽笙狂会，搷鸣鼓些。"认

---

① 洪兴祖：《楚辞补注》，台湾"中研院"汉籍文献资料库本，第 223—224 页。
② 刘晓路：《论帛画俑：马王堆 3 号墓东西壁帛画的性质和主题》，《考古》1995 年第 10 期。
③ 牟永抗：《绍兴 306 号战国墓发掘简报》，《文物》1984 年第 1 期。

定越墓"鸠屋"的鼓笙杂陈、琴瑟齐奏，"可能也有娱鬼、诱魂的功能"，"鸠屋"是作为"魂屋或灵房"存在的。① 此论精到。

古越文化渊源的良渚玉器中，有三个被称为"谜一般的图案"，② 在"凸"形台上站立着长尾鸟。有一个"凸"形台下刻着一弯新月纹，另两个"凸"形台上竖着连珠柱，鸟立柱头（图3-66）。这种"凸"形台其实就是"魂屋"符号。它是魂屋山墙（今江南民间仍流行这种"凸"形"防火山"墙面）的透视形象，屋顶连珠柱上的鸟为良渚人祖先的神灵鸟（或祖灵鸟）。

图3-66　良渚玉器鸟立屋图案

由它召唤引领族人死者的亡灵复归祖先族系的群体，复归族人集中团聚的墓地。其中第三个"魂屋"下有"月牙纹"，实乃"舟船纹"，是吴越民族"船形魂屋"的象征。牟永抗先生在接触这几幅图案时曾说，这里表现的似是"鸟立于屋顶一柱形物上端，几乎可以认作绍兴306号墓铜屋模型的速写稿"。③ 是为确论。

1947年裴文中教授在渭河流域调查时发现的武山石岭下遗址，即出有陶质"魂屋"模型，"屋呈方形尖锥顶，前壁开一略呈长方形的门框，全高23.9厘米，屋顶前沿宽16.2厘米，入口处宽6.7厘米"④。此"门"

① 萧兵：《楚辞与神话》，江苏古籍出版社1986年版，第30页。
② 朱莉亚·凯·默里：《新石器时代的中国玉器》，《东南文化》1988年第2期。
③ 牟永抗：《绍兴306号越墓刍议》，《文物》1984年第1期。
④ 谢端琚：《马家窑文化渊源试探》，转引自《中国考古学研究》，文物出版社1986年版。

图 3 - 67　武山石岭下遗址
出土陶魂屋

是供灵魂进出的（图 3 - 67）。

汉代考古学中大量出土的陶楼陶舍，是魂屋走向世俗化的反映。出土的陶楼陶屋，门户大多呈半开状态，使灵魂来去自由，不受限阻，如广州汉墓陶楼舍（图 3 - 68）。陶楼舍的屋脊上也多蹲伏有禽鸟与兽，那是引魂鸟与护卫灵魂灵主的辟邪兽。如和林格尔汉墓壁画仓楼（图 3 - 69）。东汉画像石中的祖魂楼（或祠堂①），也应视作"魂屋"的孑遗。据《汉代画像全编》《金石索》，嘉祥焦城村石祠和嘉祥武梁祠画像上均有迎祭祖灵的"魂楼"②（图 3 - 70）。魂楼一般二层，迎享受祭的祖灵处于上层，楼两侧有双阙，阙上及楼顶上有导魂的鹭鸟、鹤、长翎鸟、凤凰。招接来的"祖魂"，配上他的神主像在二楼受祭。南阳县英庄汉墓出土的墓祀图（图 3 - 71），最上层刻一祠堂，中立一柱，下有柱础，堂内放祭品，左置五盘，右置六耳杯。③ 发展到宋代，魂屋演化为葬仪中的魂亭。《放翁家训》

---

① 杨孝军、郝利荣《论汉画像石中'祭案'与'庖厨'的意义——兼论〈太平经〉中的死后世界以及汉代民俗信仰》一文中说："祠堂又称为庙祠、食堂、斋祠等，是建造在坟墓前供其亲属祭祀的享堂。祠堂的'祠'字，也是祭祀的意思。段注《说文解字》曰：'祠犹食也，犹继嗣也。春物始生，孝子思亲，继嗣而食之，故曰祠。''食堂'在山东汉画像石的铭文中多见，如汶上县路公祠堂画像石刻有'天凤三年立食堂'，微山县祠堂画像石'永和四年四月丙申朔廿七日壬午，桓子终亡，二弟文山、淑山悲哀，治此食堂'。又'思念父母，弟兄悲哀，乃治家作小食堂'。'食堂'又是祠主灵魂享用祭食的地方。祠前通常有供奉的祭案，祭案上摆放供品，汉人由于要'日上四食'，便直接在案上刻画杯盘盛鱼、鸡等象征性祭品。如徐州市青山泉的祭案，还有枣庄市台儿庄区邳庄乡邳庄村出土画像石'双鱼画像'"（张文军：《中国汉画学会第十三届年会论文集》，中州古籍出版社 2011 年版，第 85 页）。

② 后之墓封亦称魂楼。宋陶谷《清异录》卷四"魂楼墓衣"条："葬处土封谓之魂楼。凡两品，一如平顶炊饼，一如倒合水桶，上作铜炉形，亦有更用一重砖甃者，或刻镇物象，名墓衣。"清孙原湘《天真阁集》卷二十九《题罗节母墓图》："登彼高峰兮，睹冥冥之魂楼，若坊而若斧兮，郁翳翳之松楸。"

③ 张文军：《中国汉画学会第十三届年会论文集》，中州古籍出版社 2011 年版，第 10 页。

图3-68 广州汉墓陶楼舍

图3-69 和林格尔汉墓壁画仓楼

曾说："近世出葬，或作香亭、魂亭、寓人、寓马之类。"[1] 陆游说的"魂亭"[2] 即是出殡时招引寄贮亡灵使之不迷失泥途，顺利行入墓地的小型"魂屋"。

图3-70 嘉祥石祠、画像上的魂楼

在考古学发现中，中国西南少数民族的魂屋最为普遍。云南石塞山出

————————————

① 叶盛《水东日记》卷15引，殆知阁《史藏》"志存记录"类第473部。《醒世姻缘传》第九十七回中亦记："推府藏着魂亭样绉纱巾子，穿着银红秋罗道袍，朝了墙看，素姐在上边摆弄，吴推官在下面指手画脚的笑谈。"

② 清翟灏《通俗编》卷9"香亭影亭"条：《宋史礼志》，周广顺元年葬故枢密使杨邠用一品礼，香舆影舆。盖舆钱、舆五谷、舆酒醴、舆衣物、舆庖牲，舆各一。按：世亦以帛结小亭舁以代舆，南宋已然。"（清乾隆十六年翟氏无不宜斋刻本）此"香亭影亭"即"魂亭"，这里是说用"魂亭"代魂车也。

图3-71 南阳县英庄汉墓
出土的墓祀图

土铜器中有三件被称为"人物屋宇镂花铜饰"的器物，其巫术意义与"魂屋"招魂有关。据冯汉骥先生描述，饰物造型的布局"皆系平地用巨木桩建一平台，台高约与人齐（以铜俑作比例）。台周有栏楯，前有阶梯以备上下。台后边建一屋宇，亦为木建筑"。M3：64号的那件上，"屋脊的两山向外突出，其下各挂牛头一。屋有墙，正面中间开一小窗，窗中供一人头"。M6：22号的饰物上，"屋宇的前面小窗中亦供一人头。"M13：239号的场面最大（图3-72），也在"屋宇的前面正中开一小窗，其中供一人头，自其后面视之，为一梳拖髻的滇族女子之首"。① 按照冯汉骥先生的想法，这些屋宇窗中供祭的人头，可能不代表祖灵形象，不是中原祭礼中的"尸"的意义，而是"一种牺牲"，它和屋台上的笙歌乐舞、男女杂沓以及各种食物一样含有"贡献""迎飨"的含义，都是配合"魂屋"，用来使祖灵"（快）悦"的东西。

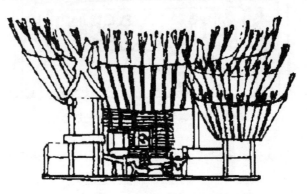

图3-72 石寨山人物屋宇铜饰

1964年洱海地区祥云大波那木椁铜棺墓出土一件形制特异的铜棺，却

① 冯汉骥：《冯汉骥考古学论文集》，文物出版社1985年版，第150—151页。

是"人字形顶","整体像一座干栏式房屋"。屋的山墙一面,绘有许多巫术性的引魂鸟图案。所以这实是棺与魂屋合一的器物①,而且在此"棺屋"中并出有铜质小魂屋模型（图3-73）。

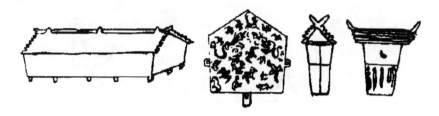

图3-73 洱海出土铜棺魂屋

由于巴楚、濮僚广大的中南西南地区,盛行舟船引魂与水上招魂的习俗,所以招魂船上往往出现"船舱形魂屋"。云南广南铜鼓胸部纹饰舟船祀典的图案上,船的中部有一"平台"造型,此即"魂屋"。因为在一旁立一招魂用的"翻杆","平台"上还有"兽首"似的祭物和头戴羽冠饰的招魂之巫,坐在那里。广西西林出土的土280号铜鼓胸部也铸饰"船上魂屋"图案。船身颀长呈弧形,首尾高翘像鹢首鹢尾,中后部是一船屋,屋后竖着招魂的羽翻,屋中"置一鼎形物",大抵是祭魂礼魂的法器。船屋为平台型,屋顶有一巫者,"别着宽袖及地长袍合掌垂袖,似属主持祭祀"之人（图3-74）。其他参加招魂的人都戴羽翼羽冠,化妆成引魂鹭鸟的样子。② 云南开化铜鼓也有招魂引灵的船形屋。招魂的舞人皆作鹭鸟装扮,头上插数根若蓑状的羽毛,一手扶弓,一手斜伸向后似拉弓状。舞人之后"有一干栏式（或称栅式）船形建筑及与之相连的栅台。栅台上各置两面铜鼓"。鼓人"手执长条状鼓棰击鼓"叫魂。"船形屋下层有两行高脚木桩,上下有一梯子。屋脊呈弧形,两端微翘,脊顶饰有蓑冠的鸟",当是"引魂鸟"。"屋里正中有两人,辫发,相对席地而坐,以手作舞",似为招魂的巫觋。晋宁铜鼓也类似（图3-75）。伴随这一引魂船屋的值得注意的是,化妆为引魂鸟的舞人手执弓拉弦,使我们很容易联想到"春秋时

---

① 童恩正：《中国西南民族考古论文集》,文物出版社1990年版,第142页。
② 中国古代铜鼓研究会：《中国古代铜鼓》,文物出版社1988年版,第180页。

的郏娄人以矢招魂"①,以及中南西南少数民族常有的弓矢引魂的丧俗。所以有学者指出,"舞人所执之物为弓,反映的是中国长江中游荆湘之间古人的丧礼"②。所说极是。

图3-74　西林出土土280号铜鼓上的船屋

图3-75　晋宁铜鼓船屋

魂屋在少数民族中又称作"鬼屋"③。所谓鬼屋即萨满、祭司或头人遣魂抓魄的地方,同时也往往用作他们的住所。因而我们看到从前东北赫哲人萨满住房外,竖一根托罗神杆,上刻神鸟。一旦萨满在屋中"跳神"招

---

① 吕静:《春秋战国时期丧葬礼俗研究》,上海民俗学社《国风》1989年第1卷第4期。

② 中国古代铜鼓研究会:《中国古代铜鼓》,文物出版社1988年版,第173页。

③ 汉族民间称死人旧屋为"鬼屋"。《阴阳显报水鬼升城隍全传鬼神传》第九回中描写:"何氏亦死。家下无银,只有一婢,卖银十两,备棺收殓,埋葬已毕。惟何氏死去阴灵不息,鬼魅甚狂,无人可进得其家。但是有人入其门者,登时飞砂走石。已经数年,皆是如此。门走亦无关栏,任从猪狗屙屎。话下不题。且说有一无赖之徒,叫做关亚定。终日以赌为生,有赌则饱,无赌则饥。一日输穷,无奈就在鬼屋眠宿。自论云云:'人道此屋有鬼,就是有鬼,与他无仇无隙,就是有鬼何足惧哉。'常常在此出入夜眠。一夜鬼现真形,行近亚定目前。定断然不惧,问道:'你是谁家妇女,贪夜到来何干?'其鬼答曰:'我既说出君莫惊骇,妾身便是本宅一女鬼也。'"(侯忠义主编:《中国古代珍稀小说》第8册,春风文艺出版社1994年版,第436页)明佚名《阳宅神搜经起心传秘法》"论屋塔数起长生例"条:"凡造屋址地不整者,当削去尖角,以作余屋,即吉。不然,主出凶顽人命破家,又主宅长中风而亡,二三代之后,化为鬼屋矣。"(明万历吴勉学刻本)清陶元藻《泊鸥山房集》卷22《梦亡女韫素》:"江流远逾阔,山势阻且修。哀哉省亲女,千里乘云游。魂来起新痛,魂去增离愁。何时抵乡国,独过林塘幽。白月照鬼屋,荒迷认遗骸。"(爱如生《中国基本古籍库》本,第239页)

魂,就有童子手拿杆作前导。西盟佤族头人(或祭师)至今的住宅顶角还饰有招魂求神的木鸟。

需要申明的是,魂屋现象不仅在中国各民族文化中带有"共有性",在域外民族的宗教信仰里也常见到。只是名称、形态不一而已。如雅玲同志曾考察大洋洲人的"魂屋",说那叫"祭屋"。"祭屋"被以复原陈列的形式广泛地布置在大洋洲各地博物馆大厅中。屋的"内部有面具、神像以及宗教仪式所用的各种器具。祭屋的墙壁、柱子以及屋梁都有许多美丽的雕刻和图画,可以看出美拉尼西亚和密克罗尼西亚地区民族艺术的精华"。还有一种祭屋,属于新几内亚塞比克河流域类型。它代表祖先"精灵之家"。凡此"精灵"之后嗣,长大后的成丁仪、冠礼、婚礼、葬礼都得在"屋"中进行,所以它有比较繁复琐细的装饰,能够代表"塞比克艺术的巅峰"。[①]

## (二)

中国典籍中有许多关于魂鸟的传说。魂鸟包括灵魂鸟与引魂鸟两种形态。

灵魂鸟是民间信仰中人死后灵魂所化的鸟[②]。崔豹《古今注》说,楚怀王死后就"化而为鸟,名(曰)楚魂"[③]。由于魂呈鸟形,故楚人招魂,备有一种供"魂"(鸟)蹲栖的"秦篝"。蒋骥《山带阁注楚辞》卷六:"篝,竹笼,以栖魂者。"朱熹《楚辞集注》卷七:"篝,……笼也。"李陈玉《楚辞笺注》则云:"招魂之具。秦人用篝,似以竹作魂龛。"[④] 据《荆楚岁时记》,楚人还惧怕一种"鬼鸟",传说它是一个受恶婆婆虐待而死的女子的怨魂所化,亦名"姑恶鸟"。古蜀帝杜宇死后灵魂化作杜鹃鸟。

① 雅玲:《大洋洲的珍贵文物》,《中国博物馆通讯》1989 年第 2 期。

② 庾信《庾子山集注》卷二《哀江南赋》:"鬼火乱于平林,殇魂游于新市。"倪璠注:"伤战争之后,中兴之臣死伤者多也。鬼火,磷也;殇魂,即伤魂鸟名……《拾遗记》曰:惠帝元熙二年改为永平元年,常山郡献伤魂鸟,状如鸡,毛色似凤。帝恶其名,弃而不纳。……当时博者云:黄帝杀蚩尤,有豼、虎误噬一妇人,七日气不绝,黄帝哀之,葬以重棺石椁,有鸟翔其冢上自呼为伤魂,则此妇人之灵也。"

③ 明慎懋官《华夷花木鸟兽珍玩考》"鸟兽续考"卷 10 亦记:"楚魂鸟一曰亡魂。或云楚怀王与秦昭王会于武关,为秦所执,囚咸阳不得归,卒死于秦。后于寒食月夜,人见于楚,化而为鸟,名楚魂。"(明万历九年刻本)

④ 清康熙刻本,卷下。清桑调元《弢甫集》卷三《招灵滩》:"沉湘讵少鱼腹葬,巫阳不下空衔冤,天阴啾啾哭声繁,慌排烟雾头如鼋。谁何手奠椒浆尊,秦篝齐缕招其魂。"(爱如生《中国基本古籍库》本,第 381 页)清周拱辰《离骚草木史》卷九:"按篝笼,笒也,以竹为之,蹲于灵筵覆之,以栖魂者。"(清初圣雨斋刻嘉庆印本)

左思《蜀都赋》所谓"鸟生杜宇之魄"。《搜神后记》卷一，载辽东人丁令威入灵虚山学道，仙化蜕形为一只鹤，飞回故里华表的顶端，口吐人言："有鸟有鸟丁令威，去家千年今始归。"

灵魂鸟中有个类型，属于"祖灵鸟"范畴。它是祖先神的象征，含有氏族图腾奉祭的意味。《吴越备史》记，越人祖先的神灵，叫罗平鸟，代表越人祖灵受到崇祀。由它主宰"越人祸福"，越人对它"敬，则福；慢，则祸"。所以越人"民间悉图其形以祷之"。《博物志》卷二也说，越地深山之中有种像鸡的青色鸟，叫"冶鸟"，传为"越祝之祖"。这或是越人"祖魂鸟"的异闻。

死者灵魂的"鸟化"（或"化鸟"）就使得殡葬丧仪中有了相应引导灵魂升天或招魂复魄作用的"引魂鸟"。徐乾学《读礼通考》卷一百一十八说辰韩人"以大鸟羽送死，其意欲使死者神魂飞扬也"[1]。《吴越春秋·阖闾内传》写吴王小女下葬，陵墓之前"舞白鹤"，鹤成了灵魂之导引。《尔雅·释鸟》"鹭舂鉏"郭注，涉及一种丧饰"白鹭缞"，似乎鹭鸟也可以引魂。明代李宗昉《黔记》叙介苗家人"叫魂"用谷米和鸡子，那是"以生禽诱'魂鸟'"，鸡做了导魂鸟[2]。

当然，引魂鸟中凤凰最尊。《楚辞·大招》："魂乎归徕，凤凰翔只。"《太平御览》卷五五二引《汉官仪》，记阴太后死后的丧车为"凤凰车"，《汉书·霍光传》韦昭注，霍光的灵车以"凤凰为车饰"，都含有凤凰引魂的潜蕴。1949年长沙市陈家大山楚墓出土帛画上绘有飞腾的凤，那正是引导细腰长袍女子（墓主人）灵魂升天的典型写照（图3-76）。

引魂鸟引领亡者魂灵返祖、升天，在礼制文化中变得十分简化。《周礼·地官·乡师》"及葬，执纛"郑注："匠执翿以御柩。"《礼记·丧大记》："君葬用輴，御柩用羽葆。"《礼记·杂记》："羽葆者，以鸟羽注于柄头，如盖，谓之羽葆。"在出葬的时候用鸟羽扎成"羽葆"（也称"翿"或"纛"）在棺前引导，以便灵魂跟着行入墓地，至少不至于迷失。这正

---

① 爱如生《中国基本古籍库》本，第2195页。

② 哈尼族《为死者叫魂》云："慈祥的老人死去了，他在世间魂丢尽，要为老人叫亡魂，死到阴间魂要齐。用只花母鸡叫亡魂，用只红公鸡喊病魂。"（云南省少数民族古籍整理出版规划办公室：《云南省少数民族古籍译丛》第31辑，云南民族出版社1990年版，第96页）

是导魂鸟的遗意。

图3－76　1949年长沙市陈家　　图3－77　江苏丹徒北山顶
大山楚墓出土的帛画①　　　　春秋墓出土的鸠杖杖首

　　中国考古学发现充分地印证了文献典籍中灵魂鸟②、引魂鸟的存在。它的踪迹遍及吴楚以及西南地区。新石器时代的良渚文化即出有玉鸟，或

---

　　①　熊传新说："孙作云……认为它是一幅龙凤引魂升天的画……原画的构图和布局，有上、中、下三层。上层为天空，有展翅欲飞和扶摇直冲的凤与龙，中层为妇人，即为墓主人的化身，下层为弯月状物，似为大地。因此，从帛画的构图和布局来看，三者密切相关，反映了我国古代'引魂升天'的神仙思想。"（熊传新：《对照新旧摹本谈楚国人物龙凤帛画》，《江汉论坛》1981年第1期）

　　②　古籍中有许多魂鸟记述。李贺《李长吉歌诗汇解》卷三《谢秀才有妾缟练改从于人……》四首其四王琦汇解云："今俚俗歌词有'谁知逐魂鸟，空占画眉笼'之句。"（清乾隆宝笏楼刻本）皮日休《追和幽独君诗次韵》："念尔风雅魄，幽咽犹能文。空令伤魂鸟，啼破山边坟。"明董斯张《广博物志》卷之四十八记伤魂鸟云："人不得其令终者，此鸟来集其国园林之中。至汉哀平之末，王莽多杀伐贤良，其鸟亟来哀鸣。时人疾此鸟名，使常山郡国弹射驱之。至晋初干戈始戢，四海攸归，山野间时见此鸟，憎其名改伤魂为相弘。"清陈元龙《格致镜原》卷81："《广陵异物志》：木客鸟大如雀，数千百头为群，飞集有度，不与众鸟相厕。俗云木客化也。"清李元《蠕范》卷2："东方朔化鸹，子安化鹊，丁令威化鹤，朱公化鸡，朱文绣化鸡，卫女化雉，罗子钟化雉，铃门化鸟，意而子化燕，季仲甫化鸥，蜀望帝化杜鹃，刘潜女化鸚鹉，帝女化精卫，产死妇化姑获，后母化瘦儿……瘦儿鸟鸣曰：'儿回来'。昔有继母欲害前妻之子，授熟麻种令植，亦授己子以生麻种，而诫之曰：麻不植者毋归。己子贪食熟麻，乞易之，乃不植，遂无归矣。母悔死，化为此鸟。"（清湖北丛书本）清王初桐《奁史》卷95"禽虫门"二也记"瘦儿鸟"云："此鸟鸣曰：儿回来，儿回来，娘家炒麻谁知来。"（清嘉庆刻本）

像雀，或似鸽，或如燕，多作张翅飞翔的形态。上海福泉山良渚文化墓地出土的泥质陶壶上绘有许多"美观""繁细"的飞舞的禽鸟，形姿各异，自由旋绕，呈不规则图像。这些飞鸟是良渚人原始宗教意识的文化符号，一种灵魂化鸟（或像鸟一样的飞走）的巫术象征。前述美国弗里尔艺术馆良渚玉璧上有"盾"形凸台上站立着长尾鸟，当即是良渚人祖先的神灵鸟（或称"祖灵鸟"）。由它召唤引领族人死者的亡灵，复归祖先族系的群体，复归族人集中团聚的墓地与祭坛。

前引306号越墓出土铜屋屋顶有图腾柱，柱头蹲立鸠鸟。图腾柱上雕饰云纹，象征鸠鸟"居住上苍"。结合屋内二人抚弦、一人击鼓、一人吹笙、二人跪唱，极似《楚辞》歌乐招魂的场面，鸠鸟似为越人的"祖魂鸟"。它在"引导（它的）图腾族裔的亡魂升天"，"归祖"①。据牟永抗的研究，中国历史博物馆皮画上，干栏式房屋的正面屋脊有鸟形装饰，云南石塞山出土贮贝器的屋顶上立有三鸟，开化铜鼓图案中也有大鸟位于屋上，佤族头人住宅顶角有木鸟饰物。它们都代表着"祖灵"的形象，只要属于它的族系，无论亡灵还是裔嗣的生魂，它都具有招引团聚的力量②。

**图3-78 古钟上所铸巫人作鸟人形**

"鸟立神杖"（或立于图腾意味的杆柱）是考古发现中引魂鸟出现的特别方式。江苏丹徒北山顶春秋墓出土的鸠杖高229cm，杖首立一只鸠，鸠身布满"羽纹"，鸠下为两圈云纹。杖的末端是个跪坐的人形，脑后有两个发髻，胸背股臀上皆是云纹（图3-77）。这显然是一个女巫。由她顶戴图腾柱，通过柱首的鸠鸟招魂引灵。③ 古钟上所铸巫人作鸟人形亦此意。（图3-78）④洛阳金村东周墓也出过类似的女巫铜

---

① 萧兵：《楚辞与神话》，江苏古籍出版社1987年版，第30页。
② 牟永抗：《绍兴306号越墓刍议》，《文物》1984年第1期。
③ 江苏省丹徒考古队：《江苏丹徒北山顶春秋墓发掘报告》，《东南文化》1988年第3—4期。
④ 张道一：《中国图案大系》（二），山东美术出版社1993年版，第183页。

俑。她的两手各持一柄神杖，杖首各有一只"引魂鸟"（图3-79）。

　　图腾杆柱立鸟引魂的葬俗，在云南地区也比较普遍。弥渡苴力石洞山战国墓出有三件杖首，都在圆形的銎上蹲立着翎鸟或雏鸡（图3-80）。祥云大波那木椁墓出土的杖上，站着一只长尾鸟（图3-81）。石塞山墓地也出有鸟立杖首的铜饰件（图3-82），其中一鸟的身下尚有盘蛇。这些都与旧时东北萨满把招魂用的托罗神杆上刻一只神鸟，仪式时让童子拿着作前导诱魂，神形绝似。

图3-79　女巫铜俑

图3-80　弥渡苴力石洞山墓出土的杖首

图3-81　长尾鸟杖首

　　灵魂鸟、引魂鸟还与考古中发现的"舟船引魂"的观念粘连在一起。那加族人使用船棺葬，船棺的首尾则"分别刻成翠鸟的头部和尾部"。婆罗洲的海洋达雅克人有种宗教祭仪的"黄金船"。船头和船尾也用"犀鸟的头和尾来装饰"。云南晋宁石塞山铜鼓主晕图纹的"竞渡船",头尾高翘,或饰以鸟形,有的船上还有大鸟在飞翔。国外学者科拉尼认为它很像古埃及搭载灵魂的"太阳船"。古代福建武夷山中流行架壑船棺,有发现棺中盛鹤骨的记载①。萧兵先生推论,这里含有"以鹤导魂"的"观念背景"。在这些情形里,引魂鸟的民俗思想和舟船引魂的民间观念"亲合无间"地融合交织了。

图 3 - 82 - 1 石塞山墓地
出土的鸟立杖首铜饰件

图 3 - 82 - 2 北京出土鸠杖②

图 3 - 82 - 3 春秋早期
管状器立鸟③

图 3 - 82 - 4 戈援人面鸟身④

---

① 清董天工《武夷山志》卷19"遗骸"条记:"万历间,接笋峰道士程应玄曾至金鸡洞中,云内藏南木甚多,一长三丈径尺余,上置仙蜕十三函,每函或颅骨数片或胫骨一二茎子骨一二节,皆裹以锦帕,一函乃鹤骨,惟头及一足。"(清乾隆刻本)

② 北京出土鸠杖首。张道一:《中国图案大系》(二),山东美术出版社1993年版,第138页。

③ 春秋早期管状器立鸟,1979年繁昌出土。张道一:《中国图案大系》(二),山东美术出版社1993年版,第22页。

④ 人面鸟身戈援部图案。张道一:《中国图案大系》(二),山东美术出版社1993年版,第55页。

灵魂鸟与引魂鸟的意识在民族学民俗学史迹中也有相当浓厚的文化积沉。弗雷泽说，"灵魂常常被认为与鸟儿一般，一飞走后可以撒米来诱回"。所以缅甸的加仑人用一只公鸡、母鸡、米和香蕉的"筵席"来招诱迷失的灵魂。南太平洋沿岸及沿岸诸岛人的招魂仪式中，也往往"以鸟代表或招祭、导引魂灵"①。在埃及人那里，女神赫莎给人以生命。人死后由她引渡到天上，在她送死者进天国时，她总是不忘记带上"死者的鸟形灵魂"。所以我们看到埃及人墓碑、墓室上常刻有鸽子之类的飞鸟形，那即表示死者魂魄。松花江流域的赫哲族萨满在遣送死者魂灵时，用木头做一只张开两翼、飞翔姿势的长约 65 厘米的鹰鸟。鹰鸟在赫哲语中叫"喝尔力"（karj），被视为"人死后将灵魂送往阴间的神"②。旧时傣族的富人引丧，用纸扎成大神鸟，并用鸟头鸟尾装饰棺头棺尾。按照瑞典汉学家高本汉的见解，中国西南少数民族铜鼓纹饰上的那些飞鸟、鸟人，可能都是葬仪上的"神鸟舞"，与灵魂化鸟和鸟引灵魂有关。云南纳西族人选择容易捕捉使用的鸡作为引魂导灵的使者。永宁纳西族巫师送死者上路时，杀一只鸡，诵念《开路经》，并说："这只鸡是你的伙伴，现在打发给你了，希望你俩一路同行，早去寻找你们的先人，他们在等待你们。"③ 这只鸡也就具有了引导死者的意义。

# 第五节　三星堆青铜立人的戴冠与大耳

这里我们从原始宗教象征学的视角，考察三星堆青铜立人戴花冠、大耳两种现象所潜含的巫术语义与原始俗信内涵，并且联系文化人类学同类事象的广阔背象取证分析，揭示古蜀先民原始宗教思维与其他民族的一致性与趋同性，以及这两种现象作为一种"微观文化单元"在原始宗教象征史上的典型意义。

（一）花冠：接引遣送神灵的象征标识

在三星堆二号祭祀坑中，被称为"群巫之长"的青铜立人，头戴花状

---

① 萧兵：《楚辞与神话》，江苏古籍出版社 1987 年版，第 8 页。

② 田昌五、石兴邦：《中国原始文化论集——纪念尹达八十诞辰》，文物出版社 1989 年版，第 258 页。

③ 转引自石兴邦《半坡氏族公社：考古资料反映的我国古代母系氏族社会制度》，陕西人民出版社 1979 年版，第 134 页。

高冠，冠顶有花蕾吐释或花果包藏（图3－83）。其足所踏祭台座上亦有花蕾纹（图3－84）。在另一幅推测为巫师戴的面具上，兽额正顶也竖有花蕾造型，"囿有空间较小，花朵花瓣短小，只是轻微地向外翻卷着"①（图3－85）。这种头冠花果（或花冠）的形象，是中国原始巫教迎神遣灵活动中的一个典型特征。原始巫人以及他们的动物助手，在接引祖灵、招魂降神时，常常头顶"花冠"或以花果为"头饰"，作为神灵降下的凭依之物。日本泉古屋博物馆藏中国商代双雒合体青铜鼓上的神巫，就头顶植物花芽

图3－83 三星堆二号坑中的青铜立人

图3－84 青铜立人立座上的花蕾纹

---

① 林奈己夫：《中国古代的日晕与神话图像》，载《三星堆与巴蜀文化》，巴蜀书社1993年版。

图 3 - 85　面具兽额正顶的花蕾造型

的冠饰，作下蹲式"巫步"（图 3 - 86），好像引迎神灵降附或者导送死灵升天的姿态。林河先生把河姆渡陶盆上近似人面的图案释为傩神之"面"。他头上戴的降神的"三尖冠"原型为"花果形"冠，后者是由前者递变而来的①；这一推断是符合中国上古巫灵冠饰特点的（图 3 - 87、图 3 - 88）。沅湘民间迎神遣灵的傩公面具，即头顶花果，两旁有果木之叶片，整个脸部"被处理在一朵向日葵似的'太阳花'之中"②。瑶族民间织锦，常织有祖灵面像。像的头部有一株三层叶瓣的花卉，象征祖神佑护的灵光。台湾高山族排湾人很虔诚地祈奉祖先神护佑他们的生活。于是在他们的文身图案中就出现了巫觋头戴花果、祭迎祖灵形象③。在纳西族文字符号里，"人"字的本义似即神巫之形，其头顶三尖花蕾之冠饰，胸臂张开，俨然一幅请神作法的模样（图 3 - 89）。湖南溆浦地区流行一种狮鼻獠牙的"兽面"。兽的头顶有花形"三尖冠"。其性质也是承接"兽灵"的符号（图 3 - 90）。侗族的"牛王"面盔的牛头正中竖一尖形花冠，作为牛王神灵下降的依凭。云南宣威彝族安葬死者，由童子跳起舒缓的"灵舞"。童子的"头上戴着纸花"，纸花随步抖动，因风飘摇，起着引领亡者魂魄的作用④。广西一些地区的女巫进行降神仪式时，用黄布或红布制成莲花帽，帽后缝有五条飘带，飘带两侧镶有花边，也无非"花冠"接引神

① 林河：《论傩与中华文明的起源》，《民族艺术》1993 年第 1 期。
② 同上。
③ 徐一青：《信念的活史：文身世界》，四川人民出版社 1988 年版，第 139 页。
④ 马学良：《宣威彝白夷丧葬制度》，《云南彝族礼俗研究文集》，四川民族出版社 1983年版。

灵的变形。

图 3 - 86　商代双雉合体青
　　铜鼓上的神巫形象　　　　图 3 - 87　龙山石锛　　图 3 - 88　内蒙古岔河
　　　　　　　　　　　　　　　巫面冠饰①　　　　岩画冠饰②

图 3 - 89　纳西族的"人"字　　　　图 3 - 90　狮鼻獠牙的兽面

　　国外宗教民俗中，神巫也以花冠加顶标志巫人正在接引神灵或神灵已经附体。古希腊罗马时代，自称为"男巫与神"的西西岛人恩佩多克利在诗中说，我"带着高傲神气"，人们"用花环——盛开着鲜花的花环加冕于我高贵的发际。我已经不再是血肉之躯，而成了不死的神祇。我无论走到哪里，周围人们都向我顶礼"。③

　　在俄国华尔斯特德的"降灵节"上，男孩子扮饰五朔王和他的近侍。

---

　①　张道一：《中国图案大系》（一），山东美术出版社 1993 年版，第 206 页。
　②　同上书，第 283 页。
　③　弗雷泽：《金枝》，中国民间文艺出版社 1987 年版，第 147 页。

他们犹如中国楚辞中的"灵"或"灵保",扮饰之时,并未得到五朔王"真灵"的降附,而仅仅是五朔王的"空壳"。为使五朔王的真灵附体,他们"在帽子上插一束香花",或"头戴木冠,上复鲜花"以为诱引。在匈牙利和爱尔兰南部以及波希米亚的李布乔威克地区,四旬斋的第四个星期天,要祭祀作为"草木精灵"的王后。王后由一个漂亮的姑娘扮饰。她的额角上戴着华贵的花冠。如果没有制作精美的花冠,可以"用野花编成花冠给她戴上",至少要在她的"发际插着春天第一批开放的鲜花如紫罗兰和雏菊"之类。这样"草木精灵"才会降临其身。中世纪丹麦王国的降灵节,则把一个小女孩扮作春神新娘。她像"一个成年的新娘一样用最好的服饰打扮起来,头戴着用春天最鲜艳的花朵编织的花冠"。她就作为春天之神的神灵凭依者存在了。英国北部和中南部的神巫们,往往借着夜幕与黑暗招迎神灵。他们用"花束花冠装饰起来",通宵歌舞,与神灵沟通,直到第二天清晨太阳出山的时候,才回到村落,把夜间神灵凭依过的花冠,插在家家户户的"门窗上面",并唱起欢乐的神歌:"我们彻夜漫游,歌舞迎来白昼。兴高采烈归来,满握香花为寿。""谨以香花奉赠,我们伫立君门。鲜艳蓓蕾初绽,我主妙手天成。"这就把神的护佑传达给了每一个人。[①] 所有这些情况,对我们理解三星堆二号坑大巫师何以头戴花冠、青铜面具顶端何以做成"花果"形,无疑具有深刻的启发意义。

（二）大耳:巫人神秘听觉的象征

在三星堆青铜立人的面部特征上,有两只夸大的耳朵。耳的宽度接近人面的一半,高度上齐眉梢,下平嘴角,呈"招风"竖张的状态。三星堆二号祭祀坑出有 D 型人头像,也是大耳,耳廓上有三个小圆孔（图 3 - 91）,正好印证了《白虎通》"禹耳三漏,是谓大通"的巫灵性记载[②]。另

---

[①]　弗雷泽:《金枝》,徐育新译本,中国民间文艺出版社 1987 年版,第 197、199、202、184 页。

[②]　清陈立《白虎通疏证》卷 7 云:"《淮南子修务训》:禹耳三漏,是谓大通,兴利除害,疏河决江。《符瑞志》云:两耳参镂,即三漏也。"明周琦《东溪日谈录》卷 7:"禹耳三漏,面黧色,而步不相过。"清宫梦仁《读书纪数略》卷 29"人部":"禹九尺有咫,虎鼻河目骈齿乌喙耳三扇。《世本》作参漏。"清陈逢衡《竹书纪年集证》卷七"虎鼻大口两耳参镂"注云:"禹耳参漏……听其而三漏,听之至。"（清嘉庆襄露轩刻本）李昉《太平御览》卷第三百六十六"人事部"七:"濑乡记曰:老子耳有三门。""三门"与"三漏"相近。

图 3－91　三里堆二号坑纵目人面具

图 3－92　三星堆二号坑出土的
D 型人头像

外，二号坑纵目人面具的耳朵更特殊（图 3－92），"耳尖向上方伸出"，像一双伸展开来的鸟翼。与《博物志》记载"南方有落头民，头能飞，以耳为翼"颇相吻合。所以龙晦先生认为，"面具耳长数十厘米，事实上那不是人类的耳朵，而是杜鹃鸟的两支翅膀。"①

由中国仙道文化的观念出发，大耳是仙人或得道成仙的象征②。《艺文类聚》卷十一引《列仙传》说仙人务光"耳长七寸"，阳都仙女"耳细而长"；引《樊氏法相》说耳围长一寸三分，可得仙寿"百二十岁"。③ 王嘉《拾遗记》载，南方移池国"人皆……长耳"，"寿万岁"。④

汉诗《长歌行》中也有"仙人骑白鹿，发短耳何长"之句。而从古蜀历史

---

① 龙晦：《广汉三星堆出土铜像考释》，《民族艺术》1993 年第 1 期。
② 汉刘向《列仙传》卷下："黄阮丘者，睢山上道士也。衣裘被发，耳长七寸，口中无齿，日行四百里。"（明正统道藏本）李昉《太平广记》卷 414《草木》九"食术"条："林子明服术十一年，耳长五寸，身轻如飞。"佛家亦然，吴自牧《梦粱录》卷 17"历代方外僧"条："真觉大师行修，生有异相，耳长垂两肩，称长耳相禅师。"
③ 欧阳询：《艺文类聚》卷 17《人部》一"耳"条。
④ 王嘉：《拾遗记》，中华书局 1981 年版，第 229 页。

的一些传说看，上古蜀王蚕丛、柏灌、鱼凫都是些仙化不死的神人。三星堆青铜人物的大耳，极有可能在暗喻古蜀神王（或巫王）的仙化品质，或是以大耳特征的"神灵凭依物"（面具、头像）在祭礼中招诱蜀王神灵的降临与依附。当然，这只是青铜人像"大耳"的表层象征。

　　青铜人像"大耳"的深层象征还在于它是一种巫灵符号，它是神巫作法时张开的侦察鬼灵世界信息的探测器。按照林河先生的理解，在殷墟符号群中，巫师形象最突出的特征就是特大的"耳形饰"。"耳形饰"作为神巫的耳朵使用，犹如两把扇子出现在巫人头部的两侧（图 3 - 93）①。这种情况，龙山文化中即有（图 3 - 94）。

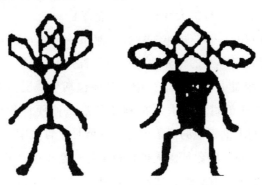

**图 3 - 93　殷墟符号群中的大耳人**

　　在中国少数民族宗教意识里，也把大耳看作巫人的天质，要做神王或神巫，就必拥有"大耳"。《后汉书·南蛮西南夷列传》记，哀牢人"自谓王者，耳皆下肩三寸"②。这种对"大耳"的崇拜使得那些想做巫王的人除了借面具、神像体现巫性神耳以外，还不得不采取"人为"的方式把耳朵拉长、变形。据曾湘

**图 3 - 94　汤阴龙山陶器上大耳人**③

---

①　林河：《论傩与中华文明的起源》，《民族艺术》1993 年第 1 期。
②　范晔：《后汉书》，中华书局 1965 年版，第 2849 页。
③　张道一：《中国图案大系》（一），山东美术出版社 1993 年版，第 324 页。

军先生的研究，古代儋耳国的人耳朵垂肩，是一种"整容巫术"，"人为造成的"。《异物志》讲"儋耳夷，镂其耳匡为数行，与颊相连，状如鸡腹，下垂肩上"。[①] "就是将接耳际面皮拉破揭起，一头与耳根相连，一头下垂，看起来就像耳朵增长了"。《后汉书·南蛮西南夷列传》也说，"渠帅贵大耳，皆穿而缒之，垂肩三寸"[②]。"就是通过在耳垂上吊以重物将耳轮往下拉，造成耳朵变形。"还有一种方式是"在耳垂穿洞，填以木头圆片或象牙圆片，穿孔成形后，再将其拉伤、扩展，填以更大的圆片，如是再三，耳朵也就畸形变大了"。[③] 我们联系三星堆 D 型人像大耳上分布的那三个"莫名其妙"的圆孔，是否也可以做出一个猜测：古蜀神巫为了显现其神灵的听觉，也有着人为地扩大耳轮的巫术企图！

读甲骨卜辞可知，神巫或巫王往往在巫卜中向祖灵、鬼神寻问有无灾异，寻问后又靠自己耳朵的特异功能把神灵告知的情况"听记"下来，反馈给求神者。在甲骨卜辞"文本"中，耳还包括另一层巫术象征，即巫人模拟祖灵神，在神灵附体、进入祖神角色后，他便俨然以祖灵神自居，"听"人诉说他们求助于他的话语内容。这就是甲骨文中"闻"字的本义。赵诚先生曾说："闻"字象征巫人模拟祖灵神在祭祀中"耸耳而听"。[④]

"乙丑卜，争贞，有疒齿，父乙隹有闻"。（《南南》一·四三）殷王牙痛，祭告先祖神父乙。巫人"争"的反馈：祖灵父乙已听知（闻）了求佑的祷祈。

"庚子卜，永贞：匕（妣）已闻？——贞：匕（妣）已弗闻？"（《合》二二七）巫人（"永"）在向女性的祖灵神（妣己）寻问，问她是否听知了最近向她祭求的事情？（究为何事，语义不明）

"贞，吕方亡闻"。（《续》一·一三·五）巫人向人们转达，祖灵神说他没有听到关于吕方之事的任何信息。（《后下》三〇·一六条所云："方亡听。"与此辞意相类）

---

① 吴永章：《异物志辑佚校注》，广东人民出版社 1983 年版，第 19 页。
② 范晔：《后汉书》，中华书局 1965 年版，第 2835 页。
③ 曾湘军：《湖南大庸出土铜俑与盘瓠文化》，载《民族艺术》1993 年第 1 期。宋赵汝适《诸蕃志》卷下："昌化在黎母山之西北，即古儋州也。……或谓土人耳长至肩，故有儋耳之号。今昌化即无大耳儿。盖黎俗慕佛，以大镮坠耳俾下垂至肩故也。"（清学津讨原本）
④ 赵诚：《甲骨文简明词典》，中华书局 2009 年版，第 361 页。

"有闻"（《遗》三四五）。"有听"（《铁》二·三）。这两辞都是一个未知名的贞人（巫师）报告，祖灵神说他们已听知了商王的祭告或祷求。

另外，在人神交通中，又存在着一种巫人（神巫、巫灵）的神秘的特异听觉。巫人作为人神交通的中介，其"特异听力"类似神灵，能"听"到一般人听不到的东西①，能"听懂"神灵精怪（甚至神异鸟兽）的语言；超前地掌握"神灵世界"给予人间的灾祥动态。因此，从这个意义上讲，巫人听觉器官（耳朵），毋宁就是伸向鬼神"语言话语世界"的"接收雷达"。也正由于他们具备如此的"神听"禀赋，故才能为"巫"。甲骨文中有"圣"（聖）字，作人在土坛上张耳以听之形。这正是大巫察听神灵世界话语信息的本相（也正因为他的听力特别，人们才视他为神圣——聖之本义由此来）。《合》二六一条卜辞"有聖"，表达的即是神巫察听神灵语声有所闻的意思。明张萱《疑耀》有"巫觋惑人"条云："南人信鬼，里中有以妇人代神语，曰聖。"② 这里的"妇人代神语曰聖"，正是上古人称听觉灵敏的"巫"为"聖"（即"聖"之原始义）③，在后世风俗中难得见到的遗留了。

从卜辞看，商王往往以大巫、神巫的面目出现，亲自卜问，侦听神灵赐示话语中的灾祥。如：

"丁卯卜，王听隹有灾"。（《戬》四五·一〇）

"贞：王耵（听），不隹唐跎（灾）?"（《柏》一九）

"王听隹有灾"。（《合》一九七）

"王耵（听）有甾（灾）?"（《拾》四·七）

"贞：王耵（听）隹咎? 贞：王听不隹咎?"（《乙》三三九六）

"贞，王耵（听），隹孽? 贞，王耵（听）不隹孽?"（《乙》四六

---

① 《国语·楚语下》楚大夫观射父向楚昭王谈做巫人的基本条件时说："其智能上下比义，其圣能光远宣朗，其明能光照之，其聪能听彻之；如是则神明降之，在男曰觋，在女曰巫。"所谓"聪能听彻之"，即指巫人的特异听觉要求。

② 张萱：《疑耀》第 1 册，商务印书馆 1939 年版，第 9 页。

③ 聖为神灵听觉或听觉敏锐之人的原始语义，古文献中仍有痕迹。《文子·道德》云："老子曰：闻而知之，聖也。"《后汉书·范升传》有"聖者无不闻"之语。杨树达《积微居读书记·读后汉书札记》据之说："聖与聪义近，故从耳。此文及《文子》犹用本义。"

○四）

在殷人的人神交通中，听（聅）之行为既如此占重（即一边牵扯着祖灵神，一边牵扯着祈告者——后嗣、贞人、执政的商王），那么"听"（聅）之处所也就成了特定的人神交流的地点。这种地点甲骨文中写作"廰"（后世之"厅"由此而来），《文》五五五条："祝于廰。"《邺》三·四一·六条："……廰西户，祝于妣辛。"都是在固定的建筑空间中进行神听于人、代人听于神的宗教沟通活动。

在殷周金文中，与祖灵相沟通，称之为"遘"①。遘，相会、交流、对话也。其间也自然留下了"神听"的痕迹。

《殷周金文集成》第一册第51号器铭文曰："余武于戎攻（功）。霝（靈）闻，用乐嘉宾、父兄、大夫、倗友。"所谓"灵闻"，即作器者将自己的"戎功"祭告于祖先，冀祖灵神听知欣慰。第七册3975号器铭文曰："辛巳，王酓（饮）多亚，聽享京，迺赐贝二朋，用乍（作）大子丁，……"作器者受赐于周王（作器之由），并参加了"王"在周京宗庙的祭祖听示活动。此"聽享"乃指"王"与其祖灵神之间的"交流对话"。第八册4157号器铭文则说："唯正二月，既死霸壬戌，黽（蛇）乎乍（作）宝簋，用聽夙夜，用享孝皇祖、文考……"此辞属于作器者私祭了。它的意思是，特制"宝簋"，以享祭先祖、文考之灵。有此"宝簋"，与先祖灵间的"对话"（或听于祖灵，或告于祖灵听之）便无时不在、朝夕可为了。

由大耳去"探听"神灵（或鬼灵）的音讯，考古学发现中已有不少例证。1986年湘西大庸西汉墓出土一个铜俑，双耳宽长圆阔，头顶、左右肩有"空心管"，管中可以插放"柱形引灵物"。整个形象的内蕴是由铜俑的大耳"听知"墓主灵魂的"语声"，并负责与灵魂"对话"，从而招引灵魂附凭到"柱形引灵物"上来。文物造型中夸张的兽耳，也和人耳一样含有灵敏探测鬼神世界的作用。河南荥阳康寨汉墓的阙门砖，浮雕一个鹿

---

① 如殷器《二祀邲其卣》铭文云："在正月，遘于妣丙……"《四祀邲其卣》铭文也说："乙巳，王曰……在□大廷，遘乙。"（杜逎松：《中国青铜器发展史》，紫禁城出版社1995年版，第29页）

头，头上长棵招魂的长青树——即生命
的神树；而探问听知灵魂之去所，则由
一对伸展的大鹿耳去追踪觅迹了①。山东
寿光三元孙墓出的车饰件上铸一人面，
人面上却长有神兽的竖耳（图3-95）。
可以推知，这车可能是"魂车"，神兽的
竖耳正在察听、搜寻死者的灵魂，从而
借"魂力"把它引入墓地。②据苏联学者
捷瓦兹卡娅介绍，在叶尼塞流域出土的
大量兽面具上，"常有一些复杂的头饰"，
结构因素变来变去大都不离开"兽耳"
之重心。③这就启发我们领悟到问题的本
质：兽耳也是一种神的巫术侦听器官。
正如日本学人荻原秀三郎所说的，那些
兽耳，实际上是一些"竖着耳朵能迅速
地听到异界情报"的巫术神兽神异听觉
的象征。④

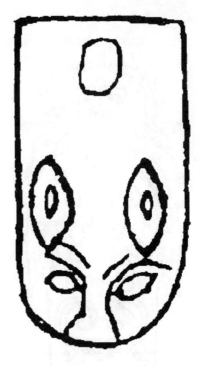

图3-95　山东寿光三元孙墓
出土车饰件上的人面图像

　　大耳，作为神灵察听民间祈求的感
应器官以及巫人了解神灵意图的"接收器"，在民间巫术中有很多遗留。
东北达斡尔族的祭天祷词中就有："天父听听祷词，天母了解缘由。坐在
根源的大公主，用簸箕的耳朵静听。"⑤这是巫人希望神灵竖起他们"簸箕
般的耳朵"听他陈诉民间的祷词。湖南麻阳的苗家妇女，在婚后用三块布
拼成婴孩小帽，帽顶竖对狗耳。据说这狗耳能"听知"欲来投胎的婴孩之
"灵"的脚步声，把"灵"招引来，她就能如期孕娩。⑥四川、贵州的彝
族人在每年六月的火把节上，选小伙子扮饰虎神。虎神面具上"有两双耳

①　赵清：《河南荥阳康寨汉代空心砖墓》，《华夏考古》1996年第2期。
②　山东省考古所：《山东寿光县三元孙墓地发掘报告》，《华夏考古》1996年第2期。
③　陈良伟译：《叶尼塞流域的古代偶像》，《新疆文物》1987年第4期。
④　荻原秀三郎：《神灵依附物、神灵凭依者和宇宙轴》，《民族艺术》1996年第1期。
⑤　乌丙安：《神秘的萨满世界》，上海三联书店1989年版，第16页。
⑥　谭子美：《麻阳苗族盘瓠崇拜概述》，《苗族文化论丛》，湖南大学出版社1989年版。

朵，一双为虎耳，一双为人耳"，"人耳"能够听察祖灵神的赐告戒训，"虎耳"则用来探测黑暗中妖邪精魅的方向，从而驱赶镇杀它们。[①]

图3-96 淮阳马鞍冢楚墓
出土的车辕饰

古埃及文明中，神巫也是有"灵听"的。在埃及底比斯神庙的雕像上也镌刻着这样的话："你们，来自上下埃及的人们，从南北来到底比斯向神祈祷的人们，到我面前来吧。你们说的话会传达到阿蒙神那里。我是由神任命来倾听你们的请求的信使。我会把一切都向他（阿蒙神）呈报的。"[②] 阿蒙神的巫使自言将听到的人的祈请转报主神，他成了人神交通中的听觉中介。

透过以上甲骨卜辞、考古学、人类学例据可以发现，大耳的象征语义中，积淀最厚的还是巫术性的对鬼神世界信息的探察与侦听。大耳是神巫灵慧之"聪"的象征写照，也是神灵"话语"与尘世"话语"沟通过渡、"对讲交换"的特别渠道。三星堆青铜面具及人像的"大耳"，只有放在这种原始宗教的象征学渊源上才能识辨其神——巫交谈的特殊方式，以及交谈中"耳"所代表的"巫灵听觉"的代码喻义。

## 第六节 三星堆青铜面具"额饰"、眼睛巫术与边璋控雨

### （一）

20世纪80年代中期，四川广汉三星堆一号、二号祭祀坑出土了系列

① 唐楚臣：《滇黔彝族跳虎节及措特基》，《民族艺术研究》1989年第1期。
② 转引自汉尼希《人类早期文明的木乃伊》，浙江人民出版社1988年版，第140页。

性的青铜面具。其中面具上特别的额饰细节，反映了"额间灵穴"的原始巫术意义，具有宗教人类学背景。

三星堆祭祀坑所出巨型青铜面具的额中有方形的开孔①。其中 A 型青铜面具（K₂②：148）的额间方孔为 10.4 厘米 × 5.8 厘米，B 型青铜面具（K₂②：60）额间方孔为 2 厘米 ×2.2 厘米。在另一件宽约 77 厘米的中型面具上，前额正中有一"勾云状饰件"，高 66 厘米，造型像一条"高大的夔龙"（图 3－97）。赵殿增先生由此推测，巨型青铜面具额间的方孔上，很可能原来也有类似的"勾云状（或夔龙状）饰件"，给青铜面具增加着"神秘的仙气"。② 这一观察是准确的。日本学者林奈已夫发现，三星堆二号坑所出的铜

图 3－97 三星堆出土青铜面具③

尊上的兽面也有"额部填饰"（二里冈铜器即有，如图 3－98、图 3－99）。其形状是竖立长板状的篦形纹，和殷墟妇好墓出土的铜器、玉器、饕餮纹饰中的柱状额饰异曲同工。它们大概是供神灵上下的"若木树杆"的"一种变体"。④ 林奈已夫的理解提示我们，从殷商时代开始，巫性思维中的人面像（神巫面）、兽面像的额部好像不是作为封闭的"板块"来对待，而是作为通引"灵气"或"神魄"的神秘"穴口"存在着。这种"穴口"在巫术祭祀中能够上接天之神灵、下导"魂气"升天，是收揽外游精魄复归本躯的一种至关重要的"灵""魂"通道。三星堆青铜面具额间的夔龙

① 淮阳马鞍冢楚墓出土车辕饰为龙首，龙额也有口字形开口。（图 3－96）见河南省文物研究所《河南淮阳马鞍冢楚墓发掘简报》，《文物》1984 年第 10 期。

② 赵殿增：《三星堆祭祀坑文物研究》，《三星堆与巴蜀文化》，巴蜀书社 1993 年版。

③ 1987 年四川省广汉县三星堆出土，高 85.4 厘米、宽 78 厘米，长方形脸，长刀形粗眉，"臣"字形目，眼珠呈椭圆柱形突出眼眶，鼻部卷曲，阔口微张，露舌。戈形耳向两侧展开。额正中有高高竖起的额饰，上端内卷，中部饰刀状羽翅。左右两侧有方形铸孔，当为祭祀时便于扛抬使用。

④ 林奈已夫：《中国古代的日晕与神话图像》，《三星堆与巴蜀文化》，巴蜀书社 1993 年版。

饰（或勾云饰）以及铜尊兽面"篦纹柱"形额饰正是这种"额间灵穴"的巫术象征，反映了中国原始宗教中一个十分特别的美学形态。而这个精彩的细节，大概由于三星堆文化的精华内蕴太繁富，一直未能引起国内学人的注意，被忽略放过了。

图 3 - 98　二里冈铜器兽面额部有饰符（一）①

图 3 - 99　二里冈铜器兽面额部有饰符（二）②

额有灵穴的原始宗教潜意识在民族学资料中有充分的记载。弗雷泽说，对一个人来说，外界的恶灵可能由他的面额"进入体内"，他自己的灵魂也可能由面额"逃离体外"。为了防止第一种可能，刚果黑人"用泥土在前额划一线条"，犹似设下一道"驱邪"的禁符，他们便"感到满意"

---

① 张道一：《中国图案大系》（一），山东美术出版社 1993 年版，第 332 页。
② 同上书，第 334 页。

放心了。为了防止后一种可能，东几内亚海岸的优若巴人，把家禽的血"涂在人的前额"①，以为这就拘羁了灵魂。它不再能够飞出。在刚果河流域，被征服者的部落向征服者归顺。征服者担心这些"异类"的人身上潜带邪魔，所以总是命令他们在河中洗浴两天，再在他们前额划一个"长长的白色印记"②，意思是封住他们身上的邪灵，不让它们冒出来侵害本族人。与此相近，西非一些男人外出返家时，怕自己沾染了异乡女人传导给他的邪魅，会给妻女带来不祥，进家前请巫师在额上做禳除记号，以清扫、驱遣并"消除外乡女人在他身上施行的符咒"③。据说毛利人的酋长如不自觉地用手抚摸了自己的额头，他会马上"把手指放在鼻子上用力吸"。因为他的手已无意之中由头额引出了他的"神性"与"灵气"，他必须让它们"复回原处"。④ 在这些民俗事象中，都潜藏了一个原始宗教想象：额间为"灵穴"，神灵、灵魂、邪魅乃至生命之精魂均可由此"穴路"出入往返。聪明的巫师可以根据这个"规律"，通过灵符因势利导地在"额穴"间做些封储、阻御或排出的工作。

中国民间也存在额有灵穴的观念。田雯《黔书》卷上"苗俗"条记，新贵县广顺一带苗族男子，在未婚前为了防护、封存"童男"的"原生命力"（精魂）不外溢，均"缚楮（树）皮于额"，新婚后，方才解去⑤。川滇彝族人传说，很早以前族人受异族侵伐，一男子想把父母祖灵装进口袋带走，可觉得口袋装祖灵对父母不恭；想把祖灵背到背上，但祖灵太小不好背。最后，他把祖灵顶在额上，并用头发缠住。这时，他顿觉浑身履力可以摇撼山岳。他冲向敌阵，把敌人杀得落荒而逃。由此族人悟出了一个奥秘：祖灵可以由额顶附体，给后嗣输入神力。从此他们的发式，多"笼发而束于额，若角状"⑥，俗称"英雄结"，以象征祖灵贴附在额前并时时

---

① 弗雷泽：《金枝》，中国民间文艺出版社 1987 年版，第 342 页。

② 同上书，第 299 页。

③ 同上书，第 298 页。

④ 同上书，第 344 页。

⑤ 爱如生《中国基本古籍库》本，第 8 页。清吴振棫《花宜馆诗钞》卷 2《黔苗杂咏》："银环太大发笼梳，绝艳花枝蜡画粗。心事未谐鸡骨卜，有人还缚楮皮无？"自注："花苗男子未娶者缚楮皮于额。"（清同治四年刻本）清郑珍《（道光）遵义府志》卷 20"苗蛮"条："花苗少年缚楮皮于额，婚乃去之。"

⑥ 参见岑家梧《图腾艺术史》，上海文艺出版社 1988 年版，第 52 页。

助佑的意思。西藏的门巴族女人，以为他们的怀孕生子，需有外在"灵力"导入才行。但导入的渠道不是下体，而是额头。想男孩可用头额去碰接"阳具石"，想女孩可用头额去碰触"女阴岩"。这样便可感灵怀妊，如愿以偿。据胡仲实同志的研究，原始的湘西梅山教祭神迎灵时，选女性为"梅山娘"，由她"全身裸露"，下体"朝天"，去迎奉神灵降附。这种感灵降神的方式相当麻烦，迫使巫师们"想出一个剔额的主意，即在额头上划开一道口子，人工地做出一个"下体符号来，"以利天人之间的感应"①。这种额间的"下体符号"，在许多地方傩戏面具上仍可见到，如西藏的武相金刚面具、西藏的骷髅面具。贵州安顺地戏的女将面具，都为一道口子形额饰，也都是一种额有灵穴的象征。这些原始宗教民俗体现的额有灵穴的现象，为我们揭开三星堆青铜面具额饰之秘提供了一个参照，它大抵也属于额间灵符或额穴通神的巫术象征范畴。

从巫术文化学的经验看，额间灵符与额穴导灵的具体内涵相当复杂。它有许多类型。

一种是承接型的。它由外向内引导吉灵（佑护意义的神灵、祖灵）和外游的魂气魄影由额间"灵穴"进入人面、面具、兽面或巫人圣者的实体。其表现符号常常是利于"接收"的承托物象或"开口"形状。被学者称为"早期巴蜀文化"类型的城（固）洋（县）地区出土的 D 型钺上有人面像，人鼻上贯，超出眉际，呈"Y"形额饰，明显含有求引祖灵下临助胜的巫术功用。台湾土著居民在木梳上刻人面像。像的额间为"山"形灵符。在神话巫术中，山和树都是人神沟通的天梯，所以"山"形额饰是祈请祖灵神以"山"为踩踏，进入额穴灵道。"山"形额饰比较常见。清乾隆《永北府志》记西番人，"男女俱额刺山字"。②《太平御览》卷三六四"人事部""额"条引《论语摘辅象》说，"樊迟山额，有若月衡"。至

---

① 胡仲实：《女阴崇拜——纵目人考》，载《民族艺术》1995 年第 3 期。

② 清魏源《海国图志》卷 21 "东印度各国"条："各种不相为婚，男子胸盖数小印，额刺纹。"（清光绪二年魏光寿平庆泾固道署刻本）清徐继畬《瀛寰志略》卷三"五印度"条："粤东呼为小白头国，地本雕题种类，贵人额涂日光花卉……庶人额刺纹，胸臂劈烙卦画形，皆雕题遗俗也。"（清道光二十八年福建抚署刻本）清沈钦韩《后汉书疏证》卷 12 "雕题交趾其俗男女同川而浴"条："赤雅猺丁妇，黔面，额刺为花草蜻蜓蛾蝶之状。"（清光绪二十六年浙江官书局刻本）张玉书《佩文韵府》卷 66 之十"绔"字"大口袴"条记高丽乐工"椎髻于后，以绛抹额，饰以金铛"（爱如生《中国基本古籍库》本，第 16152 页）。

温庭筠词中尚有"蕊黄无限当山额"之句（《菩萨蛮》）。

壮族木偶傩面有一种为人崇祀的勇武之神的面像。他的额间画一杯状灵符；杯口向上（图3－100），便于在祭祀性的演出中接引勇武之神的神灵由杯口额穴进入傩面，使傩面真正蕴含神灵性。从《三才会图》中可以看到，汉族民间把秦始皇想象为额有灵符的人物（图3－101－1）。灵符是一个倒"八"字，倒"八"字中又夹放一个"V"字形（犹红山人面坠饰，图3－101－2），说明他的额间，无时不在承收着上天给予他的圣灵之气。

第二种"额穴"符号是由内向外起镇魅作用的。当面具、人面像代表凶厉镇魅之神时，其额间灵穴透释出来的就是具有

图3－100　壮族勇武之神面像

杀戾意味的"威灵"与煞气，其符号多为尖锥形或杀伤性物象。南京博物院藏殷代青铜盔上的人面，额中有"菱形"穴孔，外套一个"刺兵"符号（图3－102）；其巫术玄旨在于使戴盔者有威慑敌方的作用。河南密县汉代画像砖上，有守墓的武士像，其额饰与鼻相连，也是"刺兵"形状（图3－103）。四川渠县沈府阙上刻辟邪石像，额间有一"菱形"孔窍代表额穴，

图3－101－1　三才会图①

图3－101－2　红山人面坠饰

① 张道一：《中国图案大系》（一），山东美术出版社1993年版，第229页。

图 3 - 102　殷代青铜盔上的人面

图 3 - 103　河南密县汉代画像
砖上的武士像

穴上冲起一支尖利的独角（图 3 - 104），显出整个石像内在的镇煞凶灵的属性。壮族民间木偶傩面有幅脸谱，额中是一个圆形"灵穴"，圆形中一道闪电，透示出脸谱神灵的威吓力。

第三种额灵符号对额穴起守御、阻护的意义[1]。因为额间既有"灵穴"就必须防止恶灵由此通道窜入偷进，尤其是在黑暗的夜晚进行各种祈神求灵的活动，各种妖魅邪灵最容易和所求所请之魂灵混在一起溜进去作祟。所以我们看到许多民族的额饰多作"月亮"形状。明天启《滇志》卷三十记"光头百夷（人），盖习车里之俗，额上黥刺月芽，所谓雕题也"。[2] 清曹树翘《滇南杂志》卷二十三也记僰夷人"额上刺月牙"[3]。新疆库车出土的木面具，额上画一横月（图 3 - 105）。在朝鲜半岛，松坡山台地区的宗教傩戏面具上，刻一竖立的月芽。这些"月"形额饰都是借月之光辉阻御黑夜之际鬼灵进入额穴的象征性表达。在贵州南阳地区的傩戏面具中，灵官的脑门画有"红火焰"额饰，楚霸王项羽的眉间画有"黑火焰"额饰，巫术用意和"月"形额饰基本相同，但就"火焰"抵御邪魅妖灵的威慑性而言，似乎比"月"还要烈性一些。

---

① 清冯桂芬《（同治）苏州府志》卷 3 "风俗"："以雄黄书王字于小儿额。"（清光绪九年刊本）孔尚任《节序同风录》："上坟妇女……戴白髻，白抹额。"（清钞本）

② 刘文征：《滇志》，云南教育出版社 1991 年版，第 998 页。

③ 曹树翘：《滇南杂志》，王有立主编《中华文史丛书》影印本，台湾华文书局，第 795 页。

为了使额间灵穴在接引吉灵、阻御
邪灵的工作中方便有序，巫术象征还选
用既可睁开又可合闭的"眼"形额饰。
"眼"形额饰能够识别何为巫术邀引来的
吉灵祥神，何为应该挡在门外的恶灵中
的不速之客。神话传说二郎神、哪吒、
闻仲、灵官、凉山彝族的马王、昆明两
担石的苗王，都有这么一只眼形额饰。
藏族民间纸制的护法神面具，即在额中
做竖眼一只，黑白眼珠对比鲜明。民国
《邛崃县志》卷二记："蜀中古庙多有蓝
面神象……头上额中有纵目。"[1] 彝族古
歌《查姆》说其祖有一目在脑门顶上，
大概也是"竖眼额饰"的异相。这种
"眼"形额饰开闭随意，收放自由，正
好适应了巫术活动对外在之"灵"或接
或拒、对内在之"灵"或送或收的双重
需要。

　　三星堆青铜面具的夔龙形额饰似乎
带有上述三种类型的综合功能。因为夔
龙既可导引面具所代表的神灵（或巫人
作法遣使的亡灵），由额穴飞出升天，又
可穿云腾空，由远方接引祖灵或神灵的
到来与降附；既可招领漫游于苍冥或水
域的外在亡魂复归本躯，又可以其威猛

图 3 - 104　四川渠县沈府阙上的
辟邪石刻像

图 3 - 105　新疆库车出土的木面具

之性对恶灵邪魅起震慑阻御意义。夔龙是一个灵活可变具有多重喻义的额
灵符号。古蜀神巫正是通过这一具有象征内涵的多样性符号在额穴控制巫
术中以一当十、富有弹性地实现他们复杂的巫术设想的。

---

　　[1]　刘琳：《华阳国志校注》，巴蜀书社 1984 年版，第 181 页。

（二）

广汉三星堆二号祭祀坑出土的青铜面具，眼珠呈圆柱体突出于眼框之外，最凸出的达16.5厘米（图3－106）。这个特征在世界人类学领域找不到任何人种学依据，从而构成了三星堆文物中一个最难解破的"谜"。学者们猜来想去，不得正的。其实这是一种原始宗教思维背景下的对巫人特殊视觉（器官）予以夸张的立体造型，或者说是古巫文化中"眼睛巫术"的具体体现。这种现象不是孤立的，有着一定的跨民族的普遍性，有着积淀厚实的宗教人类学基础以及广泛的巫文化背景。

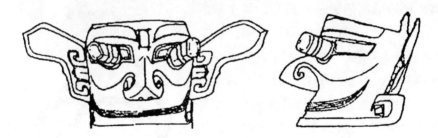

图3－106　三星堆青铜面具线描图

朱狄先生在谈到神像起源时曾提到，非洲利比里亚人有种用于丧葬的黑木面具。面具沉重怪拙，伸出的圆柱形眼球（图3－107）；巫人用它在葬仪过程中洞察、识别、驱吓那些不利于死者魂灵的精魅，防止它们崇乱。[①] 法国人类学家列维－斯特劳斯也指出，美洲土人面具中有大量圆柱体眼睛，那是巫师夜间对付邪魅的，圆柱体的巫眼代表巫人的神秘视觉，并有辟邪防身的作用。特林基特人的神话中有这么一个细节，乌鸦离开印第安人前警告过：等它们回地球时，谁敢看它们，谁就会变成石头。所以印第安巫人用白菜叶卷成圆筒套在眼睛上窥探乌鸦并射杀它们。北美印第安人皮饰及秘鲁彩陶上亦多见眼睛纹（图3－108至图3－110）。似乎美洲巫文化思维中，也尤其强调巫者的神灵化视觉功能，而眼睛上出现圆柱体或圆筒状正是巫灵化视觉的特别模拟。[②]

中国典籍中有一些涉及圆柱型巫眼的记述，即所谓"纵目"传说（图

---

① 朱狄：《信仰时代的文明》，中国青年出版社1999年版，第133—136页。

② 列维－斯特劳斯：《面具的奥秘》，上海文艺出版社1992年版，第128—132页。

图 3 – 107　非洲利比里亚人面具

图 3 – 108　北美印第安人皮饰上的眼睛纹

3 – 109、图 3 – 110）。《山海经·海内北经》载，"袜，其为物，人身黑首从目"。台湾学者鹿忆鹿引《玉篇》云，"袜即鬼魅"，"从目"即"纵目"[①]。在《华阳国志》卷三《蜀志》中，古蜀第一代神王蚕丛就被想象地描绘为"其纵目"[②]。《楚辞·大招》也有"豕首纵目，被发鬤只"的句子。肖兵先生解释，"豕首纵目"即洛阳西汉卜千秋画像墓中的猪头神

①　鹿忆鹿：《眼睛的神话》，《民族艺术》2002 年第 3 期。郝懿行云："《后汉书·礼仪志》云：'雄伯食魅。'《玉篇》云：'袜即鬼魅也。'本此。"（袁珂：《山海经校注》，上海古籍出版社1980 年版，第 314 页）

②　刘琳：《华阳国志校注》，巴蜀书社 1984 年版，第 181 页。

（实为顶戴猪头面具的神巫），长着竖出的眼睛，能够辟除鬼怪，威胁游魂，以护墓主之灵。①

图 3 - 109　印第安人
服饰上的眼睛纹

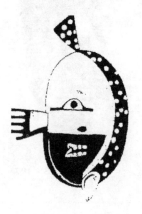

图 3 - 110　秘鲁彩陶眼纹

图 3 - 111　金文亚字
图徽上的眼纹②

图 3 - 112　商父乙觚上的眼纹

"圆柱形巫眼"之所以出现，可以说根源于巫文化对神巫特异视觉或眼睛巫术的推崇。在中国巫史传统中，每每夸饰那种特异的视觉器官。《春秋演孔图》说"仓颉四目""舜重瞳子"。《渊鉴类函》卷二五九"目

---

①　肖兵：《楚辞全译》，江苏古籍出版社 1998 年版，第 228 页。郝懿行云："《楚辞大招》云：'豕首从目，被发鬤只。'疑即此。"（袁珂：《山海经校注》，上海古籍出版社 1980 年版，第314 页）

②　张晓霞：《天赐荣华：中国古代植物装饰纹样发展史》，上海文化出版社 2010 年版，第 43 页。

部・四目"条云："舜明四目，而天下治。"《神仙传》讲，有个叫涉正的巴东神巫，"常（年）闭目。弟子随之数十年，莫有见开目者。有一弟子固请之，正为开目，音如霹雳，光如电照，弟子顿伏良久方起"①。

巫灵文化又特别称道一种方形的眼睛，以为"方眼"之人，秉质奇异，有仙风道骨。《南史・隐逸传下》"陶弘景"条云："《仙书》：'眼方者寿千岁'。弘景末年一眼有时而方。"②《渊鉴类函》卷二五九引《汇苑》曰"李密方瞳子，黑白明彻。炀帝见之，谓宇文述曰：'此儿顾盼不常，无入卫'"。据陆游《老学庵笔记》，"秦太师作相时，第（宅）窗上下及中一二眼作方眼，余作疏櫺，谓之太师窗"。③ 由于方形眼睛有巫灵性，窗户的"眼"也做成"方形"，仿人之"方睛"，以便趋吉避凶。

另外，特异视觉或特别形质的眼睛（包括各种禽兽的眼睛）在古代法术文化中，本身就是一个巫灵符号。《渊鉴类函》卷二五九引《韵对》云："元帝母阮修容曾失一珠，元帝时幼窃吞之……乃炙鱼眼以厌之。信宿之间，珠随便出……"这里的"炙鱼眼"即为一种消灾弭祸的厌胜巫术。又《史记》卷六六《伍子胥列传》载，吴王赐子胥属镂之剑以死，子胥仰天叹曰："抉吾眼县吴东门之上，以观越寇之入灭吴也。"④ 乃自刭。伍子胥抉睛悬城，其实乃是借"眼灵符号"代灵魄久存以知来事的吴楚巫法的反映。与后世荆淮间人讲死不瞑目，要看看你如何如何，同义。《佩文韵府》四十五卷"眼"字条引《佩楚轩客谈》云，古蜀人织"十样锦"，图案中多为"象眼"，以为铺在家中可辟邪；与北美印第安人服饰布满眼纹用意相近。

"巫灵视觉"的眼睛符号，民间宗教事象中尤多。卫聚贤先生曾认为在额上做"眼形饰"，在我国西藏地区以及不丹过去还是一种操作于皮肉之上的实际巫术。他说："光绪三十年左右，成都有人看见有二十几个三只眼人，从西藏到北京去朝贡。路过成都，被人围观。详察正中额上的一只眼，非真的眼睛，系于幼时以刀刻划其额为一小直孔，含以黑

① 张英：《渊鉴类函》（七）259 卷，上海古籍出版社 1992 年版，第 534 页。
② 李延寿：《南史》，中华书局 1975 年版，第 1899 页。
③ 陆游：《老学庵笔记》，中华书局 1979 年版，第 126 页。
④ 司马迁：《史记》，中华书局 1959 年版，第 2180 页。

珠，长大了珠含肉内，肉缝裂开恰似竖立的一只眼睛。"① 如此等等，均属"眼睛巫术"。

正由于神灵视觉特异，故我们看到民间祭典中的神偶眼睛每每用有巫灵性的珠玉来充当。蒙古族祭"吉雅其"神的祷词说："财富的主人吉雅其阿爸，您的身体用哈达制成，您的眼睛用龙唐镶嵌，主宰一切的吉雅其阿爸请保佑五畜平安。您的身体用绸缎制作，您的眼睛用珍珠镶嵌，众民之主吉雅其阿爸，两次祷告，请您保佑。"

在阴冥文化中，鬼灵的视觉也相当灵利②。丰都鬼城中有"千眼鬼"，眼睛长满周身，他的视线可以穿透物体，无远不达，无幽不及。故唐人韩偓《此翁》诗形容善识人之人说："唯应鬼眼兼天眼，窥见行藏信此翁。"③（《全唐诗》卷六八一）

佛文化也借特异的视觉灵力渲染佛的能耐。④ 佛家把眼分为肉眼、天眼、慧眼、法眼、佛眼。肉眼属凡俗之目，仅能见世间幻象⑤；天眼已具有超越时空界限的灵力（《涅槃经》所谓"肉眼碍非通"，"天眼通非碍"），已是特异功能之视觉。《法苑珠林》卷五记，天眼之佛"端坐华台，动逾劫数；凝神玉殿，一视千年"。⑥《佛国记》"中天竺"记："阿那律以天眼遥见世尊。"⑦ 徐陵《东阳双林寺傅大士碑》文云："天眼所照，预睹

---

① 卫聚贤：《论巴蜀文化》，见《说文月刊》巴蜀文化专号，1934 年。

② 古人或将"色目"者，想象为"鬼眼"。《佩文韵府》45 卷"换眼"条引《乘异记》云："陶谷少时梦数吏云：'奉符换眼。'吏求钱十万安第一眼，谷不应。又云钱五万安第二眼；复不答。吏曰：止安第三眼，即以二丸纳入眼中。既觉，眼深碧。后相者曰：好贵人骨气，奈一双鬼眼，不至大位。"（1877 页）

③ 陈贻焮：《增订注释全唐诗》第 4 册，文化艺术出版社 2001 年版，第 1105 页。

④《全隋文》卷六收隋炀帝《与释智顗书（三十五首）》："今所著述，肉眼未睹明间。"王建《田侍中宴席》诗："虽是沂公门下客，争将肉眼看云天。"（《全唐诗》300 卷）《全梁文》卷十四收简文帝《根忏文》"今愿捨此肉眸，俱瞬佛眼。"

⑤ 佛眼的灵力传闻甚丰。如《南史》卷 36《江蒨传》记江蒨之子江纷，"幼有孝性。父蒨患眼，纷侍疾将期月，衣不解带。夜梦一僧云：'患眼者饮慧眼水必差。'及觉说之，莫能解者。纷第三叔禄与草堂寺智者法师善，往访之。智者曰：'《无量寿经》云：慧眼见真，能渡彼岸。'蒨乃因智者启，捨同夏县界牛里舍为寺。乞赐嘉名，敕答云：'……慧眼则五眼之一，号可以慧眼为名。'及就创造，泄故井，井水清冽，异于恒泉。依梦取水洗眼及煮药，稍觉有瘳，因此遂差。时人谓之孝感。"《佛国记》："精舍西北四里有榛，名曰得眼。本有五百盲人，依精舍住，此佛为说法，尽还得眼。盲人欢喜，刺枝著地，头面作礼，枝遂生长为榛，故以得眼为名。"

⑥ 周叔迦、苏晋仁：《法苑珠林校注》，中华书局 2003 年版，第 134 页。

⑦ 郭鹏：《佛国记注译》，长春出版社 1995 年版，第 45 页。

未来。"① 慧眼则具有穿透性。《佛本生故事》写到"帝释天"让失明的国王发誓，赐给他一双慧眼，有两首偈颂形容慧眼的神力说："富国尸毗王，所说皆真言，由此你获得，一对神仙眼。眼光能穿透，墙壁和高山。一百里旬内，你都能看见。"② 佛眼乃如来佛之眼，芥毫必现，尘宇无遗，为佛视最上乘。《金刚经》云："法眼惟观俗，慧眼了知空。佛眼如千日……"③ 晁补之《猪齿臼化佛赞》："唯有佛眼悉知悉见次第，显出终始圆成。"④

国外的巫灵"视觉"或眼睛巫术的遗迹，也有不少。秘鲁彩陶、印第安人图腾柱上均见巫术化的眼睛图案。马格德林旧石器时代文化遗址出土过一个少女头骨，没有下颌，眼眶里有两块削磨过的骨片充当眼睛。宗教学界以为，可能是死者灵魂意义的眼睛代换巫术。⑤ 印度典籍《故事海·那罗婆诃那达多和舍格提耶娑姻缘》一开篇就有两句话："愿湿婆的第三只眼保护你们。他……焚毁城堡时，三只眼同时转动，第三只眼尤其激动。""愿人狮（即大神毗湿奴）的……眼光驱除你们的灾祸"。第五章描写，薄婆舍尔曼（有神力的修行者）之妻斥责了淫妇后，"她以愤怒的目光将树化成灰，转而又以温柔的目光让树复原"。于是，薄婆舍尔曼相信了她的话，"久久拥抱她"⑥。《五卷书》第三卷说："这个国王和他的大臣、这些妇女、树木和园林、他和他们、这些和那些：只要死神看一眼就一命归阴。"⑦ 苏美尔史诗《吉尔伽美什》"伊南娜下冥府"一章说："[纯洁的埃雷什]乞伽尔（冥府女王）[坐]在她的宝座上，阿奴恩纳奇七名法官正在她的面前（为伊南娜）下判决。她盯着（伊南娜），用死的眼……那病[女人]变成死尸……"在苏美尔泥版中还有这么一段文字："[当]倍利利（埃雷什乞伽尔别名）正在串她的珠宝，[而且她的]兜里满是

---

① 严可均：《全齐文　全陈文》，商务印书馆 1999 年版，第 391 页。
② 郭良鋆译：《佛本生故事：古印度民间故事》，人民文学出版社 2001 年版，第 347 页。
③ 太虚大师、圆瑛大师、清净居士：《金刚经心释》，陕西师范大学出版社 2008 年版，第 180 页。
④ 贺复征：《文章辨体汇选》卷 469。
⑤ 马昌仪：《中国灵魂信仰》，上海文艺出版社 1998 年版，第 10 页。
⑥ 黄宝生：《故事海选》，人民文学出版社 2001 年版，第 331 页。
⑦ 季羡林：《五卷书》，人民文学出版社 2001 年版，第 311 页。

'眼之石'，听到她兄弟的声音时，倍利利将她的宝物（碰撒）在〔 〕（此处字迹残缺），因此〔 〕之上满是'眼之石'。"这个"眼之石"应当是倍利利的巫眼性质的法物①。苏美尔人"眼之石"巫术在日本古代亦存在。《古事记》中有一首诗："天上的年青织女，脖子上戴着……玉串，是用带眼的美玉做成的。一次能穿过两个像那玉眼似的山谷……"② 女子戴玉眼项饰，即可飞越山谷；可见眼形玉饰的灵力。在波斯史诗《列王纪——勇士鲁斯塔姆》里，苏赫拉布母亲听到儿子战死后，"她伸出手指要挖掉一双眼睛，想把双眼投到烈火之中。……她边哭边诉说：儿啊，娘的心肝，你地底何处栖身……"③ 焚眼以窥地下，这显然是波斯人的"巫眼"神力法术。

这些与眼睛巫术有关的文化史例对于我们理解三星堆青铜面具上的眼睛何以凸出为圆柱形，无疑提供了深刻的启迪。它是一种古巫文化中常见的对神巫视觉特异灵力的强调、刻画与渲染，是带有跨民族特点的有其原始宗教广阔背景的"眼睛巫术"现象。它从一个微观的角度向我们揭示了世界各地区的各民族文化，在一些形式、内涵、风格上，有一种惊人的趋同性。

（三）

三星堆二号坑出土的边璋刻划图案中，出现了手与爪的巫灵符号。边璋图案每组可分为五幅。第一幅图中的女巫头戴平顶冠，左手包握右手，右手半握，成"空穴"状，两手的拇指相顶相合（图3－113）。第三幅图中的女巫手势与第一幅基本相同，只是头上所戴为"山"形冠，双腿呈跪地状。两幅图中的女巫冠上均刻有"雨点"，联系她们"空穴"（女户）状的手势，似有"以阴攻阴"、收控雨水的巫术含义。第二幅图的主体是两座大山，山前有小山，小山下设着祭台。大山的正面刻有升卷向上的云气，云气顶端为太阳。在两座大山之间的"空白"处，有被学者称之为"渡船"的符号，船体几乎接近山顶的高度，似乎水势很大，船体已被浮起。在这幅图案的上部，由于伸下两只特大的拳手，拳

---

① 赵乐珏译：《吉尔伽美什》，译文出版社2000年版，第128页。
② 转引自梅原猛《诸神流窜——论日本古事记》，经济日报出版社1999年版，第38页。
③ 张鸿年译：《列王纪——勇士鲁斯塔姆》，译文出版社2000年版，第253页。

手的宽度相当于"山体比例"的二分之一。拳手的大拇指把大山的两侧山腰有力地按住（图3-114）。这可能与原始宗教意识中雨来自山陵升吐之云气有关。《礼记·祭法》记载"山林……丘陵能出云，为风雨。"甲骨学专家赵诚讲，殷人求雨即祈诸大山与山神，如"求雨于山"（三·三八·四）"取二山，又大雨（取用作聚，祭名）"（后下二三·一零），好像"山神只与雨有关"。[①] 周锡保先生在谈到周人冕服上的山形纹时也说，"山……能云雨"。[②] 从这种原始思维的定式看，图中两只"天手按伏""山体"似乎表现的是压制山中云气，祈拜雨霁日出的巫术意义。第五幅和第二幅相近，但控制山云、祈求日出的巫符已不是"天手"，而是在两山之间出现一个"特别放大"的鳖、龙类的勾爪，以鳖龙类的勾爪来镇伏大山的云雨之气，道理上和第二幅是一样的。犹如古岩画上的手纹（图3-115）。

把以上几幅图案"集合"起来，似乎不难发现边璋"组图"有一个整体的意旨，那就是以手、爪符号象征巫术灵力，控制雨水祈求晴日。这种意旨与蜀中的"洪水史影"似有关系。来敏《本蜀论》记："时巫山峡而蜀水不流，帝使鳖令（鳖灵）凿巫峡通水，蜀得陆处。"[③] 杨雄《蜀王本纪》："时玉山出水，若尧之洪水，望帝不能治，使鳖灵决玉山，民得安处。"[④] 林向先生分析："此地正当帕米尔山结青藏高原的东缘，西山坡面迎风，夏雨集中，形成'西蜀天漏'，江沱泄水不及，便常常酿成水灾，沿河平坝就会一度变成泽国……三星堆遗址第七层是20—50厘米厚的富水淤泥层，它就是洪水滞留……的证据。"[⑤] 屈小强等同志也认为，殷周时期蜀人生活的川西平原，"湿度大，云雾多，夏季多暴雨，秋季多绵雨，大部分地区平均降水量竟达1000毫米左右，所以古有'漏天'之称。更突出的是日照奇少，年日照居然只有800—1100小时，为全国日照最少的地

---

① 赵诚：《甲骨文简明词典》，中华书局1988年版，第2页。

② 周锡保：《中国古代服饰史》，中国戏剧出版社1984年版，第15页。

③ 清沈炳巽《水经注集释订讹》卷33"江水又历都安县，又东南过犍为武阳县青衣水、沫水从西南来合而注之"条注引。

④ 车吉心、孙家洲：《中华野史》第1卷《先秦至隋朝卷》，泰山出版社2000年版，第9页。

⑤ 林向：《论巴蜀文化区》，《三星堆与巴蜀文化》，巴蜀书社1993年版。

图 3 - 113  三星堆边璋　　　　　　图 3 - 114  三星堆边璋

图案截半图（一）　　　　　　　图案截半图（二）

区之一"①。这些蜀中治水的历史传说以及蜀中古气候学、古地理学考古资料表明，古蜀中曾有一个淫雨成灾、洪水肆虐的年代。加以川中盆地四周有大凉山、邛崃山、大巴山、巫山以及云贵高原的大娄山环抱，一年四季，山云吐释，又被古人理解为云雨源头，所以蜀巫神王的文化意识势必不能摆脱一个亟待操作的焦点，那就是：止雨泄洪、补住"天漏"、控制山云，迎奉日神。而这也正是三星堆边璋"组图"通过手爪符号所要实现

————————

① 屈小强等：《三星堆文化》，四川人民出版社 1993 年版，第 174 页。

的巫术功能。

图 3 – 115　贺兰山岩画手纹①

在三星堆文化的"大文化圈"——巴蜀文化中，手（或爪）的象征母题好像特别突出。峨眉符溪战国土坑墓出土的青铜矛上刻有战士模样的人形。他腰横长剑，头上戴"角饰"，左手夸张性地"放大"，并上举着；他的头上有一只比"人"体还宽大的"大手"符号，象征着祖灵神（或氏族保护神），似乎投注、感应、输入给他一些战胜敌手的巫术法力（图 3 – 116）。从这个实例来看，巴蜀文化研究者李复华、王家佑同志曾以为大凡此类的"手符"，"可能是胜利的象征"，说得极为精到。② 巴蜀图语中，有种"巨手、心、牛角、人面像"的固定组合（图 3 – 117），一般刻在剑器上。人面像象征受祭的先祖神，双牛角代表西南民族常见的以牛首为供牺；唯"心""手"符号的秘义相当难解。卫聚贤先生把"心、手"纹解释为"得心应手"③；徐中舒先生以为"心"纹是"花蒂"；李华复、王家佑释"心"纹当为"海螺"形，乃"祭祀的法器"或神器"号角"④；邓少琴《巴史新探》说"心"为东方星座"心"宿，是蜀帝之星杜宇的象征⑤；真是众说纷纭。读张紫晨先生的《中国巫术》，似乎"心手"纹与擒取灵魂有关。张先生说，西南民间的"鬼师"（神巫），在"呆胚"（阴间向导）协助下追逐人的灵魂。他模拟了追逐活动后，会突然说："魂在

---

① 周菁葆：《丝绸之路岩画艺术》，新疆人民出版社 1993 年版，第 18 页。

② 李复华、王家佑：《关于巴蜀图语的几点看法》，徐中舒《巴蜀考古论文集》，文物出版社1987 年版，第 103 页。

③ 卫聚贤：《论巴蜀文化》，《说文月刊》巴蜀文化专号。

④ 徐中舒：《巴蜀考古论文集》，文物出版社 1987 年版，第 103 页。

⑤ 同上书，第 129 页。

这里呀！魂在这里呀！"鬼师助手听言，马上将一只鸭子递过去。这时只见鬼师左手猛地把鸭抓住，右手拇指和食指往鸭肚一戳，眨眼间鸭的心被挖了出来。① 这种血糊糊的"心"就意味被找的人的灵魂。张先生的描述启示我们，西南民间沉积的巫术语义中的"心"可能也是"灵魂"之符号，而"手"则代表神巫之法力。若依这种解释，巴蜀兵器上那么多的"手、心、牛角、人面像"组合图纹，就应该象征：持兵者以神巫之手（或神巫法力）攫取仇敌之灵魂，从而献祭祖宗先灵。

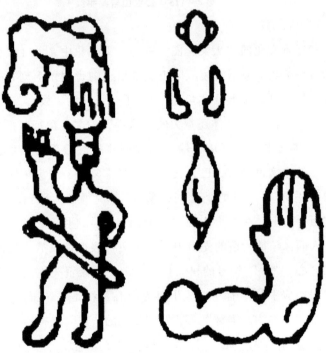

图 3 –116  峨眉符溪战国　　图 3 –117  巴蜀图语中的
土坑墓出土青铜矛上的　　　　巨手、心、牛角、
战士人手形纹　　　　　　人面像组合

按照原始思维惯例，手或爪的巫术内涵首先表现为它的预测性或指示性。《幽明录》中，石勒向澄禅师寻卜他能否擒拿敌手刘曜。禅师用麻油

① 张紫晨：《中国巫术》，上海三联书店 1989 年版，第 126 页。

在手掌中一研磨，掌中显出一个军人被朱缨缚系的形象。禅师说，这人就是刘曜，朱缨缠缚，乃被捉绑之象。一些圣贤的手，先天即生有灵符，昭示他们的一生。据《太平御览》人事部"手"条，刘渊"生而左手有文曰：渊"，"彭神符生而有文在其手曰：神符"，梁武帝"手文曰武"，李合"手握三公之字"。列维·布留尔指出，圭亚那土著人认定孩童的手指最有灵气。它能够指示恶灵的去向。所以一个孩子死了，他的父亲就会"把孩子的手上和脚上的拇指和小指割下来放进一个容器里，接着灌进开水"，从水中溢出的第一个指头的方向，即是恶灵逃跑的方向。[①]

其次，手的巫术内涵还表现为它有圣灵的输出传导作用，尤其是那些天命不凡之人的手。《春秋传》记吴越战于携李，越大夫灵姑浮，因用戈伤了吴王阖闾的中指，行不到七里，自己反暴卒军中。据说孝武帝巡狩河间时，遇一民间女子十分媚丽，但其两手天生勾拳，孝武帝用己手轻轻为之抚分，女子的拳残之手得天子"手灵"感通，迅即舒展，此女即后来的赵婕好。在西藏民间，罗刹女的手心，虽不如如来佛的"手眼"，但也特有灵异，藏族画师常常把人们居住的"门隅画作罗刹女的左手心"，意谓屋中人已得到神力的传导与护庇。[②] 在东非，那些触犯了神律将被处死的人，只要求得祭司王的手"按于其（背）上"，便可免于死刑。在安哥拉，卡赞布族人是"把自己的手掌放在国王的手掌心上"[③] 摩抚四到五次，他便解除了灾殃与危险。

再次，手的巫灵作用除了"接触传导"外，又能以"超空间"的形式进行。《后汉书》卷三九记载，有叫蔡顺的人在山上采薪，忽然觉得心跳。跑回家一看，家中来有客人。母亲说，"有急客来，我噬指，以悟汝耳"。[④] 这里体现的就是一种超越"传导"的感应之功。

最后，手（或爪）同时又是镇摄邪灵的巫符。《史记》载，周公旦曾剪下指爪，沉祭于河，魇制河神。弗雷泽在《金枝》中描绘，在马达加斯加南部的萨卡拉伐人中，酋王的手指是一种镇邪"法宝"。酋王死后，谁

① 列维·布留尔：《原始思维》，丁由译，商务印书馆1986年版，第275页。
② 刘志群：《西藏门巴族生殖崇拜及其祭祀活动》，《民族艺术》1995年第1期。
③ 弗雷泽：《金枝》，徐育新译本，中国民间文艺出版社1987年版，第306页。
④ 范晔：《后汉书》，中华书局1965年版，第1312页。

把他的手指"细心保存起来",或占有其手指之一二,谁"就能控制人间邪魔,谁就有权坐王位".① 中国拉祜族人把黑熊用来扑撕抓捉的前指爪当作灵符,"挂在家族公社的门上",认为"能够战胜外鬼".② 这和《风俗通义·祀典》记载的汉族民间把虎爪系在身上,说"能辟恶",取意略同。

在剖析了传统"手爪巫术"的几种类型之后,再回过头看看三星堆边璋组图如何通过"手爪符号"制服云雨的巫术意识,情况就十分明白了。在边璋图案中,两只拳手由半空伸下按住"山腰",这是"天神之手"正在传导输出镇压云雨的法力,不许山体再兴云作雨;女巫手指相抵所做的"空穴"手势乃以"超传导"(超越空间作用)的方式凭符号与意念去对山云天雨作巫灵性的控制;两山之间的巨型爪则浓缩了帮助蜀帝治水有功的蜀相鳖灵的神话,代表鳖灵的神爪,作为一种镇压符号,以威胁压服山中云雨的发展;而在"天手""鳖爪"之旁的山下山顶部位,又特别标出了代表太阳的圆圈符号,这就"预测"与"指示"了整个"手爪"巫灵作用的结果,应是造成雨雾、唤起日出。四层含义与我们上面谈到的四种"手爪巫术"的内蕴恰恰相合,这就从一个侧面表明了古蜀神巫的象征型思维在那个时候已经相当成熟。他们通过手爪符号去实现巫术目的的思路轨迹,和后来"手爪巫术"的广泛经验已经没有太大的出入。


附:

### "纵目"的另一解:黑暗中"兽目(鳄龙)光柱"的模拟象征

三星堆二号坑出土的纵目青铜面具,是一种原始宗教的幻想形象,幻想的依据是古蜀先民对那些鳄龙、虺蛇类动物"夜间眼光柱"(或"夜光型眼光柱")的崇拜。

蓝鸿恩先生曾说:上古西南地区是鳄生活的天地。鳄的"身上闪烁着神秘的光体",在夜晚或黑暗中向人进攻之时,两目灼灼,闪射光柱,原始人类对之敬畏,把它们"崇拜为神".③ 王笠荃《龙的探源》一文也指

---

① 弗雷泽:《金枝》,徐育新译本,中国民间文艺出版社 1987 年版,第 432 页。
② 宋兆麟:《中国原始社会史》,文物出版社 1983 年版,第 467 页。
③ 蓝鸿恩:《蛟龙·鸟·雷神·青蛙》,张震声主编《壮族神话集成》,广西民族出版社 2007 年版,第 745 页。

出，由于鳄目夜间投射出可怖的光柱，所以神话中的鳄目产生了"与闪电的结合"，成了后来"龙"的一种特点。① 唐传奇《柳毅传》中柳毅所见的"赤龙"即生有"电目"。所谓"电目"，也不外乎对蟒鳄类鳞虫"夜光眼柱"有了感性体察后的一种夸张。

蟒蛇类的"夜间眼光柱"有时被形容为火或灯。古代川南棘国传说，民间的拉妮和格西吃了金菊花神药，变成一对"鱼龙"，他们的双目也随之化为"龙睛"，在黑夜腾飞时"眼喷烈焰"。《原化记·韦氏》记，女子韦氏从夫入蜀，因道路险峻，不慎跌入"杳黑"的崖壑。正踌躇间，"忽于岩谷中，见光一点如灯，后更渐大，乃有二（点）焉，渐近，是龙目也"。②《太平广记》卷四二十"沙州黑河"条记，唐开元中张嵩率众吏在沙河岸祭龙。祭品摆开后，果有长龙百尺，"自波中跃而出，俄然升岸，目有火光射人。"③ 与鳄、龙近似，一些较大的虺蛇的目也在夜晚透吐青白色的光柱，考殷墟卜辞，古蜀人的蜀字，与其说似虫，不如说更像虺蛇形，虺躯卷举首上，虺目圆瞪，正像投出圆体光柱的"正面视象"。

这种对鳄龙、虺蛇类动物"夜光型眼柱"的敬畏印象与崇祀心理早在《山海经》时代就已"进位"为一种神话语义的抽象。《大荒北经》中曾出现一个人面蛇身的"烛龙神"，它的特性基本上是按照"夜光型眼光柱"这一原始敬畏印象展开的。第一，"神话语义"根据鳄、虺"夜间眼光柱"的特点赋予这种"龙神"生有一对肉体的圆柱形"直目"（郭璞注"直目"就是"纵目"），即眼珠为柱体"直出""纵向"地伸凸于眼眶之外。第二，"神话语义"把夜间鳄、虺蛇类"眼光柱"的光照夸饰为天地间光明的来源，"其瞑乃晦，其视乃明"，它睁开眼睛的时候，一片光明；它一闭上眼睛，便恢复黑暗。由于这两层"语义"，一个幽隐冥黑中的光明之神（神龙）就被创造出来了，而作为"赖以创造"的鳄、虺类"夜间眼光柱"的"经验原型"则相应地被"隐"去了。

联系烛龙神话的历史地理内涵，这个"直目"或"纵目"的龙神似乎和古蜀地域有荒远迷离的沉积关系。《大荒北经》说烛龙在"赤水之北"，

---

① 王笠荃：《龙的探源》，《北京晚报》1987 年 11 月。
② 王汝涛编校：《全唐小说》第 2 卷，山东文艺出版社 1993 年版，第 908 页。
③ 李昉：《太平广记》，人民文学出版社 1959 年版，第 3424 页。

此"赤水"或即川黔间之赤水。王兆乾同志曾认为，烛龙与祝融音近，烛龙即祝融，祝融源出于"赤水之子听訞"，并曾"降处于江水"（岷江）。所以被"神话语义"创造的"纵目"的烛龙神，后来演化成了古蜀人的远祖图腾。[1] 按照图腾遗留的规律，古蜀第一代神王蚕丛也就跟着被想象为长得应有烛龙的特征，也是"其目纵"[2]，即长有"肉体圆柱形"的眼珠。就这个角度而言，二号坑那块纵目青铜面具似乎并不费解，它是那个时代蜀中神巫依据他们的"文化传统"（纵目的图腾神烛龙、纵目的先祖神蚕丛），想象创作的既符合远祖图腾（烛龙直目特点），又呼应蚕丛"纵目"面形的降灵器具。因为根据巫术降灵原理，远祖神灵、"远系"图腾灵的降临，必须有符合于他们某种特点的"凭灵物"（或亲姻遗传）。他们才可能在祭祀中被巫人请来，他才可能降附在"凭灵物"上，给族裔以赐助。青铜面具的纵目是有意安排这种相似性，以纵目的细节相似于图腾神烛龙，相似于先祖神蚕丛，以使烛龙神灵、蚕丛神灵愿意把青铜面具当作降落的躯壳，巫人请神的目的这才实现了。

综上可见，作为一种象征符号的"纵目"，其源流演进应有三步。第一步是人把鳄虺类鳞虫的"夜光眼柱"神化为图腾神龙的"肉体眼柱"；第二步是图腾龙的"肉体眼柱"转化给了先祖神，成为先祖神的生理特征；第三步才是巫人做出一个"肉体眼柱"的青铜面具，宣称自己是纵目神龙、纵目蚕丛的族裔，以诱请图腾灵与先祖灵的降附。

# 第七节　黄河边的镇河兽与中国古代"镇""压"文化

明人于谦治黄河水患时曾铸铁犀于开封城外，类此镇河兽在黄河边及其他水系都有发现，少数民族地区也有遗存。这一特别的文化现象，反映

---

[1]　王兆乾：《楚人祝国的祭仪》，中国人民大学报刊复印资料《文化研究》1990年第6期。

[2]　常璩：《华阳国志》卷三《蜀志》。明曹学佺《蜀中广记》卷一"成都府一"条："周失纲纪，蜀先称王。有蜀侯蚕丛，其目纵，始称王。"清吴任臣《山海经广注》卷十二"袜其为物，人身黑首从目"注云："郭曰：袜即魅也。任臣案：从纵通言，其目纵生也。古人亦有纵目者，蜀侯蚕丛，其目纵，死作石棺石椁，俗以为纵目人冢。"张英《渊鉴类函》卷一百八十三"礼仪部"三十"塚墓二"："周失纲纪，蜀先称王。有名蚕丛，其目纵，死作石阶石棺，国人化之。故俗以石棺椁为纵目人塚。"

了中国古代的阴阳五行观念，并与古代民间宗教中的"镇""压"巫术及其风俗背景密切相关。

明正统十一年，于谦为整治黄河水患在今开封城东北五华里处，铸铁犀一尊，呈蹲卧状，高2米，体阔1米，独角朝天。犀背上铸有阳文"镇河铁犀铭"四言韵语："百炼玄金，溶为金液。变幻灵犀，雄伟赫奕。镇御堤防，波涛永息。安若泰山，固若磐石。水怪潜行，冯夷敛迹。城府坚完，民无垫溺。雨顺风顺，男耕女织。四时循序，百神效职。亿万间阎，施帝之力。尔变有庸，传之无极。"① 这一镇河铁犀，1963年被公布为河南省文物保护单位（图3－118）。

图3－118　黄河镇水铁犀

类此镇河兽在黄河水系时有发现。1950年春，青铜峡大坝三闸湾清理唐徕渠时，出土一铁牛，牛耳有铭云："铁牛铁牛，水向东流。"② 据考证，乃唐人防黄河改道而铸。1998年8月，山西永济蒲州古城西门外的蒲津渡遗址出土铁牛四尊（每尊重45—72吨），并有铁人四个、铁山两座及一组七星铁柱。蒲津是黄河古渡，唐开元间，李隆基曾诏令兵部尚书张说改建蒲津桥，所出之铁牛既用作浮桥的地锚，亦含有镇水之义（图3－120）。③ 2001年10月，济南庠门里也出土重约6吨的镇水铁牛。2005年5月，济南黄河河务局泺口54号

---

① 古代镇水兽铭文尚多，如：河南荥阳广武镇黄河孤柏嘴渡口铁犀铭文："金牛金牛，蛇尾龙头，镇值邙山，河不南流。"徐州黄河铁犀铭文："太岁在已土得盛，月唯庚午金作镇。铸犀利水乘吉命，蛟龙虬伏水波静。天所照惟顺兮，安流永宝。"长江湖北荆江大堤李埠铁犀铭文："沮漳息浪，禾稼盈畴。金堤巩固，永镇千秋。"荆江大堤郝穴铁犀铭文："嶙嶙峋峋，与德贞纯。吐秘孕宝，守捍江滨。骇浪不作，怪族胥驯。系千秋万世兮，福我下民。"浙江钱塘江镇海铁犀铭文："唯金克木蛟龙藏，唯土制水鬼蛇降，铸犀作镇奠宁塘，安澜永庆报圣恩。"（图3－119）

② 古人也有不信石牛镇水的。杜甫曾论及石犀镇水时说："自古虽有厌胜之法，江水终向东流，不可回也。"（宋胡寅：《崇正辩》卷1引）

③ 宋吴曾《能改斋漫录》卷13记此事云："河中府河有中潭，其上有舜庙及井。唐明皇始为浮桥，铸铁为牛，有铁席，席下为铁柱。埋之地中，以系桥组。张燕公为之赞。自是桥未尝坏。"

图 3-119　咸丰九年铸郝穴
江边镇水铁牛

坝施工现场，挖掘出石制镇水兽，由一块 1.20 米的青石雕刻而成，重约 300 公斤，线条粗犷，雕刻风格不似清朝，应是元末或明初之物。

这种用于镇水的神兽（或神人、神物）在我国其他地区也普遍存在。在昆明盘龙江，古人为镇水铸铜犴（金牛），后又建亭。① 犴乃二十八宿之一，据传司水事，故借其镇水。犴腹背是空的，有圆孔，下有井，与盘龙江相通，江水涨时，井也腾荡，发出牛吼声。故昆明谚语云："金牛吼三声，水淹大东门。"② 济南小清河有始建于唐武德年间的五柳闸，闸边有四只狮身虎尾的"镇水石兽"，分卧桥侧。兖州城泗河与小沂河交入处有金口坝，明成化年间修，坝顶有一对石雕镇水兽。太原晋祠有"金人台"，金人即四具铁人。据《晋祠志》解释，"铁本是金，熔铁铸人，名曰金神"③。古晋人以为金神能镇洪水。陕南西乡县南河堤畔也有镇水牛。据《西乡县志》载：邑濒河，屡遭水，道光十四年，知县胡廷瑞于城南筑堤，堤头置铁牛，牛身铭刻"金牛镇水"四字④。又如，康熙四十年，淮水在邵伯镇决堤。漕河总督张鹏翮开河道疏洪，筑南北二坝，沿坝设放十二只"镇水兽"，以压洪水。现散落在河堤上的"邵伯铁犀"便是其中之一。邵伯铁犀长 1.98 米、高 1.10 米，腹空，横卧在厚约 10 厘米的联体铁座上，重约 2 吨。据考，邵伯铁犀铸时无铭，后《甘棠小志》的作者董恂，于咸丰二年路过，特补云："淮水北来何汭汭，长堤如虹固金汤。冶铁作犀镇甘棠，以坤制坎柔

---

① 清刘秉恬《公余集》卷 3《立春前二日安澜亭雅集》记此："新葺轩亭四面开，江清滚滚绕亭洄。环窗好景梅花放，夹岸春光柳色催。对水从来堪涤俗，临流况复又登台。盘龙坐藉金牛稳，载咏安澜万福来。"自注："亭在盘龙江上，亭旁有金牛镇水。"（清乾隆五十年刻本）
② 昆明市委员会文史资料委员会：《昆明文史资料选辑》第 21 辑，1993 年版，第 342 页。
③ 转引自王培君《100 种水用具》，河海大学出版社 2009 年版，第 164 页。
④ 同上。

克刚。容民畜众保无疆，亿万千年颂平康。"① 2005 年，溧水宋代古桥——长乐桥修复工程开工，桥底淤泥中清理出一个长达 2 米的"镇水兽"。从形制上看，它是石制的桥的构件，处于桥墩前的分水尖上，狰狞的兽面直接面对水流。在枣庄薛城蟠龙河上，有座"西仓古桥"，桥两头卧镇水兽四只。北京地区"镇水兽"遗迹尤多。地安门万宁桥有个龙头狮吻的镇水兽，趴在河沿石块上，爪中抓着两团水花，眼睛盯着龙珠和水面，憨态可掬（图 3－121）。海子西北"汇通祠"，始建于明代永乐间，旧称法华寺。附近是高粱河入城的总水关，水关的南岸设石雕镇水兽。当年，几乎所有的地面活水都是从这镇水兽的鼻子下面流进城里。故水在这里，既融汇又贯通还不为灾。因它已是镇水兽驯服过了的。2002 年，北京通州区张家湾修缮通运桥，出土 4 只单体长 2.6 米、重 1 吨的镇水兽，是用房山整块的艾叶青石雕成的，经考证乃明代万历年间制作，是北京地区目前发现的最大的镇水神兽。京西翠微山有座金代修的双泉寺，寺下方的古桥名"万善桥"，桥上石雕均刻成镇水兽形状，意图是镇住山涧之水。通州八景之一的永通桥，建于明正统年间，桥上雕镇水兽四只，作伏踞状。老北京人都熟悉，恭王府西面的积水潭及三海（前海、后海、西海）的水均来自城外，通过德胜门附近的城墙根闸口流进。闸口由铁栅栏控制，在闸口南面，有一块巨大的平板石，其上蹲着一只长约 5 米的大镇水兽，爪子抓入石面，眼突出，鬃毛怒起，俨然不许水流过大之势。

镇水神兽与神物在少数民族地区也有遗存。湖北恩施清江流域为土家族苗族聚居地，那里有水府庙建在恩施东门外的江边。庙中主祀之神为河伯（即水官）及天官、地官，但庙墙临江的一面摆着一排石雕的镇水兽。在新疆天池传说中，有水怪常搅得池水四溢，淹的百姓四处流浪。后王母娘娘取下头上的碧玉簪投入水中，洪水退。玉簪遂变成一棵榆树，生长在天池边，成了镇水之宝，后人称为"定海神针"。这里的镇水宝物已与神树崇拜发生了粘连。

镇水兽制作体现了中国古代的阴阳五行观念。现洪泽湖大堤上遗存着五头康熙四十年大司马张遂宁铸的镇水铁牛。牛身长 1.70 米，宽 0.57 米，

---

① 转引自酒井忠夫、胡小伟等《民间信仰与社会生活》，上海人民出版社 2011 年版，第 283 页。

高 0.68 米，有厚 0.07 米的一块铁板与牛身铸为一体。牛肩肋处铸有阳文楷书铭文："惟金克木蛟龙藏，惟土制水龟蛇降，铸犀作镇奠淮扬，永除错垫报吾皇。"① 文意很清楚，牛在五行中为土，铸牛镇水即以"土"克"水"。这与《易经》所说："牛象坤，坤为土，土胜水"及《周易参同契》第二十三章所云"水以土为鬼，土镇水不起"② 恰相一致。

按照中国古代镇水文化的观念，建楼亭、寺庙或竖碑是可以镇水的。江苏淮安有座著名的镇淮楼，为三层；其名"镇淮"，无疑取镇淮水以保城"安"之意也。顾祖禹《读史方舆纪要》卷五十三"曲江池"条引《雍录》云："曲江基地最高，隋营京城，宇文恺以其在城东南隅，地高不便，故缺此地，不为居人坊巷，而凿池以厌胜之。又会黄渠水自城外南来，遂……为芙蓉池，且为芙蓉园。唐作紫云楼于江上。"③ 唐人"作紫云楼"与宇文恺"凿池厌胜"同意，"厌镇"曲江水也。宋熙宁年间，苏轼在徐州治黄河决口，筑城南堤，并建黄楼以镇水。杨湜《古今词话》记云，"东坡自禁城出……值霖潦经月，黄河决流，漂溺巨野，及于彭城。东坡命力士持畚锸，具薪刍，万人纷纷，增塞城之败坏者。至暮，水势溢汹。东坡登城野宿，愈加督责，人意乃定，城不没者一板。不然，则东武之人，尽为鱼鳖矣。坡复用僧应言之策，凿清冷口积水，入于古废河，又东北入于海。水既退，坡具利害屡请于朝，筑长堤十余里，以拒水势，复建黄楼以压之"。④ 清卓尔堪《遗民诗》卷十一载纪映钟《三山秋兴》诗云："闽王营土宇，封域阻重关。行省前朝殿，层楼镇海山。池隍藏厌胜，兴废亦循环……"⑤ 所谓"层楼镇海"正指建楼镇水。现祁县贾令镇，尚有建于明宣德年间的镇河楼，楼四层，高 15.5 米，为山西省重点文物保护单位（图 3 - 122）。据传，筑此楼为镇昌源河水，故楼之正面有匾额云："永镇昌源"。

重庆云阳长滩河有座"镇水龙亭"，建于乾隆二十五年。亭高 3 米，

---

① 刘庆华：《中国古代帝王传》，广东旅游出版社 2009 年版，第 281 页。
② 董沛文主编：《周易参同契注解集成》第 2 册，宗教文化出版社 2013 年版，第 887 页。
③ 顾祖禹：《读史方舆纪要》，中华书局 1957 年版，第 2317 页。
④ 转引自周振甫《诗词例话全编》，重庆大学出版社 2011 年版，第 98 页。
⑤ 爱如生《中国基本古籍库》本，第 262 页。

图 3 – 120　蒲津渡黄河镇水铁牛（铸于唐开元十二年）

图 3 – 121　北京地安门西石桥处镇水兽

为石制。民间以为长滩河有水怪"走蛟"，故水灾不断。于是在河岸峭壁修"龙亭"以镇"蛟"。此与宋人刘昌诗《芦浦笔记》卷四"荆伏飞庙"条记："《图经》谓州北有蛟池。故老云，尝有蛟自江来窟于此，人患之，故即其旁立伏飞庙以镇之"①，情事相近。

———————————

① 刘昌诗：《芦浦笔记》，中华书局 1986 年版，第 32 页。

图 3 - 122　祁县镇河楼

旧时北京崇文门瓮城左边建有"镇海寺"。民间传说护城河桥下有海眼，必压住海眼才不发水，故建寺名"镇海"，寺中铸一直径一米多的铁龟，意以铁龟堵"海眼"也。像这种寺庙类的镇水建筑物还有很多。北京的德胜门，明朝的时候设"水关"，并堆土为岛，水从两旁入潭，岛上修祠，名"镇水观音庵"。明归有光《归有光集》卷十五记，成于隆庆三年的汝南三官庙云："汝水自天息山东流，入汝南之境，自城北折而东，复繇东而南……水泛溢，岸善崩，一旦居民街市尽没于水，往来者无所取道……乃创三官庙以镇之，中为神殿，左右两廊，右转而东，为神库，为神厨……殿甚巨丽，三神像及诸侍从，庄严靓饰，俨然帝者之尊。"[1] 据《明史》卷八十三《河渠志》"黄河"记：弘治六年刘大夏等奉旨治张秋决河。至"八年正月，筑塞黄陵冈及荆隆等口七处……诸口既塞，于是上流河势复归兰阳、考城，分流迳徐州、归德、宿迁，南入运河，会淮水，东注于海，南流故道以复。而大名府之长堤，起胙城……抵虞城，凡三百六十里……新堤起于家店……凡百六十里。大小二堤相翼，而石坝俱培筑坚厚，溃决之患于是息矣。帝以黄陵冈河口功成，敕建黄河神祠以镇之，赐额曰'昭应'。"[2] 清顾震涛《吴门表隐》卷十载，"龙潭在三家村……时有万鲤来朝之异。明洪武时，孽龙为患，殃民害禾。里士沈道基延承天寺

---

① 归有光：《震川先生集》，上海古籍出版社 1981 年版，第 401 页。
② 张廷玉：《明史》，中华书局 2000 年版，第 1350 页。

名僧某驱之去，鲤不复聚。因建水神庙在潭前，以镇之。"① 朱彝尊《日下旧闻考》卷七十九引御制《泉宗庙记》则论及为泉神立庙以镇水："泉之数以万而神之祠惟一，其一以贯万之旨乎？曰：然……一黄河而神之祠不啻数百十，此谓之非合且不可，而谓之是分，又岂得乎？故泉之所在神斯在焉，则吾之构殿宇而严像设之意其亦如此而已矣……祠之后为'杰阁'，奉北极以镇之，盖亦取乎元武主水之义……因为之记而涒之庙前。"② 当代作家吴玉中的大型古装剧《钦差大臣》曾写及清康熙年间清水县令钱奎建"牛王庙"镇水之事。二月河的小说《乾隆皇帝》第十回《吴瞎子护驾走江湖，乾隆帝染疴宿镇河》写到乾隆帝染病住在一座破庙里，庙的"山门院墙都已倒塌，正门上有一块破匾，写着'镇河庙'三个大字。"其随从"刘统勋命人扳下神龛前的木栅，点火取暖……李卫用手拨弄了一下香灰……一边轻轻吹，一边说：'把神幔取下来引火。'"这都是符合历史实情的。③

成都都江堰有"神禹岣嵝碑"、"道教符碑"和"佛教焚文碑"等。据传，这些碑下面压着孽龙，若孽龙失镇，便会有水患；故这类碑通称为"镇水碑"。现藏于北京西城区柳荫街甲 14 号恭王府"秘云洞"内的康熙御笔"福"字碑（写于 1673 年），和珅建私宅时曾移去做镇宅之用。越南汉文小说《桑沧偶录》卷上载："初，安王以'地钳七世羊墙'之句，营古碑厌之"。④

---

① 顾震涛：《吴门表隐》，江苏古籍出版社 1999 年版，第 142 页。

② 于敏中等：《日下旧闻考》，北京古籍出版社 1985 年版，第 1309 页。

③ 寺庙又能镇其他邪祟。明周晖《金陵琐事》卷三"裕民坊街心白塔，香火颇胜。俗传太祖活埋张士诚一骁将于下，因建塔以镇之。"（周晖：《金陵琐事》，南京出版社 2007 年版，第 98 页）越南汉文小说《岭南摭怪列传》卷一记，"初其地之西有小石山，山下之穴有狐九尾，寿千余年，能作妖怪，变化万状，为人为鬼，遍行人间。时伞圆山下蛮人架木结草以为屋居。山上有神，蛮人奉之。神者教蛮人以耕织，造白色衣衣之，因呼曰白衣蛮。九尾狐化作白衣人入蛮众中，与蛮人歌唱，诱取蛮人男女归藏于小山石穴，蛮人苦之。龙君遂遣水府六部引水而上，攻破小石山，掘成大潭，其中深湾，呼为尸狐泽（今西湖也），遂立寺观以镇压之。"清屈大均《广东新语》卷 28"北门邪"云："自琼至崖，所历州县，皆杜北门不开。曩时，琼郡午后鬼入市廛，以纸钱贸物，核之仅灰烬存焉，于是皆试钱水中，验浮沉以别人鬼。有堪舆言：'宜杜北门，作真武庙以镇之。'有司如其言，鬼怪遂灭，故十州县皆效之。"（李育中：《广东新语注》，广东人民出版社 1991 年版，第 642 页）

④ 陈庆浩：《越南汉文小说丛刊·笔记小说类》第 7 册，台湾学生书局 1987 年版，第 169 页。

佛与圣者像也能镇水。元代佚名笔记《东南纪闻》卷三云："嘉州凌云寺有天宁阁，即大像所在。沫水由雅州而来，合大江直捣山壁，滩泷险恶，舟楫至危之地。唐开元中，浮屠海通始凿山为弥勒像以镇之，高三百六十尺，顶围十丈，目广二丈，为楼十三层……今谓之佛头滩。"① 所谓"始凿弥勒像以镇之"，指唐僧人海通及剑南川西节度使韦皋相继开凿"乐山大佛"，借佛力镇水之举。在浚县大伾山大佛楼，有被称为"八丈佛爷"的大石佛一尊，高22米，螺发方颊。由于大佛临河而居，民间以为它有镇水神力，故又称之为"镇河将军"。《元史·五行志》也记："致和元年三月，盐官州海堤崩，遣使祷祀，造浮图（像）二百十六……（以）厌之。"②《警世通言·旌阳宫铁树镇妖》则载："却说真君又追一蛟精……真君登高山绝顶以望，见妖气一道，隐隐在福州城开元寺井中喷出，乃谓弟子曰：'蛟精已入在井中矣！'遂至其寺中，用铁佛一座，置于井上压之。其铁佛至今犹在。"清毛祥麟《墨余录》记，大涞庙前有东井，吴越王钱镠后裔钱鹤皋事败后沉兵书战图于其中。其阴魄也"尝凭井为祟，犯之辄死，人莫敢汲。明末（大涞）庙毁，村民以佛像投入，欲压之"③。1974年都江堰江闸河底捞出一座圆雕石人，高2.90米，胸前刻三行铭文，左为："尹龙长陈壹造三神石人珍水（镇水）万世焉"，中为："故蜀郡李府君讳冰"，右为："建宁元年闰月戊申朔二十五日都水掾"。可见汉代人已用李冰为镇水之神像，铭文中的"府君"即指李冰作为郡守的官职。又如清姚承绪《吴趋访古录》卷7"纪王庙"条云："在纪王镇……相传诸庙皆借古名将之灵以镇江防。"④ 意思是纪王镇的庙宇中塑古之名将像为镇水神也。

可以用来镇水的还有架桥、制符、堆钱及铁器、石器等。岭南四大名园之一的佛山梁园建于清嘉道光年间，整个建筑群设两个水口，一在北，一在东南，分别建青石拱桥与青石平桥。二桥的用意皆在"镇水"。冯梦龙《东周列国志》八十四回写："赵无恤在晋阳……使人建桥于渠上……

① 车吉心：《中华野史》第6卷《辽夏金元卷》，泰山出版社2000年版，第592页。
② 宋濂：《元史》，中华书局1999年版，第719页。
③ 毛祥麟：《墨余录》，上海古籍出版社1985年版，第26页。
④ 姚承绪：《吴趋访古录》，江苏古籍出版社1999年版，第158页。

名曰赤桥。赤乃火色,火能克水,因晋水之患,故以赤桥厌之。"《四库全书总目提要》卷六十九评清人翟均廉所撰《海塘录》一书云:"引《泊宅编》载宋制有铁符镇海,皆史传所未载。"① 按此,宋人又有以符镇水之俗。南唐刘崇远《金华子杂编》卷下:"北海县中门前有一处,地形微高……有一县宰,乃特令平之。既去数尺土,即得小铁钱散实其下。如是渐广,众力运取,仅深尺余,东西延袤,西面际乃得一记云:'此是海眼,故铸钱以镇压之。'量其数不可胜计,又不明叙时代。其钱大小如五铢,阖县畏栗,虑致灾变,乃备祭醊,却以所取钱皆填筑如故。"② 这是用古钱镇水。朱彝尊《日下旧闻考》卷一三三引《长安客话》记琉璃河:"旧有桥,长数十丈,桥畔倚一铁竿,长数十尺,盖镇压之物。"③ 明归有光《归有光集》卷二十九提到以铭石镇水:"余得西山石五:竖其一于郡斋;其小者二株,贮盆中为几案之供;其二犹倒卧壁间,皆勒铭其背。余将行,不忍弃去,携其四以归。盖尝时至清河,涉江、淮,舟苦风飘,须石以镇之。"④

镇水及镇河川妖邪最多见的还是塔。⑤ 刘长卿《登扬州栖灵寺塔》诗云:"北塔凌空虚,雄观压川泽。"岑参《与高适、薛据登慈恩寺浮图》诗云:"塔势如涌出……突兀压神州。"苏轼《泗州僧伽塔》诗也叙及祷求于

---

① 纪昀:《四库全书总目提要》,河北人民出版社 2000 年版,第 1872 页。
② 陶敏主编:《全唐五代笔记》第 4 册,三秦出版社 2012 年版,第 3150 页。
③ 于敏中等:《日下旧闻考》,北京古籍出版社 1985 年版,第 2141 页。
④ 归有光:《震川先生集》,上海古籍出版社 1981 年点校本,第 653 页。
⑤ 谈迁《枣林杂俎》"镇河塔"条:"桑干河中有塔名镇河。嘉靖元年塔崩,内有古钱,皆飞空如蝶。自后河水不时泛溢。"(清谈迁《枣林杂俎》,中华书局 2006 年版,第 394 页)塔不仅用于镇水妖,所谓"宝塔镇河妖";也用于镇其他的妖。清方成培《雷峰塔》三十四出《佛圆》所写塔镇白蛇是镇水妖的典型:"〔谛白外介〕待小神将塔毁了,放白氏出来罢?〔外〕不消,留下与后人瞻仰,也显得佛力无边。〔外将佛一指,且从塔后出,贴代更衣,拜介〕多谢禅师。〔幡盖引生上〕佛爷有旨,跪听宣读:世尊若曰,一切众生,皆有佛性……咨尔白氏,虽现蛇身,久修仙道。坚持雅操,既勿惑于狂且;教子忠贞,复不忘乎大义。宿有镇压之灾,数不过于两纪。念伊子许士麟广修善果,超拔萱枝,孝道可嘉,是用赦尔前愆,生于忉利。自此洗心回向,普种善因,可成正果。"(王季思:《中国古典十大悲剧集》,齐鲁书社 1991 年版,第 1285 页)《红楼梦》第一零二回《宁国府骨肉病灾襟》则写及塔镇其他的妖邪:"众道士将旗幡一聚,接下打怪鞭望空打了三下。本家众人都道拿住妖怪,争着要看,及到跟前,并不见有什么形响。只见法师叫众道士拿取瓶罐,将妖收下,加上封条。法师朱笔书符收禁,令人带回在本观塔下镇住,一面撤坛谢将。"

**图 3 - 123　灵武镇河塔**

塔镇风浪特灵:"我昔南行舟系汴,逆风三日沙吹面。舟人共劝祷灵塔,香火未收旗脚转。"顾祖禹《读史方舆纪要》卷九十一"运河"条记白龙潭:"相传有白龙穴此,风涛间作,居人因作三塔以镇之,运河经此,曰三塔湾。"① 现宁夏灵武市区东南有清代的镇河塔,建于康熙间(图 3 - 123)。金门古宁头有座水尾塔立海边,当地人认为有此塔海患不起。

　　塔中有一类"水口塔",往往建于河流转弯交汇处,既镇水,又聚财。如明天启四年建的上犹县"龙公塔",立于营前镇东桃岭侧峰的水口边,正所谓"障水口"也。赣州城北有建于明万历年间的玉虹塔,恰位于章贡两江合流后的赣江西岸。1995 年,塔地宫出土一重达 76公斤的铁元宝,上铭"双流砥柱"四字,也恰说明这种塔的功用。

　　闽台方志中有许多记载。《福建通志·台湾府》卷二十六记罗星塔:"塔在马江中,砥障奔流。"② 《噶玛兰厅志》卷五记泉州大湖张公庙楹联云:"法施三宝塔,直驱牛鬼走桃源。"③ 《澎湖厅志·封域山川》"附考"记:"道光十年,鸡母坞山东南有声鸣数月,居民移石,一小洞深不可测",形家以为"宜造塔其上"。④ 《澎湖厅志·封域道里岛屿》记:"距厅治水程十里,屿系妈宫港水口,形家以为印浮水面。里人筑石塔于上。"⑤《台湾采访册》卷一"台湾府城龙局"条记:"府城龙脉,自马鞍山发下,

---

① 顾祖禹:《读史方舆纪要》,中华书局 2005 年版,第 4169 页。

② 台湾"中研院"汉籍资料库《台湾文献丛刊》本,第 351 页。

③ 同上书,第 221 页。

④ 同上书,第 23 页。

⑤ 同上书,第 28 页。

平洋二十里，直至东门进城。由卯乙入首，分枝结府学、道、府署等处（镇台署由东北傍龙而结，不在此龙内）。主龙直结红毛楼，震龙兑向，左边武庙，左边县署，左右高起为砂，两界水绕聚明堂，其主龙之结，确证明矣。论其来龙行度，起则高而不昂，伏则续连不断，正合龙形之行步也。红毛楼系龙之头，首由东至西，有直奔大海之势。安平镇即是龙之珠，龙头不压，动则水必泛、而珠必滚，是以前人起高楼镇压者，得其法也。总之，不拘何形，于龙止处，以宝塔镇之者多，则此楼必当修之，以高为妙。"①《厦门志》卷二《山川寺观》记："圭屿"云："一名龟屿"，"立海中，状如龟浮波面……隆庆间，置城；万历间，建塔"②。岛屿如浮龟，有漂移不定之意，故立塔其上。

以神牛、神兽、楼塔、寺桥、像碑镇水，有它的大背景。其文化的"根"在于古巫观念中的"镇"与"厌（压）"。③"镇"起源于埋压巫术，"厌（压）"乃以巫咒超前主动地攻击并压服邪气。古之"镇""厌"巫术花样极多，"镇宅"即最典型的。汉代即流行镇宅。《淮南万毕术》中有"埋石四隅，家无鬼"的话④。《荆楚岁时记》亦云："十二月暮日，掘宅四角，各埋一大石为镇宅。"⑤ 北周庾信《小园赋》载："镇宅神以薙石，厌山精而照镜。"⑥ 意思是造屋时要埋石为祭，以镇定宅神。成文于唐玄宗时期的敦煌写卷伯三五九四号《用石镇宅法》则列有以下条文："凡人居宅处不利，有疾病、逃亡、耗财，以石九十斤，镇鬼门庸即东北角牍上，大吉利。人家居宅已来，数亡遗失钱不聚，市买不利，以石八十斤，镇辰

---

① 台湾"中研院"汉籍资料库《台湾文献丛刊》本，第6—7页。

② 同上书，第31页。

③ 厌即压，本含镇压意。《说文》："厌，笮也。"段玉裁注："笮者，迫也。此义今人字作压，乃古今字之殊。"《史记·高祖本纪》"秦始皇帝常曰'东南有天子气'，于是因东游以厌之。"司马贞《索隐》引《广雅》云："厌，镇也。"《说文解字义证·竹部》："《鲁语》：'夫栋折而榱崩，我惧压焉。'韦（昭）云：'压，笮也。'"古之"镇"或以想象中的大山、名山、神山为巫法象征性的压伏物。《书·舜典》："封十有二山"孔安国《传》："每川之名山殊大者，以为其州之镇。"《周礼·春官·大宗伯》"王执镇圭"注："镇，安也，所以安四方。镇圭者，盖以四镇之山为瑑饰。"黄以周《礼书通故·名物图》所绘镇圭即于圭之上下端刻四座山。上古人常以玉器压邪，故《九歌·湘夫人》中云："白玉兮为镇。"

④ 石午：《术数全书》（下），中州古籍出版社1994年版，第506页。

⑤ 宗懔：《荆楚岁时记》，山西人民出版社1987年版，第136页。

⑥ 庾信撰，倪璠注：《庾子山集注》，中华书局1980年版，第27页。

地大吉。居宅以来数遭口舌，年年不绝，以石六十斤，镇大门下，大吉利。"与《用石镇宅法》时代相近的伯4522号《宅经》则提到了一种保佑升官的灵石镇宅法："又法，取来赤石一，悠长五寸，钱五文，阳宅埋丑地，阴宅埋未地，必迁官。"① 埋石五寸，埋钱五文，花费无多，即可迁官。元人辛文房《唐才子传》卷八"汪遵"条也引用谚语云："金玉有余，买镇宅书。"②

佛家也有专门镇宅的咒经，即《佛说安宅陀罗尼咒经》（又称《佛说摩尼罗亶经》），其文曰："今现在说法，遣二菩萨，一名大光，二名无量光。而告之言，善男子汝等持此陀罗尼咒，至娑婆世界与释迦牟尼佛，此咒多所饶益，能令众生长夜安稳，获大善利色力名誉，即说咒曰……最胜灯王如来遣陀罗尼咒，来与世尊，亦欲令此娑婆世界众生长夜安稳，获大善利色力名誉，说咒如上……"一位北京朋友说，由于旧时建房子都在宅基地下埋石马石兽，这几年北京老城区改造，镇宅兽常挖出来，隆福寺挖出过套棺和石马，东四则出过石狮子。少数民族也镇宅。据传在新宾满族自治县，人们在建宅时房基用迭大石板奠埋。如大门冲着路、塔、庙宇、险山、恶岩、怪树或邻人屋脊等，就在门左立一米多高石头，石上拴红布条子。

"石敢当"习俗也是"镇""压"的一种。一般选石一块，高四尺八寸，宽一尺二寸，厚四寸，埋土八寸，书"泰山石敢当"五字③，以为可挡任何灾异。据《鲁班经》载，具体制作和竖立石敢当也有规定："凡凿石敢当，须择冬至日后甲辰、丙辰、戊辰、庚辰、壬辰，甲寅、丙寅、戊寅、庚寅、壬寅，此乃……龙虎日，用之吉。"立石时，只许家人培土，

---

① 陈于柱：《敦煌写本宅经校录研究》，民族出版社2007年版，第169—170页。

② 辛文房：《唐才子传》，古典文学出版社1957年版，第140页。

③ 明徐惟起《笔精》卷7"杂记·石敢当"条："今人家正门适当巷路，则竖小石碑，镌曰'石敢当'。按西汉史游《急就章》云石敢当，颜师古注：卫有石碏、石买、石恶，郑有石癸、石楚、石制，皆为石氏，周有石速，齐有石之纷如，其后以命族。敢当，所向无敌也。《姓源珠玑》曰：五代刘智远为晋祖押衙，潞王从珂反，愍帝出奔，遇于冲州。智远遣力士石敢当袖铁锤侍。晋祖与愍帝议事，智远拥人。石敢当格斗死，智远尽杀帝左右，因烧传国玺。石敢当生平逢凶化吉，御侮防危。故后人凡桥路冲要之处，必以石刻其形，书其姓字，以捍民居。"（转引自郭彧《风水百问》，华夏出版社2012年版，第54页）

不许外人见，① 可见亦具神秘色彩。

古之兵事、弥灾、压山水地脉中的"气"都用镇厌巫术。《汉书·王莽传》记：王莽曾"以五石铜""铸作威斗"，"若北斗"形，"欲以厌胜众兵。"②《魏书·高堂隆传》记："诏问隆：'吾闻汉武帝时，柏梁灾，而大起宫殿以厌之，其义云何？'隆对曰：'臣闻西京柏梁既灾，越巫陈方，建章是经，以厌火祥；乃夷越之巫所为，非圣贤之明训也。'"③ 此以"起宫殿"压火灾也。顾祖禹《读史方舆纪要》卷二十载："齐永明初，望气者云：新林娄湖东府西有王气，正月甲子，筑青溪宫，作新林娄湖苑以厌之。"④ 据《宋史·丁度传》载，"司天言永昌陵有白气，请增筑以厌之，有诏按视。"⑤ 清朱彝尊《日下旧闻考》卷六十一载，"王象乾《建玉帝殿记略》：帝城冲要，莫不建神宇以镇之，盖护国也。正阳门西，由臧家桥至宣武门，乃龙脉交通车马辐辏之地，旧有五道庙镇焉"。⑥ 这些都是铁牛镇水及镇水文化的民俗及民间宗教背景。

---

① 浦士钊校：《绘图鲁班经》，上海鸿文书局 1938 年版，第 36 页。
② 旧注："李奇曰：'以五色药石及铜为之。'苏林曰：'以五色铜矿冶之。'师古曰：'李说是也。若今作鍮石之为。'"（班固：《汉书》，台湾"中研院"汉籍文献资料库本，第 4151 页）
③ 陈寿：《三国志》，台湾"中研院"汉籍文献资料库本，第 710 页。
④ 顾祖禹：《读史方舆纪要》，中华书局 2005 年版，第 954 页。
⑤ 脱脱：《宋史》，台湾"中研院"汉籍文献资料库本，第 9762 页。
⑥ 于敏中等：《日下旧闻考》，北京古籍出版社 1985 年版，第 1004 页。

# 第四章　文学人类学理论思考与作品阐释实践

　　"文学人类学"是一门跨学科。但无论怎么"跨",都不能离开文学活动。"文学人类学"兆始阶段,像苏雪林的《九歌与河神祭典的关系》,闻一多的《高唐神女传说之分析》,后来萧兵的《楚辞与神话》、叶舒宪的《中国神话哲学》,等等,都是从文学现象阐释及描述过渡到人类学事象的。"文学人类学"不同于文化人类学,它一定要指向人类学事象与文学活动、文学作品、创作家之间的相互关系,及其关系间的双边诠释。但若从文化的角度、民俗宗教的角度去建构它们与文学(文体)间的本源或功能性关系,无疑亦是"文学人类学"的。

## 第一节　回到本体论的文学人类学

　　文学人类学经过二十余年的发展,已经到了进行学科反思的时候了。我个人把文学人类学分为三个层次:第一是方法论的文学人类学,第二是反映论的文学人类学,第三是本体论的文学人类学。

　　方法论的文学人类学在研究内涵上非常清楚,叶舒宪先生提出的四重证据法,是目前研究得最充分的层次。但应该说,方法论的文学人类学,在我们的学科建设中处于较外围的层位。因为其他人文学科也可以用四重证据法进行研究。

　　"反映论文学人类学"是指"人类学事象"反映到文学作品中,研究者对这一"反映"进行解说和阐释,使接受者更好地对作品进行理解。反映论的文学人类学目前的研究也已有丰厚积淀。萧兵先生在《楚辞的文化破译》中用 143 页约 13 万字篇幅探讨了一个问题:招魂。他所有的材料无非是三个方面：中国少数民族（高山族、独龙族、苗族）的招魂词；澳洲、埃及、通古斯人的招魂文化；楚汉帛画、越国青铜器、岩画等考古学方面的招魂材料。可以说，萧兵先生的《楚辞》招魂研究，是最典型的"反映论文学人类学"。因为他把反映在作品中的招魂事象解说得一览无余，把招魂事象在作品中的文学用意及功效亦说清楚了。所以，我们也可以将"反映论文学人类学"称为"阐释学文学人类学"。文学作品中出现了"人类学事象"，大家对这个反映的"事象"做出说明，使读者能更好地接受作品。"反映论文学人类学"在我们学科中处于居中的层位，它还不是最核心的。

本体论的文学人类学才是我们所讲的要找到的学科核心。这个核心是我们学科立足的基石。什么是本体论的文学人类学呢？我认为本体论的文学人类学必须坚持以研究"人类学事象"与文学活动（或作品）之关系为核心。它通过研究文学活动（或作品）与"人类学事象"的交叉关系，去探寻后者对前者所产生的影响或促变，即"人类学事象"如何推演了文学本身某种规律或形式（包括文体、观念、形态、风潮等）的生发与变化？叶舒宪先生《诗经的文化阐释——中国诗歌的发生研究》第二章"诗言祝：咒祝、祈祷与诗的发生"是"本体论文学人类学"的典型范式，是我们学习的范本。叶先生引用了《礼记·郊特牲》中的《蜡辞》："土，反其宅；水，归其壑；昆虫，毋作；草木，归其泽！"①《诗经·驺虞》："彼茁者葭，壹发五豝"，"彼茁者蓬，壹发五豵"，以及法国史前岩画等文化史料，得出一个结论：中国古代的咒词是诗歌形式产生的源头之一。这种通过"人类学事象"（咒的活动及语词表达）来解说一种文体之产生，即典型的本体论文学人类学。我们认为，本体论的文学人类学应成为今后相当长一段时间内我们研究的重心。

我认为，既然是"文学人类学"，那我们的研究就应把靶向锁定在文学活动的范围以内。文学人类学不应脱离三个核心要素：第一，人类学事

---

① 哈萨克族萨满为人"治小病"时就唱了以下一段咒语式的歌："细小、细小、细小的虫，落在芨芨草上的小小的虫，像乌鸦一样的黑小虫，落在皇帝顶上的小小虫。你的草原被人占了，你的冬窝子着了火，黑头小虫出来吧，快快出来吧。"萨满以为咒出人体内的虫，病即愈（周菁葆：《丝绸之路岩画艺术》，新疆人民出版社1993年版，第166页）。

象；第二，文学作品或文学活动；第三，研究的视野一定是多个民族或不同族群间的现象。离开了这三点，就不能成其为文学人类学。但核心还是文学活动（或作品），文学活动（或作品）与人类学事象的交叉、交融所产生的结果及影响即是我们的研究对象。我在研究唐代的讲经时看到，有个叫文溆的和尚在长安兴福寺讲经，为吸引听众，讲得甚俗，夹杂"淫秽鄙亵之事"，听众趋之若鹜，唐敬宗来听。[1] 姚合诗称："远近持斋来谛听，酒坊鱼市尽无人。"[2] "仍闻开讲日，湖上少鱼船"。[3] 讲经文、变文，敦煌遗书中尚保存有。到宋代讲经文中有了《大唐三藏取经诗话》，后来有了《西游记》。世界上很多民族都流行讲经，印度人讲经，我国纳西族讲《东巴经》，后来演化有史诗《崇般图》《董埃术埃》《鲁般鲁饶》。这就值得我们思考，纳西人讲经，后或演变出史诗，为什么汉民族的讲经最后却发展为章回小说呢？同样的"人类学事象"，但在不同民族历史上给文学活动带来的结果则是不同的。这种情况，就是我们文学人类学要研究的核心内容了。若按此思路探究，文学人类学也就回到了"本体论"的方位了。

从这个意义上，我们应该敢于给"文学人类学"的研究对象下一个定义，那就是：文学人类学以人类学事象与文学活动的交叉交融、促生促变之关系（即前者对后者规律、形式的影响、作用、推演等）为研究对象。以此为"核心"，我们可以重新审视并解释两千多年来的文学史，把古代文学史和现当代文学史用"人类学事象[4]与文学活动的交叉交融、促生促

---

① 赵璘《因话录》卷4："有文溆僧者，公为聚众谭说，假托经论所言，无非淫秽鄙亵之事。不逞之徒，转相鼓扇扶树。愚夫冶妇，乐闻其说，听者填咽。守舍瞻礼崇奉，呼为'和尚'。教坊效其声调，以为歌曲。其氓庶易诱，释徒苟知真理，及文义稍精，亦甚嗤鄙之。近日庸僧以名系功德使，不惧台省。府县以士流好窥其所为，视衣冠过于仇雠，而溆僧最甚，前后杖背，流在边地数矣。"（黎泽潮校笺本，合肥工业大学出版社2013年版，第69页）

② 《全唐诗》卷502《听僧云端讲经》。

③ 《全唐诗》卷497《赠常州院僧》。

④ 美国人类学家J. R. 坎托在他的著作中反复论证"人类学事象"在文化运演中的重要性，他曾说："当某种人类学因素是当时那些更早的事象融合的结果时，找出其演化为新的产物的进步过程是我们的任务。……假如当某个人类群体移来一种文化因素的时候，这种被传移来的因素在其被新的环境所同化之前，可能会经很多变化。一个典型的事例是，法律、宗教或者语言从某个群体传移到另一个群体时，它们所出现的变化。当然，即使人类学事象继续存在于它们自己起源的那个环境里，这些变化在很大程度上可能还是会发生。""一般说来，文化趋向引起（转下页）

变之关系"这一把尺子，重新衡量，重新解说，形成一种"文学人类学"视野的新的文学通史。按这种思路来走，我们的"文学人类学"才能在理论和实践上站住脚。文学人类学核心性的内容研究，开始不一定要太大的成果，乐黛云老师编的《比较文学原理新编》只是薄薄的一本书，我们在学生时代就一直在使用，同样，我们的文学人类学需要一本最精粹的薄薄的教科书，然后再扩展研究外围的东西。

　　我的设想是，编一本通史性的著作《中国文学人类学文学史》，分为古代部分和现当代部分，古代部分可以以袁行霈的中国古代文学史为蓝本来做，按照这条线索下来我们就能找到规律，并在此规律的基础上提出范畴，然后再形成"概论性"的理论著作。一本史，一本概论，有了这两本书，基本上就可以成为我们学科的奠基性成果了。我们的理论首先要建立在两千多年文学史的基础上，看看我们的文学人类学在那中间有没有市场，我们能不能找到规律，能不能形成属于我们的逻辑体系，为整个学科建立一个学理的基础。

## 第二节　建设中国古代"民俗诗学"

　　我国古代各种诗体（诗、词、曲、民谣）中有大量作品涉及民风习俗的描写。考察此类作品的历史发展与变化，即构成中国民俗诗歌的专门史；若对这些诗歌展开民俗学与诗学的交叉研究，或即成为一种"民俗诗学"①。近年来，我国古代诗歌研究领域，各种专题性质的诗史或诗学史或

---

（接上页）群体抵制对其生活方式、法律、语言或者习俗的改变，从而影响其全部文化要素的保存。它们也会阻碍对一种新的人类学事象的接受，或者妨碍吸收各种已经在某个特定的文化系统中取得立足点的不协调"。"对任何人类学情形的分析都应深入到一系列有相互联系的事件中去，必须借助那些对这类事件的熟练研究来考察这些事件中的每一项。因此，对复杂现象的描述，必须代表深入研究者们提供的各种见解所构成的综合陈述。这样一种对人类学事象的综合解释，可能会防止学者们从自己所接近的科学建立假说，自以为存在对一事件的最终解释"（［美］J. R. 坎托：《文化心理学》，云南人民出版社 1991 年版，第 136、142、152 页）。

　　① 叶维廉先生在美国圣地亚哥加州大学任教时讲授过《民俗诗学》，他在介绍时说："他第二重大的贡献就是他在这方面推广的'民族/民俗诗学'（Ethnopoetics），他大量翻译、介绍、编组世界各个民族的诗，比如他的'神圣的制作者'（Technicians of the sacred）和'摇那番瓜'（Shaking the Pumpkin），前者是世界原始口头诗歌选译，后者是印第安人诗选，在美国，甚至 （转下页）

多或少有了一些成果，如中国山水诗史、中国咏史诗史、中国题画诗史，等等；但是，还没有一部"中国民俗诗史"，也还没有与之匹配的反映我国诗史实际的"民俗诗学"理论著作。这不能不是一种欠缺，我们应当尽快地予以建设。如何建设？笔者不揣浅陋，写出以下几点随想，以求教于诗学界的同人。

第一，是民俗诗的范围界定问题。我们考虑，我国古代各地风土民情、俗信事象以及习俗观念，一旦进入诗人们的创作视野与艺术描写，成为诗语、诗境、诗象、诗意等诗篇的构成因素，就不应将之排除在民俗诗研究之外。是否可以这样说：民俗诗应以古代民情风习、俗信事象与文人"诗思"间的互渗关系及其发展规律为核心研究对象，亦兼及这种"关系"所连带的各种俗事源流与"诗艺"内涵；研究者要拓荒的是我国传统诗学智慧中"诗"与民俗文化交叉的那一块。

---

（接上页）于欧洲，影响巨大，加上他和 Dennis Tedlock 合办的 Alcheringa 和他自己办的 New Wilderness Letter（都是专门介绍原始口头文学的杂志），成为近三十年来'民族/民俗诗学'发展的主力。"（叶维廉：《众树歌唱：欧美现代诗 100 首》，人民文学出版社 2009 年版，第 152 页）

钟敬文先生在《屈原与民俗文化》一文中提到过"民俗诗学"的概念："楚国是汉族和少数民族杂居的地区，诗人屈原大概是熟悉这种民俗文化情况的。因此，当想发抒他的满腔悲愤和比较明智的见解时，就不自禁地采用了这种民间诗体形式和内容。不过他是一个作家，执笔写诗，又有着自己一定的目的，所以尽管沿袭民俗诗学形式，却只采用了它的一部分（发问部分），而内容虽然有沿袭，同时也有自己加入的部分（如后面关于古代及楚国历史那些部分的问题，有的就可能是他加入的）。这种屈赋上的问题，非靠民俗学、民族学的比较研究，是不容易弄清楚的，所以问题长期被搁置着。现代的有国外汉学家多少理会到这点（例如日本的伊藤清司教授），尽管'语焉不详'。唐代那位被贬谪到湖南、广西的著名文学家柳宗元，曾经作过《天问对》的文章。他可能是知道这种民俗诗体的存在的，尽管他的答问有点多事。总之，从民俗学等资料看，难解的《天问》问题，实际并没有什么奥妙之处。"（钟敬文：《钟敬文民俗学论集》，安徽教育出版社2010 年版，第 276 页）

国外学者亦常使用此范畴，俄罗斯《世界文学史》编撰者在论述卡捷宁时说："现在却有一种企图，想把俄罗斯类型的文化视为独立的、摆脱了外来文化世界影响的文化，而且也不是在其共同的历史民俗学的基础上对它们的简单重复的文化，卡捷宁对这一倾向费了很大精力（正如古科夫斯基所指出的），他想把俄罗斯类型的文化同'奥亚安'类型的文化，其中也包括希腊文化割裂开来。为了论证俄罗斯文化的独特性，他便到民俗诗学中，到古俄罗斯的文献中，甚至也到毫不掩饰的赤裸裸的平民百姓的言语中寻找根据。他的叙事诗《杀人犯》被普希金置于同毕尔格和骚塞的优秀作品相媲美的行列之中，正是因为卡捷宁在俄罗斯民族的历史材料中找到了真正的悲剧情节和心理矛盾（［俄］高尔基世界文学研究所：《世界文学史》第 6 卷上册，上海文艺出版社 2013 年版，第 447 页）。美国民俗学家海姆斯亦有两本著作，一为《我无法告诉你：美洲本土民俗诗学文选》（1981），一为《我所知道的就这些：民俗诗学文选》（2003）（刘润清、崔刚：《现代语言学名著选读》上册，外语教学与研究出版社 2009 年版，第 681 页）。

第二，我国古代民俗诗有没有特殊性？若有，又在哪？一般只认为它是题材的特殊性，因它以俗事内容为主要表现对象。我们觉得，不宁唯是，这里尚存在着"诗思"方式或"民间观照思维"的特殊性问题。因从《诗经》时代的"风"开始，就存在着一种"有意识提供观照"的"诗思"。作诗、采诗、献诗，原有"观风俗盛衰"的用意。《国语·周语上》载："天子听政，使公卿至于列士献诗，瞽献曲，史献书……而后王斟酌焉。"① 这种"诗"用于"观"的观念，目的虽为了王者"知得失"，然客观上也鼓励、保持了民间诗思敢"怨"、能"刺"的真朴与未扭曲。它以"乡野"或平民特有的体识方式去透视、判断、反映既存的客体生活，因之进入诗语的社会现象带着浓郁的民风俗情。这个传统一直在延续。如《水浒传》十八回阮小五出场唱的渔歌："打渔一世蓼儿洼，不种青苗不种麻。酷吏赃官都杀尽……"歌词卷夹着渔情土风，毫不掩饰，李卓吾曾评之："有气魄。"这就是典型的民间观照的"诗思"方式，它包裹着一种文化意味的民间意识、立场、思趣。正是因为这个角度，我们以为还是莫把民俗诗仅视为民俗"诗料"入诗为宜，而应将民俗诗认定为：乃诗人在用民间意识中普遍存在的俗信思维来观察、体悟他所面对的民间生活，使之转化成了认知、表现的对象，并用民间思维描述了它们。我们只有把民俗诗放在这样一个高度上进行研究，与之相关的"民俗诗学"才能获得一种特殊的理论立足点或思理基础。

第三，民俗诗或民俗诗学研究实为两个板块：创作学板块与批评学板块。

在创作学板块，主要研究民俗事象与诗人"诗思"、作品构成间的关系。这里有两个层面：一个层面是民俗事象与诗歌创作主体（即诗人）的关系。其重点是要探究风俗事象如何成了诗人创作的促发因素？也即诗人在诗中为什么会写到某种民俗，或某种风物为何会进入他的"诗兴"？

如金人蔡松年有首《念奴娇》词："小红破雪，又一灯香动，春城节物。春事新年独梦绕，江浦南枝横月。万户糟丘，西山爽气，差慰人岑寂。六年今古，只应花鸟相识。老去嚼蜡心情，偶然流坎，岂悲欢人力。

---

① 徐元诰：《国语集解》，中华书局 2002 年版，第 11 页。

莫望家山桑海变，唯有孤云落日。玉色橙香，宫黄花露，一醉无南北。终焉此世，正尔犹是良策。"词前小序云："辛亥新正五日，天气晴暖，偶出，道逢卖灯者，晚至一人家，饮橙酒，以滴蜡黄梅侑樽。醉归感叹节物，顾念身世，殆无以为怀，作此自解。"① 很明白，词人因新年后"偶出，道逢卖灯者"，元宵灯会的"节物"陡然勾起了他六年前的"春城"之忆，那里显然有刻骨铭心的情愫。抚今追昔，不甚"感叹"，一时间"悲欢"在臆，唏嘘而成章。本欲以诗词的感兴"自解"，然而人生的苦痛哪能就轻易"解"了呢？可见，蔡氏此作，盖由"道逢卖灯者"所感发，民俗节序中的"灯香动"挑动他的"诗思"。像这种习俗事象触惹诗人"诗兴"、风俗情境为诗创作提供灵感机缘的现象，是民俗诗学应该特别关注的。

另外，在民俗事象与诗创作主体层面，还应重点研究时代、地域、"风俗圈"性质的民俗氛围如何陶冶了诗人的情志、品格、艺趣及襟抱？诗人特异禀赋、特定身世之感与风物俗信有否"同构性"、"亲缘性"与"关联性"？诗人由其特殊游历而采写地方民俗有否引发诗风变化？传统民俗意蕴受诗人个体感受"有色镜片"过滤后增生新色调否？等等。

另一个层面是，要仔细分析习俗事象被诗人"感发之思"带进作品后，给诗作境界、意象、语蕴、格调、情趣等，造成了怎样的影响与规定性？应该说，经过诗人之"兴"渗透后的民俗事象对诗章的作用，是一种根本性的内蕴灌注；有此"灌注"与无此"灌注"，诗的生气、蕴含或者说诗作形成的客观"品相"，必将是不同的。因为这个"灌注"不是形式的，而是内容的。

批评学板块的民俗诗、民俗诗学考察，亦相当重要。它要研究《诗经》评、《楚辞》评、汉魏六朝诗评、唐以后的诗话诗评、词话词评、曲话曲评中所有涉及"民俗与诗人、诗作关系"的资料，看看古人是怎样认识诗人、诗篇、民俗三者关系的。可以说，这一板块的研究是中国古代民俗诗学的"理论编"，是我们对前人留下来的民俗诗研究心得、民俗诗学"理论遗产"进行历史化的梳理与借鉴。通过这一笔诗学智慧的接受，至

---

① 唐圭璋：《全金元词》，中华书局 1979 年版，第 20 页。

少能说明我们提出建设"中国民俗诗学体系",并非一空依傍,它原有历史基础。

第四,典型的"诗性民俗事象"的个案分析。研究民俗诗、"民俗诗学",离不开个案分析,即须考察中国诗歌史上到底有哪些民俗内容沉淀,沉淀中生成出哪些典型的俗信事象。

古代文学史表明,民俗事象会出现在各种文体中。如古代女子拜月,诗词中有,戏曲小说亦有,这就是"共通性"。然除"共通性"外,还有特别性。小说有适宜于小说的民俗事象,戏曲有适宜于戏曲的民俗事象,诗歌有适宜于诗歌的民俗事象。"民俗诗学"要寻找的即是那些适宜于诗歌的民俗事象,它们或可称为"诗性民俗事象"。我们可以在浩如烟海的古诗作品中选择一定数量的"诗性民俗事象"进行个案分析,考镜源流,连类贯通,建设成能够检索的"主题"或"事象"数据库,供古代文学研究者使用。选择的标准如下:一是看它长期持存否?出现的频率高否?二是看它在诗歌创作史上是否已转化成一种"文学母题"性质的东西?若没达到这两点,即无须进入个案分析之列。

对"诗性民俗事象"作个案分析,主要思考三个方面。一是它们为什么在诗歌中长期存在?其理由是什么?是"传统"的渗入还是历代民间文化心理的积淀?它们之所以"持存",必然有一定的精神性"内核"。这种"内核"又与哪种社会生活的群体情感("家国"的、宗法的、民族的、人性的、特殊阶层"类别气度"的,等等)发生着关联?即我们要考察"诗性民俗事象"的民族文化"内核"。二是通过对诸多"诗性民俗事象"的个案分析,我们要弄清楚它们在不同朝代,在内涵、结构、外延、意蕴上有无"变化"?这些"变化"又反映了怎样的"时代观念层累"?即对于一些典型的"诗性民俗事象"时代增色,我们心中要有数。三是由于我们用是否"进位"为"文学母题"来拣选古诗中的"民俗事象",那么,我们对挑拣出的"诗性民俗事象"进行个案史的分析,实际上就是在做探讨"诗歌母题史"的工作了。我们先探究了古诗中的"民俗母题表现史",今后再行扩展,考察诗中的"原型母题"、"神话母题"及"艺术母题"等,一部中国古代"诗歌母题史"遂将建构起来。毋庸置疑,这也具有令人兴奋的开拓意义。

第五，史的线索。"民俗诗学"建设最好有"民俗诗史"相辅翼，因为史的线索梳理中，能够积聚非常丰富的细部经验，给诗学理论形态以启迪抑或支撑。这样梳理古代民俗诗的发展，形成一种专题文学史性质的"民俗诗史"，亦就是必不可少的了。梳理史的线索应有所侧重。对先秦的《诗经》、《楚辞》、唐诗与宋词，置力可稍轻；因前辈与同人已有许多成果。对其余则可设立以下若干专题：如汉魏六朝诗歌与民俗、宋元明清诗与民俗、金元明清词与民俗、元明清散曲与民俗、近代诗词曲与民俗、古代歌谣与民俗等。有这些专题的探究，我们对整个诗体文学中的"诗性民俗事象"就基本排查清楚了，对诗人使用俗事进行创作的规律也会有初步地了解；在此基础上，就能大致搭建"中国民俗诗史"的框架。

第六，进行民俗诗史及民俗诗学研究又有其特别的理论意义。它将由一个角度，对我国古代"文化诗学"的建构提供实证性研究范例。近年来，"文化诗学"的理论批评方法被引介到中国诗学与文学批评领域中来，但是如何建设"中国化"的文化诗学？如何使文化诗学理论与我国古代诗歌史实际相衔接？这还是目前古代文学研究界有待解决的重要理论与实践课题。童庆炳先生曾指出："'文化诗学'要求把对文学文本的阐释与文化意义的揭示联系起来，把文学的'内部研究'和'外部研究'贯通起来，在文学研究和批评中通过对文本的细读揭示出现实所需要的文化精神，最终追求现代人性的完善和人的全面发展。"① 童先生所言"内部"与"外部"贯通，以及从"文本"中抽提"文化精神"，等等，点示了建设中国"文化诗学"的关键。我们认为，考察中国古代诗歌与民俗的关系，探寻中国民俗诗歌史的发展，恰巧找到了一个"文学文本阐释与文化意义揭示"的具体视域，对建设中国特色的"文化诗学"极有价值。古诗中的民俗意蕴，虽然只是文化现象的一部分，但足可"以斑窥豹"，以"点"示"面"。也就是说，研究民俗与诗歌文本之关系，研究作为"外部因素"的民俗与作为"内部因素"的诗体、诗艺之关系，研究诗歌文本中传统精华——民俗精神的提取，等等，都将给中国古代文化诗学的理论建设提供具体的示范。这也是我们之所以选择古代民俗诗予以深究的缘由之一。

---

① 童庆炳：《文化诗学作为文学理论的新构想》，《陕西师大学报》2006年第1期。

## 第三节　葛林伯雷与中国古代"文化诗学"

美国新历史主义批评的领袖人物葛林伯雷的"文化诗学"思想，对建设中国古代"文化诗学"具有重要的启迪作用。它启示我们，应该从古代诗学与政治话语背景、古代诗学与原始民俗宗教、古代诗学与民族文化语境、古代诗学与其他艺术形式粘连关系四个层面，建设中国古代"文化诗学"的基本框架。

（一）葛林伯雷"文化诗学"思想的内涵

美国新历史主义批评的领袖人物葛林伯雷 1986 年在西澳大利亚大学作了一次"通向一种文化诗学"的演讲，陈述了他的"文化诗学"（poetics of culture）的基本观点。

他认为：诗学处于社会文化整一性机制之中，那是"一个相互渗透的体制结构"，原本一体之物，不便于分拆开来的。我们的诗学观念中之所以有文学与社会、艺术与政治、想象与实在等诸多的分拆性概念，只是出于理性上的"经验分类"与"分析性观念"的考虑，并非它们本来就是"分拆"或"对应"性的非统一体。诗学批评界常常念叨把"社会话语转为审美话语"，这话本身就是错误的；因为"社会话语已经荷载着审美的能量"，"艺术作品本身并不是……我们所猜想的源头"，它在"形成过程中受到的"作用或者说"操纵"恰恰正是"社会机制和实践"本身。因此我们只应该把艺术作品理解为社会机制内部"相关系统所作调节的（一种）代码"。①

在葛林伯雷看来，资本主义文化是一种以政治、权力为核心的"兼容（其他）一切话语"的文化形式。它承认诗学与社会、审美与真实、艺术与权力政治之间的分野，但前者只能为后者所"消解"，成为后者"兼容"中的存在形式；后者才是具有"一统天下"特征的"意识形态结构"。他说：罗纳德（里根）在他的政治生涯中常常引用过去做演员时的台词，他似乎要把"自己和他的观众投身于一个模仿的与现实无差别的境地"，从

---

① 朱立元：《二十世纪西方文论选》下册，高等教育出版社 2002 年版，第 676—680 页。

而艺术化地幽默地感染他的听众。不过总统在援引道白时，总是"打一声招呼"或做提示。这种打招呼或提示，就说明总统"是承认借助于审美"的，承认艺术的语境与现实的语境在根本上是两码事。"当他这样做的时候，他就顾及到甚至要人们注意他用的总统话语与他过去所参与的虚构之间是有区别的。他从演员到政客的过渡，在一定程度上就依靠了这些区别"。

但是，承认审美与政治、虚构与现存的区别，并不等于认可前者的独异性以及前者对于后者的离移性。由于总统里根是一个"庞大持久的美国结构的产物——不仅是一个权力、意识形态的极端和军事黩武主义的结构，而且是包括我们为自己构建的快感、娱乐、兴趣空间在内的结构，诸如我们如何提供'新闻'，我们每天从电视或电影中接受各种虚构幻想，以及我们自己创造并享用的各种娱乐活动"，等等。① 因此，艺术的或审美的在总统那里，它们只能是"他所代表的那个法律和经济体系的代码"而已。

透过这些论述，葛林伯雷想表达的是：在资本主义以政治、权力为"一统"话语的文化意识形态下，艺术、审美、诗学的东西是被消解去具体"疆域"的"间断性话语"。它"仰仗"于"一统"话语的"振摆"。它不是一种"可能得到充分表述"的文化形式②。从这个角度来说，诗学的"文本"与非诗学的社会语境之间没有界限。因之，诗学批评理所当然地要把"诗"之文本返回到与它扯不清、割不断的政治语境、权力文化背景中去探索；而这种探索就是所谓的"通向文化"的"诗学"了。

这些就是葛林伯雷"文化诗学"的基本思想。

葛林伯雷在《文艺复兴自我造型导论》中也提到他的"文化诗学"。他说："文学批评……必须意识到自己作为阐释者的身份，同时有目的地把文学理解为构成某一特定文化的符号系统的部分；这种批评的正规目标，无论多么难以实现，应当称之为一种文化诗学。"③ 这段话在表述上更

---

① 朱立元：《二十世纪西方文论选》下册，高等教育出版社 2002 年版，第 676—680 页。
② 同上书，第 676—680 页。
③ 中国社会科学院外国文学研究所：《文艺学和新历史主义》，社会科学文献出版社 1993 年版，第 80 页。

清晰，它的意思是：文化是一个大的符号系统，文学是编织于"系统"中的"部分"存在；文学批评者若具备"系统"之"部分"的理念，那就是可称之为"文化诗学"的批评了。故叶舒宪先生曾这样解释"文化诗学"："文化诗学"是"在文化的整体网络中重构艺术作品、作家和读者生活之间的有机联系"，是"在恢复文学的外部关系"①。所言明了、透彻。

（二）对建设中国古代文化诗学基本框架的思考

葛林伯雷"文化诗学"思想，虽然有它特定的理论批判背景，他所讲的"诗学"和我们古代文学研究界通常说的"诗学"，在概念上也有广义与狭义之别；但是他整个表述所呈现的让"诗学"还原给社会文化整体机制的观点，对于我们研究中国古代的诗学历史及其理论，则多少提供了一种别有路径的启发。中国古代诗学研究能否借鉴一些葛林伯雷理论观点的实质与意脉，开拓出一种"文化诗学"的研究层面呢？我想是允许也是能够展开尝试的。这里至少有如下四个方面可以考虑。

1. 与西方的"文化诗学"相类，中国古代诗学也连链着政治与权力文化的话语背景。

汉人说，周代设有采诗官，到民间收集歌谣，供朝廷了解民风民情，由是考定朝政得失。《汉书·艺文志》记："古有采诗之官，王者所以观风俗，知得失，自考正也。"②《汉书·食货志》亦说："孟春三月，群居者将散，行人振木铎徇于路，以采诗，献之大师，比其音律，以闻于天子。"③《春秋公羊传注疏》"宣公十五年"何休注："男女有所怨恨，相从而歌，饥者歌其食，劳者歌其事。男年六十，女年五十无子者，官衣食之，使之民间求诗。乡移于邑，邑移于国，国以闻于天子。故王者不出牖户，尽知天下所苦；不下堂，而知四方。"④

此说若可信，那么经采诗官整理的所献之诗就在本质上与民间原生态之诗有了区别；它被纳入了一种朝政观察的政治文化系统，也即后来

---

① 叶舒宪：《文学人类学探索》，广西师范大学出版社1998年版，第9页。
② 班固：《汉书》，中华书局1962年版，第1708页。
③ 同上书，第1123页。
④ 孔颖达：《十三经注疏》，中华书局1980年版，第2287页。

刘勰《明诗》中所说的"政序相参"之诗性①及白居易讲的"补察时政"之诗旨②（《与元九书》）。诗所透示的原本的民间艺术情调将不被留心，而诗所歌吟的饥劳苦乐、民心怨乐之内容，则成了采集者关注的视点。因此，《诗经》"国风"的大部分作品都应剥去"诗可以观"的文化外衣，来一个"还原"性的解读。诸如诗所吟之事、本意、真趣、原来的民间立场等在语义上还有什么遗留？呈献后的倾向性是否变调？艺术上"比其音律"后有否丢失民间化的审美体式？这些都值得仔细咀嚼、详研缕析了。

2. 中国古代诗学又有与原始宗教话语相牵联的层面。最典型的就是《楚辞·九歌》。楚人立国于上古巫教浓郁的湘沅间，信奉鬼灵神巫。祭祀时，有祝巫请神，有灵葆扮神，借歌辞与神灵沟通，献舞容使灵鬼愉悦；从而完成从迎神降灵至送神礼魂的祭仪全过程。《九歌》十一篇"辞"的属性、语句、节律、名物，均与此有关。王逸曾说："昔楚国南郢之邑，沅湘之间，其俗信鬼而好祠。其祠，必作歌乐鼓舞以乐诸神。屈原……出见俗人祭祀之礼，歌舞之乐，其词鄙陋。因为作《九歌》之曲，上陈事神之敬，下见己之冤结……"（《楚辞章句·九歌》）朱熹也说过："楚俗祠祭之歌，今不可得而闻矣。然计其间，或以阴巫下阳神，或以阳主接阴鬼，则其辞之亵慢淫荒，当有不可道者。"③（《楚辞辩证》）这儿，王、朱对《九歌》诗体的观察都可算作"文化诗学"。因为他们扣定了以歌乐"事神"的巫教祭祀的文化框架。王逸看到了屈原对俗人祭神之"辞"的提升，朱熹则由《九歌》中男女神巫对唱的角色形式推想出原"辞"中可能有极其亵淫的女巫接男神之辞与男巫接女鬼之辞；两人对《九歌》诗性要素的研读，都深入了楚巫祭仪的背景之中并由之窥出了奥妙。

3. 中国古代文化诗学的再一层次就是民族文化"话语"与诗艺的联系。这里是另一种语境情调，是作为传统另一极的民间文化视域；诗在这里，同样只是大的话语形式的传媒方法而已。例如在湖南通道侗族民间，姑娘在家绩麻纺线约情郎来访，叫"坐夜"（suiv nyaemy），小伙子登门找

---

① 刘勰：《文心雕龙》，凤凰出版社 2011 年版，第 23 页。
② 周绍良主编：《全唐文新编》第 3 部第 3 册，吉林文史出版社 2000 年版，第 7589 页。
③ 朱熹：《楚辞集注》，上海古籍出版社 2001 年版，第 179 页。

姑娘谈情说爱，叫"走寨"（qamt xaih）。彼此相约交流，大都伴以情歌或"白话"诗语，故又称为"行歌坐月"。下面是一首男女间"对白"的吟诵体的"白话歌"（又叫"垒词"）：

> 哥啊！今日我妹陪来，陪伴来望花台。翻坡过岭应当，莫拿言语灿拜。马不抬头，铃儿不响；花不惹蜂，蜜也不来。花园陪伴，也是应该。
>
> 念妹年轻骨嫩，不谈诗书无才。扁担不直，能用刀砍；粗麻碎布，难做好鞋（hai）。小船不能重载，枉费你哥心怀。①

如果男女间不守规矩或不履信用，"插足"破坏了他人爱情婚姻关系，就要受到惩罚。侗人有专门针对此种行为的"款歌"（款歌带有"族约"和"民间法"的强制性质，它是侗人律法的表达形式），以诗语的方式明示如何处罚："生女绩麻，养男走寨。十七十八，正当花开。郎插白鸡尾，妹系花裹腿。去坡吃茶苞讲悄悄话，下山谷吃李子歌声不断。男拿金的做信物，女拿银的为把凭。男的要有铜钱，女的要有青布。如果哪个人勾鸡引鸽，害得他们金郎银女不和睦。要拿他去涌水浪的地方灌水……"② 从这一首款歌看，不正当的男女往来叫"勾鸡引鸽"（如汉语之"偷鸡摸狗"），侗人对之惩处之法是，把有此种行为的人拉到水浪深激的地方闷之入水，所谓"灌水"。是否闷死，就不得其详了。但我们由此悟出了一点：那就是像这些"白话歌""款歌"，不是纯粹的情歌盟词类的诗体。它们依附于侗人民间法律定义的"款约"文化以及"行歌坐月"的婚姻习俗。从侗人整一性的族群文化"话语"系统看，"白话歌"或"款歌"只能是一种枝节性的诗性的传媒"语符"罢了。中国古代少数民族文化中，类似此种情形的诗语形式有很多，其中蕴含的"文化诗学"的丰美形态，正等待着我们去开掘清理。

4. 文化诗学还应关注"诗"与其他文化形式的直接关系，以及由这种

---

① 杨权：《侗族民间文学史》，中央民族学院出版社1992年版，第147页。

② 同上书，第135页。

关系所决定的诗体衍蜕后的特殊艺术属性。

如中唐以后，"诗"之"别体"的"词"，在"选词以配乐"与"由乐以定词"的诗与乐曲相匹配的"互动化"音乐实践中产生了。词，作为一种新的诗体，歌唱与协律的要求便成为它的根本的审美特点。词的诗性即它的文学化的审美性必须依附在"可歌性"条件之下。否则，便偏离了根本。为此，李清照针对词坛创作说了一大通"辨体"的话："晏元献、欧阳永叔、苏子瞻，学际天人，作为小歌词，直如酌蠡水于大海，然皆句读不葺之诗尔，又往往不协音律者。何也？盖诗文分平侧，而歌词分五音，又分五声，又分六律，又分清浊轻重。且如近世所谓《声声慢》《雨中花》《喜迁莺》，即押平声韵，又押上声韵。《玉楼春》本押平声韵，又押上去声，又押入声。本押仄声韵，如押上声则协，如押入声，则不可歌矣。王介甫、曾子固，文章似西汉，若作一小歌词，则人必绝倒，不可读也。乃知（词）别是一家，知之者少。"（《词论》）① 所谓词乃"别是一家"之说，是针对宋代文人学士以诗为词、以文为词的创作实践而言的。李清照的意思是"词"之创作要有一个"还原"。它应退回到赖以生成的"配乐"或"由乐以定"的音乐文化原位中，保持它的原生性状："可歌"与"协音"②。她的批评眼光显然不是盯着"纯粹诗性"（偏重文学之诗的审美性），而是偏重于"文化诗性"（诗作为音乐文化审美系统之部分）的。这种锁定诗与其他艺术门类关系的研究，我们认为也属于"文化诗学"的审视界域。

## 第四节　《诗经》"足迹传感"及人类学背景

《诗经》中，《齐风·东方之日》《大雅·生民》诸篇涉及上古原始宗教信仰的一个特别细节：足迹传感巫术。这在我国少数民族风俗中仍可察见遗迹，东北亚民间及其他国家风俗中亦存类似现象。故本文把这种带有

---

① 郭绍虞：《中国历代文论选》第二册，上海古籍出版社 1979 年版，第 350 页。

② 与李清照近似，宋人晁补之批评黄庭坚"间作小词，固高妙，然不是当家语，自是著腔子唱好诗"。意思是一样的（郭绍虞：《中国历代文论选》第二册，上海古籍出版社 1979 年版，第 355 页）。

原始信奉色彩的诗语书写放在足迹巫术的广阔人类学背景上予以考察，以期揭示其隐含的生动内涵。

（一）

《齐风·东方之日》："彼姝者子，在我室兮。在我室兮，履我即兮。……彼姝者子，在我闼兮，在我闼兮，履我发兮。"

诗写男女偷情苟合，似女子已敢入室相就，或相随野合。毛《序》："《东方之日》……男女淫奔，不能以礼化也。"孔颖达《疏》："男女淫奔，谓男女不得以礼配合。"① 欧阳修《诗本义》：" '在我室兮，履我即兮'者，相邀以奔之辞也。此述男女淫风，但知称其美色，以相夸荣，而不顾礼义，所谓不能以礼化也。"马瑞辰《毛诗传笺通释》云："诗刺男女淫奔，相随而行。"这些评述大体没错。

但女子何以竟入男子之室相与私合，却未能有一点透示。笔者以为此乃表现"足迹传感致爱"巫术的诗章。在巫文化中，人的足印是特殊重要的"传感媒介符号"，只要男女之间足印叠合，或男子踩在女子脚印，或女子踩在男子脚印，同时再施加咒语的作用，便可使踩脚印者或被踩脚印者，听从咒语意向的调遣。弗洛伊德说，在美拉尼西亚，"男孩若在路上认出其姊妹的足迹，他便不再顺着那条路走。女孩亦然。"因为他们害怕踩上足迹，导致感孕，他们必须防止乱伦。② 在南斯拉夫，女孩子把她恋人的脚印连土挖起来，拿回家，放到花盆里种上金盆花，花儿生出永不凋谢的金色蓓蕾，她恋人对她的爱也与日俱增。③ 广西靖西壮族民间，一个男人要想得到一个女子让她为己诞子，简单的方法是把那女人的脚印找到。随着她的脚迹踩上三步，再念上一段咒语："脚搭脚，脚踏地，两边黑报麻，两边两坡山，两脚两河水，拍而啊，念我不许骂，见天你而怒，见吓你而恶，见我而千般欢喜。"这个女人就会属意于他，成了他的妻，为他诞育。靖西还有更简化的求女符语："随女人，踏女人脚迹，三步即返，取脚印，不论土石一块，咒吐哈三次。"④ 这些都是"足印传感"的致

---

① 《毛诗注疏》，清嘉庆二十年南昌府学刊本，第 191 页。

② 弗洛伊德：《图腾与禁忌》，中国民间文艺出版社 1986 年版，第 2 页。

③ 弗雷泽：《金枝》，中国民间文艺出版社 1987 年版，第 68 页。

④ 宋兆麟：《日月之恋》，上海文艺出版社 1997 年版，第 108 页。

爱、致孕巫术现象。此诗所写也是同类，履，就是踩蹑。即，就是"来相就"。"发"，是行步的意思。朱熹："履，蹑。即，就也。言此女蹑我之迹而相就也。"毛《传》："发，行也。"孔颖达《疏》"以行必发足而去，故以发为行也"。程俊英《诗经译注》："发，指脚（从杨树达《积微居小学述林》说）"。诗的意思是，男子以为他的"足迹传感"巫术对女子产生了蛊引的魔力，女子是踩了他的足迹后，来其室屋幽合求孕的。

与《东方之日》相近，《大雅·生民》也写到了"足迹传感"以致孕诞的巫术："厥初生民，时维姜嫄。生民如何？克禋克祀。以弗无子，履帝武敏歆，攸介攸止。载震载夙，载生载育，时维后稷。"

姜嫄踩上"帝"的大脚印就感孕怀生了后稷。这是典型的足迹传感而致孕诞的现象。相关的例子也较普遍。《周易正义·系辞下》载："《帝王世纪》云：大皥帝包牺氏，风姓也，母曰华胥。燧人之世，有大人迹出于雷泽，华胥履之，而生包牺。"[①]《诗纬·含神雾》："大迹出雷泽，华胥履之生伏羲。"[②] 宋均注："华胥，伏羲母。"独龙族传说，美女妮泰采笋时口渴，见一大象脚印，中有水，捧喝了几口，后遂有孕，生下"马葛棒"。"马葛棒"，独龙族语义为"大象之子"。

（二）

足迹传感孕诞与足迹传感致爱，在道理上是一致的，都基筑于足迹传感巫术的大前提下，具有文化人类学的广阔背景。

据说，在西藏珞巴族阿卡人中间，对仇人进行报复时，先是将他的脚印找到，"然后把血倒在脚印上……（复仇者）以为这个人会立即死掉"[③]。东北的达斡尔族，路上碰到一行老虎足印，他们避开绕道而行，不愿踩上去；踩上去似乎会发生人虎间不愉快的事情。据凌树东同志调查，壮族人抓猎物，"设法去找到那些动物留下的最新足迹，先是对着最有把握的新鲜蹄印施上'闷'术（即巫术传感），用自己的脚踩在动物蹄印上面，默念咒语……咒语共有七十多句，大意是：'山神让我发现了你的踪迹，顺着你留下的脚印，我紧紧踩住你的脚跟，你每迈一步都感到腿发

---

① 《十三经注疏·周易正义》，北京大学出版社 1999 年版，第 299 页。
② 《太平御览》卷七八引，转引自袁珂《山海经校注》，上海古籍出版社 1980 年版，第 453 页。
③ 转引自高国藩《中国巫术史》，上海三联书店 1999 年版，第 470 页。

软，你只有一步一步踩着旧迹，来回在这山野中打转转，山神已经发怒，树神拴住了你的灵魂，无论你想往哪里去，只有来到这里……'"[1] 云南怒族传说，女神离开她在人间的丈夫（猎人）和儿子后，仍念记着。然而即使有时她出现在他们面前，丈夫和儿子也看不见她的身影，只是在山间羚羊的脚印后留下一串女人的脚印。猎人（丈夫）一看便知那是妻子的脚印，夫妇间心灵便沟通了。敦煌遗卷中也有记载。伯二六六六《奇方》记："知妇人造事，有外夫者，取牛足下土，着饮食中，与妇人吃；时令夜间唤外夫名字，又道期会处，勿使人传之。""妇人别意，取白马蹄中土，安妇人枕下，物（勿）使人知，睡中召道姓名"。此是以兽足传感的灵力使有外遇之女子在睡梦呓语中自供出所私男子之名，也可奇也。在古希腊，骑人若发现马足反应迟钝，往往认为这匹马的蹄在路上踩在狼足迹上了。因马特别惧狼。维多利亚土著追捕猎物时，把烧热的灰烬倒在逃兽的足印上，以为它将跑不动而被捉。奥吉布威的印第安人把某种"药物"放在熊和鹿的蹄印里；他们相信这鹿和熊会很快来到他们面前。丹麦人结约盟誓，互相把自己的血洒在对方的脚印上，以为将矢志不渝[2]。新南威尔士人追击袋鼠，"他跟着足印走去，一路上对着足印说话，以便把巫术注入这个留下足印的动物。他顺序列举足的各部，接着数到它的腿，再转到它的背。当他叫到它的脊背时，这动物就会发呆了，成了猎人容易捕到的猎物"[3]。中国上古岩画中出现那么多的人的脚印，显然也是脚印巫术的反映。

由于"足迹传感"的巫术信奉意识，原始宗教中便有"足迹踏踩"的求祷仪式。[4] 其求祷的内容多种多样，如祈丰、祛病、禳灾、通祖灵神等；

---

① 吕大吉、何耀华：《中国各民族原始宗教资料集成·壮族卷》，中国社会科学出版社 1999 年版，第 583 页。

② 弗雷泽：《金枝》，徐育新译本，中国民间文艺出版社 1987 年版，第 68 页。

③ 列维·布留尔：《原始思维》，丁由译，商务印书馆 1981 年版，第 226 页。

④ 足踏、踩踏乃古巫仪祭典的常见形式。日本学者荻原秀三郎曾说，《礼记·乐记》中的"降兴上下之神"，"降"是由天上诱下天神。"兴"则通过巫术的脚步踩踏由地下请唤出"灵"、神来。因为"踩踏大地是古代一种重要的咒术行为"。日本民间大部分踩踏舞以及各种祭祀中的"踏镇动作，可以说是镇压大地恶灵……地灵的行为"。日本民间有种称之为"反闭"的巫舞，外观上像是巫人在踩踏跳舞，而实质上则是巫人在用他的脚"与地灵交涉"，请唤地灵（荻原秀三郎：《神灵依附物、神灵凭依者和宇宙轴》，《民族艺术》1996 年第 1 期）。

但主要是求子孕诞。其求祷的对象当然是神、上帝。神或上帝或以"人的化身"的形式出现（即"神尸"）。于是与"神帝化身"的足迹相感行为也就会出现在仪式活动之中了。闻一多正是由这个思路来考虑"姜嫄履帝迹"的。他说："《尔雅·释训》'履帝武敏'。《释文》引舍人本敏作亩，注云：'姜嫄履天帝之迹于畎亩之中，而生后稷。'如舍人说，则'履帝武敏歆'为'践帝之迹于畎亩之中而欣喜，'……窃意履迹确系在畎亩中……履迹为祭礼中一种象征的舞蹈，其所象者殆亦即耕种之事矣。古耕以足踏耜，其更早无耜时，当直以足践土，所谓畯是也。履帝迹于畎亩中，盖即象征畯田之舞，帝（神尸）导于前，姜嫄以后，相与践踏于畎亩之中，以象耕田也。""履迹乃祭祀仪式之一部分，疑即一种象征的舞蹈。所谓'帝'实即代表上帝之神尸，神尸舞于前，姜嫄尾随其后，践神尸之迹而舞……盖舞毕而相携止息于幽闲之处，因而有孕也"。①

　　按照闻一多先生的理解，姜嫄履帝迹是农业耕作祭祀活动中的一种象征性舞蹈。"帝"乃扮饰上天之神的"尸"，姜嫄踩踏他的脚迹随其而舞，祭祀完毕，姜嫄与神尸（帝）有野合行为。② 闻一多这一思路相当重要，但他没有由此过渡到之所以如此的人类学背景。事实上接近问题的真谛就在一纸之隔了，捅破了，问题的实质就敞露了。在原始宗教人类学的现象中，农业祈丰祭典中常常伴随着男女妇夫的交合行为。原始类比思维认为，人的生殖行动可以刺激、感发农作物的萌生、长大。弗雷泽说："未开化的种族仍然有意识地采用两性交媾的手段来确保大地丰产。有些仪式至今，或者直到不久以前还在欧洲"以及其他地方保留着。例如，中美洲的帕帕尔人在向地里播下种子的前四天，丈夫和妻子分住，目的是在播种的前夜，有足够的精力媾合恣欲。有些地方，第一批种子下土的同时，祭

---

① 闻一多：《闻一多全集》卷一《姜嫄履大人迹考》。"履帝武敏歆"郑玄笺："郊（祭）高禖之时，则有大神之迹，姜嫄履之，足不能满，履其拇指之处，心体歆然，其左右之止住，如有人道感己者。"孔疏："如有人道感己者，谓如夫妻交接之道。《檀弓》（应为《礼记坊记》）曰：'寡妇不夜哭'，郑玄注云：'嫌思人道'，亦谓此也。"

② 汉代王充不知姜嫄与神尸苟合之实质，在《论衡·奇怪篇》中提出如下疑惑："烁一鼎之铜，以灌一钱之形，不能成一鼎明矣。今为大人天神，故其跡巨。巨跡之人，一鼎之烁铜也，姜嫄之身，一钱之形也。使大人施气于姜嫄，姜嫄之身小，安能尽得其精？不能尽得其精，则后稷不能成人。"（黄晖：《论衡校释》，中华书局1990年版，第160页）

司们责令农夫与妻子同房行事。在爪哇，稻穗开花结实时，农民总要带着自己的妻子到地头去"过生活"。中非的巴干达人，若妻子不怀孕他就休她；他认为对园果丰产不利。在乌克兰，乡村牧师引导年轻夫妇成对地在刚播种的田地里拥抱着翻滚几次，说是种子发芽快。① 日本学者有泽晶子谈起过他们民族农耕祭仪中的演褒戏："戴着媪面、已经妊娠的'安女'和戴着翁面的'太郎次'，依恋着走上花道。在二人多次地进退、慢慢向祭庭移动的过程中，表现出无限的柔情蜜意，他们拥抱，摸乳……不一而足，无言却富动作性。在观众的欢声笑语中，二人登上祭庭。这时，大、小稻本和持锹人吟唱道：'安女呵，太郎次，出来了呵！今年的稻呵，七穗八升米，八穗九升米哟。'从而透露出欢乐气氛中隐藏着的古老信仰。人们相信，稻作的成熟和人类的妊娠一样需要阴阳合和，而人类的男女性事、妊娠的表演及生活中的性行为，可以促使稻作的生长、结实。"② 我国民间也有类似习俗。张玉书《佩文韵府》卷四"撒园荽"条引《湘山集》："园荽即胡荽（香菜），世传布种时口亵语，则其生滋盛。故士大夫以秽谈为撒园荽。"清李于璜《汴宋竹枝词》吟道："葛花压架影披离，细界町畦似布棋。谁道菠棱如铁甲，人传猥语撒园荽。"佚名《调燮类编》卷三："俗传，种蕹荽时，口出秽语则茂。"③ 闻一多判断的姜嫄与神尸在耕作祭仪后相随私合，和上述人类学母题正相通。又有说种罂粟亦然，朱彝尊《鸳鸯湖棹歌》："秋灯无焰剪刀停，冷露浓浓桂树青。怕解罗衣种莺粟（即罂粟），月明如水浸中庭。"注云："禾中产罂粟，相传八月十五夜，俾女郎解衣播种，则花倍繁。"

"足迹传感"致孕诞的神秘意识，又和古地质学中客观存在的"足迹石化"现象产生一种联系，更加促激了对"足迹遗留"的宗教想象。中央电视台曾报道，某处大石上发现一大片恐龙足迹。据古生物学者推断原来此处当是湖泊或海水，恐龙从泥沼中走过留下巨大脚印，若干万年后水干枯，泥沼"石化"，足印就留下来了。上古人类不知其间的奥秘，见到"石化"的"大足迹"（主要是兽足迹），便想象有身材无比巨大的神人踩

---

① 弗雷泽：《金枝》，徐育新译本，中国民间文艺出版社1987年版，第208—209页。
② 有泽晶子：《日本东京的田游》，《民族艺术》1996年第2期。
③ 佚名：《调燮类编》，人民卫生出版社1990年版，第100页。

在石上而留印痕，遂出现一种"石上足迹"崇拜现象，并想象：由神人足迹致孕而生的"子"也必是"大人"或英雄。人类学家柯克士介绍，在锡兰岛，有一个"神圣的足迹，（处）在亚当峰的巅顶上……乃是岩石的一个陷迹，量之有一公尺半长、八公寸阔。婆罗门教徒、佛教徒及回教徒至今仍爬上山，对此圣迹致敬"①。于省吾先生也说："大迹的来历不外乎二：一，据地质学家说，中生代的巨大爬虫和巨大兽类，在岩石上曾留下较大的足印；二，由于各处岩石，经过若干年的风雨剥蚀，往往形成了各种各样的陷坑，有的很像大人所履的足迹。原始人们看到这样的异形奇迹，因而在思想上就有着一定的推测"，② 将足迹说成神伟男子的脚印。③ 波斯史诗《列王记》说到英雄鲁斯塔姆时就写道："听说鲁斯塔姆在孩提时期，造化便赐给他超凡的神力。如若他的双脚踏上一块石板，石板上便有两个脚印深陷。"④

按此，姜嫄所履之"大人迹"，或即古之巨大爬行动物的石化足迹而被人们误以为巨伟男子之迹。姜嫄在野由大足迹推测悬想男子之魁伟壮大而情欲萌涌、生理震颤（郑《笺》所谓"心体歆歆然"），遂自以为为神灵所感、己有所受而致孕，并言于外人。殊不知当其"履迹"时日之前后，定当有野合行为；而在其自身却不以为是受孕之缘也。上古蒙昧，大抵如此。闻一多先生猜想："以意逆之，当时实情，只是耕种时与人野合

---

① 柯克士：《民俗学浅说》，商务印书馆1933年版，第238页。

② 于省吾：《泽螺居诗经新证》，中华书局1982年版，第211页。

③ 邵靖宇先生说："利基夫人所率领的考察队在坦桑尼亚莱特利（Laetoli）恩格鲁西河峡谷边缘发现了350万年前的南猿足印，这是在一个很偶然的条件下留下的人类最远的直系祖先的足印。当时即在附近的萨的门（Sadiman）火山喷发之后，火山灰降落到地面上，约有数厘米厚，而后又降了一场雨。湿了的火山灰还没有来得及凝固（火山灰能像水泥那样凝固），有两个成年南猿带着一个孩子走过这段湿的火山灰覆盖的地面，留下了他们的足印。从足印的大小估计他们的身高，成年南猿当在1.5米上下，孩子约有1.2—1.3米。足印的形状基本上近似现代人类的，只是大拇指特征性地向外弯曲，因南猿从树上下来还时间较短，在树上生活时脚用于攀缘爬树，大拇指与其他四个脚趾是分开的，南猿的足迹有力地证明人类的祖先是从树上下来的。从树上下来后脚主要用于步行，很少有攀缘的需要；1979年怀特黑德在肯尼亚的田尔卡纳湖也发现了150万年前直立人留下的足印，长宽为22厘米、8—9厘米，和350万年前南猿留下的足印相比表明人类祖先在进化中个体在增大。"（邵靖守：《汉族祖源试说》，浙江大学出版社2001年版，第32页）

④ 张鸿年译：《列王记》，译林出版社2000年版，第230页。

而有身，后人讳言野合，则曰履人之迹，更欲神异其事，乃曰履帝迹耳。"① 认其为"与人野合而有身"是对的。

（三）

"足迹传感"有它悠远的文化背景，即足踏巫术。甲骨文与金文即见此种巫仪形式。甲文中的"正"字，作一个"方框"和一个"足印符码"。商代乙正觚"正"字即在一个方框下画一个脚掌的实际形状。殷代且乙爵上，"正"字是一个"方框"居中，四周顺向环绕着四个足印。据王光镐同志的研究，还有的金文铭文中的"正"字，画一个长形的方框在上，下面并排一双脚掌印。② 在这里，方框应是祭台或神坛，足印则是巫师（或禳灾从祭者）绕于祭坛四周，通过赤足感受、吸收祭台圣土中浸渗的祖神灵气，让神圣的祖灵帮助他们摆脱灾异，获取福吉。所以赵诚先生说"正"字是一种"祭"名：卜辞"正于父乙"（遗八五四），即在圣坛下以"踩踏"求感于"父乙"神灵，请父乙神灵出面禳除殃祸。甲文中还有一个"步"字，用作祭名，构形是两个足印相接，强调两脚递相"踩感"，与地下之"灵"接通的"行走"动意。"往"字，赵诚先生认定为"祭"名，字形是一个赤足印配上一个"土丘"（或祭祀架）形，也与赤足踩踏地灵有关。③ 金文中"亚"亦然（图 4－1）④。

图 4－1　金文"亚"字徽上足纹

道家《洞神八帝元度经·禹步致灵》说："禹步者，盖是夏禹……召役神灵之行步……"神秘的"禹步"法术，原来就是用脚步之"行踏"，召来（"兴"起）地下神灵，以供遣使。《湘西苗族调查报告》介绍苗族巫师请

---

① 闻一多：《闻一多全集》第一册，生活·读书·新知三联书店 1982 年版，第 77 页。
② 王光镐：《楚文化源流新证》，武汉大学出版社 1988 年版，第 66 页。
③ 赵诚：《甲骨文简明词典》，中华书局 1988 年版，第 243—245 页。
④ 张晓霞：《天赐荣华：中国古代植物装饰纹样发展史》，上海文化出版社 2010 年版，第 43 页。

唤神灵，是喊一声神灵的名字，顿一下足，其辞曰："动一脚，喊一声，喊到上元大将军。第一将军本姓唐，一时做了李国王。""动一脚，喊一声，喊到上元大将军。第二将军本姓葛，鼻子出烟口出河。""动一脚，喊一声，喊到上元大将军。第三将军本姓宋，能把黄河水倒流。"这里的"顿足呼灵"，说明"灵"在地下，喊之以声，震之以脚，请他上来；无疑也是原始意义的"行踏"引灵的变相。①

日本民间把足踏巫术称为"反闭"。它是在"贵人出行前，阴阳师所进行的一种咒术，是一种特殊的足踏方法，它能驱邪扶正，开辟幸福"。《平家物语》卷三也载，"所谓阴阳师，做一种称作反闭的足踏步法。"折口信夫《日本艺能史》六讲中说："日本艺能中的第一个功能是镇魂，也即反闭"。"黄帝与蚩尤之战，蚩尤铁身，黄帝箭射不进，黄帝仰天求助，玉女从天而降反闭，蚩尤铁身熔化，不战而败"。"反闭的基本舞步是：左右左，或右左右，走三步，重复三次，成为三三九的形式。它与中国的踏北斗七星的步法相近，走的步法称之为'禹步'"。②

中国广东北江的瑶族人，料理丧事时，进行"踏屋"巫仪。据说它的用意是"尸出门，斩断千年邪鬼"。显而易见，这是借神巫的"脚力"及其踏踩镇住并消灭死者留在屋内地下的邪气。滇黔彝族民间守灵，有神巫"持八卦铃在尸旁跳舞"，也是一种镇踏。但镇踏的不是家鬼，而是死者灵魂一路行去所有途中地下的恶灵，让它们不要欺辱死者的亡灵。

列维－斯特劳斯引用过一首接生女巫的镇踏巫歌，巫歌描绘巫医，他"寻找一些念珠"，他"转过身"，他"将一只脚放在另一只脚前"，他的"脚触着地面"，他的"另一只脚向前跨"。这实际上是巫医在用脚传导"镇踏"恶灵的能量，帮助产妇摆脱恶灵的束缚，以求快快产子③。印度佛本生故事中有一篇《精通脚印青年本生》，写母夜叉与婆罗门男人生一子，子大后逃离其母。母说"人世间的生活是艰难的，不懂得技艺，无法谋生。我懂得一种名叫思宝的咒语，靠它能辨出十二年内任何行人走过的脚印。如果你不回来的话，你能靠它维持生计。孩子，拿去

---

① 转引自张紫晨《中国巫术》，上海三联书店 1990 年版，第 173 页。
② 转引自金秋《古丝绸之路乐舞文化交流史》，上海音乐出版社 2002 年版，第 248 页。
③ 列维－斯特劳斯：《结构人类学》，文化艺术出版社 1989 年版，第 28 页。

这个无价的咒语吧"。于是，他来到波罗奈国。国王请他寻找窃珍宝的贼。他在太平台上念动咒语，随即告诉国王："脚印在这个地方"，窃贼被捉住了①。

　　台湾高山族图腾柱上我们看到"足踏"灵力的暗示。图腾柱上一般刻有裸身赤足的祖灵神。他们的脚板异常肥大，向外撇着，有意使足心朝外；有的还从足趾的前头伸出两条祖灵图腾物——蛇——来（图4－2）。聪明的布须曼人还把"足灵"原理用于战争中的转移巫术。他们在和卡斐人打仗时制造一种"足迹形"盾器，意思是把敌手的飞箭吸引到具有巫灵力的"足迹形"盾器上（图4－3），转移对方刺兵对自身身体的伤害，从而反击刺杀卡斐人的执弓手②。这也颇有奇趣。

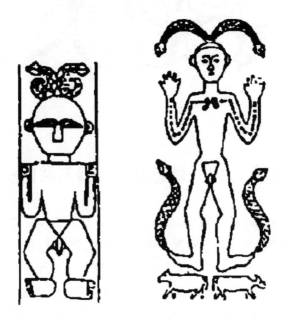

图4－2　台湾高山族图腾柱上的祖灵神

　　这些足踏巫术与《诗经》描写的足迹传感致爱、致孕诞，本质上都是相通的。

---

① 黄宝生：《佛本生故事选》，人民文学出版社2001年版，第72页。
② 格罗塞：《艺术的起源》，商务印书馆1987年版，第138页。

图 4 - 3 足迹形盾器

# 第五节 卢仝、韩愈《月蚀诗》与俗信观念

唐元和初年，成德节度使之子王承宗变乱，要求割德、棣二州以自据。宪宗遣宦官吐突承璀统神策军及四道藩镇予以征讨。诸藩相望瞻顾，畏缩不进；加之吐突承璀本人无谋略，致使征伐无功而还。卢仝作《月蚀诗》以讥之。韩愈阅后，亦仿作一首，名为《月蚀诗效玉川子作》。两首《月蚀诗》均属古体长篇，洋洋百余言，透示了一些唐人对于月蚀现象的民间认识，现考释如下。

（一）

卢、韩描述月蚀之"蚀"，思维起点都是"食"，是月亮被一种怪物吞噬下去了。卢诗说"八月十五夜，比并不可双。此时怪事发，有物吞食来"。韩诗说"月形如白盘，完完上天东。忽然有物来啖之，不知是何虫"。这个观念似很久远了。在殷墟卜辞的时代，殷商巫史即认定"日月食的发生是日月被某种神物①吞食下去"了。②《谷梁传》在解释《春秋经》隐公三年那第一个"日有食之"时说："有食之者……不言食之者，何也？知其不可知。"意思是《春秋经》作者虽还弄不清究竟是何物在食（吃）太阳；但有物来"食"它，已十分明白。孔颖达疏解《春秋经》隐公三年及桓公三年"日有食之"时也表述说，"日有食之，言有物来食之也"；语词上与卢、韩诗语近似。

究竟何物吞吃了月亮呢？卢仝以为是天上的虾蟆精。诗中描述云："传闻古老说，蚀月虾蟆精。径圆千里入汝腹，汝此痴骸阿谁生？""须臾痴蟆精，两吻自决坼。初露半个璧，渐吐满轮魄……腹肚忽脱落，依旧挂穹碧。光彩未苏来，惨淡一片白。奈何万里光，受此吞吐厄。……"（《全唐诗》卷三八七）卢仝另一首《月蚀诗》也写道："东海出明月，清明照毫发……颇奈虾蟆儿，吞我芳桂枝……如何万里光，遭尔小物欺。却吐天汉中，良久素魄微。日月尚如此，人情良可知。"（《全唐诗》卷三八八）

韩愈《月蚀诗》也想象月亮受了虾蟆的吞噬之辱："尝闻古老言，疑是虾蟆精。径圆千里纳汝腹，何处养女百丑形。""臣有一寸刀，可刭凶蟆肠。无梯可上天……""赤鸟司南方，秃尾翅觰沙。月蚀于汝头，汝口开呀呀。虾蟆掠汝两吻过，忍学省事不以汝嘴啄虾蟆？"（《全唐诗》卷三四〇）诗人感叹自己无能上天救月，并指责月边的朱鸟星不去惩处虾蟆。

唐人诗中视月蚀为虾蟆精作怪的，还有李白及白居易。李白《古风》说："蟾蜍薄太清，蚀此瑶台月；圆光亏中天，金魄遂沦没。"李白另一首《杂曲歌辞朗月行》亦咏道："蟾蜍蚀月影，天明夜已残……阴精此沦惑，去去不足观。"白居易有一首《虾蟆（和张十六）》（《全唐诗》卷四二四），其词云："嘉鱼荐宗庙，灵龟贡邦家；应龙能致雨，润我百谷芽。蠢蠢水族中，无用者虾蟆；形秽肌肉腥，出没于泥沙。六月七月交，时雨正滂沱，虾蟆得其志，快乐无以加……常恐飞上天，跳跃随嫦娥；往往蚀明月，遣君无奈何。"另外，沈佺期《古镜》也把月蚀之由归诸虾蟆："莓苔翳清池，虾蟆蚀明月。"（《全唐诗》卷九五）

---

①　古代彝族人说有两个神物：红眼星，豹子星，日蚀是红眼星遮住了太阳，月蚀是豹子星遮住了月亮（罗家修：《古今彝历考》，四川民族出版社1993年版，第21页）。

②　温少峰：《殷墟卜辞研究》，四川社会科学院出版社1983年版，第30页。

虾蟆食月导致月蚀的想法可能产生于汉代。《尔雅翼》卷三十"蟾蜍"记:"许叔重(慎)以为,詹诸,月中虾蟆,食月。……后世诗人皆祖叔重之说,以为虾蟆所食。"① 储少孙补写《史记》时也采取了这一俗信资料。《龟策列传》中说:"月为刑而相佐,见食于蝦蟆。"② 《淮南子·说林训》则记:"月照天下,蚀于詹诸。"高诱注:"詹诸,月中虾蟆,食月,故曰'食于詹诸'。"③ 唐以后仍在民间流行。宋人吴曾《能改斋漫录》卷五"辩误"曾记:"虾蟆蚀月乌蚀日",认为三足乌食日、虾蟆吃月,遂生日蚀月蚀。④

蟾蜍食月之说,好像不限于中国大陆,在东南亚环太平洋文化区都有这种看法。法国学者马伯乐介绍东南亚月蚀神话说:"在天上有个吃月的大虾蟆(Kop Ki Bu'on),池神(PU Non Han)以链条系之于池底;但当此神睡时,虾蟆便挣断链逃去,它去找月亮,而且将它吞下。月奶奶们立时跑去叫池神……从月蚀开始时起,地上的少女们也用杵敲打木臼,这声音将池神唤醒,他捉着虾蟆,逼它吐出月亮,重新将它缚在池底。"⑤ 这些都可看作卢、韩诗虾蟆食月之说的观念背景。

在古人的日月食传说中,流传最广的可能还是天狗吞月。《山海经》原有天狗图,据说长得像"狸,而白首"。《钦定协纪辨方书》卷四引《枢要历》:"天狗者,月中凶神也。"⑥ 民间的说法,正是这个凶戾的神狗每每吞吃月魄。

北京大学《国学门周刊》二卷十三期《中秋日故事的传说》记河北保定传说:"每年八月十五夜深,天上有所谓天狗神者,常于此时张口吞月。说也奇怪,这天狗神原来有口无喉,虽然口大能够含月,终于不能咽下肚去,所以含而又吐,吐而又含,至再至三,轻易不肯罢休。月神不堪其扰,乃指示下界人民,为种种大声以惊之,使之速去……"⑦ 在黔东南苗

---

① 罗愿:《尔雅翼》,黄山书社 1991 年版,第 307 页。

② 司马迁:《史记》,台湾"中研院"汉籍文献资料库本,第 3237 页。

③ 刘安:《淮南子》,上海古籍出版社 1989 年版,第 183 页。

④ 吴曾:《能改斋漫录》,上海古籍出版社 1979 年版,第 122 页。

⑤ 马伯乐:《书经中的神自豪感》,冯沅君译,商务印书馆 1936 年版,第 16 页。

⑥ 殆知阁《易藏·术数》类。

⑦ 袁珂:《中国神话传说词典》,上海辞书出版社 1985 年版,第 465 页。

族史诗《娘阿莎之歌》中，天狗食日月还自有它的一番道理。史诗说，上古时代有个美丽的少女娘阿莎嫁给了太阳。太阳去东方办事十年不归，雇工月亮和娘阿莎私奔了。大天神天狗裁决了这一桩难以厘清的乱婚案，但日月都没有给天狗裁决金，天狗生气就常常吞食它们以为补偿。这就是日蚀、月蚀。① 据刘芳贤调查，西藏珞巴族崩尼人说，吃日月的怪物叫"达目苏得布"（俗称"达目"）。达目非狗，只是长得像狗。"据说 1962 年发生日蚀时，崩尼巴布村民同其他村民一样集中于村外，在盛满水的大铜锅中观看达目吃太阳……人们向天空抛活狗，达目看到狗后就生气地'哼'一声，这一'哼'太阳就趁达目张嘴之机逃跑了。"② 达斡尔人"遇上日食和月食，就以为是天狗捕日头、天狗吞月亮了，萨满要各家敲打……响器，好吓走天狗以保护太阳神和月亮神"。③ 哈尼族人逢日月蚀，巫师会狂呼："天狗呀，不要吃太阳吧，不要吃月亮吧，肚子饿就来吃我们的供品吧！天狗呀，吃掉太阳月亮，天不会活，地不会活，人口庄稼牛马不会活，不要吃太阳月亮，来吃我们的祭献吧！赶快松开你的爪子，放开太阳月亮吧，人间全靠这两个东西呀！"④ 邓启耀先生介绍，云南西畴狮子北山岩画有一单元，画着两个奇特的太阳，太阳之中有覆盖物，旁边有月牙两弯，以及群犬和持弓人围绕。一般解释为"昼夜狩猎图"，其实正是一幅"天狗吃日月图"。持弓人搭射，乃驱逐天狗也。⑤

　　需要提到的是，在巴比伦神话中似乎也有天狗吃月的说法。天狗长有翅膀，两只前爪犹似人手，当它欲吞月亮时，巴比伦神话中的日月保护神马尔都克（marduk）就来制服它。魏庆征所编《古代两河流域与西亚神话》一书收有一幅马尔都克阻止天狗食月的文物图像，天狗立起身，回首欲吃天上的月牙，马尔都克手持"山"字形刺兵迎战天狗，马尔都克的脚下还有一只猎犬，也张口吐舌扑向天狗，画面十分生动。⑥

---

　　① 《中国各民族宗教与神话大词典》，学苑出版社 1990 年版，第 484 页。
　　② 《中国各民族原始宗教资料集成·珞巴族卷》，中国社会科学出版社 1999 年版，第754 页。
　　③ 同上书，第 293 页。
　　④ 杨学政：《中国原始宗教百科全书》，四川辞书出版社 2002 年版，第 512 页。
　　⑤ 邓启耀：《云南岩画的知性时空》，《民族艺术》2001 年第 4 期。
　　⑥ 魏庆征：《古代两河流域与西亚神话》，山西人民出版社 1999 年版，附图第 61 页。

天狗①食日月的民俗观念显然是卢仝熟悉的，故他的诗中这样写："天狗下舐地，血流何滂滂……眣目岿成就，害我光明王。"当"天蛙"（虾蟆）吃月之时，天狗也趁火打劫，窥视下界，给人间带来血光之灾。此天狗虽没有亲口食月，但它是助纣为虐的食月精魅的伙伴。

民间又以为月食（包括日食）与一种恶龙（天龙）有关。英国著名汉学家李约瑟博士曾指出：在荀子时代，"日月食是日月被天龙慢慢吃掉（了）。'食'就是吃……"②台湾民间至今流传着天龙吞日月的神话。他们说天龙是雌雄二恶龙，吞下日月后潜入深潭之中（是为台湾的日月潭），世界骤然黑暗。有渔民大尖哥和水社姐，用金斧、银剪杀死恶龙，从龙腹中救出日月，日月又慢慢生辉了。③在珞巴族文化中，天龙食日月变形为九头蛇与日月的矛盾。他们说有个恶棍叫让户拉。他在偷盗葫芦宝药时被日月发现了。日月告诉仓巴、央金兄弟。仓巴、央金兄弟用石块把让户拉砸死，让户拉的尸首却化为九头毒蛇。因怀恨日月告秘，九头蛇常常把日月盘压在自己的身下以出气。每当是时，日月就无光了。④印度文化中也有天龙食日月的文化因子。日本学者藤田丰八说，印度神话中有个"飞天龙"（Rahn），它长着"巨头，深怨日月，开口便言驱逐日月，在吞其中之一的时候，日蚀或月蚀即起"⑤。

---

① 新疆图瓦人遇月食则打狗，值得思考。南快莫德格说："图瓦人特别害怕月食，他们把月亮里面浮现的图看作是恶魔（莽古斯）。关于这个有一则传说：在久远的古代莽古斯时常来侵扰地球，在地球上见啥吃啥搞得人类不得安宁。老天爷下命令捉住莽古斯将它放到月球去，谁知那莽古斯的力量那么大，竟抱走了一大块石头到了月球，从此地球太平了。在月球上，每隔15天给那个莽古斯放一次假，每当放假它就去骚扰月亮，假如月亮输给了那莽古斯，就出现月食的现象。所以，假若月食了，图瓦人一整夜都不睡觉，同时要对着月亮打枪射击，让那些独生子向着月亮大声喊：'把我的月亮放开！'并且还要专门把家里的母狗打得嗷嗷叫。这样做的目的是想让老天爷知道地球上的人没有月亮倍感痛苦，老天爷知道了马上会将莽古斯捉住囚禁，月亮就能亮起来。"（南快莫德格：《新疆图瓦人社会文化田野调查与研究》，民族出版社2009年版，第135页）
② 李约瑟在《中国科学技术史》第四卷第二十章指出，日食月食是日、月被天龙"食吃"的想法见于《荀子》一书。"荀卿在公元前三世纪时对当时这种想法的民俗学性质，已有所理解"（科学出版社2003年版，第565页）。
③ 袁珂：《中国神话传说词典》，上海辞书出版社1985年版，第7页。
④ 《中国各民族宗教与神话大词典》，学苑出版社1990年版，第390页。
⑤ 肖兵：《楚辞与神话》，江苏古籍出版社1986年版，第127页。

　　这里说的"天龙"即古印度神话中的恶魔罗睺①，因其下半身呈多龙尾形，故云。《唱赞奥义书》八篇十三章，论及"自我"云："逍遥兮，由黑暗至于灿烂；逍遥兮，由灿烂至于黑暗。如马之振鬣兮，洒脱罪业，如月脱乎罗睺之口，委蜕躯壳。"②《大日经疏演奥钞》中云："黄幡巽罗睺蚀神星，头面三，顶蛇九，云乘，食神头。从正月至年终，长居翼宿、张宿。豹尾神计都蚀神星，头三蛇三，云乘，独神尾。"对付罗睺当图其形以祈禳③（图4-4）。④

图4-4　《大正藏》密教部四《梵天火罗九曜》中罗睺（左）、计都（右），
日本长谷寺藏，1802年

---

　　①　佛教经典《七曜攘灾决》卷中写道："罗睺遏罗师者，一名黄幡、一名蚀神头、一名复、一名太阳首。常隐行不见，逢日月则蚀，朔望逢之必蚀，与日月相对亦蚀。谨按天竺婆毗磨步之云尔。汉说云日月同道，月掩日而日蚀，天对日冲，其大如日，日光不照，谓之暗虚，暗虚值月而月蚀。二说不同，今按天竺历得其正理矣，对人本宫则有灾祸，或隐覆不通为厄最重，常逆行于天，行无徐疾。"（转引自余欣《敦煌的博物学世界》，甘肃教育出版社2013年版，第35页）《摩诃婆罗多》中也道："在海的中央，可以看到无头的罗睺时常决心吞食日月。"

　　②　徐梵澄：《五十奥义书》，中国社会科学出版社2007年版，第248页。

　　③　《梵天火罗九曜》载："凡人只知有七曜，不晴虚星号曰罗睺计都，此星在隐位而不见，逢日月即蚀，号曰蚀神。计都者独神之尾也，号豹尾。若行年到此宿，切须画所犯神形，深室供养烧禳之，即灾害不生。"（图4-5）［唐一行：《梵天火罗九曜》，《大正新修大藏经》第21卷《密教部》（四），台北佛陀教育基金会出版部1990年版，第459—462页］敦煌写本《推九曜行年容厄法》云："行年至蚀头罗睺（睺）星，至此宿者罗睺（睺）也。……宜黑处画形供养。……行年蚀神尾计都星，至此宿者一名太阴，一名豹尾，亦是阴星。……宜深处画形供养。"（赵贞：《九曜行年略说》，《敦煌学辑刊》2005年第3期）

　　④　按此图罗睺、计都头顶出蛇数与经文所述正好相反。图4-4参见朱晓珂《罗睺计都图像研究》，中国科技大学硕士学位论文，2014年，第13、26页。

图4-5　罗睺的伴星计都呈
蛇身，约公元11世纪

另外，在埃及神话中，有条叫阿佩普的大蛇常吞食日月。存于大英博物馆的编号为10188号的纸莎草纸经文中即说，"掌管黑暗的首领是一个叫阿佩普的魔鬼，他经常变化成一条巨蟒出现在天空中，他还勾结图瓦特所有的魔鬼，企图将太阳神囚禁在黑暗"里。[1]而另一种传说则云："太阳神'拉'之舟穿行于冥府之河时，冥河中的巨蛇阿佩普妄图攻击和吞食'拉'神"。[2]

大概由于恶龙、毒龙吞食日月的关系，卢仝诗中想到了天上的祥龙（即东方之龙），对之予以谴责："东方苍龙角插戟，尾捭风。统领三百六十鳞虫，坐理东方宫。月蚀不救援，安用东方龙？"意谓既然有恶龙作孽，手握重兵的东方苍龙难道是吃干饭的？何不率甲士趋救？此或隐喻诸藩镇拥兵自重，坐视国难耳。

（二）

在民间意识中，月蚀既是月被精魅吞食所致，驱逐精魅就成了月蚀发生时的重要的巫术活动。驱逐的方式首先是击鼓。《周礼·地官·鼓人》说："救日月，则诏王鼓。"郑玄注："救日月食，王必亲击鼓者，声大异。《春秋传》曰：'非日月之眚，不鼓。'"贾公彦疏："谓日月食时，鼓人诏告于王击鼓……祭日月与天神同用雷鼓，则此救日月亦宜用雷鼓。"[3]

意思是，日、月蚀发生之始，管理鼓的官吏就应请君王亲自播鼓，所

---

① 马兆锋：《法老归来神秘的古埃及文明》，北京工业大学出版社2014年版，第147页。

② 矢岛文夫：《世界最古老的神话：美索不达米亚和埃及的神话》，东方出版社2006年版，第198页。故我们看到埃及的咒语中云："回去吧，阿佩普，'拉'的敌人，像肠子一样盘旋的毒蛇，你没有手臂，没有腿脚，身体想直立却无法直立，只能把你的尾巴长长地拖在巢穴前，在'拉'的面前退缩而去。你的头将被砍掉，你将被杀掉，你将抬不起脸来，因为'拉'的威名渗透进你邪恶的灵魂里。伟神的屠刀将把你四分五裂，你的各个部位将散发出香气，充满整个天地。天蝎座女神瑟克击退你的攻击，你停下来，停下来……"（沃利斯·巴奇：《古埃及的咒语》，新世界出版社2008年版，第122页）

③ 《十三经注疏·周礼注疏》，北京大学出版社1999年版，第318页。

擂之鼓叫"雷鼓",有八面,君王一个敲击不过来,还要配上几个臣吏协助君王一齐敲。《周礼·夏官》有太仆之官,其司职之一即是"赞(助)王鼓,救日月"。贾公彦解释说:"太仆亦赞王鼓,佐击其余面……用雷鼓也。若然,月食当用灵鼓……"① 据说灵鼓六面,自然亦需人"佐击其余面"。击鼓救日月的巫术在民间长期传承。元人孔齐《至正直记》卷三载有一首无名氏《咏月食》小令:"锣筛破了,鼓擂破了,谢天地早是明了。若还到底不明时,黑洞洞几时是了?"可见到元代,民间还是相信打鼓可以驱魅救月。

除了击鼓以外,民间还可以敲击铜盆、铁锅,甚至敲门、敲门框、敲梆子,以恐吓食日月之精怪。《穀梁传》庄公25年"救日……大夫击门,士击柝"。晋范宁注,"柝,两木相击"②。胡新生说,柝,"即今人所谓'梆子'"③。《白虎通·灾变》:"月食救之……孺人击杖,庶人之妻楔搔。"④ 击杖是将木杖互相敲打发声,楔搔是敲击门边木柱。所有敲击用过的木棒,待日月蚀过后也都具有了驱邪的灵力,可以作为治疮肿的灵药来用了。《本草纲目》卷三八《服器部》载有

图4-6 彝文古书《宇宙人文论》中日蚀、月蚀图

"救月杖",《集解》引陈藏器曰:"即月食时救月击物木也。"据说如果患有烂耳根或烂鼻翼(医家称之为"月"蚀疮)的疮症,用救月杖烧灰和油一抹就好。孙思邈说,救月杖"乃治曹之神药"(《本草纲目》卷三八引)。

卢仝的诗思中无疑潜寄了这种击鼓(或击物)救月的民俗设想:"蚩尤簸旗弄旬日,始捶天鼓鸣珰琅。"这两句诗是说:蚩尤神就在天鼓星座

---

① 《十三经注疏·周礼注疏》,北京大学出版社1999年版,第829页。
② 《十三经注疏·春秋谷梁注疏》,清嘉庆二十年南昌府学刊本,第60页。
③ 胡新生:《中国古代巫术》,山东人民出版社1998年版,第320页。
④ 陈立:《白虎通疏证》,中华书局1994年版,第275页。

的旁边，何以在那磨磨蹭蹭？好像要准备十天半月才能敲响驱吓虾蟆精的锣鼓，真是咄咄怪事。诗人是在怨责蚩尤星君，嫌其动作迟缓，于月蚀之灾无关疼痒。不难发现，这里隐含了诗人对讨伐王承宗之役中诸藩懈怠作风的婉讽。

图 4 - 7　晚清《便蒙图画四书白话解》书影（释《论语》"如日月之食"插了一幅日月食图①）

拯救被食的太阳月亮，似乎还有用弓矢去射的巫法。孔颖达说："昭昭大明……忽尔歼亡……其为怪异莫斯之甚。故……射之以弓矢。"西周开始，宫中藏有特殊的弓箭，叫作"救日之弓，救月之矢"，专门用于日月蚀时向食日月的精魅发射（后世傣族人遇日月蚀鸣枪相救应是弓矢以救的蜕变）。《周礼·庭氏》说"庭氏掌射国中之夭鸟。若不见鸟兽，则以救日之弓与救月之矢夜射之。"郑司农说："救日之弓，救月之矢，谓日月食所作弓矢。"② 意思是周人非常忌怕鸮之类的恶鸟（夭鸟），以为此鸟一叫便有灾殃，而有些精怪像鸮鸟一样半夜鸣呼为祟却又看不见其形影，凡遇此种情况可用镇魅力量最强的"救日之弓、救月之矢"去射杀它们。从这一记载看，周人有对付造成日月蚀的精怪们的专用弓矢，并认为它有很大的巫术法力。

郑玄注《庭氏》亦云，"救日以枉矢，救月以恒矢……"据郑氏之言，射杀食日月之精怪所用的箭矢也是极有讲究的。在周人八矢中，杀矢，箭头重，射入深；矰矢，箭头轻，容易上升射飞鸟；而恒矢则前后重量均衡，射出后箭行平稳，射程较远。故《周礼·庭氏》以为月食时即当发出这种箭，以驱走食月精魅。枉矢是一种带火的箭，箭尾有燃烧的油脂，在日月食出现、天象昏黑时射出，箭尾之火不灭，像一颗流星。古人以

---

① 刘勇先：《汉江拾贝》，暨南大学出版社 2012 年版，第 183 页。
② 《十三经注疏·周礼注疏》，北京大学出版社 1999 年版，第 989 页。

为食日月的精怪尤怕火，所以"火箭枉矢"最可以救得日月。《春秋考邮异》所谓"枉矢精，状如流星，蛇行有尾见。"意谓"枉矢"本身就是一种精灵，它在空中飞行时犹似有尾无首的龙蛇，自然可以压制食日月的精怪了。

弓矢救日月之想，卢诗中有透示。诗说："枉矢能蛇行，眊目森森张。""弧矢引满反射人，天狼呀啄明煌煌"。卢的意思是，驰走起来如"结火飞箭"的"枉矢星"瞪着个阴森可怖的眼睛在那发呆，为何不去击射食月的蟆精？斥问之中，曲喻何义，也是显而易见的。

（三）

另外，古人以为"天"是有"眼"的，日与月就是天的两只眼。《云笈七签》说："太一天之源，日月天之眼。"蔡琰诗中道："为天有眼兮，何不见我独漂流。"李商隐诗讲："沥胆祝愿天有眼，君子之泽方滂沱。"苏轼也云："披云见天眼，回首失海潦。"[1]

"天眼"之说似是世界上许多民族普遍存在的俗信认识。雅利安人的神话中，即称太阳为"天之眼"。在古罗马，朱庇特的头就是天空，而他的左右眼即是太阳和月亮。在世界第四大岛屿的非洲马达加斯加，太阳乃是天的"白天的眼睛"；月亮则为"黑夜的眼睛"。古代的日耳曼人称天为"沃坦"（wuotan，即天神），日头正是"沃坦"的眼睛。澳大利亚土著神话，只要他们的天神一开眼，天幕的黑暗就会消失。在南太

图 4-8　肖形印上食蛇的天狗[3]

平洋波利尼西亚群岛，天及天神叫"阿瓦蒂"，太阳乃"阿瓦蒂"的一只巨眼。[2]

卢、韩两诗构思的基本框架就植根于此种俗信之上。卢诗说："皇天

---

① 张玉书：《佩文韵府》，上海书店1983年版，第1877页。
② 高福进：《太阳崇拜与太阳神话》，上海人民出版社2002年版，第59页。
③ 张郁明：《肖形印》，上海书画出版社2003年版，第19页。

要识物，日月乃化生。走天汲汲劳四体，与天作眼行光明。此眼不自保，天公行道何由行?""人养虎，被虎啮；天媚蟆，被蟆瞎。安得嫦娥氏，来习扁鹊术。手持春喉戈，去此睛上物"。"孰为人面上，一目偏可去? 愿天完两目，照下万方土，万古更不瞽"。韩愈月蚀诗中亦有类似的表述："念此日月者，为天之眼睛。此犹不自保，吾道何由行。""黄帝有四目，帝舜重其明。今天只两目，何故许食使偏盲。"二人都将月之被"食"，视为天眼瞎了一只。韩愈代天忧虑，叹天目一盲，何以审识世道? 卢则希冀嫦娥姑娘或能化为"白衣天使"，为天治愈眼疾；均借民俗中的"天眼"之说，发为奇想也。

# 第六节　柳宗元《祭纛文》《祃牙文》与古之祃祭

古之军旅祭典祃祭在主祭之神上有一个变迁的过程。这里我们把柳宗元两篇反映祃祭的祭文放在上述背景中作以观察，以见其趋变的文化意义。

唐元和十四年，桂管观察使裴行立奉诏征伐黄少卿。柳宗元为裴氏出征祭典，作了两篇祭文，一篇名《祭纛文》，另一篇名《祃牙文》。前篇有"有蠢黄孽，保固虐人"之辞；后篇则说到"黄姓陋孽，实恣盗暴"[1]。两文一事，供裴氏选用。

古人出征，必行祃祭。所祭的对象，唐代一般士子似不太明了。唐儒孔颖达在涉及《诗经·大雅·皇矣》"是类是祃"时都曾说："祃之所祭，其神不明。"[2] 按《周礼·肆师》郑玄注："祃，师祭也。祭造军法者。其神盖蚩尤，或曰黄帝。"汉代人的倾向，出兵祃祭主祭之神当为蚩尤或黄帝。在古典神话中，蚩尤是作为战神出现的。司马贞《五帝本纪·索隐》引《管子》，说"蚩尤受庐山之金而作五兵"。又张守节《正义》引《龙鱼河图》："蚩尤兄弟八十一人，并兽身人语，铜头铁额，造兵仗刀戟大弩……蚩尤没后，天下复扰乱，黄帝遂画蚩尤形象以威天下。天下咸谓蚩尤不死，八方万邦皆为弭服。"可见其震慑雄威。据说秦汉时齐

---

① 柳宗元：《柳河东集》，上海人民出版社 1974 年版，第 662—663 页。
② 孔颖达：《毛诗正义》，北京大学出版社 1999 年版，第 1036 页。

人崇祀八神，其第三神即是蚩尤，蚩尤被称为"兵主"，在东平郡寿张县尚垒有其冢。《史记·高祖本纪》记，刘邦起兵时，也曾"祭蚩尤于沛庭"。

黄帝是传说时代的最英伟的战神，其灭四方之帝而崛起于中央。汉贾谊《新书·制不定》说他与炎帝"战涿鹿之野，血流漂杵"，以胜之①。可见其战争规模。《孙子·行军》篇在论及依山布军、依水布军、依草泽布军、依平陆布军四种情况时说，"凡此四军之利心，黄帝之所以胜四帝也。"② 似乎孙子把军事地形学的思想上溯至黄帝。《史记·五帝本纪》说黄帝最早教习战法。"轩辕乃修德振兵……教熊罴貔貅貙虎，以与炎帝战"。张守节《正义》："教士卒习战，以猛兽之名名之，用威敌也。"又说营垒屯军之法乃为黄帝设计，所谓"以师兵为营卫"。张守节解释，即"环绕军兵为营以自卫。若辕门即其遗象"。《龙鱼河图》说黄帝与蚩尤战，"天遣玄女下授黄帝兵信神符，制伏蚩尤，帝因使之主兵，以制八方"（《五帝本纪》张守节《正义》引）③。由是，兵符信节制度也归源于黄帝。所以，蚩、黄作为祃祭之主神都有一定的文化沉积，都是魏晋以前兵祭史上确行过的，这无可辩说。

但如果我们仔细阅理一下隋唐礼制史料则发现，黄帝慢慢成了祃祭的主神，蚩尤的影子渐即退去。杜佑《通典》卷七六《军礼》（一）"命将出征"条记：开皇二十年，太尉晋王伐突厥，"次河上，祃祭轩辕黄帝，以太牢制，陈甲兵，行三献之礼。"④ 又记：大业七年，隋王朝征高丽。隋炀帝"于秃黎山为坛，祠黄帝，行祃祭。皇帝及诸陪祭近侍官诸军将，皆斋一宿。有司供帐设位，为埋坎……建二旗于南门外。以熊席设帝轩辕神座于壝内。皇帝出次入门"，与群官一起行拜奠礼⑤。后周军制，大司马以狩田教习军阵之法。军阵摆好后，"有司表于阵前。以太牢祭黄帝轩辕氏……为坛，建二旗，列五兵于座侧，行三献礼"⑥。在唐人的《开元礼》中，祃

---

① 阎振益：《新书校注》，中华书局 2000 年版，第 70 页。
② 孙武：《孙子兵法》，上海古籍出版社 2006 年版，第 228 页。
③ 司马迁：《史记》，台湾"中研院"汉籍文献资料库本，第 3—6 页。
④ 杜佑：《通典》，中华书局 1988 年版，第 2084 页。
⑤ 同上书，第 2063 页。
⑥ 同上书，第 2072 页。

祭这样布设："皇帝亲征，祃于所征之地。……祭日，未明十五刻，太官令先备特牲之馔。牲以犊。未明四刻，郊社令奉熊席，入设黄帝轩辕氏神座于墠内近北，南向。兵部侍郎置甲兵胄矢于座侧……。未明二刻，郊社令、良酝令各帅其属入实，尊罍及币。"① 祭礼中也以黄帝神座为中心。

柳宗元的《祭纛文》与《祃牙文》则向我们透示了一个重要的内涵迁变现象，即祃祭的重心转向了衅祭军中的牙旗、大纛或牙门旗。《祭纛文》说："维年月日，某官以牲牢之奠，祭于纛神。惟昔澧有大特，化为巨梓。秦人凭神，乃建茸头，是为兵主，用于行师。汉宗蚩尤，亦作灵旗。既类既祃，指于有罪。北面诏盟，抗侯以射。虽有古典，今弃不用，惟兹之制，神实守祀。……俾兹太平，犹用戎律。天子有命，施威于下。惟守臣某，董众抚师。秉羽先刃，出用兹日。敢修外事，爰荐求牛。庶无留行，以殄有罪。国有祀典，属于神明。伤夷大命，无敢私顾。惟克胜敌，以全天兵。去兹蟊贼，达我涵育。收厥隶圉，役于校人。海隅黎献，永底于理。无或顿刃，以为神耻。"此处的"纛神"即雉羽或牦尾缀饰的旌旆旗帜，所谓"羽旆""羽旌"，行军时置于"左马首"。这里作为兵神军魂来祭奠了，与汉代军征祃祭祭"灵旗"（蚩尤旗）近似。②

《祃牙文》说："维年月日，某官某以清酌少牢之奠，祃于军牙之神……黄姓陋鞾，实恣盗暴，僮壮杀老，掠敚使臣。枭视洞窟，以逃大戮。今皇帝受天景命，敷于有仁，凡百凶毒，罔不震伐。齐鲁剿殄，赵魏显化。溥天之下，咸顺帝理。唯是琐眇，尚恣昏顽，致天震怒，命底于罚。官臣某钦率邦典，统戎于征。惟尔有神，懋扬乃职。敢告无纵诡类，无刘我徒，镞刃锋锷，毕集于凶躬。铠甲干盾，咸完于义躯。焚炀荡沃，往如行虚。俾人怀于安，以靖离之隅，在是举也。往钦哉，无作神羞，急急如律令。"旧注云"祃，师祭也。……牙旗者，将军之精"。祭词视牙旗为军旅之神，祈愿它佑安于士兵。

---

① 杜佑：《通典》，中华书局 1988 年版，第 3388 页。

② 独孤及《祭纛文》亦祭意指向旗神，云："今以令月吉日，整驾即路，是用徼福于尔有神。惟神降衷，尚弼予志。敢告无靡旗，无绁骖，无汰辀，无偾车。命五将护野，万灵并毂。令天地氛祲，望风扫除。魑魅魍魉，罔不率俾。莫我敢遏，为神祇羞。尚飨。"（姚铉：《唐文粹》，吉林人民出版社 1998 年版，第 386 页）

唐封演《封氏闻见记》卷五记："出师有建牙、祃牙之事。"建牙即将军出征建一象牙为饰的大旗，祃牙即祭奠该旗。柳氏《祃牙文》《祭纛文》正是"祃牙之事"也。

唐陈子昂有《祃牙文》，文曰："万岁通天二年三月朔日，清边道大总管建安郡王某，敢以牲牢告军牙之神。……契丹凶羯，敢乱天常，乃蜂屯丸山，豕食辽野，宴安鸩毒，作为檮杌。天厌其凶，国用致讨。皇帝命我，肃将王诛。今大军已集，吉辰协应，旄头首建，羽饰前列。夷貊咸威，将士听誓。方俟天休命，为人殄灾。惟尔有神，尚歼乃丑……使兵不血刃，戎夏来同。以昭我天子之德，允乃神之功。岂非正直克明哉？无纵大雠，以作神羞。急急如律令。"① 陈氏此文，也是以旗神为祃祭对象，敦祈它助王师、歼契丹；如若不然，即讥其无面颜为神职。人神对话，煞有其事。

宋代礼制在唐人的基础上从根本上明确了祃祭的对象就是出师祭军旗。《宋史·礼志·祃祭》说："祃，师祭也。……军前大旗曰牙，师出必祭，谓之祃。……（宋）太宗征河东，出京前一日，遣右赞善大夫潘慎修出郊，用少牢一，祭蚩尤，祃牙。遣著作佐郎李巨源即北郊望气坛，用香、柳枝、灯油、乳粥、酥蜜饼、果，祭北方天王。"② 很清楚，到太宗年间，出征祭牙旗叫作"祃"，此祭成了与祭蚩尤、祭北方天王平行并存的祭祀事项。

至咸平年间，宋真宗下诏，责成太常礼院定祃祭祭仪。据《宋史·礼志》太常礼院定的祃祭典仪是这样的："所司除地为坛，两壝绕以青绳，张幄帟，置军牙、六纛位版。版方七寸，厚三分，祭用刚日，具馔。牲用大牢，以羊豕代，其币长一丈八尺，军牙以白，六纛以皂，都部署初献，副都部署亚献，部署三献，皆戎服，清斋一宿。将校陪位。礼毕焚币，衅鼓以一牢。"③ 这是中国礼制史上关于祃祭祭仪的一次较完备的设定。实际中能否施行，不得其详。

明代洪武年间，朱元璋诏令兴建"旗纛庙"（据《春明梦余录》旗纛

---

① 陈子昂：《陈子昂集》，中华书局 1961 年版，第 146 页。
② 脱脱：《宋史》，中华书局 2000 年版，第 1907 页。
③ 同上。

庙建在太岁殿之东），并修行"祃祭仪"。其仪程如下：一、"斋戒"。祭前皇帝及陪祭官均清斋一日。二、"省牲"。在庙庭之东设皇帝"大次"之所，皇帝亲临省视祃祭牲物备办情况。三、"陈设"。祃祭前一日，由执事设神案于庙殿中，"军牙位"在东，"纛神位"在西。四、"正祭"。是日清晨，竖牙旗、六纛于神位后，旗东纛西。皇帝一身"武弁"服饰，由太常卿、导驾官从左南门引入就位。赞礼宣布迎神，奏乐。乐止，祝官跪读祝文。皇帝行"三献礼"并饮福酒。然后，赞礼宣布送神。五、"望燎"。礼官一行又前往"望燎所"。燎祭牙旗、六纛之神，执事杀鸡刺血溶入酒碗中，再行酹神礼。[①] 至此，祃祭仪典可谓"周备"，可谓"大成"了。

古之祭词由祝呈告于所祭之神，祝亦往往以祭主或祭众的口气发而为言。《仪礼·少牢馈食礼》中载有祝词模式，云："孝孙某敢用柔毛、刚鬣、嘉荐、普淖，用荐岁事于皇祖伯某……尚飨。"[②] 此祭词为祈于祖先神灵，"孝孙某"之"某"可随祭者自身名号而代换。柳氏文中"某官""守臣某""某官某""某臣某"，与上近似，也是供巫祝代言或主祭致祃祭词时活用的。另外，祃祭旗纛，日辰上是有讲究的。《祭纛文》"出用兹日，敢修外事"旧注："《礼记》：'外事以刚日'，外事，谓兵事。"《祃牙文》"维年月日……祃于军牙之神"旧注："凡始竖牙（旗），必以刚日。刚日者……吉气来应，大胜之征。"就是说祃祭旗纛当在十日内的甲丙戊庚壬五天内行事。此与《礼记·表记》"外事用刚日，内事用柔日"的规矩[③]，以及《孔丛子·问军礼》说"凡类祃皆用甲丙戊庚壬之刚日"，[④] 是一致的。

# 第七节　钱钟书《管锥编》"以船渡水"语义补证

读钱钟书先生《管锥编》，常叹其"精"。他所发见的那么多的"命题""原型""母题""现象"，后续者按其意旨稍加研究，大都是一篇绝

---

① 《古今图书集成·礼仪典》引《明会典》，第 2304 页。
② 《十三经注疏·仪礼注疏》，清嘉庆二十年南昌府学刊本，第 569 页。
③ 同上书，第 920 页。
④ 傅亚庶：《孔丛子校释》，中华书局 2011 年版，第 421 页。

好的文章，而他只是"点到"为止。犹似在无边的海洋里，他已告诉后人哪个小岛有宝藏、哪个滩头可歇舟一样。笔者每思一点一点的疏解补证，岂奈工程太大，力不能济。以下就钱先生的"以船渡水之喻"写出心得来，以倡我"钱学"同人，齐力共勉，同入宝山。

钱先生读《毛诗正义·蒹葭》"所谓伊人，在水一方；溯洄从之，道阻且长，溯游从之，宛在水中央"，指出"在水一方"，实寓"慕悦之情"，是"以水涨道断之象，示欢会中梗"，也即《易林》中的"水隔无船"之喻。钱先生引《易林》两首四言诗为证，其一为《屯之小畜》："夹河为婚，期至无船。摇心失望，不见所欢。"其二为《屯之蹇》："为季求婚，家在东海，水长无船，不见所欢。"①

以船渡水，作为爱恋婚媾达成的喻象，古典诗文中尤多见。在《诗经》中，人"渡水"的行为本身，就含有象征性。渡水过来或渡过水去都意味着成就好事与完成婚姻，或者是男从女，或者是女获男。《郑风·褰裳》唱道："子惠思我，褰裳涉溱。子不我思，岂无他人。狂童之狂也且。""子惠思我，褰裳涉洧。子不我思，岂无他士。狂童之狂也且"。女子戏谑、试探她的情郎，若真是爱我，就掣起衣裤，蹚过河水来；不敢蹚水过河，那就不真爱我；不真爱我有啥关系，难道没有其他男人啦？女子以蹚水渡河，试探男子恋情的真伪与勇怯。《毛诗写官记》所谓"嗜山不顾高，嗜桃不顾毛"也②。

《邶风·匏有苦叶》也描绘："匏有苦叶，济有深涉。深则厉，浅则揭。……雍雍鸣雁，旭日始旦。士如归妻，迨冰未泮。"这几句的含义是：在秋后迎娶女子季节里，男子们都应在河水未结冰前完成婚娶。但婚娶之事必借助于礼节，犹如渡河，必估量水之深浅，浅水之渡，徒涉可过；深水之渡，必借诸葫芦（匏，即古人渡河拴在身上的大葫芦，俗名"腰舟"）。在这里，"渡具"（"腰舟"葫芦）被喻指为帮助青年男女互达婚姻彼岸的礼义，而水之深浅则喻指对婚事循礼程度的估量与把握。《毛传》说："匏……不可食也。济，渡也……男女之际，安可以无礼义？将无以

———————————

① 钱钟书：《管锥编》第一册，中华书局1979年版，第123页。
② 转引自陈子展《诗经直解》，复旦大学出版社1983年版，第266页。

自济也。"朱熹说："渡处方深，行者当量其深浅而后渡。以比男女之际，亦当量度礼义而行也。"①《郑笺》说："以水深浅，喻男子之才性与贤不肖及长幼也。各顺其人之宜，为之求妃偶。"

由于"渡"的象征意味，所以《诗经》中的舟人摆渡或男女渡水，都便是典型的成就婚媾的喻辞了。《邶风·匏有苦叶》写道："招招舟子，人涉卬否。人涉卬否，卬须我友。"《毛传》说："舟人，主济渡者……以言室家之道……非得礼义，婚姻不成。"《郑笺》说："舟人之子号召当渡者，犹媒人之会男女无夫家者，使之为妃匹。"朱熹《诗集传》说："舟人招人以渡……以比男女必待其配偶而相从。"

《邶风·谷风》篇，则以船渡与泳渡比拟女子与丈夫的关系。其辞云："就其深矣，方之舟之。就其浅矣，泳之游之……不我能慉，反以我为仇……"这是一个弃妇的泣诉。女子的意思是，在婚后的生活中，无论难事易事，有争吵，有分异，我都勉勤从事，处处依就顺从着你，好比河水深时我把船筏撑到对岸；河水浅时，我就赤脚蹚过去。但你还是不能好好待我，视我为仇人。朱熹说："妇人……言我随事尽其心力而为之，深则方舟，浅则泳游……莫不尽其道也。"② 孔颖达《毛诗正义》说，妇人以"渡水"为喻，"若就其深矣，则方之舟之。若就其浅矣，则泳之游之，随水深浅，期于必渡。以兴己于君子之家事……随事难易，期于必成。"

《诗经》中，若言江河不可渡，或水势广大，木筏不可渡，那含意则是有美貌的女子，男子向往而不可得。《周南·汉广》写道："南有乔木，不可休息。汉有游女，不可求思。汉之广矣，不可泳思。江之永矣，不可方思。"汉江对面那出游的女子端庄静美，为一男子所见。他叹想自己不能得到她，就像竹木编筏（"方"）很难渡过宽阔的江水一样。季本《诗说解颐》说："盖游女之不可求……则如江之不可方（木筏为渡）。"刘瑾《诗传通释》云："江永不可方，以比贞女不复可求"③。

"渡水情媾"之喻在民间是通晓的。绿荷女士《中国妇女生活史》记载：旧时嘉兴，卖笑为生的船娘们，常在暮色烟迷中站在东园茶楼招呼游人游西

① 朱熹：《诗集传》，岳麓书社 1994 年版，第 24 页。
② 同上书，第 26 页。
③ 转引自张树波《国风集说》，河北人民出版社 1993 年版，第 87—89 页。

湖。她们的文辞是："先生，'摆渡吗？'"这是她们的一种方式，是借"摆渡"之名，而行"卖笑"之实。因为，在黑暗中，谁还去欣赏船窗外的湖景呢？开封歌谣则载："姐有心，郎有心，不怕山高水又深。山高也有人走路，水深也有摆渡人。"① 清代《白雪遗音》"马头调"也有两首俗曲。其一《我与情人》："我与情人今相见……又被穷人拆散你我的团圆……到何时，朝夕相随常作伴，鱼水合欢？恨只恨手中无针难引线，无水怎渡船！"其二《手内无针》："手内无针难引线，河内无水怎么行船？恨老天怎不与人行方便；好叫我坐不安来长思念。我那心里有你，不好明言。我问你：你可情愿不情愿？若情愿，你我二人结心愿。"在这些谣曲里，摆渡人或渡船都在喻指成就婚姻的路径或媒引。

清俚曲有《一枝花儿》小段唱道："一枝花儿隔河岸，颜色新鲜。有心采他，到不了跟前，望眼穿，怕秋来，零落残红不耐看，……趁春芳，乘船采取香花瓣，随柳过前川。"这也是以渡河对岸采香花喻写男子的掠美觅艳。清人王廷绍《霓裳续谱》中有首《寄生草》："俏冤家进来，有句话儿对你说：为甚么见了一个爱一个，船到了江心也要你拿稳了舵，疼你的少来害你的多。细想一想，我的话儿错不错。"② 女子劝她的意中人，不可见一个爱一个，爱情的渡船既已来到江心，只可进，不可回，只宜稳舵定向，不能左顾右盼。

如若男女间情事不遂，那在词曲中就被喻说为"河边待渡却无船"。《夹竹桃·断桥垂露》词云："楼高百尺傍河东，姐望郎来路不通。……姐道：我依好像撑渡船个等人立在河边看，只见断桥垂露滴梧桐。"③

以渡水喻情缘婚媾，后来又和佛家思想中的"苦海"观念叠合牵挂在一起了。清代托名墨憨斋的小说《醒名花》第一回《吉士怀春题紫燕》中，有一段对世俗男女婚配姻缘的评论，其辞说："才子往往自负，宁可一世无妻，再不屑轻与俗女作配。佳人往往自负，宁可一世不嫁，再不与庸夫为偶。只看庸夫俗女之会合，不过借以生男育女，步步孽障，件件苦海……"意思是，那些凡夫俗女，其嫁娶养育、蜗居风露的人生，其实是

① 杜绪昌、张子英：《开封歌谣谚语集成》，中州古籍出版社1993年版，第79页。
② 梁国辅：《中国艳歌大观》，吉林文史出版社1994年版，第271页。
③ 同上书，第224页。

漫漫难渡的无边苦海。《白雪遗音·心腹事儿》描写一个女子的别情说："心腹事儿难言，腹内急烦……情字难言，而今反成离别怨，终日里来牵转为谁烦？真奇怪，度日如年，受尽了孤单，谁来叹？……伤心最怕情儿惨，望不尽苦海无边，若要回头方是岸……"① 在她想来，情侣间离别孤处的伤怀愁绪不啻"苦海"！又有什么法子可以超度呢？

在清人俚曲中，还有一首流传广泛的《叹多娇》："叹多娇，烟花把你的青春误。谁和你真心实意，都不过是者也之乎……你是个慧心的人，寻月老，早与你判下姻缘簿。我的那金石良言，未知你心儿里何如？你看那苦海浪涛，何不寻船把迷津渡？劝你早回头……"一位好心的狎客，欲赎"名花"归己。他劝她：烟花路上，苦海茫茫，何不寻船逃渡，与我完婚呢！

与情缘"苦海"的观念相联系，明清文人又把不沉溺于情缘"苦海"或从风月情缘中超然出来，比之为慈航船渡。《醒世恒言·佛印师四调琴娘》篇中，苏学士请出乐女琴娘诱惑佛印和尚。佛印酒醉后，戏题《蝶恋花》词予琴娘。词中道："执板娇娘留客住，初整金钗，十指尖尖露……眼耳姻缘都已是，姻缘别有知何处？"苏学士说，这和尚"有爱慕你之心"，令琴娘留下伴宿。谁料佛印法心坚执，一尘不染，谢却琴娘美意。篇末，说家用两句诗来概括："若非佛力无边大，那得慈航渡爱河。"明朗瑛《七修类稿》卷三十"角妓坐化"条说，有艺妓邹妙端者，早岁风流，晚年学佛，死的时候，"佯为坐化"。文人以诗挽悼说："歌舞风流世所传，老来圆寂竟端然。超升已出平康巷，解脱还登般若船。"②《青楼梦》三十回，挹香公子天天和一群才女泡在一起。一日，挹香对竹卿、月素说，"我金挹香艳福虽多，不知可能趁你们都在之时，忽得一病而死。你们……许多泪哭了成河一般。待'度凡子'撑了慈航，渡我到极乐国去，斯为艳福中之全福。"他想用女子们爱怜的泪河浮起船来，把他渡入超脱翠红乡的极乐国去，可谓奇思狂想。

在欧美文学中，爱恋生活也往往喻之于水中的船。卢梭的《爱弥儿》

---

① 华广生：《白雪遗音》卷一，清嘉庆高文德序影印本，第 110 页。
② 郎瑛：《七修类稿》，上海书店 2001 年版，第 324 页。

第五卷写道："雌性的动物只在需要的时候才有性欲，需要一满足，性欲也就消失。它们不像女人那样虚情假意地推开雄性动物，而是毫不客气地一下子就拒绝。它们的做法不是奥古斯都的女儿的做法，恰恰相反，当货物已经装满船舱的时候，它们就拒绝再接纳乘客了。"在卢梭这段喻辞中，女子接受男子之爱，犹似货进船舱、船载乘客，船将上路了。在拜伦长诗《唐璜》里，女子选择佳偶也借"行船"来表达。第三十节写道："对于男人，安全在于有众多谋士；同样，对于女性来说，男友越多，越不易让美德沉睡……这恰好比在礁石间行船，反而不容易沉没。"在七十四节里，拜伦更加同情女子，他说："异性总是在追寻使心灵面面都惬意的东西；呀，这真难！怎样才能填满那心灵的空虚呢？问题就在于此：这正是女人的缺陷。脆弱的小船里没有一张航海图，听凭风浪东吹西吹，漂流而前。而在饱受震动后，她们上了岸，奇怪的是，那多半是岩石一片。"他看到，女性爱恋的"小船"，在靠岸后，往往是失望！马克·吐温《小妇人》第四十一章，劳里第一次明确地向艾美传递爱的信号，当时俩人正在一条船上各自划着桨。劳里灵机一动说："非常好，但愿我们能永远地在一条船上划桨，愿意吗，艾美？"劳里的问语特别温柔。艾美明白了，她声音很低地回答："愿意，劳里。""于是两个人都停桨不划了。他们无意识地为映在水中隐隐约约的画面重构了一幅优美动人的图景，那便是人类的爱情与幸福之图。"他们不划桨了，他们在水里倒映的画面又"重构"了；很显然，他们彼此沉醉于对方温馨的怀抱中了。这一段描写中，婚爱与同心借"永远地共舟挥桨"表达了出来。在第四十二章中，马克·吐温又以书信的方式展示了艾美的内心世界："我知道那颗心属于我，我多么自豪。他（劳里）说他感到好像'现在有我在船上当大副，有许多爱当压舱物，他便能驾船顺利航行了'。我祈愿他能这样。我要让自己趋于完善……以整个生命爱着我勇敢的船长……哦，妈妈，我以前真不知道，当两个人互相爱着，只为对方活着时，这个世界多么像天堂！"艾美把她和心上人的关系比成了大海行船时的船长和大副。

巴尔扎克也用到"船"的喻象。他的《欧叶妮·格朗台》描写：夏尔在做海上投机商的生涯中，整个地变了。他同黑种女人、爪哇女人、埃及舞女花天酒地地混，欧叶妮在他的心里，已不占任何地位；而当初的情况完全不是这样。巴尔扎克写到，在夏尔初出海时，"欧叶妮高贵纯洁的形象，像西班牙水手供放在船上的圣母像一样，随同他在世道上奔波；他曾把生意上最初的成功，归功于温柔的姑娘的祝福和祈祷产生的法力……"巴尔扎克指出，夏尔对欧叶妮的情感，最初是醇厚的依恋，是虔爱的，就像水手与船上圣母像的关系，她是佑护他的。劳伦斯小说《恋爱中的女人》则把女子的情场失落或爱恋的沮丧喻为小船触礁。他这样写一个女人："赫麦妮无意识中感到了他的动作。她抬起眼皮，看到他突然随着一波未知的浪峰消失了，于是她感到那浪头在自己头上炸碎了。是她那强大的意志让她不动声色地依旧坐着不离餐桌，胡拉乱扯着。可是黑暗笼罩了她，她像一只船沉到了浪头下面。她在黑暗中触礁了，她完了。但她那顽强的意志仍在起作用，她仍然挺着。"

在有些艺术描写中，船的意象似乎偏在了男子一方。歌德《少年维特之烦恼》上篇一七七一年七月二十六日记写道："我已经下了几次决心，不那么频繁地去看她。可是谁能做得到呢？我天天都受到诱惑……我就到瓦尔海姆去，而到了那儿，离她就只有半小时路程了——我挨她的吸力太近……我祖母曾讲过磁石山的童话：船只如果驰得离磁石山太近，船上的所有铁质的东西就一下子全被吸去，钉子纷纷朝山上飞去，船板块块散裂、解体，那些可怜人都要葬身大海。"歌德把少年男子对女性的痴爱比之为在大海的磁石山边行船，稍一不慎，即船解人亡。福楼拜《包法利夫人》（第二部第九节），艾玛对她的丈夫极不满意，大有"鲜花牛粪"之委屈，她想寻求外遇，而且很急迫。作者在表现她的潜意识婚外恋希冀与婚外恋失败后的幻乱神志时，也取用了"船艇"的喻象："在她的灵魂深处，她一直等待着发生什么事。就像沉了船的水手，遥望着天边的朦胧雾色，希望看到一张白帆，她睁大绝望的眼睛，在她生活的寂寞中到处搜寻。她不知道……什么风会把机会吹来，把她带去什么海岸，更不知道来的是小艇还是三层甲板的大船，船上装载得满到舷窗的，究竟是苦恼还是幸福……"（第二部第十三节）还有在《巴黎圣母院》里，教堂顶尖上的爱斯梅拉达在困危中忽然看见了广场远处那个英俊的骑士——她所爱过的弗比斯队长，她眼里闪出了光亮。她伸出双手大喊："弗比斯，快来……""她的声音，她的姿势，就像海上遇难的人，看见远方驶过一只大船，焦急地向它发出求救的信号。"雨果的这段表述里，船是女子热望求呼的爱恋对象，是男性的借喻。拜伦《唐璜》第四十节也曾说过："年轻的新手在异性的海洋里，或许最好安排一个平稳的航程；那些老手呢？也该想到是靠港的时候了，不要等……生命剩了残丝，只能飘浮在……痛苦之中。"拜伦这里"航程中的新手、老手"，虽然说得很笼统；但悟其语义，还是指那些对爱情不严肃的男子的成分为多。

# 第五章　民俗学民族学视界的人类学事象考察

文化人类学主要是在那些非工业文明之前族群、地域、聚落中寻找人们生活行为及文化的普适性整体规律。它是宏观的。但它所涉及的具体事象却纷繁复杂，包括政治、婚姻、家庭、宗教、信仰、风俗习惯等。应该说这些具体事象，在民俗学民族学的视野中亦已充分的存在与积储。所以，我们应该留意民族生活及风习俗信中的那些人类学事象，特别是它的历史形态。

## 第一节　皋陶的巫文化特征

我们这里把皋陶传说放在原始宗教巫术的文化背景上去观察，通过其神羊决狱、巫术考验、生理残疾、动物助手以及其子伯益的巫术行为，等等，论证皋陶的巫人性质。

（一）皋陶的獬豸决讼是原始的巫术神判

中国原始社会的巫文化中，奇兽怪禽往往代表着一种神性。汉杨孚《异物志》说："北荒之中有兽，名獬豸，一角，性别曲直。见人斗，触不直者。闻人争，咋不正者。"[①] 这种能在人类纷争中分辨是非、判定曲直的一角神兽，也称之为獬廌或觟𧣾。究其形貌有五说。一说长得像鹿。《文选·上林赋》张揖注："獬廌，似鹿而一角，人君刑罚得中，则生于朝廷，主触不直者。"[②]《文选·七命》"挫獬廌"李善注，也引此说。另一说长

---

① 转引自黄晖《论衡校释》第十七卷《是应》，中华书局1990年版，第760页。
② 萧统：《文选》卷八《上林赋》，台湾"中研院"汉籍文献资料库本，第370页。

得像牛。《说文解字》卷十："廌，解廌，兽也，似山牛，一角。"再一说，长得像熊。《山海经·神异经》："东北荒中有兽，……毛青四足，似熊……名獬豸。"又一说獬豸像麒麟。《隋书·礼仪志》"獬豸冠"条引蔡邕说："如麟，一角。"[1] 还有一说，认为獬豸实为羊形。梁元帝《金缕子》："神兽若羊，名曰獬豸。"《太平御览》卷890引《唐书》："开元二十年，有一角神羊，产于京兆之富严县，肉角当顶，识者以獬豸名之。"《后汉书·舆服志》"法冠"条："獬豸，神羊，能别曲直，楚王尝获之。"[2]《晋书·舆服志》"中朝大驾卤簿"条："或说獬豸，神羊，能触邪佞。"[3] 五说中后者最为通行。江苏打鼓墩樊氏墓出土有魏晋时期画像石，上有《皋陶治狱图》，皋陶身边的神兽仍为羊形（图5-1）。尹增淮描述道："第8石正面图宽34厘米长120厘米。左刻《皋陶治狱图》。一獬豸，形状像独角羊，正在奋力抵前面一人。此人头戴瓜皮帽，目光刁恶。另一人头戴高冠，五官端正，抚着獬豸的尾部。獬豸身上停栖两只瑞鸟。……此幅图中手抚獬豸者，当是皋陶，而前者则属不直之人了。"[4]

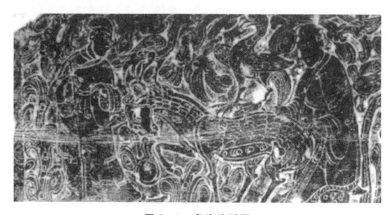

图5-1 皋陶治狱图

由于獬豸这种异兽有分辨曲直的神性，巫教文化便用它来断决争讼，辨识忠奸。所谓"古者决讼，令触不直"（《说文》卷十）。《墨子·明鬼》

① 魏征：《隋书》，台湾"中研院"汉籍文献资料库本，第272页。
② 范晔：《后汉书》，中华书局1966年版，第3667页。
③ 房玄龄：《晋书》，台湾"中研院"汉籍文献资料库本，第768页。
④ 尹增淮：《江苏泗阳打鼓墩樊氏画像石墓》，《考古》1992年第9期。

记载，齐庄君有两个臣子，一个叫王里国，一个叫中里徼。二人争讼，三年不能断明。齐君想把他们都杀了，怕冤枉了其中的好人。想把他们都放了，又担心放过了真正有罪者，于是让他们一同来到了齐国的神社，用"神羊判决"。王里国的讼词读完以后，神羊没有反应，中里徼的讼辞才读了一半，神"羊起而触之"，折断了中里徼的脚，说明中里徼是有罪的，遂把他杀死。可见，公元前 9 世纪时，"神羊决狱"之风仍极盛行。

獬豸神判的巫风在后世使它成为"法"与"执法"的形象。《后汉书·舆服志》："法冠一名獬豸冠，以铁为柱，其上施珠两枝，为獬豸之形。"《宋史·舆服志》："御史则冠獬豸。"北周庾信《庾子山集》卷三《正旦上司宪府》："苍鹰下狱吏，獬豸饰刑官。"关汉卿《玉镜台》："生前不惧獬豸冠，死来图画麒麟像。"清程树《说文稽古篇》卷上："前清凡执法者，犹用獬豸为神服。"《太平御览》902 卷羊部也引《杂五行书》说："悬羊头门上，除盗贼。"

王充《论衡·是应》记载，皋陶有用"神羊决狱"的巫术行迹。文曰："觟𪊽者，一角之羊也。性知有罪。皋陶治狱，其罪疑者，令羊触之。有罪则触，无罪则不触。"所以"皋陶敬羊，起坐事之"。王充说他熟视的汉代"府廷（犹）画皋陶、觟𪊽"在一起。

皋陶的神兽（獬豸）决狱在文化人类学中有着广泛的观念传承，能够代表神意判定争讼是非的神兽也不仅有神羊，还有神鸡、神鳄，等等。《梁书》卷五四《诸夷列传》载，在扶南国，国中没有"牢狱，有罪者先戒斋三日……于城沟中养鳄鱼，门外圈猛兽。有罪者，则以喂猛兽及鳄鱼，鱼兽不食为无罪，三日放之。"[①] 在占城，"若有欺诈诬害之讼，官不能明，令竞主同过鳄鱼潭。其负理者，鱼即出食之。理直者，虽过十余次，鳄鱼自避去"[②]。《瀛涯胜览》也有同样的记载，说占城的海天潭，亦名鳄鱼潭。"如人有争讼难明之事，官不能决者，则令争讼二人骑水牛赴过其潭，理亏者鳄鱼出而食之，理直者虽过十次亦不被食，最可奇也。"[③] 这是"鳄鱼神判"的例子。

---

① 姚思廉：《梁书》，台湾"中研院"汉籍文献资料库本，第 789 页。
② 陈元靓：《事林广记》卷 5 "占城国"条，《丛书集成初编》史地类，第 3272 册。
③ 马欢：《瀛涯胜览》"占城国"条，《丛书集成初编》史地类，第 3274 册。

蛇也是有神性，可以进行巫性神判的灵物。屈大钧《广东新语》卷六：广东人若"有斗争，多向三界神乞蛇以决曲直。蛇所向作咬人势，则曲；背（人），则直。或以香花钱米迎蛇至家，囊蛇而探之，曲则蛇咬其指，直则已"。《北史·倭国传》说倭人也流行以神蛇判争讼中的曲直，方法是"置蛇瓮中令取之，云：曲者即螫手"。所有这些都与皋陶的獬豸神判如出一辙，都是"原始巫术"广泛沿用并传承千年的异兽神判、灵物解讼的象征巫术方式。据海顿《南洋猎头民族考察记》，墨累岛上的土著人，以蚱蜢

图 5－2　古建筑筒瓦上的獬豸

为神判。判时，由巫师手擎死者头颅骨在前，村民跟在他身后，在夜晚时分走向有"启多多"（一种蚱蜢）叫声的地方。在"启多多"叫处最近的第一所住宅里，就一定有偷窃者或凶手，巫师率众走进去捉住他。他再申辩也无用，只得老老实实地赔偿失物或接受制裁。[1]

还有的民族，以为"水"有神性，"水"可知真伪。因此又有以"水"为神判的巫术。《大唐西域记》述及滥波国、那偈罗曷国、健马大罗国的审定犯罪时说，他们把罪人和石头拴在一起沉入深流，"校其真伪"。人若有罪，人沉石头浮；人若无罪，人浮石头沉。在云南德宏景颇族中，失牛的人和被怀疑者双方，由"菩萨"（巫师）念咒，两人同时潜入水中，理曲者在"水"下不能存身，被"水"浮上来，会被判为偷牛者，理直者在水中能潜伏一段时间，浮出后，不会被指控为诬告，将得到赔偿。[2] 据说中世纪日耳曼人也有用"水"神判的习惯，他们把定不下来是否有罪的被讼者手脚捆在一起，投入深水。若能浮于水面不被淹没，表明他无罪；

① 海顿：《南洋猎头民族考察记》，商务印书馆 1937 年版，第 97 页。

② 黄济萍等：《1956 年 11 月至 1957 年 6 月景颇族五个点调查综合报告》，转引自《云南省德宏傣族景颇族自治州社会概况》，全国人大民族委员会 1958 年编印，第 162 页。

反之，认定为有罪。①

据说巫师的灯草也是灵验之物，被作为"神判解讼"的法具。四川凉山彝族人在偷盗案件争执中，由巫师出面准备一盆清水，用灯草做个十字架浮在水中。让一群被怀疑却不承认是盗者的人围在盆边。巫师吹灯草打转，待停下来时，灯草的箭头指向谁，谁就是盗贼。②

（二）皋陶的獬豸神判含有巫术心理考验的性质

皋陶的獬豸神判，究其实质而言，是一种宗教巫术意义的"心理考验"或"心理试验"。在神兽欲触未触之时，真正的理屈者往往心理上慌乱，在神色行为或言辞上露出破绽，从而被人识破。王充对这种神兽决狱的心理测试功能已有所论及。他说，"罪疑者令羊触之……助狱为验"，"觟𫠗触人则罪之，欲人畏之……斯皆人欲神事立化也"。所谓"助验""欲人畏之"（之：神羊之触），即一种宗教心理学上的"考验""测试"的意思。这在后来的中国民俗史上也十分多见。莫炳奎《广西省邕宁县志·社会类·习惯条》云："常有两造争执，黑白难分，辄令取香烛向土偶发誓，表明心迹。理曲者，恒恐不敢为，事反因此得解。"贵州苗族流传有"树神"判案的故事，说有个叫反江山的人会"神判"之术。一次一个商人在黄茅坪大树下睡觉，被人偷走200两银子。反江山把全村人集中在树下。由他斥责"树神"偷了银子，逼树神招供。他把耳朵贴在树上佯作听树神招供的样子。听了一会说："什么，说大声点，别吞吞吐吐。什么？不是你偷的，偷钱的人就在这人群里面……"这时，反江山的眼光像星似的在人群中睃来睃去。偷银人正站在人群的前排，"他听了以后心慌得七上八下……面红耳赤的很不自在"。反江山发现他的表情与别人不同，心想：偷钱人很可能就是他了。接着又装作询问树神："你快告诉我，到底是哪一个？什么？他就站在前面……就是面红耳赤的那个人……好，让我细细察看。"这一说，激得那偷钱的更慌张啦！他只好走上前来，浑身颤抖地跪在反江山的面前，老老实实招了供。③ 这里，看起来是树神把偷盗者是谁告诉了审判者反江山，实际上是反江山借树神审判

① 严华：《基督教与日耳曼民族的神裁》，《世界宗教研究》1986年第2期。
② 岭光龟、余宏摸：《凉山彝族的原始宗教信仰》，《贵州民族研究》1982年第3期。
③ 《苗族民间故事》，贵州民族研究所1964年编印，第78页。

之名，行观测之实，透过偷盗者的心理恐慌表情外露，神一般地使盗者自行走了出来供认。这种巫术意义的神判已经包含了充分的心理科学的合理内涵。

据夏之乾先生研究，闽南地区有人失窃。他就把一大群嫌疑人带到寺庙让他们起誓，接受庙中"判官"（塑像）的神判，平时判官像立于神龛上，张目怒牙，面孔狰狞，右手指向前方，左手拿一本管人寿夭的"生死簿"，已叫人望之生畏。当嫌疑者跪于判官前发誓时，由于触动拜坛下的"机关"，判官像会突然"活"起来，俯下身以手指向跪拜起誓者，大有威严逼供之态。真偷东西的人"心底本

图 5 - 3　明官服补子上的獬豸

来就不踏实，面对如此凶神恶煞冲着自己突然变态，不禁吓得惊恐万状。于是失主便可依据其面部表情当即揪出窃贼"。夏之乾先生说，"这种连吓带唬的神判方式……实际上可以看作是一种心理攻势"。这种心理攻势对那些胆大妄为的惯犯，并无多大的作用，但对于鉴别和捉拿偷盗行当中的新手来说，可能会"奏效"。①

还有过去四川甘孜德格县的藏族人，在寺庙佛像前吊根绳圈，犯罪的嫌疑者由法师令他们从绳圈中钻过去，没有犯罪的人钻过去，不会有什么不好。真正有罪的人钻过去，就等于被神套上了枷链。当地人认为此法极灵，凡做有亏心事者一般都不敢钻过神索，否则会给自己带来严重后果，终身受惩不完。② 夏之乾说，这也是"利用人们对神的畏惧感来判别是非……在很大程度上可以说是一种心理性的神判方式"。③ 夏先生这些分析，对我们理解皋陶神羊决狱的心理测试巫术而言，是一把灵妙的钥匙。

---

① 夏之乾：《神判》，生活·读书·新知三联书店 1990 年版，第 27 页。

② 四川民族调查组德格小组：《德格地区的农奴制度》，转引自《四川省甘孜州藏族社会历史调查》，四川社会科学院出版社 1985 年版，第 105 页。

③ 夏之乾：《神判》，生活·读书·新知三联书店 1990 年版，第 75 页。

（三）皋陶的生理残疾

按照文化人类学的经验，巫，多由生理有残疾或长相特别奇异的人担当。童恩正先生说，中国古代的巫，"都是天生禀异之人"，或者"天赋异禀，或者是由于某种疾病"。"由于疾病中所见的幻象"，而能"达到精神恍惚的状态"。①

黄建人同志在研究欧洲巫觋时也指出，女巫的"形象（也）尤为恶劣。她们通常被描绘成一个面目丑陋披头散发（者）"。② 从原始巫教渊典《山海经》来看，许多巫也确实有生理嫌恶。降雨神巫"雨师妾"，长得"黑身人面"。被烈日炙暴的女巫"女丑"，也因其形恶狞，出现时总是"右手障面"或"以袂蔽面"。黄帝的止雨女巫女魃，虽为女性，却头"秃无发"③，令人恶心。《左传》僖公二十一年"夏大旱，公欲焚巫尫"，注说："巫尫……或以为瘠病之人，其面上向。"④ 这种原始"巫人"的生理残疾的特点在皋陶身上恰恰反映了出来。《荀子·非相》："皋陶之状，色如削瓜。"杨倞注："如削皮之瓜，青绿色。"《淮南子·修务训》："皋陶马喙。"注："喙若马口。"《淮南子·主术训》："皋陶瘖而为大理，天下无虐刑。"瘖，即"喑"，《后汉书·袁闳传》所谓"喑不能言"。可见，面色乌青，嘴如马喙，说话声音患咽部嘶哑症，这就是皋陶为巫的"基本素质"。

（四）皋陶有巫常用的"动物助手"

原始巫文化是和动物崇拜相联系的。巫文化的思维是把"动物变成了人的神灵"。正如恩格斯所分析的，"看一看神圣的东西最初是怎样产生的……很有意义。神圣的东西最初是我们从动物界取来的"。⑤ 马克思也说，宗教文化中的"人在自己的发展中得到了其他实体的支持，但这些实体不是高级实体，不是天使，而是低级的实体，是动物。由此产生了动物崇拜"。⑥ 所以原始意义的神巫一般都豢养一种"动物作帮凶。在欧洲有猫、

---

① 童恩正：《中国古代的巫》，《中国社会科学》1995年第5期。
② 黄建人：《女巫与巫术》"前言"，漓江出版社1992年版，第1—3页。
③ 袁珂：《山海经校注》，上海古籍出版社1980年版，第263、400、431页。
④ 《春秋左传正义》，北京大学出版社1999年版，第398页。
⑤ 《马克思恩格斯全集》第35卷，人民出版社1961年版，第121页。
⑥ 《马克思恩格斯全集》第27卷，人民出版社1961年版，第63页。

狗、黄鼠狼、癞蛤蟆，在日本有狗和狡猾的狐狸，在非洲则是残忍的海乙那、猫头鹰、狒狒"，它们"与主人为虎作伥"。[①] 美籍华人张光直教授也曾就中国古代巫师与他的伴兽问题提出过著名的"人兽母题"，即环太平洋地区古代巫术艺术中的"alterego（亲密伙伴）母题"。[②] 他在《商周青铜器上的动物纹样》一文中指出，古代巫师用神兽作为他的助手或跻骑，他通过神兽"通达天地，交通鬼神"。这种情况在东亚考古学发现中比比皆是。最典型的是洛阳战国墓出土的"伏兽玉人"，此"人"即巫师，骑在他的跻骑"虎"身上，以升天巡游。安徽出土的龙虎尊上有"虎口下人"的图案，它表示一个正在作法的巫师以其法力使他们的"跻骑（虎）"化为一头两身。虎也正在"张开大口，嘘气成风，帮助（它的）巫师上宾于天"。[③]

还有与皋陶文化时代相近的中国新石器时代良渚墓地出土的良渚神徽图案，一个羽冠巫师正骑在他的神兽身上，神兽巨目、獠牙、勾爪。中国道教典籍也记述，道士、法士上天入地与鬼神往来也都用"跻骑"，凡是用"跻骑"的，就"可以周流天下，不拘山河"。道家的跻骑一般为龙、虎、鹿三种神兽，其中"龙跻"者最贵，因"龙能上天入地，穿山入水……能助奉道之士，混合杳冥通大道……游洞天福地，一切邪魔精怪恶物不敢近，每去山川江洞州府，到处自有神祇来朝现"（《道藏·太上登真三矫灵应经》）。马王堆出土的帛画人物驭龙图，正是一种以"龙"为跻骑的巫师升天的想象性画面。

与皋陶"起坐事之"的神兽獬豸，我们认为其正含有传统巫人与神兽相伴的关系。獬豸是皋陶巫术役使的神兽，或是他沟通天地、敬神祀祭的象征型助手。这一现象也从一个角度，旁证了皋陶的巫性人物特点。

（五）由伯益推论皋陶的巫性特征

传为皋陶之子的伯益，也是一个巫性十足的人物。大禹死后，伯益与禹的儿子启争王位，他就采用了象征巫术。他用皮革做了一个"射鞠"，代表夏启，向他放箭。但据说大禹神灵保佑儿子启，伯益没有以巫魔法制死启，自己却被放逐或杀害了。《天问》写道："（为什么伯益）箭矢飞集

① 黄建人：《女巫与巫术》"前言"，漓江出版社1992年版，第1—3页。
② 张光直：《濮阳三跻与中国古代美术上的人兽母题》，《文物》1988年第11期。
③ 张光直：《中国青铜时代》，生活·读书·新知三联书店1983年版，第333页。

射鞠当中，却不能伤害后启本身？为什么伯益要做这革袋，大禹却能佑护己子，并播降威灵？"①

图 5-4　明十三陵石獬豸

西方文化人类学者弗雷泽在他的名著《金枝》里介绍到这种方法。他说："在各种不同的时代，许多人都曾企图通过破坏或毁掉敌人的偶像来伤害或消灭他的敌人。他们相信，敌人将在偶像受到创伤的同时，本人也受到伤害，在偶像被毁掉的同时，本人也会死去……数千年前的古代印度、巴比伦、埃及以及希腊、罗马的巫师们都深知这一习俗，今天澳大利亚、非洲和苏格兰的狡诈的心怀叵测的人仍然采用这种做法。"②

这种情况在我们民族文化的册页中时常见到。《陈书·长沙王叔坚传》：南朝皇帝陈高宗的第四个儿子陈叔坚，对其兄陈叔宝（即后来的陈后主）不满。为了发泄，用木头刻了一具陈叔宝偶像，给它穿上道士的衣服，装上"机关"，每天让它给自己行跪拜礼。③ 西南彝族咒人时用草人代替，用刀把草人砍碎，便认为是把敌人砍碎。湘西苗族是结成草人为仇人形，草人腹中放虫蛇，或剪纸为仇人形，再放蛇、蛤蟆、鳌等物一齐埋入地下。还有的把仇人做成木偶，烧开水在屋内浇烫。这样仇人在生活中就会痛苦不堪。④

伯益把与其争位的夏启制为"射鞠"射之，正和上述种种事象一样，是一种最原始的模拟魔法巫术。由于中国古代作为神职人员的巫带有世袭

① 洪兴祖《楚辞补注》卷三《天问》："皆归射鞠，而无害厥躬。何后益作革，而禹播降？"（台湾"中研院"汉籍文献资料库本，第98页）

② 弗雷泽：《金枝》，中国民间文艺出版社1987年版，第21—22页。

③ 姚思廉《陈书·长沙王叔坚传》记载：陈叔坚"不自安，稍怨望，乃为左道厌魅以求福助，刻木为偶人，衣以道士之服，施机关，能拜跪，昼夜于日月醮，祝诅于上。其年冬，有人上书告其事，案验并实，后主召叔坚囚于西省，将杀之。"（台湾"中研院"汉籍文献资料库本，第367页）

④ 凌纯声：《湘西苗族调查报告》，商务印书馆1947年版，第200页。

传承的特点，所以作为人子的伯益也习用原始巫法投入夏朝政治活动。这对于皋陶形象的巫人性质，显然又是一个佐证与呼应。①

（六）结论

其实，早在 1913 年，中国社会学的先驱李安宅先生就指出，原始社会的宗教职业者，开始是私巫，"由着私巫变成公巫。及为公巫，便是俨然成为当地领袖。领袖权威越大，于是变为酋长，变为帝王——酋长帝王之起源在此"。所以我们看到，黄帝有巫性，"生而能言，役使百灵"②；颛顼帝也有巫性，能"依鬼神以制义"③；帝喾高辛"历日月而迎送，明鬼神而敬事之"④，司职着祭祀日月的巫仪，并选拔舜，让舜"入山林川泽，（遇）暴风雷雨，舜行不迷"；这好像不是"政治审查"，"而明明是一种巫术的考验"。上古传说中这些"帝"都是巫师与首领合一相兼的人物。到了夏禹时代，禹本人有巫的色彩，他的儿子启的手下，又有以"衣（上）有血"做神判的巫医孟涂，"当时的统治阶层之中，确实存在着一个由过去的巫师组成的集团"。⑤从这个整体的背景看，皋陶用巫术神判以及他身上表现的巫性特征也就十分自然了。

---

①　李修松说：皋陶氏族一支后沿古夷水入巴人之地。"《山海经·海内南经》云：'夏后启之臣曰孟涂，是司神于巴。人请讼于孟涂之所，其衣有血者乃执之，是请生。居山上，在丹山西。'《路史·后纪》注：'丹山之西即孟涂所埋也。'丹山即巫山，《巫山县志》云：'孟涂祠在县西南巫山下。'郝懿行注：《太平御览》卷六三九'孟涂'作'孟徐'或'孟余'，而'徐''涂''舒'相通，故知'孟涂'亦可作'孟舒'。……'孟徐'应该就是徐夷之祖伯益。他是涂山氏首领皋陶的长子，所以称孟涂（徐或舒）是当然之事。……巫山的孟涂之神可以判决诉讼，亦是继承并发扬了乃父皋陶神判的传统。……神判在民族学中是普遍的现象，直到今天，世界上一些落后民族中仍残留着此类习俗：如有的民族断定疑犯是否有罪时，捉一只鸡来杀，根据鸡刚被宰杀时挣扎蹦跳的情景来断定。孟涂之神判也属于这一范畴。只不过由于时代的不同，比起乃父来说方式有所改变，且更富于神秘性而已！"（李修松：《淮河流域历史文化研究》，黄山书社 2001 年版，第 98 页）

②　王明：《抱朴子内篇校释》卷十三《极言》，中华书局 1985 年版，第 219 页。

③　司马贞［索隐］云："鬼神聪明正直，当尽心敬事，因制尊卑之义，故礼曰'降于祖庙之谓仁义'是也。"张守节［正义］云："鬼之灵者曰神也。鬼神谓山川之神也。能兴云致雨，润养万物也，故己依冯之剬义也。剬，古制字。"（《史记·五帝本纪·帝颛顼》，中华书局 2005 年版，第 9 页）

④　张守节［正义］云："言作历弦、望、晦、朔，日月未至而迎之，过而送之，上'迎日推策'是也。""天神曰神，人神曰鬼。又云圣人之精气谓之神，贤人之精气谓之鬼。言明识鬼神而敬事之也。"（《史记·五帝本纪·帝颛顼》，中华书局 2005 年版，第 11 页）

⑤　童恩正：《中国古代的巫》，《中国社会科学》1995 年第 5 期。

## 第二节　祈雨：后稷与中华农耕文明的侧影

后稷是教民稼穑者，是中华农耕文明的先祖神，故中国古代祈雨，每每与之相关。早在上古时代，后稷就是华夏先民信奉的雨神。《诗经》中就有描写。周代以后雩祀祈雨典制化，后稷作为求雨的对象已礼制化、等级化了。汉以后董仲舒出其求雨法，后稷被祀求雨，进入阴阳五行的结构。宋以后向后稷祈雨的俗信仍延续，且渗入了文学书写，成为一种母题化的东西呈现在文人视野中。

**图 5 - 5　后稷像①**

（一）

后稷是人们信赖的雨神。这在《诗经》中就有反映。《云汉》篇云："倬彼云汉，昭回于天。王曰：于乎！何辜今之人？天降丧乱，饥馑荐臻。靡神不举，靡爱斯牲。圭璧既卒，宁莫我听？旱既大甚，蕴隆虫虫。不殄禋祀，自郊徂宫。上下奠瘗，靡神不宗。后稷不克，上帝不临。耗斁下土，宁丁我躬。"郑笺云："克当作刻，刻，识也。致，败也。奠瘗群神而不得雨，是我先祖后稷不识知我之所困与？天不视我之精诚与？犹以旱耗败天下为害曾使当我之身有此乎？先后稷，后上帝，亦从宫之郊。"② 这是周宣王向上天求雨的祷词。语意很清楚，祷求者不解，何以已向先祖后稷祷求了而他竟不听我之所诉、不识我之所困呢？也即，后稷应是能够识其所困、济以膏雨的。

《诗经》中又有《臣工》《噫嘻》两篇，亦与求雨相关。清杨名时《诗经札记》云："此篇（《臣工》）与《噫嘻》篇皆为雩祭之诗。按《左

---

① 吴炳奎：《客家姓氏史料·梅县畲江吴氏族谱》，2001 年，第 10 页〔广东梅州市非营利性出版物准印证（098）号〕。

② 《十三经注疏·毛诗注疏》，清嘉庆二十年南昌府学刊本，第 659—661 页。

传》桓五年'龙见而雩'注：远为百谷祈膏雨也……意者《臣工》《噫嘻》二篇祈谷时歌之，至龙见后祀赤帝祈雨，亦祀从祀后稷之农官而歌此诗与？"杨名时的意思是，《臣工》《噫嘻》两篇也是求雨所歌之诗，求雨主祀的对象是赤帝，从祀①的对象则有后稷。

（二）

后稷作为可求雨的神，从周代开始在礼制中就被等级化了。周代的雩祀是祈雨的专门化祭典。《周礼·春官·司巫》郑玄注："雩，旱祭也，天子雩于上帝，诸侯于上公之神。"贾氏云：雩者，"求雨之祭……天子雩五帝……命百县雩祀百辟、卿士。百县谓畿内乡遂，明畿外诸侯亦雩祀百辟、卿士，即古上公、句龙、柱、弃之等。"② 又如《礼记·月令》云："命有司……大雩帝"，"命百县雩祀百辟、卿士有益于民者。"郑玄注："雩帝谓为坛南郊之傍雩五精之帝，配以先帝也"。"百辟卿士，古者上古若句龙、后稷之类也。……天子雩上帝，诸侯以下雩上公。"③ 可见，在百县雩祀的对象中，后稷（即"弃"）是被求请的可助降雨的神。后稷作为雨神，已处于雩祭的等级化、礼制化结构之中。也就是说，当时的祈雨祭祀的对象已有了等级。后稷是等级中的雨神。

（三）

作为雨神的后稷的神格及求祀后稷的时间。汉代董仲舒的求雨法，后稷被祀求雨，在季夏之际出现。《春秋繁露·求雨》云：

图 5-6　明天然《历代人物像传》后稷

　　　　季夏祷山陵以助之。令县邑十日壹徙市，于邑南门之外。五日禁

---

① 此正孔颖达释《甫田》"以御田祖，以祈甘雨"所说："祭田祖之时，后稷亦食焉。"（《十三经注疏·毛诗注疏》，清嘉庆二十年南昌府学刊本，第469页）

② 《十三经注疏·周礼注疏》，北京大学出版社1999年版，第688页。

③ 《礼记正义》，上海古籍出版社2008年版，第666页。

男子无得行入市，家人祠中霤，无兴土功。聚巫市傍，为之结盖。为四通之坛于中央，植黄缯五，其神后稷①，祭之以母饷五，玄酒，具清酒脯脯，令名为祝斋三日，衣黄衣，皆如春祠。

我们把《春秋繁露·求雨》所载汉代一年分为春、夏、季夏、秋、冬五个时段进行祈雨的相关事象列出表来，即一目了然：

表 5-1　　　　　　　　　按季节划分的祈雨表

| 季节 | 官方所祀主神 | 私祀神 | 祭品 | 做龙与方色 | 祀坛方位 |
|---|---|---|---|---|---|
| 春 | 共工 | 户神 | 生鱼、玄酒、清酒、脯脯等 | 八丈苍龙一，四丈小龙七 | 东门外 |
| 夏 | 蚩尤 | 灶神 | 雄鸡、玄酒、清酒、脯脯 | 七丈赤龙一，三丈五尺小龙六 | 南门外 |
| 季夏 | 后稷 | 中霤神② | 母饷、玄酒、清酒、脯脯 | 五丈黄龙一，二丈五尺小龙四 | 南门外③ |
| 秋 | 少昊 | 门神 | 桐鱼、玄酒、清酒、脯脯 | 九丈白龙一，四丈五尺小龙八 | 西门外 |

---

① 郎瑛《七修类稿》卷六引此注："社神。"

② 《礼记·郊特牲》："社祭土而主阴气也。君南乡于北墉下，答阴之义也……社，所以神地之道也。地载万物，天垂象，取财于地，取法于天；是以尊天而亲地也，故教民美报焉。家主中霤，而国主社，示本也。"郑氏注："中霤，亦土神也。"孔颖达［疏］："家主中霤者，中霤谓土神，卿大夫之家主祭土神在于中霤。而国主社者，谓天子诸侯之国主祭土神，于社。示本也者，以土神生财以养官之与民，故皆主祭土神，示其养生之本也。"（《十三经注疏·礼记正义》，北京大学出版社 1999 年版，第 788—789 页）《礼记·月令》："中央土，其日戊己，其帝黄帝，其神后土……其数五，其味甘，其臭香，其祀中霤。"郑氏注："中霤，犹中室也。土主中央，而神在室。古者复穴，是以名室为霤云。祀之先祭心者，五藏之次，心次肺，至此心，为尊也。祀中霤之礼设主于牖下，乃制心及肺肝为俎，其祭肉心肺肝各一，他皆如祀户之礼。"孔颖达［疏］："郑意言中霤犹中室，乃是开牖，象中霤之取明，则其地不当栋，而在室之中央，故《丧礼》云'浴于中霤饭于牖下'，明中霤不关牖下。主中央而神在室者，所以必在室中祭土神之义也。土五行之王，故其神在室之中央也。是明中霤所祭则土神也。故杜注《春秋》云'在家则祀中霤，在野则为社'也。又《郊特牲》云：家主中霤而国主社，社神亦中霤神也……古者谓未有宫室之时也，复穴者，谓窟居也。古者窟居随地而造，若平地则不凿，但累土为之，谓之为复，言于地上重复为之也。若高地则凿为坎，谓之为穴，其形皆如陶灶，故《诗》云陶复陶穴是也，故毛云陶其土而复之……复完皆开其上取明，故雨霤之，是以后因名室为中霤。"（同上书，第 517 页）

③ 《渊鉴类函》卷一百七十二"南郊求雨"条引崔豹《古今注》云："建武三年七月，洛阳大旱，帝至南郊求雨，即日雨。""雩场"条引《钟离意传》云："永平二年夏旱，帝祷明堂，南设雩场，……遂应时雨。"《后汉书》卷四十一《钟离意传》原文"北祈明堂，南设雩场"注云："明堂在洛阳城南，言北祈者，盖时修雩场在明堂之南。"（范晔：《后汉书》，台湾"中研院"汉籍文献资料库本，第 1048 页）此皆与《春秋繁露》设坛于南门外相合。

续表

| 季节 | 官方所祀主神 | 私祀神 | 祭品 | 做龙与方色 | 祀坛方位 |
|------|-------------|--------|------|-----------|----------|
| 冬 | 玄冥 | 井神 | 黑狗、玄酒、清酒、膞脯 | 六丈黑龙一，三丈小龙五 | 北门外 |

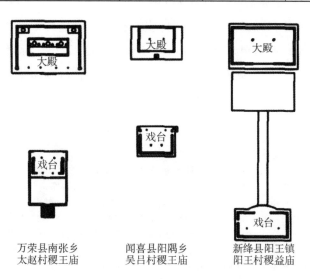

万荣县南张乡　　　　闻喜县阳隅乡　　　　新绛县阳王镇<br>
太赵村稷王庙　　　　吴吕村稷王庙　　　　阳王村稷益庙

**图 5 - 7　晋南三处戏台布局**①

可见，董仲舒的求雨配以"方色"及不同的神，这是汉代典型的阴阳五行组合模式，后稷被祀，结构其中。这之中又分官方（县邑）之祈和民间（家人）之祈，所祈祀的神灵也都是不同的。后稷被祀求雨代表的是官方的社神，与民间家中求"中霤土神"是同性质的。

（四）

后稷被求雨与田祖的关系。《小雅·甫田》："以我齐明，与我牺羊，以社以方。我田既臧，农夫之庆。琴瑟击鼓，以御田祖，以祈甘雨②，以介我稷黍，以谷我士女。"孔颖达《疏》曰："孟春月，以琴瑟及击其土鼓，以迎田祖先啬之神而祭之，所以求甘澍之雨，以大得我稷之与黍。"

---

① 于娜等：《晋南现存稷王庙调研与探析》，《华中建筑》2009 年第 3 期。

② 孔颖达《疏》对"甘雨"之"甘"有细释："云'甘雨'者，以长物则为甘，害物则为苦。昭四年《左传》曰：'秋无苦雨'，服虔曰'害物之雨民所苦'是也。雨以甘故，故得祐助我禾稼，当以养士女也。"

宋苏辙《诗集传》卷十二"田祖，先啬也。孟春既郊而始耕，则祭之，所以祈甘雨也。"宋范处义《诗补传》卷二十："迎田祖之神，以祈甘雨之至……此皆先王盛时民俗如此。"① 可知，此为春祈求雨之诗，祈事在孟春之月，② 田祖亦信仰中的助农以雨者。③

田祖指孰？三种意见。一是指神农。孔颖达《疏》曰："以神农始造田，谓之田祖；而后稷亦有田功，又有事于尊可以及卑，则祭田祖之时，后稷亦食焉。"④ 按孔颖达的意见，祭田祖求雨时，后稷亦随之受祭。二是

---

① 清人方玉润则认为："祭方社，祀田祖，皆所以祈甘雨，非报成也。"（方玉润：《诗经原始》，中华书局1986年版，第940页）

② 亦有以为乃夏雩求雨之诗。明何楷《诗经世本古义》卷一："《甫田》，幽雅也。幽侯夏省耘，因而雩祭社方及田祖之神，以祈雨也。""及读《甫田》而后知君民之交爱，至是也。愚按此诗记邠侯夏省耕，因而雩。《月令》孟春之月命野虞出行田原，为天子劳农劝民，毋或失时；命司徒循行县鄙，命农勉作，毋休于都；皆省耘类也。夏，耘候也，故其诗曰'或耘或耔'也。……此诗言'以祈甘雨，以介我稷黍'，正孟夏雩祭事也"。"此祭社方及下文御田祖，皆孟夏雩祭祈雨之礼"。姚炳《诗识名解》卷九："黍稷薿薿，在夏时也。愚按耘耔本夏时事，以次章祈雨证之，《月令》仲夏命有司祈祀山川百源大雩帝，正其候尔。"还有解为冬时求来年雨水润谷的。明蒋悌生《五经蠡测》卷三"楚茨信南山甫田大田"条："孟冬祭先啬以祈求来年之穀，故曰'祈甘雨介稷黍穀士女'，……农事终而复始，未然之利也。"

③ 唐人李商隐写了多篇赛城隍神的祈雨文。如《赛荔浦县城隍神文》云："年月日，赛于荔浦县城隍神。铄石流金，几伤于岁事。远资灵顾，式布层阴。……窃陈薄奠，用答丰年。神其据有高深，主张生植，同功田祖，比义雨师。无暇怒于潜龙，勿纵威于虐魃。"又《赛永福县城隍神文》云："年月日，赛于永福县城隍神。惟神克扬嘉霍，广育黎民。聊为茨梁，少申肴酏。神其节宣四气，扶佑三时。勿使毕星，但称于好雨；无令田祖，独擅于有神。"荔浦、永福在广西东北部，这都是向那里的城隍神祷雨的。从祷词的语义看，城隍神虽有降雨神功，但他也注意"田祖"、雨师与之联动。"田祖"行雨，唐人信仰中仍如此。

又如，元人沈梦麟《代归安县官谢陆大本同知祈雨有感》："阳鸟飞空烈秋暑，高田下田欲焦土。老农呼天有司惧，官曹斋沐请甘澍，维皇赫赫乃弗许。吴兴通守前杜父，去年棹头脱圭组。黄冠束发眉目竖，掀髯长啸隘环宇，朝骑白鹤秋一羽。自言辟谷神仙侣，能为皇家作霖雨。右相忧民心独苦，愿祷圆灵届多祢。我侯承命若轻举，夜朝魁罡叩天鼓。喷噀清泠勑雷部，六丁呵护真宰诉。醉鞭乖龙听吾语，叱咤六合生烟雾。电光夜掣黄金缕，雷公怒挥霹雳斧。洞庭雨脚翻银浦，天花一夜生禾黍。野人不识陆明府，相持牛酒谢田祖。甘棠桥东水争起，侯之遗爱载行路。"明钱仲益《三华集》卷18《祷雨有感赠郭炼师》讲："今年六月旱不雨，万室嗷嗷困炎暑。稻秧渴水作枯苗，陇亩生尘坼焦土。……华阳真人历四朝，曾是清都学仙侣。城隅大隐四十年，名在丹台纪玄圃。我侯投词拜坛下，乞致甘霖救禾黍。真人恻怆悯黎元，首肯口辞心默许。橄龙勒水建清箓，驾鹤乘风下仙屿。手操火印击天蓬，足踏天罡步神禹。绿章封事奏神霄，铁简画符开水府。驱役云师起风伯，麾叱雷公呵电母。青龙腾骧白虎啸，紫鹅飞鸣赤鸡舞。黑云一片起西北，顷刻漫天满区宇。倒倾天瓢注琼液，有似翻盆沃焦釜。盈时观者近万人，啧啧称呼咸仰睹。滂沱一雨接三日，田野公私悉沾溥。尽令黄枯变苍翠，一夕芃芃被原芜。畦长秋蔬得甘毳，井溢寒泉洗酸苦。岂知滴滴是精诚，始信涓涓胜酥乳。……壶浆箪食岂足谢，何异豚蹄祀田祖。"这两首诗的末尾，都写及人们祈雨有得后的谢雨，谢的对象提到了"田祖"。

④ 《十三经注疏·毛诗注疏》，清嘉庆二十年南昌府学刊本，第469页。

指神农与后稷。宋王质《诗总闻》卷十四："田祖，郑氏：先啬神农、司啬后稷。凡国祈年于田祖，吹豳雅击土鼓。"而按王质的理解，田祖是统称，亦概指后稷①。三是指叔均。《山海经》载"蚩尤请风伯雨师，纵大风雨，黄帝乃下天女，曰魃，雨止，遂杀蚩尤。魃不得复上，所居不雨。叔均言之帝后，置之赤水之北。叔均乃为田祖"。清吴任臣《山海经广注》云："郭曰：主田之官。诗云：田祖有神。任臣案：《魏书》：昌意之裔始均入仕尧世，逐女魃于弱水之北，民赖其勤，帝舜嘉之，命为田祖。"这是说后稷的玄孙叔均神职为田祖。②

（五）

后稷作为雨神，在宋以后仍延续。苏辙《筠州圣祖殿记》中讲："维周制天下，邑立后稷祠，而唐礼州祀老子。盖二祖之德，光配天地，充塞海寓。凡有社有民不可以弗飨。既以为民祈福，俾雨露之施，无有远迩。"这是说筠州后稷祠与老子同祠，其具"施雨露"之功效。

清李遵唐《（乾隆）闻喜县志》卷十一收张克嶷《重修后稷庙记》云："吾邑

图 5 - 8　万荣稷王庙修舞厅碑③

北郭右阜旧有后稷庙，以岁时迎赛。其中而尸其祀者为社凡七。盖犹古者

---

①　洪家禄《（民国）大名县志》卷二十四"田祖庙"条载："在城西四十里西四区德政村东首。标准云：神农始教民为耒耜以兴农业，后稷教民稼穑树艺五谷，又八蜡：一先啬，如神农之类；二司啬，即后稷；三农，古之田畯有功于民者。按：神农、后稷、先啬、司啬、农，均称田祖。"（台湾成文出版社 1968 年版，第 1571 页）清莫玺章《（乾隆）新蔡县志》卷九收靳荣藩《田祖庙记》："乾隆丁丑夏，梁宋大水，而予以其秋役于蔡。积潦甫退，邑闾萧索。官吏吏计口授粟，日不暇给。间以朔望谒诸坛庙，而先啬、司啬露栖于颓垣蔀屋之中，又何以要神灵而祈报赛耶？……明年秋，蔡大熟，蝗不为灾。予乃进邑之荐绅先生与其父老子弟而告之曰……今日者江北之蝗来凡十次，有修五十余里者，有集于树而压折者，有厚盈尺者，而秋稼如云一无损害，雨旸时若，我庾维亿，皆田祖赐也。"按靳之文，1. 旧之田祖庙本供奉先啬、司啬二神像；2. 田祖管雨旸时若，即有司雨水功能。
②　《四库全书》第 1042 册，上海古籍出版社 1987 年版，第 234 页。又，"后稷是播百谷。稷之孙曰叔均，是始作牛耕。"（《海内经》）"有西周之国……有人方耕，名曰叔均。帝俊生后稷，稷降以百谷。稷之弟台玺，生叔均。叔均是代其父及稷播百谷，始作耕。"（《大荒西经》）
③　国家文物局：《中国文物地图集》山西分册（上），中国地图出版社 2006 年版，第 478 页。

里社之遗也。其左祀姜嫄，推稷所自生也，诗曰'厥初生民，时维姜嫄'是也。其右祀三王，因稷而类及之也，司种司百谷，龙神掌雨泽，药王疗民疾，民乃得免夭折。是皆有功德在人，故以类从也。庙创于宋太平兴国，历元暨明屡有修葺。"这是说闻喜这地方后稷庙祭享七位神，包括姜嫄、三王、后稷、龙神、药王，其重点在予民"雨泽"，宋至明都奉此信仰。又如，周景柱《（乾隆）蒲州府志》卷四载："后稷庙，在万泉县西薛里，其建始亦不详何时。旧志云：金崇庆初知县柳伋，明正德中知县张席珍祈雨于祠，皆应祷也。"这是说金与明蒲州人祈雨后稷有应事。

图 5-9　万荣稷王庙戏台

类此文献尚多，如柳伋撰《河中府万泉县稷王庙祈雨感应碑》（贞祐二年）："余自崇庆元年十月，始令是邑。岁属凶歉，民多艰食……越明年，自春徂夏旱甚，躬率吏民，遍祷诸泉祠庙，或作醮焚词，或储水设坛，勤勤恳恳，靡所不至。六月，雨始优渥……未几复旱……私自计之，《诗》云：'田祖有神，秉畀炎火。'田祖，后稷也。县之西十里有稷王庙，斯可祷矣。乃率僚属父老致词恳祷。回辔而云兴，至夜而雨作。既沾既足……是秋，果大熟。九月，具牲牷、酒体、鼓吹，复率官吏父老陈词致谢。祭余酒醑，道士李若格暨诸父老跪而前曰：'稷王神灵应，请记此以刻诸石。'余亦喜是秋而倍收于他邑，欲使后世君子非惟知田祖之有神，历千百余年而犹粒我蒸民，抑亦信圣人之言不诬矣。乃掇其实，以为之记。然聊以记其事，而未足以明其德也。是系之以铭，铭曰：厥初生民，时惟后稷。相厥地宜，教民稼穑。万民永赖，莫匪尔极。民不忘德，今犹立祠。更率父老，恳祷致词。神之听之，降雨如期。螟蟊既死，槁禾复起。易凶为丰，胡云不喜。刻诸贞石，永于千纪。"①清同治四年石印本沈凤翔《（同治）稷山县志》卷九收山西巡抚何乔新《后稷祠祷雨文》："德佐唐虞，躬耕稼穑，肇八百载王业之本，开亿兆民粒食之源。炳烺典谟，修扬风雅。治臣有五，功孰有加。兹者山右河东境内、乃昔年农事兴起之乡，正斯民年成丰乐之所。夫何连年旱暵（hàn），五谷不登，饿殍盈途，骨肉相食。去冬虽雪，今岁多风，三月已初点雨不降，瘟疫萌发死亡相仍。往古来今，亦所罕见。某钦承上命，赈济一方，适经勋（xūn）州，见尚不忍，以神血食兹土，灵贶昭彰，岂肯坐视而不阴佑其哀，想必有待而欲潜消其患。今亦云亟，捍之宜遄，奋扬威灵，斡旋造化，俾田畯有喜于南亩，密云不自于西郊，深渊讶卧龙之腾，满背出石牛之汗，甘澍大作，泽润生民，无悯雨之忧，而有喜雨之乐，珍乖气之异，而召和气之祥。百谷用成，万民无恙，若是神庇，垂于无疆。"清锡德《（同治）饶州府志》卷二记："后稷山，在宝象山右，亦有石池，可祷雨。"

（六）

向后稷祈雨之事象，进入了文学书写。苏轼有《祷雨后稷祝文》，曰："维神之生，稼穑是力。癯身为民，尚莫顾惜。矧今在天，与天同功。召呼风云，孰敢不从？岂惟农田，井竭无水。我求于神，亦云亟矣。尚飨。"②四

① 王新英辑校：《全金石刻文辑校》，吉林文史出版社2012年版，第528页。
② 曾枣庄、舒大刚：《三苏全书》第十五册，语文出版社2001年版，第524页。苏轼又有《祷雨稷神祝文》："农民所病，春夏之际。旧谷告穷，新谷未稔。其间有麦，如喝得凉。如行千里，弛担得浆。今神何心，恝此雨雪。敢求其他，尚悯此麦。尚飨。"有学者称稷神即后稷。宋杨简《先圣大训》卷六《五帝》："孔子曰：古之平治水土及播殖百谷者众矣。唯勾龙兼食于社，而弃为稷神，易代奉之。"也有将稷神与后稷分为二者，宋真德秀《西山文集》卷五十《社神稷神后土勾龙氏后稷氏风雨师雷神祝文》："社稷，谷雨之雨，阅日几何。高田已干，良苗将瘁，是用震惧，奔告于神。瀕海之邦，土脉刚燥，一雨十日，滂然溢流，渗之漉之，庶克有济。造化之妙，咄嗟可能。神其哀恫，是拯是救。谨告。"

言为韵，典型的祝文语式。宋真德秀《西山文集》卷四十八《后稷氏》篇亦类似，云："唯神之生，百谷是殖，更千百年，祀以为稷。今谷方茂，而雨不时。哀而救之，匪神孰尸？"① 宋人韩维《和玉汝弟甘雨应祈》中云："后稷明农佐有妫，耻令世有一夫饥。勤民事业能如古，闵雨精诚必应时。"诗意在透示：祈雨得应，那是因为后稷相佐，后稷之心是不让天下农夫禾旱而饥。明袁华《题画禾》："梅雨暗泽国，布谷鸣桑阴。吴侬躬耒耕，播种乃力任。棘莽既登场，出水秧森森。立苗本欲疏，庶防稂莠侵。嘉实秌垂田，沾溉雨露深。猗嗟周后稷，万世民所钦。"此由画禾联想到了后稷给万世黎民带来了稼秌垂田并佑护于雨露与沾溉。明人黄佐《画龙为刘吉卿题》中写到："吾闻后稷之孙驱魃赤水北，密云蔽天天为黑，黔日扬尘野萧瑟。帝呼董父鞭两龙，翻海作雨岁乃丰，遂令四海歌重瞳。"

另外，从各处稷王庙多设戏台看，元以后祈雨或伴有戏事演出活动。在山西万荣县南张乡太赵村稷王庙，有民国十三年的《重建稷王庙戏楼庙记》，清代邑庠生王泽生撰文，由碑文可知，此庙元时即建有戏台，叫"舞厅"，时仅存四柱础②。这说明那时这里是演剧的。

（七）

国外有瘗埋人之碎尸祈雨求丰的巫术祭仪。萧兵先生在《楚辞的文化破译》一书中用专门章节论述了这个问题。他认为这项巫术特别流行于太平洋和东南亚文化圈，目的在祈雨求丰。于此他引用了许多民族学、人类学的材料：③

"北美印第安人帕尼部落（亦称'帕乌尼部落'），即以少女献祭祀。据民间故事相传，少女之遗体加以脔割，瘗埋于田中，血浆则撒布于禾苗之上。印第安人笃信：献祭之人血，可保谷物丰稔……阿兹特克人（Aztecs）往往要把一位身份特殊的妇女喂养肥胖并打扮得花枝招展，然后把她杀死祭祀土地和庄稼之神，有时还要把她的血撒在田野里，或把肉埋在

---

① 宋刘爚《云庄集》卷二《后稷氏》："维神之生，百谷是植。更千百年，祀以为稷。今谷方茂，而雨不时。哀而救之，匪神孰尸？"（清文渊阁四库全书本）与韩维文同。

② 庙殿后壁嵌存至元八年《太赵修舞厅碑文》，也记元代创修舞台事。（国家文物局：《中国名胜词典》，上海辞书出版社2001年版，第205页）

③ 萧兵：《碎尸分埋：祈雨求丰的巫术》，转引自《楚辞的文化破译》，湖北人民出版社1991年版，第203—215页。

地下，以保证风雨调适。"① "苏联学者李福清介绍越南的风俗说：'从前广宁县在阴历二月的时候，选一对未婚男女，让他们到田边性交，然后把他们杀死，砍成小块，撒在田里，以保证来年好收成'。"② 弗雷泽的《金枝》里面描述了世界各地肢解人牲或牛牲的习俗以后，并论述其意义道："人牲的其他部分烧成灰后撒在地里……他们认为默利亚的血和泪……能使郁金香花色红艳，他的眼泪能降为甘霖。同样，埋下默利亚的肉，在上面浇水，无疑也是一种求雨的巫法。"③

萧兵提出：中国上古也存在着瘗埋碎尸祈雨的祭仪。他说："夏启之所以名'晴'而号'堇'者又反映了起源于西北黄土高原的夏族习惯于低雨量生活，而早夏时期夏启东据黄河下游、南下豫鲁之际又遭遇了一场苦旱。到最后关头，他甚至有屠杀他的母亲（女酋长、女族长）并且将她的尸体砍碎分埋四境各地的手段来抑旱求雨。"④

杜而未先生也是从碎尸或分解肢体的巫术原理解说商汤祷雨的。他说："商汤在桑林祷雨，不但表示殷商有以人为牺牲祈求甘雨和丰收的制度，而且这种形式化了的'自我牺牲'仪式包含着与碎尸分埋有联系的肉体伤残……汤帝自为牺牲，断发、断爪、断指都和人祭的意义相关。〔汤的丽（劙)⑤ 手无论为使手出血，或将一只手丽下来，在意义上和其他民族上的人祭相同，因（这样）……可以致雨。〕"⑥

向后稷求雨，亦具有后稷之尸瘗埋的功效。王孝廉先生说："古代民族，有杀谷灵（象征植物神的人或动物），将其肉埋于地下或将其血撒在种子上以祈丰穰的农耕礼仪。中国古代神话中，也隐含着这种农耕礼仪的

---

① 托卡列夫：《世界各民族历史上的宗教》，中国社会科学出版社 1985 年版，第 137 页。

② 李福清：《在越南采录的女娲新材料》，马昌仪编《中国神话故事论集》，中国民间文艺出版社 1988 年版，第 173—174 页。转引自萧兵《楚辞的文化破译》，湖北人民出版社 1991 年版，第 205 页。

③ 弗雷泽：《金枝》，徐育新译本，中国民间文艺出版社 1987 年版，第 627 页。

④ 萧兵：《楚辞的文化破译》，湖北人民出版社 1991 年版，第 203 页。

⑤ 笔者按，此字应当为劙，《吕氏春秋·顺民》篇："汤乃以身祷于桑林，翦其发，劙其手……"旧注曰："李善注引此亦作劙，音酈。窃意酈若作歷似当从劙得声。善又注刘孝标《辩命论》引此竟作磨字，恐是劙字之误。故余以劙字为是。"（《吕氏春秋》，上海书店影印世界书局刊《诸子集成》本，1986 年版，第 86 页）

⑥ 杜而未：《中国古代宗教研究——天道上帝之部》，华明书局 1959 年版，第 140 页。转引自萧兵《楚辞的文化破译》，湖北人民出版社 1991 年版，第 207 页。

痕迹，如《山海经》所见的后稷：'有都之广野，后稷葬焉，爰有膏稻、膏黍、膏稷，百谷自生……'（《海内经》）可见是农神后稷死后所葬之地的都广之野，而有'百谷自生'的农作物产生。"① 王孝廉先生看到，后稷所葬与谷物生长连同帮助谷物生长的雨水有着隐约的关系。这在我国各民族文献或习俗里还遗留着，② 后来还为官方祈雨祷旱所利用③。

# 第三节　孔子"生于空桑"考论

　　十几年前，李衡眉先生撰文对孔子的出生与古代婚俗之关系做了专门探讨，从婚俗史的角度，解开了"野合生子""祷于尼丘"以及"讳言孔子父墓"三大谜团。④ 然对孔子出生中一个关键性的问题即孔子母"生（孔子）于空桑"之记载，则未暇细究。笔者对此亦每思不得其解。孔子何以"生于空桑"？"生于空桑"意味着什么？其间有无特定的古俗包蕴？都值得考论琢磨、详勘深研。以下结合《诗经》中的桑间婚爱现象以及上古"桑林会"风俗，写出几点浅陋的想法，以求教于方家同人。

---

　　① 王孝廉：《神话与小说·死与再生——原型回归的神话主题与古代时间信仰》，时报文化公司 1986 年版，第 122 页。转引自萧兵《楚辞的文化破译》，湖北人民出版社 1991 年版，第 206 页。

　　② 刘敦励先生说："活埋生人虽未见于古籍，但《春秋繁露》有埋老人骨一事实。"（刘敦励：《古代中国与马耶人的祈雨与雨神崇拜》，台湾省《民族学研究所集刊》1957 年第 4 期）凌纯声说：过去云南佤族人收获前猎头祈丰，巫师以头骨架血土分给各户撒在旱谷地里，"据说一经洒上血土，谷苗即欣欣向荣。"（凌纯声：《中国的边疆民族与环太平洋文化·云南卡瓦族与台湾高山族的猎首祭》下册，台北联经书局 1979 年版，第 561 页）萧兵说："从前，贵州某些苗族械斗阵亡者（有如'战殇'）每要火葬，'追成灰烬，每家分给骸灰一杯，各家得灰，撒于田间，以预祝丰稔之兆。'（《册亨县乡土志略》，贵州省图书馆藏本，1966 年）"《神农求雨书》求雨的一法是'取人骨埋之'，董仲舒《春秋繁露·求雨止雨书》说祈雨时要'焚薪霾骨'，玛雅人求雨或剖腹取心，或活埋牺牲。"（萧兵：《楚辞的文化破译》，湖北人民出版社 1991 年版，第 225 页）

　　③ 弗雷泽说："中国人相信当人们的尸体没有被埋葬时，他们的灵魂将要受到雨淋的难受，正如同那些活着的人们没有栖身之所在露天之下不蔽风雨所感受到的一样。因此，这些可怜的灵魂将尽其力所能及来防止下雨，并且常常是努力过火而发生了旱灾。这在中国是一切灾祸之中最可怕的，因为歉收和饥饿致使死亡随之而来。因而当旱灾来临时，中国当权者的经常做法，是把那些未掩埋的，被风吹干了的尸骨加以埋葬，以终止这场旱灾，祈天降雨。"（弗雷泽：《金枝》，徐育新译本，中国民间文艺出版社 1987 年版，第 108—109 页）瘗暴骸是当政者修政禳灾的主要手段之一。

　　④ 李衡眉：《孔子的出生与古代婚俗》，《孔子研究》1988 年第 4 期。

（一）

孔子"生于空桑"之说见于司马贞《史记正义》，其于《孔子世家》"（叔梁）纥与颜氏女野合而生孔子，祷于尼丘得孔子"后，引《括地志》云："……干宝《三日纪》云'（颜）征在生孔子空桑之地，今名空窦，在鲁南山之空窦中……'"

黄奭辑《春秋纬》卷二《春秋演孔图》亦载此说："孔子母颜氏征在，游太冢之陂，睡梦黑帝使请己，己往，梦口语曰：汝乳必于空桑之中，觉则若感，生丘于空桑之中。"注曰："乳，生也。"①

图 5 - 10 1956 年成都新都出土桑下野合画像砖（1 - 2）

孔子"生与空桑"② 当与古之"桑林社会"及"春社会男女"有关系。《周礼·地官·媒氏》"媒氏掌万民之判（主合其半，成夫妇也）。……中春之月，令会男女，于是时也，奔者不禁；若无故而不用令者，罚之，司男女之无夫家者而会之。"古之婚娶正期在秋后（《诗》所谓"秋以为期"），仲春二月，对于一些仍未能婚合的孤男寡女，提供一个"会""合"的机会，让他们在农事兴起前择偶定配，"期"遇媾合，以成室家。当此时节完成的婚偶，有两个明显的特点：第一，"不待礼聘"；第二，"不由媒氏"。故《地官·媒氏》状此种婚媾的性质用"奔"字、"令会"来表述。孙诒让

---

① 欧阳询《艺文类聚》卷 88 "桑"部引"睡梦黑帝使请己，己往"一句为"睡梦黑帝使请与己交"。（《艺文类聚》，台湾"中研院"汉籍文献资料库本，第 1519 页）

② 空桑当是盛产桑之地名。《述异记》"空桑生大野山中，为琴瑟之最者空桑也，山以产此桑为名。"《山海经·东山经》曰："空桑之山。"郭璞注："此山出琴瑟才，见《周礼》也。"袁珂案："《淮南子本经篇》云：'舜之时，共工振滔洪水，以薄空桑。'高诱注云：'空桑，地名，在鲁也。'又《文选思玄赋》旧注云：'少昊金天氏居穷桑，在鲁北。'均即此。"（袁珂：《山海经校注》，上海古籍出版社 1980 年版，第 105 页）在鲁、鲁北，均与孔子传说近合。

《正义》云："《国语·周语》云：'共王游于泾上，密康公从，有三女奔之。'韦（昭）注云：'奔，不由媒氏也。'……胡培翚云：'《内则》聘则为妻，奔者为妾。'聘谓以礼娶也，奔则不备礼之谓。此经'奔'字当如是解。……《毛诗·召南·摽有梅》传云：'三十之男，二十之女，礼未备则不待礼会而行之者，所以蕃育民人也。'郑笺云：'女年二十而无嫁端，则有勤望之忧，不待礼会而行之者，谓明年仲春不待礼会之也。时礼虽不备，相奔不禁。'毛以男年三十、女年二十，即可不备礼而行；郑以过三十、二十，明年而后可不备礼而行。二义微不同。要两君皆隐据此经义，其以奔为不待礼，则一也。"①

图5-11 采桑图，壁画石刻②

"会合"男女的场所一般在"国社"处进行。与社日祭社粘合并举。杨琳同志在谈到《天问》"简狄在台喾何宜，玄鸟致贻女何喜"两句内蕴时曾说：颇疑"早期祭社时盛行'合男女'之俗……盖自古相传简狄（殷之女始祖）与帝喾交合于社而孕契，时至战国末期，祭社所行交合之风已近绝迹，屈子不明，故（于《天问》）发疑云：简狄既在稠人广众之社，帝喾何得而交接之？"③ 杨琳的推测是对的。古俗于社日，并于社所合聚未婚无嗣之男女，令其自由交接，以成婚偶，野合媾会，或得孕娠（社会男女，令其交接；此或是原始意义上的"社交"一词的内涵也）。

古之各区域或方国的"社"，其特点及称名都是不同的。《墨子·明

---

① 孙诒让：《周礼正义》卷二十六，中华书局1987年版，第1044—1045页。
② 姚舜飞、姚舜腾：《图说中国酒泉古代砖画》，甘肃文化出版社2013年版，第19页。
③ 杨琳：《社之功用考述》，《文献》1999年第4期。

鬼》云："燕之有祖，当齐之（有）社稷，宋之有桑林，楚之有云梦也。此男女之所属而观也。"① 属，就是合聚、聚会之意。"观"即物色，相看（今俗语"相"对象，"相"中某人仍承此义）。墨子此话所含的意思有，宋国的"桑林"之社②、楚国"云梦"之社、燕国的"祖"之社、齐国的"社稷"之社，都有相类之处，都是"会合"男女、令其相"奔"的"社会"场所。

图 5-12　母子采桑图③

值得注意的是宋承殷俗。桑林神社"会男女"的风俗绝非宋之独有。它在殷时就盛行，并伴随殷人的势力范围遍布中原乃至淮河以南。王嘉《拾遗记》卷二"殷汤"条记："商之始也，有神女简狄，游于桑野，见黑鸟遗卵于地，有五色文，作'八百'字，简狄拾之，贮以玉筐，覆以朱绂。夜梦神母，谓之曰：'尔怀此卵，即生圣子，以继金德。'狄乃怀卵，一年而有娠，经十四月而生契。"简狄乃殷人始祖，其"游于桑野"而得孕，正是殷人桑社会聚、男女野合风俗之明证。④

————————

　① 孙诒让：《墨子闲诂》，台湾"中研院"汉籍文献资料库本，第 207 页。
　② 桑林即桑林神社。宋罗泌《路史·余论》卷六云："桑林者社也。"欧阳询《艺文类聚》卷一二引《帝王世纪》亦云："（汤）祷（雨）于桑之社也。"（《艺文类聚》，台湾"中研院"汉籍文献资料库本，第 220 页）至庾信《枯树赋》中仍有"桑社"的记载："东海有白木之庙，西河有枯桑之社，"（张玉书：《佩文韵府》，上海书店 1983 年版，第 2054 页）
　③ 姚舜飞、姚舜腾：《图说中国酒泉古代砖画》，甘肃文化出版社 2013 年版，第 92 页。
　④ 卜键亦曾引"殷汤"条云："殷商的始祖，据说也是这类桑间野合的爱情结晶。"（《桑林与'大濩'——商代社祭与社乐考引》，《戏曲研究》2000 年第 55 辑）

事实上，桑林丛社"会男女"之俗比我们想象的要悠远得多。远古社会的史影中已有痕迹。从屈原《天问》"禹劳献功，降有下方。焉得彼涂山之女，而通于台桑？闵亡妃合，厥身是继"这一段看，连忙于治水三过家门而未入的圣人大禹也未能免俗，在桑林会中与涂山女子媾合。但禹毕竟是禹，他是出于考虑后嗣才和涂山女匹合的，所以婚合四日便又离去了。就是如此，后来还受到吕不韦正统眼光的批评，说他"有淫涵之意"（《吕氏春秋·当务篇》）①。王嘉《拾遗记》卷一中说少昊氏的母亲皇娥在带有桑林会色彩的"穷桑之浦"，遇见了风流的白帝之子。俩人情歌互答，泛于海上，生育了少昊。后来，颇为道学的马骕非常不理解，觉得作为"帝子圣母"的皇娥，怎么可能"有桑中之戏"呢（《绎史·少昊纪》）？他指斥王嘉的记述有些愚"妄"。看来，愚妄者是他自己。他用封建化的帝母的"贤德"去审视上古桑林社丛中的男女会聚，当然对不上号。

春秋以至战国末世男女婚媾及遇合行为中仍可见到"桑林会"古俗的影响。《左传》成公二年记："使屈巫聘于齐，且告师期。巫臣尽室以行。申叔跪从其父将适郢，遇之。曰：'异哉？夫子有三军之惧，而又有桑中之喜，宜将窃妻以逃者也！'"② 申叔跪（申叔时之子）用"桑中之喜"及"窃妻以逃"暗指巫臣与夏姬的私约。《列女传》记，"晋大夫解君甫使于宋，道过陈，过采桑之女，止而戏之曰：女为我歌，吾将舍女。女乃歌曰：墓门有棘……"《列子》卷八《说符篇》记，公子锄对晋文公说："臣邻之人，有送其妻适私家者。道见桑妇，悦而与言。然顾视其妻，亦有招之者矣。"③《说苑》载，晋公子虑云："臣之妻归，臣送之，反见桑者而助之。顾臣之妻，则亦有送之者矣。"赵公卢曰："臣邻家夫与妻俱之田，（夫）见桑中女，因往追。"④ 见桑间之妇敢于"窃"之，敢于"戏"之，敢于"悦"之、敢于"招"之，敢于"追"之，此皆上古桑林会风气经久积淀于人心使然。似乎只要出现于桑间的女子就其主观而言，

---

① 《吕氏春秋》，台湾"中研院"汉籍文献资料库本，第 596 页。
② 《左传注疏》，台湾"中研院"汉籍文献资料库本，第 429 页。
③ 杨伯峻：《列子集释》，中华书局 1979 年版，第 246 页。
④ 向宗鲁：《说苑校证》，中华书局 1987 年版，第 342 页。

本带有诱惹异性的倾向，男子见桑间女子也就自然形成了一种调情的心理定势；有学者根据此种情况总结了一条后世文人的桑间"调情主义"①，或有些道理。

桑林会古俗在《诗经》亦有明显体现。《鄘风·桑中》："云谁之思？美孟姜矣。期我乎桑中，要我乎上宫，送我乎淇之上矣。"这位相思着的男子思念一位姓姜的美丽女子。她曾约他在"桑林社会"时相聚合欢、窃色偷情。《小雅·隰桑》也写及女子与情人在桑间相会："隰桑有阿，其叶有沃，既见君子，云何不乐。""心乎爱矣，遐（何）不谓矣？中心藏之，何日忘之？"朱熹《诗集传》释此诗云："言我中心诚爱君子，而既见之，则何不遂以告之？而但中心藏之，将使何日而忘之耶？《楚辞》所谓'思公子兮未敢言'意盖如此。爱之根于中者深，故发之迟而存之久也。"又《十亩之间》篇："十亩之间兮，桑者闲闲兮，行与子还兮。十亩之外兮，桑者泄泄兮，行与子逝兮。"毛《传》"闲闲，男女无别往来之貌。或行来者，或来还者。"毛奇龄《国风省篇》评此诗云："何以曰桑者闲闲兮哉？《汉·志》云：卫地有桑间之阻，男女亟聚会，声色生焉。则地凡有桑，皆其阻也。凡有桑者，则皆得为之聚会起淫泆也"。②

大概正是由于远古"桑林会"之俗的长期积淀，③ 所以我们才看到上述诗中的男女主人公虽情急热求于桑间之幽会，然却略无后世青年男女窃色偷香之苟切、之惊惧、之窘迫。彼此均从容闲逸，心驰而往，兴尽而返；徘徊流连，似有所恃。恃者何？古礼之允许也，古俗之认可也。

孔子"生于空桑"的实际内涵也应由"桑林会"古俗观之。其父叔梁纥年老而不得嗣传（妻施氏生九女，妾生子孟皮又"病足"），故于桑林"社会"遇合了颜氏之女颜征在。"生于空桑"乃就其母征在言之，意指征在因桑社媾会而有身，孔子之"生"由桑社获来。大概正因孔子之"生"获诸桑社，《春秋演孔图》才编出了黑帝要求颜征在必产子于"空桑"，即

---

① 阎红：《陌上桑中的"调情主义"》，《随笔》1997 年第 2 期。

② 转引自陈子展《诗经直解》，复旦大学出版社 1983 年版，第 330 页。

③ 桑社会男女的古俗在后来云南大理白族人中仍可见到。白族人说，在古代白国时期，他们的太子在桑林中因为爱而失踪。青年男女们绕着桑林寻找，一边呼唤一边唱跳，形成了后来的"绕桑林"（也称"绕山林"）盛会。会时，"男妇坌集"，下洗水中，谈情说爱，并"祈子嗣"（清杨琼：《滇中琐记》，蒙化范宝书校字本，第 52 页）。真有殷商时代桑林会的遗韵。

归送其子于桑社的神话。因古之由"社会"（"社交"）而得的无养认之子都有送弃于"社"的义务。《周易·否卦》"其亡，其亡，系于苞桑"，《吕氏春秋·本味》有侁氏女子"采桑，得婴儿于空桑之中"，均透示了送弃"私子"于桑社的音息。颜氏所生孔子虽不太见容于叔梁纥原妻妾，然毕竟为叔梁纥所"认"，自然就不必送弃于桑社了。

（二）

远古先民祈子于"社"，或祷于社土（土丘），或祈于社树，或社祭之日"野合"于社林，以为均可得子①。此俗一直传承于民间。《左传》昭公十一年，"泉丘人有女，梦以其帷幕孟氏之庙，遂奔（孟）僖氏。其僚（女之友僚）从之。盟于清丘之社，曰：'有子，无相弃也。'"女子祈于社神，佑其"有子"，并约誓与"僚友"不相背弃。宋俞琰《席上腐谈》（上）云："有（人）头如电而肌肉纯白者，或以为社日受胎，故男曰社公，女曰社婆。"所谓"社日受胎"者，即祭社得孕之人也。

孔子"生于空桑"与这种社祭求嗣的古俗不无联系。从一些文献记载看，古人于桑社求嗣获孕②的情况，不乏其例。比如：洪兴祖补注《楚辞·天问》引《列子》曰："伊尹生乎空桑。"又云：伊尹的母亲在孕后梦见神告诉她，如果看到臼灶中出水生蛙，就赶紧往东走，切勿回头。不久，臼灶

---

① 李衡眉以为"野合"就是定终身于野外，"野字，只能释为'野外'。"事实上"野合"之"野"指"社"之四面供社祭后人们活动的空间，特指社丘、社台、社土、社山周围的丛林莽野。"野"古字为"埜"或"壄"字，本身就说明了这一点。它不是一般的林木荒野。它是定与"土"（土即祭坛、社丘或壇场）相联系的林丛之地。《周礼·大司徒》曰："设其社稷之壝，而树之田主，各以其野之所宜木，遂名其社与其野。"野合之"野"即与此文中"野"义相通，它指"令会男女"的特定场所。由此，"野合"一词也就非笼统地指男女间"定终身于野外"，而是特指社祭后在社神、神媒（"尸女"）、"媒氏"导引下所进行的男女间媾会祈育活动。简而言之，"野合"只能解释为于"社"之"野"会合男女，这是我们与李衡眉先生所见的不同地方。

② 祈于桑林神社以求子，大概与桑之社本乃祭求母系先祖神有关系。按照原始劳作分工，男夫务于耕猎，女妇勤于蚕桑。（《礼记·月令》仍见其遗踪，所谓"后妃斋戒，亲东乡躬桑……以劝蚕事。"郑玄注："后妃亲桑，示帅先天下也。"）桑社"主"灵自应为先姒之神。殷之族人即以母系神为桑林社主。闻一多曾说："《周礼·大司乐》'舞大濩以享先姒'，注谓先姒为姜嫄，其庙为閟宫。大濩即桑林之乐。周人以大濩享其先姒，盖沿殷之旧俗。此亦桑林之神即殷之先姒之证。"（《闻一多全集》卷一，生活·读书·新知三联书店版 1982 年版，第 113 页）由于桑社主神乃女性始祖，故其社祷功效主在两端，一是求雨（母系先姒主"阴事"，故求雨找她）；二是主婚育。求雨之事，《淮南子·修务训》记之甚明："汤苦旱，以身祷于桑山之林。"高诱注："桑山之林能为云雨，故祷之。"主婚育之事，"伊尹生乎空桑"（《列子·天瑞》）、"姜嫄游……扶桑"（《春秋元命苞》），皆其证也。

中果然出水生蛙。伊母急东走，但忍不住回望了一下故里，结果被水吞溺。她的身体变成一株中空的桑树，伊尹就从这洞出生了。伊尹乃殷之名臣，其"生乎空桑"，恰是殷人桑社神树予人子嗣观念的典型性写照。《春秋纬》卷三《春秋元命苞》载，"周嫄游閟宫，其地扶桑，履大人迹，生稷。""閟宫"即社祭求子之息宫，《诗·桑中》所谓"要我乎上宫"之"上宫"也。"扶桑"即殷人社树神桑在周民族中的遗蜕。这一则传说大体是指，周嫄因无子而"游"于桑社祈生。在她祷于社木"扶桑"后，与"閟宫"神巫（"大人"）行"足踏感生"巫术（实为巫舞幽媾），于是孕下后稷。在《吕氏春秋·古乐》中，"帝颛顼生自若水，实处空桑，乃登为帝。"意谓古帝颛顼得胎于"空桑"神社，乃神灵赐孕之子，并成长于神社，故后得裔钵帝位。

**图 5 - 13　成都出土战国"水陆攻战铜壶"采桑纹①**

　　作为社树的神桑赐人以子嗣，在文化人类学上并非新鲜母题，乃是一个非常普遍的现象。弗雷泽曾说，在世界许多民族中，"树木是被看作有生命的精灵"，"树神能保佑六畜兴旺，妇人多子"。在非洲的南尼日利亚地区的魁镇上有一棵大棕榈树，"凡不生育的妇女，吃了树上结的果，就能够受孕"。欧洲南部的斯拉夫妇女想怀孩子，便于每年农历四月二十三（农业守护神的神日）将贴身的内衣放于果实累累的树上过夜；次日穿上它，年内即可怀妊。刚果黑人部落则把神树树皮做成衣服穿在身上，以护

---

① 张晓霞：《天赐荣华：中国古代植物装饰纹样发展史》，上海文化出版社 2010 年版，第 9 页。

佑孕娩。据说，卡拉吉尔吉斯的不孕女子，为了得子，她们竟在苹果树下打滚。[1]

我国民间社树求子的遗迹也较多。在新疆墨玉乌尔奇乡间，有两棵胡柏树管孕育。不育女子于晚间向树神祈诉赐子，插上小刀或钢针。据说插小刀者，想男孩；插钢针者，要闺女也。贵州仁怀苗人求育，做"立花杆"祭仪。"花杆"乃杉树、柏树刻成；实亦为神树之代替而祈求之。川中木里县普米族祈生，把毛球丢在神树上，以为妇女就能怀孕。[2] 在山东泰安，求子者把石头块放在斗母宫及灵岩寺周围的松柏树叉上，祈树神允生得孕。以致久而久之，石头都长在树里了。[3]

所有这些，我们都可以看作神桑赐子以及孔子"生空桑"之说的民俗学背景。以理推之，叔梁纥为子嗣计而与颜氏女野合于"春社"，其祷祝于社树神桑以求身孕原在意想之中。司马迁也曾记述："祷于尼丘而得孔子。"谁"祷于"？当然为叔梁与颜氏。所祷之"尼丘"当即"社丘"、社冢、社土、社山或桑林之丘，也即桑林神社的祭拜中心，司马迁此说也从一个侧面呼应了孔子乃桑社祈子而得孕的可能性。

总之，孔子"生于空桑"的记载与殷商前即流行的桑林神社"会合"男女以成其婚媾的古俗以及祈子于桑社神树以得孕的信仰有关。所谓"野合"特指在社林之"野"、按后之《周礼》所谓"会合男女"之"令"以行媾合之事，而并非"非礼"之举。

# 第四节　中国俗信观念中的"家"

翻揭中国历史的浩瀚渊典，有一个绵延不断、经久莫变的原始意象，那就是"家"的意象。它从原始部落群居生活的集体印象而来，涂着浓郁的血缘姻亲色彩，向每一个人回答了他从哪里来的神秘问题，也给每一个生存者以依托、温暖和力量。它的影响是广泛的，弥漫于整个社会生活，尤其是传统的习俗文化。这里，我们只能选择最表面最特出的若

---

[1]　弗雷泽：《金枝》，中国民间文艺出版社 1987 年版，第 178—181 页。
[2]　宋兆麟：《中国生育信仰》，上海文艺出版社 1999 年版，第 410 页。
[3]　叶涛：《山东民俗》，山东友谊书社 1988 年版，第 173 页。

干点来说了。

1. 在关于"家"的文化意象中，家祖或家神的形象占据一个"中心"的位置。不仅在家人的大脑"中"枢或心坎儿里，他们受到尊崇、祭奉和顶戴，就是在"家"的空间方位上也特别享有一席领地。汉族民间传统居室最普通最典型的是，中间一间设堂屋，堂屋的正壁挂一张老祖宗的"影像"，"影像"下是一张长条形的供桌，摆有香炉、烛台等陈设，逢年过节就在上面祭奉家祖。有钱的大户便建造祠堂，在祠堂中安放列祖列宗的神位神像，敬奉的时候，气派要大得多。在少数民族中间，拉祜人的特点，把住房隔为三间，右边一间设火塘，是父母住的；左边一间装修精美，因为这儿是未嫁少女的香闺；正中的一间才是供奉家神的堂屋。云南景颇族，不特为家神辟设专室，只是在居室的中央设立一个"神台"，在台上供奉祖先，台侧陈放的还有标志着祖宗神功的砍过人头的刀和猎获的猛兽的头骨。布朗族爱建两层结构的小竹楼，住人的那一层立一根中柱，这就是家神"那瓦拉"的灵物所在处。纳西人是在火塘的正面开一神龛，龛内有泥塑的"让巴腊"神像；神像前有一个大锅庄，一日三餐，都要放点东西进去；长年累月的琐碎烦冗似乎正考验着后人对祖先神敬奉的诚伪。在云南西盟佤族人的屋脊上，人们可以看到站立着一只只木刻的燕子和一尊尊男性裸体像，那燕子是佤族人心目中的神禽，裸体像就是他们的祖神。这些祖神或家神被尊奉在一个中心或正中位置的文化意象使人联想起许多有趣的场境，那金銮殿中央坐着真龙天子，朝见的文武群臣左右分列，跪拜陈辞，没有天子的招呼，他们不能"平身"；那嫡庶繁多的封建大家族，把贾母似的老寿星放在厅堂正中接受满堂儿孙的拜寿；那三尊大佛座放中间，周围有十八罗汉环侍、香烟袅袅的佛家殿堂；甚至那花果山上最有本领的老猴总是选择一个最高的石台盘坐，群猴围簇着，捧给它最新鲜的野果……正中与环卫、中央与顶拜、尊奉与被尊奉，这些文化意义的逻辑关系，在"家"的原始意象中已经积淀了。

2. 与家祖家神联系的，还有民间想象创造的许多家庭保护神，如门神、炕神、灶神、床神、井神等。由他们维护"家"的圆满福慧，对"家庭生活"给予佑助与恩赐。《白毛女》中的喜儿唱："门神门神骑红马，贴在门上守住家；门神门神扛大刀，大鬼小鬼进不来。"为了驱鬼镇邪、求得安全感，为了招财进宝、养育子女，人们用自己的灵性勾画了门神的形象，剪贴在门户上。其他家庭保护神的产生也大抵类似。家庭保护神的品格有美善的一面。人们熟悉的门神钟馗，据说未成神前相貌很丑。就因长得丑，太注意形式主义审美的皇帝竟不允许他当状元。他恼极了，一头撞在石阶上。与他一同应试的同乡好友杜平安葬了他。钟馗感激杜平，于除夕之夜，率着鬼卒返家，把妹妹嫁给了杜平。他的知恩图报的美德，从此也凝固在他的神格之中了。

家庭保护神也有市侩庸俗的一面。宋代诗人杨循吉在他的《除夕杂咏》中有这么一点披露："买糖迎灶帝，酌水祀床公"。灶神、床神在给一个善良的人家带来祥和、安泰和吉福，但他们总要捞些实惠；这脸谱就有点"等价交换"的小家子气了。

3. "家"的意象，表现在形式上的一种活动方式或文化外观是"围聚"。在围聚中，家才显出一种温馨的气氛，并成为一个有秩序的整体。据说，在星星闪烁的晚上或月黑风啸的雪夜，傣族人感到最甜味舒坦的是一家人围火塘坐下，海阔天空地乱侃或沉湎于族人神奇的过去。在火塘里侧，一般是家庭女成员坐的地方，外侧的第一个座位由男主人坐；如果还有串门的客人，也得依规矩，女的坐里侧，男的坐外侧。云南佤族人也喜欢把一家人集聚在火塘边，晚上就在火塘边睡眠。当来了客人的时候，还要另起一个"客火塘"，以区别家人所用的"主火塘"。新疆地区的维吾尔人、乌孜别克人和哈萨克人，家庭围聚的方式是用一块白色餐布，铺在平地或草茵上，一家人围着吃饭。东北地区的满族人是以"炕"相围，屋室之中除东面留设锅灶外，西、南、北三面皆做炕相连。家中来客住西炕，家中长辈住北炕，小辈、姑娘、媳妇住南炕，叫作"转围炕"或"万字炕"。在寒冷的严冬，炕火一升，一家人乐趣融融。我们可以发现，种种围聚的内容是不一致的，或聚坐，或聚吃，或聚息，或聚谈，但都从外在活动的形态上，揭示着"家"的要义。家，一种血缘小圈子的亲密无间与天伦之乐，一种长幼尊卑、秩序井然的凝聚体。

4. 家与子嗣。中国民间意识中的美满之家有许多具体的要求，其中最重要的恐怕还是传宗接代、宗祧继承的子嗣观念。"儿孙满堂""则百斯男""膝下承欢"是家庭生活美满的核心。一个成了家的男子，如果没有孩子，即使官崇位尊，能够光宗耀祖，也免不了景况萧条、人生冷落。宋代大学者司马光，位至承相，但由于娶妻不育，长期间隐痛在心，郁郁不欢，情怀索寞。他在读书堂上写下小诗道："暂来还似客，归去不成家。"①一个学富五车、能写巨著《资治通鉴》的史家也会因膝下无子，感到浮生若寄、身后凄凉，更何况一般的黔首百姓！

5. 和"家"的意象相伴随的，是浓厚的乡土观念。笔者所熟悉的是江淮间农村的旧式农民。他们在土房前种上几棵枣树，田里回来即在浓荫下纳凉。娃子们会拿竹竿去敲枝梢红透的小枣。房子的四周开水渠，积一湾清水包绕。水边是生命力很强的菱蒲，蒲间置跳板或石块，村妇的影子常常绰约其间，那是她们在淘米、涮菜或洗衣。农民们在这种环境中生活，尽管品尝着劳累汗水的酸涩与贫穷剥削的辛苦，但到底不会影响对家乡与故土的美好情愫，他们还是觉得"富不富，家乡土"，"美不美，家乡水"，"在家百日好，出门一时难"。这是多么深沉的对家乡与乡土的眷恋与挚爱。关于乡土的审美情感，不仅塑造了中国农民"安于故土，惮于行役"的生活习惯，更重要的是影响到中国"文化人"的心态意绪。听听封建士大夫的吟咏吧："岭南大半尚鸿荒，城壁空坚草莽长。忽到浔州江上饮，喜他风物近吾乡。"（宋陈藻《过桂平》②）"邕州壤地接交南，凄楚夷风不恶谈。男女歌谣成卺礼，官民尔汝集茅庵。瘴来山谷云应黑，毒入溪河水尽蓝。漂泊独怜吴楚客，故园回首意何堪！"（明刘大夏《柬王宪金》③）前者在岭南风物中嗅到了一丝故园的气息，虽然面对着草莽城空的荒旷环境，冷清的情怀中竟涌出一股暖流；后者置身于滇桂少数民族地区的风俗氛围，一种不堪承受的生疏与孤寂使他倍加思念起故园来。故土、家园、乡情，已经成了人们情感血液的色素！

与乡土观念相关的，还有魂归故里的死的理想。这种文化现象尤其表现在那些曾经迁徙过的民族身上。旧时云南普米族的人死后，请巫师宰杀

———————————

①　宋敏求《春明退朝录》载："温公无子，又无姬侍。裴夫人既亡，公常忽忽不乐，时至独乐园，于读书堂危坐终日。常作小诗，隶书梁间云：'暂来还似客，归去不成家。'其冥人简有云：'草妨步则薙之，木碍冠则芟之，其他任其自然。相与同生天地间，亦各欲遂其生耳。'可见公存心也。"（宋敏求：《春明退朝录》，上海古籍出版社 2012 年版，第 74 页）

②　胡朴安：《中华全国风俗志》（上），岳麓书社 2013 年版，第 278 页。

③　同上书，第 282 页。

一头公羊，用刀把羊心剜出，放在祭桌上。人们迷信，羊就是向导，能够引魂开路，领着死者灵魂走向故土，与祖先团聚。据石钟健先生的研究，古代的巴人，也有魂归故里的向往。他说，巴人最早可能"是一个长于驾舟航行江河的民族……到了战国晚期，千里归宗，回归故土的思想发展了，表现在人死后，把尸体设法送回故乡去。纵然事实上已不可能，但也想法把人的灵魂送回想象中的老家"。于是这就产生了颇具特色的"船棺葬"。①

6. 浸泡在习俗文化中的"家"的意象，也免不了膨胀、闪动出圣灵化的光环。血缘关系在宗教幻思的掀动下逐渐被虚构想象为一种亲密而神秘的联系。据说，只要是亲骨肉的关系，能够出现血液和骨质消溶、浸润的神异效应。《南史·孙法宗传》：孙法宗的父亲死在海疆，未能收葬。法宗听人讲，若是至亲，以血沥骨，会呈现浸吸状态。为了收葬父骨，孝性的法宗带短刀一把，见到枯骨即划破皮肤用血滴注；如此沿海边找了十余年，仍没有结果②。《南史·梁宗室传》：豫章王萧综的母亲，本是齐乐昏侯的宫妃。齐灭，梁武帝宠爱她，仅仅七个月便生下一子，即萧综。宫中人说三道四，多有传疑。后来，萧综自己为了证实究竟，在梁武帝死后私掘他的坟墓，割开臂膀以血滴骨，骨表迅速渗湿。从此，一块压抑多年的疑云消散了。③ 这就是历史上十分特别的"以血沥骨"的习俗。用今天科学的眼光来审视，它很荒唐，甚至有些欺骗性，但在它产生的时代，它却实实在在地肩负着自己的文化使命：通过令人惊奇的"感应"，夸张、象征地渲染强调那种家族血缘间的无不可通融、无不可渗浸、无不可一体的联系性。

7. "家"的意象在向神秘的幻影贴近的同时，又以极强的扩张力，放

---

① 石钟健：《悬棺葬研究》，《民族论丛》1981 年第一辑。

② 李延寿《南史》卷 73 记："孙法宗一名宗之，吴兴人也。父随孙恩入海澄被害，尸骸不收，母兄并饿死。法宗……以父尸不测，入海寻求。闻世间论是至亲以血沥骨当悉渍浸，乃操刀沿海见枯骸则刻肉灌血，如此十余年，臂胫无完皮，血脉枯竭，终不能逢。"（李延寿：《南史》，中华书局 1975 年版，第 1808 页）

③ 李延寿《南史》卷 53 记："（萧综）在西州，于别室岁时设席，祠齐氏七庙。又累微行至曲阿拜齐明帝陵。然犹无以自信，闻俗说以生者血沥死者骨渗，即为父子。综乃私发齐东昏墓，出其骨，沥血试之。既有征矣"（李延寿：《南史》，中华书局 1975 年版，第 1316 页）。

大、投射到人们的道德生活以至国家的政治生活中，为传统的上层文化的根基填塞了一层层坚实的砾石。黑格尔说过一段既深刻又笼统的话："中国纯粹建筑在（家庭）这一种道德的结合上，国家的特性便是客观的'家庭孝敬'。中国人把自己看作是属于他们家庭的，而同时又是国家的儿女。在家庭之内，他们不是人格……乃是血统关系和天然义务。在国家之内，他们一样缺少独立的人格；因为国家内大家长的关系最为显著，皇帝犹如严父，为政府的基础。"① 这种"家—国同构"的政治生活现象，带来了西方学者百思不解、瞠目以对的习俗命题：美誉、美德、美绩、美功，"从下而上"，归于祖宗。黑格尔在涉及东西方艺术文化的广度上，他是够渊博的，可当他碰到一段清朝皇帝给一位丞相父亲封谥的文札，他有些茫然了。文札的大意是：国家出现灾荒，你的父亲用谷米救济饥民，这是仁的表现；国家危难之时，你的父亲奋身作战，这是忠的表现；你的父亲料理国政以来，做到法令修明，四邻和睦，这是聪明智慧的表现。因此，我赐给你父亲的谥号叫作"仁忠敏慧"。其实这里所说的赈济、护国、执政等，都是宰相自身的政绩，皇帝老爷却用来美化他的父亲。黑格尔惊奇愕然，不可思议。他说："儿子的德行不归于他本人，而归于他的父亲"，而实际上"归于父亲的一切德行，都是儿子所做的"。"这和我们（西方）的风俗恰巧相反，祖宗靠他们的后嗣取得了光荣"。② 黑格尔的惊愕是不奇怪的。他立足在地中海文明的圈子里，对于古希腊文化、日耳曼文化、德意志文化了如指掌，虽然也认真地研修了东方、古埃及文化、印度佛教文化，但具体到中国黄土地上的繁复精细的文化肌理，又怎能一目了然，不在它的复杂筋络面前目眩神乱呢？

8."家"的意象，又像一缕柔和的光束，透射社会的人际关系中，培植出一种小农经济状态下的温和的审美化的人际情感。张履祥《恒产琐言》说："收租之日则加意宽恤……须令情谊相关，如一家之人可也。"③ 家庭宗亲的观念，似乎冲淡消解着经济的租佃关系，至少也给赤裸裸的盘剥

---

① 黑格尔：《历史哲学》，生活·读书·新知三联书店 1956 年版，第 165 页。

② 同上书，第 166 页。

③ 魏源：《魏源全集》第 15 册《皇朝经世文编》卷 34—卷 53 "户政"收，岳麓书社 2004年版，第 113 页。

罩上了一层面纱。范仲淹《告诸子书》中也说："吾吴中宗族甚众，于吾固有亲疏；然吾祖宗视之，则均是子孙，固无亲疏也；苟祖宗之意无亲疏，则饥寒者，吾安得不恤也。"[①] 站在家祖情感的视点上，对整个宗支族人都采取一种家长式的爱恤，家庭血缘的温情被推广化了。胡朴安《中华全国风俗志》下篇卷三叙及吴中人喝年酒，从正月初一开始，亲戚之间犹如腻友，递相邀约，轮回宴请。皓发老翁携着顽童，调皮的小姑拉嫂子为伴，酒席间更是不问老少、取笑多端，一直要闹到十五月圆。范来宗《留客诗》云："登门即去偶登堂，或是知己或远方，柏酒初开排日次，辛盘速出来年藏。老饕餍饫情忘倦，大户流连态怕狂。沿习乡风最真率，五侯鲭逊一锅香。"[②] 过往、酬饮，没有嫌隙，只有忘情，多么令人向往的淳美的乡风俗境。

9. 最后一点，"家"的意象一定程度地确立了中国习俗美学意蕴的世间情味。它使许多民俗活动不把人的情感心理引向对象崇拜的神秘境界，而是消融在以家庭、宗法为核心的人与人的世俗情义之中；民俗事象的三要素（观念、情感、仪式）也更多地沉浸于世俗伦理和日常心理，而不去攀登类似西方的神学信仰的大厦。《论语·阳货》记有一段关于居丧三年的纯朴的对话。宰我问孔子三年居丧的奥秘，孔子讲：人在出生后的第三年，才会行路，离开父母怀抱。父母死了，要居丧三年，正是对父母三年抱养之爱的报答。孔子抓住父母抚育幼婴三年才能放开手走路的辛苦慈爱与生活情理，来解释为什么要为父母守孝三年。这就使得守孝三年的礼俗规定，根本杜绝了冷漠的宗教气氛，而与家庭伦常、亲子之爱相联系，充满了生动的人间情味与审美妙趣了。

# 第五节　民俗语义中的女衣

## （一）

在中国民俗中，女衣的语义有含指女身的意思。男子得到了女子的贴身衣，那就意味着他和她发生了"私情"。据刘向《列女传·孽嬖》，陈国

---

① 韩锡铎：《中华蒙学集成》，辽宁教育出版社1993年版，第183页。
② 胡朴安：《中华全国风俗志》（下），岳麓书社2013年版，第460页。

大夫御叔的寡妻夏姬，漂亮风流，陈灵公，包括大夫孔宁，仪行父都和她通奸，几人又都把夏姬的汗衫贴身穿着在宫中互为炫耀，以示曾享有她。①正因女衣象征女身，中国男子便不愿意在"梦（中）与人共衣"。梦中与人共衣，即暗示妻子有外遇，为别的男人所沾染，而妻子是不能"与人共惠"的②。如果男子和一位女子互换了"衣"或贴身衣（或男子用其他赠品换取了女子的贴身衣），那就不可否认双方已经建立了情人关系或婚媾意义的山盟海誓。《红楼梦》77回，宝玉去看生命垂危的晴雯。晴雯说她担了勾引他的虚名，平时并没有和宝玉"私情蜜意"，谁料竟到了黄泉的边缘。她后悔着，"伸手向被内将贴身穿着的一件旧红绫袄脱下"，让宝玉穿上，并叫宝玉也脱下袄儿给她换上，寻思将来在棺材中独自躺着，也还像在怡红院与宝玉厮守一样。在《楚辞·湘君》中，湘君久盼夫人不来，他开始失望，"捐余袂兮江中，遗余褋兮醴浦"，把湘夫人赠给自己的内衣（"褋"一种情欲的伴物与对象，王逸注引五臣曰："袂、褋亲之也"）弃于漫漫江波。他想和她绝情了。

　　何光远的《鉴戒录》卷十有一则男子视女衣为婚的奇闻。故事说，四川孝廉曹晦，在灌口李冰庙中看见了三尊神塑像。惊艳之下要和第三位神女结婚，并请巫祝主婚。巫祝要求他以着体衣为"定物"，他遂脱下内里汗衫放于神女座边。巫祝取下神女的红披衫给曹晦，并转达神女的话。曹晦置信不疑，一辈子未婚娶。③曹晦此"婚"，愚乎情乎？看来都不是。只

① 张涛《列女传译注》："陈女夏姬者，大夫夏微舒之母也。其状美好无匹，内挟伎术，盖老而复壮者，三为王后，七为夫人。公侯争之，莫不迷惑失意。夏姬之子微舒为大夫。公孙宁、仪行父与陈灵公皆通于夏姬，或衣其衣，以戏于朝。"（《列女传译注》，山东大学出版社1990年版，第278页）

② 任骋：《中国民间禁忌》，作家出版社1991年版，第554页。

③ 何光远《鉴戒录》："求冥婚"条："蜀有曹孝廉第十九名晦，因游彭州道江县灌口，谒李冰相公庙，睹土塑三女俨然而艳，遂指第三者祝曰：'愿与小娘子为冥婚，某终身不娶凡庶矣。'遂呵卦子掷之，相交而立。良久，巫者度语曰：'相公请曹郎留著体衣一事以为言定。'曹遂解汗衫留于女座。巫者复取女红披衫与之，曰：'望曹郎保惜此衣，后二纪当就姻好。'曹亦深信，竟不婚姻，纵遇国色，视之如粪土也。果自天祐甲子终于癸未二十年，曹稍觉气微，又疑与神盟约数，乃自沐浴，俨然衣冠，俟神之迎也。是日天暝，车马甚盛，骈阗曹门，同街居人竟来观瞩。至二更，邻人见曹升车而去，莫知其由。及晓视之，曹已奄然矣。议者以华岳灵姻咸疑谬说，芏萝所遇亦恐妖称，今曹公冥婚，目验其异，于戏，自投鬼趣，不亦卑乎！"（《五代史书汇编》本，刘石校点，杭州出版社2004年版，第5947页）

因他的头脑中根深蒂固地积淀了"女衣——女身之替代"的民间观念，方使他情愿守着神女的一件红披衫过上一辈子。

女衣等于女身的观念在近代客家民歌中表现得更为明澈。客家男子向女子调情时唱道："北风吹来心里慌，来向妹子借冬装。穿着棉袄不舒畅，想要的噢，是妹子的贴身衣裳。"女子答道："贴身衬衣、贴身衫，若借给你我自寒。上衣还未钉扣子，棉袄还未加领子。"① 男子要女子最珍贵的贴身衣（实要女身与贞操），女子倍加珍护，以婉言相谢。

（二）

早在"易学"文化中，女子之衣与女性就有绰约可寻的关系。《周易·归妹》卦，"六五，帝乙归妹，其君之袂不如其娣之袂良"②。在帝乙嫁"妹"这一婚姻事象中，出现了一个反常也正常的现象，嫡妻（君）的衣袖（袂）似乎没有妻妹（娣）的衣袖来得漂亮。这事实上是说，夫君更爱随嫡妻从嫁的媵女身份的妻妹，妻妹的红袖更招夫君的青睐，即妻妹对夫君更有女性的诱惑力，妻妹已有夺嫡之嫌。在这一喻辞中，女子的衣袖（袂）成了一种女身的廋语。这在后来的文人词赋中产生了相当的影响，才子们的歌诗中，也多以女子衣袖指代美女佳人。庾信写王昭君，"绿衫承马汗，红袖拂秋霜"（《王昭君》）③。唐太宗写舞女在音乐促弹中出帘而舞："促节迎红袖，清音满翠帏"（《咏琵琶》）④。韦庄回述青春年少游历江南的美好记忆，有"骑马倚斜桥，满楼红袖招"的最得意的时刻（《菩萨蛮》其三）⑤。晏几道写他当年与歌女们厮混："彩袖殷情捧玉钟，当年拼却醉颜红。"（《鹧鸪天》）辛弃疾描摹令人焦愁的歌舞升平："翠袖盈盈浑力薄，玉笙袅袅愁新。"（《临江仙》）都是以女子的衣袖（红袖、翠袖、彩袖）象征女性。

《李氏易解剩义》卷三说，在荀爽的《九家易集解》本中，关于阴、坤、坤母的排比喻象中，还有"为囊为裳"的句子⑥，即代表阴性、母体、

---

① 高大伦、范勇：《中国女性史》，四川大学出版社1987年版，第4页。
② 邓球柏：《白话易经》，人民出版社2012年版，第177页。
③ 赵建军：《北朝诗校注》，南开大学出版社2014年版，第214页。
④ 徐坚：《初学记》（下），京华出版社2000年版，第14页。
⑤ 赵崇祚：《花间集》，贵州人民出版社1981年版，第29页。
⑥ 点石斋本《经学辑要》第二册，卷二。

女子的坤，又被比之为"衣裳"。

《焦氏易林》也将女衣作为女身的借喻。《大壮·中孚》，一个男子慕恋一位身份高贵的女子时就说，"求君衣裳，情不可当"。在《归妹·贲》里，一个男子因婚配未遂，也取"衣"为喻："耕石不生，弃礼无名。缝衣失针，襦袴弗成。"他想和那位姑娘结为秦晋，但失于通媒之人，无径可达，空落得愁苦单恋；犹似在石上耕种，颗粒难收，也如无针缝纫，得不到那想要的"襦衣"。还有《讼·涣》说，"机杼腾扰，女功不成。长女许嫁，衣无襦袴。闻祸不成，凶恶消去"。大姑娘未出阁即失贞，故以"衣无襦袴"相喻。男家闻知后退了婚，也算是幸事吧！否则，隐情嫁过去，祸事将在后头，哪有现在这样消解得容易呢？在求婚色彩颇浓的《屯·未济》里，"衣"也是少女之身的譬喻。辞云："爱我婴女，牵衣不与。冀幸高贵，反曰贱下。"这是女子悔及当初之语，那时她还少幼娇稚，故以"婴女"自谓。当时有男子对她牵衣相求（可见男子求之急），她却想找个更高贵的夫君，拒绝了他。谁知命运的发展，把她交给了一个"贱下"的凡夫俗子。她怨艾着……反悔那未能"以衣相与"（以身相许）的失误。这些都是以"衣"影指女性之身及其婚配贞操的典例。

（三）

在女衣象征女身的意识背景下，女子身上的"衣带"（无论裙带、腰带、下带）会比"衣"本身更有女性气息——对于男子来说。在中国古代民俗文学的语义修辞中，"解带"往往就是"允欢"的隐语。吴歌《卖盐商》描写经营盐业的少年郎君与异乡妹浓烈相爱时说："十二杯酒凑成双啊，小妹搭伲情哥郎君两个轻轻悠悠进香房，香房里向小妹姑娘顺手撩开格顶青纱帐，济手弯弯搭郎解带……"[①]"解带"即寓意步入"温柔乡"。《西厢记》写张生会莺莺，张生唱："我……把缕带儿解，兰麝散幽斋。"两人分手时张生又唱："今宵同会碧纱橱，何时重解香罗带。"以"重解带"喻指和莺莺的再度幽会。

据黄石先生研究，一个男子若因相思女子而病态恹恹，可以取那女子的裙带或腰带来，和药煎汤，给他饮了，病即霍然。但千万不要告诉他药

---

① 转引自过伟《吴歌研究》，古吴轩出版社 2011 年版，第 139 页。

汤中加了什么，否则无效。<sup>①</sup>

和裙的修饰意义近似，古代女子系"帨"（佩巾）于小腹前。这种"帨"饰及系"帨"之带也便成了一种典型的女身象征。《礼记·内则》中说，家中生了男孩以弓为标志设于门左，生了女孩以"帨"为标志设于门右，邻人一看即知。《诗经·召南·野有死麕》篇写一个男子和一个女子约会，男子动手动脚，姑娘马上设防："无感（憾）我帨"，即不准男子碰触她象征女身领地的帨巾及其系带，情操中闪烁出人格之美。

这种情况在日本民俗中表现得更细致。它把"解开衣带"喻为女子对男子情怀的敞开与男女之间的相合相得；把"不解衣带（或衣纽）"喻为女子（乃至双方）的守贞护洁以及男女的分离、离别状态。《万叶集》中有情歌唱道："别后内心悲，赠衣作内衣，内衣长不解，直到再逢时。"（卷十五，3584）这是对男女口吻都适用的以"不解衣"暗喻不失忠贞。下面是一首男子的歌："我妹长思我，内衣不解开，赠我衣上纽，我岂解开来。"（卷十五，3585）再下面是一首女子的歌："旅途如独寝，纽断必将缝，请即自缝好，有针在手中。"（卷二十，4420）她叮咛男子，如果旅途中衣的纽带断了，请自缝好；那言下之意如情思上一时走入邪念，请自检点，不要破坏了贞爱。还有一位旅中的男子发现自己的纽带自行解开了，他设想这可能是那远方女子热烈放情、难以按捺地思念自己的精诚感通所致："倘若家中妹，念吾总叹唤，当时为结纽，自必解开来。"（卷二十，4427）又有的男子离家时间太长，自知情侣不会再等待他，可能已有新欢，而丢开解去了那原来和他相结的盟誓的纽带；丢开就丢开吧，唯一希望的是还能记着我，也就不枉过去一段"真情"了。他这样唱道："别时曾结纽，今若解开来，解纽毋忘我，真是爱情哉。"（卷十一，2558）在《万叶集》这些优美的诗中，衣的纽带都是作为男女间爱欲的象征而出现的。

在西方及一些土著文化圈中，女子身上的衣带之类也充满了女身婚媾的象征色彩。古希腊婚仪上，新娘被装束整齐地送进一个黑暗的房间，睡在预备好的席上。她的新郎也不饮酒，也不盛装，装作偷偷跑来的样子，

---

① 黄石：《关于性的迷信与风俗》，《北新》1930 年第 4 卷第 11 号。

把她身上的衣带都解开，放在席边；然后回到宾客中去①。这就标志着那新娘已为夫人，他们已婚了。在陀普孙印第安人那里，新郎进入婚仪必带一把利刀。他当众把新娘的腰带割断抖开，那意思是说他已"除去处女的记号"②。亚非利加的邦巴拉族，男子看上哪位女性，就送给她一条美丽的裙带，女子便知这是他深深喜欢自己的表示。她会马上激动地投入他的怀抱，把对丈夫的忠实抛到脑后。③在爱沙尼亚的某些地方，男子汉娶妻，在举行婚礼的当天，要把新娘的腰带"系在帽子上"，以向公众表白，新娘的身心真的依附他了④。在英格兰，女子用来系长袜的带子最富女性意味。每个新娘的婚礼都准备许多，供众人哄抢。据说在一次宫廷舞会上，风流的英王爱德华三世看见一个贵妇人的袜带掉了，正狼狈不堪，就走过去，若无其事地拿起系在了自己的腿上，并说"胡思乱想者可耻"⑤。岂知，既然民俗含意已约定俗成地赋予女性袜带浓厚的女身意义，陛下的陈词又怎能杜绝在场人"乱想"呢？

（四）

女衣既为女身的文化意象，与之相联带它就有了生育感孕的特征。敦煌《解梦书》（伯3908）讲，如果男人在梦中沾触了"绿衣"，就说明"妻有娠"。因为"绿衣"在古代为女子常服，常常是妻子的象征；接触绿衣也即接触女身，妻子自然会"有喜"。彝族神话，有一只雄鹰，发现地上有位漂亮的姑娘。它盘旋着，从身上滴下三滴水来，一滴滴在姑娘的罗帽上，一滴滴在姑娘的披毡上，一滴滴在姑娘的白褶裙上，姑娘便有喜了。在属龙的那天生下了她的儿子⑥。哀牢山区的妇女，婚后想添孩子，就结伴搭伙走到河边洗浴。浴时将内衣放到河边的"龙石"上，内衣沾了这"龙石"的灵气后再穿上，回家个把月，十其八九会妊娠。在中原地区，新娘子于新婚当晚，坐在婚床沿。人们不断地向她投去铜币。她则试图用裙子把铜币一个个接住兜起来。据说接得越多，往后感育生子的次数

①　鲁妥努：《男女关系的进化》，上海文化出版社1989年版，第111页。
②　朱云影：《人类性生活史》，上海文化出版社1989年版，第93页。
③　鲁妥努：《男女关系的进化》，上海文化出版社1989年版，第144页。
④　韦斯特马克：《人类婚姻简史》，商务印书馆1992年版，第141页。
⑤　玛格丽特·穆礼：《女巫与巫术》，漓江出版社1992年版，第73页。
⑥　《中国各民族宗教与神话大词典》，学苑出版社1990年版，第681页。

越多①。在这类民俗中，女子的"衣"显然转化成了生育的接触体，有了繁衍的意义。

由于衣饰具有感育传媒的性质，所以汉族民间禁忌中就"有因男女换了服饰而使女方怀上身孕的说法"。有些地方结婚，为了婚后即生育，还有意识地运用这一传媒方式"让男女双方换裤带"、换衣物，等等②。域外风俗也有此情。斯巴达新娘走入新郎家门的第一件事，就是由伴娘"给她穿上男服男鞋"。丹麦的克洛夫堡人，婚仪装饰上，"新娘着男装，新郎着女装"，第二天再调换回来。在南西里伯斯人中间，婚礼进行到某个阶段的时侯，新娘要把她的外衣脱下，让新郎穿上；晚上入洞房时，新郎才将沾带了"丈夫气"的外衣还给新娘。这些事例和中国婚俗差不多，都在互换中借"衣"这个感育传媒体寄托一种生育传播的可能。用芬兰文化人类学家韦斯特马克的话说，这叫"相互接种"③。

（五）

在女衣、女身的连粘语义中可能包含了一种民间宗教意识，即人的衣服中渗有他（她）的灵魂（或生魄），或者说人的生灵死魂有寄藏在他（她）的衣物之中的习惯。正是在这个意义上，中国古代的招魂复魄，才喜用"非衣"或用"衣"登屋召唤收揽。由此观念而来，女子的衣饰中也就有她的魄影、她的心性，乃至她的情欲，特别体现在她的贴身内衣和体现女人特性的衣物上。李调元《南越笔记》记载，壮族男子娶妇迎亲，要派一个巫婆在半路上脱下新妇的"中裙"，放在竹篮中用布盖着提回来，这叫"妆魂"。只有这样，新妇的心魂和爱才真正和她的躯体一起被接回到家，新妇才会在心性上跟定他。《聊斋志异·云萝公主》篇中，狐女和安生相爱怀上了身孕。但她不能娩生。她脱下自己贴身衣给婢女樊英穿上，她的身孕也随贴身衣转入了樊英腹中。过不多久，樊英分娩出一个男孩。在山西、河南、四川、安徽一些过去娶妇极难的穷山区，男人怕女人逃离，常于婚后把她们的内衣埋藏于门槛附近，如此一举，女人的心魂与

---

① 爱伯哈德：《中国文化象征词典》，湖南文艺出版社 1991 年版，第 209 页。
② 任骋：《中国民间禁忌》，作家出版社 1991 年版，第 67 页。
③ 韦斯特马克：《人类婚姻简史》，商务印书馆 1992 年版，第 141 页。

爱也"就老实在这屋里不离去"了①。

女子衣物既然渗浸着作为女人特质的情感心性的魄影，它接触到男子或交到男人手里，就足以维系男人对她的爱，也几乎等同于她不在男人身边时仍然对男人以"身"相伴，"侍候"那男人。《搜神记》卷一，济北郡小吏弘超在梦中感遇知琼，结为夫妇。后来事情泄漏，神女只好离去，临走时把"裙衫两副"留在枕席上。民间弹词《西厢百咏》中，莺莺送衣给赴京应试的张生，她说："间别无甚表衷肠，该物舒情况，用意劳心你身上。这衣裳，着时休把咱来忘。"张生明白她的心思说："你的见识，咱都理会，教行坐不厮离。"这种以"衣"为伴的韵事在日本民间也极为通行。《万叶集》卷八描写一个羁旅中的男子，思乡时拿出所爱女子送他的衣衫，"念此将衣着，见衣作妹看"（1626）。他眷恋他的"妹"，看见她送他的衣，似乎就看见了她。还有旧时广东乡间，哪家丈夫外出，妇人往往拿出自己的裙带来，绑在院中的槟榔树干上。据说，"这便能够维系住（外出）丈夫的心"。黄石先生曾幽默地喻释这现象说："裙带是妇人的贴身物，故此就拿来做她的代表。至于槟榔树恐怕是男子的象征……其间的深意……聪明的读者，大约总会细味而得的。"②

（六）

由于女衣联带着女身的民俗观念，民间传说中就随之产生了"窃衣成婚"或"得衣得女"的故事模式。在《敦煌变文集·句道兴〈搜神记〉》中，有个叫田昆仑的人娶不起妻。禾熟之季，遇见三个美女池中洗浴。田昆仑抱住最小女子的"天衣"，她飞不走，成了他的妻。生下一子叫田章。鄂伦春人神话，一群仙女常常下到晶莹如镜的湖中戏水。鄂伦春猎手撞上了，他抢上去提住了她们的驾云宝衣。仙女无奈，只好答应嫁给他③。

这种"窃衣得女"模式中的"衣"在民间传说中又演分为两大类。一类是"羽毛之衣"。《玄中记》说，有种鸟叫获姑鸟，它们穿上"毛衣"时为鸟，脱去"毛衣"时为女人。曾有男子在田中发现了她们，藏起其中一个解下的"毛衣"，"取以为妇"。明代彭大翼《山堂肆考》卷二四则

---

① 爱伯哈德：《中国文化象征词典》，湖南文艺出版社1991年版，第204页。
② 黄石：《关于性的迷信与风俗》，《北新》1930年第4卷第11号。
③ 谷德明：《中国少数民族神话》，中国民间文艺出版社1987年版，第65页。

说，脱毛衣化女人的鸟不是获姑鸟，而是形体白净的鹤，它们常常出现在
南昌近城东的浴仙池。一天有七只鹤脱去羽衣化作七个美女入池沐浴，被
一少年抱持其一，引至家中结为夫妇。两年后，少年把羽衣还给了妻子，
妻子穿上便飞走了。在蒙古族那里，脱羽衣化女人的鸟是漂亮的白天鹅。
据说，布里亚特蒙古人的始祖豁里台年轻时路过贝加尔湖，"天上飞下三
只天鹅，变成三个美丽的姑娘入海嬉戏。豁里台偷其中一姑娘衣物，逼她
成为自己的妻子。他们生了十一个孩子"。所以至今豁里台的子孙仍念诵
"天鹅先祖"的诗句，向天鹅奉献鲜奶，以记忆他们非凡的来历。①

　　另一类是"兽皮之衣"。山西一带流传，一只白狐从树下的洞穴里走
出来，在地上打个滚，脱去皮衣，变成美妇人。农夫被她的姿韵诱动，机
智地藏起她的狐皮，她无法回家，农夫也就得了美妻。江苏民间故事说，
弟弟看瓜棚老是不回家。哥哥走去看究竟，见一只雌虎，脱去外皮，竟是
一位丰满健美的姑娘。哥哥趁她走进瓜棚之际，把她的虎皮外衣抢在手，
姑娘无法恢复原身，不得不成了弟弟的媳妇②。上述两类"窃衣得妻"的
故事和女衣、女身的观念是有内在逻辑联系的。

（七）

　　中国人关于"衣"与女身象征的观念在地中海文明的深层也有潜在
的反映。但"衣"的概念较为宽泛，不一定非是女衣才能象征女身，一
般意义的"衣"（不定男衣或女衣）都可笼统地喻指女身及其贞操。弗
洛伊德就说，大凡人们梦中的衬衫、内衣，"常是女性的象征"③。这是
一个特点。

　　第二个特点是，地中海及西亚风俗，把女性、妻子、女身称为男子的
"衣"。这个"衣"已不是实物的"衣"，而是象征女性、妻子的贞洁对男
性、丈夫的依附与附属。《古兰经》第二章《黄牛》中安拉告诉他的信徒，
"斋戒之夜，允许你们同房，接触你们之妻，她们是你们的外衣……"由
于女子、女身犹如丈夫的"衣"，所以希伯来人在讲到对继母有不正当的
行为时，只说那是亵渎了"父亲的衣襟"。《旧约·申命记》说，"人不可

① 《中国各民族宗教与神话大词典》，学苑出版社1990年版，第456页。
② 直江广治：《中国古代民俗》，上海古籍出版社1991年版，第4—6页。
③ 弗洛伊德：《精神分析引论》，商务印书馆1986年版，第118页。

娶继母为妻，不可掀开他父亲的衣襟"（22章）。"与继母行淫的，必受咒诅！因为掀开他父亲的衣襟。"（27章）这一层意义的"衣"与女性的比附，与中国人老话中的"兄弟如手足，妻子如衣服"的意思相近。

第三个特点才是与中国人观念平行的女衣代表女身的情况。弗洛伊德表述说，一个男子梦见一个女孩子在路上行走着，沐浴着白色的光芒，她穿着一件白色的宽罩衫。弗洛伊德说，这个梦底，实际上是这个男子在夜晚的路上曾和一个叫白小姐的女子偷食过禁果，那白色的宽罩衫正是白小姐身体的借指①。在《旧约·撒母耳记》中，哥哥暗嫩贪恋妹妹他玛的美色。一天妹妹给他送饼，他拉住他玛要和她同寝。他玛说："我哥哥，不要玷辱我。以色列人中不当这样行，你不要做这丑事。你玷辱了我，我何以掩盖我的羞耻呢？"暗嫩不听她的话，凭着力气大，就玷辱了她。他玛爬起来，冲出屋子"把灰撒在头上，撕裂所穿的衫衣"。他玛用"撕衣"痛苦地表示那乱伦的羞耻与失身。《旧约·雅歌》里还有这么个场面，一个女子用委婉的语言拒绝夜晚叩门要和她偷欢的男人，她说："我脱了衣裳，怎能再穿上呢？"在这里，女子若肯许接纳男子，她不必以"穿衣"为由，而只要"放门"即可，所以以"穿衣"为拒，是按照她们民族的习惯进行表述。她的意思是，我的衣服已穿过放下了，我是过来人，身有所属，怎好拨转时光，从头再来呢？这些都是严格意义的女子以自己的"衣"喻指女身与贞守的例子。

## （八）

衣，在中国民俗中的一个冷僻意义，是具体地指女子的胎宫与婴孩的胎衣。鄂中谜语说："一尺绫罗不多宽，不用尺剪做衣衫，大官小府都穿过，皇帝老子也要穿。"这种连帝王圣贤都必穿的"衣衫"原指女子孕育婴孩的胎宫与"衣盘"。这与西方"模拟诞生"风俗中以妇人的衣裙象征她们的腹宫或孩子胎衣极相似。据弗雷泽的叙介，希腊神话中的天神宙斯收养英雄赫拉克勒为自己儿子时，说服妻子赫拉躺在床上，赫拉克勒从她裙中自上而下地爬出来，模拟一下最初的诞生。经此仪式后，赫拉克勒也就成了赫拉的养子。据说至今，"土耳其人还保留这种做法：

---

①　弗洛伊德：《梦的解析》，中国民间文艺出版社1986年版，第330页。

一个女人把她要收养的孩子放在她的衣服里，又推又拉地从衣服里钻出来"①。这种模拟诞生中的女子的衣裙暗喻妇人孕育分娩中的胎宫胎衣是显而易见的。

# 第六节　中国少数民族风俗中的诅咒

我国是一个多民族国家，各民族的信仰和风俗既有共同性因素，也各有其民族特色。汉民族中有诅咒活动的产生、发展及俗化的历史，其他少数民族文化中亦见"诅咒"风俗事象。这里，我们根据现当代学者们的田野采风、社会调查，并结合历史文献记载及考古发现资料，以期梳理一个大概。②

## 一　西藏的诅咒巫术

（一）《平定两金川方略》中记载的藏族诅咒巫术

藏族巫师经常施行的巫术有祈求巫术、驱鬼巫术、诅咒巫术、招魂巫术等。关于诅咒巫术，我们从《平定两金川方略》等典籍中略可了解，在十七世纪，藏族巫师实施巫术诅咒甚有影响，连当时不可一世的八旗清兵也闻而生畏。乾隆皇帝一再降谕，着参赞大臣，署四川提督阿桂留心查验，严加防范。请看《平定两金川方略》中的资料记载③。

《提要》："（乾隆）三十五年，偾拉遂侵鄂克什，据其地。阿尔泰等赴达木巴宗，偾拉土司泽旺老且病，其子僧格桑走诉鄂克什诅其父子，故有隙。今愿罢兵，悉反所侵掠，许之。"

卷六十一："同日（丁酉）温福奏言：五月十八日，守卡游击王滇将从金川脱出之，小金川番人阿忠、荣绷二名押送至营。臣当加详讯。据该番等供称，阿忠系色纳木雅寨人，荣绷系札布寨人。去年土司差往

---

①　弗雷泽：《金枝》，中国民间文艺出版社 1987 年版，第 24 页。

②　本节少数民族的诅咒材料，主要参考《中国原始宗教资料丛编》（怒族卷、傈僳族卷、独龙族卷、羌族卷、纳西族卷），上海人民出版社 1993 年版；《中国各民族原始宗教资料集成》（彝族卷、白族卷、基诺族卷、鄂伦春族卷、鄂温克族卷、赫哲族卷、达斡尔族卷、锡伯族卷、满族卷、蒙古族卷、藏族卷、土家族卷、瑶族卷、壮族卷、黎族卷），中国社会科学出版社 1999 年版。

③　《平定两金川方略》，《四库全书》第 360—361 册，上海古籍出版社。

金川，今从喀尔萨尔绕过衮布里脱出。现在昔岭有头人把守，并噶拉依勒乌围两处喇嘛共一千多人帮同打仗，又有许多喇嘛在噶拉依寺里每日念经咒诅官兵。"

卷七十六："兹据从金川脱出之通事赓噶供称，贼首兄弟最恨巴旺布拉克底两土司，而革布什咱次之，现令喇嘛咒诅该土司等语。"[1]

卷九十六："适据由金川逃出之番人供称，十数日前，闻金川嘉觉地方被雷轰死十七人，现在贼众皆病瘟疫，死者甚多，又雨雹大伤禾稼。金川人皆言系西贼喇嘛念经诅咒之故，心生畏惧等语。"（第1297页）

卷一百零八："胡土克图大徒弟噶尔玛噶什等三人曾在两路军营念经，阿桂等称其颇有梵行，或于此内择其最优者在噶拉依新庙居住，管束众喇嘛，并可令留住之人来京觐谒，承受恩赉，潜移默化，徐消其凶悍咒诅之邪术，似为妥便。"（第1468页）

卷一百十九："上谕军机大臣曰：噶尔丹寺为金川第一大庙，喇嘛众多。莎罗奔在彼聚集念经已久，意在诅咒官兵。其地必有镇压之物，阿桂等当留心察验于寺基内外，及附近方圆地面，如有可疑形迹，即行刨挖，刨得镇物，即速投之水火，以破其法。此等原属邪不胜正，本无能为，今若掘发而尽除之，自足使人心畅快。设或无实迹可凭，即将寺内外地皮刨起数尺，遇有木石等物形迹可疑者，悉行取出焚烧，亦足以释众人之疑而壮其胆，于进军自更有益。"（第1636页）

卷一百三十二："同日阿桂丰升额奏言：自迷输喇嘛色纳木瓦尔丕投出之后，又有堪布喇嘛色纳木甲、木灿及噶布珠雍中朋喇嘛，随同阿仓等投出。此三喇嘛内，唯堪布喇嘛历据番人供称，挟其邪术，肆为咒诅，并怂恿土司抗拒大兵，情罪最为重大。"（第1809页）

卷一百三十三："至尔崇尚佛法，信奉喇嘛，原属番人旧俗。但果秉承黄教，诵习经典，皈依西藏达赖喇嘛、班禅喇嘛，修持行善，为众生祈福，自无不可。若奔布喇嘛传习咒语，暗地诅人，本属邪术，为上天所不容，即如从前鄂克什土司因有诅咒镇压僧格桑之事，屡经兵革。若非大兵救援，几至灭亡。又如索诺木令都角堪布喇嘛等咒诅将军大臣。"

---

① 西藏社会科学院：《西藏学汉文文献汇刻》1991年第1辑，第1047页。（以下随文标出页码）

（第 1825 页）

由此可知，西藏的喇嘛咒诅巫术是多么频繁。然而遗憾的是，这仅在两百多年还前见诸史册的本教诅咒巫术，我们现在已无法获知其详，更不用说原始时代的诅咒巫术了。

（二）藏族的口头诅咒与投食诅咒

现在在藏区能了解到的已仅限于受藏传佛教影响的诅咒巫术，即使这种几经演变了的诅咒巫术，也显得十分稀有。这种诅咒巫术又分为口头诅咒与投食诅咒。

口头诅咒巫术即巫师用口念诵专门咒语来诅咒仇敌，以达到伤害对方的目的。不过这与民间常见的那种诅咒对方遭灾祸的口头诅咒有些不同。它是通过懂得各种咒语且有法力的巫师来进行的。例如丢失了东西，在四川白马藏区，就常常请来巫师进行这种口头诅咒巫术。先由巫师白莫诵念咒语，请神灵降临，然后白莫一手拿一只公鸡，一手执刀，除口念专门咒语外，还念："偷儿必死，生疮害病，走路跌倒。"念完后，便一刀将鸡头砍掉抛于荒野，据说这个偷儿就会自食其果。[①]

在冕宁县泸宁区庙顶堡子有一个叫韩和尚的"拔孜"（巫师），据说他能咒人，凶得很。咒人刀上死、枪上亡、落河、跌岩、胀死、寒病死无不灵验。只要你肯出银子钱，肯给牛羊，他就能把你的仇人咒死。当地一个年龄很大的老人曾为到此地的调查者讲过韩和尚的一些故事。最初韩和尚刚当"拔孜"（即巫师）不久，大家还不把他放在眼里。有一年，正当收荞子的时候，一天，堡子上的人都下地了，韩和尚一家人也在地里割他的荞子。有条狗对着韩和尚老是汪汪汪地叫个不停，他先还只对狗吆喝两声，又埋头割他的荞子，但那条狗还是老对着他叫，这便惹火了他，只见韩和尚随手勒了3把荞子，对着手中的荞子念了几句咒语，劈头向狗撒去，那条狗后退了几步，叫了几声便立即倒在地上，口鼻流血，四脚几蹬就断气死了，大家看见都骇倒了。从此都说韩和尚凶。

所谓投食诅咒巫术，藏语叫"朵所"，有人译作"念咒投食供"。这种巫术比口头巫术要复杂一些。川西北草原的嘉绒藏族，在二三十年前，这

① 刘志群：《中国藏戏史》，西藏人民出版社 2009 年版，第 36 页。

种巫术尚有所流行。施术前，先要准备牛角、刀剑、三角铁器、弯钩、斧头等物（若无铁的，可用木质的代替），然后用糌粑做成人形作为"投食"，上面书写施害对象的生辰年月和名字，并把它放在祭台之上，周围插上书写有咒语的类似经幡的旗幡，然后巫师一边口念咒语，一边命人把糌粑做的人形"投食"，投在十字路口，让人们踩踏。踩踏几下后，人们又把牛角、刀剑、斧头、弯钩等向人形投食掷去，投掷完毕，巫师仍不断地念着咒语，一面亲自用剑（或木剑）插入已被踩踏烂的人形投食的中心，表示插入其心脏，并在周围砍上四剑，表示断其四肢。这种仪式完成后，巫师便令人将已被剁烂的人形投食用火烧为灰烬。据说在 20 世纪 50 年代以前，在康区还有把仇敌接触过的衣物及其脱落的头发、牙齿、指甲之类的东西，搜集来请巫师施行诅咒巫术的，故康区一些人常常将自己脱落的头发、指甲、牙齿等收藏好，以免被仇敌拿去施术。

（三）"库入吉"巫术①

"库入吉"巫术在民族学中称为神秘巫术，当地藏人的"库入吉"巫术，系指一般巫师无法主持的巫术。传说这种巫术可以使人神志不清，也可以使无生命的物质变为有生命物，还可以任意取水。

联合公社木耳堡子李阿若的父亲李要庭（现居瓦丁堡子），新中国成立前，他和本堡子的姑娘吉萨拉姆相好，可是求婚遭到拒绝，因为她早已被家里许配给本堡子的王家。面对这种情况，两人商量出逃。吉萨拉姆和李要庭私奔后，王家非常气愤，便伙同吉萨拉姆的父母请来"阿什"做"库入吉"。

这位"阿什"名叫格勒索其，他带着王家以及吉萨拉姆的父母来到离堡子很远的一片树林，将自己的帽子取下来，庄重地放在事先所祭的白石上面，口念咒语，双目紧闭，过了一段时间后，取出一把小刀和一个神包，将神包和帽子放在一堆，小刀则放在两者之间，然后一边口中念咒语，一边拿起小刀跪在地上挖，移几步，再挖，同时也将神包移至身边，就这样高声念咒，边念、边移、边挖。

---

① 本段参考李绍明等《六江流域民族综合科学考察报告之一》，中国西南民族研究会印 1983 年版，第 57—61 页。

巫术做完的当天晚间，吉萨拉姆和李要庭二人即在首扒牛圈坪的山梁一带便迷惶，不能辨别方向，被困在那里，"阿什"带人在那里找到了他们。

冕宁县联合公社丝家堡子的唐谰波与长觉堡子的饶运周有仇……饶运周请来巫师"阿什"做咒人的巫术，"阿什"命人牵来山羊、公狗、猪各一只作为牺牲，在野外祭神后，"阿什"便把唐家被诅咒的人之姓名、属相、本命等书写在一张纸条上，然后开始喊魂（藏族叫"日依列库"），在念"喊魂经"时，"阿什"跳起特有的舞蹈，边念边跳。念完经，又念咒词，仍然是边跳边念："阿几米儿，热得母汇得纳，泽母泽得纳，斜则星星假布、热日拉，黑曲母依假布、勒木尼、你齐我红假布"，其大意为："唐润波，住在丝家堡子，他的本命是什么，出生年月是×年×月×日。各位天神、天仙都来帮助，叫他一定不得好死……"诅咒完后，"阿什"把写有唐家情况的咒人纸条放入一只牦牛角中，然后把这只牦牛角埋到泥坑中，接着便在埋物的地方宰杀牺牲祭山神。

据当地人说，这次诅咒后，唐谰波就死了。也许是碰巧了。

（四）藏族的天气咒师

藏族的天气咒师有法术，如果他想到用闪电来伤害敌手或毁坏敌手的庄稼，那他就会进行如下的仪式：咒师手执一种用五种金属制成的"橛"，去拜访有黑龙居住的地方。到那儿以后，天气咒师首先要安置一个黑色的、三角形的坛城，在坛城的中央，放上龙王的偶像。在把雷石（陨石）与橛合在一起之后，咒师要向当地的黑龙表示十万次敬意。如果成功的话，黑龙的灵魂就会进入坛城中的龙王的偶像，据说，人们或也会看到闪电。①

## 二　彝族地区的诅咒巫术

彝族地区是人类文明发祥地之一。在彝族人社会进步及战胜自然的过程中，"诅咒"曾是他们的斗争手段。如200多年前，大凉山布拖坝里葬（奴隶主）比补、吉狄、木魁、莫计等几个家支所属的赤黑（奴隶），曾以诅咒来反对奴隶主阶级的统治。领导者是比补家苏呷吉迪、喝呷尔沙，吉狄家的

---

① 高然等译：《国外藏学研究译文集》第六辑，西藏人民出版社1989年版，第483页。

阿约丁则、歇呷尔吉。参加诅咒的赤黑每户出一只鸡、一罐酒，十家共出一只羊，共聚在一起打鸡打羊喝血酒，在毕摩请神后同咒黑彝主子，以反对对他们的屠杀、打骂和买卖，并要求将他们的社会等级由朔（对汉人娃子奴隶的贱称）改称为赤黑。为了实现这个目的，大家决定每年四五月间聚会一次，共商是否需要延请毕摩来诅咒。每次聚会，赤黑都打着白色、红色、黄色的旗帜，白旗上有青布做的十字架，一经发现有赤黑被卖被杀被打的情况，他们就要请毕摩来诅咒。五六十年前，木耳乡赤黑吉什被阿补家（黑彝）抢去卖掉，赤黑打鸡打狗诅咒了三天。

事实上，诅咒和任何的神力想象根本不可能使奴隶们的处境得到改善，只能更加麻痹他们的斗志，进而使黑彝奴隶主阶级的残酷统治得以巩固和加强。但即使如此，诅咒还是一直作为一种反抗斗争的手段，被彝族人民广泛运用。

傈罗对冤家明面上的斗争，是刀枪相见，窃盗报复，在阴谋暗算方面，就由毕摩来主持，以魔咒相向。经常是在农忙秋收以后，田土歇荒，不能生产，人手空闲，易于战争，黑骨头来请毕摩（"笔母"），有的是一家，有的是一个小支系，有的是整个氏族，共同来诅咒他们的"冤家"。诅咒的方法很多，大规模的要动员氏族内部所有"笔母"，数十人齐集在山坡上，将凑集起来的牛羊鸡狗数十数百头一齐打死，"笔母"们诵经念咒施以魔法，将一只打死的白狗，用木权撑住挂在重要的路口，防备冤家的偷盗，因为他们要是经过这里必定得病而死。再用活獐子和野鸡，由"笔母"念咒之后，指明冤家的方向，把他们放出去，投飞到冤家的院里，冤家就要灭亡。大规模的举行则扎草人无数个，上面标明冤家的姓名，"笔母"找来患癞子病死去的大腿骨一根，或者是癞子马或猴子的腿骨；一面是"笔母"在念咒；一面是夷人男子们骑马背枪，绕着草人奔跑打枪，晃动着神幡，然后将这根骨头悄悄地埋到"冤家"的屋内或者道路上或者田里，不但冤家不经意触着了这块骨头会死去，即使吃了这块田里所长的粮食也一样会死去。他们就是这样想象的。

彝族人认为神秘的巫师会诅咒，而看不见的某些鬼亦使用诅咒术。在黑马者一带的山区，村民们依山而居，山石险峻，树林深密。在这一带据说古时曾有木石之精为怪，有一种彝语称为"黑素哑"的鬼魅能祸害人畜。在老邪洞村就发生过好几起这样的怪事。村民们盖好新房，正准备搬迁之时，忽然"咔嚓"一声折断，还压伤了许多来贺新房的人。据说这是"独脚鬼"干的事，轻则叫你家宅不宁，时时闹鬼；重则屋毁人亡，因而闹得惶惶不可终日。独脚鬼"黑素哑"还能施行各种"魔昧术"。在人家刚盖好的房子二梁上钉上一颗锈蚀了的铁钉和一截小刀，并诅咒："二梁正中一把刀，儿孙纷纷往外逃，有妻无夫常不乐，守寡独孤不相饶!"自此以后，这间房子里常常会听到鬼哭狼嚎；屋里男子死亡，孤儿寡妇难以居住，故而纷纷搬迁……这是彝族人俗信中的鬼魅施咒。

## 三 其他少数民族中的诅咒活动

（一）傈僳族

傈僳族人在械斗时会使用诅咒术。据说，参加械斗的人员除了携带武器、背上牛皮盾之外，装束与平时无异，唯在上阵出战之前，全体列队，由领导械斗的首领持白酒一杯祭山神，念咒祷告械斗获胜。咒语内容大体说："求山神将我方人员所背的牛皮盾，变成七八层厚，使敌人的弩弓毒箭不得入；敌人所背的牛皮盾像狗皮样薄，弩弓毒箭一射即破，让敌人染红鲜血，保佑我们平安无事……"最后领导者以树叶一片蘸碗中的酒，洒在全体械斗人员身上，大声呼叫便出发械斗。[1]

（二）白族

怒江白族人亦相信诅咒有魔力。在他们的鬼魂崇拜中有一种叫作"武恶鬼"的，此鬼专管人肚子胀、经常打瞌睡、走路脚软、爬山走不动、小孩长癞子。据说，这些病是因为武恶鬼从中作祟，并且是有人在背后诅咒、讲"背后话"引起的，因而要举行一定的仪式来驱遣，从而解除他人的诅咒。

祭祀仪式在屋内举行。先在火塘边钉一木桩，将木桩顶端劈为四瓣。祭品用一只鸡和一碗水。主祭者为本家或近亲的老人。祭祀开始后，主祭者将事先准备好的4束带叶的树枝逐束放进火塘中燃烧，使之发出一定的声响，烧完一束即将未被烧光的树枝横放在木桩的顶端，直到4束树枝烧

---

① 宋恩常：《云南少数民族研究文集》，云南人民出版社1986年版，第176页。

完为止。在烧树枝的过程中，主祭者要将本家族、邻村其他家族喜欢说"背后话"的人的名字念一遍，一方面希望这些人不要再诅咒别人；另一方面也是对那些说"背后话"的人的报复。最后祈求武恶鬼不要缠住病人，希望它回到自己住的地方去。

据张紫晨先生的《中国巫术》载，白族巫师（"朵兮薄"）有白朵兮与黑朵兮两种。白朵兮从事一般祭祀，不做害人之事。黑朵兮不仅从事重大的祭祀，还会打魂压魄，养鬼作害于人。黑朵兮的害人，有多种特定仪式。若要打某人之魂或压某人的魄，先选一个有月亮的晚上，到野外进行。在野外的沟边选择好地方，平整出一块临时的祭台，摆下鸡蛋一个，豆汤、豆茶各一碗，一只碗中盛有一撮半寸长的稻草作为马料，再加一把米和一小撮盐。台四周插上五色纸旗和纸衣。先点起 7 根香，将香握成一把，对着鸡蛋比画，边念咒语。念毕，打碎鸡蛋，把马料、盐、米撒向各方。这样，被加害者的魂便会离开本人，而本人就会生病、死亡。显然，此种诅咒巫术是和魂魄联系在一起的，是围绕灵魂信仰而派生的黑巫术。

（三）基诺族

在对基诺族的调查中，调查者了解到，在基诺族人们的心目中，巫医是会诅咒术的。据说，巫医的功夫有 36 招，其中前 20 招是用于给病人诊断和对症下药，这 20 招是对人无害的，问题发生在巫医内部的互相倾轧。巫医技艺高明，多遭同行的妒忌陷害，所以巫医还要再学 21—30 招以防身，但到了 30 招后就可以变虎豹，可以远距离地杀死对方，即自己的魂在晚上出走，有目的地把对方的魂引出，等等。31—36 招，是在梦境中与对方斗法，利用诅咒致对方死命。据说，他们可利用对方一根头发致其死。

巴卡寨的基诺族妇女们喜欢吃山边地块上的香土（含有矿物质细如粉状的黏土），但此寨男子不拉子竟有意在这一小块产香土的地面上放上牛屎。他还曾在女人洗澡的水中屙屎。据说不拉子的恶作剧不止以上两桩，这就引起了女人们的憎恨。在取香土时发现上面有牛屎后，深感受到污辱，她们进行了如下诅咒："天鬼、地鬼、造人的丕嬷，快一点对这种伤天害理的人进行惩罚，让他刀耕时被树压伤，被自己的刀砍伤，打猎时被虎豹吃掉。"据说，女人们诅咒后不几天，不拉子的小腿在刀耕时，真被树打成骨折，成为终生拐腿。

（四）壮族、瑶族、阿昌族

部分地区的壮族和瑶族在举行祭祀田地或其他生产仪式时，会诅咒吃庄稼的鸟雀。例如：会泽县壮族于九月重阳祭田，壮语为"访坝纳"。祭品需鸡一只、猪肉一刀、糯米饭一盒。祭毕，用糯米饭沾灌浆打苞的稻根，叩头烧钱。祭词的大意是："祈求田公地母保佑，田不生锈水。雀鸟不吃谷，不生病虫害，穗多粒饱满。"又诅咒"惊（金）蛰雀，银蛰雀，你若吃着我的谷，给你烂嘴壳"。祷告、诅咒完毕后，把蓑衣翻过来倒披着转田埂。①

山子瑶认为人的生病与死亡是触犯了某种自然现象的结果，为了防病除灾，巫术广泛用于日常生活的各个方面。例如人生病请巫师驱鬼时，要念咒语。咒语有祈求，有呵斥，有怒骂。咒语也用于各种生产仪式，例如在举行收割仪式时，要呼唤谷神回到仓里，还要诅咒雀儿、老鼠把吃下的谷粒从嘴巴里吐出来，从肚子里爆出来。

阿昌族每年春耕和秋收前，都要祭三次地鬼，即"土主"。祭时，全寨人都要到田里，洒鸡血，插鸡毛，而且要进行祷告，目的在于祈求丰收和防止病虫害，祷词也是咒词。如："早谷栽一箩，打三千；晚谷栽一箩，打八百；荞麦、黑豆根根结；老鼠吃了脱皮毛，麻雀吃了疴疟痢，蚂蚱吃了冲江死，蛤蟆吃了跳井死。"② 可见，所咒皆利于稼禾。

（五）黎族

黎族普遍相信巫术，认为巫术可以用来为自己谋福，也可以用来使人遭灾。清代袁枚《子不语》中就记载了黎族禁魇婆咒人致死的事。其书卷二十一云："黎女有禁魇婆，能禁咒人致死。其术取所咒之人或须发，或吐余槟榔，纳竹筒中，夜间赤身仰卧山顶，对星月施符诵咒。至七月，其人必死，遍体无伤，而其软如绵。但能魇黎人，不能害汉人。"又云："婆中有年少者，及笄便能作法，盖祖传也，其咒语甚秘，虽杖杀之，不肯告

---

① 高立士：《民俗拾遗》，云南大学出版社 2008 年版，第 99 页。
② 曹先强主编：《阿昌族文化论集》，云南民族出版社 2011 年版，第 528 页。

人。有禁魇婆，无禁魇公，其术传女不传男。"

（六）纳西族、怒族、羌族

生活在丽江的纳西族和碧江的怒族以及羌族，都相信诅咒力量的存在。

纳西族一般一年举行一次（在阴历 12 月中旬后的半个月中选择）祭是非、仇恨之鬼的仪式。目的是：旧年将去，新岁要来临，在辞旧迎新的日子里，各家户必须消除秽气与不祥，祷求新年安康丰顺。在过去的一年中，难免与邻里闹口舌是非，得罪了他人，在他人的仇恨与诅咒下，会产生季鬼、空鬼等，在鬼怪的作祟下，主人会发生病痛灾害，因而必须请东巴办此仪式。

羌族人也认为他人的诅咒会使自己生病，所以会请巫师端公做法事治病。碧江怒族的宗教信仰中，只有个"鬼"字。鬼的类型名目繁多，其中就有一种叫诅咒鬼。该地的巫觋常常替人家祭鬼、送鬼、咒鬼。披发仗剑，口中念念有词，咒毕，扬长而去，毫不回顾。他们无论有病、有冤或有疑难问题，都是对鬼祈求或诅咒。例如，某人吃食物时不叫别人一起吃，而饥饿难忍者想吃又吃不到时，饿者便诅咒，求"皮康于"（一种惩罚吃独食等自私行为的鬼）让饿者的魂去咬吃独食者的魂。又如，当两个人发生矛盾争执，或债务纠纷无法解决时，不服气的一方会请巫师在野外偷偷地施巫，以求"玛曰"（一种惩罚不诚实行为的鬼神，它能降灾于撒谎之人）降灾给对方。祭"玛曰"要付给祭师一定数量的钱。如付一元给对方降灾，付五元则要置对方于死地。牺牲用小猪和鸡，一天数十只，吃不完即烧掉。祭词大意是："神灵啊！他欠了账不还，还想让我得病。他欺骗了我，他诬赖了我！把疾病还给他吧，要让他得痨病，魂死肉不死地活受罪！"[①]

（七）傣族的"拆姻"诅咒巫术

诅咒巫术在傣族十分流行。其中有一种拆姻巫术，叫"放歹"，施术者在他企图拆姻的夫妻家坟地上，取来一两块木片或竹片，刻上咒词："你们二人胸脯长了刺，互相抱不得在一起。你们二人互相看，好像胸膛

---

① 吕大吉、何耀华：《中国各民族原始宗教资料集成·怒族卷》，中国社会科学出版社 1999 年版，第 886 页。

要爆炸。你们二人互相看，好像流水被阻挡。"然后，将刻字的竹片，偷偷放在被咒人的卧室下（一般在竹楼下），放三天，据说就会使被咒者夫妻感情破裂。[1]

## 四　诅咒与神判

中国的少数民族很多都有神判的习俗，其目的是通过诅咒的形式，请神灵对非理者进行各种惩罚，以此来作为解决问题的结果。此种神判方式，大抵上为社会地位低下，经济困难，生活艰辛的人们所采用。

### （一）壮族

壮族的神判中有一种称之为"诅咒神判"的。根据神判中请来作为公证的神灵的不同，可分为三类。

其一，对天地的诅咒神判：对天地的诅咒神判可以由双方请公证人（一般多是巫师、村老）在场而一起对天地发誓、诅咒来进行；还可以由任何一方的人自己举行。因为"诅咒神判"对神判后的惩罚执行权是寄托于神，大多数无所谓执行期，亦无所谓急于见效。诅咒的仪式一般都要到空旷野地去举行，发誓的人要先在地面上焚香三炷，然后将一只雄鸡当场杀死，以鸡血滴在香炷四周，接着发誓人要跪着对天地发誓："上有天，下有地，××问心无愧，对天地发誓，××事与己无关，请天地明鉴，若有谎言，不得好死。"发完誓之后，发誓人还要焚烧一些冥纸、冥物，以作为请神作裁判的酬礼。在这一类诅咒式神判中，有的人为了表示对对方的憎恨，在诅咒的同时，还在纸剪的"茆郎"上施行巫术，比如用木棍钉入"茆郎"的某个部位，以此作为象征，并对天地发誓，如果对方真的非理，那么，其下场就会像纸人"茆郎"一样，不得好死。

其二，在神庙诅咒神判：除了对天地的诅咒神判方式之外，人们亦可在神庙中进行诅咒神判。参加这类神判则必须双方在场，并到在当地被认为是最灵验的神庙中举行，这类神庙可以是龙神庙、社王庙、土地神庙等。参加神判的双方各自备置香火，相约在同一时间内到神庙的神龛之前

---

① 云南省历史研究所编：《西双版纳傣族小乘佛教及原始宗教的调查材料》，1979 年印，第 32 页。

进行发誓，双方诅咒的词句大都相同，即"今日在神灵之前发誓，××事情是对方诬告我的，请神灵明鉴，若是我说话不真实，情愿请神对我惩罚，日后不得好死"。双方发完誓之后就可以各自回家，自此之后，凡是双方中的一方发生不顺利的事情，都被认为是神判后被神惩罚所致。[①]

其三，在祖宗神前诅咒神判及其他：同宗、同族的人一旦发生争端或纠纷，亦可以在祖宗祠堂内对祖宗神位发诅咒神判，这种神判可以双方一起举行，也可以单方进行。诅咒的目的是使非理的对方办什么事都不顺利，比如养猪养不大，养鸡养鸭都发瘟，养狗吠主，等等，有时还要诅咒对方绝子绝孙。

此外，如果在同一街坊、同一村寨的人群中，发生争端及纠纷，有的人还要跑到对方的房屋中去，对着对方的房屋正柱子（壮族住房多为干栏式木架结构，多用木柱）诅咒（不能向对方祖先神龛发誓，怕对方祖先偏护，改向房屋柱子发誓），假如是对方非理，就要落个家破人亡的结局。这种诅咒在靖西壮族民间亦较多见，另外还有一种方式，是对着对方的大门诅咒，也是要对方出门碰鼻，办事不顺，家破人亡云云。

（二）其他少数民族的神判

景颇族如发生盗窃事件，而失者与被怀疑者争执不下时，均各执长刀，与巫师到经常被雷击的大树下，仰天请神，宣称谁偷人东西或者诬陷了好人，就会受到雷神的惩治。

怒族遇到失者与偷者争斗不休时，也要举行神判。方法是在巫师的支持下杀一鸡，将血滴入酒中，请被怀疑者饮服。巫师念道："请神保佑，如该人清白，饮酒后平安无事；如偷了东西则三年内必死。"[②]

神判中，杀牲诅咒极为盛行，如彝族的打鸡、侗族的砍鸡等。方法是请巫师为证人，在社神和土地神处，向神发誓，对偷者或诬陷者诅咒，然后砍下鸡头，说谁做了亏心事就有鸡一样的下场。

在东北汉族和满族地区还有一种蒸猫诅咒。如失者发现某某偷了自己的财物又拒不认错，失者就将偷盗者的生辰、姓名写在纸上，与一只猫一

---

① 胡牧君：《南丹土司史》，民族出版社 2015 年版，第 356 页。
② 文可仁：《中国民间传统文化宝典》，延边人民出版社 2000 年版，第 318 页。

起放在蒸笼内，进行蒸煮，由于蒸气熏烤，猫在笼中挣扎，惨叫不已，失者则诅咒偷者也像猫一样不得好死。此法似太虐毒了！

## 五　反诅咒

既然人们相信诅咒能给人带来病痛和灾难，那他们肯定也相信可以将诅咒返送到施咒者自己的身上，这就是反诅咒。少数民族中的反诅咒现象也极多见。

### （一）纳西族人的反诅咒

鲁甸新主一带的纳西族人，认为敌对仇方往往会恶毒地咒自己，所以自己也要想方设法地回咒对方，即所谓的"惊洛登"仪式。此种咒对方仪式的来历，据其先辈传说：塔城乡洛固行政村，有藏族喇嘛黑教徒，会放惊洛登整咒他人，故纳西族东巴才有惊洛登仪式，回咒对方。有专门的《惊洛登》经书，要杀一头山羊，把羊肠吹鼓起来，挂在鬼庄上送鬼咒鬼，还用宽叶杜鹃木修成牌形，男用九片，女用七片，写上咒方之姓名及属年，然后放入一个皮口袋，紧拴上口子，然后让请来的男壮丁使劲用力拉，从祖房、耳房、堂屋、走廊里拉拽，拉到鬼庄；东巴则端上九头根空护法神之面偶，咒鬼赶鬼，把代表所咒之鬼的木片统统埋入已事先挖好的门口深洞内，盖上土加以踏紧，让其不得复原翻身。

### （二）怒族人的反诅咒仪式

怒族有专门反诅咒的鬼神——"衣于""衣苏"。"衣苏"在怒族中指会勾魂、致病、降灾的巫师。"衣于"即是主宰并约束人的魂魄的鬼。如果你突然得病，并梦见被指为"衣苏"的某人，第二天恰巧又在路上遇见这个人，那你就得怀疑是他使巫术摄去了你的灵魂，就要请巫师"于古苏"进行消灾免难的祭祀"衣于"的活动。

祭祀"衣于"，要有两个巫师参加，牺牲用鸡、猪、牛肉等。巫师各手执六根砍削过的酸木树枝，树枝上涂上牺牲的肉和血，念完一段祭辞即丢掉一根树枝。如不能一次将酸木树枝丢出门外，则认为鬼还没有吃饱还不愿走，要将树枝捡回来，再涂上饭和肉，再祭一次再丢，第二次也丢不出去，则要第三次再涂再丢，直到丢出门外为止。最后将丢出门的六根涂满血、肉、饭的树枝全部烧掉。祭辞咒语直接点怀疑对象

（"衣苏"）之名，大意是："你诅咒的疾病回到你身上；你诅咒的灾难你带走；你让别人的喉咙疼，你的喉咙将先疼；你让别人肚子胀，你的肚子将先胀……"①。

（三）凉山彝族的"断口嘴"仪式

凉山彝族在和冤家相斗中多使用诅咒巫术，有诅咒就有反诅咒——这叫"断口嘴"；否则，凡是冤家都用不着到战场去以流血分胜负，早已被咒死得干干净净了。所以他们除了以刀还刀、以牙还牙外，还要以咒术还咒术——破坏敌人的咒法进攻而又在暗中用咒术进攻。因此，黑骨头（黑彝）每逢心神不宁，夜梦不祥，或者发现什么预兆或触到什么禁忌，一定请笔母来"断口嘴"。

首先，发现敌人咒法的所在——敲打着羊皮鼓，嘴里念念有词，跳起天魔舞，由一个人手执木杖，在前面开路，到处去找那快倒霉的癞子的臭大腿骨，法力高强的笔母，就能发现在那埋骨的所在处，有一团阴火，在熊熊地燃烧，把它取出来，敌人的阴谋就破坏了。

其次，去进攻敌人——扎草人一个，涂上鸡血或鸡毛，然后在大小主人的颈上各套麻线一根，把每一根线头都挂在木杈上，笔母就拿着鸡，念着经，吹响着牛角，在房子里呼吼着，将鸡在主人们的头上顺转七圈，倒转七圈，然后把每一个主人的麻线取下，一齐放在草人的身上，由一个人将这草人交给笔母，笔母举着草人，呼吼着跑出去，看的人也齐声呼吼着跟着出去，笔母就把草人扔在田里，这算是解除了敌人的诅咒。同时草人身上染血的鸡毛，要是干枯以后，逢着大风会飞入冤家，冤家也就倒霉了！

（四）彝族的"晓补"仪式

在彝族反咒仪式中，最值得一说的是"晓补"仪式。彝语"晓"意谓别人施咒遭来的鬼魔邪怪；"补"即使其返回。"晓补"就是将人们施用咒术、咒语变来的各种鬼怪反咒到敌人家里去。彝族人认为别人施用咒术、咒语变来的鬼怪是引起各种凶兆，甚至病痛、死亡的重要原因。"晓补"的主要目的就在于将这些鬼怪反咒至敌人家，驱鬼禳邪，以得平安。从巴

① 攸延春：《怒族文学简史》，云南民族出版社2003年版，第11页。

莫·阿依（彝族）《凉山彝族的"晓补"反咒仪式》的介绍中，我们可知其仪式的基本过程：

第一步：确定时间。"晓补"是以一家一户为单位，一年一次固定举行的巫术仪式。但并非一年中任何时候举行都可以。一般是在阴历的九月至十二月之间择日举行。其间雨季已过，不涨洪水，不塌方。要反咒即能顺利施咒，将鬼怪咒至敌方。若遇洪水、塌方，咒术、咒语非但送不出去，反而要伤自己。在这个时候举行"晓补"仪式的另一个原因是，据祭司呗耄讲，一年中的其他几个月，鸡死后呗耄施法术也无法让鸡再叫。只有九月至十二月的鸡死后方能使之再叫。"晓补"仪式中让死了的鸡再啼鸣是一项重要的巫术表演。另外，这个季节，彝族村寨中家家户户都要做"晓补"，别人家做的"晓补"法术会有意或无意地将鬼怪咒至自己家中。因此，在这个季节做"晓补"也有防咒的意义。[1]

"晓补"择日主要以主妇的属相来决定。与主妇属相相同日，不能做此仪式。而与主妇属相相合之日，做此仪式最好。彝文《择日经》记载："狗、马、虎相合；猴、龙、鼠相遇；牛、蛇、鸡相互做保护神；兔、猪、羊相随。"如主妇属马，最好在狗、虎两日举行此仪式。彝谚曰：谁都不恨猴和虎。在猴日、虎日、狗日、蛇日做此仪式都好。但以虎日最佳。大概取虎之凶猛，咒术的法力能将鬼怪迅速有力地送至敌方。另外，"晓补"一般在夜里举行。白天鸡鸣狗叫，人声嘈杂，恐咒术受其影响，送不走鬼怪或送不到敌人家。[2]

第二步：举行"晓补"仪式的主人家做准备，并托人通知呗耄。仪式所备物品有：砍几枝"依合"（树名）树枝；割一小捆"日都西尼"（草名）草；准备一斤至五斤酒；从野外选三块拳头大的石头；准备一只红色的大公鸡；在村里请一位手脚利索的中年或青年男子来帮忙。

第三步：呗耄来后，吩咐帮忙的人砍神枝、插神位和做刺杀鬼怪的矛。神枝由"依合"树做成。把"日都西尼"草绕成长条形，将神枝按等距离插于其上，这代表众神灵的神位。刺杀鬼怪的矛也由树枝做成，有

---

① 左玉堂、陶学良编：《毕摩文化论》，云南人民出版社1993年版，第382页。
② 同上书，第383页。

黑、花、白三种颜色，分别刺杀罪恶不等的鬼怪。黑色的，用来对付罪恶深重的、穷凶极恶的鬼怪。花色的对付一般的鬼怪。白色的，对付罪恶轻的鬼怪。

第四步：开始做"晓补"仪式。"晓补"仪式由呗耄（或苏尼）来主持，整个过程由一个个小的仪式和呗耄念的各种经文和咒语组成。根据仪式的内容，可将"晓补"仪式人为地分为上、中、下三大场。

上场可以认作是整个仪式的序场，包括四个小仪式和六段经文。仪式一开始，便由村里来帮忙的人做"西此面此"和"木古茨"两个小仪式。"西此面此"即给鸡洁身。做法：从火塘中夹一块烧红的石头，放在火塘边，倒半瓢冷水于其上，顿时冒出水汽。帮忙的人右手提着仪式用鸡在水汽上向外（顺时针）转一转，交给呗耄。同时"呗耄"念道："路边踩过狗屎的现在干净了，踩过狗屎的现在干净了，不干净的全走开"。"木古茨"即点烟子。帮忙的人在门外将一小堆半干的野草或树枝点着，冒出浓烟向空中升腾。一为请神，各种神灵看见主人家冒出了烟子，便知道要做法事了，赶来帮助呗耄，同时也享用祭品。二为点烟熏鬼怪。

接着呗耄念《燕尔》经和《特》经。念《燕尔》经一是通知主人家的各种保护神。"晓补"反咒仪式不是冲着他们去的，要他们离开。二是向家里的各种保护神打招呼，我呗耄要给主人家做法事了，请不要见怪。据呗耄讲，在做各种巫术仪式时，都要先给家内的各种神灵打招呼，否则这些神灵不高兴，就不持合作的态度，反而扰乱呗耄的法术。有时甚至与呗耄的祖灵打起架来，或给主人家或呗耄带来灾难。《燕尔》经说："××家里面（男主人名），××家里面（主妇名），今晚要做'晓补'，上面天白父，下面地黑母，中间兹和莫，屋后牧羊坡，屋前放牛坝，现在给你们打招呼。家里的保护神、命运神、主人们的灵魂、妇女的生育魂、男人的护身魂、首饰魂、武器神、火塘神、房柱神、房前水神、房后岩神，现在向你们打招呼。"此外，还要为参加仪式的外人和帮忙的灵魂打招呼。[1]

《特》经，即调和经。将一切有矛盾的事物调和好后，就能顺利施咒，

---

① 左玉堂、陶学良编：《毕摩文化论》，云南人民出版社1993年版，第385页。

以保仪式成功。经文道："'马各'（山名）高山狐狸与鹿不相和，今晚我们灵呗来则和；米市（地名）深谷稗子与稻不相和，今晚我们灵呗来则和，安宁河谷（地名）鹅和鸭不相和，今晚我们灵呗来则和；屋檐下面鸡与老鹰不相和，今晚我们灵呗来则和；高山牛羊与虎不相和，今晚我们灵呗来则和；家中父与子不和、妻与夫不和，今晚我们灵呗来则和。火公火母和，火也是人的宝贝；土公土母和，土也是人的宝贝。我们灵呗来调和，保护神坐在该坐之处，命运神立在该立之处，白虎在该吼的地方吼。调和不出事，调和保平安。呗耄调和人，布尔调和食，金银调和钱。"念到此，呗耄从面前木盉中抓起一把"金银"木块，丢几颗在自己的右上方神位处以享各种神灵，再丢几颗在锅庄左上方以享主人家的保护神。上述献给主人家神灵和呗耄请来帮助做法事的神灵的"金银"必须是同一把抓来的。以示两方神灵和睦友好，以便法事顺利进行。

此时，门外仍然烟雾缭绕，呗耄接着念《木古茨》经。经义大致为点烟烧各种恶鬼的使者、邪怪、病鬼的头。念完《木古茨》经后，开始做"尔擦苏"仪式。用烧烫的石头做清洁，即帮忙的人从烧烫的石头中夹起一块烧烫的石头放在大木瓢的水中，冒出蒸汽。然后，右手迅速持瓢从火塘下方走到火塘左上方，冒着蒸汽的木瓢从坐在火塘左方的每个主人的背上方经过。由于帮忙的人是外人，所以右手持瓢把自己排除在外。到了上方将木瓢在神柜上向外绕一转，递给火塘右上方的呗耄，帮忙的人不能从火塘左上方跨到右上方去，这是一条重要的禁忌。帮忙人从火塘左上方回到下方，再到右上方接木瓢。呗耄接到木瓢后，右手持瓢在身旁的神位树枝上向外绕一转，递给帮忙人。帮忙人右手持木瓢在火塘上空向外绕一转。将木瓢中的石头和水一起倒向门外。[①]

在上述"尔擦苏"的同时，呗耄念《尔擦苏》经。经文道："泼哦……房屋不洁、火塘不洁、用具不洁、柜子不洁、瓦板不洁、檐坎不洁、院坝不洁，尔擦苏后都出去。上面天白父、下面地黑母，净后入房来。五谷神、牲畜神、首饰神、武器神、护猎神、房柱神、火塘神、屋前水神、屋后岩神，净后入房来。"接着呗耄开始背诵《波潘》，即起源经。包括《呗耄的

---

① 左玉堂、陶学良编：《毕摩文化论》，云南人民出版社1993年版，第385—387页。

来源和谱系》《鸡的来源》《神枝的来源》《草的来源》《水的来源》《"尔擦"石头的来源》《火的来源》。呗耄在做任何仪式时，都要念呗耄的来源、背诵自己的谱系，以及仪式所用法具和牲畜之来源，目的是以镇鬼邪。若背不出起源经，鬼怪就不相信此呗耄的祖先都是世代有名的大呗耄，不相信呗耄的法力，致使镇不住鬼、驱不走邪。念完《波潘》即起源经后，开始做"洛依若"仪式，同时呗耄念经。"洛依若"，"洛"义为手，"依"义为去，"若"义为接触、被摸。即神灵拍参加仪式的主人们的手，意在点数，做参加仪式的主人们的保护神。同时，呗耄念《列依莫色木》经。此经由《列依木》和《莫色木》两段经组成。《列依木》的"列"义为同宗的，"依"义为魂，木义为做，即念主人家每个成员的名字，把他们的魂从本家支与部落分化时而举行分支仪式的地点招回来，回来做"晓补"仪式。《莫色木》，即由众神来点数、由神灵拍过手的成员，"晓补"后会无病无灾，平安无事。经文道："被神灵拍过手的人，命由神灵保，背能靠神灵，胸能贴神灵。神灵是父母，人类是子孙；神灵是君臣，人类是奴隶；神灵是牧人，人类是牛羊。神灵拍过手的人，平安坚固了。"念到此，呗耄从面前的木盉中抓一把"金银"（由"依合"树枝去皮后，砍成一小节一小节）抛向前方，意思是把鬼怪赶出去。在抛"金银"的同时念道："空中金银飞，下面呗财如雨撒，家里灾难全送走。"以后每念完一段经，都要抛一次"金银"，说同样的话语。到此"晓补"上场结束。①

中场是"晓补"的中心，包括许多段经文和小仪式。

首先，呗耄念《觉》经。"觉"义为使返，即返咒。经文一开头便请神："请天白父、地黑母、大山神、深谷神来帮忙；请东方辫子九排长、手指甲九丈长的恶神母塔布，西方眼睛如玉石、头前头后都长眼的恶神公塔布，北方手持弓箭的黑衣神，南方手持弓箭的花衣神来帮忙。白天耀眼的太阳、晚上明亮的月亮、星星来帮忙。"

然后，神来帮助呗耄反咒："从前祖父作恶，而今子孙遭咒的今日反咒走。从前祖先不贤——拐人妻的、诱人女的，而今子孙遭咒的今日反咒

---

① 左玉堂、陶学良编：《毕摩文化论》，云南人民出版社1993年版，第388—389页。

走。从前清晨捉咒牲，正午'木古茨'，下午打牲咒，半夜送咒牲的今日反咒走。父咒儿子死、妻咒丈夫亡的今日反咒走。丈夫与妻子，不仇也相仇，为荞粑未熟而相仇，酸汤不热而相仇。邻里两户间，不仇也相仇，你家母猪吃了我家的庄稼，我家母鸡啄了你家的菜园而相仇。相仇就相咒，今日反咒走。二十四家黑彝的咒术，无数白彝的咒术，今日反咒走。"接着，以主人家住地为中心，从近而远地念各户黑彝的谱系、姓名，然后再念各户白彝的谱系姓名。念到离主人住地很远的地方时，就只提村子的名称即可。这样首先从主人家的邻居开始反咒走，到远的村寨。同村的邻居以及亲戚是此时反咒的重点，因为一般最容易与他们发生矛盾。若平时与主人家有矛盾的，更要三番五次的提其名反咒。由于彝族是按血缘居住的，同村的各户大都是同宗同姓的，因此念起来很顺口。最后念道："反咒咒至敌家去"。①

接着念《的伟经》，"的伟"也是咒的意思，即咒经。经文道："咒事山神管，咒术一百二。兹做错事，大印要被换；莫做错事，顶子要被换；呗耄做错事，神签筒要折断，神扇要烂；苏尼做错事，鼓鼓要砸烂；凡人做错事，耳坠会折断。做梦是噩梦，圆梦不吉利，这些咒至山岩间。不是大灰羊，但听大河有羊叫，不是锦鸡，但见锦鸡展翅飞。黑地长庄稼，长出是丧食，梦见寿衣，这些咒至山岩间。咒癫鬼，鬼父叫嚷嚷，鬼母嗷嗷吼。癫鬼附在田地里，吃了庄稼要得病；癫鬼游水里，河水虽清澈，喝了河水，人要病；癫鬼附树上，树林虽茂盛，碰了树皮成癫子，这些咒至山岩间。咒年凶月凶，东方虎与兔相撞，西方猴与鸡相撞，北方猪与蛇相撞，南方马与鼠相撞，西北与东南，狗与龙相撞，东北与西南，牛与羊相撞。'兹'年凶则死亡。'莫'月凶则病痛，这些咒至山岩间。家门亲戚的病痛，白彝黑彝的病痛，天上掉下西古（死人骨头）就会死人，地上蹦出西基（死人骨头）要病痛，这些咒至山岩间。咒间古间则（'间古间则'指父与子、夫与妻、婆与媳的年龄在某个方位上相撞），东方西方岩上来相撞，黄颈白山羊和红脸白绵羊来排解；北方南方森林中相撞，黄猪黑猪来排开，东北与西南桥上来相撞，长角的黑绵羊与黑花山羊来排解；西北

---

① 左玉堂、陶学良编：《毕摩文化论》，云南人民出版社 1993 年版，第 391 页。

与东南坝上来相撞，灰色山羊与红嘴灰绵羊来排解。父与子相撞、妻与夫相撞、媳与婆相撞，这些咒至山岩间。咒野外的邪怪，竹分叉声声，树杈架牲畜。蛇交尾，蛙进房，姑娘织布屋檐下，苍蝇飞进饭中，半夜火塘死灰又复燃，半夜鸡叫，半夜老鼠掉桶里（指邪怪、凶兆），这些咒至山岩间。咒家里的畜鬼，苏尼赶畜鬼，呗耄赶畜鬼，畜鬼高山来，先要猪鸡魂，再要牛羊魂，后要人的魂，这些咒至山岩间。屋前有人叫，屋后有人喊，家里点把火，内室掏丧服，火塘烧荞粑，这些咒至山岩间。白天如牛叫，夜晚点鬼火，嗦嗦来抓人的鬼，悉悉来捉鸡的鬼，这些咒至山岩间。咒主人绝的书，咒主人病的语，砍下打鸡、砍上打狗变的'是切'，疯鬼，慢性病鬼，凶鬼变的公山羊，天上飞的黑母鸡，这些咒至山岩里，咒至大河急流里。"[1]

念完后，开始做"石黑几"仪式，即将主人家每个成员身上的病魔、污祟转嫁到鸡和"金银"上去。同时，呗耄、帮忙的人、男主人、主妇以及在场的外人口里都念着经，内容大致相同："高高的山上，畜与虎不相和，留畜将虎赶；安宁河谷猪与鸡不相和，留猪将鸡撵；屋檐院坝中，鸡与鹰不相和，留鸡将鹰哄。所有来偷、来骗主人家魂的，从人怀中、手中夺幼子的，拐骗生育魂的，全都赶出去。做梦是噩梦、圆梦不吉利，'是切'天上飘，'是切'破门入，咒人使人病的，一切赶出去"。当帮忙的人将"金银"从主人家头上扫过，扔出门去时，呗耄念道："猴将鬼魔脱，脱给老熊老熊死；兔将鬼魔脱，脱给狐狸狐狸死；纺坠将线脱，脱给纺锭纺绽死；人将鬼魔脱，脱给鸡鸡就死。主人的鬼魔脱，脱给'金银''金银'死，山头雾缭绕，雾要脱；坝子要露，露要脱；鸡蛋长壳壳要脱，哦……啾。"[2]

下一步，呗耄开始做"瓦都"仪式，即打鸡。帮忙的人准备好接鸡血的碗和一把刀。呗耄念经先向主人家的各种保护神、呗耄请来帮助做法事的祖灵和各种神灵打招呼，告诉他们要打鸡、打鬼的头了，让其躲开。最后念到："人是正义的，正义不会摔跤子。人向牛要饭吃，向羊要衣穿。

---

① 左玉堂、陶学良编：《毕摩文化论》，云南人民出版社1993年版，第391页。
② 同上书，第392页。

喝的水是往低处淌的，烧的树是向高处长的，走的路是直的。"表明打鸡是正义的，打鸡前，呗耄右手抓一把"金银"与拔的几根鸡毛一起，在鸡头上向外转一转，抛到前面去。这才开始用刀打鸡的头，打昏鸡后，用刀割鸡嘴，直至割死。将鸡血注入碗里。在打鸡的同时，呗耄念："打男鬼女鬼的头，念咒语、写咒书、打鸡打狗变成鬼怪来害主人家的头上打。我是呗耄××××（念出自己的名字），所有抓我的发髻，打我的脸，偷过我东西的头上打。"①

打完鸡后，呗耄将鸡血端到右上方神位前敬众神灵。同时念道："鸡血以享众神灵、宴请祖灵'阿沙'（呗耄和苏尼的祖灵叫'阿沙'），宴请经书、经袋。给一片山谷喝血，十片山谷红彤彤，给一片山谷吃饭，十片山谷笑眯眯。"念完后，把三根矛和一支"则公"拿来在鸡嘴上擦。把鸡血糊在上面，再拔一些鸡毛粘在带血的矛和"则公"上，也是让其享祭之意。与此同时念道："杀时以矛为重，抽矛享鸡血；打时石头为重，打石享鸡血；射时以箭为重，收弓享鸡血。今晚主人家，鸡血以享矛。"②

继"瓦都"仪式后，呗耄开始做"瓦古"仪式，即施法术让死鸡重新啼鸣的仪式。做法：用一根三寸许的竹管插进鸡翅的肋骨中间，通向内脏。然后左手提鸡冠，右手举鸡脚，让鸡作立状。吹竹管，气从鸡肺通过气管破嘴而出，啼叫起来。呗耄提着鸡冠的左手，随吹气的长短即鸡的叫声上下移动。如此，与活鸡啼鸣一模一样。前后共让鸡叫三次，每叫一次念一段经。③

接着做"瓦莫依阿依"仪式，即丢鸡占卜吉凶仪式。呗耄右手提鸡向火塘方向外转一转，先将打鸡的刀丢向火塘下方，再将死鸡丢向火塘下方。以鸡头朝门外方向为吉。否则为不吉，如果鸡头朝门外，表明家里的鬼怪都撵走了。如果鸡头不朝门外方向，说明鬼怪还没全撵走。出现后一种情况，帮忙的人立即将鸡拾起，提起鸡脚在家里的用具、家什上扫，同时呗耄念："今夜主人家，不管是何鬼，柜子不是藏身之处，用具不是你

---

① 左玉堂、陶学良编：《毕摩文化论》，云南人民出版社1993年版，第393页。
② 同上。
③ 同上。

安身之地。恶神塔布来赶你，左来左边刺，右来右边杀。刺眼眼要瞎，刺嘴嘴要歪，刺脚脚要瘸，刺翅翅要折。躲着的出来，藏着的出来。"然后抓一"金银"，吐口唾沫于其上，抛到火塘下方。呗耄又重新丢鸡尸，直到将鸡头丢向门外方为止。一般以一次将鸡头丢朝门外方为上吉，主人家大喜，若丢了几次，主人家便耿耿于怀，唯恐家里的污祟、鬼怪没有除净。丢完鸡后，帮忙的人从呗耄手里接过"则公"枝，用"则公"枝扫地扫至鸡处。（在扫的时候做"依哈……瓦哈"的喊叫）拣起鸡丢到门外去。若鸡头向前方为吉，鸡头向门内则凶。然后，把鸡捡回来给呗耄。呗耄从鸡翅上拔十来根毛，放在神位前，以享神灵，帮忙的人在火塘中烧鸡煺毛。[1]

接着是"社夫西"和"杂则"仪式。"社夫西"即吃烧肉。所谓烧肉，是将鸡的头、尾、肝、胃、翅烧在火塘中。烧时，不能吹火，否则，这个仪式就作废了。肉烧好后，先分给呗耄一份，有头、胃、一只翅膀、半边肝子。呗耄将分得的烧肉端至神位前，先献众神灵。献时念道："天神、地神、太阳神、月亮神……都来吃，请神来享用。"然后，呗耄先吃一口，其徒弟才能吃。其余的烧肉，主人家的每个人都得吃一点，以安定灵魂，不让灵魂被咒走的鬼怪带去。在吃烧肉时，帮忙的人已将锅支在火塘上，把砍好的鸡，放入锅中煮上了。不一会儿，鸡肉熟了，开始"杂则"，即吃饭。凡是在场的人，无论主客全部吃饭。在帮忙的人摆饭时，呗耄念《茶叶的来源》《酒的来源》《盐的来源》经。据说以前祭祖祭神要用茶水，现在一般村民都无饮茶的习惯了，也不敬茶水了，但还是要念《茶叶的来源》经。念完后，火塘左上方的主人和火塘下方的客人已用饭了。呗耄在饭前，还要用一个小木勺盛一点汤、一点荞粑、一点肉，撒在神位前，口里念着请各种神来享用祭品的经。再同样用木勺盛汤、荞粑、肉，撒在火塘左上方的锅庄前。口念着请主人家的各种保护神来享用祭品的经。最后撒一木勺的汤、荞粑、肉在火塘下方，念道："畜鬼它来压、别人咒来的鬼怪它来压"。念毕，与其弟子席地围桌进餐。

吃完饭后，帮忙的人把主妇用的木勺和呗耄用的木勺在木瓢的水中荡

---

[1]　左玉堂、陶学良编：《毕摩文化论》，云南人民出版社1993年版，第394—395页。

几下，夹起火塘中的石头放在木瓢中，冒出蒸气，进行"尔擦苏"。右手持冒着蒸汽的木瓢在火塘上空外绕一转。然后把木瓢中的水和石头一块倒至门外。同时，呗耄念道："净……所有不洁全出去。走的不留，来的不禁了。""晓补"仪式有一条忌讳，即来参加仪式的人，无论家人还是外人，在仪式开始直到吃饭，不能离开主人家。即使不得已离开，到了外面，不得与任何人讲话。若讲了话，这个仪式就作废了。同时，在仪式过程中，任何外人不得进主人家，若一进家，与屋里人说了话，仪式也无效了。有时，撞入的不速之客，一见做法事的场面，便不言声地扭头而去。这里所说的"走的不留，来的不禁"，即从此时起，可以解禁，自由与外人讲话，外人也可以进来了。呗耄接着念："高山牧人想吃饭，饭后吆喝声朗朗。安宁河谷五谷神想吃饭，饭后笑眯眯。地上耕者想吃饭，饭后犁口齐整整。"接着又念所有的鬼的使者、病鬼、邪怪饭后都出去，主人家的各种保护神饭后都进来，至此"晓补"中场结束。[①]

下场是"晓补"的尾声，主要由几段经构成。

一开始呗耄念有关神人支格阿龙的经："支格阿龙未成年之时，白天六日出，夜里七月升，蛇长田坎粗，蛙长箩筐大，蚱蜢如阉牛。支格阿龙成年后，射日剩独日，射月剩独月。打蛇成指粗，压在田坎下；打蛙手掌大，压在田坎上；打得蚱蜢如火镰。"

接着又念："从此主人家，反咒去的鬼怪返不回来，骏马长不出角前，石头开不出花前，反咒去的鬼返不回来。大河的流水不被火烧尽，树木不会倒着长时，石头没有向高山顶上滚时，反咒去的鬼返不回来。""呗耄不骗人，灵呗我们不骗人。山雀不骗人，祖先嘴壳红彤彤，儿孙嘴壳红彤彤。乌鸦不骗人，祖先黑压压，儿孙黑压压。灵呗我们不骗人。喜鹊不骗人，祖先长花翅，儿孙长花翅。安宁河谷水牛不骗人，祖先长角，儿孙也长角。灵呗我们不骗人。所说都算话，所做都真实。'晓补'之后，主人所去之处都进财，到了山头，得到老鹰啄伤的锦鸡；到了深谷，拣到拴着绳子的母猪；到了彝汉地，拣得半匹布。路行看前后，拣得金与银。主人寿命似路长，眼如太阳亮，御敌显威风，九辈受人敬"。"金银酬劳呗、子

---

① 左玉堂、陶学良编：《毕摩文化论》，云南人民出版社 1993 年版，第 395—396 页。

孙九代俊；大刀酬劳呗，子孙九代有势力；牛羊酬劳呗，子孙九代富；五谷酬劳呗，子孙九代贤；猎狗酬劳呗，子孙九代聪；骏马酬劳呗，子孙九代勇"。念到此，男主人把一张五元的人民币放在一只木碗里，双手捧给呗耄，呗耄收下钱后又念道："大雁飞进雾，叫声留在后；豹子入森林，豹皮花纹留在后；苏尼起身后，鼓声留在后；呗耄起身后，平安留在后。呗耄说话就算话，我们说话就算话。主人家平安平安……"在场的人一起喊"平安"。呗耄右手将三根矛拿在火塘上空内转一转（逆时针方向）。将矛递给帮忙的人，拿去插在门外左方的墙缝里。让矛在此守家护宅，今后有人咒骂主人，变鬼怪而来的，还没等进家，就在门口被这三根矛刺死了。呗耄念经送请来帮助做"晓补"的众神灵，"高高的杉树，回到该长的地方去。大河三百六十岁，回到该淌的地方去。各位神灵啊，叫起踊跃来，送时踊跃走，'晓补'仪式已做完。"至此，"晓补"仪式完成。①

## 六　赌咒

少数民族又有"赌咒"的习俗。赌咒是咒誓演化或俗化，它一方面通过发誓证明赌誓者自己的清白与信守意向；另一方面设下"咒底"（即要求信守的条件、不信守的恶果等），否则令神加殃之。

（一）怒江白族的赌咒方式

怒江白族有喝血酒赌咒和杀狗赌咒等神判方式。

喝血酒赌咒：这是比较普遍使用的方法。在双方发生纠纷，经调解无效时，就请本村或本家族的人参加，当众喝血酒赌咒。酒中不一定放鸡血，也不一定用酒，以水代替亦可，通常是由被指控（被诬）不服的一方喝酒赌咒。他手捧酒碗，当众发誓说："老天在上，我如果做了××事，不得好死，×年内死去；我如果没有做××事，就身体健康，活一百岁、二百岁、一千岁。"对方听了以后，也不再提其他要求，而是听凭天断。②

---

① 左玉堂、陶学良编：《毕摩文化论》，云南人民出版社1993年版，第396—397页。
② 杨学政：《中国原始宗教百科全书》，四川辞书出版社2002年版，第250页。

杀狗赌咒：这是怒江白族在发生家族之间的械斗或重大纠纷已经妥善解决，而有关一方害怕对方以后反悔，对业已了结的问题进一步加以肯定的一种神判方式。一般由理亏的一方提出，因为他已经向对方赔偿了命金或其他财物，恐怕赢理的一方日后再重提此事，主动要求共同杀狗赌咒。其做法是：先找好公证人，在共同商定的地点，当众将狗杀死，双方分别赌咒说："这件事已经解决，今后决不再提，如果反悔，就像杀死的狗一样短命，不得好死。"①

（二）瑶族的赌咒仪式

第一，布努瑶民间的赌咒。

广西大化瑶族自治县七百弄乡布努瑶民间有"神判"的习惯，俗称"赌咒"，引起赌咒的原因很多，诸如发生盗窃案件、债务纠纷、隐瞒财产之类，经过村寨头人或有名望的老人调解无效以后，原告或被告（受怀疑者）提议用"神判"办法来解决，双方同意，即请公证人或自行"赌咒"。"赌咒"方式较多，主要有以下三种。

（1）赌雷庙：当双方争端十分严重而又调解不了时，采用这种严厉的赌咒方式。做法是：由原告人杀两只鸡备一大串纸钱，叫管庙人巫公开庙赌咒；巫公先作喃道："××如果为人心不正，偷人家东西（或者瞒别人财产），合家绝灭"；被告按照巫公的形态，重念其咒语一遍，赌咒即告结束，原告也不再向被告要任何东西了。

（2）祖宗神位面前赌咒：这种赌咒不杀鸡，只烧香纸禀告祖先，然后由被告人念咒语即便了事；这类赌咒多系房族内兄弟之间因财产争端而举行。

（3）屋檐下赌咒：一般争端不大，无须族长、老人做证而举行的赌咒方式。办法：原告拿一把烧火、一盆水在屋檐下让被告念咒语，把火扑灭即可。②

第二，白裤瑶人的赌咒。

白裤瑶的社会组织比较松散，头人手里没有军队，内部也没有建立统一完备的行政机构，更没有成文法律，很多事务主要靠习惯法解决……白

---

① 杨学政：《中国原始宗教百科全书》，四川辞书出版社2002年版，第591页。
② 中国科学院民族研究所：《广西田东县檀乐僮族社会历史调查》，1964年，第64—65页。

裤瑶的神判习俗主要表现为赌咒和捞油锅。赌咒，即当发生财物失落和争执纠纷的当事人各执一端，都说自己有理，经油锅头人调解仍无效时，它往往是被用来解决纠纷的方法之一。当争执双方中的一方愿买鸡或狗时，双方即商定日期，到时双方都到社庙中去，请庙老和魔公前来主持，用狗或鸡做祭品，向社庙之神起誓。一般由失主买鸡或狗一只，香一把，纸钱若干，先由魔公烧香祭神，然后争执双方在魔公的主持下，面对"神灵"起誓，大意是谁如果昧良心霸占别人的东西，或偷别人的东西，谁就将要被神惩罚处死。发誓完毕，买鸡者把鸡挂在庙前大树上，对方手持刀，将鸡头一刀砍去，最后让鸡坠地。砍狗方式亦同。砍完后，其争执的东西归执刀者所有，祭品归庙老、魔公食用。此外，还要给庙老、魔公一些米和钱，如果当事人中任何一个在砍鸡后三天内生病，或三年内死亡，则被认为是当初昧了良心而应验了咒语，所以被神惩罚。[1]

（三）彝族的"发婆"赌咒

晋宁夕阳乡打黑村彝族在七月初一这天有一个仪式：全村杀山羊一只，在公房中祭白龙，羊头给村中有威望的老人吃。此老人要主持"勒莫"仪式。"勒莫"是惩治"发婆"的活动。据说"发婆"专门放鬼害人，使某家的人突然生病，或者使其东西丢失。病家与失主为了使病人康复或找回失物，便到离村较远的地方请人打卦，叩求原因。若在三个不同的地方打卦，三卦中有两卦相同，即可以认定村中被怀疑的某人（不论男女）为"发婆"。于是，便在祭白龙这天通过各族族长把"发婆"叫来，当众赌咒，并用树枝搭个大圈圈，叫"发婆"钻，一来解除疑者的疑心，二来表明被怀疑者的心迹。若被指控的"发婆"赌咒说：若是我害着人或偷过某人的东西，就让雷打死、火烧死、得病死……然后当众钻过圈圈。若在赌咒以后的一年中平安无事，就说明该"发婆"无罪。如果赌咒者在一年中遇到灾难，则证明是神对他的惩罚。众人认为钻圈圈（像狗一样）是一种污辱，也有胆小怕事的拒绝钻，宁可受罚，出钱出粮若干请人代钻。[2]

---

①　玉时阶：《白裤瑶社会》，广西师范大学出版社 1989 年版，第 128 页。
②　夏之乾：《神竟裁判》，团结出版社 1993 年版，第 37 页。

### (四) 藏族的"赌大咒"

《清稗类钞·狱讼类》:"藏民构讼,在浪孜沙衙门,以钱之多寡定曲直,大抵每案必罚。亦有不值讼而私辩曲直者,则掷骰,点多者为直。冤不伸,则赌大咒,两造皆至藏西二十余里之山麓,其地有四方大神石一块,以火在石上烧圆石二块,红如炽炭,两造白事毕,即以烧石置于掌中,拳握之,外缝以生牛皮,至大昭开视,谓曲者手焦,直者无恙也。"

# 结　语

从上述少数民族的诅咒、反诅咒以及赌咒活动中,我们可以清楚地看到中国少数民族巫咒术的特点。

1. "诅咒"术在大部分少数民族中普遍流行。进行诅咒主要为了解决日常生活中人与人之间、人与自然之间的矛盾。巫师是整个活动的轴心。

2. 诅咒术以"交感律"(包括接触律与相似律) 为基本依据。诅咒在具体的发出方式上既有靠纯咒语来实现的,也有靠咒语加其他方式共同实现的。咒具和载体是少数民族诅咒活动中必不可少的要素。

3. 无论诅咒、反诅咒或赌咒,都要举行繁杂的仪式。整个活动是公开进行的。"念经"是诅咒仪式的重要组成部分,特别是在举行反诅咒仪式时。

4. 在少数民族人们的信仰中,鬼无处无时不在。因此,他们认为会施咒的不仅是人、巫师、巫医,还有看不见的鬼。

显然,如果将汉民族的诅咒现象与少数民族作以比较,即可以发现:二者在诅咒巫术所依据的原理和诅咒的发出方式上是基本一致的。诅咒靠语辞去"交感",咒语是诅咒活动的核心要素,神罚、天惩观念是实现其愿望的主要力量。

然而,两者之间的区别也显而易见。

首先,从性质上看,汉民族诅咒巫术中,占大部分的是黑色巫法咒术,其目的是害人,且常与政治斗争密切相关。而少数民族实施诅咒,多是从保护自身、家庭或集团的利益或生存条件出发的。因为落后的生产力和生产关系,因为人们对大自然的神秘想象,因为文明程度的低下,使很多现象得不到合理解释,矛盾得不到调解,所以巫术(诅咒巫术)成了他们生活中不能或缺的部分。

　　其次，从形式上看，汉民族的诅咒仪式比较简单，多是暗中操作。而少数民族的诅咒活动十分复杂，参与人数也较多，活动具有公开性，有的甚至是定期举行，成为人们日常生活的组成部分。①

---

　　①　这篇是我指导研究生王海燕同学为展开《中国古代诅咒史》研究准备的，主要劳动属于她。由于课题任务繁重，一直未进行此题目。为不使材料散佚，暂收于此以面世。

# 第六章 《红楼梦》美学分析

"《红楼梦》美学"主要包括三个方面：一是作品内容中客观汇集的中国传统美学思想；二是作家本身的创作意识及作品里的各种美学表现方法；三是《红楼梦》问世以后，从脂砚斋开始一直到俞平伯等陆续展开的关于《红楼梦》的美学批评与审美诠释林。这三个方面的内容构成《红楼梦》"美学遗产"之全部。本章主要从后两个方面出发，摭论若干问题。

## 第一节　曹雪芹文化心理层面的深刻矛盾

### 一　痛苦的人生反思及其具体内容

汉民族的一个最大特点就是绝少"游牧气"，生活依赖于固定的土地，日出而作，日入而返（归家），具有强烈、稳定、持久的"家"的观念。"众鸟欣有托，吾亦爱吾庐""夕鸟兮争返""迷途知返"，"返"的观念以及"归去来"的"返（家）"的行为模式恒久而稳定地内化、积淀到人们的心理结构中。儒家学派又将这种"返"的观念模式引申到人生历程的观照、审思活动中，构造了"个体人"反思、反顾自我人生价值实现情况的"心灵自返律"。（所谓"吾日三省吾身"①"修身""自约检己身"②）这种"心灵自返"活动，不追究人生途程的长度，而是检测人生途程与个体功

---

① 皇侃《论语义疏》卷一："云吾日三省吾身者，省，视也。曾子言我生平戒慎，每一日之中，三过自视，察我身有过失否也。"（清知不足斋丛书本）

② 《论语·颜渊》："颜渊问仁，子曰：克己复礼为仁。"皇侃《义疏》卷六："克犹约也，复犹反也，言若能自约俭己身返反于礼中，则为仁也。"（清知不足斋丛书本）

名建树、道德修养之间的正比、对等、"均衡势"关系（所谓"不负此生"），察看个体自我给"类生活"（社会）留下了什么痕迹（是言、是德、还是功），以及"类生活"（社会）给了个体自我什么样的人生价值标记（是青襟，是簪缨，还是位极人臣）。任何文人，无论圣贤还是一般儒生，从人生历程的开端起就面临也不能回避这种未来人生终点的反思与检测，从而都带着一种"慎终"的心理，为将来自我反思、检测心灵有个安宁的结局（也为了别人给自己的盖棺论定），早早地做充分的准备，免得"少壮不努力，老大徒伤悲"。

这种"个体心灵自返律"作为传统思维模式内化为中国文人世代相因的深层心理结构。到了封建社会末期，儒学的一些观念、思想虽然已受到后贤的尖锐批判与深刻改造，但它的一些观念模式，却依然作为一种十分坚硬的形式或框架性的东西历史地潜在地保留了下来，甚至积淀在批判者自己的深层心理结构中，他们尚恍然不觉。曹雪芹就是其中一个。他虽然对儒学的某些思想内容持深恶痛绝的批判态度，但他的人生自我反思，却也或多或少地带了一点儒家"个体心灵自返律"的胎记。《红楼梦》开篇即说：

> 今风尘碌碌，一事无成……实愧则有余，悔又无益之大无可如何之日也！当此，则有欲将已往所赖天恩祖德，锦衣纨绔之时，饮甘餍肥之日，背父兄教育之恩，负师友规谈之德，以至今日一技无成、半生潦倒之罪，编述一集，以告天下人。

可以清楚地看出，人生的旅程似已走过了大半，从风月繁华走向穷愁潦倒的曹雪芹，为内在（内心情感活动）及外在（社会地位、生活状况）的强大的"萧条之感"所困扰、笼罩、窒息，他自觉"一事无成""一技无成"，拿不出什么足以显示自我人生价值重量（而这重量又要为社会的砝码所公认）的东西，向社会表明，也向自我证明。他无法使心灵趋于安定，他的心态（也即人生途程与人生价值的天秤的两端）失平了，一种骚乱型的"情感产生源"启开了闸阀，漫延的痛苦的情感四处溢出，其中自然夹杂了为当年鲁迅所正视而雪芹自己则直言不讳的"独于自身，深所忏悔"的情绪。

这种"深所忏悔"的情绪是雪芹思想层面中的一个客观存在，我们应该有勇气正眼相觑，但也不必过分地估量它，因为这种情绪活动在强度及活动时间的长度上都很微小。它不可能出现在雪芹思想行程的前端，因为如此就等于雪芹很早即开始反对自己思想空间中"不务正业"的特殊人生观念，向社会普遍化的建功立业、科举仕进的人生道路俯首称臣，后来大概便不至于落到"茅椽蓬牖"的境地。即使落到了，也是其他原因使然，他个人已尽力而为，内心无憾，何"自悔"之有？所以"自悔"之情出现在雪芹思想发展的后端似乎比较合理。出现的原因自然是人生历程到了日暮途穷之际，他证明不了自我一生价值之所在；证明不了，就自卑、悲伤，导致了对于社会普遍化的人生价值攫取、实现方式（仕进道路）的认可；当然，这一认可是短促、被动的、不固定的，带有较为明显的情绪波动、思想潜流瞬息涌现的性质。一旦他的反思、联想、情感运动真正展开，并接触到他的"思想核"性质的人生理想内容，他一生行为与追求方式（女性爱、任性、自由）、以及伴之而行的欢乐、快慰、隐痛、烦恼等五彩缤纷的情感内容，就会把那股认可的情绪立刻冲得烟消云散了。

所以，我们感到，"深所忏悔"的情绪是雪芹刚进入人生反思活动时所产生的一种十分短暂而沉重的自责心理状态。它的出现，缩影化地反映了历史淤积观念厚重的惰性力量（也即传统人生价值观念及实现方式在历史长河中长期存在、行进的巨大惯性）给雪芹个体心灵造成的梦魇般的压抑。但这种心理状态毕竟色彩灰暗，犹如夜间坟墓上羞羞怯怯、躲躲闪闪的磷火，经不得雪芹那处于"思想核"位置的人生理想火焰的照射。它不过是雪芹人生反思开始阶段思绪万端状态下的一种观念物质的沉渣泛起现象。看起来它似乎也是雪芹的一种"痛苦"，但实质上它具有的只是十分肤表的意义，它很快就被雪芹真正的痛苦情绪内容挤到一边去了。

（一）"家"的破败的痛苦

就雪芹痛感诸具体内容而言，雪芹自己最感沉重的莫过于所爱对象的失去，与爱的情感的飘忽无依，无所寄托，他自己还没有意识到家族的衰败才是造成他整个情感痛苦基调的最根本因素。虽然从下面一些文字中也折射出了他对家世败落的痛苦，以及这种痛苦心理的连带成分——对旧日繁华生活的梦幻般的追想与怀思。

"为官的，家业凋零；富贵的，金银散尽……好一似食尽鸟投林，落了片白茫茫大地真干净。""家富人宁，终有个家亡人散各奔腾……忽剌剌似大厦倾，昏惨惨似灯将尽。"（第 5 回）

"凤姐笑道：'……说起当年太祖皇帝仿舜巡的故事，比一部书还热闹，我偏没造化赶上。'赵嬷嬷道：'嗳哟哟，那可是千载希逢的！那时……咱们贾府正在姑苏扬州一带监造海舫，修理海塘，只预备接驾一次，把银子都花的淌海水似的！'"（第 16 回）

这种带有深沉痛感的关于"扬州旧梦"的美的回思，实质上以侧面微妙地透露了那个时代"个体人"与其置身的家族间的密切联系。"家"（或家族）不仅仅是一种经济单位、宗亲血缘单位，也不仅仅作为个体人所依赖的经济力、社会政治力；由于长期历史生活的积淀作用，它已直接过渡、转化为个体所依赖的一种"心理的力"了。它存在时，个体在心理上就有一种自信、胆略、充实、乐观情绪；它失去时，个体就容易产生无法应付面对他的一切外在力量（自然的、社会的）的怯弱、孤独、负重感。这一点曹雪芹在自己的人生感受及笔下某些人物（如湘云、香菱、黛玉等）的心绪描写中都有所流露。例如：

"势败休云贵，家亡莫论亲。"（第 5 回）

黛玉叹道："我母亲去世的早，又无什姊妹兄弟……原是无依无靠投奔了来的，他们已经多嫌着我了。"宝钗道："咱们也算同病相怜。你……何必作'司马牛之叹'？"（第 45 回）

所以"家"的形象在中国封建时代个体人的情感世界中是神圣的，有分量的。一方面，个体只有通过"家"的纵向结构——"代系"的不断繁衍、扩大、兴盛才能实现、确证自己及发展的无限性（所谓"不孝有三，无后为大"、北山愚公的"虽我之死，有子存焉；子又生孙，孙又生子；

子又有子，子又有孙；子子孙孙，无穷匮也"的观点，均凝结着这种个体
通过"代系"延伸显示自己无限性的心理因素）；另一方面，个体又要通
过"家"的横断面结构——宗亲关系、族系关系、联姻关系将自己的力量
扩张、铺展、融入社会的横向联系乃至国家机器中去。个人只有在这种
"家""族""国"的相联系相统一中，才能找到自身的力量，发现并享有
自身的强健感。黑格尔说：

> 在东方……主要的情形就是，只有那唯一自在的本体才是真实
> 的，个体者与自在自为者对立，则本身既不能有任何价值，也无法获
> 得任何价值。只有与这个本体合而为一，它才有真正的价值。①

就是说，东方人的个体对整体（宗法制下的"家""国"一体观念）
要无条件依附，并从整体那里汲取自身存在的真正价值、意义及生命力。
如果个体依赖的整体分崩离析，那么个体也就皮之不存、毛将焉附了。整
体（"家族"或"国"）的衰败是使个体人精神崩溃、心理颓丧的关键。
曹雪芹不理解这些，在他的痛感体系中，家的败落只是作为一般（而非关
键）的痛苦内容而出现的。

（二）爱的对象逝去的痛苦

曹雪芹的女性爱情感，原初是一种发生在现实生活人际关系中的实践
情感，有"或情或痴"的"几个异样女子"为情感依托（或情感载体、情
感对象）。但后来由于不知何种变故而"势败""家亡"，使这种情感失去
了它的具体依托，成了没有实际对象、载体的寻寻觅觅的游魂。它郁积、
集结、骚动，构成了情感生活的极度空虚、不安与痛苦，以及为消除、减
轻这痛苦让情感有一点宽慰而搜寻记忆表象、追怀往事的心理上的回流现
象。这种痛苦情感原型，在脂评中虽有某些点滴记载，但我们已经很难证
实，而能够体味并看到的，也只是一些它们在作品中的升华、转化，或经
过变形处理的具体形态了。例如：

---

① 黑格尔：《哲学史讲录》第1卷"东方哲学"，商务印书馆1959年版，第117页。

宝玉病后去看望黛玉，见杏花全落，已结小杏。因想道："能病了几天，竟把杏花辜负了！不觉倒'绿叶成荫子满枝'了。"宝玉"又想起邢岫烟已择了夫婿一事，虽说是男女大事，不可不行，但未免又少了一个好女儿。不过两年，便也要'绿叶成荫子满枝'了。"（第 58 回）

晴雯死后，宝玉"夜不曾安稳，睡梦之中犹唤晴雯，或魇魔惊怖，种种不宁"。（第 79 回）

袭人笑道："我知道这晴雯人虽去了，这两个字只怕是不能去的。"（第 77 回）

宝钗搬出大观园。宝玉"看着那院中的香藤异蔓，仍是翠翠青青，忽比昨日好似改作凄凉了一般……门外的一条翠樾埭上也半日无人来往，不似当日……心下因想：'天地间竟有这样无情的事！'悲感一番，忽又想到去了司棋、入画、芳官等五个，死了晴雯……大约园中之人不久都要散的了"。（第 78 回）

这里都潜含着一种对生活中消逝了的美好女性的追怀与思恋，一种"仙云既散，芳趾难寻"和"足往神留，遗情想象"的惆怅、哀惋心理。虽然它们是属于书中人物的，但其中浸润、负载了作者自我"怀金悼玉"的隐痛与抑郁，也是显而易见的。这种隐痛与抑郁十分强烈，折磨着雪芹的灵魂，迫使他走向审美，在情感化的审美想象中"甜化"自己的这种苦楚情思。

(三) 个性压抑的隐意识痛苦

个性压抑的不快是一种隐意识的痛苦。它在心理结构中比爱的对象逝去的痛苦及家的败落的痛苦处于更里层，它的发生也比前两者时间上要早得多，它是曹雪芹还有着爱的欢乐与豪华家庭的时候就开始种植在他心灵深处的东西。这种隐意识中个性欲望受压抑的痛苦就是由于他的个性要求、情感冲动刚刚萌生就像弗洛伊德所说那样，被"一个守门者"堵塞、封锁、关押起来了。这个"守门者"的实质，就是"那昌明隆盛……诗礼簪缨"家庭环境中的封建伦理规范，具体的化身就是"父兄教育""师友规谈"。它们以社会合理化的"居高临下"的人们意识空间主宰的身份

"君临"在雪芹的意识面前，使生活在那个时代下的雪芹，在心理权衡活动中不能不感到自我内在的要求、情感、幻想、欲望是那样的不合时宜，那样的"不现实"，在外在环境的弹压与钳制之下，几乎无立锥之地。于是不得不把它们从意识领域（即为社会允许的符合社会规范的意识活动）逼压到下意识（即隐意识）领域中去，形成"冷冻"状态。[1]

然而这些被迫退缩到隐意识领域的欲望、冲动、要求、幻想是无法静默的。它们一方面会通过各种方式（或梦幻意识，或艺术意识，或宗教想象）溢露出来，显示自己的依然存在及真实面目[2]；另一方面集结起来，产生"固结作用"，成为一种带有痛感的意识倾向或"心理损伤"。我们在作品中尚可看到这些：

第1回描写石头，"自经锻炼之后，灵性已通，因见众石俱得补天，独自己无材不堪入选，遂自怨自叹，日夜悲号惭愧。"

第19回袭人箴规宝玉："凡读书上进的人，你就起个名字叫作'禄蠹'……这些话，怎么怨得老爷不气，不时时打你。"

第22回宝钗念出一段曲文："赤条条来去无牵挂……一任俺芒鞋破钵随缘化！"合了宝玉的心事，"喜得拍膝画圈"。

第25回和尚说宝玉那块"通灵玉"，"可羡你当时的那段好处：天不拘兮地不羁，心头无喜也无悲。"

在这里，关于宝玉"时时挨打"的侧面交代，宝玉对鲁智深"破钵随缘化"式的行为方式的"称赏不已"，以及通过石头象征性地揭示只有在超现实的领域，个性才不受拘羁（甚至在超现实中也有个人意愿不得实现的"自怨自叹"），和雪芹本人生活经历中个性、愿望、要求为

---

[1] 这一节论述后收入刘敬圻主编《20世纪中国古典文学学科通志》第4卷，山东教育出版社2012年版，第413—414页。

[2] 例如第21回，宝玉在黛玉房中见"镜台两边具是妆奁等物，顺手拿起来赏玩，不觉又顺手拈了胭脂，意欲要往口边送……又怕湘云说。正犹豫间，湘云果在身后看见"了。在这里，"顺手拿起来赏玩"、拿胭脂往口边送，是宝玉女性爱心理及爱吃女孩儿口上胭脂的癖性一时间冲出隐意识领域的下意识动作；而"怕湘云说"并产生犹豫则表明，他自己已意识到这种"冲出"，并担心外在力量压来而使"冲出"的欲念缩回了。

"父兄教育之恩""师友规谈之德"所桎梏、所封闭的隐意识痛苦，显然是有密切联系的。虽然我们不能在这联系的双方之间直接画等号，但把前者视为后者的艺术放大，或后者对前者有一定程度的对象化输入关系，是绝无问题的。

黑格尔曾敏锐地指出过东方民族个体意识受社会统一观念实体统治、压抑的状况。它的特点是自觉地依据氏族血缘的宗法力量，把封建国家中的一切个体意识统统粘结在社会统一体的伦理观念上，限制个体意识的单独发展，使个体意识"只能命定地在一种窄狭封闭的——时空环境和社会关系中活动"。① 这种个体意识对社会群体伦理观念（即黑格尔讲的"大力"）的命定服从与"畏惧"，可以说是雪芹内在要求受压抑的隐意识痛苦之所以生成的深刻社会根源。

当然，家庭环境、家庭文化教育（前面比之为具体"看门者"的"父兄教育""师友规谈"），在把社会群体伦理观念（"大力"）强加给个体（雪芹）的过程中，也起了相当重要的中介作用。离开了这个中介作用，社会群体伦理观念对个体意识的束缚就不是那么有力了。所以当雪芹的官僚世家败落后（中介作用消失），他的欲望压抑的隐意识痛苦便有所松动、缓和，并由抑郁型转入发泄型了。下面一些材料可看出一点迹象：

> "接篱倒著容君傲，高谈雄辩虱手扪。"（敦诚《寄怀曹雪芹》②）
> "司业青钱留客醉，步兵白眼向人斜。"（敦诚《赠曹芹圃》）③
> "醉余奋扫如椽笔，写出胸中块垒时。"（敦敏《题芹圃画石》）④

到了他的"著书黄叶村"的年代，虽然举家食粥，甚至要他的朋友佩刀质酒⑤，但从他那"大笑""高谈""击石作歌""醉余奋扫"的精神面

---

① 李泽厚、刘纲纪：《中国美学史》卷一，中国社会科学出版社 1984 年版，第 62 页。
② 朱一玄：《红楼梦资料汇编》，南开大学出版社 2012 年版，第 19 页。
③ 同上。
④ 同上书，第 22 页。
⑤ 敦诚《佩刀质酒歌》序云："秋晓，遇雪芹于槐园，风雨淋涔，朝寒袭袂。时主人未出，雪芹酒渴如狂。余因解佩刀沽酒而饮之，雪芹欢甚，作长歌以谢余，余亦作此答之。"（朱一玄：《红楼梦资料汇编》，南开大学出版社 2012 年版，第 19 页）

貌看来，那早年个性受压抑的隐意识痛苦，显然已经冲淡、轻减、变为过去了（虽然他召唤痛苦记忆写进书中的隐意识痛苦还是那么强烈）。

上面三种痛苦的具体内容，虽也或整或零、有意无意地为今日红学界诸贤所把握，但似乎都没有把它们视为一个有内在结构层次并有所不同的痛感体系。因而，就没有充分、明显地确认"家"的败落在这个痛感体系中所处的"关键"性位置，从而把家的败落理解为雪芹内心世界发生根本变化的本质性因素，也就没有充分认识雪芹主观上把爱的逝去放在自己全部痛感的重心位置是一种"误放"，更没有充分认识到雪芹内在要求受压抑只是一种隐意识的痛苦，它在时态上比前者都要早，而且正由于"家"的败落，它反而走出了隐意识（即受压抑）状态，转为发泄型情感活动；另外，由于没有把诸痛感内容看作一个整体，因而也就不可能把它们作为一个向扬弃、否定人生及社会从而建立个体有限性思想（下面我们将要谈到）的过渡、前导阶段来看待，也就不可能把它们放到雪芹整个情感、观念、意识活动的有机有序的过程中去观察。因此，这些痛感内容虽然被欣赏活动体验到了，但在很大程度上它们还没有显示自己应该而且能够显示的意义。

## 二　个体人生有限感的生成及其悲感带来的对个体人生的否定和扬弃

上述三种由个体自我生活经验连带、抽引出来的有着具体实在内容的痛苦情感在进一步膨胀、提升中，就发展到了有理性思索参与的"痛定思痛"的阶段。

在这个阶段，理性（"思"）本来是在寻找痛感生成的原因，帮助情感在合理的答案面前走向宽解，殊不料，它越是寻求答案，就越是将心灵拖到更沉重的苦难，更深的泥潭中去了。

第一，雪芹意识到痛苦不是属于我一个人的，而是属于众多的个人（个体人），在无穷无尽的自然生活及社会历史的不断发展面前，"个体人"的存在及其生命犹如电光石火、白驹过隙，十分渺小、短促、脆弱、可悲，生老病死以及其他无数偶然性灾难时刻都会湮灭"个体人"生命的烛火。

"喜荣华正好，恨无常又到。眼睁睁，把万事全抛。"

"说什么，天上天桃盛，云中杏蕊多。到头来，谁把秋捱过？则看那，白杨村里人呜咽，青枫林下鬼吟哦。更兼着，连天衰草遮坟墓。这的是，昨贫今富人劳碌，春荣秋谢花折磨。似这般，生关死劫谁能躲？"（第5回）

第二，个体人的情感、意愿、要求、理想，在实际境遇及人生道路上很难过渡为现实性的存在。在它的面前横亘着一种人们难以把握、认识及驾驭的颇为有力的"无形支配力"，和这种支配力相较，个体人的主观意愿及为之努力的社会行为的能量，就显得微薄、有限、苍白无力了。

"枉费了，意悬悬半世心……一场欢喜忽悲辛。叹人世，终难定！"

"自古穷通皆有定，离合岂无缘？"

"好一似，霁月光风耀玉堂……终究是云散高唐，水涸湘江。这是尘寰中消长数应当……"（第5回）

这种使个体人心理上产生无能为力的有限性感觉及痛苦，不是一种虚幻、想象中的"魔力"，而是社会历史生活中的客观存在。它包括如下两个层面。

一方面，在社会现实活动中，"许多单个人的意志的相互冲突"、相互交错。冲突交错中各个单个的意志力产生推拒、抵销、损耗，导致个人的意愿都一定程度地偏离原来所设想的行进轨辙，甚至是完全料想不到的恰恰相反的走向。恩格斯说：

"任何一个人的愿望都会受到任何另一个人的妨碍，而最后出现的结果就是谁都没有希望过的事物。"①

"在这里，预定的目的和达到的结果之间……总是存在着非常大

---

① 恩格斯：《致约·布洛赫》，转引自《马克思恩格斯列宁斯大林论青年》，中国青年出版社1980年版，第47页。

的出入，不能预见的作用占了优势，不能控制的力量比有计划发动的力量强大得多。"（《自然辩证法·导言》）①

另一方面，社会经济关系、政治关系乃至伦理关系也转化出一种面对个体人的力量，以"物的关系对个人的统治、偶然性对个性的压抑"这两种形式②，使个体人从情感到理性、从外在行为到内在心理、从个人命运推想到社会活动动机都陷入了困惑、茫然、自卑的意识状态。恩格斯这样讲：

> "人们自己的社会行动的规律……直到现在都如同异己的、统治着人们的自然规律一样而与人们相对立"，"人们就像受某种异己力量的支配一样，受自己所创造的经济关系、受自己所创造的生产资料的支配。"③

这两个层面交织在一起就构成了一种不以个人意志为转移的客观的"社会力"。雪芹虽不了解其中的实质，给它们披上了"神秘的纱幕"④，称之为"生关死劫"的"无常""气数"，但这种"力"对个体人生、意志所起的不可回避的摆布、驾驭作用，以及这种"力"作为必然性、无限性与个体人生、意志作为偶然性、有限性的关系，雪芹已经模糊、直观、敏锐地感知了，甚至掌握了。

不过，无论是掌握了作为自然存在的客观的"力"对个体人生、意志的支配作用，还是掌握了作为社会存在的客观的"力"对个体人生、意志的支配作用，对雪芹来说都只能给他带来更深入的苦恼。因为这方面在雪芹的意识中只汇集成一点，那就是个体人生、意志力量的有限性。他的一腔心血全都凝注在这一点上，思想、情感、智慧转动到这个问题的极端上

---

① 总政宣传部：《马列著作毛泽东著作选读》第二分册，中国人民解放军战士出版社 1978 年版，第 42 页。

② 《马克思恩格斯全集》第 3 卷，人民出版社 1972 年版，第 516 页。

③ 恩格斯：《反杜林论》，《马克思恩格斯选集》第 3 卷，人民出版社 1972 年版，第 323、355 页。

④ 《马克思恩格斯全集》第 23 卷，人民出版社 1972 年版，第 97 页。

再也徘徊不动了，他沉溺在一个解不开又丢不下的痛苦之中。黑格尔在分析人们这种有限性的思想时说：

> "事物有限性的思想带来了悲伤，因为有限性是推到极端的质的否定，在这……也就再没有留下和它走向没落的规定相区别的肯定的'有'了。""有限物也当然要使自己流动，它本身却是注定要终结，而且只是终结……除了它们的终结，就再没有下一步的规定……于是知性就僵化在有限性的悲伤中了。"①

雪芹所坠入（不如说是达到）的痛苦正是这种"事物有限性思想带来的悲伤"。在这里，他的思维状态朝着个体人生、意志有限性这一命题一个劲地追究，一直走到极端，仍看不到个体人生有限性的前面有什么拯救这种"有限性"的光亮或希望（即黑格尔讲的思想发展的"下一步的规定"），看到的只是"个体人生有限性"是一个思维的极端、一个思维的制高点、一个"真理"。于是他在情感上不得不沮丧，黯然、悲哀地认可这个事实了：个体人生、意志无法与那强大而漫无边际的自然及社会存在的无限性力量相抗衡，在这个意义上，个体是奴隶。

思想驰行到这里，雪芹已经完全从个人幽愁暗恨的一片荆棘中走了出来，闯进了带有普遍意义的所有人类个体心灵都无法摆脱的"盲目……力量来统治自己"的漫天黑雾。他痛苦、惶恐、不得不做出新的严峻的抉择，那就是顺着痛苦本身提供的巨大"前冲力"向前迈进，开始了在情感与理智中的对尘世生活及一切人生内容的强有力的否定（即雪芹所说的"勘破"）。否定的本质显而易见，是一种在"个体人生有限性"面前找不到彼岸而连这"有限之内容"也索性甩掉算了的无可奈何的行动。

（一）对尘世生活（即个体人生）内容中最带诱人色彩的性爱情感的否定与扬弃

这否定带有明显的挥着泪水与痛苦、过去诀别的特征，调子极其低沉、哀挽、惨淡而又十分冷静、孤寂、达观。例如：

---

① 黑格尔：《逻辑学》上卷，商务印书馆 1966 年版，第 126 页。

"说什么脂正浓、粉正香，如何两鬓又成霜？昨日黄土陇头送白骨，今宵红灯帐底卧鸳鸯。"

"世人都晓神仙好，只有娇妻忘不了！君生日日说恩情，君死又随人去了。"（第1回）

"那美韶华去之何迅！再休提绣帐鸳鸯。"（第5回）

细心的读者是能够体味出这里"说什么""再休提"之下的内在包蕴的。从否定的主体带着一种既然结果如彼、当初何必为之的退避心理，进入了更强烈的理性状态，他想通过否定与扬弃达到超脱的、理性中的自由的心理境界。但他实际上还不可能由此而轻松起来，因为他的思想依然停滞在茫昧、苦闷、盼不到曙光的昏暗状态。充当他的否定动力的仅仅是他主观上那企求抛开痛苦的动机——一种"形式的动力"，而非"内容的动力"；"内容的动力"是一种与被否定物正面交锋有具体内容、规定的思想，而这"思想"雪芹还没有搞清楚也暂时不可能搞清楚（也即：爱与情的人生内容既然痛苦、短暂，以致没有去实践、追求、尝试、领受的必要；那么，究竟什么才是与此相反的欢乐、永恒且有必要的呢？他回答不了）。

（二）对整个尘世生活幸福感的否定与扬弃

这个否定与扬弃虽然不及对情爱生活的否定那样具体，但它作为一种否定性心理的"面"与"势"都无疑增大了，而且那种"既然将来如彼，何必今日如此""既然结果如彼，当初何必为之"的退避、负反馈心理，也更加明显化、表面化、浓烈化了。例如：

二仙师道："……那红尘中有却有些乐事，但不能永远依恃，况又有'美中不足，好事多魔'八个字紧相连属，瞬息间则又乐极悲生，人非物换，究竟是到头一梦，万境归空，倒不如不去的好。"（第1回）

林黛玉天性喜散不喜聚。她想的也有个道理，她说，"人有聚就有散，聚时欢喜，到散时岂不清冷？既清冷则生伤感，所以不如倒是不聚的好。比如那花开时令人爱慕，谢时则增惆怅，所以倒是不开的

好。"（第 31 回）

这里包括这样的心理运动逻辑：本来觉得"红尘中……有些乐事"，对"人世间荣耀繁华，心切慕之"，"想要……去享一享这荣华富贵"，但由于伴着"乐事"而来的无限的人生烦恼以及这种享受"乐事"的短暂、有限性的痛苦，从而生发一种积极的理性力量，产生强烈的负反馈作用（即有目的、有准备地去应付、限制将来将要发生而未发生的事体），由结果反思并反馈、否定开端、开端的行为及行为动机；由将来反思并反馈、否定现时、现时的欲望及行动。于是主体对于尘世生活（或人生）欢乐感的否定与退避心理生成了。

（三）对那个时代人生价值具体标志的功名的否定与扬弃

功名近似于西方关于人生价值的审美观念"荣誉"。它以"有实在价值的……财产、地位、官职之类"作为根基，并须"存在于旁人的观念和承认里"[1]（否则就是堂·吉诃德似的可笑的"骑士风采"），属于社会普遍意义范畴的"观念及物质凝合体"；而并非由个体人内在中滋生的东西（如爱的欲望）。所以它作为"个体人"人生价值的对象化显现，而且是永恒地显现，对个体人说来，本就存在着一种虚设、附加，而且具有非永恒的虚设附加的特点。曹雪芹的否定是从这种虚设性与暂时性入手的。他说：

"世人都晓神仙好，唯有功名忘不了！古今将相在何方？荒冢一堆草没了。"（第 1 回）

"镜里感情，更那堪梦里功名！……只这戴珠冠、披凤袄，也抵不了无常性命。……气昂昂头戴簪缨；光灿灿胸悬金印，威赫赫寿禄高登……昏惨惨黄泉路近。问古来将相可还存？也只是虚名儿与后人钦敬。"（第 5 回）

这个否定、扬弃与前两个稍有不同。其一，它生成的动力不仅来自由个体人生有限性的痛苦所导致的理性反馈力量，而且同时来自雪芹另一根

---

① 黑格尔：《美学》卷二，商务印书馆 1979 年版，第 321、324 页。

本思想（视功名为禄蠹，不以经济学问为务）的力量，在这两个力量的交叉点上，功名是没有立足之地了。其二，在前两个否定、扬弃中，我们还可以发现其中尚潜在地储存着一种为尘世生活、美好女性所强烈吸引、理性根本无法驱除的感性情感积淀（"风尘怀闺秀"）；它表明在雪芹的心灵深处还有着他自己根本抹（否定）不掉的对尘世生活的热爱与对美好女性的爱恋。但在这里，功名则是实实在在、从根本上（即在情感上而不独在理性上）被扬弃、丢开、毫无留恋的东西了。

透过上述三种否定与扬弃，我们可以归纳如下。

第一，否定与扬弃不同于对世俗生活持退避、躲匿态度的宗教心理。朱光潜先生描述过宗教化的退避心理的特征：

> 我们遇见一个人对于某种事物特别畏避时，就可以推知该种事物对于他实在有极强烈的引诱，他在隐意识中实在极热烈地爱着它。各种宗教都畏避肉欲，都要摆脱现世的引诱，其实都是肉欲过强的反动。许多虔信的教徒都是先感到极强烈的肉欲的引诱，而后对于肉欲存着不近人情的畏惮和嫌恶。①

这段话揭示了一种被动、消极、扭扭捏捏的理性运动。生活中的主体在为美的对象、目标所顽强吸引，而自我情感也想去迎受追寻，从而完全失去推拒能力的时候，理性又有意识地站出来当"老法海"，在美的对象与主体情感世界间隔上一堵墙，人为地制造了情感与理性、吸引与推开的内在矛盾，以及由这矛盾而派生的主体性格的不统一（虚伪、欺骗）性。雪芹对尘世生活幸福感及情爱生活的否定，与退避、躲匿有所不同，它不是消极而是积极的理性在发挥作用。它虽然也接受佛家的思想，人世极痛苦，充满着矛盾、变化、更新以及幻象幻梦色彩，但它不像佛家那样最终否定人的生存的意志，"尽管现象界在不断变动，但生命归根结底是美的"②。它要求个体人应该高扬起理性的风帆，有勇气超越现世的苦痛，

①　朱光潜：《朱光潜美学文集》卷一，上海文艺出版社 1982 年版，第 428 页。
②　转引自朱光潜《悲剧心理学》，《朱光潜全集》第 2 卷，安徽教育出版社 1987 年版，第 359 页。

以包囊一切、融合一切也吞吐一切的"佛"的胸怀来对待外在现象界的千劫万难，用理解一切的目光来审视人生的意义，使人超出那既定的生活经验范围，净化、清洗掉个体心理中积聚的痛苦内容。在这里，主体不是对美持退避与推拒态度，而是对生活所引起的苦痛持退避与推拒态度；主体不是在自我折磨，而恰恰是在排解、健康着自己的身心，主体不是颓唐、消沉、自戕，而是在挣扎、努力、摆脱、向前走。所以如果说雪芹否定、扬弃社会、人生的思想倾向是一种虚无主义人生观，那就大错特错了。

第二，在佛家的最高审美意境中，自我是不存在的。可分的个体自我只是一种错觉。个体的人只有放弃关于自身、自我可以单独、独立存在的念头，使那种可以分割的个别自我的错觉永远消失，才能进入"涅槃"的完全解放的境界。但在雪芹这里，主体在否定、扬弃、探寻的迷茫意识中，找回了它的自身——一个理性的痛苦状态下的智慧的自我。这种理性的处于智慧阶段或觉醒状态的"个体自我"是一种与西方启蒙主义中自由个性相平衡、相接近的形态。它使主体不会在痛苦的人的有限性的泥潭中不得自拔，而能用自身的理性、反思挽救自身，理性地超越那种个体人生有限性的压抑与折磨，返回自身，振作自身，与自强、信念、意志、韧性混合在一起，显现着鲜明的东方理性色彩。

第三，在否定与扬弃中保存下来的理性的个体自我，是一个"虚空"的尚没有填入具体信仰而只信仰自我思考、自我意志为内容的主体自身；显然，这是一种超脱。只有理解了这种主体思维活动中的特殊的"虚空"和超脱，才可能悟得雪芹审美意识内容为何具有那么大的空灵性的深刻原因。

总之，雪芹沿着个体人生及力量有限性的思想线索向前探寻，最终就走到了这里。他既没有跌进虚无主义人生观念的陷阱，但也没有找到一个明确的肯定性的思想规定。他只达到了用理性、智慧、意志拱卫个体心理，使个体不至于被有限性思想的悲哀洪潮淹没的目的，从而达到了一种超脱的心理平衡。这最终恐怕还是要归功于由"怨而不怒""哀而不伤"的理性主义积淀而成的具有强大弹性的中国人的传统心理结构（苏轼式的"也无风雨也无晴"的平静）。

## 三 个体人心理层面的积极性、超越性及个体人格的升华

在个体人心理压抑感、个体人生存在有限性这一"极"定势定向、直线发展到它的端顶的时候,另一"极"——个体人心理层面中超越一切的理性力量、积极能动的反馈性心理功能、个体人生活意志的无限性,以及个体人格的自我提升与升华,等等,也与前者背道而驰地走向了自己的端顶。它的总的活动状态是:个体心理对外部力量或规律的无能为力,迫使它回转头来寻求个体自身内在的"心理平衡势",以帮助心情趋于平定。为了获得这种"平衡势",个体依赖自己的理性力量以及那一种心理受压的情感的张力,把个体人的心境引向对人生、现实、生活内容的肯定、追求以及对个体人自我情感、信念内容的自我确证与理性升华道路上去,建立起个体人的不被矛盾、有限、悲哀所困锁的积极意义的意识倾向,或勇于自我实现、自我肯定的实践情感。

于是,遥遥相对的"两极",即难以调和的心理层面的内在矛盾:个体人生存及力量的有限性、非超越性与理性心理功能的无限性、超越性,个体人心理的被动、受制、压抑感与个体人心理的能动、积极、反馈性,就这样构成了。

现在,我们来看雪芹积极意义的心理层面在具体发展活动中的诸内容、诸层次。

(一) 张扬一种独立、特殊的新型个体人格

雪芹赋予宝玉"种种异常"的性格内容,并通过社会普遍伦理要求对他的"睚眦"态度,展示出后者对前者的严重背离与尖锐抵触,从而把明中叶以来随着资本主义萌芽而抬头的人的个体意识及个体与社会的严重分裂扩大了。

第 5 回写宝玉"于世道中未免迂阔怪诡,百口嘲谤,万目睚眦"。

第 3 回写宝玉"无故寻愁觅恨,有时似傻如狂……潦倒不通世务,愚顽怕读文章。行为偏僻性乖张,那管世人诽谤……于国于家无望"。

第 19 回写"宝玉性格异常,其淘气憨顽自是出于众小儿之外,

更有几件千奇百怪口不能言的毛病"。

第 66 回写宝玉"成天疯疯癫癫的，说的话人也不懂，干的事人也不知。外头人人看着好清俊模样儿……谁知是外清而内浊"。

这就是雪芹笔下的特殊的人格。它的最大长处是真实地回到他自己。它以对社会普遍伦理规范力求摆脱的最大限度的离心倾向，从忠、孝、节、义等群体情感的涵盖、羁縻中，退返到他自身的情感、要求、生活理想、意志状态与审美情趣，并以这些自身内在（即"属我"）的情感、个性、意志、理想诸内容建立起个体自我感到舒畅、快乐的精神生活机制，从而把那些并非"属我"的群体精神生活内容（仁、义、礼、智）扬弃到一边去了。这种个体人格不愿再隶属群体精神生活及其内容（和、群、仁），而大胆地返回到自身自然形态（即内心情感生活内容的自我规定与自由支配）的过程，带着强烈的震荡性的个体意识抬头、高扬、扩张，发出向"个体人"人生理想胜利进军的讯号。这与社会经济领域中新生产方式萌芽、发展并日益蚀化、毁坏封建生产关系使之解体，以及它的"连带物"宗法观念体系（伦理纲常等群体情感模式）的开始解体，都是密切、有机地联系在一起，相互触发、相互呼应的。

雪芹把个体人格推到脱离群体意识（仁、和）的自由状态时，所凭借的实际上也正是黑格尔引用康德的观点所描述的一种个体的清醒意识、个体理性反思的力量，只是披上了两件东方色彩的外衣而已。

其一，个体人格对群体情感及精神风范的游离与摆脱，是以"任性"的方式出现的。例如：

那宝玉"放荡弛纵，任性恣情，最不喜务正"。（第 19 回）

袭人箴劝宝玉，"只是百事检点些，不任意任情的就是了。"（第 19 回）

宝玉挨打后自思："我不过挨了几下打，他们一个个就有这些怜惜悲感之态……得他们如此，一生事业纵然尽付东流，亦无足叹惜。"又告诉黛玉："就便为这些人死了，也是情愿的！"（第 34 回）

在这里，个体意识倾向死死地抱住或守定自我特殊甚至是偏狭、执拗的个性内容，并因之发出可变可塑系数极小的稳定的行为趋向（所谓"狷之流，而硁硁自守者也"①）。趋向中渗透着顽强的逆化心理，似乎有意识地在对外在阻抗力予以反击，而很少有因势随机变化的灵活性了。这大概与东方人的禀性特点有关：

"在东方只看见……任性、形式的自由，自我意识之抽象的相等，我就是我。"

"东方人的境界……不是没有品格的高尚、伟大、崇高，但仅表现为自然特性或主观的任性。"②

东方人（主要是中国人、印度人）的个体的自由感以及个体人格内容（高尚、伟大、崇高）的建树，都是通过个体人主观上的"任性"力量实现的。所以贾宝玉似的依赖"任性"（偏执型个体意识倾向）对抗社会群体意识观念的现象，在某种意义上是反映了东方人维系个体人格独立性的一种惯用的传统方式的。

其二，为了使特殊、新型的个体人格具有分量，还必须在一个更高的层位上为它寻得理论根据。

清明灵秀，天地之正气，仁者之所秉也；残忍乖僻，天地之邪气，恶者之所秉……所余之秀气……溉及四海。彼残忍乖僻之邪气……泄出者，偶值灵秀之气适过……必至搏击掀发而后尽……秉此气而生者，在上则不能成仁人君子，下亦不能为大凶大恶。置之万万人中，其聪俊灵秀之气，则在万万人之上；其乖僻不近人情之态，又在万万人之下。（第2回）

---

① 陈郊：《礼记疏意参新》，张国光《文史研究论文选》（上）引，武汉师范学院科研处编1982年版，第43页。

② 黑格尔：《哲学史讲演录》卷一，商务印书馆1959年版，第99、97页。

可见，雪芹根据秉气而生的人性论把人划为四个类型①。第一类型是秉正气而生的仁者，如尧、舜、禹、汤、孔、孟。第二类型是秉邪气而生的恶者，如桀、纣、王莽、安禄山。第三个类型是一般人（"万万人"），雪芹没有做具体解释，但旨意很明确，指处于善恶之间的大多数庶民百姓。第四个类型是正邪二气搏击交感而生的具有特殊赋性的人，如阮籍、嵇康、唐明皇、宋徽宗、柳永、秦观、红拂、朝云……四个类型中的第四类型，在秉气而生的人性论思想史上具有创见性的意义。中国古代哲人认为人的伦理属性乃秉气而来，一般只分出两个类型，即善与恶两极，董仲舒、王充、二程、朱熹等人就有过论述。他们那种根据气之清浊、昏明、厚薄、阴阳来区别人性善恶、贤愚、仁贪两种对立等级的"两分法"，在古典哲学领域是最为普遍的。除此而外，某些有辩证观点的哲人，又认识到阴阳、清浊、善恶、贤愚这些对立两极的互相渗透、互相过渡。如王夫之说，虽然"天地之化，人物之生，皆具有阴阳二气"②，然阳者"非无阴"，阴者"非无阳"；世上"无孤阳之物，亦无孤阴之物"。③ 于是他们在遥向对立的善恶、贤愚两极中又分出一个中间等级来，如董仲舒、韩愈性三品中秉"中民之性"者，王充的善恶相杂的"中人之性"，这个中间等级与雪芹所说的一般人（"万万人"）是十分吻合的。

---

① 秉气说，清人或论之。焦循《礼记补疏》卷二："和而后月生焉"［注］："此气和乃后月生而上配日"，循按："和即合也，谓合朔也。日与月合朔而后月生明。日为阳气，天之所秉，月为阴气，地之所秉，日月合则阴阳之气合；故云此气和。此者，指上所云天持阳气地持阴气也。"刘大绅《寄庵诗文钞》卷二《高节妇传》："高士伦曰：伦曾祖母守节抚孤，孝行慈惠，世所难能。今孙曾得以成立，皆遗泽之所及，若遂湮没不彰，则不孝之罪滋大，公其为我传之，俾得列于邑乘之末，死且不朽。士伦邑贡生，氏曾孙也，有士英者，亦氏曾孙，壬子举于乡，能文章，行已醇雅可亲。举人张象津宗光，监生李克玺、王祖雝，生员宸弼诸君子皆新城人，望相率为请传。窃念君臣夫妇之义一也，然以天下之大，远或四五百年，近亦一二百年，臣之以忠烈称者寥寥焉，而妇女之贞节者百十里之地无十数年而绝见闻，岂真天地清淑之气不钟于男子而钟于妇人耶？……今乡曲之中有夫死而改适者人即争非之，或不齿其群，……其天性之所秉负，风气之所濡染，固已至深且厚。是以妇女之贞节较男子之忠烈者而有加也。"（民国云南丛书本）
② 王夫之《张子正蒙注》卷一下："天地之化，人物之生，皆具阴阳二气。其中阴之性散，阴之性聚，阴抱阳而聚，阳不能安于聚，必散；其散也，阴亦与之均散，而返于太虚。"（清船山遗书本）
③ 王夫之《张子正蒙注》卷一上："合者，阴阳之始，本一也。而因动静分而为两，迨其成，又合阴阳于一也。如男，阳也，而非无阴；女，阴也，而亦非无阳。敢按，如气血魂魄之属，男女毕具，是阳必具阴，阴必具阳也；以至于草木鱼鸟，无孤阳之物，亦无孤阴之物，唯深于格物者知之。"（清船山遗书本）

但值得指出的是，雪芹在上述三种类型之外区分出一个新的第四类型，这个类型，既不同于秉正气而生的仁人君子，也不同于秉邪气而生的大凶大恶，更不同于处善恶两端的中介（中间过渡、中间衔接）层次的庶民百姓（"万万人"），他们在正邪二气的交感中产生，具有自身特殊、奇僻甚至怪诞的质的规定性。这一区分是在玄思中完成的，是一种特别形式的对个体人格及人性内容的升华运动，它使个体人格及以个体意识为中心的人性内容戴上了接通于更高层位的神圣的光环，获得了自己必然在历史生活中存在的本体论高度的深刻论证。

（二）"女性爱"心理的升华

前面我们提到过，作为雪芹痛苦心理内容之一的所爱对象逝去的悲伤（"怀金悼玉"），在滑向消极的"下倾势"心理倾向时，使雪芹陷入了"千红一窟（哭）""万艳同杯（悲）"的外部力量驾驭个体人生以及"美人黄土"的人生有限性的沉思；但这所爱对象逝去的哀思同时也向着另一端发展，走向它的积极的"升华势"的心理状态。

一方面，爱的情感不仅没有因所爱对象的消失而蒸发、干枯掉，而且正由于这种"消逝"，使它愈加猛增。因为主体一遍遍反顾、追记、回思那些储存在记忆中的感性印象（即记忆表象），为爱的情感找寻具体的寄寓载体，这里自然就隐含了想象的情感化的填补作用。"想象围绕着爱情的关系创造一个整个世界，把一切事物、一切属于现实生活的旨趣、环境和目的都提升为这种情感的装饰……都拉入爱情这个领域里，使一切都由于与爱情的关系而获得价值"①，从而创造了一个特别的氛围以及氛围中的所爱对象与爱的情感（客体与主体）一起向升华、淳炼形态发展的趋势。

另一方面，爱的情感似乎本来就需要距离，近则腻味，远则希求，时空上的距离（或隔离）往往提高着爱的情感的热度、浓度及纯洁度。马克思在谈到他与燕妮分开时的感受时说：

> 深挚的热情由于它的时象的亲近会表现为日常的习惯，而在别离的魔术般的影响下会壮大起来并重新具有它固有的力量。我的爱情就

---

① 黑格尔：《美学》卷二，商务印书馆1979年版，第327页。

是如此，只要我们为空间所分隔……爱情……就会显出它的本来面目，像巨人一样的面目。①

所以，所爱对象的逝去非但没有导致雪芹"女性爱"情感的死亡，反而由于情感与对象间再也无法弥合的绝对距离，使情感在"无法"的绝境中越燃越烈，自己照亮自己，变得更加强化与升华了。强化与升华是按两个步骤进行的。

其一，提出"意淫"的概念，使"女性爱"情感（主体）与所爱对象（客体）都过渡为具有审美性质的东西。雪芹通过警幻仙子之口说：

> 淫虽一理，意则有别。如世之好淫者，不过悦容貌，喜歌舞，调笑无厌，云雨无时，恨不能尽天下之美女供我片时之趣兴，此皆皮肤淫滥之蠢物耳。如尔则天分中生成一段痴情，吾辈推之为"意淫"。

所谓"意淫"就是一种异样色彩的女性爱心理及情感，它是"皮肤淫滥"（即肮脏的动物性欲望）的对立面。（1）虽然"性别……在这里（也）起作用"，但已经"进入了……精神化的自然关系"②，以精神愉悦、心理满足、灵魂慰藉等内心生活为旨归，并把这旨归确定为爱的活动的具体价值。（2）这种情感"无为而无不为"，扬弃了对于对象（女性）予以占有与利用的动机，从而有一种"忘我无私的精神"。它"不是为自己而存在和生活，不是为自己操心"，而是"把自己的意识消失在另一个人身上"，以体贴别人（女性）、爱抚别人的"为她"性为基点。这就造成了一种带有空泛特征，"我……只在对方身上生活"的人生、性爱价值观念。③

这种人生、性爱价值观念，在雪芹生活的时代是不为人所理解的。例如第 78 回贾母就说：

> 我也解不过来，也从未见过这样的孩子。别的淘气都是应该的，

---

① 《马克思恩格斯全集》第 29 卷，人民出版社 1961 年版，第 515 页。
② 黑格尔：《美学》卷二，商务印书馆 1979 年版，第 326 页。
③ 同上书，第 327、326 页。

只他这种和丫头们好却是难懂。我为此也耽心，每每的冷眼查看。只和丫头们闹，必是人大心大，知道男女的事了，所以爱亲近她们。既细细查试，究竟不是为此。岂不奇怪。想必原是丫头错投了胎不成。

其实贾母"难懂"的，原本简单，不过是一种上升到审美意义上的性爱价值观念。它的实质在消除性爱生活中所有"恶劣的、粗鄙的和野蛮的因素"①，使性爱由原来的情欲、欲望的形态转化为崇高的审美情感，由原来低劣的非人性（动物性）内容转化到具有高度文明水平的审美的意识境界中去。

法国美学家库申曾这样分析，"一个美女——她愈是长得美丽，人们愈是见了品格如此高贵的造物……必然愈加受到一种优美娴雅的情感的调和，有时甚至被无私的崇拜心理所替代"；因为在她面前所产生的情感，并非把欲望刺激、点燃起来，而是使它（情感）纯净化、高尚化，升华为"一种特别的情操"。② 李泽厚同志也说，"连写情书都可以使性爱升华"。③ "意淫"的真谛即在于性爱的升华，一方面爱的主体（即爱的行动的发出者）将自我爱的情感来一个提升，淳化，脱尽人间烟火气，产生高尚的格调、审美的属性、诗情的色彩；另一方面爱的对象（女性形象）所接受的不再是丑恶的狎亵、粗暴的蹂躏，而是特别的审美情操、审美观照，她不再是淫欲的对象，而是审美对象或美的化身了。

其二，这种摆脱了自然主义情欲、发展为审美情感性质的女性爱心理并非终极形态，它进一步升格，去寻找自己的更高规定。于是接着便出现了一更高的层次——逼近宗教情感的虔诚的女性爱。

这里雪芹仍然采用"人秉气而生"，从而将人性内容提到本体论高度去说明的办法。不同的只是，他在前面说明特殊、新型人格秉气而生时，认为它们是正邪二气交感的产物，而这里的美好女性则无须二气交感，她们是天地间纯美至灵之气（或正气）在尘世间的具体转化形式或存在形

---

① 黑格尔：《美学》卷二，商务印书馆 1979 年版，第 331 页。
② 北京大学哲学系美学教研室编：《西方美学家论美和美感》，商务印书馆 1980 年版，第 231 页。
③ 李泽厚：《美学杂谈》，《丑小鸭》1984 年第 12 期。

式，她们更为纯粹、真洁、神圣；因此她们必须赢得虔诚、净洁、高尚的
情感。例如：

> "天地间灵淑之气只钟于女子，男儿们不过是渣滓浊物而已。"
> "女儿是水做的骨肉，男人是泥做的骨肉，我见了女儿便清爽，见了
> 男子便觉得浊臭逼人。"（第 2 回）
> 宝玉见了比宝钗更美的宝琴，失口赞道："老天，老天，你有多
> 少精华灵秀，生出这些人上之人来！"（第 49 回）
> 贾政见元妃道："今贵人上锡天恩，下昭祖德，此皆山川日月之
> 精奇……钟于一人"。（第 17 回至 18 回）
> 宝玉说宝钗："好好的一个清净洁白女儿，也学的钓名沽誉……
> 真真有负天地钟灵毓秀之德！"

在这里，对女性的审美情感似乎已被虔诚膜拜的心理所代替了。黑格
尔曾讲，审美情思的再移动就转到了宗教化的情感，"转到"的明显标志
就是附加上"虔诚态度"。虔诚态度所以发生，是由于：（1）主体情感又
"朝更远地方瞭望"，进一步淡化了所爱对象的外在性相，而达到了与对象
内在东西的更深入的契合；[①]（2）主体情感把自己的对象"提高到超出它
（对象）自己的现实性"[②]，赋予它较高的神圣内容（或规定），从而造成
了对对象的更本质的肯定。雪芹女性爱心理由审美情感进位到虔诚态度的
内在逻辑也是如此。一方面是爱的情感（主体因素的进位），爱的主体感到
女性清净、洁白、尊贵、灵淑，要求把对她的审美观照情感递进为一种更高
层位的心理状态，与女性本身的美好价值取得对等或相称的关系，否则仍似
有轻薄、唐突、亵渎之感。于是这种更高层位的心理状态——虔诚心理便组
建起来，女性爱心理这尘世间的情感现象走向超现实（逼近宗教化）的精神
领域；另一方面是所爱对象（客体的进位），在虔诚心理的"中介"作用下，
女性美（或女性形象）获得了冰清玉洁的高贵价值以及彼岸性（神性）的崇

---

① 黑格尔：《美学》卷一，商务印书馆 1979 年版，第 132 页。
② 黑格尔：《精神现象学》上卷，商务印书馆 1981 年版，第 195 页。

高形态，"天地间灵淑之气""山川日月之精"，也由前一层次中的一般审美对象（美的化身）发展为主体情感虔心所向的对象（圣洁、神圣化身）了。

（三）积存心灵深处的人生实在感及人生韵味的无限感

个体心理内容的积极方面，除了个体人格的升华与女性爱心理的升华外，还有个体对于自我感性生活经验、人生内容的肯定性的自感受、自确认。在这种自感受、自确认中，雪芹发现，个体人既是作为"化灰化烟"、转瞬即逝的两间中匆匆的过客，又是有血躯、有情感、有一切幽情烦恼、嬉戏怡乐的现实的客观存在。这就能体味出个体人生的实在感及个体感性生活内容的无限感。

不过这种个体人生实在感及个体人生韵味无限感的生成，与前面个体人格的升华相比，走了不太相同的行进路线。个体人格的升华是在个体人理性精神参与、支配下完成的，反映了个体人理性意识的巨大能动力量；个体人生实在感及个体人生韵味无限感的建立，则与女性爱心理升华相接近，"并不……依靠思考和知解力的诡辩，而是植根于心情"①、依赖于个体人切实的人生感受（即感性生活记忆、情感积淀的深度与厚度），以及个体人的感性确定性的心理功能。

这种个体人生实在感及个体人生韵味无限感，实质是在拿人生内容作为一种美的东西（或审美对象）来体味、品尝、咀嚼，是一种艺术化的人生回味，即把人生内容艺术化的情感活动。所以它常常与作者对生活、人生中的感性美的体验、描述联系在一起，混合着诗意的审美的情调，出现在作者艺术描写过程中。因为当作者为创造艺术形象而调动自我生活经验、自我记忆表象、自我情感化的人生感受时，它们就以曲折、变形、转嫁的方式流泻出来了。例如：

> 第49回，"一夜大雪……宝玉……欢喜非常……忙忙的往芦雪庵来。……至山坡之下……已闻得一股寒香拂鼻。回头一看，恰是妙玉门前拢翠庵中有十数株红梅，如胭脂一般，映着雪色，分外显得精神，好不有趣！宝玉便立住，细细的赏玩……"

---

① 黑格尔：《美学》卷二，商务印书馆 1979 年版，第 326 页。

第 63 回，宝玉道："咱们也算是会吃酒了，那一坛子酒，怎么就吃光了。正是有趣，偏又没了。"袭人笑道："原要这样才有趣。必至兴尽了，反无后味了。"

第 34 回宝玉挨打后，宝钗"叹道：'早听人一句话……'刚说了半句又忙咽住……不觉的就红了脸，低下头来……只管弄衣带，那一种娇羞怯怯，非可形容得出者……"

第 29 回写宝黛两人心事，"原本是一个心，但都多生了枝叶，反弄成两个心了。那宝玉心中……想着……那林黛玉心中又想着……如此之话，皆他二人素习所存私心，也难备述"。

生活、人生尤其是那有着丰富底蕴的爱的情感活动，真有叫人领略不尽的韵致，猜不完的谜底！在这种"领略不尽"与"猜不完"的感觉的促使下，个体开始正视生活、人生奥秘的无限性及真实感，正视自我感性经验的分量，从而把自我（即个体人）切实的人生感受确认、扩张、膨胀起来，形成了对生活以及自身（个体）在生活中具体存在价值、存在目的的一种特殊的情感态度，那就是占有生活，享有人生，不放过生活，也不放过人生（特别是人生的精华部分——青春与爱），并以兴趣化及审美化的意向去观照、体察生活及人生韵味的无限性，以有意识的方式去捕捉个体在生活中能够尝试或领受到的各种各样的风情雅趣与切切实实的美。这样，一种个体对生活及人生的积极的心理内容（个体人生实在感及个体人生韵味无限感），便孕育发展起来了。

这种反映着个体心理层面积极部分的人生实在感与明末以来市民文学中的人生实在感是有所不同的。其一，它不像后者那样偏重于"切切实实的一餐一饮"及"无虚无假的一嫖一赌"。它不讲究个体人生生活中的物质生活的满足与获得，而是偏重于情感生活的充实化，即个体人生由于现实中美丑双重内容的作用而引起的丰富的情绪体验和情感反应，包括依恋、追求、怀想、吸引、烦恼、幽思、离愁、隔膜、憎恨、厌恶等，以及它们的相当复杂或不规则的组合状态。其二，市民文学中的人生实在感偏重于"欢"的情感体验以及个体从生活中的汲取与获得，带有浓厚的人生享乐主义的喜剧化人生观念。雪芹的人生实在感，虽也包含那跨入审美高度的情爱生活的欢乐，但更多的则是现实给予的惆怅、骚乱、悲愤、无可奈何的情感内容；虽也包含个体人生回思中的那隐秘而不明示于人的情感世界的温馨与甜腻，但主要的还是那激荡、回旋、使他无法平静的心理损伤的内容，即强烈的人生悲剧感。

上述个体人格的升华、"女性爱"心理的升华以及个体人生实在感、人生奥秘无限感，不是互不相干的孤立性存在，而是三个互相联系与作用的"晶核"。它们彼此牵引、结合一体，组成了雪芹心理层面的积极性的"一极"，与雪芹心理层面的另一极（个体人生有限性的悲哀），构成了尖锐的矛盾与冲突。

## 四　雪芹心理层面矛盾性的根本意义

雪芹这种心理层面的矛盾的"质点"甚高，它不同于一般的情感对理性的抗拒、个体对社会的摆脱、新人性内容对传统观念模式的冲击。它表明雪芹的审美思索最终离开了一般性的社会、人生的具体问题，来到了更深邃、更本质的领域——人类文明史以来一直到将来人类完全进入"纯粹文明"（理想型社会形态）为止的漫长历史过程中的一个艰深而有普遍意义的问题：人类个体心理层面中的"二律背反现象"（姑借此概念），或个体心理运动现象及结果的逻辑矛盾状态。在这里，一方面，个体无法回避自身有限性带来的烦恼（包括生存时间有限性的压抑感与个体受制于自己创造的宏大的社会政治、经济、道德、法律的"力"）；另一方面个体心理又以它极大的理性的超越性及自我保护、自我宽慰的弹性（一种退缩、认可性的心理功能），通过各种方式（观念的、行为的、情感的、理智的）确证着自身存在的依据、价值、现实性及力量，创造着自我心态的"平衡势"。

这种个体人心理的深刻矛盾何时才能解决，又该怎样解决呢？

马克思谈到这其中的一个要害矛盾（即个体与统治他的社会政治、经济、伦理、法律诸种"力"的矛盾）的解决。他说，在人类理想型的社会形态（共产主义阶段），才有那"人和人之间的矛盾的真正解决"，以及"自由与必然、个体和类之间的斗争的真正解决。"[①] 这里马克思仅仅解释

---

① 《马克思恩格斯全集》第 42 卷，人民出版社 1961 年版，第 20 页。

了"个体与类"（即个体与社会政治、经济、法律诸"力"）的矛盾在历史中获得真正解决的途径及时间，至于个体生存的有限性的压抑感能否消除，从而个体心理层面深刻矛盾是否可以有一个彻底的根治，等等，无疑仍是没有答案的"历史之谜"。有人推测，"对这个矛盾的思索……很可能是二十世纪无可解决而留传给二十一世纪、二十二世纪以至下一个大时代的哲学的难啃的酸果"。[①] 不管这种推测有多少的精确度，但历史之谜的真正解答在于未来，是毫无疑问的。所以生活在 18 世纪后期的曹雪芹就涉及这一问题，确实太早太敏锐了。他依赖直观的审美玄想的方式进入了一个远远超出他生活的时代，并需要由历史、时间、社会进化来做真正切实解答的未来学意义的深刻命题，他走到他自己的时代的前面去了。在这里，我们是为这位早生的天才念些颂词呢？还是为他由于早生而引起的无限的心灵苦楚而祈祷呢？可能还应是后者吧！

# 第二节 《红楼梦》中"形象本体"与对应意象

在《红楼梦》的人物创造中，诗化的意象思维起了不可低估的作用，常常围绕一个艺术形象出现许多对其性格命运身份起映带、点缀、暗喻作用的诗化意象。它们像艺术人物身上投射出来的一块块影子，可以局部地不同角度地透示艺术人物的气质、襟愫、性情以及遭遇，它们在书中出现不是散漫化的随心所欲地放置，而似一面面小镜片，各有各的投射点，各有各比照映带的目标，它们有规则地与人物形象的"本体"构成着"对应"的艺术关系，产生具有比兴意义的互补映射的效应。

## 一 人物创造中形象"本体"与对应意象相互映带的表现方式

具体分析起来是如下情形。

第一，构成与不构成"类性联系"的意象。

为人物性格命运服务的诗化意象，一般考虑到形象基调本身的特质，

---

① 黄万盛：《人类的精神文明与道德发展远景》，《学术月刊》1986 年第 2 期。

都从特质出发，因而往往构成相对的联系性或类同性。比如黛玉这个人物，她是一个悲剧角色，围绕她出现了两个系列性的诗化意象：一个是历史化的人物构成的诗化意象：明妃、虞姬、湘妃、杜丽娘、红拂、绿珠等，另一个是自然意象：斑竹、桃花、柳絮、秋菊、芙蓉、风筝等。这两个系列都含有一种红颜薄命的悲剧性内蕴，所以这些意象之间就构成了一种类性的联系。

但人物创造中，随情节发展场面推移，也有一些随机拈来的诗化意象，对人物特定场合性情情趣也起虚比映带作用。把这些随机安设的诗化意象罗列起来，它们之间似乎并没有什么内在或外在的类性联系，甚至可能是风马牛不相及的。例如在黛玉形象的对应意象中除了上面列举的，还有仙草、司马牛、玉带、渔婆等；在宝钗形象的对应影象中，有牡丹花、更香、雪、金钗等，它们出现在人物活动的具体过程中，对人物的气性、命运及与其他人物的关系，产生着具体的指示或暗喻，若硬是扯到一起来看连类共喻的关系，就不免附会了。因为它们不发生直接联系。

第二，"对子"意象。

人物形象的"本体"和它的对应意象，无疑是建构"关系"的，值得注意的是有一种一对形象与一对意象的对应关系。宝玉在表达自己对晴雯的哀思以及两人爱恋之情时说：

"镜分鸾别，愁开麝月之奁"（用南朝徐德言与妻乐昌公主分镜事）；

"委金钿于草莽，拾翠盒于尘埃"（用唐明皇与杨贵妃事）；

"带断鸳鸯，谁续五丝之缕"（用汉高祖与戚夫人事）；

"汝南泪血，斑斑洒向西风"（用刘宋汝南王与刘碧玉事）；

"梓泽余衷，默默诉凭冷月"（用石崇与绿珠事）。

这里出现双项意味的对应关系，或者说组合型的对应效应。它的特点是从人物关系出发，用意象中的"关系"来映衬人物的关系（见表6-1）。

表 6 - 1

| 双项性形象本体 | 双项性对应意象 | | | | |
|---|---|---|---|---|---|
| 宝玉与晴雯 | 徐德言与乐昌公主 | 汉高祖与戚夫人 | 汝南王与刘碧玉 | 石崇与绿珠 | 唐明皇与杨贵妃 |

其一，在这里，需要通过对应意象映射渲染的形象本体不是宝玉一个人，也不是晴雯一个人，而是他俩的关系，是"对子"。所以其对应意象也都是"对子"，产生的效应也不是单项的以徐德言或汉高祖、唐明皇、石崇、汝南王映射宝玉，或以乐昌公主或戚夫人、刘碧玉、绿珠、杨贵妃映射晴雯；而是双项的以徐德言与乐昌公主（或汉高祖与戚夫人、汝南王与刘碧玉等）映射宝玉与晴雯的亲密之情，是"对子"与"对子"的对应互射。其二，这时，从双项对应意象的任何一端都可以"逆入"式地思及形象本体，或从贵妃之于明皇想到晴雯之于宝玉，或从徐德言之于乐昌公主思及宝玉之于晴雯，审美思索的入口处恰恰比单项的对应状态多了一倍，形成了一种具有更多审视点、审视线路的由形象本体与对应意象组成的"七宝楼台"。

第三，一个人物形象的"本体"可以有许多对应意象与之映带；反过来，一个艺术意象也可以成为不止一个人物的性格或命运的喻体。比如，霁月，它既是晴雯风格的意象，晴雯判词说："霁月难逢，彩云易散"；又是湘云姿度的喻象，[乐中悲] 说湘云"好一似，霁月光风耀玉堂"。又比如兰花，既是妙玉气质的对应物，[世难容] 唱妙玉"气质美如兰，才华阜比仙"。又为李纨身世的写照，李纨册上"画一盆茂兰，旁有一位凤冠霞帔的美人，也有判云……到头谁似一盆兰"。

第四，当一个意象成为几个人物性格或命运的喻体的时候，它成为一个辐辏型的焦点或中介，它能够把几个性格或命运相近的人物形象的本体连带起来，使人物与人物之间又相互联系互为喻体（见表 6 - 2）。

表 6 - 2

| 对应意象与形象本体 | 材料 |
|---|---|
| 黛玉<br>↑<br>晴雯←芙<br>蓉→迎春 | 第 63 回，黛玉抽得一签，"只见上面画着一枝芙蓉，题着'风露清愁'四字。那面是句旧诗，道是：莫怨东风当自嗟"。第 79 回，黛玉说宝玉祭晴雯的《芙蓉诔》中"红绡帐里"俗套，宝玉改道：茜纱窗下，我本无缘……黛玉听了，怵然色变，心中无限狐疑。 |

| 对应意象与形象本体 | 材料 |
|---|---|
| | 第78回，宝玉听了一个小丫头说晴雯死时说她去任专管芙蓉的花司去了，心中"去悲而生喜，乃指芙蓉花道：'此花也须得这样一个人去司掌。'"故后作《芙蓉诔》。脂批："虽诔晴雯，而又实诔黛玉也。" |
| | 第79回，迎春将出嫁，宝玉天天到迎春住处紫菱洲徘徊瞻顾，见池中芙蓉，摇摇落落，咏道："池塘一夜秋风冷，吹散芰荷红玉影。"脂批："先为'对境悼颦儿'作引。" |

在这里，为风露所欺的芙蓉开始是自嗟清怨的黛玉形象及命运的对应意象；继而在宝玉意想中死去的晴雯做了芙蓉神，芙蓉又成了晴雯形象及命运的对应意象。再接着是迎春出嫁，宝玉把迎春比为秋风吹散的水芙蓉，迎春也以芙蓉为对应意象。三个不同悲剧命运的形象本体在一个"意象"（芙蓉）下获得了重叠与粘合，作者依靠这种重叠与粘合，将三个人物形象及其悲剧命运连带勾挂结串在一起，从而使前一个人物的悲剧成为后一个人物将遭悲剧的谶兆，后一个人物坠入悲渊是前一个人物悲剧的继续，从根本上于内在中达到了人物间的实质性联系，造成兔死狐悲、唇亡齿寒的映带性悲感。脂批所谓诔晴雯实为诔黛玉，悼迎春实为悼颦儿，正是就这种实质联系而言的。

第五，《红楼梦》中的意象，作为与人物形象本体相对应的艺术单位，不是浑整的胚胎状东西，而是依照十分简单的意象化逻辑生成出自己的层次来（见表6－3）。

表6－3

| 形象本体 | 对应意象内在层次推进 |
|---|---|
| 妙玉 | 一块美玉→玉落泥垢 |
| 迎春 | 美女→恶狼啖美女 |
| 香菱 | 荷花→水涸泥干，莲枯荷败 |
| 惜春 | 红妆→缁衣 |
| 宝钗 | 红烛→敲断烛花 |
| 宝钗 | 金钗→雪中埋 |

可见，前一层次总是一种美好的表象或者美好的内在规定性，后一层次总是美好表象的肢解、毁坏以及其中蕴含的作者的深深惋惜，这毋宁就是一种简化型的悲剧推进的"模拟象"。这不禁使我们想起了从《周易》

就开始的"立象尽意""设卦观兆"。那也是一种把事物复杂的演进内容演化为简单、凝缩的意象符号进行推理的表现方式，其间若说有某种联系的话，那应该是我们民族文化的深沉而无形的积淀。

第六，用于映带形象本体的对应意象既然是有层次的，便相应出现了具有表层对应与深层对应的"双层型"意象。处于表层方位的对应意象多为自然界事物，以直观的形象与审美情调透示人物的命运；处于内在深层结构的对应意象，多为积淀了历史内容与审美意蕴的"人象"，以之显现人物形象本体的性格与道德内容（见表6-4）。

表6-4

| 形象本体 | 表层的对应意象 | 深层的对应意象 | 材料 |
|---|---|---|---|
| 黛玉 | 柳絮 | 百花洲上的西施、燕子楼中的关盼盼 | 黛玉《唐多令》柳絮词："粉堕百花洲，香残燕子楼……飘泊亦如人命薄。" |
| 黛玉 宝钗 | 玉带枯木 雪下金簪 | 才女谢道蕴 贤女乐羊子妻 | 钗黛判词："可叹停机德，堪怜咏絮才。玉带林中挂，金簪雪里埋。" |

作为表层意象的柳絮、玉带枯木、雪中金簪象征性地寓含了黛玉与宝钗的悲剧生活及其结局；而西施、关盼盼、谢道蕴与乐羊子妻又以历史上两类不同审美范型的女性人物（才美类型、贤德类型）表现了钗黛两人不同的性格内涵与伦理价值内涵，表层意象与深层意象各有司职，清楚明白。

第七，意象赋予的随机性与人物性格的命运基调。

就整个情况说，作者总是给一个形象的本体，设置一个比较稳定、能够昭示人物性格命运基调的主导性意象，而后还会有许多意象不断触境而来，连类而生，对主导性意象显露的意义起强化补充作用。如探春命运的主要象征意象是风筝，她的图册上就"画着两人放风筝"。第22回探春打一个谜说："游丝一断浑无力"，谜底是自我命运自画像的风筝。在第70回中，风筝的意象再度浮出："探春正要剪自己的凤凰，见天上也有一个凤凰……渐逼近来，遂与这凤凰绞在一处。""谁知线断了……风筝飘飘摇摇都去了。"风筝的意象把探春"千里东风一梦遥"（远嫁）的人生悲剧缩影化物象化了。然除风筝外，作者还依据她的特定生活设置了其他与性格命运相关的对应意象。如第 63 回，大家吃酒行令时，探春抽一签，"上面是一枝杏花，那红字写着'瑶池仙品'四字，诗云：日边红杏依云栽。"红杏意象的出现，看起来带有缘境托出的随机性，但仍未脱离主导性意象（风筝）所透示的命运基调。因为日边红杏，瑶池仙品，也暗示探春远嫁之意。所以《红楼梦》中意象赋予的随机性，总的说来从属于人物性格命运基调的限定性。

第八，意象布设与典型环境

有些为形象本体安设的意象镶嵌在人物活动的环境陈设之中，阅读时稍不留神，会把它们误作典型化创造中典型人物的典型环境。下面举出两段做以比较，先看曹雪芹安设的为烘染人物心境的典型环境。

> 第 76 回："贾母仍带众人赏了一会桂花……说着闲话，猛不防只听那壁厢桂花树下，呜呜咽咽，悠悠扬扬，吹出笛声来。趁着这明月清风，天空地净，真令人烦心顿解，万虑齐除，都肃然危坐，默默相赏。"

很简短，也有诗化的流韵，但场境逼真，构成了一个人物情感与桂影月色幽笛爽籁融和一体的典型环境。这是小说笔法中经常出现的典型化方法。但在雪芹笔下还可以看到另外一种环境的创造：

> 第 5 回，宝玉来到秦可卿房间，"向壁上看时，有唐伯虎画的《海棠春睡图》……案上设着武则天当日镜室中设的宝镜，一边摆着飞燕立着舞过的金盘，盘内盛着安禄山掷过伤了太真乳的木瓜。上面设着寿昌公主于含章殿下卧的榻，悬的是同昌公主制的联珠帐……秦氏笑道：'我这屋子神仙也可住得了。'说着亲自展开了西子浣过的纱衾，移了红娘抱过的鸳枕。"

这是最易为人们理解为典型环境样式的秦可卿居处环境。其实它是象征意象。其中的事物：唐寅的春睡图、武后的宝镜、飞燕的金盘、碰了太真乳的木瓜、西施手摸过的纱衾、红娘抱过的鸳枕，应是比拟象征之物，而非实有真存之物（真存倒是宝物了）。它们不是典型环境中的典型细节，而是以环境化为方式布设的一个个触人领悟的意象。它以物象中潜含的淫靡奢华香艳的历史包蕴与秦可卿性格构成对应映射（见表 6 - 5）。

表 6 - 5

| 形象本体 | 对应意象 |
| --- | --- |
| 淫靡、奢侈、乱伦的秦可卿 | 被喻为海棠春睡图的醉美人，宫闱生活秽乱的武后，认安禄山为子又与其暧昧的杨妃，冶容作梅花妆的寿阳公主，设连珠帐的同昌公主，与范蠡邂逅又事吴王的西子，撮合张生莺莺偷情的红娘。 |

作为意象的醉美人、武后、杨妃、西子、红娘、同昌公主、寿阳公主，或春睡溺于欢情，或秽乱不加检束，或乱伦失贞，或冶容诲淫，多层次多角度地释放出自己的历史包蕴，对秦可卿的性格产生了强有力的映射作用；犹如一束束强烈的光照把秦可卿究竟是怎样一个人映照得通体透亮了。就是说在这里产生较大效应的仍是雪芹为可卿形象安排的一系列象征意象的反照功能，如果把这些意象的反照功能混同于一般典型环境对人物性格的烘托作用，即用典型环境理论来解释这种形象本体与对应意象的互射效应，显然浮浅皮相，摸不到痒处。

**二 曹雪芹使用"意象"笔法时"出锋"与"藏锋"的态度，及其相关的美学思想基础**

雪芹为人物性格命运设置对应意象，有时担心别人不能悟得，有意作一点透示与点破，好像书家故意"出锋"，以示笔到一样。第 22 回猜灯谜：

元春谜说："一声震得人方恐，回首相看已化灰。"（谜底：爆竹。脂批："才得侥幸，奈寿不长，可悲哉。"）

迎春谜说："因何镇日纷纷乱，只为阴阳数不同。"（谜底：算盘。脂批："迎春一生遭际，惜不得其夫奈何？"）

探春谜说："游丝一断浑无力，莫向东风怨别离。"（谜底：风筝。脂批："此探春远适之谶也。"）

惜春谜说："莫道此生沉黑海，性中自有大光明。"（谜底：海灯。脂批："此惜春为尼之谶也。"）

宝钗谜说："焦首朝朝还暮暮，煎心日日复年年。"（谜底：更香。

脂批："此宝钗宝玉成空。"）

这一段是雪芹为人物命运发展构设对应意象比较集中的地方（脂批说得好："灯谜巧隐谶言，其中冷暖自寻看"），为了使读者留心意象所包含的人物命运的实情，他的笔锋依然往前行走：

> 贾政心内沉思道，"爆竹，此乃一响而散之物……算盘，是打动乱如麻……风筝，乃飘飘浮荡之物……海灯，一发清净孤独。"更香，"更觉不祥……想到此处，愈觉烦闷，大有悲戚之状。"

这一"笔锋"伸得好，它以贾政心理活动的方式提醒读者对上述"意象"做敏锐的悟解，从而透露了爆竹、算盘、风筝、更香诸意象包含的各个人物命运结局的内蕴。

有的时候，雪芹又顾虑通过"意象"透示人物结局的方式会坠入设兆打卦附会恶趣，所以常常稍稍点示以后，便即遮饰，使"意象"成为符合场境、符合生活情理的现象，犹似书家的回笔"藏锋"。

> 第72回，凤姐道：昨晚上梦见一个人，"说娘娘打发他来要一百匹锦，我问她是哪一位娘娘，他说的又不是咱们家的娘娘，我就不肯给他，他就上来夺，正夺着，就醒了。"

梦见人来夺锦匹，是凤姐感到贾府大有大的难处，财力日损月耗的紧张心理的一个"意象"，如脂批所说，此"才（财）尽之兆也"。为避免这有意透示的生硬与牵累，雪芹马上带了一笔："旺儿家的笑道：'这是奶奶的日间操心，常应候宫里的事。'"旺儿家的一句话说得很随便，其功效却十分大。它把上面对贾府财衰作"有意透示"的感觉消除了，把透示性意象"梦人夺锦"，解释为一种正常的日有所做夜有所梦的心理现象，一笔抹掉了"有意透示"的神秘感，所以脂批说："淡淡抹去，妙。"

雪芹幻设某种意象与人物形象本体相对峙，从而产生对应效果的方法，与他书中透露的如下美学意识是有关联的。

（一）"对子"与"影儿"的思想

第 56 回，江南甄家来人说他们家宝玉与贾宝玉长得一模一样，史湘云说："单丝不成线，独树不成林，如今有了个对子"。"列国有个蔺相如，汉朝又有司马相如"，"匡人看见孔子，只当是阳虎"。宝玉疑惑着不觉睡去，梦见除了大观园，"更又有这一个园子"，"除了鸳鸯、袭人、平儿之外，也竟还有这一干人"，"除了怡红院，也更还有这么一个院落"，院落中也竟有一个为妹妹病了而"胡愁乱恨"的宝玉，待醒来细瞧，床对面的镜子正照着自己的"影儿"。

在这一段"极迷离"（脂批语）的描写中，蕴含了曹雪芹两个细腻而精微的思想层面。一个层面是：两个事物因其类似构成一对的"对子"意识。如湘云眼中的蔺相如与司马相如，孔子与貌似孔子的阳虎，贾宝玉与甄宝玉。他们作为"对子"由于某种相似性，能够产生"成林""成线"的互为映衬的观照效果。其中透露出一个道理，作为"对子"的两个单独的"物"，以其局部的相似性与相互比照为基础。另一个层面是：宝玉在梦中发现事物的对应两极：大观园与梦中的"这一园子"，鸳鸯、袭人、平儿与梦中的"这一干人"，怡红院与梦中"这么一个院落"。这种事物的"对应两极"不同于湘云所讲的两个事物因相似构成"对子"的互为对应，而是一个事物在人们意识活动（梦幻与艺术意识）中分化出它的"幻象"或"影象"，产生了事物"真象"与"幻象"的两极对应。这种一个事物分真、幻二象的意识又和古人以为照镜子入睡会在梦中幻出自己诸多"假"象的观念是连通在一起的。所以宝玉回思梦中也有怡红院之类时，看到镜子正好照出自己的影子，惑疑顿释。

（二）"比"的意识

第 51 回，宝玉告诉麝月晴雯，"我和你们一比，我就如那野坟圈子里长的几十年的一棵老杨树，你们就如秋天芸儿进我的那才开的白海棠……"麝月等笑道："野坟里只有杨树不成？难道就没有松柏？我最嫌的是杨树，那么大笨树，叶子只一点，没一丝风，他也是乱响，你偏比他，也太下流了。"宝玉笑道："松柏不敢比，连孔子都说：'岁寒然后知松柏之后凋也。'可知这两件东西高雅，不怕羞臊的才拿他混比呢。"

三人谈笑中说的"比"是一个传统的思维方式，它使一个事物的"本体"在喻象中现出本质特征，存在着事物本体与对应意象之间的映带关系。如果一个事物的"本体"和喻象之间有内在的契合，那就是符合审美的正确的"比"。如贾宝玉和野坟上的老杨树，麝月晴雯和白海棠。从雪芹通过麝月宝玉口吻透露的意思看，"比"还涉及事物与喻体双方格调的相称，非下流之人莫比以"下流"之物，人的高雅程度达不到也不能比以高雅之物；否则那就是"混比"（如宝玉—松柏）。

（三）"兆头"与"兆应"的观点

第77回，晴雯被逐，卧病哥嫂处，如风中残烛。宝玉告诉袭人，"我不是妄口咒他，今年春天已有兆头的"，"这阶下好好的一株海棠花，竟无故死了半边，我就知道有异事，果然应在他身上。"袭人道："草木怎又关系起人来？"宝玉说："你们哪里知道，不但草木，凡天下之物，皆是有情有理的，也和人一样，得了知己，便极灵验的。若用大题目比，就有孔子庙前之桧，坟前之蓍，诸葛亮祠前之柏，岳武穆坟前之松。这都是堂堂正大随人之正气，千古不磨之物。世乱则萎，世治则荣，几千百年了，枯而复生者几次。这岂不是兆应？小题目比，就有杨太真沉香亭之芍药，端正楼之相思树，王昭君冢上之草，岂不也有灵验，所以这海棠亦应其人欲亡，故先就死了半边。"

宝玉这番"大题目""小题目"的陈述，是从传统文化中"天人相感"的神秘思想中来的。它强调一种"美事召美类……类之相应而起"的人与"天"（自然现象）相感通的联系，人与"天"（自然现象）不是分离、疏远、冷漠或不相干，"天"（自然现象）常常被赋予人的意志、情感、动机与道德，是被"人化"了的"天"（自然现象）。所以"人"的凶吉祸福、天命道德都可以在一些"天"（自然）的现象上显露出来，于是桧、蓍、柏、松、冢草、相思树、木芍药也就成了历史上那些特殊"人"的"兆应"。这种以"天"（自然）的物象作为"人"意志、道德、功业、人格的比拟应验兆象的文化形态，在本质上也是一种美学的"对象化"或"自然的人化"。

（四）借"象"一用的思想

第43回，宝玉带着茗烟来到水仙庵祭金钏，庵中供着洛神像。宝玉讲"古来并没有个洛神，那原是曹子建的谎话，谁知这起愚人就塑了像供着。今儿却合我的心事，故借他一用"。

宝玉清楚仙子洛神原是传说中"人物"。但庙中的洛神像"合了"他悼念金钏的"心事"，他就把洛神像假"借"为金钏形象以抒泄内心的郁情，那么，当此时境，洛神像是作为溺水而死的金钏形象的"假借像"而存在并获得生命价值的。这生命价值应该不属于洛神，而属于宝玉心中的金钏。也就是说，"假借"像的价值意义仅在于返照形象的"本体"，形象本体才使"假借"像通体生辉的。否则，不足为贵。这里也包含了一种形象本体找一个"对象"作为"对应"的思想方法。

上面散缀在书中的几点思想，都关涉一个事物本体与其对应物象或意象的关系，都涉及某种对象化的美学形态，可以理解为曹雪芹人物创造中用意象与人物形象本体相对应以产生映射效果之方法的美学思想基础。

## 第三节　脂批：旧事记忆参与的特殊艺术批评

脂批的研究，从胡适发现甲戌本并写成《考证〈红楼梦〉的新材料》[①] 研究长文算起，到现在已有八十多年了。这些研究中，先后出现了两种不同的倾向：一是借脂批考证书中本事及作者的创作；一是从文学角度阐述脂批涉及的创作方法、艺术典型、风格技巧等理论观点。二者旨趣各异，互不通好；后起的艺术评论更因其路子之"新"而对前者有不屑一顾的意思。但平心而论，这对于准确把握脂批的美学价值没有益处。因为脂批的小说评点与一般纯艺术批评有所不同，批者十分熟悉雪芹书中本

---

① 该文 1928 年发表，收入《胡适文存》三集卷五。

事，"深知拟书底里"（庚辰本 21 回批语）。他在进行艺术批评时，记忆中的昔日旧事从意识深处顽强地冒出来，参与了他的审美分析。如：

> 第 63 回，丫头骂贾蓉"只和我们闹，知道的说是顽。不知道的……说咱们这边混账。"庚辰本批："妙极之顽，天下有是之顽，亦有趣甚，此语余亦亲闻者，非编有也。"
>
> 第 11 回，王夫人命宝玉"暂且挨过了今年，明年一并给我仍旧搬出（大观园）去心净。"庚辰本批："此亦余旧日目睹亲闻，作者身历之现成文字，非搜造而成者，故迥不与小说之离合悲欢窠臼相对。"①

这就是脂批者区别于明末清初诸小说批评家的最突出的地方。明末清初小说批评家如李卓吾、金圣叹、张竹坡进行评点时，头脑中并不存在着这"往日旧事"系统。他们并未亲历作家所写的人事，只是从个人对生活的一般性经验来评阅作品内容，双方并无紧密的本末关系。但脂批者就不同了，雪芹所写的许多人事也是批者亲身经历的，他在评点时，头脑中既有生活印象与作品反映的生活现象"是一回事"，两者关系直接而紧密。于是就形成了脂批美学批评最基本的特征：偏重于从书中本事（包括故事原型、人物原型）角度对作者创作及作品价值做艺术评价。因此要想真正开掘出脂批独特的理论价值，单从纯文艺学观念入手显然不行，必须抓住脂批上述别具一格的审美批评方式，一定程度地像考证派那样重视脂批透露的书中本事、本事与批者关系，以及批者以自己对本事的记忆参与评点活动从而给其理论观点带来的影响。否则，像研究一般小说评点那样研究脂批，放过了脂批的特殊性，那么就难以对脂批的意义和价值做出充分的切合实际的评价了。

## 一 往日旧事与"隐"的艺术原则

（一）"隐"的根由

首先是一个无法回避的矛盾。由于作者所展现的人物、事件、生活场

---

① 本文脂批材料，录自俞平伯辑《脂砚斋红楼梦辑评》，香港太平书局 1979 年版。

景大多"笔有所本",批者与作者"所本"人物间本有一种亲亲、孝悌、尊贤的伦理情感。这种情感来自既往生活的交往活动或朝夕共处,是内心中自发的内容,同时也是一种社会"公德",是某一社会"圈子"里的人都必须遵守的内容。所以,如果他要丢开这种情感或置之不顾,那么非但会受社会舆论的谴责与讥评,连他的"良心"也将不得安宁。宗法社会的道德原则控制着作为现实生活中一个普通人的曹雪芹。但另一方面,他不是写谱牒或家乘,没有必要虚美扬善;他是站在审美高度来审视所描述的现实生活、对之做出"公心"化评判的。于是这就构成了创作过程中现实伦理情感与艺术审美情感的尖锐矛盾,脂批者指出了这个矛盾:

> 第8回,写秦可卿的来历,"向养生堂抱了一个儿子并一个女儿,谁知儿子又死了,只剩女儿,小名唤可儿。"甲戌本眉批:"出名秦氏,究竟不知系出何氏,所谓寓褒贬别善恶是也,秉刀斧之笔,具菩萨之心,亦甚难矣。"

"秉刀斧之笔"即指作者对所描写的人与事秉持公心予以评判的审美态度,而"具菩萨之心"则指作者对笔下那些生活经历中"熟人"的宽仁情感,两种意识内容在作者观念中"打架",使作者陷入了矛盾("甚难")。为了解决矛盾,摆脱犯"难"的心理状态,作者采取了一种特别的艺术方式:隐;即一定程度地"隐"去事实的真相。如第九回雪芹写家塾里的淫亵丑闻时说:"亦未考真姓名。"有正本批语说:"一并隐其姓名,所谓具菩提之心,秉刀斧之笔。"通过隐其姓名的处理,作者既成全了自己对昔日"熟人"的仁爱情感,又实现了对所写旧事的褒贬予夺。亲亲孝悌的仁爱情感与评判生活的审美理性的尖锐矛盾,在"隐"的方式调和下获得了和平共处。

但是,调和并不等于稳定。有时作者对"熟人""旧事"的审美评价仍会以激烈的形式出现:

> 第13回秦可卿死,老公公"贾珍哭的泪人一般"。甲戌本批:"可笑,如丧考妣。此作者刺心笔也。"

第 25 回，马道婆一段，庚辰本夹批："三姑六婆之为害如此，即贾母之神明在所不免，其他只知吃斋念佛之夫人太君岂能防闲得来。此系老太君一大病。作者一片婆心，不避嫌疑特为写出，使看官再四思之慎之。戒之戒之。"

这里的"刺心""不避嫌疑"表明，作者虽力图隐曲地显现既往生活内容，但对于"熟人""旧事"的批判锋芒仍咄咄逼人，其意向之尖锐、情绪之激愤可以突破伦理情感与家道观念对艺术意识的束缚。这种情况在书中也是屡见不鲜的。

其次，"隐"又与典型创造中的审美化追求有关。如第七回写周瑞家的送宫花到凤姐处，"只听那边一阵笑声，却有贾琏的声音"。这是暗写凤姐贾琏夫妻间的"风月"生活。甲戌本批道：

> 妙文奇想，阿凤之为人岂有不着意于风月二字之理哉。若直以明笔写之，不但唐突阿凤声价，亦且无妙文可赏。若不写之，又万万不可。故只用"柳藏鹦鹉语方知"之法，略一皴染，不独文字有隐微，亦且不至污渎阿凤之英风俊骨。

批者极有识见，看到阿凤毕竟是一个"着意于风月"的血肉之躯，必有"风月"之情、云雨之事。不写，似不合理；写了，又亵渎其华贵丰美。于是以"柳藏鹦鹉"的隐微方式把她的床第之私暗喻出来，从而保持了阿凤形象的"英风俊骨"。又如雪芹写到子孙不肖时，回护贾政一句："虽说贾政训子有方，治家有法"，甲戌本批云："八字特洗出政老来，又是作者隐意。"此批一针见血。旧事中的贾政原型可能并非真正的训子有方、治家有法；即使有方有法，也可能只是他的自诩，恐怕并非确实有效。因事实上的后继无人对他的训子治家之道已经形成绝妙讽刺。但作者不愿公开这一切，而从为亲者隐、为尊者讳的角度，为贾政开脱，示意读者贾府子孙不肖不是贾政责任，贾政还是做了努力的。所以批语中的"洗"字下得实在好，它揭示出了雪芹力图赋予尊亲者以完善形象而曲护其短的事实，以及雪芹使用"隐讳"之法与其追求形象完美之间的一定联系。

再次,作者采用"隐"的方式还有一层讳莫如深的心理。如十三回贾珍要用薛蟠店里的樯木棺入殓可卿。贾政劝道:"此物恐非常人可享。"脂批者看出这里"有深意存焉"。何"深意"呢?薛蟠的两句话提供了线索。他讲此棺"原系忠义亲王老千岁要的,因他坏了事,就不曾拿去",以后"也没人出价敢买"。所谓"忠义亲王老千岁",乃乾隆时代旗人称呼胤禔一辈人的说法,"坏了事"则明指争夺皇位的祸乱争端。所以这里作者批者都透露了一种由于涉及时政而不得不隐讳的情绪。

(二)"隐"的具体内容

其一,"隐"的外在层次是隐去所写旧事中朝代、纪年、环境、人物、官职、称谓的本来面貌,改变事件发生的具体时间、地点及细节,保留大致的框架或影子。如:

第2回,"今已升至兰台寺大夫。"甲戌本眉批:"官制半遵古名亦好。余最喜此等半有半无,半古半今。"

第2回,"长女名元春……选入宫中作女史去了。"甲戌本批:"因汉以前例,妙。"

第16回,"只预备接驾一次。"庚辰本夹批:"又要瞒人。"

脂批者说明,作者这样做的主要目的是为了回避那些熟悉书中本事者的耳目,使他们在阅读时,不至勾起关于既往生活的是非纠葛或感伤怨怒,以至破坏审美欣赏与艺术理解。如:

第1回,"好防佳节元宵后"。甲戌本批:"前后一样,不直云前而云后,是讳知者。"

第2回,"就是后一带花园子里。"甲戌本批:"后字何不直用西字。恐先生堕泪,故不敢用西字。"

另外,使时空、名物、称谓由具体幻化为非具体,由明确变得不明确,看起来是远离了既往生活内容之实际,实则把它们艺术化了。

甲戌本"凡例"："书中凡写长安，在文人笔墨之间，则从古之称；凡愚夫妇儿女子家常口角，则曰'中京'，是不欲着迹于方向也。盖天子之邦亦当以中为尊，特避其东南西北字样也。"

第1回："然朝代年纪，地舆邦国。却反失落无考。"甲戌本批："若作此套者胸中必无好文字，手中断无新笔墨。"

作者有意丢开那种执守时空具体性的套路，消除了一个对审美想象不利的因素：时与地的真实性；从而避免了朝代邦国，东南西北等具体因素来羁绊人们的欣赏思维。

其二，实事隐藏在艺术空间之中。有一些由于伦理情感不便写出而又非写出不可的旧事，作者把它隐藏在近似于山水画中所谓"虚白"的艺术空间之中。如第五回写宝玉在秦可卿房中睡去一段，甲戌本眉批："文到此不知从何处想来。何处睡卧不可入梦，而必用秦氏房中，其意我亦知之矣。"这里批者所知之"意"即是作者留下的艺术空间，它似有若无地隐藏了一件旧事：宝玉原型对可卿原型的眷爱情事。又如十三回可卿死时，"彼时合家皆知，无不纳罕，都有些疑心。"甲戌本于此处批道："九个字写尽天香楼事，是不写之写。""不写之写"即指既隐瞒实事又隐晦地显现实事的"艺术空白"法。它一方面是"写"，通过合家疑心，众人纳罕暗示可卿之死大有蹊跷，点触到旧事中的所谓"天香楼秽闻"；另一方面又"不写"，把众人纳罕的内容、可卿的死因统统按下不表，只提供蛛丝马迹让观者在"空白"中揣测。其吞吐心事、伸缩笔端、驾驭自我艺术表现意识的能力的确高妙。

其三，"隐"的方法还包括艺术意识对生活旧事琐细枝节的汰洗、剔除及检选。如第十五回宝玉捉住了秦钟与智能儿偷情，说等到晚上才和秦钟算账。但到应写宝、秦算账时，作者却说"宝玉不知与秦钟算何账目，未见真切，曾记得此系疑案，不敢纂创。"庚辰本批：

> 忽又作如此评断，似自相矛盾，却是最妙之文。若不如此隐去，则又有何妙文可写哉。这方是世人意料不到之大奇笔。若通部中万万件细微之事俱备，《石头记》真亦太死板矣。故特因此三二件隐事，

借未见真切，淡淡隐去，越觉得云烟渺茫之中见无限丘壑在焉。

　　从作者口吻看，这段算账之旧事似是他记忆中的"疑案"，故隐而不写。然其实正如批者所说，这不过是作者托词，借"未见真切"将旧事中烦冗细节"隐"去，使所显现的内容既无骈拇枝指、附赘悬疣之病，又造成了供读者审美想象腾飞的烟云渺茫的无限空间。

　　其四，所谓"隐"，也并非全隐，而是只掩隐一半，使所显现的实事呈"半遮面"状态。这种半掩隐、半显露的方式有一个特点：它围绕一个旧事布放许多微见闪烁的"显现点"。这些显现点的光亮度不一样，散缀分布，如果你不是发现了那些亮度大的，其亮度小的可能常常忽略。如关于秦可卿"淫丧"有四个"显现点"：一在8回，说可卿是养生堂抱来喂养的；二也是在8回，说可卿生得"性格风流"；三是13回，写可卿死时众人都"有些疑心"，批者讲这就"写尽天香楼事"；四也是在13回，写贾珍因儿媳可卿的死"哭的泪人一般"，态度反常，批者讲："可笑，如丧考妣。"前两个"显现点"的亮度极弱，观者几乎不能发现其中还有寓意，脂批者由于较为熟悉事实真相的缘故，故窥见第一个"显现点"寓可卿本为贱品，乃"褒中贬"；第二"显现点"，"有隐意、（乃）春秋字法"。后两个"显现点"具有惹人眼目的亮色，已足以引起观者的注意，加上批者所提示的内容，并和前两个"显现点"透示的因素贯通起来，那么一出乱伦丑剧的旧事就从这或明或暗的"显现点之网"中浮现了出来。这种表现旧事的方式确实很特殊。

　　为半隐半显的原则所规定，作者对旧事中真实情愫总是反映一点又掩盖一点，才有所披露，便急忙抹去。如第13回宝玉听到可卿离世消息时，"只觉心中似戳了一刀似的，不禁哇的一声，直奔出一口血来"。这一渲染若和书中多次暗示的宝玉对可卿的爱恋之心联系起来，作者的用意十分明显。他在透示宝玉原型对可卿原型的厚爱。但他又感到这种透示似乎太露骨了一些，于是让宝玉这样解说："不相干，这是急火攻心，血不归经。"从而掩饰了刚才那种似露马脚的痛心疾首的失态。脂批者称这种对旧事真相先显后隐的方式叫作"重作轻抹"。重作即强烈直接地透示，轻抹即削减一下透示的强度，否定旧事真情的存在，所以这是一种模棱两可的反映方式。它对要反映的旧事实情来说，只获得了一种"半反映"；对作者的反映目的来说，也只得到了一种"半达到"。读者处于或疑或信之间，所透示的旧事真相或可达到为读者认识的效果，但亦可能就被忽略、被"瞒"过。为此，批者常提醒读者，"看官当用巨眼，不为彼瞒过方好"。

其五，为了将真事隐去，作者又用意象的方式。这使批者不得不触及隐与意象的关系。如第五回写旧事中"熟人"可卿生活的环境时，作者写道：

> 案上设着武则天当日镜室中设的宝镜，一边摆着飞燕当日舞过的金盘，盘内盛着安禄山掷过伤了太真乳的木瓜。

武则天的宝镜和伤太真乳的木瓜本只是历史传闻，作者拈来作为意象，象征秦可卿原型的风流品性。于是秦可卿原型的淫僻生活隐含、寄藏到"喻象"（武则天、杨贵妃的荒淫无度）中去了。脂批者看透这一点，说这是"设譬调侃耳。若真以为然，则又被瞒过"（甲戌本第五回眉批）。

将真事隐去的意象法突出表现在对甄士隐的描写上。脂批者多次指点了这段故事作为喻象的审美意义。如：

> 甲戌本批：甄士隐，"托言将真事隐去也。""不出荣国大族，先写乡宦小家，从小至大，是此书章法。"有正本批："要写情要写幻境，偏先写一篇奇人奇境来。"甲辰本批："假语从此兴也。"

就是说，（1）甄士隐家事的小败落是全书所写贾府大败落的一个影像，小与大相照，小隐喻着大。（2）贾府盛衰虽有旧事为根基，作者却从幻境、"假化"的形式来表现，故可视为"真作假"；甄士隐事是虚构的奇人奇境或"假语"，并无根据，但它折光了作者家道荣枯的真相，故亦可视为"假作真"。（3）甄士隐情节出现，标志着作者的艺术意识已开始进入将真事隐去的虚构（假作真）阶段；甄士隐，真事之影像或真事隐寓其中之义也。这几点含义，使我们看到了雪芹将真事隐寓化、影像化、喻象化的幽微艺境。

作者借喻象"隐化"旧事或隐曲地显现旧事，对于旧事的原貌已是一种乔扮，所以批者对于喻象背后的寓意、以及喻象与旧事的关系也往往一知半解，说不出理路。如第一回绛珠仙子说把她一生的眼泪偿还神瑛侍者，甲戌本批："知眼泪还债大都作者一人耳。余亦知其意，但不能说得出。"批者虽大致了解书中"还泪"这个喻象之所本，但并不详知其事的始末、原委、细枝末节以及它们与喻象间的搭配关系，故只知"大意"，却说不出作者"意"中的丰富内容。这表明意象这种"隐化"旧事的方式更大程度地取消了作者经历中熟人旧事的具体特性，对之做了更玄幻的审美化反映。

但有时作者也直接或原封不动地挪移旧事中的素材作为喻象来隐曲地影射既往生活内容。如：

第 13 回，可卿讲"我们家赫赫扬扬已将百载，一日倘或乐极生悲，若应了那句'树倒猢狲散'的俗语，岂不虚称了一世的诗书旧族。"庚辰本批："'树倒猢狲散'之语余犹在耳，屈指三十五年矣，哀哉伤哉，宁不痛杀。"

"树倒猢狲散"显然是昔日往事中原本就有的话头，作者采用它作为喻象，并不作什么修饰，但预示了故事系统中贾府的衰败，同时也寄托了作者经历旧事系统中家道兴衰的哀挽情思。

总之，雪芹采用"隐"的方法是为其所写内容的特殊性决定的。他本人似乎很忌讳读者打破砂锅问到底，追索书中本事的究竟，识破其隐瞒实事的艺术方法。如第 5 回写宝玉在太虚幻境听《红楼梦曲》，他"也不察其原委，问其来历，就暂以此释闷而已"。甲戌本批云："此结是读《红楼》之要法。"有正本则批云："妙，设言世人亦应如此看此《红楼梦》一书，更不必追其隐。"可见，作者和批者都希望读者对书中隐晦旧事的艺术处理有一个正确态度，即不必去查问追究书中旧事的原委来历，也不要管作者隐瞒了什么或隐瞒之中有什么用意；阅读时仅以审美愉悦为目的，那就是会读此书了。

## 二　往日旧事与典型创造

### (一)"形象本有"观念

由于批者的主导思想认为,书中所写事乃实事,人乃实有,人与事都是"经过""见过"的客观存在。所以在涉及典型时他相应产生了"有是人""有是事"的观念。在他看来,书中的典型一般不是作者的"妄拟"与"杜撰",它们大多有一个活的人物原型就站在那儿,供作者摹写。如第 25 回,道婆告诉贾母施舍方法:"若是父母尊长上的,多舍些不妨;若是象老祖宗如今为宝玉,若舍多了倒不好。"庚辰本批语:

> "三姑六婆之为害……不避嫌疑特为写出。""贼道婆,是自太君思忖上来,后用如此数语收之,使太君必心悦诚服愿行。贼婆贼婆,废我作者许多心机摹写也。"

可见,在批者的意向中,这个贼婆实有其人,她就存放在作者记忆中,令作者不避嫌疑地用心血为之传神写照。又如凤姐形象,从 22 回的一条批语"凤姐点戏,脂砚执笔"看,也有人物原型。所以她进入书中时,作者的主要任务就不是构想创造而是画影图形。脂批中反复显露了这一思想:

> 第 3 回,凤姐出场就说:"我来迟了,不曾迎接远客。"甲戌本批:"第一笔,阿凤三魂六魄已被作者拘定了,后文焉得不活跳纸上","试问诸公,从来小说可有写形追象至此者"。
> 第 6 回,凤姐"只管拨手炉内的灰,慢慢的问道"。甲戌本批:"此等笔墨,真可谓追魂摄魄。"
> 第 13 回,交代凤姐协理宁国府的原因是"尤氏正犯了胃疼旧疾。"庚辰本批:"妙,非此何以出阿凤。"
> 第 16 回,凤姐道:"我哪里照管得这些事,见识又浅,口角又笨,心肠又直率。"甲戌本批:"此等文字作者尽力写来,是欲诸公认得阿凤。"

只要作者瞑目凝神，阿凤的形象就会在他脑海中活起来，所以他写阿凤，并非"杂取种种人"，然后赋给一个"名字"，而是要先"追"自我记忆中人物原型之"像"，所谓观照、内省，然后根据观照所得"写"出人物原型的外在之"形"，再而进一步"拘""摄"人物原型内在的"魂魄"，所谓传神。这样对于人物原型来说，她就好像从戏幕背后被人推"出"，又好像通过作者的介绍，为人（"诸公"）所了解、"认得"了一般。批者抱定的这种有人物原型供作者摹写的思想是他艺术典型观点的核心，为叙述方便，我们称之为"形象本有"观念。

（二）为"形象本有"观念所决定，批者首重的形象塑造法就是"记真"

"记真"即按人物原型着意摹写，除含有记生活本质之真外，特殊之点在于特重"原有事实"之真。如：

> 第 2 回，"如今代善早已去世，太夫人尚在。"甲辰本批："记真湘云祖姑史氏太君也。"
>
> 第 2 回，"遂额外赐了这政老爹一个主事之衔。"甲戌本批："嫡真实事，非妄拟也。"

而当记生活普遍现象之真与记原有事实之真发生矛盾时，批者、作者又总是偏袒后者。如 25 回道婆向贾母胡言乱语说了一段话，庚辰本批云：

> 一段无伦理信口开河的混话，却句句都是耳闻目睹，并非杜撰而有，作者与余实实经过。

道婆之言虽不符合正常的生活情理，但却是耳闻目睹之"旧事"，所以这种描写仍不犯"记真"的原则，不得以"杜撰"视之。"记真"实事（即注重旧事真实性、见闻的特殊性）成了典型塑造中的基本要求。

与此相联系，还有一个以批者对作者笔下"熟人""旧事"的"感性印象"为内容的审美标准："活像"或"像极"。如：

第 16 回，"我的东西还没处搁呢。"庚辰本夹批："像极，的是阿凤。"

第 20 回，小丫头说贾环"一个作爷的还赖我们这几个钱"，"前儿和宝玉顽，他输了那些也没有急"。庚辰本夹批："实写幼时往事""酷肖"。

第 76 回贾政说笑话一段，庚辰本批：实写旧日往事，"是极摹神之至"。

这是批者比一般批评家多出来的品评人物的标准。因为他总是用自己头脑中对于人物原型与旧日往事的感性印象来认识、鉴定作者的摹写效果。如 23 回金钏儿一把拉住宝玉，要宝玉吃她嘴上才擦的胭脂。庚辰本夹批："活像活现。"这"活像活现"就不是纯艺术虚构的活像活现，而是指描摹金钏原型（"是人"）效果的活像活现，原有"是人"的神情姿韵在批者印象中已成为他衡量雪芹描摹"是人"效果的着眼点与尺度。又如 16 回奶妈讲"这些混账缘故，我们爷是没有，不过是脸软心慈，搁不住人求两句罢了"。庚辰夹批："有是语，像极，毕肖乳母护子。"乳母原型仍活在批者心中，她的声口心性在批者印象中宛然如生。于是转化成了他品鉴作者笔下乳母形象的依据。这种以关于人物原型的感性印象为尺度对书中人物形象进行审视、评价的现象，在中西小说批评史上均属罕见。

（三）人物写得是否"活像"

既然某种程度地从批者关于人物原型的感性印象为转移，那么，批者对人物原型的情感联系就必然涉足进来，给批者对人物塑造的评价带来影响。一种情况是批者对人物原型有厌恶之情，作者若把这人写活并带有讥评笔调，他感到愉悦。如 73 回丫头绣桔向迎春说，乳母等人明知姑娘怯懦，才敢"竟不顾恤"地拿了您的累金凤。庚辰本批者说："杀杀杀！此辈专生离异，余因实受其蛊。今读此文直欲拔剑劈纸，又不知作者多少眼泪洒出此回也。又不知如何顾恤些，又不知有何可顾恤之处，真令人不解。愚奴贱婢之言，酷肖之至。"作者把批者也曾"受其蛊"的贱婢形象写得栩栩如生，于是在批者内心激起了与作者倾向相合的"拔剑劈纸"的情感。

另一种情况是批者对人物原型有亲近情感，作者描写略有使人物原型难堪处，他就受不了，批语中透出一种与作者意向不一致的袒护书中人物的情绪。这种情绪与作者如实刻画的人物塑造法产生了某种程度的不合拍。如二十二回李姑姑骂袭人，"一心只想装狐媚子哄宝玉"，"好不好，拉出去配一小子"，"叫我问谁去，谁不帮着你呢"。庚辰本夹批：

> "真有是语""真有是事""有是争竞事""写得酷肖"，"然唐突我袭卿，实难为情"。

可见这一段旧事，作者如实道来，毫不掩饰。批者虽然首肯他的写实精神与摹写毕真，但总觉得似乎太给他记忆中的袭人原型下不了台了。于是这就出现了"酷肖"与"难为情"的互相抵牾。又如二十一回袭人给正在怄气的宝玉盖被子，只听得忽的一声，"宝玉便掀过去"。批者说："文是好文，唐突我袭卿，吾不忍也。"批者好不作难。因为对作者艺术渲染效果的佩服与袒护书中人物原型的情感又在他心中闹腾、顶牛，究竟谁让谁，似乎很难有结论。这种矛盾正是批者关于人物原型的情感内容搅和到人物审美活动中来所形成的特殊现象。

（四）原有与改妆

"原有"是指艺术人物言行动止、性格思想中的某些现象、因素本存在于人物原型身上，作者不过在笔墨上做了一点铺张而已。如第二十八回黛玉葬罢花正欲下山，觉有人来，心想"难道还有一个痴子不成"？细看却是宝玉。甲戌本批："岂敢岂敢。"批"岂敢"者似是宝玉原型，而此原型又非作者，当作者通过黛玉之口说其为痴时，他自谦为辞：岂敢岂敢。此"谦"十分重要，它表明宝玉原型思想中就有以情痴为荣的观念。他不但不把痴看作有损声名身价，反倒感到自己做得很不够，冠之以"痴子"美号尚有名不副实之愧。就是这种人物原型性格中的固有因素成了雪芹创造理想的情痴人物的具体依据。又如第二十八回宝玉讲王夫人"叫金刚菩萨支使胡涂了"，王夫人说"又欠你老子捶你"，宝玉笑道："我老子再不为这个捶我的。"庚辰本夹批："此言亦不假，""是语甚对，余幼时所闻之语合符，哀哉伤哉。"从批者的透露看，宝玉原型虽常常被父亲捶打，但并非因其毁僧谤道，而是别有他故。书中宝玉自信不会因诋毁金刚菩萨被打，即由此而来。旧事的原有形态直接转变为艺术细节了。

"改妆"是既往生活中本有其事，但为了塑造艺术性格起见有所更动、改造或修饰。如27回宝钗扑蝶正撞上说私情话的坠儿、红玉，忙诈称为寻黛玉而来。红玉吃了一惊，心中吃紧："了不得了，林姑娘蹲在这里。"庚辰本夹批："移东挪西，却是真有的。"看来，宝钗金蝉脱壳嫁祸于人之举，实有其事，但行事之人却非宝钗原型，而是既往生活中另一人所为，作者采此趣事，改其所属，成功地刻画了宝钗的机智与狡狯。对于人物原型来说，虽有移花接木、张冠李戴之嫌，但写活了典型，符合更高的原则：审美创造。

（五）添设

人物的有些活动并非人物原型本有，而是由作者添设的。如：

> 第2回，"金陵城内钦差金陵省体仁院总裁甄家。"甲戌本批："此衔无考，亦因寓怀而设，置而勿论。"

> 第21回，宝玉续《庄子》文一段。庚辰本眉批："趁着酒兴不禁而续，是作者自站地步处，谓余何人耶，敢续《庄子》。然奇极怪极之笔，从何设想，怎不令人叫绝。"

甄总裁的官衔与宝玉续《庄子》均属作者添设，添设的动因在于作者借以抒发自我情愫，所谓"寓怀"与"自站地步"。批者并不因旧事中无此"衔"、无此"举"否定作者的"添设"；相反，倒认可了作者的艺术"设想"，具有令人叫绝的审美价值。

另一种添设则出于形象创造的考虑。如：

> 第24回，贾芸讲"三日两头来缠舅舅，要个三升米二升豆子的，舅舅也就没有法呢？"庚辰本夹批："芸哥亦善谈，井井有理，余二人亦不曾有是气。""写小人口角……毕肖，却是背面傅粉法"。

批者认为在他生活经历中，他和贾芸原型（舅甥关系）之间并无这一段闲气。这一段描写纯是雪芹的敷演与增饰，目的则在"写小人口角。"所以虽无实事为据，却也无可非议。

（六）脂批者还意识到典型的涵盖性

典型的涵盖性指艺术人物对人物原型性格成分、生活内容的包蕴与吸收。这里有两种情形，一是简单的一比一的对应关系。如第8回宝玉出门，"恐遇见别事缠绕，再或可巧遇见他父亲"。甲戌本批："本意正传，实是曩时苦恼，叹叹。"批者看出，宝玉怕见父亲与"个中人"（是作者还是批者没有明示）的曩时苦恼，有简单的对应关系。又如第三回黛玉未见宝玉前心想："这宝玉不知是怎生个惫懒人物"，作者自批道："倒不见那蠢物也罢了。"一个"那"字把宝玉形象推到另一边：原型模特。脂批者看出了这一点批道："却有个极蠢之物相待，妙极。"从而点明了这艺术（书）中的宝玉还有个旧事记忆中的宝玉（"极蠢之物"）相互对待哩。当人物形象与人物原型处于这种一比一的对应关系时，典型的涵盖性较小。

二是一比二的对应关系。如：

第17回，"宝玉听了，带着奶娘小厮们一溜烟就出园来。"庚辰本夹批："余初见之，不觉怒焉，谓作者形容余幼年往事；因思彼亦自写其照，何独余哉。"

第21回，"谁知这个四儿是个聪敏乖巧不过的丫头。"庚辰本批："又是一个有害无益者。作者一生为此所误，批者一生亦为此所误。"

第23回，"忽见丫环来说老爷叫宝玉。"庚辰本夹批："余亦惊骇，况宝玉乎。回思十二三岁亦曾有是病，想时不再至，不禁泪下。"

第48回，薛蟠要出外跑生意一段，庚辰本批："作书者曾吃此亏，批书者亦曾吃此亏，故特此注明，使后人深思默戒。"

批语中的"亦"字最不可放过。从艺术人物角度看，它披露出，宝玉带小厮闲混、宝玉怕见贾政、丫头四儿笼络宝玉、薛蟠经商等兼含并取了作者与批者生活经历的双重内容，其中艺术人物（无论宝玉还是薛呆子）向人物原型（作者、批者）伸出了与之挂钩的双重线索。而从事实原型的角度看，作者与批者都将自己生活细事输送、汇聚给了一个艺术形象，这个艺术形象身上由于交织、重叠了不同人物原型的影子，其典型涵盖性自然就扩大了。

## 三　往日旧事与审美欣赏

（一）批者关于书中本事的记忆参与欣赏活动所产生的作用

第一，批者对往日旧事的记忆参与到作品欣赏中来，就拉起了记忆表像与艺术现象的关系。如二十回贾环输钱，庚辰本批"写环兄先赢，亦是天生地设文字"，"作者当（尚）记一大白乎，叹叹"。在艺术现象（贾环输钱）的引逗下，又有一个记忆性表象（作者赌钱饮酒之事）浮出，形成对应性关系。批者把这种对应性关系称为"对景"或"合符"：

> 第 16 回，"贾母正心神不定，在大堂廊下伫立。"庚辰本夹批："慈母爱子写尽，回廊下伫立与'日暮倚庐仍怅望'对景，余掩卷而泣。"
>
> 第 21 回，宝玉讲"太太不胡涂，都是叫金刚菩萨支使胡涂了"。庚辰本夹批："是语甚对，余幼时所闻之语合符。"

批者发现作者所写内容就是他阅历中的事实，两者具有本末关系。因而他在意向上就以这事实去比照艺术描绘，产生一种既把记忆中事审美意象化，又把艺术现象现实化的特殊的审美思维。

对书中本事的了解给审美欣赏带来了生机与活力。因为当旧事的影子出现在作品里而为批者察觉时，他心里就出现了两层判断。一方面是把记忆中的事等同于书中所写之事，等同之中便把记忆中的事也放到供自己观察的对面的方位上去，好像这些"事实"已不是他记忆库中的藏品，而是外在于他的审美对象了。如：

> 第 6 回，刘姥姥进大观园，贾母吩咐"既来了，瞧瞧我们，是他的好意思，也不可简慢了他"。甲戌本批："穷亲戚来看是好意思，余又自《石头记》中见了，叹叹。"
>
> 同回王熙凤讲"头一次见我张口，怎好教你空手回去呢"，"太太上了年纪，一时想不到也是有的"。甲戌本批："也是《石头记》再见

了，叹叹。""此亦于《石头记》再见话头。"

在批者的意念中，他这里"见"或"再见"到的"事实"既是雪芹笔下的艺术事实，也是他记忆中的旧事。所以他这时已把记忆中的旧事摆在对象的角度上去看待、辨识、体察、玩味了。而这一系列活动又都是掺杂在作品阅读活动中进行的。于是由阅读作品引起的批者对记忆中事做审视的内省性（向内观察）心理活动与批者对作品艺术现象做欣赏的外向性（向外观察）审美活动合而为一了；另一方面批者又把记忆中的事确指为内心积蓄。它们不是外在的东西，而就在记忆中储存着，阅读作品时会自动跳出来，对作品描写产生呼应。如：

> 第3回，写宝玉"面若中秋之月，色若春晓之花"。甲戌本批："少年色嫩不坚牢，以及非夭即贫之语，余犹在心，今阅至此放声一哭。"
> 第17回，"岂意得征凤鸾之瑞。"庚辰本夹批："此语犹在耳。"

所谓"犹在耳""犹在心"表明，批者把书中涉及的往日旧事又视为他内在中本有的记忆内容，这些内容在欣赏作品时犹如一种迎合艺术描写的"内应体"发挥着它们的作用。

还有一种记忆中的事与作者所写之事没有本末关系，只具有一种相似性，但同样参与并提高审美效应。如三回贾赦讲他"连日身子不好，见了姑娘（指黛玉），彼此倒伤心"，甲戌本眉批："余久不作此语矣，见此语未免一醒。"这里批者决非贾赦原型，只是他的经历中和贾赦一样有一段时间身子不好，后好了，却又好了伤疤忘了疼，已不再注意养生。正是这种相似性使他见到书中贾赦之语，猛然警觉。又如二十八回宝玉和黛玉赌气说"我只说一句话，从今后搁开手"一段，庚辰本眉批：

> 此一段作者能替宝玉细诉受委曲后之衷肠，使黛玉竟不能回答一语，其心思为何如，真令人叹服。予曾历其境，竟至有"相逢半句无"之事，予固深悔。阅此恍惚将予所历之委曲细陈，心身一畅。

书中宝玉的倾诉衷肠，竟补充了批者当年与知己"相逢半句无"的缺憾。往日生活之境与书中艺术之境近似，于是"心身一畅"的审美快感发生。

第二，批者对书中本事的记忆在欣赏时又充当着触引审美情思发生的中介。包括直接触引性的中介与间接触引性的中介两类。前者把批者关于旧事的情感反注到艺术描写中去，造成一种好像艺术场面中已蕴含这种情感的特殊效果。如：

> 第28回，饮酒场面，"有不遵（酒令）者，连罚十大海，逐出席外，与人斟酒。"甲戌本批："谁曾经过，叹叹。西堂故事也。"庚辰本批："大海饮酒，西堂产九台灵芝日也，批书至此，宁不悲乎。"

批者也是当初大海（碗）饮酒的"经过"者，所以书中大海碗饮酒场面直接惹起他的悲叹。悲叹如愁云惨雾，给本以畅快情趣为调子的饮酒场面灌注、涂抹了相反的伤痛的色调，从而也影响了一般读者对上述场面情感基调的认识。使读者意识到，原来这是作者含着眼泪回述昔日趣乐，并非真正的心欢意悦。如果说有那么一丝悦情，那也是"梦中之笑"而已。

间接触引虽也勾起批者的某种情感，但书中描写与中介物（批者联想到的旧事）之间的联系很松散，不构成这种情感似已潜蕴在艺术描写之中的效果。如十六回贾蔷因采买女孩儿建戏班事回凤姐话："赖爷爷说，不用从京里带下去。江南甄家还收着我们五万银子。"甲戌本批："此等称呼令人酸鼻。"批者由"爷爷"之称呼联想到旧事中的具体人（具体人虽然未作真切的透露），称呼作为中介牵挂出了往事内容，间接地触发了"酸鼻"之感。但这个"酸鼻"之感无论如何也不能反注到贾蔷、凤姐议事一段情节中来，"鼻酸"感与贾蔷回话情节并不存在着蕴含与被蕴含的关系。

第三，作品阅读中有否旧事记忆内容的参与，还直接决定着审美滋味的淳薄。雪芹借警幻仙姑之口说，"若非个中人，不知其中之妙，料尔亦未必深明此调，若不先阅其稿，后听其歌，反成嚼蜡矣。"甲戌本批："谁是个中人，宝玉即个中人乎？然则石头亦个中人乎？作者亦个中人乎？观者（指批者）亦个中人乎？""作者能处，惯于自站地步"，"最是行文秘诀"。批者挑明：这是作者"自站地步"地在说，若读者不是作者昔日生活圈子里的人，不熟悉书背后的旧事系统，那么听了红楼梦曲也未必解得透，或者竟与嚼蜡无异。批者还在其他地方多次申述了作者这一观点：

> 第 22 回，"今日贾政在席，（湘云）也是钳口禁言。"庚辰本批："非世家经明训者断不知此一句。"
>
> 第 77 回，宝玉讲女子"嫁了汉子，染了男人的气味"后，就变得俗气可恶了。庚辰本批："染了男人气味实有此情理，非躬亲阅历者不知此语之妙。"

意思是非躬亲阅历作者所写之事，是很难领会书中某些场面、语言之妙趣的。这实际上是从审美体味的角度强调了旧事记忆投入艺术鉴赏与批评的好处。

同一个艺术场面或细节，也会因有无往日经历内容的参与，导致不同的鉴赏效果。第八回，宝玉、詹光、单聘仁谈话一段，甲戌本批："一路用淡三色烘染行云流水之法，写出贵公子家常不即不离气致。经过者则喜其写真，未经者恐不免嫌繁。""经过者"把自己往事的记忆搜寻出来，对照作品所写内容，故觉其写得真而生"喜"；未经历者，则不从往事记忆角度看作品内容，故觉其写得繁而生"嫌"。又如二十一回写"四儿是个聪明乖巧不过的丫头"。庚辰本批：

> 作者一生为此所误，批者一生亦为此所误。于开卷凡见如此人，世人故为喜，余反抱恨。

世人从对女性人物心悦钟爱的心理出发，见到四儿之类的丫头，由衷地喜欢；批者由于加了尤物误人的往日旧事，倒反而有抱恨、懊恼之情。这偌大的距离表明，批者关于书中本事的记忆使得他在观看作品时总是引出区别于一般欣赏者的情趣与感受。

第四，对书中本事的记忆又调动着批者接受情感的运动。如第四回写到"护官符"故事时，甲戌本批道："可怜可叹，可恨可气，变作一把眼泪也。"批者的"可怜可叹，可恨可气"，可以说是由护官符情节直接引起的情绪反应，以至于生出悲感（"眼泪"）来，则显然不与"护官符"情节直接相关，而由于批者联想起了往日旧事中类似"护官符"情节的触犯显贵罹祸遭灾之事，从而引起了"悲"的情绪反应。由此可见，往事记忆掺杂进欣赏活动，对于批书者的情感变化（由"怜叹气恨"向"悲"递进）是有推动作用的。

第五，当然，旧事记忆参与艺术批评也有其消极的一面。如第八回写闲客向宝玉要字，"多早晚赏我们几张贴贴"，甲戌本批：

> 阅至此赧然一笑。此时有三十年前作此语之人，侧观其形已皓首驼背矣，乃使彼亦细听此语，彼则潸然泣下，余亦为之败兴。

批者头脑闪出的旧事并没有辅助他的审美情感，反而削减了他艺术欣赏的兴致与情绪（"败兴"），使他的情感从审美欣赏的轨道上脱落下来，跌入了现实境况的沮丧之中。另外，审美欣赏要求批者与作品描述内容之间保持一段距离，批者不应忘了自己是在"鉴赏"。但脂批者对书中旧事熟人的记忆，常常妨害他保持这种距离。

> 第18回，写宝玉"三四岁已得贾妃手引口传"，庚辰本批："批书人领至此教，故批至此，竟放声大哭。俺先姊仙逝太早，不然，余何得为废人耶。"
> 第23回，王夫人"想起贾珠来"，庚辰本批："批至此几失声哭出。"
> 第25回，宝玉"一头滚在王夫人怀里"。甲戌本批："余几失声哭出。"

这里的"失声""放声"，不是审美感动现象，而是批者因旧事记忆触发而导致的情感失控状态。他用对贾妃、宝玉这些人物原型的"人际"情感代替了艺术批评的审美情感，审美欣赏所必需的艺术距离消失了。

（二）批者旧事记忆参与欣赏活动的具体形态

其一，充腴。作者在展现家庭盛衰过程中，饱含着血泪的丰富感受常常通过简练的语言构成凝缩的形式。批者的往事记忆在这些地方有了用武之地。如：

> 第 5 回，中写湘云的判词："襁褓之间父母违"，甲戌本批："意真辞切，过来人见之不免失声。"
>
> 同回"势败休云贵，家亡莫论亲"。甲戌本批："非经过者，此二句则云纸上谈兵。过来人哪得不哭。"

这里，批语或暗示性语句是雪芹对生活经历的概括。由于离开了具体的事实，别人看上去不免干枯无味，纸上谈兵；但往事积蓄于胸的批者却看到了"真意"。他以同样丰富的对旧事的了解与体会把凝缩的东西又重新充腴起来，随即产生"不免失声""哪得不哭"的情感。

其二，增殖。批者在将旧事记忆带进欣赏过程时，又可增生出一种作品描写根本没有设伏、提供的内容。这些内容基本上是批者根据旧事记忆增加的。如：

> 第 13 回，可卿死，宝玉"只觉心中似戳了一刀的，不忍哇的一声，直奔出一口血来"。甲戌本批："宝玉早已看定可继家务事者，可卿也，今闻死了。大失所望。急火攻心焉得不有此血，为之一叹。"

雪芹所以写宝玉在可卿死时呕血，旨在暗写他与可卿的儿女之情；至于宝玉乃因可卿有承家之才却突然死去而呕血，则显然是批者从自己关于人物原型的印象中摘取、添加进来的；因为这层意思，雪芹在书中没有任何提供。又如二十四回贾芸对宝玉讲"只从我父亲没了。这几年也无人照管教导"。庚辰本夹批："虽是随机而应、伶俐人之语，余却伤心。"批者的意思是：贾芸的话不值得伤心，贾芸自己说话时也无伤心之意，他讲父没云云不过是作者为塑造出伶俐人性格而让他"随机而应"罢了。但批者却由于和贾芸原型的甥舅关系及旧有情感，心中不免泛起"伤心"之情，此伤心之情就不是作品提供而是增殖出来的内容了。

其三，放大。其特点是批者把微弱透露在书中的那些作者旧有生活情愫渲染、强化、指示出来。如第 3 回写贾政"桌上磊着书籍茶具"，甲戌本批："伤心笔，堕泪笔。"从作者开篇交代的"背父兄教育"之语看，书中对贾政书室器具的描写确实寄藏了复杂的难言其衷的情感，但此情感静态、隐蔽，不易察见。批者尤其了解雪芹内在心理的缘故，才看出了"书籍茶具"文字背后潜蓄着悲感，并以批语把似有若无的悲感放大成明朗化状态："伤心堕泪。"这对于一般读者的理解有利。

其四，混合。批阅作品引起批者关于往日旧事的感伤情绪，这种情绪又反过来同作者渗透在书中的悲剧意识产生融合，后者点燃起前者，前者充实着后者，形成现实嗟痛与审美哀思相互激荡与磨砺的凝重而浑然的欣赏感受，如22回写凤姐在点戏时"知贾母喜热闹，更喜谑笑科诨"。庚辰本眉批："凤姐点戏，脂砚执笔事，今知者寥寥矣。不怨夫。"作者写凤姐点戏所寄寓的"千里搭长棚，没有不散宴席"的艺术情思与批者"知者寥寥"的实际痛感，相生相辅，合流共存了。

其五，升华。本来，批者投入欣赏的个人对书中本事的记忆及情感，在性质上还是比较狭窄的（因为充其量也不过是他耳闻目睹或亲身经历的曹氏家族的盛衰历史），但这种较为狭窄的记忆及情感，在艺术欣赏过程中却能够摆脱个人经历见闻与经验范围，上升为对历史生活普遍性的认识。如：

第15回，"其中贫富不一，或性情参商。"庚辰本批："所谓源远水则浊，枝繁果则稀，余为天下痴心祖宗为子孙谋千年业者痛哭。"

第16回，有正本总批："时衰运败，百计颠翻。昔年豪爽，今朝指背。此千古英雄同一慨叹者。"

第74回，"一概是非，都凭他们去罢。"庚辰本批："历来世人到此作此想，但悔不及矣，可伤可叹。"

这里，批者那种因个人经历中的旧事、"熟人"而发的慨叹，已递进到"世人""天下人""千古英雄"的开阔界域中来，审美的旨趣与襟怀放宽变大了。

其六，"超前"。由于书中本事较为系统地存在于批者记忆中，所以常出现如下情况：作者之笔才沾到旧事的边，或者批者尚未看完作者对一件事（或几件事）的描写，他头脑中既存旧事印象就蠕活起来，发生作用，悲感也就提早发生，形成一种"超前反应"的审美现象。如：

> 第13回，"三春去后诸芳尽，各自须寻各自门。"庚辰本批："不必看完，见此二句，即欲堕泪。"
>
> 同回凤姐考虑协理宁国府应注意五件事一段，庚辰本批："读五件事未完，余不禁失声大哭；三十年前作书人在何处耶？"
>
> 第25回，"人世光阴，如此迅速，尘缘满日，若似弹指。"庚辰本批："见此一句，令人可叹可惊，不忍往后看矣。"

未看完、未读完即落泪大哭，欣赏过程还没有完毕，欣赏效果倒已出现：这种现象在审美心理学上就叫作"超前反应"。它完全是由批者对书中旧事有系统的记忆造成的。

其七，转化。当作品阅读勾起的旧事感伤沉重到压得人喘不过气来时，批者便抑圣为狂、化啼为笑，进入特殊的情感状态：以悲剧心理为内核的喜剧意识。这时"悲"并未消除，而是浸润到情感深处去，批者以很镇定的态度对待它，不让它显形露色，好像认为所悲之事毕竟"已是过去"了。如第5回："呀，一场欢喜忽悲辛，叹人世终难定。"甲戌本批："过来人见此，宁不放声一笑。"面对泰丕相承、贵贱替代，批者不作惨容愁态，反生一笑，笑之中其心境已"超然于有限生存之上"①，视世事如游戏了。这虽有一点玩世不恭，但更多的仍是"悲"的变态化心理，以笑代哭，笑乃哭之极致。黑格尔讲"悲剧的终点"正是"喜剧用作基础的起点"，即道出了这种悲喜互换的奥秘②。

## 四 往日旧事与"内悔"心理及梦幻感

脂批者还根据他对书中本事及作者生活经历的了解，点示出作者驱遣不开并不时流露在艺术描写之中的一层颇为沉重的意识内容：内悔心理。

---

① 黑格尔：《美学》第三卷下册，商务印书馆1982年版，第315页。
② 同上书，第316页。

这层心理有不同的内在因素，多角度地联系作者的实际生活，并透露了作者因处境变化而改变自己思想、观念的动向。

悔，首先是人生价值未得彰显的懊恼。如：

第 1 回，"形体倒也是个宝物了。"甲戌本批："自悔之语。"

同回，"无材补天，幻形入世。"甲戌本批："八字便是作者一生惭恨。"

同回，"枉入红尘若许年。"甲戌本批："惭悔之言，呜咽如闻。"

第 12 回，贾代儒说贾瑞，"自来出门，非禀我不敢擅出"。庚辰本批："处处点父母之痴心，子孙不肖，此书系自愧而成。"

就是说人的价值不在外表形体之娇贵，而在中藏有"宝物"之质，重前者似偏于审美，重后者似近于功用。人生若徒有其表、无所作为，那么来到世间，就是虚空一场，对其个人来讲是"枉人"，对家、国来说是"不肖"与"无材"。这里作者后期自感"半生潦倒、一技无成"、虚度年华的悔恨，要求创造或显现个人人生价值而不应"枉了"一生的理想，等等，都暴露在脂批者的观察之中了。

批者意识到，作者的"悔"又是一种认识人生道路抉择错误的反省意识，所谓"苦海无边，回头是岸，若个能回头"，"一步行来错，回头已百年"[①]。其中有作者对往事经历的审美思考，以及对自我人生成败、是非的沉痛检讨。如十六回秦钟临死劝宝玉"以后还该立志功名"，"我今才知自误了"一段，庚辰本批：

"谁不悔迟"，"此刻无此二语，亦非玉兄之知己"。"若不如此为嘱，不但不近人情，亦且大露穿凿，读此则知全是悔迟之恨"。

值得注意的是宝玉原以不说"混账话"（求取功名）者（如黛玉）为知己，而这里劝求功名的秦钟也成了宝玉的知己。这种现象不是艺术描写

---

① 庚辰本第 12 回眉批，第 13 回总批。

上的自相矛盾，而恰恰是作者早年不务功名与沦落后"深所忏悔"（鲁迅语）的人生观念发生变化的一个微妙折光。

批者在涉及女性爱情感时，其"悔"的心理呈矛盾状态。一方面是悔自己未能听从诚训，"收功静息，涵养性天"，致使痴念一动，坠入情渊；另一方面又悔自己爱欲不遂、情场失意：

第1回，写"神瑛侍者凡心偶炽"。甲戌本批："总悔轻举妄动之意。"

第5回，写宝玉对袭人，"谁知公子无缘"。甲戌本批："骂死宝玉，却是自悔。"

第5回，警幻讲宝玉，"如堕落其中，则深负我从前谆谆警诫之语矣"。有正本批："看他……作此语，则知此后皆是自悔。"

情与爱在作者思想性格中既扎下深根，但又由于它给人生道路、情感生活带来了坎坷与苦果，自己不得不努力抛开、否定这种作为痛苦之源的爱欲；于是女性爱心理与扬弃爱的理念形成尖锐的冲突，而作者终身也未能解决它。

内悔心理产生的原因，是迫于现实境遇的压力，所谓"眼前无路想回头"，作者返顾人生，思想沿着时间的线索倒溯上去，既往经历中的人事境况转变成了被审视的对象。这种作者（主体）对自我生活内容（客体）的观照关系，就使得作者关于人生、社会的审美认识走上深化，又犹似给下一步的创作活动铺设了"引桥"。

再看作者、批者共有的人生梦幻情绪。

第一，它的根子在于既往经历中的变故。由于变故，所望获得的家业康泰、地久天长，不能如愿；"可怜转眼成虚话，云自飘飘月自明"①，于是恨欢境难驻、怅富贵不长、嗟人生有限、叹世事沧桑，产生了尘世之事、人生之业都"非真"的感慨：

第1回，好了歌下，甲戌本批："共历此幻场幻境，扰扰纷纷。"

_____

① 有正本第8回总批。

第 8 回，有正本总批："莫把事业劳辗转，百年事业总非真。"

"非真"显然建筑在一切落空的现实人生感受之上。如果"百年的事业"不走向衰败，门第官爵财产仍然为之所有，就不会有"非真"的感觉。"非真"即得到或曾占有的物质生活条件（物境）又被剥夺去，乃至没有留下什么值得享用的东西。所以梦幻感的实质还是对现实中的破落受不了。

第二，梦幻感又与实际生活中人的心境的更换有关。雪芹在第 1 回中表述说："瞬息间则又乐极生悲，人非物换，究竟是到头一梦，万境归空。"脂批者认为这是"一部之总纲"。这里的境就不仅仅是物境（官邸、财产、爵衔、门第），同时也有人的心境，即人在那"物境"中享受欢乐愉悦情感生活的内心境界。在某种意义上，它也是一种"拥有"。它随着物境的存在而存在，伴同物境丢失而湮灭。所以万境归空的一个重要内容就是当事者（作者、批者）当初的"心境"（拥有富贵荣华的情感生活）也失去了。此一失去，和"物境"的消失一样重要，直接在作者批者内心中引出作为梦幻意识基础的失落感。

第三，梦幻意识是一种在对既往旧事进行审美追思中产生的心理错觉。当现实生活成为过去、生活中许多内容（如物质的占有、爱恋的对象）如流霞飞云消散难觅的时候，作者批者自然产生"空无所有"的感觉。这种"空"的感觉应当说是一种心理反应。但由于它所连带的忧伤怅惘的情感促使当事者反复追念已变得遥远的关于旧事、"熟人"的视听印象，并把这种具有模糊印象的追思怀想活动同虚无飘渺的梦境沟通连串，遂把生活之境的消失变化"比作"梦境的化为空无了：

第 5 回，雪芹写道："生前心已碎，死后性灵空，家富人宁，终有个家亡人散各奔腾，枉费了意悬悬半世心，好一似荡悠悠三更梦。"

第 1 回，前甲戌本凡例："浮生着甚苦奔忙，盛席华宴终散场。悲喜千般同幻渺，古今一梦尽荒唐。"

第 1 回，写"来了一僧一道"，甲戌本批："所谓万境都如梦境看也。"

在这种"比"中，作者批者都将忆述摹写的人生、现实看成梦境幻灭，人生境迁与世事变化也都理解为泡影般物，一切现实活动似乎都是不必要的；这自然是错了。

第四，基于人生幻梦、尘事"非真"的心理错觉，又推演出超越一切生活情欲的理智化、审美化心境。第十二回贾瑞死后，贾代儒夫妇要架火烧毁道士送来的妖镜，镜子哭道："你们自己以假为真，何苦来烧我。"庚辰本批："观者记之。"批者同意此处作者的真假观，认为人生及生活中的一切情欲都是"假"与"幻"，不能以"真""实"视之，贾瑞之错就错在"以假为真"。这实际上是要求人对尘世生活保持一种静观与距离，扬弃爱欲，坚持一种超越尘凡生活的人生审美态度。

第五，在作者观念中就曾把家的盛衰变化以及人与人的争斗角逐比作戏场活动，"乱烘烘，你方唱罢我登场"。脂批者则进而把世家没落、戏场罢演、黄粱梦醒三者联系起来：

> 第45回，有正本总批："富贵荣华春暖，梦破黄粱愁晚。金玉作楼台，也是戏场妆点。莫缓，莫缓，遗却灵光不返。"

于是，画梁蒙尘、家业凋零的旧事经历在梦幻感的前提下，又多了一层艺术经验（戏场的喧闹与散场）的比附。如果说梦幻感是把富贵烟云的往事引到心理经验的范围去体味，那么"戏场妆点"则把它放到艺术经验中去思考了。

第六，梦幻意识在作者具体艺术表现活动中是起了特殊变化的。批者发现了这一点。

> 第一回末，有正本总批："借幻说法，而幻中更自多情……试问君家识得否，色空空色两无干。"

这就是说在表现往日旧事的过程中，作者意旨（"说法"）与内心积淀情感（情爱）发生了矛盾。因作者并放不下对尘世生活与情爱的牵挂；抒写旧事时，情感再度燃起。这时梦幻感就退到一边去了。"说法"的动机又为旧事回忆引起的炽热情感所覆盖。想通过写旧事来阐明"法",实在不可能。作者对往日生活执迷太深,艺术表现只会加强他对世间生活与情爱活动的迷恋,所以脂批者讲"色"和"空"本来就是不相干的东西。

第七,在梦幻意识上,批者和作者的认识也不是完全尽同的。如批者在对旧事是是非非的思索中,抹去了道德(善恶)因素及其作用。第五回有正本总批:"万种豪华原是幻,何尝造孽,何是风流。曲终人散有谁留,为甚营求,只爱蝇头?"当初的风流哪里去了?曲终人散,尘事如烟,造孽与不造孽都归于幻灭与消亡,这是铁的定律,哪里还有营求奔竞的必要呢?既往生活中的兴衰沉浮似乎并不以善恶为转移。这和作者"有恩的死里逃生,无情的分明报应"的观点显然就有差距了。

## 五 往日旧事与作者创作动机、思维状态及艺术表现效果

批者反复陈说"《石头记》不是作出来的",而是作者、批者实有生活旧事的追述写照。所以他可以毫不费力地指出书中某处有作者某种经历的内容。如:

> 第5回,"新填《红楼梦仙曲》十二支。"甲戌本批:"点题。盖作者自云所历不过红楼一梦耳。"同回探春判词:"生于末世运偏消!"甲戌本批:"感叹句自寓。"

批者披露,在警幻仙子的红楼梦曲与探春命运判词上寄托有作者的实际经历与身世之慨。类似的例子尚多。这表明,在批者的眼光之下,作者的艺术意识与意识活动加工的材料(生活实事)及加工好的成品(细节、语言、人物活动等艺术现象)之间保持了很好的透明度。正是这种透明度使得批者有可能来研究作者生活旧事与创作动机、艺术表现等较为复杂的关系,并对其间"灰箱"似的艺术意识活动现象作出探幽索隐的分析。

(一)认为作者生活经历是其写作动机滋生的温床

二回写到宝玉每被打得"吃疼不过时,他便姐姐妹妹乱叫起来",甲戌本批:"此一部书中大调侃寓意处,盖作者实因鹡鸰之悲、棠棣之威(威),故撰此闺阁庭帏之传。"按此,作者实有一种痛兄长沉溺闺阁的情

感，此情感培植起了创作欲望，促使他写了这部"闺阁庭帏之传"。这个说法的准确性很难断定，可取之处在于他指出了生活旧事对作者写作动机萌生的激发作用。批者还认为作者受往日经历中的情感所促迫，有不吐不快、外泄胸臆的欲求。如五回作者写："开辟鸿蒙，谁为情种，都只为风月情浓，趁着这奈何天、伤怀日、寂寥时，试遣愚衷，因此上演出这悲金悼玉的红楼梦。"甲戌本批："女儿之心，女儿之境……可知皆从无可奈何而有。"作者的一个"趁"字已透示出他在主观上是自觉地抓住自己情怀郁苦、有利创作的好时机来投入写作、倾吐心曲。批者则进而确指构成"倾吐"动机的郁苦的内涵与"女儿"有关，似是女性爱的苦闷启迪了作者的写作动机。又如：

> 第1回，神瑛绛珠一段，甲戌本批："以顽石草木为偶，实历尽风月波澜，尝遍情缘滋味，至无可如何，始结此木石因果，以泄胸中悒郁。"

作者为旧事中"尝遍情缘"的伤郁之情所困惑，萌动了"外化"积郁的动机，于是幻拟出一个审美化的"木石姻缘"，于中寄寓了人生经历的沉痛与向往；在艺术幻思中，作者赢得了轻松，找到了解脱与心境舒朗的路子，而所幻拟的艺术表象（木石婚姻）毋宁就是泄郁动机的产物了。甚至，作者艺术思维的空灵巧变也与他的生活经历有联系。第十六回庚辰本眉批：

> 自政老生日，用降旨截住；贾母等进朝如此热闹，用秦业死岔开；只写几个如何，将泼天喜事交代完了……如此等，是书多不能枚举。想兄在青埂峰上经锻炼后，参透重关至恒河沙数。如否，余日万不能有此机括，有此笔力，恨不得面问果否，叹叹。

这一段话的本意是，作者因家庭破败而苟且偷生在某一处（青埂峰是此一处的代称）后，有一番对生活、人生、爱、世道等内容的严峻而沉痛的思索，思索中他的灵魂犹如受了一场"锻炼"，出现了大彻大悟的艺术心境，所谓"参透重关至恒河沙数"；而这种心境正是他创作中笔力灵动、境界玄幻的基础。

（二）批者还具体剖析了作者实际生活经历对其艺术表现发生的影响

其一，对往日旧事作客观表现，构成全书事件、人物性格（哪怕是书中一个不起眼小人物）符合情理的艺术效果。如第三十九回贾母称呼刘姥姥，"老亲家，你今年多大年纪"，庚辰本批：

> 看官至此必愁贾母以何相称，谁知公然曰老亲家，何等现成，何等大方，何等有情有理。若云作者心中编出，余断断不信。何也？盖编得出者，断不能有此情理。

批者认为作者对贾母声口的描写势必"有迹可追，有形可据"，若单凭编造，想达到如此合情合理，是难以梦见的。这就等于是说，原有生活旧事的内在逻辑为书中的艺术情理提供着框架或依据。

其二，有些生活排场与境界的再现也依赖于作者的"身临"与"亲见"。如：

> 第18回，元春省亲，有正本总批："此回铺排，非身经历，开巨眼，伸大笔，则必有所滞罣牵强，岂能如此触处成趣。"
>
> 第76回，黛玉、湘云在凹晶馆联吟，池面上月影摇荡，庚辰本批："写得出。试思若非亲历其境者，如何摹写得如此。"

只有亲历其境，开过眼界，大气派、妙情境铭识在心，形容之时，才能境象鲜明，摹出生趣。作者的"亲历"与"经历"成全了他的场面铺写与境界摹绘。尤其是一些特殊的人生感受或在特定境况中的心理状态，就更离不开作者经历中的实际体验了。

> 第18回，写宝、黛、钗"三人满心里，皆有许多话，只是俱说不出。"庚辰本批："非经历过，如何写得出。""《石头记》得力擅长，全是此等地方。"

第 22 回，写贾政在场，宝玉惟唯唯而已。庚辰本批："非世家公子经严父训者，断写不出此一句。"

第 26 回，宝玉讲"惟有我写一张字、画一张画，才算是我的。"庚辰本批："谁说的出，经过者方说得出，叹叹。"

人心亦一境界，且更幽微深曲，不宜摹写。但作者则从自己贵公子的经历出发，把宝玉的女性爱情态与惧怕严父的心理写得活泼而有生气。

其三，批者又注意到作者旧事记忆与其写作时艺术想象的关系。因为作者往日所见之物、所听之语、所历之境，都保存在记忆中，写作时就自然蹦出来成为媒姻或引线，勾起艺术联想。如：

第 18 回，写"桌屏……与壁相平"，庚辰本批："皆系人意想不到，目所未见之文，若云编拟虚想出来，乌能如此。"

第 22 回，写家宴酒席，庚辰本批："是家宴，非东阁盛宴也，非世代公子再想不及。"

同回写凤姐知贾母喜热闹，庚辰本批："写得周到，想得奇趣，实是必真有之。"

批者认为，作者的"想"（象）不是"编拟虚想"，而是靠昔日"真有"的旧事来促发、启动，艺术想象有了实有之事为依托为起点，故能够达到"周到""奇趣"的良好效果。

综上所述，脂批确有几点很值得注意。第一，批者说明书中有一个旧事系统，此系统不仅是书中故事系统（即审美系统）的基础，且对作者创作动机之萌生、作者特殊艺术原则（"隐"）与典型塑造法（摹写原型）的构成，都起了重要的作用。在审视方式上，这已逼近艺术发生学的研究界域。第二，批者以自己对旧事的记忆为依据，来观察作者描述旧事的表现能力与艺术效果，他的旧事记忆与审美观念融合成为评价作品妍媸的审美标准。这种复合型的艺术尺度尤为特殊。第三，由于旧事记忆，批者便易于将保留、暗示或经变形处理后嵌在书中的昔日旧事指点、透示、补写出来，使之与书中具体场面、境界、形象、细节形成对照，对照之中作者怎样通过修饰、改妆或虚构把旧事细末转化为艺术细胞的复杂情形便朗然可见，为从形象构成学角度研究雪芹的创作提供了丰富的线索与材料。一句话，批者关于书中本事的记忆渗透了他艺术分析的全过程。这种批评方式，可以说前无古人、后无来者，是中国古典小说批评史上的绝唱。

# 第四节　清嘉庆年间的《红楼梦》审美批评

《红楼梦》审美批评，经过乾隆后期的孕育，到了嘉庆年间，基本拉开了阵脚。属于这一时期的审美批评家有二知道人、诸联①、郑师靖、秦子忱、兰皋居士、小和山樵、海圃主人、梦梦先生等。他们涉及的问题较多，也很琐碎，但主导倾向则不外如下五个方面。

（一）审美批评中的"言情论"

1. 从创作主体角度对"情"的分析

言情论者虽然都承认"情"是创作主体的一种内在因素，但对这种内在因素具体形态的理解则是不同的。仔细区别起来，一种是情爱，是创作主体对自我生活经历中那已经流逝的爱情生活的沉痛追挽与无限怅惘。小和山樵描述说，"雪芹之梦，美人香土，燕去楼空"。② 另一种是情志，是创作主体的深深嗟痛与愤愤不平的情绪。这两种"情"的具体内容不是互不相干的东西，爱的毁灭联带着对毁灭爱的力量的憎恶，现实逆境的郁苦也会导引出到爱的泉池中去洗濯情怀、聊以宽解的心理要求。这种联系，言情论者是有所察觉的。犀脊山樵说，《红楼梦》"乃不得志于时者之所为"，因为书中"王夫人意中疑黛玉与宝玉有私，而晴雯以妖媚惑主，乃黛玉临终有我身干净之言，晴雯临终有悔不当初之语，是私固无私，惑亦未惑"。③ 这里，犀脊山樵的分析虽稍嫌附会，但他看出了雪芹心理结构中那种儿女情长的艺术描绘与忿意、郁闷情怀间的联系，则是可取的。

---

① 诸联的《红楼评梦》虽是道光元年刊本，但因其写作时间在嘉庆年间，故关于他的审美观点也放在此论述。

② 小和山樵：《红楼复梦自序》，一粟《红楼梦资料汇编》，中华书局1964年版，第46页。

③ 犀脊山樵：《红楼梦补序·叙略》，一粟《红楼梦资料汇编》，中华书局1964年版，第50—51页。

　　言情论者以为"情"虽然是创作主体的内在因素，但它的生成则取决于外在客观现实条件：

　　　　"《红楼》情事，雪芹记所见也。锦绣丛中打盹，佩环声里酣眠，一切靡丽繁华，虽非天上，亦异人间，深山穷谷中人未之见，亦未之闻也。"①

　　　　"凡值宝黛相逢之际，其万种柔肠，千端苦绪，一一剖心呕血以出之，细等缕尘，明如通犀。若云空中楼阁，吾不信也；即云为人记事，吾亦不信也。"②

　　情是在客观现实活动的推荡磨砺中积淀起来的，是创作主体实际生活内容或经验向其内心情感生活转化后的形态。所以雪芹的情尽管迷离恍惚，但仍明显地带着现实的血泪与欢笑。

　　言情论者认为，雪芹的情属于非和谐的范畴，它没有中正平和、温柔敦厚的风范，而偏重于艺术情感的矛盾、冲突、外发、非节制状态，突破了儒家乐而不淫、哀而不伤、怨而不怒的传统、理想的心态要求。因此，情在创作主体内在中就是一种骚动、窒息、压抑的因素。它导致创作主体产生苦痛与郁闷的情绪体验，产生将它们外化出去的要求，或者说在精神"意识中……理智地复现自己"，从而在"所创造的世界中直观自身"③，达到自我开释、自我排解的目的。所以，情在创作主体心中是艺术活动的原动力：

　　　　"蒲聊斋之孤愤，假鬼狐以发之；施耐庵之孤愤，假盗贼以发之，曹雪芹之孤愤，假儿女以发之；同是一把辛酸泪也。"（二知道人《红楼梦说梦》）

　　　　"雪芹先生亦一梦中身也。开眸四顾，地非邯郸，闲弄笔头，无

---

① 二知道人：《红楼梦说梦》，一粟《红楼梦资料汇编》，中华书局 1964 年版，第 83—102 页。

② 诸联：《红楼评梦》，一粟《红楼梦资料汇编》，中华书局 1964 年版，第 116—120 页。

③ 《马克思恩格斯全集》第 42 卷，人民出版社 1961 年版，第 97 页。

非漫兴，委婉达痴儿之意，思量写处子之心"，"潦倒穷愁，寄情幻梦。"（二知道人《红楼梦说梦》）

"雪芹先生有感而作《石头记》一书……寄感慨……寓贬褒。"①

创作主体把内在中的感慨、穷愁、孤愤等情感体验外化出来了。在外化过程中，还潜含着一种"缓和的力量"。在未外化前，创作主体沉没在苦痛里，苦痛完全占领了他，"但是由于把苦痛表现为形象，他的情绪的强度就缓和了，减弱了"②。他就摆脱了内在情感的束缚，"有所释憾"③，把它们转化成他所创造的对象，他的内心世界就赢得了一种"导泄"的轻松，压抑、郁闷的感觉便消退、缓解了。所以，二知道人这样描述雪芹那深沉而苦痛的女性爱情感在外化前后的情况："雪芹先生作《红楼梦》时，结习未除，花犹着体也。稗史告竣，结习除矣……"④

2. 作为男女性爱生活内容的"情"

言情论者把情视为创作主体内在情感因素并分析其种种形态的同时，并不否认它的社会性内容，他们认为雪芹的"情"既指创作主体的内在情思，但在更大的成分上是指现实活动中男女性爱之情的极至性。

今试立男女于此，男之悦女，徒以其女也悦之，女之悦男，亦徒以其男也而悦之。则尚别易一男女，而与其所悦者品相若，吾知其情之移矣。情也而可以移乎？又苟别另一男女，而更出其所悦者之品之上，吾知其情之夺矣。情也而可以夺乎……故情之所以为情，移之不可，夺之不可。（乐钧《耳食录》）⑤

虽至山崩海涸，金销石烂，曾不足减其毫末，而间其须臾。必且

① 海圃主人：《续红楼梦楔子》，一粟《红楼梦资料汇编》，中华书局 1964 年版，第 49 页。
② 黑格尔：《美学》卷一，商务印书馆 1979 年版，第 60 页。
③ 憾，心之感也。感之外发、外彰、外化，内则舒展矣。《淮南子·本经训》如是说："人之性，心有忧丧则悲，悲则哀，哀斯愤，愤斯怒，怒斯动，动则手足不静。人之性，有侵犯则怒，怒则血充，血充则气激，气激则发怒，发怒则有所释憾矣。故钟鼓管箫，干戚羽旄，所以饰喜也。衰绖苴杖，哭踊有节，所以饰哀也。兵革羽旄，金鼓斧钺，所以饰怒也。必有其质，乃为之文。"（刘安：《淮南子》，岳麓书社 2015 年版，第 67 页）
④ 二知道人：《红楼梦说梦》。
⑤ 乐钧：《耳食录》，一粟《红楼梦资料汇编》，中华书局 1964 年版，第 347—349 页。

至憾于天地，归咎于阴阳，何故生彼，并何故生我，以致形朽骨枯，神泯气化，而情不与之俱尽。是故情之所结，一成而不变，百折而不回，历千万劫而不灭，无慊心之日，无释念之期，而穷而变，变而通，通而久，至有填海崩城，化火为石，一切神奇怪幻，出于寻常思虑之外者。（乐钧《耳食录》）

前者是说情的不可夺移的执着性，后者是讲情的经久不灭的永恒性，从两个不同角度描绘了创作活动中由社会生活采撷而来的客体性因素：带有极至特征的男女性爱之情。

情的极致特征的另一种表现，是男女性爱之情从低级、世俗的形态走向格调高洁的审美形态。男女性爱之情不同于"皮肤滥淫"的动物性的欲望。它扬弃了性爱活动中对于对象（女性）的占有与利用的动机，以精神享受、心理满足、情感舒悦等内心生活为终点，并把这种心理要求或审美需要的满足，确定为一种内在的价值，构成了带有空泛特征的关于情感及性爱的价值观念。

两人之情……譬诸明月有光有魄，月固不能离魄而生其光也。譬诸花有香色，有根蒂，花固不能离根蒂而成其香色之妙且丽也。然花月之所以为花月者，乃惟其光也，惟其香色也，初不在其魄与根蒂。（乐钧《耳食录》）

《红楼梦》者，香梦也。不写怜香之事，只传香梦之神，若即若离，不言香而已香过半矣。（二知道人《红楼梦说梦》）

此书无公子偷情，小姐私订，及传书寄柬，恶俗不堪之事。卷中无淫亵不经之语，非若《金瓶》等书以色身说法，使闺阁中不堪寓目。（小和山樵《红楼复梦自序》）

在这里，情获得了圣洁灵秀、冰丝雪竹般的赋性，由原来情欲、欲望的内容升华为崇高形态的审美情意，淳化为天真无邪的女性爱心理意向；从而把明后期以来渗透于市民文学中的自然主义情欲论给否定、扬弃了。正如诸联所说的，"书本脱胎于《金瓶梅》，而亵嫚之词，淘汰至尽……非特青出于蓝，直是蝉蜕于秽"①。

在正视这种升华形态的"情"的基础上，言情论者索性取消了"情"在时空、生灭、起止等方面的具体规定性，使之无处不有，无境不生，有目的而又无目的，有具象而又无具象，充时空而又超时空，有对象性而又无对象性。乐钧分析说，若"使男女之相悦，竟得如其愿，则亦安常处顺，以老以殁，而情于是乎止矣"，而真正的情是无终止的；又若"使男女之相悦，终不遂其媾，则亦抱恨守缺，因循苟且于其后，而情于是乎穷矣"，而真正的情是无穷尽的。因此，"情之所以为情……离之不可，合之犹不可"，不拘于离合，无关乎穷止。而且：

> 心有所为而实无所为者也，无所不可而终无所可者也，无所不至而终无所至者也。（乐钧《耳食录》）

> 未见其人，因思其人，既见其人，仍思其人，不知斯人之外更有何人，亦并不知斯人即是斯人。乃至身之所当，心之所触，境之所呈，一春一秋，一朝一暮，一山一水，一亭一池，一花一草，一虫一鸟，皆有凄然欲绝，悄然难言，如病如狂、如醉如梦、欲生不得、欲死不能之境，莫不由斯人而生，而反不知为斯人而起也。（乐钧《耳食录》）

这种已经被抛到泛情论边缘的"情"，连论者自己也感到，即使"有灵心妙舌，千笔万墨"，也难"写其难言之故之万一。"但有几点我们是清楚的。（1）情的产生变化原是无意识、无目的的，但其运动的结果却合乎目的性，情并没有意识地去获取什么，但它无形中实现、成就、富有了自己。这里包含了自由与必然内在统一性的深刻理解。（2）采取"无为"的态度对待情，处处顺应情的外化与发展的自然要求，那么情在自然的发展中就能达到自己的目的。情的目的性就包含在情的自然要求（规律）自身的作用之中，情的自然要求（规律）自身发生作用的结果就是情的目的实现。情的目的性不是外在于自然要求（规律），或与自然要求（规律）不

---

① 诸联:《红楼评梦》。

能兼容的东西，而是内在于自然要求（规律）的东西。情的目的性与情之自然要求（规律）之间不可分地相互渗透和统一是情的活动的重要特征。（3）既然情的目的性是由情的自然要求而来，不是在自然要求之外另行一个理性的追求，所以这种目的性仍属无目的而合目的的范畴，情的追求与实现仍是超欲望、超实利的审美的境界。

乐钧的泛情论已经接近雪芹的情幻思想了，它的前行就是对雪芹情幻思想的肯定性审美评价：

> "非非子曰：《红楼梦》悟书也。非也，而实情书也。其悟也，乃情之穷极而无所复之，至于死而犹不可已，无可奈何而始说于悟，而愈见其情之真而至。""情之所结，无真不幻，无幻不真。"（乐钧《耳食录》）

> "其（《红楼梦》）尤奇者，缘之所限，迹不必合，而情之所系，境无终暌，为千古才士佳人另开生面，而终以空诸所有结之。""正是：情生情灭情何寄，种此情缘别有因。"（海圃主人《续红楼梦楔子》）

他们认为情幻乃相对情极情至的更高层次，这是颇有见地的。因为"有比无并不更多一点"什么[1]，极至是情的内容在量与度上的规定或限定，"幻"则是"完全的空，没有规定"[2]，即完全不再限定情之内容的量与度。在这里，没有限定并不等于"情"没有了内容，情的内容不仅存在，而且在量与度上更无限制地放大了，从情至到情幻并非情的泯灭，而是情趋向无规定、无限制的"无限物"的表现，或者说乃是"将欲全有，必反于无"[3]的再升华现象。黑格尔在研究东方民族（中国、印度）时曾说过：

> "在东方精神中，当反省和意识通过思想的作用而达到清晰的分辨和原则的规定时……是取消一切特殊性而得到一个渺茫的无限——

---

① 黑格尔：《逻辑学》上卷，商务印书馆1966年版，第71页。
② 同上书，第69页。
③ 王弼：《老子注》第四十章，《道德经集释》（上），中国书店2015年版，第244页。

东方的崇高境界。""在东方人那里我们只看……那渺茫无限的崇高境界，在这境界中一切事物都消逝于无形了。"①

言情论者视情幻为情极深化现象的观点以及对雪芹由情极到情幻思想发展线索的把握，就正是一种在反思中扬弃事物（情）具体特殊性相而使之归于渺茫、无限境界的民族心理习惯的反映。

与情幻思想相联系的是娜嬛山樵的"情梦说"，他说：

> "钟情者，正贤者之过情者也，亦正梦境缠绵之甚焉者也……古人云：'情之所钟，正在我辈'。故情也，梦也，二而一者一也。多情者始多梦，多梦者必多情，犹之善为文者，文生于情，情生于文，二者如环之无端，情不能出乎情之外，梦亦不能出乎梦之外。""昔晋乐令云：'未尝梦乘车入鼠穴，捣齑啖铁杵，皆无想无因故也。'无此情即无此梦也，无此梦缘无此情也。妙哉！雪芹先生之书，情也，梦也，文生于情，情生于文者也。"②

在这里，梦生于"过情"，即情达到极至程度后的另一种心理状态。情与梦有着互为表里的关联性，情是梦的现实基础与现实形态，梦是情的发展或转化形态。二者犹如连环套接，不可分割。如果说"情"的极至性的一种转化形态（情幻）最终走向了渺茫的泛宇宙意识，而这里的另一种形态（梦）则仍带着更多的现实心理状况的色彩。

（二）对艺术人物的审美分析

1. 人物悲剧命运的深切哀婉

在人物审美分析中，欣赏主体常常用自我主观的审美情感或审美想象介入（体贴、感受）受悲剧命运摆布的人物的处境与情怀，于是欣赏主体的情感、呼吸就完全移入、沉溺于对象（悲剧人物的情怀、处境），与对象混合一体了。在这种情况下，欣赏主体即可真切感受到对象的一切，生

---

① 黑格尔：《哲学史讲演录》卷一，商务印书馆 1959 年版，第 117—118 页。
② 娜嬛山樵：《补红楼梦序》，《红楼梦资料汇编》，中华书局 1964 年版，第 52 页。

成出真实的对悲剧人物的哀惋来。二知道人描绘说：

> 仆尝梦游于潇湘之馆，但见琅玕万千，玉立森森，翠浸帘波，枝筛日影。此君相对，正欲发长啸声，倏忽间昧色笼烟，潜入夜矣。黑云飞来，浓阴如漆，雨惊我心，风感我肌，澎湃凄其，令人骇叹。心念居是馆者，枕边之泪，自如断贯珠，修绠縻矣。①

这种"读者……同情悲剧人物，或者和他们融为一体"的审美状态，实际上就是悲剧的快感。②

死的主题无疑与哀惋的情思有一定联系，诸联说，"金钏之死也使人惜，晴雯之死也使人惨"，"司棋之死也使人骇，黛玉之死也使人伤"。但这种联系只是外部的，因为不是每个人的死都给审美主体以哀惋的情绪，"一个穷凶极恶的人从福落到祸"，只能"满足我们的道德感，却不能引起哀怜"③。例如"金桂之死也使人爽"，"赵姨娘之死也使人快"。所以哀惋的本质性内容还是其中渗透的那种对人生价值意义的理性思索与理性要求，即生活、现实、命运给予美好女性的东西，与她们本身的美好价值应该相称，否则就产生了不合理性。

> "香菱为人略卖，狮吼惊心，人皆悲其遇矣。仆为香菱悲者，尚不在此，独恨无知月老，何竟以吟风弄月之美人，配一目不识了之傻子耶？"
>
> "迎春神恬意静，和蔼可亲……不意遇人不淑，横加折辱，赍恨而死……悲夫！"④

二知道人认为，雅静亲和的迎春遇人不淑，学诗的美人香菱碰上薛呆

---

① 二知道人：《红楼梦说梦》。

② 莫瑞尔：《悲剧快感心理学》，转引自陈瘦竹《陈瘦竹戏剧论集》，江苏教育出版社 1999 年版，第 363 页。

③ 亚里士多德：《诗学》，第十三章，朱光潜译文，转引自朱光潜《西方美学史》，人民文学出版社 1963 年版，第 83 页。

④ 二知道人：《红楼梦说梦》。

子，她们都"不应遭殃而遭殃"，故"引起哀怜"①的审美效果。

在对美好女性的哀惋情思中，诸联尚注意到受人唾骂的宝钗的悲剧，可为独具慧眼。他说："人怜黛玉一朝奄忽，万古尘埃，谷则异室，死不同穴，此恨绵绵无绝。予谓宝钗更可怜，才成连理，便守空房，良人一去，绝无眷顾，反不若赍恨以终，令人凭吊无穷也。要之，均属红颜薄命耳！"②认为宝钗身上潜含着更深刻更沉重的悲剧感，她的命运也属于红颜薄命的性质，只是有它的特殊表现形式罢了。这种对宝钗命运的同情与哀惋，是符合雪芹悲金悼玉的创作动机的。

由于那些坠入悲剧深渊的女性人物，用她们生命的代价保护了自我纯真、高尚的人生价值，所以审美欣赏中的哀惋情思便在这种对象的崇高性质（永恒而神圣的人生价值）面前趋于减缓，并转化出一种自慰的审美感受：

> "鸳鸯之死也使人敬。"（诸联《红楼评梦》）
> "观晴雯有悔不当初之语，金钏儿有金簪落井之言，则二人之于宝玉，是非之情，不可以相谰已……雯乎、钏乎，现女儿身，全受全归，死亦何憾。"（二知道人《红楼梦说梦》）

悲剧人物身上的崇高感是对哀惋情思的一种抵消与净化，它标志着欣赏主体从哀惋中振奋起精神来，审美心境开阔了。欣赏主体从哀惋情思的沉溺中解脱出来的另一种形式是在反思中指向那导致女性悲剧命运的力量及罪者：

> "鸳鸯却聘后……贾妪下世，以身殉之，怕遭荼毒也。赦虽不杀鸳鸯，鸳鸯由赦而死。""首导淫之花大姐也。说真方，卖假药，花大姐得其心传矣。"（二知道人《红楼梦说梦》）
> "金玉之姻缘，皆熙凤之诡诈，百年鸳偶，何可以李代桃僵，致

---

① 亚里士多德：《诗学》，第十三章，朱光潜译文，转引自朱光潜《西方美学史》，人民文学出版社1963年版，第83页。
② 诸联：《红楼评梦》。

令其夫远窜于青埂峰头，其妇独守于茜纱窗下。追求其故，强作之合也，宜以笞罪罪其冰人。"（二知道人《红楼梦说梦》）

悲惋情绪换成了愤慨激怒与严峻批判，感伤主义的美学意蕴与批判现实主义的战斗锋芒扭合在一起，于是哀婉就过渡到与它相联系相邻近的范畴——悲壮。悲壮是悲哀、崇高与批判的混血儿，它的产生在很大程度上取决于人物性格中那种刚强、正直、贞勇的内容以及由此而产生的对悲剧命运的顽强抵抗与大胆承受。二知道人突出地分析了尤三姐：

> 尤三姐性格激烈，女中丈夫也。生而孤贫，随其母寄人篱下，恨阿姊之失守，隐痛方深。乃贾氏兄弟，卤莽皮相，待如其姊……清白女儿，无以自剖，宜其媚怒娇嗔，佯狂作态，旋玩纨裤儿，直登场傀儡，入袋猢狲耳……独具只眼，物色于尘埃中，而自得快婿……迨既聘以剑，旋复见疑，举平日之屈抑而不得伸者，一朝发之。苟非自翻其颈，不足以表白天下。呜呼！其剑已化龙耶？不然，何以有惊雷怒涛奔腾于粉白黛绿之地也？虽噩梦，实正梦也。（二知道人《红楼梦说梦》）

这一段悲剧性格演进过程的描述有三个层次，（1）本来尤三姐心理上就有寄人篱下与恨阿姊失守的深深隐痛。（2）所以贾氏兄弟轻薄于她，她不甘凌辱，耍其如傀儡、猢狲。（3）在婚姻爱情理想不能如愿以偿时，发生了作为生活中积压的悲愤情绪总爆发的勇绝的自刎。在这里她以自刎表白天下，自我保护了清白女儿的崇高价值，用生命奏出了其剑化龙、惊雷怒涛般的悲壮曲调，完成了纯真女性品格的永恒的肯定。这大概是二知道人"虽噩梦，实正梦"的美学内涵，或者说悲壮审美心理（由痛感转昂奋）的发展逻辑。

2. 人物的美的形态

在人物审美分析中，批评家采取了象征性方式，赋予不同的性格内容以不同的外在形式，这种外在形式就是自然事物。因为从审美心理学的角度看，"自然向人生成"，"绝没有一种自然现象不可以从另一个观点看而成为""心理事物"的①。这种"心理事物","不是同人无关的冷漠僵死的物质存在","而是渗透着人的精神和情感的"东西,它与人的性格建立着"一种亲切和谐,富于人间情味的关系,一种精神性的关系"②。诸联说:

> 闺中诸女,皆有如花之貌。即以花论,黛玉如兰,宝钗如牡丹,李纨如古梅,熙凤如海棠,湘云如水仙,迎春如梨,探春如杏,惜春如菊,岫烟如荷,宝琴如芍药,李纹李绮如素馨,可卿如含笑……莺儿如山茶,晴雯如芙蓉,袭人如桃花,尤二姐如杨花,三姐如刺桐梅。(《红楼评梦》)

诸联借花作为女性人物性格的象征,其中的分别,有确切的(如三姐犹刺桐梅,二姐似杨花),也有不够确切或不太明晰的(如莺儿如山茶,可卿犹含笑),但他把自己对于人物性格意蕴的审美感受与理解,直观化外在化了。二知道人也是这样,他意识到雪芹之于人物性格的审美理想是真诚、童心,便在批判非童心之人的同时,将那种未经雕饰的具有童心的性格形态喻之为璞石:

> "子不观雪芹之命名乎?贾琏者,假脸也。仆生平最恶假脸之人","冷子兴者……贸易骨董肆中,强为知古,因是得伪附雅流。""荣府细小数百人,其胸无城府,一片天真者,上有史湘云,下有傻大姐耳……太璞能完者,宁可多得哉!"(二知道人《红楼梦说梦》)

璞石在这里就作为童心型性格特征的"心理事物"而存在了。这种审美品评方式与中国传统美学"经常把自然看作主体的道德精神的象征"③,是联系在一起的。

审美批评在捕捉了人物性格意蕴后,为了展示这种意蕴,便将它转化

---

① 冯特:《心理学大纲》英译本,第三版,第2页。
② 李泽厚、刘纲纪:《中国美学史》第1卷,中国社会科学出版社1984年版,第293页。
③ 同上。

为生理感官可以直接接受与把握的形态。试看二知道人之于宝钗形象意蕴的审美感受：

> 宝钗外静而内明，平素服冷香丸，觉其人亦冷而香耳。（二知道人《红楼梦说梦》）

首先，在这里我们发现，欣赏主体把来自对象（宝钗）的具有丰富社会性内容的内感觉（审美知觉），转化为一般的外感觉（生理性感觉）：冷与香，从而使人物性格意蕴成为直接诉诸感官的东西了。其次，宝钗性格冷香感的生成，虽然主要取决于形象本身的规定性（外静内明），以及这种规定性作为"外部刺激力向意识事实的转化"[1]，但其中也包含了来自欣赏主体"经验和习惯中所获得的补充"[2]。冷香感是形象意蕴本身提供的加上欣赏主体经验情感所补充的，才形成的，少了任何一方面因素，它都只能成为关于这种"感觉的预料"或没有完全"构成的半影"[3]。

审美批评还把人物性格引向某些历史的形态，因为某些在历史生活中得以充分发展的观念形态具有极强的凝定性与粘结力，它一方面作为具有审美意味的东西固定下来，保存在人们的审美经验中；另一方面又超越时代，以它无限的吸收力，迫使后世人们的个体心理习惯向它靠拢，不断丰富自己的内涵，获得连绵不断的历史发展。例如：

> "史湘云纯是晋人风味。"（二知道人《红楼梦说梦》）
>
> "柳湘莲有古侠士风，观其姓名，其人必风姿濯濯，出淤泥而不染者。"（二知道人《红楼梦说梦》）
>
> "王熙凤中伤尤二姐后，悍声流播，人以坏妇目之……《列子》云：'爵高者人妒之。'《亢仓子》曰：'同艺者相嫉。'《离骚》云'羌内恕己以量人兮，各兴心而嫉妒。'滔滔皆是，于熙凤何殊！"（二知道人《红楼梦说梦》）

---

① 《列宁选集》第2卷，人民出版社2012年版，第47页。
② 罗素：《人类的知识》，商务印书馆1983年版，第264页。
③ 同上。

在这里，妒、侠、晋人风味三种心理特征或由心理特征而构成的外在气度，都是"比较固定，比较不依附个体而有一定独立性的东西"，都有充分的历史积淀时期或"社会发展作为它们的条件"与渊源①，把人物性格中的妒、侠、晋人风味放到这种关于它们的整个"历史现象的心理过程"中来观察，自然就获得了这些性格内容质的规定性的深刻理解，以及对这些性格内容历史包蕴（或典型性）的深入开掘。

人物审美中值得一提的还有，认为艺术中的人物虽然具有动人心魄的魅力，然而相对生活的感性色彩来，就显得逊色了。二知道人说：

> 一日，众友群居，评隲《红楼》女子，有取宝钗之稳重者，有取黛玉之聪颖者。或爱熙凤之才能，湘云之爽直，或爱袭人之和顺，晴雯之袅娜。又有憎黛玉之乖僻，厌凤姐之擅权，恨袭人之柔奸，恶晴雯之利口者……予曰："此曹雪芹纸上婵娟也。设诸君真遇其人，未必不变憎为爱也。"言毕，众皆粲然。（二知道人《红楼梦说梦》）

这里对"红楼"诸艳的评品，虽然不无封建文人的无聊情趣，但其中包含了一种精彩的猜测，即：艺术审美中那明辨是非的情绪与理性的伦理分析到了现实中，往往就被生活的感性色彩或"属人的感性的丰富性"②所掩盖、冲淡与扬弃了。生活相对于艺术有着更强烈更惑人的诱因。

3. 人物活动的时空

审美批评指出，人物活动的时空或场境乃是创作主体艺术心理时空或心理场境的外化，其中既有主体直接或间接的生活经验内容，又有主体的主观想象与情感内容。二知道人说：

> 大观园之结构，即雪芹胸中丘壑也：壮年吞之于胸，老去吐之于笔耳。吾闻雪芹，缙绅裔也，使富侔崇、恺，何难开拓其悼红轩，叠石为山，凿池引水，以供朋侪游息哉？惜手绘诸纸上，为亡是公之名

---

① 潘菽：《心理学简札》下卷，人民教育出版社 1984 年版，第 47、338 页。

② 马克思：《1844 年经济学—哲学手稿》，转引自北京师范大学中文系编《文学理论学习参考资料》，春风文艺出版社 1981 年版，第 132 页。

园也。(二知道人《红楼梦说梦》)

　　雪芹所记大观园，恍然一五柳先生所记之桃花源也。其中林壑田池，于荣府中别一天地，自宝玉率群钗来此，怡然自乐，直欲与外人间隔矣。(二知道人《红楼梦说梦》)

　　大观园这个人物活动的艺术空间或场境，虽然交织着来自创作主体的悲悼情思与身世之感，但一经外化（"吐之于笔"），就凝定为具有整一性与物态化特征的人物活动的"天地"，不能再以创作主体的东西视之了。当然，在这种"天地"之中，创作主体已经把他所能领受的那个时代的社会氛围熔铸进来了。例如：

　　贾氏宗祠长联云："肝脑涂地，兆姓赖保育之恩；功名贯天，百代仰蒸尝之盛。"联句不佳。作者见世家祠中联句似八股中之结股者居多，亦仿其调而为之，非江淹之才尽也。阅者谅之。（二知道人《红楼梦说梦》）

　　二知道人认为雪芹之所以写出上述酸腐的联句，非是江郎才尽，而是为了写照当时世家宗祠用八股调作联句的实际情况。这就把雪芹处理人物活动时空或场境所依据的现实主义美学原则透示出来了。
　　审美批评还涉及人物与其活动的时空（或场境）的关系。二知道人说：

　　雪芹写元妃归省之礼仪，椒房入宫之体制，气象何其严肃，笔墨何其清华。使其步影花砖，沘豪朵殿，未必无鸿篇巨制也，则儿女喁喁之语，不及写矣。(二知道人《红楼梦说梦》)

　　人物的性情、情态及活动是艺术表现的重心或主要对象，他们活动的场境，则应随步换影，侧笔点染，构成以人物为中心的戏曲化的虚拟时空（或场境），不必因正面的铺排而影响"儿女喁喁"情状的描绘。自然这里也不排斥时空（或场境）对人物性情、情绪的作用与限定，二知道人说：

> 凤姐陈笑话于贾媪，媪每为之解颐。中秋赏月，凤姐病矣，尤氏亦陈笑于贾媪，媪则倦而思睡。岂媪之爱有差等哉？以尤氏陈说值其睡时也。得其时则出言有章，不得其时则一筹莫展，时之为义大矣哉！（二知道人《红楼梦说梦》）

二知道人用来解释人物心境变化的"时"字，实际上就是一种艺术人物的心理"时空"（包括事态、时势、情境的变化在人物心理上的投影），它反映了"时过境迁"对人物内心情绪及外在活动效果的触染与作用，从一个角度说明了艺术时空（或场境）对人物心境、情感或具体活动的支配与限定作用。

4. 人物关系的主与客

人物关系的主与客可以说在创作主体的内在（情感分配、艺术思索）中就已客观地存在了，作品中人物的主与客不过是由这种客观存在的外化构成的，所以，一般说来处于"主"方的人物往往更多地负载着创作主体的审美理想与审美情感：

> 《红楼梦》为宝玉而作，梦中情景，只作宝玉一身之事而已，金钗成行，皆甘与同梦者也。（二知道人《红楼梦说梦》）

而且，处于"主"方的人物规定、支配、联结着其他次要人物，成为全书艺术人物群的审视点；处于"客"方的人物显得从属、依附、受动于"主"方人物。

> 颦卿为主脑，余皆枝叶耳。[1]

主脑与枝叶的比喻，很好地反映了主客人物在整个形象体系中所处地位及作用的差别。

不过关于这种主与客的差别，有两点值得注意。（1）主客差别不是因

---

[1]　吴云：《从心录题词》，《红楼梦资料汇编》，中华书局1964年版，第354页。

人物身份、地位等外在性因素，而是由创作主体审美理想内容、表现方式与具体人物性格意蕴的关系决定的，如小和山樵认为，"前书（《红楼梦》）荣府，应以贾政为主，宝玉为佐，而书中写贾政似若赘瘤"，① 显然是大错特错了，他不理解宝玉才是雪芹审美理想及肯定性审美情感的真正"载体"。（2）主客人物虽然处于支配与被支配、主导与从属的不均等状态，但它们既然作为一种关系而存在，就具有互相限定性，其中的任何一方都有反馈性能，艺术描写忽视了这种反馈性能，是处理不好它们间的相互关系的。如犀脊山樵批评的归锄子的《红楼梦补》，只顾置力写黛玉而忘了她的对立面人物宝钗，"专顾主而不顾宾，终留缺陷"②，即是一例。

（三）二知道人对贾宝玉女性爱心理的分析

第一，二知道人对贾宝玉形象分析的突出特征是扣住了其思想性格的核心：意淫。认为意淫性格的本质性内容（即蕴含的历史生活内容），是一种超现实的审美情感所统摄的虔诚的女性爱心理，或者说，是雪芹升华至审美境界，与自然主义情欲论截然相反的"情"在艺术形象身上的具体表现。所以这种性格或心理状况与贾珍、贾琏之类人物身上所反映的"皮肤淫滥"的性格正好相反。

> 警幻仙姑谓宝玉为意淫，索解人不易得也。盖色授魂与，竟体生春，非温柔乡之深处而何？若必待肌肤之亲，始入佳境，正嫌其俗道耳。（二知道人《红楼梦说梦》）
>
> 怡红院诸婢，酿钱开宴，为公子介寿，笑与林会，欢将乐来。维时脱去边幅，率意承接，歌则殊声合响，觥则引满传空，诸婢乐公子之乐，公子亦乐诸婢之乐也。彼徒以寻香人为肉屏风者，何曾梦及！（二知道人《红楼梦说梦》）

在这里，二知道人分剖出了两种性爱的内容。一种是"色授魂与""诸婢乐公子之乐，公子亦乐诸婢之乐"，另一种是"肌肤之亲""寻香人

---

① 小和山樵：《红楼复梦自序》。
② 犀脊山樵：《红楼梦补序·叙略》。

为肉屏风"。前者飘洒着爱的芳香,沉浸在审美的友好无私的和谐心境中,后者以占有欲为根本,悸动着亵渎的丑的灵魂与动物性的欲望,分别属于文明与野蛮、美好与邪恶两种人性内容在性爱问题上的具体反映,也是封建末期新的人性观念与旧人性观念之间日益区别、对立开来的形象写照。

意淫(女性爱心理)也是青春生活中含蓄包蕴的诗情,它潜藏若虚,似有若无,把捉不定,但也明如燃犀,不言而喻,触手撞心。二知道人描述说:"宝玉独踏雪款栊翠禅阁,向妙玉乞得红梅数枝,手执而归。此时逸趣横生,诗情未发,回顾琳官,多谢女菩萨含笑拈花示也。"二知道人透过宝玉向妙玉乞梅以及他们之间灵犀相通的情怀,看到意淫是弥漫在人物心理空间的只可意会不必言传的美妙东西。它持续、缠绵、软缓,犹如心灵深处的厚厚的积淀层,混合着人物的情感、兴趣、人生理想,渗透在人物的具体活动之中,构成一种性格的实践或心理情感的外化:

> 大观园诸女郎,每结诗社,宝玉则踊跃先登,为之置布几席,安排笔札,一切琐屑之役,皆指挥婢姁为之,非争胜于五七言也,非取资闺秀以冀其竿头进步也。诗翁之意不在咏,在乎笑语之香也。(二知道人《红楼梦说梦》)

在这里,贾宝玉把具体活动(咏诗)本身的目的扬弃了,活动的目的是把自身的"女性爱"心理"投射"、扩张出去,使之获得一种对象化或现实化的存在形式。在这种投射与扩张中,他的具体活动与活动的意向之间出现了"醉翁之意不在酒"的现象。然而醉者也未必真醉,他的爱的快乐中夹杂着红颜易逝的人生的感伤,他意识到他的无限扩张的女性爱情感无法通过生命的"鬼门关"。二知道人分析说:

> 揣宝玉之心,须众女郎得驻颜之术,年虽及笄,无庸出嫁,只挈伴在大观园中……口餐桃口之脂香,裙易石榴之水渍,聚而不散,老于是乡可耳。(二知道人《红楼梦说梦》)

我们看到,作为有限物的女性爱心理与情感要求"过渡到无限物",

要求"在朦胧的无法到达的地方"或彼岸获得永恒的实存①。这不是青春永驻与永享青春的审美思索，或企求突破时空限制而指向未来的人生理想，又是什么呢？

当然，真诚的"女性爱"心理作为爱者（贾宝玉）的主体性因素与所爱对象之间，不是单向性的爱与被爱的关系，而是心心相印、相辅相成的关系。二知道人说："宝玉能得众女子之心者，无他，务求兴女子之利，除女子之害。利女子乎即为，不利女子乎即止。推心置腹，此众女子之所以倾心事之也。""女性爱"心理是在爱者（宝玉、主体）与对象（女性）双方情感、意趣的相互引发、相互通融、相互激促中生成的。这就涉及"女性爱"心理生成的基础与条件问题了。

第二，意淫性格（或女性爱心理）生成的基础。其一，二知道人发现意淫（女性爱心理与情感）的生成，与女性人物（对象）本身的伦理、审美价值以及主体（爱者、宝玉）之于这种价值的肯定性情感评价大有关系。他说："宝玉之得十二钗，必个个以香花供养之，方不亵渎老天灵秀之气。千金买笑，直等闲事耳，又何足道！"即："女性爱"情感、心理的稳定性是女性人物（对象）品格的高华与灵秀在爱者（宝玉、主体）身上引起的反射或折光，爱的派出与爱的心理的生成是由于所爱对象（女性）的价值的发现，作为主体的爱者理应付出与对象价值相对等的价值性内容——这就是虔诚的爱的情感与心理意向。其二，宝玉"女性爱"心理也植根于他自身关于天下灵淑之气只钟于女子的奇特观念。二知道人说：

> "女儿是水做的骨肉，男人是泥做的骨肉。此宝玉奇论也"，"水，物之净者也，宝玉以之比女儿骨肉，泥，物之污者也，宝玉以之比男人骨肉"。（二知道人《红楼梦说梦》）

在这里，宝玉的女性爱心理已向虔敬、崇拜的宗教化情感位移，已把自己所爱的对象（女性）"提升到超出它（对象）自己的现实性"②的境

---

① 黑格尔：《逻辑学》上卷，商务印书馆 1966 年版，第 138 页。
② 黑格尔：《精神现象学》上卷，商务印书馆 1979 年版，第 196 页。

地，扬弃它的自然性形态，赋予它较高的神圣规定。这种对爱的对象的神圣赋予与意淫心理的稳定的积淀是分不开的。

其三，二知道人还从人物心理内容或观念系统中不同成分的关系的角度，分析了意淫的产生与存在：

> 宝玉无夜郎自大之习，所以有怜香惜玉之温存，无祖生先我之忧，所以有弄粉调脂之闲暇。（二知道人《红楼梦说梦》）

二知道人看到了意淫心理的矛盾面：夜郎自大与祖生先我之忧，等等，双方作为对抗性的内容不可能"共处于一个统一体中"①；正是由于宝玉心理、观念结构中那些传统与世俗的东西相对偏少，意淫心理才有了实际存在与充分发展的空间余地及可能性。

第三，二知道人还以意淫心理为审视点，揭示并描述了它的内在矛盾性以及多侧面情状。因为意淫心理内容本身就是一种现实矛盾的产物，所以它的本质蕴含了现实性与非现实性的矛盾统一，或者说可能性与非可能性、审美理想与现实观念系统的矛盾统一。一方面作为虔诚的"女性爱"心理，它要求凝注于一个不变的对象（女性），获得具体、稳定的对象化（外化）途径，在一个有限的范围内达到情极情至；但另一方面，它又见了姐姐，忘了妹妹，不吝啬地施舍爱的温存，要求一个无限的范围，充分地外化、发展与实践女性爱情感；"木石姻缘，（宝玉）颇能知足，姬妾则时时知不足也。"一方面女性爱的心理情感，温婉柔润，如蓝田日暖，三春和风；然而一旦兰摧桂折，群芳去后，便决绝而起，割断情缘，如肃秋严霜，惊电雷霆，"花柳繁华之地，温柔富贵之乡……知宝玉之性情温婉化为绕指柔也，终焉绝直化作切梦刀矣"。一方面神游在"情天"之上，是欢乐与爱的富有者与享用者；另一方面又坠落在"孽海"之中，尝尽了酸咸苦涩，幽思激愤，无以排遣：

> 宝玉入其中（大观园），纵意所如，穷欢极娱者，十有九年，卒

---

① 《毛泽东选集》卷一，人民出版社 1991 年版，第 327 页。

之石破天惊，推枕而起，从来处来，仍从去处去，何其暇也……置身富贵场中，惊怖烦恼，不啻地狱境界，有求为贫民而不可得者。（二知道人《红楼梦说梦》）

而且，本来一片童心、真诚与绝顶的聪颖灵慧，而在世人的眼中反弄成了颠倒的影象：

晴雯之死，宝玉于芙蓉花前诔之，金钏之死，宝玉于荒郊井上祭之。一则长歌当哭，一则不言神伤。悼亡者无可奈何，旁观者谁不笑其茫昧哉？（二知道人《红楼梦说梦》）

宝玉入则金钗十二，兰染生心，出则裘马甚都，仆从如虎，翩翩然佳公子也，被人看煞矣。而孰知其真面目乃大荒之一块石哉？（二知道人《红楼梦说梦》）

这种种矛盾现象或由此而产生的折光形态，充分显示了意淫性格（或女性爱心理）的非现实性，以及它作为审美理想的核心内容同普遍性社会心理之间的矛盾性或悲剧冲突。意淫性格（或女性爱心理）为了摆脱现实既定伦理观念体系对自己的压抑、束缚与毁灭，于是发出了自我完成、自我维护，也是自我毁灭（在毁灭中乞获永恒的）的行动——出家。

宝玉之别父母，似老杜《无家别》，宝玉之别宝钗，似老杜《新婚别》。皈依三宝，何啻从军。（二知道人《红楼梦说梦》）

柳湘莲婚姻不成而为道士，贾宝玉婚姻不成而为和尚，皆有激而然也。（二知道人《红楼梦说梦》）

宝玉如行道之人，疲于津梁，懵腾酣睡，惟尚瘔无觉可耳。既醒矣，安得不疾行乎？（二知道人《红楼梦说梦》）

出家——这逃避现实苦难寻找灵魂福地的行动，虽然本身仍含着深刻的内在苦痛，但它毕竟是意淫性格非现实性（或悲剧性）的必然结局，或者说，是意淫性格的最后实践以及虔诚女性爱心理情感的执着不变的前行。

第四，"女性爱"心理与宝黛关系。宝玉对黛玉的爱是其"女性爱"心理要求有限、具体地获得对象化或现实肯定形式的突出表现，也是相对泛爱心理的较高层次——专一情爱的具体写照。

> 宝玉一视同仁，不问迎、探、惜之为一脉也，也不问薛、史之为亲串也，不问袭人、晴雯之为侍儿也，但是女子，俱当珍重。若黛玉，则性命共之矣。（二知道人《红楼梦说梦》）

这种性命与共的情感，是"女性爱"心理由于分化、选择等心理功能的中介而逐步带上一定"指向"色彩，由超定向心理过渡到定向心理、由非稳定心理对象（或客体）走向稳定的心理对象（或客体）的表现。二知道人把这种定向性的"女性爱"心理称为"专一"或"痴"，并把它与痀偻承蜩、商邱开入火不焦、入水不溺做了比较：

> 宝玉，人皆笑其痴，吾独爱其专一。昔痀偻丈人承蜩，用志不纷，乃凝于神，是专而痴者也，商邱开入火不焦、入水不溺，心一而已。是一而痴者也，皆不得为真痴。即云痴，其痴可及也。宝玉之钟情黛玉，相依十载，其心不渝，情固是其真痴，痴即出于本性。假使黛玉永年，宝玉必白头相守，吾深信之，吾于其痴而信之。（二知道人《红楼梦说梦》）

认为痀偻与商邱开"用志不纷"与"心一"的心理现象与宝玉之于黛玉的专一之爱，虽然都意味着有一种稳定定向性心理状态的存在，但却有所不同。前者是一种渗透了理性干预（用志）、伴随着意志努力并服务于一定任务和要求的东西，它以由目的任务所引起的间接兴趣为感性中介，参与着外在施加的压力（意志力）；后者则不是由理性监测而实现的心理定向，它不需要意志力量的促迫，却有比意志更有推动性的情感、个性作为活动的动因促成心理定向。

由于专一的"女性爱"心理有一种准意志而非意志的情感与个性的诱

因，所以它不是把构成爱的心理定向视为达到某种目的或完成一种任务即告终止，而是注意对方情感的回响，对方心理是否也趋于定向，从而形成双方心理上的神交气合，以及双方心理定向后的互相制约与互相限定。

> 宝玉之痴情于黛玉，刻求黛玉知其痴情，是其痴到极处，是其情到极点。（二知道人《红楼梦说梦》）
>
> 宝黛之肺腑姻缘，外人不知也。贾芸寄札，为宝玉论婚，宝玉阅而授莎之……设黛玉闻之，必窃恶其近禁脔矣。（二知道人《红楼梦说梦》）

二知道人觉得，"女性爱"心理在要求与对方定向心理的互相通融及制约中，行到专一之爱的顶点（或极处）了。那么，该怎样理解这种定向的女性爱心理（或专一、痴）的起点呢？二知道人这样切实地分析说：

> 人见宝黛之情意缠绵，或以黛玉为金钗之冠。不知宝黛之所以钟情者，无非同眠同食，两小无猜，至于成人，愈加亲密。不然，宝钗亦绝色也，何以不能移其情乎？今而知一往情深者，其所由来者渐矣。（二知道人《红楼梦说梦》）
>
> 宝玉混身姊妹行中，及时行乐，特一无肠公子耳。然其自命，高于妄谈经济者一筹。有人以虚器目之，付之一笑；有人以进取劝之，则掩耳而走矣。惟黛玉不阻其清兴，不望其成名，此宝玉所以引为知己也。（二知道人《红楼梦说梦》）

专一之爱这种定向心理的出现，无疑是一种渐进生成的漫长过程。它不是一见钟情的异性吸引，而是男女主人翁心理结构纵深处追求、个性、人生理想、审美情趣相契合以及生活中情感的积淀的结果。可以说，这见解至今也未失其光泽。

（四）《红楼梦》续书者的审美观点

1."快人心"说

所谓"快人心"，主要是快读者之心，是创作主体力图使审美对象

（续作）适应、迎合欣赏者审美心理习惯的表现，也是欣赏活动对创作活动发生制约，要求创作主体艺术兴趣吻合于传统艺术心理结构的反映。

> 秦子忱说："吾将……作两人（宝黛）再生月老……以快阅者心目。"①
> 犀脊山樵说："归锄子乃从新旧接续之处，截断横流，独出机杼，结撰此书（《红楼梦补》），以快读者之心，以悦读者之目。"（《红楼梦补序·叙略》）

"快人心"又包括快创作主体之心，因为《红楼梦》续书者开始也是作为《红楼梦》的欣赏者而出现的，他们在欣赏中产生了读悲剧后的反馈性心理，在主观上要求摆脱悲剧情绪的窒息，把痛感扬弃掉，因而导出了自快自娱的创作活动。

> 秦子忱谈他续书的导因说："丁巳春，余偶染疴疾……即为借观（《红楼梦》），以解烦闷。匝月读竣，而疾亦赖是渐瘳矣。一疾虽愈，而于宝黛之情缘终不能释然于怀。夫以补天之石，而仍有此缺陷耶？"（《续红楼梦弁言·凡例》）
> 郑师靖也讲到秦子忱的《续红楼梦》，"余读之竟，恍若游华胥，登极乐，闯天关，排地户，生生死死，无碍无遮，遂使吞声饮恨之《红楼》，一变而为快心满志之《红楼》"，"虽犹是游戏笔墨，而无怨无旷之抱负，已现其概"②。

这里，创作主体由于缝纫了内心的缺憾，实现了"无怨无旷"的审美心境，欣赏者也由吞声饮恨转化为快心满志，然而这样产生的快感却"不是悲剧所提供的快感"了③。

"快人心"观点的实质是民族审美心理习惯中的传统的惰性因素在起

---

① 秦子忱：《续红楼梦弁言·凡例》，《红楼梦资料汇编》，中华书局 1964 年版，第 44 页。
② 郑师靖：《续红楼梦序》，《红楼梦资料汇编》，中华书局 1964 年版，第 43 页。
③ 亚里士多德：《诗学》第十三章，商务印书馆 1996 年版，第 98 页。

作用,审美批评已指出了这一点:

> 虽然,岂徒为梦中人作撮合哉?夫谢豹伤春,精卫填海,物之愚也,而人效之;鲲弦莫续,破镜难圆,天之数也,而人昧之。(郑师靖《续红楼梦序》)
>
> 人情……于恶梦则喜其乌有,好梦则恶其子虚。(二知道人《红楼梦说梦》)

这种噩梦希其无、好梦恶其虚的反悲剧性心理,可以说很早就在我们民族的心理中积淀了。《周易·序卦》说:"家道穷必乖,故受之以睽。睽者,乖也。乖必有难,故受之以蹇。蹇者,难也。物不可以终难,故受之以解。"认为一切灾难终究是会得到解救的,地狱的彼岸必然是天国。这一观点"从根本上排除了不可战胜的悲剧的观念",奠定了我们民族的反悲剧性的审美心理。它的优点是"显示了中华民族的乐观信念的思想",它的缺点是"常常不愿面对现实的巨大的矛盾冲突"①。"快人心"创作倾向应该说是这种民族审美心理优劣二重性的集中反映。

"快人心"说作为一种世俗化的审美倾向在具体表现上有两个特点。

其一,袭用"愿天下有情人皆成眷属"的传统观点为坚实的理论根据或审美理想,从而以理想主义填塞与充实"快人心"审美倾向的内囊。

> 秦子忱讲,"吾将蒸返魂香,补离恨天……使有恨情者尽成眷属。"(《续红楼梦弁言·凡例》)
>
> 犀脊山樵说《红楼梦补》:"俾世间更无一怨旷之嗟,此之人所云愿天下有情人都成眷属……前书事事缺陷,此书事事圆满,快心悦目,孰有过于此乎?"(《红楼梦补序·叙略》)
>
> 沈谦说:"笑此地情天孽海,岂有神仙,愿世间才子佳人,都成眷属。"②

---

① 李泽厚、刘纲纪:《中国美学史》第1卷,中国社会科学出版社1984年版,第312页。
② 沈谦:《红楼梦赋》,《红楼梦资料汇编》,中华书局1964年版,第434页。

应该说悲剧情感不是凄凄惨惨的悲观与伤郁，它不排斥"胜利的可能性"，它的"最后结果应该增强观众对人类的最光明的憧憬"，或者"蕴藏着一种信仰……对于人的完美抱有乐观主义态度"①，王实甫"愿天下有情人皆成眷属"的审美观点就是这种乐观主义情怀的完好体现。但由于他不排斥悲剧冲突与现实矛盾，因此他的乐观主义光辉就成了悲剧情怀的另一个反射、折光形态。"快人心"说则不然，它否定并改变了前书的悲剧性冲突、结局及人物悲剧性格（让"警幻仙议补离恨天""抽改十二钗册"），所以"愿天下有情人皆成眷属"的审美理想在这里就由于失去了前提而显得苍白无力了。

其二，"快人心"审美倾向，采用了善有善报、恶有恶报的双重情节，为前《红楼梦》中人物翻案、昭雪、申冤、吐气：

"归助子……雪其冤而补其阙，务令黛玉正位中宫，而晴雯左右辅弼，以一吐其胸中郁郁不平之气"，"前书未了情缘自必一一补之，而宝玉又推己及人，如小红、万儿、龄官诸人，俾得各如所愿。""为黛玉起见……使扬眉吐气，一雪前书之愤恨。""十二钗册既改，而宝钗不死，不足以快人心"。（犀脊山樵《红楼梦补序·叙略》）

"哀宝玉之痴心，伤黛玉晴雯之薄命，恶宝钗袭人之阴险……得《后红楼梦》而读之，大可为黛玉晴雯吐气！"②

"另开生面，把假道学而阴险如宝钗袭人一干人都压下去，真才学而爽快如黛玉晴雯一干人都提起来。"③

在这里，有情人成眷属的审美理想由于雪冤吐气的艺术表现（情节组合、人物安排等），从而具体化或落到实处了，主体的创作动机也获得了达到客观效果的途径或方式。但是在这种由审美理想（或主体动机）

① 密勒：《悲剧和普通人》，转引自陈瘦竹《陈瘦竹戏剧论集》，江苏教育出版社1999年版，第362页。
② 仲振奎：《红楼梦传奇自序》，《红楼梦资料汇编》，中华书局1964年版，第56页。
③ 梦梦先生：《红楼圆梦楔子》，《红楼梦资料汇编》，中华书局1964年版，第49页。

向具体艺术表现过渡的艺术思维行程中，却掺杂了非艺术性质（或非审美情感性质）的东西。那就是生硬地挪用人们伦理、道义观念中抑恶扬善的心理潜势或张力，作为"快人心"审美倾向的内在支撑，以为雪冤吐气的艺术表现与人们抑恶扬善的心理趋势有同向、平行的亲和性；是符合人们心理要求与张力的东西。殊不知其间尚隔着一条情感积淀、情感转化的鸿沟。创作主体的艺术表现，若不调动人们的审美情感，并通过审美情感把作为伦理感的抑恶扬善的心理潜势积淀、转化为审美属性的东西，那么想赢得人们欣赏中的肯定性审美情感以及情感的评价，则是不可能的。

2. 其他理论观点

其一，续书者在理论上承认艺术内容之于现实的审美关系。嫏嬛山樵说，"乃复有后、续、重、复之梦，则是乘车入鼠穴，捣虀啖铁杵之文矣。无此情而竟有此梦，痴人之前尚未之信，矧稍知义理者乎。"① 嫏嬛自己也是续书者，他认为创作主体的情是创作现象（"梦"）的基础，许多续《红楼》者"无此情而竟有此梦"，实与乘车入鼠穴、捣虀啖铁杵之喻没有二致。高鹗的续书似是例外，因他还一定程度地把握了现实世态与艺术描写间的本末关系。梦梦先生描述说："一座红楼里面，见一姓高的在那里说梦话、悲欢离合，确当世态，实在听之不倦。因即绕这楼四面去听，说梦的不止一家，较那姓高的所说相去甚远。"②

其二，艺术内容本身作为一种整体性的对社会客观现实的反映，有它的内在逻辑，包括故事情节在艺术描绘全过程中合情合理的发展以及人物性格发展的必然性。

"余在京师时，尝见过《红楼梦》原本，止于八十回，叙至金玉联姻，黛玉谢世而止。今世所传一百二十回之文，不知谁何倲父续成者也。原书金玉联姻，非出自贾母、王夫人之意，盖奉元妃之命，宝玉无可如何而就之，黛玉因此抑郁而亡，亦未有以钗冒黛之说，不知

---

① 嫏嬛山樵：《补红楼梦序》。
② 梦梦先生：《红楼圆梦楔子》，《红楼梦资料汇编》，中华书局 1964 年版。

伧父何故强为此如鬼如蜮之事，此真别有肺肠，令人见之欲呕。"（犀脊山樵《红楼梦补序·叙略》）

"《红楼梦》已有续刻……然细玩其叙事处，大率于原本相反，而语言声口，亦与前书不相吻合，于人心终觉未惬。"（秦子忱《续红楼梦弁言》）

犀脊山樵不同意改变作为悲剧导因的"掉包计"，秦子忱要求人物性格化语言的一贯性，意图都在于批评其他续著在内容上不符合艺术理趣，从而标榜自己续著的审美价值。

其三，续书者无论怎样提出自己的审美观点，都是在忠实于前著的艺术口号下进行的。梦梦先生说他的《红楼圆梦》之于"前书所有尽有，前书所无尽无，一树一石，一人一物，几乎杜诗韩碑，无一字无来历"[1]。秦子忱也介绍其《续红楼梦》"书中所用一切人名脚色，悉本前书内所有之人。盖续者，续前书也，原不宜妄意增添"[2]。犀脊山樵还总结了归锄子续书忠于前著的若干方面，"院宇房屋及大观园台榭山坡，汀桥路径，逐一照前书叙写"，"此书写荣国府亲族门客仆婢等，皆系前书所有之人"[3]。都力图从雪芹那里找到自己艺术表现与审美倾向的依凭，这是续书者阐发各自美学观点的一个重要特征。

（五）梦幻感、历史感及空灵风格

1. 关于梦幻与历史生活的思索

由于《红楼梦》本身的色空观念以及其中包蕴的深广的历史生活内容，从而启发引导着审美分析接触到现实人生、历史内容、梦幻感之关系的深刻命题。思索的起点是肯定《红楼梦》深沉厚重的历史感，认为由于往事的追悔给历史感涂上的梦幻色彩并不能掩去社会生活历程的真切印迹。

"太史公纪三十世家，曹雪芹只纪一世家。太史公之书高文典册，

---

① 梦梦先生：《红楼圆梦楔子》，《红楼梦资料汇编》，中华书局1964年版。
② 秦子忱：《续红楼梦弁言》。
③ 犀脊山樵：《红楼梦补序·叙略》。

曹雪芹之书假语村言……然雪芹纪一世家，能包括百千世家，假语村言不啻晨钟暮鼓。"（小和山樵《红楼复梦自序》）

"或问于予曰：'雪芹之书历叙侯门十余年之事，非若《邯郸》《南柯》一刹那之幻梦耳，不名《红楼记》而曰《红楼梦》，何也？'予曰：梦者见之谓之真，真者见之谓之梦……"（二知道人《红楼梦说梦》）

"李青莲曰浮生若梦，而曰叙天伦之乐事。可见梦之为梦，实伦常之纲领……释氏曰如梦幻泡影。以梦而冠诸泡影之首，盖以泡影为虚渺之物，而梦则具伦常，行礼义，人民城郭，声音笑貌，可得指而名之也。是以雪芹曹先生以《红楼梦》一书梓行于世，即李青莲所谓天伦之乐事而已。"（小和山樵《红楼复梦自序》）

不能否认这其中已渗透了关于人生悲剧感的审美感受。这种审美感受的内核是"一种哀愁的性情"或"气质和性情"，它"不倾向于表现出鲜明而确定"的特征，也不是"思想或理性"能够达到的境界，它"在本质上就是一种宗教的心理状态"向审美心理状态的淳化与升华①。这里有两个要义，一是"亲密地联系着关于死亡和个人命运的忧思"，人作为受自然规律力量摆布的存在，"面对着受难和死亡这些无可回避的事实"②。二是在"私人利益和公共利益还有分裂"的私有制社会形态，"人本身的活动对人说来就成为一种异己的、与他对立的力量。这种力量驱使着人，而不是人驾驭着这种力量"③。当人们持续地觉察到自己的生存被这两种不受控制的因素所支配，而又缺乏理性认识并采取不可知论的态度时，它们就成了人的"外界的各种神秘的和恶魔的势力"④，就产生了"不管我们怎样艰苦努力，我们的意志、我们的体力、我们的仁爱、我们的想象到头来都

---

① 布莱雷东：《悲剧原理》，转引自陈瘦竹《陈瘦竹戏剧论集》，江苏教育出版社1999年版，第331页。

② 塞华尔：《悲剧眼光》，转引自陈瘦竹《陈瘦竹戏剧论集》，江苏教育出版社1999年版，第332页。

③ 《马克思恩格斯选集》第1卷，人民出版社1972年版，第37页。

④ 塞华尔：《悲剧眼光》，转引自陈瘦竹《陈瘦竹戏剧论集》，江苏教育出版社1999年版，第332页。

没有用处"的悲漠情绪①，以及现实人生、历史生活的空旷虚无之感。

> 古今皆梦也，功列旗常，名垂竹帛，正梦也，福泽将至，征兆先成，吉梦也；庄周栩栩为蝶，幻梦也，郑人蕉隍复鹿，寤梦也。至于轻丝帽影，老于风尘，此梦之劳者也，结庐在廉让之间，倚树而吟，据槁梧而瞑，不复问尘市事，此梦之清者也。外此则噩梦、觭梦、喜梦、惧梦、妖梦、莫不有寓目之兆焉，而最易沉酣者，红楼梦也。雪芹一生无好梦矣，聊撰《红楼梦》，以残梦之老人，唤痴梦之儿女耳。（二知道人《红楼梦说梦》）

> "夫人生一大梦也，梦中有荣悴，有悲欢，有离合，及至钟鸣漏尽遽然而觉，则惘惘焉同归一梦而已。上之游华胥，锡九龄，帝王之梦也；燕钧天，搏楚子，侯伯之梦也；下而化蚨蝶，争焦鹿，宦南柯，熟黄粱，纷纷扰扰，离离奇奇，当其境者，自忘其为梦，而亦不知其为梦也。"②

人生的悲剧感混合着现实活动与历史生活的梦幻感，卷入审美情感或艺术情思，凝定在作品（《红楼梦》）里，"无法运用合理词语解释清楚"的神秘力量似乎获得了解释③，创作主体也在这种"为自身而提高自身，达到解脱或建立的思考"中④，把来自现实矛盾的痛感（或苦痛的心境）引向轻松舒缓的宗教化审美境界了。

2. 关于空灵的风格

与上述宗教化审美境界相联系的是《红楼梦》空灵的美学风格，可惜审美批评对此联系把握得还不够，只是偏重于分析空灵风格构成的形式上的因素。其一，认为雪芹在艺术处理上采用"虚事传神"的手法，为人们

---

① 柯列根：《悲剧和悲剧精神》，转引自陈瘦竹《陈瘦竹戏剧论集》，江苏教育出版社 1999 年版，第 333 页。
② 兰皋居士：《绮楼重梦楔子》，《红楼梦资料汇编》，中华书局 1964 年版，第 45 页。
③ 柯列根：《悲剧和悲剧精神》，转引自陈瘦竹《陈瘦竹戏剧论集》，江苏教育出版社 1999 年版，第 332 页。
④ 黑格尔：《哲举史讲演录》第 1 卷，第 151 页。

留下了"有手挥目送之妙"①的想象空间：

　　"书中无一正笔，无一呆笔，无一复笔，无一闲笔，皆在旁面、反面、前面、后面渲染出来。……或后回之事先为提掣，或前回之事闲中补笔，笔臻灵妙，使人莫测。总须领其笔外之神情，言时之景状。"（诸联《红楼评梦》）

　　"雅爱左氏叙鄢陵之战，晋之军容，从楚子目中望之，楚之军制，从楚人苗贲皇口中叙之，如两镜对照，实处皆虚。……雪芹先生得其金针，写荣国府之世系，从冷子兴闲话时叙之，写荣国府之门庭，从黛玉初来见之……"（二知道人《红楼梦说梦》）

　　"盲左、班、马之书，实事传神也；雪芹之书，虚事传神也。然其意中，自有实事，罪花业果，欲言难言，不得已而托诸空中楼阁耳。"（二知道人《红楼梦说梦》）

　　虚事传神手法的实质是创作主体在自己的艺术思维中，把直觉性的审美情感融合着关于现实事物的审美评价，间接、侧面或转换一个角度、转化为另一种形态后表现出来。这种表现既"把握住了事物韵律的秘密"或本质②，又使"秘密"或本质以"秘密"的方式"不甚着迹"点化了出来③。既使人强烈地感受到创作主体的情调、意图、心境，又使它们如清风朗月，虽弥漫于天地之间而揽之不得。小和山樵不理解这种艺术方式，批评雪芹道："前书垂花门以内，房屋不甚明晰，除大观园外，使读者不分方向。若垂花门以外，更不知厅房几进，楼阁若干。"这批评只能说明雪芹"虚事传神"所达到的高妙境地已使他的追随者们瞠目惑然，无法企及。

　　其二，和虚事传神艺术方法相谐调的是雪芹笔下那渺幻的艺术结局，同样给人设立了广阔的想象空间。

---

① 仲振奎：《红楼梦传奇自序》。
② 季羡林：《泰戈尔与中国》，《社会科学战线》1979 年第 2 期。
③ 兰皋居士：《绮楼重梦楔子》，《红楼梦资料汇编》，中华书局 1964 年版。

> 汤临川先生云：梦了为觉，情了为佛。宝玉悬崖撒手，宝玉之梦觉矣，宝玉之情了矣。吾不知其情了之后，为佛耶？为神瑛侍者？抑仍返灵河崖上浇灌其绛珠仙草耶？迷离惝恍，信乎欲辨已忘言矣。（二知道人《红楼梦说梦》）

> 宝玉在贾政船头拜毕，僧道挽之，作歌而去，曲终人不见矣。叹天地之委蜕者，蓬窗危坐，惟望江上之数峰青耳。（二知道人《红楼梦说梦》）

创作主体面对着悲剧结局必择其一的两种悲剧精神（悲观主义与乐观主义），通过"结而不结，余韵悠然"的收笔方式[1]，"超越它们，并照亮它们，但是不作结论"[2]，不给欣赏者一个明确的答案或意向，使之在艺术欣赏终止时的思维活动不走向明辨是非的理性思考，而依旧徘徊在感性的审美感受或形象思维的领域，从而使其寻觅、领悟更多的东西。审美思维与审美情感由于对象（结局）的不确定性反而获得了更丰富的内容。

其三，雪芹所表现的艺术内容多有一种概然性，即：有使欣赏主体从"一个已知实例中观察到"另一个的可能性[3]，二知道人说："雪芹先生笔阵如率然，然试举一二端言之：如荣府过年光景，只写一次，则年年如是可知；如宝玉好吃嘴上胭脂，未曾实叙，只于婢女口中言之，则寻常之接唇为戏可知。首尾相顾，大率类然。"这种可能性也给欣赏主体留下了审美理解的补充的余地。

其四，空灵作为对象（《红楼梦》）本身所具有的特殊属性，给审美欣赏带来把捉不定的困难，所以批评者对如何欣赏它提出了看法。

> 若见而以为有者，其人必拘；见而决其为无者，其人必无情。大约在可信可疑、若有若无间，斯为善读者。（诸联《红楼评梦》）

> 凡稗官小说，于人之名字、居处、年岁、履历，无不凿凿记出，其究归于子虚乌有。是书半属含糊，以彼实者之皆虚，知此虚者之必

---

① 小和山樵：《红楼复梦自序·凡列》。
② 塞华尔：《悲剧形式》，第 642 页。
③ 罗素：《人类的知识》，商务印书馆 1983 年版，第 587 页。

实。(诸联《红楼评梦》)

古有梦玉燕投怀而举丈夫子者，不谓王夫人真玉投怀，临蓐时得自婴儿之口。闻此事者，咸疑之，以话二知道人。二知道人曰：投怀之燕，梦玉也，而可为真；衔口之玉，真玉也，适成为梦。余不能辨之。如必力穷其源，则子请诘之雪芹。(二知道人《红楼梦说梦》)

由于驾驭空灵风格的创作主体，是在现实生活的实象中升华出一种属于幻象意识的内心生活，并以他的内心生活统摄所描绘的具体现象与事实，从而使这些现象与事实从它们实际的本质或现实规定性中走了出来，成为服从主体灵幻、玄妙的审美意识与超现实的东西了。因此，欣赏者一点呆看不得。

# 第七章　文物考古与美学

普林斯顿大学出版社出版了西班牙美学家佩德罗·阿扎拉的专著《从古代到现代：考古学与美学》。在这本书中，佩德罗·阿扎拉指出，在艺术史家看来，像考古学家那样仅仅根据古代人类遗留下来的物质资料阐释其古代社会历史意义是不够的，必须进一步研究、揭露文物中蕴含的美学元素及艺术规则，要使文物学、考古学研究的对象逐渐成为艺术美学的诠释对象。这是古代文物研究的新视角。佩德罗·阿扎拉的观点是前沿的。它反映了"文物考古美学"这一新兴交叉学科必然崛起的学术发展趋势。

## 第一节　建设文物美学学科

文物美学是涉及文物学、考古学、历史学、神话学、艺术形态学、审美心理学以及陶瓷史、绘画史、青铜器史、工艺史、服饰史等领域的综合性边缘学科。它主要研究凝结、负载在文物上的人们的审美意识。文物美学的建立，将拓宽文物学研究的界域与思路，推进文物学向深度、广度发展。这里仅从马克思主义经典作家关于物质文化遗存与"美"的关系的基本观点，以及文物美学研究的具体路径这两个方面，作以初步探讨。

（一）马克思、恩格斯在涉及物质文化遗存与"美"的关系时所透示的基本观点

第一，物质文化遗存上凝定的"美"是人类实践能力发展到一定"高度"的结晶。恩格斯在分析劳动使猿变成人的作用时写道："手不仅是劳动的器官，它还是劳动的产物。只是由于劳动，由于日新月异的动作相适应……人的手才达到这样高度的完善。在这个基础上它才能仿佛凭

着魔力似的产生了拉斐尔的绘画，托尔瓦德森的雕刻。"① 在恩格斯看来，作为人类美的产品的拉斐尔绘画和托尔瓦德森的雕刻，是以人的实践能力的高度完善为前提的，离开了这个前提就没有如此美的物质文化。因此这就启示我们，研究文物上所积淀的美就应特别重视考察人类创造美的实践能力的发展进程。如果撇开人类创造美的智慧的上升曲线去认识、理解文物的美，那是不科学的。

第二，要从文明发展阶段性上来看物质文化遗存上的"美"与其他要素间的关系变化。恩格斯在谈到英国、法国、瑞士、比利时和德国南部洞穴旧石器时代"种种工具的文化层"时说："这些石器，固然还没有磨光，但在设计和制造上比较合理。"② 所谓"磨光"是指美观的修饰，但在考虑它之前，工具创造者更应该着眼于从实用和制作的方便上去设计它们。也就是说，美的考虑是摆在实用和制作的科学性之后的。但是到了新石器时代后期，情况就不一样了。恩格斯分析欧洲北部考古发现中的文化层说："这些工具属于一较晚的时代。它们的制作精巧得多……此外还发现有石制的、驯鹿角制的、骨制的箭头和枪头，骨制的和鹿角制的短剑和缝针、动物牙齿钻孔后串成的项链等物。在某些器物上，我们有时看到很生动的动物画，如驯鹿、毛象、犀牛、海豹、鲸鱼等，也有赤身人物狩猎图，甚至还可看到兽角上的原雕刻。"③ 在枪头、箭头和短剑这些实用品上产生了生动的动物画和人物狩猎图。审美价值观念与实用观念亲和地携起手来，艺术情感、美学追求同物质生产、物质生活的需要融合起来了。在恩格斯的这一段分析中，它让审美要素和实用要素、制作科学性要素形成一种动态的关系，考虑它们随着时代的演进在关系结构上发生了怎样的变化。这一方法对于中国文物美学史的研究，具有指南意义。

第三，马克思主义经典作家看到，一个民族的审美习惯是十分顽强的。它有时就发展成一种偏好性，甚至达到与物质生活水平不协调的程度。这种情形常常在他们的民俗文物上表现出来。马克思说，"印度人极

---

① 恩格斯：《自然辩证法》，《马克思恩格斯全集》第 20 卷，人民出版社 1961 年版，第 511 页。

② 恩格斯：《论日耳曼人古代历史》，《马克思恩格斯全集》第 19 卷，第 478—538 页。

③ 同上。

其爱好装饰品,甚至最低阶级中的那些几乎是裸体的人们通常都戴着一副金耳坠,脖子上套着某种金饰品。手指和脚趾上戴环戒也很普遍"①。耳坠、环戒这些审美性的东西,并不是印度下层劳动阶层日常生活中的必需品,但它们出现了。它负荷了印度人关于美的嗜好与想象,以物态化、具象化的方式体现了这个民族审美需求的强烈特点。这就提醒我们在研究文物与美的关系时,尤其要注意民族审美情趣的特殊性,忽视了这一点,是无法正确理解特定民族文物的美学价值的。

第四,在马克思主义经典作家看来,一种物质文化遗存所显示的审美面貌,往往可以成为衡量一个民族文明发展水平的重要尺度。马克思这样讲:"只要知道一个民族……的武器、工具或装饰品,就可以事先确定该民族的文明程度。"② 文物,特别是装饰用的审美品是一个民族实践活动的写照,它能鲜明地表示该民族在人类文明发展过程中所处的具体水准。恩格斯在评价日耳曼民族文物时说,"这里更使我们惊异的是工业的水平本身。精致的纺织物、美丽的平底鞋和制作精巧的套具,都说明这是一个比塔西佗时代的日耳曼人高得很多的文化阶段"③。他根据这些文物的美感特点,从而认定那时的日耳曼人已发展到了超出塔西佗时代的较高的文化阶段。

第五,恩格斯还指出,在人们把审美观念转化到物质文化中去的低级阶段,转化功能是不成熟的,甚至表现为对外来、邻近文化中美的观念与美的形式进行不成熟的吸收与接受;于是就出现了这样的现象:有些文物本身在形状、制作上相当粗糙,但上面却依附着具有审美高度的装饰性内容。例如,"从三世纪开始,日益进步的金属工业一定普及到了整个日耳曼地区……到了五世纪末,它已达到了相当高的水平……在形状往往很笨拙的整个对象上,可以找到高度艺术性的、饶有风趣的、只是部分模仿罗马人的装饰"④。这一现象表明,人类审美情趣在向物质文化形式浸润的初级阶段,在内容与形式、整体与局部、器物本身与附加饰物等方面,往往会出现并不协调、和谐、统一的状况。

---

① 马克思:《不列颠在印度的统治》,《马克思恩格斯全集》第 9 卷,第 143—150 页。
② 马克思:《经济学手稿 (1857—1858 年)》,《马克思恩格斯全集》第 46 卷。
③ 恩格斯:《论日耳曼人古代历史》,《马克思恩格斯全集》第 19 卷。
④ 同上。

第六，经典作家还注意到了物质文化遗存所体现的美学风格问题。马克思在揭露英国殖民主义者在印度建立欧洲式与亚洲式相结合的专制制度时比喻说，"这两种专制结合起来要比萨尔赛达庙里的狰狞的神像更为可怕"①。这个"狰狞"即是一种风格。它渲染"神"的威力，赋予神像以震慑、恐吓、狠戾的形象特征，让人对神产生敬畏、虔诚的膜拜心理，反映了中世纪宗教化的美学创造。文物美学风格还有个地域特殊性问题。恩格斯说："在英国博物馆里，来自阿速夫海滨刻赤的纽扣和在英国发现的完全一样的纽扣同时陈列着；它们可能是同一个作坊出品。这些制品的风格……往往带有鲜明的地方色彩。"② 所谓"鲜明的地方色彩"，即指文物创造者把地方风俗人情、生产状态、工艺传统等因素注入器物形态、式样、造型诸方面所形成的审美风格的特异性。表明由于人们居住区域的不同，对"物"的审美形式的铸成也是完全不同的。

第七，马克思还从社会经济结构、阶级关系的角度考察物质文化遗存的美。《资本论》第一卷中说，"古代亚洲人、埃及人，伊特刺斯坎人等等的庞大建筑，显示了简单协作的巨大作用。'在过去的时代，这些亚洲国家除了民用的和军事的开支以外，还有剩余的生活资料，可以用于华丽的或实用的建筑。这些国家可以指挥几乎全部非农业人口的手臂。而对这些剩余生活资料的唯一支配权力又完全属于君主和祭司，所以他们有能力兴建那些遍布全国的宏伟纪念物……在移动巨大的雕像和庞大的重物方面，当时的搬运本领令人惊讶，在这方面恣意滥用的几乎全是人的劳动'……"他看到：古代亚细亚以及埃及等地那些（"华丽宏伟"的）建筑雕塑，无疑是一种美的创造。但就其实质来讲仍然是统治阶级占有社会剩余生活资料及劳动力的反映，被压迫着的人们创造了美的物质文化。这本身就是被压迫阶级剩余劳动的转化形式，以及政治统治与经济剥削的"见证"。马克思把物质文化遗存的"美"与他的剩余价值学说有机地联系起来，这对我们今天研究中国文物审美价值与其特定社会经济结构的关系，仍不失为一种深刻的启示。

上述几点反映了一个基本的理论倾向：即不脱离作为实践主体的人及

① 马克思：《不列颠在印度的统治》，《马克思恩格斯全集》第9卷。
② 恩格斯：《论日耳曼人古代历史》，《马克思恩格斯全集》第19卷。

其实践能力，不脱离物质生活的实用性和需求性，不脱离社会经济、文明状态和民族、地方特点，来谈物质文化与美的生成及创造；这种历史唯物主义的美学原则是今天我们建设文物美学交叉学科的基石。

（二）文物美学研究的具体路径

第一，文物美学应注意它的特色，就是从"物"的角度，对中国人"美"的观念提供论证。例如，1972 年发现后经整理发表的《临潼姜寨遗址简报》，给我们展示了这样的美学史料：死者（少女）戴玉制耳坠，有一串由 8700 多颗骨珠组成的项链。这些骨珠就是审美意识起源的活化石。它表明当时的原始先民已经产生了自觉的审美意识，用美的工艺品来装饰自己的生活。就是人死了，也要让这些"美"的事物陪伴着她的灵魂。

又如关于"美"的原始观念及"美"字的本义，文物载体透露了古人戴羽、饰羽的原始俗信信息。20 世纪 40 年代，陈独秀先生曾疑"美"字原义当为"人戴羽"。他这样说："美爵"的"美"字"象人戴毛羽美饰之形"。"美、義均非从羊"。[1] 古文字学家康殷也从金石上的"美"字构形，认定"美"字是舞人戴羽，云："古'美'字，像头上戴羽毛装饰物（如雉尾之类）的舞人之形……饰羽有美观意。"[2] 据王献唐《释每、美》中考证，甲骨文"每"字，"皆象毛羽斜插女首"，"以毛羽饰加于女首为'每'，加于男首为'美'"。[3] 季旭升先生则讲：甲文中的美字，开始是"从大，上象毛羽饰物，故有美意；"后"羽毛饰物讹变为羊形，因此《说文》以为'羊大为美'，段注申之曰'羊大则肥美。'其实，甲骨文从'大'，都表示正面站立的人形，没有用'大'表示'大小'之'大'的意义的，因此，《说文》、段注的说法并不可从"。按他的见解，美之古义是人头顶饰"羽毛物"，后来才衍变成了人顶羊头形的。[4] 白冰从"艺术模仿说"角度谈了这一问题，云："先民狩猎，为了迷惑其他动物，往往

---

[1] 陈独秀：《小学识字教本》"美"字条，巴蜀书社 1995 年版，第 107 页。
[2] 康殷：《文字源流浅说》，荣宝斋出版社 1979 年版，第 131 页。
[3] 王献唐：《释每、美》，《中国文字》合订本第九卷第 35 册，台湾大学文学院中国文学系 1970 年（内部资料），第 3934—3935 页。
[4] 季旭升：《说文新证》，福建人民出版社 2010 年版，第 303 页。

在头上戴上兽角或长长的羽毛做成的装
饰……获得猎物后，高兴得手舞足蹈。
后来这种兽角或羽毛逐渐成为装饰品，
戴在头上成为美的标志。这就是甲骨文
和早期金文美字的来历。"（图 7－1、
7－2）① 所有这些②，都从文物载体的实
例出发，认定"美"的原始观念及"美"
字本义应当源于上古"饰羽"之风以及
原始宗教领域古巫人戴羽、饰羽俗信。所
以，美学界长期占主流地位的"羊人为
美"的"美"字起源论（"大人"——

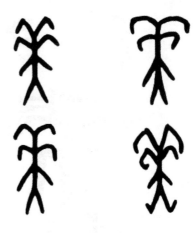

图 7－1　甲骨文美字呈羽毛分披状

祭司或酋长，冠戴羊头或羊角而舞），似可改写为"巫人戴羽"的"羽
人为美"的"美"字起源论；也即"美"之本义当为"饰羽人"或
"戴羽人"，从宗教人类学的视角看，这种理解更具其背景的广阔性及其
意义的普遍性。

　　也就是说，文物载体应该是古代中国人美的观念更为真实地存在的地
方。是否可以这样认为，一部中国文物的历史也就是中国人审美意识及思
想不断发展丰富的物态化历史。文物美学交叉科学的研究，更能披露
"物"所潜藏的各种美学情趣，是一种对"物态化"美学思想资料的历史
巡礼。

　　第二，文物美学的重心是要研究文物群体所体现的具有普遍意义的
"形式美学"规律。比如在青铜礼器铸制中有种"顶扛律"（"顶戴律"），
常常选择一种人形或兽畜形作为器物重量的支撑。承担器物的人或兽畜，有

---

　　①　白冰：《中国金文学史》，学林出版社 2009 年版，第 292—293 页。
　　②　何新先生有类似看法："美字并非羊、大的合体字。其字形乃是一个头戴羽饰的人形……塑
舞是祭祀太阳神而使用的。舞者头上装饰羽毛帽，手中也持着羽毛，都是为了模仿作为太阳神象
征的凤凰。……美的本义来自以羽毛为装饰的舞蹈。"（何新：《诸神的起源》，时事出版社 2007
年版，第 248 页）白剑则进一步认定此种戴羽舞人即巫人，云："由于巫头上饰的鸟羽为'五彩神
鸟'之羽，饰在头上之后即可与神灵沟通，因而，头顶饰羽在古代便成了一种神圣装饰，继而成
了一种人人崇尚的美饰，……汉字的'美'字就以此构形。"（白剑：《文明的母地：华夏文明的
起源及其裂变的考古报告》，四川人民出版社 2002 年版，第 188 页）赵国华先生也认为，戴羽诵
蹈乃祈求生育。（赵国华：《生殖崇拜文化论》，中国社会科学出版社 1990 年版，第 252 页）

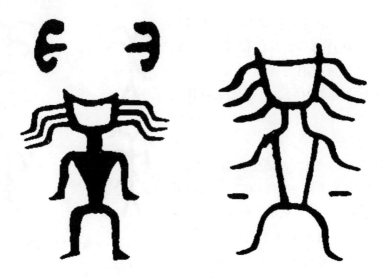

图 7 - 2　金文中"饰羽人"族徽

时本身即化为整个器形的腿足或支架（图 7 - 3 至图 7 - 8）。这种"人兽顶扛"的造型，给我们传达了一种"受压""负压"或"困拘"的生命状态及艺术观感。这种神器压负于人身或兽体的艺术设计，不能简单地理解为一种细节化的构思方式或者巧妙的艺术处理。它是包含着原始宗教观念的一种母题性显现。具体地说，它与上古社会一直传承流衍的镇压、埋压以及对"神器"供牲血祭等等巫术内涵是勾扯在一起的。其间的层面，交错

图 7 - 3　曾侯乙墓顶扛编钟架的铜人

互倚，相当复杂，值得我们展开审美思考。

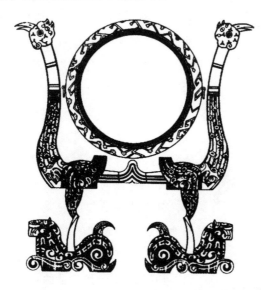

图7-4　江陵楚墓出虎扛凤鸟鼓架①

黑格尔在研究埃及文物"畜牧神原型"山羊形象时曾发现过一种"遗痕律"。本来山羊代表畜牧神，但后来畜牧神慢慢转化成了人的形象，就是"在最美的（畜牧神）标本上面，"也只是借两个尖耳朵或两个小角"保存着山羊的形状，其余各部分都是按照人形而构成的"；而羊的特征则"缩成了微不足道的遗痕"了③。这种一个"艺术原型"流演到后来只剩下一鳞半爪的"遗痕律"，在中国文物的许多"单元形象"上也多有发现。

图7-5　战国兽顶鸟铜灯②

只要仔细观察就会发现，文物形象的创造中含有一种"集中性原则"。

---

①　张道一：《中国图案大系》（二），山东美术出版社1993年版，第304页。

②　同上书，第263页。

③　黑格尔：《美学》卷二，商务印书馆1982年版，第189、50页。

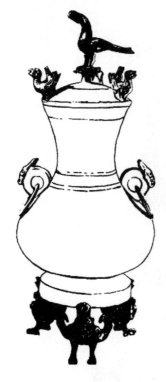

**图7-6　战国兽顶壶③**

即以压缩、凝聚、突出本质的方式来表现生活、创造具象。这里一种是对事物、现象加以综合、抽取其中的片断或部分特征，铸合成一个有多种事物因素的整合型艺术形象。如文物图案中的凤鸟，"蛇颈而鱼尾，龙文而龟身，燕颔而鸡喙"①，就是一个集中雄鸡之威武健壮、雉鸟之五彩斑斓、鹰鹫之凶狠锐利、孔雀之秀美飘展、夔龙之神秘可怖、白鹤之高蹈俊雅的具有诸多禽兽性格特征的典型。另一种情况是把现实中非常分散的环节集中起来，把处于广大空间不同地点、不同时间的事象，"集中在一个地点和较短的时间里"②，造成一个虚拟化的时空框架。如汉画像石上常见的社祭图，每每将从事农业祭祀的场面刻画得很细致，农人们芟除、耕种、芸耨、驱爵、获刈、舂谷，由春至秋的农事活动统统集中在一个闭合性的时空环境中来反映，从而艺术化地展现了后稷"教人种百谷"的历史传说，表达了对农神后稷的赞美、崇拜与祈求。上述两种类型的"集中性原则"都近似文艺学上典型化的美学原则。

　　总之，像"顶扛律"、"遗痕律"和前所论"回首律"（图7-9至图7-11）④及"集中性原则"这些文物形象创造中的规律性内容，应该视为文物美学研究的重中之重。在中国文物史上也确实蕴藏着类似这些规律的丰富东西等待着我们去开掘去总结。从这一条路子上走下去，一定能够

---

　　① 《史记·屈原贾生列传·怀沙赋》"凤皇在笯兮"［正义］引《应瑞图》云："黄帝问天老曰：'凤鸟何如？'天老曰：'鸿前而麟后，蛇颈而鱼尾，龙文而龟身，燕颔而鸡喙，首戴德，颈揭义，背负仁，心入信，翼俟顺，足履正，尾系武，小音金，大音鼓，延颈奋翼，五色备举。'"（司马迁：《史记》，台湾"中研院"汉籍文献资料库本，第2487页）
　　② 卢卡契：《审美特性》，中国社会科学出版社1986年版，第333页。
　　③ 张道一：《中国图案大系》（二），山东美术出版社1993年版，第243页。
　　④ 还有"爬附啣沿"等形式规律。如图7-12、图7-13。

大大提高中国美学遗产的内在含金量，发现许多有意义的美学命题。

图 7 - 7　兽人扛盂①

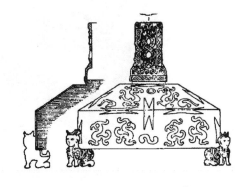

图 7 - 8　人面兽扛器座②

图 7 - 9　包山 2 号楚墓出土的鹿回首根雕③

　　第三，文物美学还要从审美母题、审美符号、审美范畴的角度对文物群体进行考察。审美母题是文物群体中反复出现的某种具有历史、文化、宗教内涵的审美化要素。它属于"内容的要素"，具有一定的稳定性，但出现在文物单元上的表现形式往往不同。

　　例如"光"就是一个带有原始信仰色彩的审美母题。它以上古时代太

①　张道一：《中国图案大系》（二），山东美术出版社 1993 年版，第 248 页。

②　牟永抗：《绍兴 306 号战国墓发掘简报》，《文物》1984 年第 1 期。

③　高至喜：《楚文物图典》，湖北教育出版社 2000 年版，第 444 页。

图 7 - 10　1976 年凌源出土的金回首鹿形饰①

图 7 - 11　三龙回首玉佩③

阳崇拜为根基，不断衍生、分化、变异成诸多形态，渗透到各种文物实体中去。新疆罗布淖尔新石器时代墓葬中，中心竖一根木桩，四周木桩呈放射状；"整个桩区恰好组成一幅十分美好的图案——这就是一轮光芒四射的太阳"。② 这里的"光"显然暗示着一种死者族系向四方播衍、无限扩大的意蕴。汉镜铭文曾有这样的话："见日之光，长毋相忘""千秋万岁，与华无极"。传镜者希望其后嗣不要忘了祖先的恩德与光耀，光和传承祖

德又挂上了钩。在汉代石棺画上，伏羲为太阳神。他的身躯是蛇，右手托着一个球状物。球状物即在显现太阳神给宇宙带来光辉的神圣品格。汉代的瓦当则以凤鸟为太阳神。看似偏重于刻画凤鸟飞行于空中的翱翔特点，抛弃了光的因素；但实际上凤鸟的光彩照人仍传达着太阳神光辉四射的美德。"光"在其他文物实体上还有许多难以细数的审美化象征，它向我们透示了一道理，即一个审美化的"母题"就像一个"纲"牵系着数不清的

---

①　张道一：《中国图案大系》（二），山东美术出版社 1993 年版，第 152 页。

②　何新：《诸神的起源》，生活·读书·新知三联书店 1986 年版，第 10 页。

③　1978 年中山王墓出土。张道一：《中国图案大系》（二），山东美术出版社 1993 年版，第 185 页。

"目"，每一个"母题"都是拥有丰富的文物表现形式的系统。它如，火、龙、神树若木、生殖繁衍、吉祥、各种鸟兽图腾、各种神祇都是文物群体上常常出现的艺术母题，都含有美学的意趣，都应做较深入的分析。

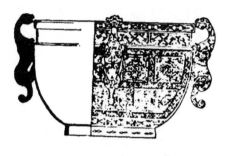

图 7－12　兽啣沿罍①　　　　　图 7－13　兽啣沿匜②

　　文物群体上的审美符号和审美母题正好相对，它不属于内容要素而是属于形式要素。它有固定化的表现方式或形象面貌，但其中蕴含的审美意义却是多变的、多样的、不稳定的。如商周青铜器上的饕餮纹、夔纹、云雷纹、窃曲纹，汉瓦当上的三鸟纹，云南青铜器上的孔雀图案，巴蜀文化中的虎纹、手心纹，等等。对于这类符号，首先要把握它的"变形"特点。因为人类对外在物象的感知，具有这样的能力，即一定程度改变物象的结构、比例、形体，人们仍能辨识出它代表什么事物。这种能力在审美心理学上叫作表象思维的机变性与可塑性。文物美学符号创造中即运用这一心理机制，有意改变物象外形及比例关系、结构特征，从而形成达意明确，又有美感的符号。例如仰韶型和马家窑型彩陶中的螺旋符号本来是鸟图腾（或形象）的变形，波浪和垂幛的符号本来是蛙形象的变形。这类形象的变形体现了早期人类审美意识逐步向写意、抽象发展的步履，以及那时以简洁、抽象为美的社会心理；变形好像并不影响人们对它们原形的理解。其次就是要把握文物审美符号的歧义性。文物符号的审美含义具有递转、分解的特征。符号含义似乎总是宣告着自身的不充分和不完整，在永

① 　1975 年三门峡出土。张道一：《中国图案大系》（二），山东美术出版社 1993 年版，第 158 页。
② 　1978 年湖北随县何店公社贯庄出土。张道一：《中国图案大系》（二），山东美术出版社 1993 年版，第 32 页。

无止境的扩延中向多重性发展；"其间所谓确定的单一的意义，实际上是不存在的"①。如中国文物中经常出现鱼的符号。一种是人头鱼身俑，从《山海经》"人面而鱼身""能上下于天"②的语义化出，代表沟通阴阳两间，引人灵魂升天的美好设想。一种是汉漆盘中的三鱼图，盘中有鱼（余），反映衣食富足的审美原望。一种是佩饰用的玉鱼、金鱼、木鱼，取护身、吉祥之意。一种是葬品中的竹鱼、石鱼，取《南山经》鱼"冬死而夏生"③，象征灵魂不死、起死回生。可见鱼这个符号在文物实体中有着繁复的审美含义。西方文化学著作把这种符号多义的特点，称为它的"能指"。一个文物符号的"能指"性越大，歧义性就越大，审美包蕴也就越厚实，越值得开掘探寻。

对文物做美学的研究离不开具体的美学范畴。从不同的范畴出发，能够更准确地捕捉各种不同类型文物的审美属性与艺术特质。例如分析宋元山水画，当然要用中国古典美学的意境范畴。欣赏明清青花瓷，用优美的范畴，是一个好的视角。面对江南大庙那位疯疯癫癫的济公形象，只能用喜剧性与丑的范畴了。而凭着我们的经验，在整个文物世界的观感中，崇高感的分量大概最为突出。像春秋礼器中用来挂乐器的梁柱上，饰以龙蛇、虎豹、貔貅等神兽，在造型上"深其爪，出其目，作其鳞"，构成一种"拔尔而怒"④、畏怖狞厉、刚猛雄强的气度，一种粗犷、夸张、巨大的感觉，从而触发人们产生一种威猛奋发的想象。这种艺术观感是什么？就是崇高的美感。崇高的风格还常常在文物形象的巨大性上做文章。它在空间形状上使形象"伸延成无边无际"或十分庞大。如乐山大佛高 71 米；杭州灵隐寺的金身菩萨，一只手臂就 3 米多；四川大足石刻观音殿，有一尊著名的千手观音，形态各异的手布满观音殿的整个崖面。清代考据家张澍曾用手拿一千张纸条去贴观音手的办法去数这千只手，结果她的千手上下交叉，参差错落，手上露手，手下藏手，贴纸条者一旦置身"手海"之中，便扑朔迷离，眼花缭乱，不是漏数，就是重贴，颠来弄去，数不清

---

① 陆扬：《解构主义批评简述》，《学术月刊》1988 年第 2 期。
② 袁珂：《山海经校注》，上海古籍出版社 1980 年版，第 280 页。
③ 同上书，第 4 页。
④ 钱玄：《周礼注译》，岳麓书社 2001 年版，第 425 页。

楚，倒是贴佛金的工匠心中有底，这尊观音，一共是一千零七只手。这种对一个事物"按倍数去扩大同一定性或因素"的方式①，就构成形象的超凡、无限、硕大，使人在其前感到卑微渺小；而就在这种自我卑小的心理作用下，对象（佛、观音等）却变得"崇高"无比了。文物现象中涉及的美学范畴还很多，每一个范畴都可以帮助文物美学曲径通幽，都可以引发一些文物美学研究的别致内容；这里就不一一列举了。②

第四，文物美学不能仅仅停留在作为审美对象的"物"上，它最终要回到"人"，回到对审美主体的研究，研究"物"上所凝结的人们的美感状态。

例如我们在楚文物中发现有许多的香草奇卉的描绘。江陵马山一号楚墓出土的 21 件刺绣

图 7 - 14　人首兽足纹剑的
剑身图案③

① 黑格尔：《美学》卷二，商务印书馆 1979 年版，第 50 页。
② 怪诞是个值得研究的范畴。刘法民说："怪诞是将人、动物、植物、器物对接在一起构成的怪物，在构成的方式方法上，是超现实、反自然、反常见的陌生、罕见，因此可概括为反常化。同时，人与这些东西长连在一起，成为怪物有三种害：一是从人都敬神辟邪角度看，鬼怪是人躲避的邪敌，画中将人变成与自己敌对的邪恶怪物，对人是害。二是从客观现实角度看，人与动物、植物、器物长在一起，很快就会变质烂掉死去，对人有害。三是从接受角度看，怪诞面目狞厉，让人惊骇恐怖，对人的精神有害。同时，怪诞中受害的人对害无知觉不反抗不斗争，怪诞的创作者不同情受害人，不批判施害者，是纵容行恶的害。怪诞画中的这些有害都是恶，恶是怪诞均有的构成成分。怪诞中人与动物、植物、器物都莫名其妙地长在一起，而且自己还意识不到，这都违背了现实，是反常化的。"（刘法民：《怪诞的本来面目》，社会科学文献出版社 2012 年版，第 46 页）圣伯尔纳说："许多身子共一个脑袋，许多脑袋共一个身子的怪东西；这儿你看到一只长着蛇尾巴的四足动物，那儿你又看到一条长着四足动物脑袋的鱼……总之，如此变化多端的图案以及满目皆是的稀奇古怪形象。"（转引自贡布里希《秩序感》，湖南科技出版社 1999 年版，第 281 页）康德说："不自然的事物，只要是其中被认为……是很少或者全然不曾被人发现，都是怪诞的。凡是喜欢并相信冒险的事情的人，就是幻想者，而倾向于怪诞的人便成为一个古怪的人。"（康德：《论优美感和崇高感》，商务印书馆 2001 年版，第 10 页）这些情形在文物造型中是常见的。如图 7 - 14。
③ 原器为 1984 年河南西华县出土。张道一：《中国图案大系》（二），山东美术出版社 1993 年版，第 24 页。

品上，把凤鸟和花卉连成一体，构成特别娟秀的"凤鸟簪花"图案。对于这些奇花异草的刻画，如果我们只是把它们当作审美对象去看待，仅仅欣赏它的形式美，那就糟糕了，我们就会把楚民族先祖的一个"神秘美感"的观念（嗅觉美感）给忽略了。因为在楚民族的审美意识中，嗅觉美感至关重要，它是用来讨好神灵的东西（《楚辞》所谓"美人香草"中的"香草"）。它从一个侧面反映了楚人对嗅觉美感的关注与运用。我们文物美学研究就是要把这种距离今天已经十分遥远的属于审美主体（人）的各种美感心理状态揭示出来；否则，岂不愧对我们的先祖，埋没了属于他们的东西？！

以上关于文物美学要研究些什么的思考是肤浅、零碎的。笔者不揣浅陋把它写出来，希望引起同仁时贤的关注与兴趣，以共同搭建这一学科的理论构架。事实上，在此之前的著名学者闻一多、萧兵、刘敦愿、宋兆麟、于民等已在他们的著作中自觉或不自觉地涉及了文物美学的研究领域和具体内容；后继者踩着他们踏出的断断续续的路径前行，一定能取得美不胜收的硕果！

# 第二节　楚文物美学

20世纪中期以来，豫皖湘鄂四省发掘了大量的楚人文化遗存，仅科学发掘的楚墓就达一万多座，占整个东周时期墓葬的70%，楚城址也发掘了十几座；这就形成了丰富的楚国文物资料大系，为研究战国前楚人审美意识的生成与发展提供了基础。本节对这一问题做以初步的探考。

## 一　长沙楚帛书与时空

中国原始美学发生的路径之一是将对天体、自然、人类现象的宗教玄思同一定的"文化表象"联系起来。使后者成为前者的"表征"符号。长沙楚帛书对于时间、空间的哲学思索就走了这条道路。

帛书呈方形，四角画着树木。右上角之树颜色为青，与春天之神（秉司春）平行；青色象征着东方和春季。右下角之树颜色为赤，与夏天之神（叡司夏）平行，赤色象征着南方与夏季。左下角之树颜色为黄，与秋天之神（玄司秋）平行，黄色象征着西方与秋季。左上角之树颜色为黑，与冬天之神（荃司冬）平行，黑色象征着北方与冬季。

在这里，青赤黄黑四种颜色代表东南西北，春夏秋冬，显现了空间、时间与文化代码之间建立的一体化的美学类比。这就潜蕴了五行学思想的胚芽，也包含了中国时空美学意识的初型。

当然，楚帛书反映的四时、四方、四色的美学类比，在其他礼仪祀典的时空图式里也有相近的显现。《墨子·贵义》中，墨子与齐日者对答说："帝以甲乙杀青龙于东方，以丙丁杀赤龙于南方，以庚辛杀白龙于西方，以壬癸杀黑龙于北方。"[1] 以四种"龙色"配比东南西北。陈梦家先生曾根据《管子·幼官》复原过齐国的《玄宫图》，图式和明堂图近似，分东南西北四方。东方属春，"旗物尚青"；南方属夏，"旗物尚赤"；西方属秋，"旗物尚白"；北方属冬，"旗物尚黑"；[2] 也是四方、四季类比四色。《尔雅·释天》说，一年四季有四种"气"，气的颜色分别为青、朱（赤）、白、玄（黑）。《仪礼·觐礼》介绍诸侯觐见天子要建坛，坛上放有四尺见方的"方明"。"方明"（木制）按四方设色，"东方青，南方赤，西方白，北方黑"。[3]《周礼·考工记》讲到画缋之事，也要求四方配置四色，"东方谓之青，南方谓之赤，西方谓之白，北方谓之黑"。《周礼·大宗伯》记述用玉祭天时应注意，东方用青圭，南方用赤璋，西方用白琥，北方用玄璜，同样是四方与四色"联袂"。《史记·乐书》有四季祀祠的仪式歌，春天歌《青阳》，夏天歌《朱明》，秋天歌《西暤》，冬天歌《玄冥》。叶舒宪先生以为，四季祀歌，歌的是四季的太阳，"春天的太阳……为东方的象征，配以新生命之色'青'，称为青阳；夏天的太阳……为南方的象征，配以燃烧之色'赤'，称为朱明；秋天的太阳……为西方的象征，配以素色'白'，称之'西颢'或'西暤'；冬天的太阳……为北方的象征，配以黑色，称之'玄冥'。"这表明"原始人往往用具体的颜色来象征抽象的

---

① 毕沅校注：《墨子》，上海古籍出版社2014年版，第233页。

② 陈志坚：《诸子集成》第3册《管子校正》，北京燕山出版社2008年版，第505—506页。

③ 曾国藩编，熊宪光、蓝锡麟注：《经史百家杂钞》（下），上海书店出版社2015年版，第1419页。

时间与空间。"① 叶先生讲的"具体象征抽象"，已经逼近了史前神话思维中的时空美学的本质。

所有这些都和楚帛书四色、四方、四季的美学类比大体相近。说明中国原始文化与巫人思维对时、空问题的理解采用了一种艺术比照的感性把握，那个时代人们对时空的表达已进入用"文化表象"去类比喻譬的方式，中国人的时空观念一开始就和美学观照、象征表现贴靠在一起了。

## 二　楚墓中的"镇墓兽""风伯飞廉"与"遗痕律"

中国文物中一些"单元形象"（如龙、凤、金乌、玉兔、玄武……）在形成过程中，一般都经过一番对其"艺术原型"的"汰洗"、择取或插入、拓展。一个"艺术原型"流演到后来，往往已经面目大变，基本看不见它的整体，而只剩一鳞半爪了。这个规律，黑格尔指出，属于美学上的"遗痕律"。（也即维柯所说的"把个别事例提升成共相"的"局部指代全体"律）②

黑格尔是从总结埃及文物学入手进行表述的。他说："在埃及，牡山羊孟德斯是被崇敬为神的，根据雅布伦斯基的观点，它象征大自然的生殖力，特别是太阳的生殖力。人们崇拜这种牡羊"，把它转化为山林之神或畜牧之神。但在"山神、林神和畜牧神身上，牡山羊的形状只以次要的形式出现在脚上，而在最美的标本上面，只是两个尖耳朵和两个小角才保存着山羊的形状，其余各部分都是按照人形而构成的，而兽（羊）形的部分则缩成微不足道的遗痕"③。

我们在楚巫文化的典型标本镇墓兽与虎座立凤形象上，也看到了类似的"遗痕律"现象，那就是鹿的艺术原型仅以鹿角的形式以指代鹿的神性，附着、融合于镇墓兽与"飞廉神凤"形象上。

据《山海经·中山经》，上古时代的荆楚山林本有品类珍异的鹿种。伏侯写《古今注》记载汉明帝永平九年：有种特别的鹿种"三角鹿出

① 叶舒宪：《中国神话哲学》，中国社会科学出版社1992年版，第13页。
② 维柯：《新科学》，人民文学出版社1987年版，第181页。
③ 黑格尔：《美学》卷二，商务印书馆1979年版，第189页。

（于）江陵"。所以楚先民的原始意识中，即有鹿乃奇兽的观念。

从文化积淀上看，鹿的艺术象征主要是仙人的驭骑或引领灵魂升仙，甚至导发出再生、转生的创生意蕴。《春秋历命序》有"神驾六飞鹿"之语①。孙柔之《瑞应图》说西王母"使使乘白鹿"。②《楚辞·哀时命》也有"骑白鹿"而仙游的记述。

老子的传说即体现鹿的化生意义。《李母碑》载老子本为仙人，后"乘白鹿下托李母"③，降生为人间的圣者。与化生相关的是再生，《绎史》卷二十《列士传》说伯夷叔齐绝食七天，已奄奄一息，有"白鹿乳之"，两人获得苏活④。肖兵先生曾引普米族史诗《吉赛饥》证明鹿的创生神性⑤。史诗说："鹿体变成了山脉，鹿胆变成了彩虹，鹿胃变成了皮囊，鹿血变成了龙潭湖海，鹿毛变成了万木千草，鹿皮变成了草坝大川……"神鹿，乃是普米族的"创生祖神"。晚唐敦煌经变故事里，有一母鹿饮仙人浣衣泉水孕生鹿女。鹿女和波罗奈国国王成婚，婚后孕产莲花，莲花中生出五百太子。几年前，笔者读到过干振玮先生关于"鹿龙"的考证文字，他指出山西吕梁吉县柿子滩岩画中有子母鹿连体形象，"母鹿身下跃一小鹿"，其右侧为"鹿角、鱼身、鱼尾的鹿龙"，再下面是"十个圆点，表示旺盛的生育功能"。这可能表示鹿在古人的意识中"是一种大地万物生育神的形象"⑥。

鹿更重要的作用还是引魂升天。南阳汉画像石中有鹿车升仙场面，一只花鹿拉车飞驰于苍穹，车中坐着墓主人和他的驭者，车后有手持"振魂草"（灵芝）的羽人相随。荥阳汉画像砖中有类似图像。湖北老河口汉画砖上也有鹿拉云车在仙氤中奔驰的情状，车上飞升者自然是墓中所葬的人；在容纳死者的魂阙屋檐上还有"仙鹿回首远眺"⑦。在纳西族民间，鹿是神巫寻觅灵魂的助手。东巴经《东恩古模》描述，长寿圣者美令东主的

---

① 徐坚：《初学记》，中华书局 1962 年版，第 715 页。
② 同上。
③ 同上。
④ 袁珂：《中国古代神话》，华夏出版社 2013 年版，第 323 页。
⑤ 萧兵：《楚辞与神话》，江苏古籍出版社 1986 年版，第 354 页。
⑥ 干振玮：《龙纹图象的考古学依据》，《北方文物》1995 年第 4 期。
⑦ 杨柳：《湖北老河口出土汉画像砖》，《考古》1996 年第 3 期。

死魂被百头毒鬼、饿鬼、争鬼等鬼魅盗走。神巫英什布左和东巴祭司只好请"白鹿去寻找"。经过千般磨难，美令东主失踪的灵魂由"白鹿带来了"，没有"缠留在毒鬼的地方"死去，也没有"被十三个邪纳鬼的鬼手抓住"吃掉。灵魂"回到家了"，成了东族子孙的护佑神。东族人从此感敬寻领祖灵的白鹿使者，禁忌不许"啃吃鹿骨"①。

鹿的巫术魔力看来为世界上不少民族所共有。欧洲史前考古发现，拉斯克拉斯洞穴岩画中有"鹿角巫师"像，"画面中鹿角巫师戴着兽（鹿）冠；披着兽皮，两眼圆睁，胡须垂胸，整个身体弯曲前倾"，"进行巫术仪式"；仪式的内涵是"神灵支配着猎物的丰足"②。法国文化人类学家列维－斯特劳斯在研究奥撒格族祭礼时发现，鹿在引灵中是重要角色。因为"它的力量表现于飞奔"③。

鹿，作为导魂升仙、化生、驱骑的文化象征，按照"遗痕律"沉积在楚文物上出现两种"单元形象"，一是镇墓兽，二是风伯飞廉。

镇墓兽无论是双头双身型，还是单头单身型，大都在头的两侧插生鹿角。有的鹿角极其繁曲，由根部伸出四根主干，由稍上又分出三到四根支角，江陵天星观1号楚墓所出双头镇墓兽最为典型（图7－15）；有的则较为简化，作一对"丫"形。镇墓兽为何以头生鹿角为其"重要组成部分"呢？已有学者猜测，可能与"古代传说中的神异之物多假借鹿形"的神怪异物组合律有关。"如名叫'飞遽'的天上神兽就是鹿头龙身。还有一种似鹿的'桃拔'，一角者称天鹿，两角者叫'辟邪'"④，这一提法的基本思路是正确的。因为镇墓兽作为镇墓护魂的神兽，其功能之一就是护导死者魂灵离开幽冥，返祖转生或升天登遐。它取鹿的部分形体（角）为形体，就构成自我象征中"护魂飞升"或灵魂转生的那一面。而从神鹿的角度而言，神鹿导魂飞天或化生再生的特性，也就通过"形体的部分遗留"，过渡、传承给了新的神话媒体——镇墓兽了。

风伯飞廉，在楚文物中的实有形象应是江陵雨台山166号墓出土的

---

① 陶立璠：《民俗学概论》，中央民族学院出版社1987年版，第254页。
② 和志武：《东巴经选译》，云南人民出版社1994年版，第32—40页。
③ 列维－斯特劳斯：《野性的思维》，商务印书馆1987年版，第165页。
④ 王端明：《镇墓兽考》，《文物》1979年第6期。

**图 7 - 15 双头镇墓兽①**

"虎座立凤"的凤（实又像孔雀）。因为此"凤"的特异处是背胁部长出漂亮的鹿角。这正是《楚辞·天问》问到的："撰体胁鹿，何以膺之？"风伯飞廉胁部怎么长出鹿的角来？究竟从哪里承受了这奇特的形体？屈原的疑惑发问，正是我们要说清楚的问题。凤鸟（或孔雀），在楚民族意识中本即飞升仙化之神禽。《楚辞·大招》末章曾提到"魂兮归来，凤凰翔只"。屈原神游寻仙，也借"凤凰翼其承旗"。楚龙凤人物帛画中，那只飞舞的凤凰明显是神巫引灵升登的役使。让凤鸟（或孔雀）身上长出鹿角，实际上是神禽与走兽两大类中代表性的导魂飞升的文化符号在进行"同类项合并"；经此"合并"，代表走兽类飞升引灵的典型神物就通过鹿角（这部分代全体）的遗留方式将鹿的神话语义"集约"在凤鸟（或孔雀）身上了，从而形成了一个新的引魂升仙形象——风伯飞廉，体现在文物上就是"虎座立凤"的"凤"。张正明先生曾说："虎座立凤像的凤"，和一般不同的是"又多插了两支鹿角"，其神秘的意义，无非是"意在招致风伯，让他接引死者登天"②。他的分析涉及把鹿角"遗留"给飞凤，从而诱发风

---

① 战国时期，高 170 厘米，1978 年湖北江陵天星观 1 号墓出土。
② 张正明：《楚文化史》，上海人民出版社 1987 年版，第 198 页。

伯引魂之巫术的美学规律。

列维 – 斯特劳斯早就指出，从理论上来说，一种文化象征的旨意在"遗留"中不会消失，它会在其"变种或亚变种……中适当地起着……作用"；但从实际上看，在遗留给"变种"后，也"只能找出它们所起的一部分作用"了[①]。楚人关于神鹿引魂飞升、登天化生的意识通过鹿角"遗留"给"镇墓兽"和"风伯飞廉"，这正是一种"原型象征"转化到"变种"符号中去的特例，或者说是一种原型意旨化为部分遗存的典型。虽然，鹿的导魂化生的原义依然存在，但其意义闪烁的亮度，已不如独立象征时那样鲜明强烈。所以后人理解、识认起来，不免有些"困扰"，觉得它像一个"谜"。这大概是人类文化史上所有"美学遗痕"律现象共通的"症结"了。

## 三 嗅觉美感的发现

图 7 – 16　1986 年荆门
包山 2 号墓出土

楚巫在接引神灵中，注意到了从嗅觉感官上对神灵进行诱引。也就是说，在楚巫的臆想中，神灵是特别讲究嗅觉美感享受的。

《包山楚简》中说："赛祷……，酒飤，蒿之。"（211）

"赛祷……酒飤，蒿之。"（227）

"赛祷……酒飤，蒿之"（243）（图 7 – 16）。

蒿，一种香草，古人习惯于用它浸酒滤酒。《荀子·大略》："兰苣蒿本，渐于蜜醴……渐于香酒。"用蒿泡酒，酒味芳香异嗅，鬼神闻了，也就来歆享"酒飤"了。这种借"香味"（嗅觉美感）诱引神灵的情况，在《楚辞》描写中十分多见。《招魂》里的神巫诱唤迷丧渺冥的生魂说："兰薄户树，琼木篱些。魂乎归来！"（灵魂哟，这里有丛兰

---

① 列维 – 斯特劳斯：《野性的思维》，商务印书馆 1987 年版，第 75 页。

玉树吐释幽芳，你何不回到家中、回到躯体里来呢?)《大招》篇有类似情形：“鼎脯盈望，和致芳只。”“吴酸蒿蒌，不沾薄只。魂兮归来。”（鼎案罗列，美食馨香；蒿蒌香菜，浓淡得宜；魂魄哟，回来吧!）在《东皇太一》中，神巫用唱词描绘出她的迎神环境：香草（奇卉）编成座席，神座供列琼芳，奉神祭肉垫以香草兰蕙，美味的酒浆调和有桂花椒粉，青春韶秀的巫女蹁跹起舞，她们女性的芳菲气息散溢殿堂，这是多么诱人的香风馥馥的审美氛围哟!《云中君》首句写女巫登场：“浴兰汤兮沐芳。”王逸指出，这是“灵巫先浴兰汤，沐香芷”，讨云神“欢喜”，“以事云神”。《楚辞·九歌·湘君》，女巫说她“乘兮桂舟”巡迎湘君，五臣注释，揭示其中的底蕴说：“乘桂舟迎神，舟用桂者；取香洁之异。”《湘夫人》篇中，男巫扮男神迎待湘夫人。他是荷叶饰屋顶，香椒涂厅壁，以兰桂做屋梁屋椽，用辛夷、白芷点缀卧室。卧室里有香蕙薜荔编成的帐幔屏风，室外的庭院缭绕着鲜花杜蘅……他以如此浓郁的香馨境界，诱使了九疑山众神的降临。《楚辞·山鬼》，由女巫装扮人们祀奉的山鬼，辞章描绘她的到来，也是“辛夷车兮结桂旗，披石兰兮带杜蘅，折芳馨兮遗所思。”美丽幽贞的女神山鬼，插香桂为车饰，腰佩石兰与杜蘅，手中采集了许多香花，大概要送给她所爱的人。所以王逸说她是“修饰众香以崇其善”。以上这些说明了一个倾向，用美食之香味，草卉之芳菲从嗅觉美感上诱惑神魂是楚巫降神引灵的惯用特技。在楚巫的文化想象中，神灵游魂虽然“无形”，但她（他）的嗅觉美感尤其灵敏；只要有花草美食的香氲之气，即可诱导他们前来。

　　正是在这个意义上，我们才悟出楚墓中何以有那么多香草奇卉的图形。江陵马山1号楚墓出土刺绣品21件，典型纹样就是凤鸟簪花（图7-17）。花卉的形态“若非柔枝嫩叶，则必含苞或舒瓣”。花草的构图又必与凤鸟连为一体，“成为凤体的组成部分”①。这种组合极有启发性。因为凤鸟乃引魂之仙禽，神灵之使者；它的接引神灵、引魂升举的性能，向来明确。仙草香卉既和它“连体”，想必是从“嗅觉审美诱引”的角度在对引神导魂起着辅佐的作用。马山1号楚墓中还出有彩绘女性木俑。女子身穿“深衣”，衣上也绘有香卉凤鸟，其巫术用意，和凤鸟簪花应为

---

① 张正明：《楚文化史》，上海人民出版社1987年版，第174页。

同类（图 7 – 18）。

**图 7 – 17　凤鸟簪花**

其实芳草香馨诱神引魂的巫术相当古老，就其方法而言，大体有三种。一是饮用或食用。许慎《说文解字》解释祭祀中用的琼酒时说，"以秬酿郁草芬芳，攸服以降神也"。巫人喝了用香草（秬）酿制的酒，便神志恍惚，通体沁芳，神灵才会不嫌其亵而降其身。[①] 随州叶家山出土的丁子鼎（M2：2）铭文中提到"赏（禾鬯）"（图 7 – 19），鬯即指郁草所酿的香酒[②]。二是燃烧。《诗经·王风·采葛》提到过"采萧"，萧即蒿之又名，亦称萧蒿。采萧是为了祭祀中的"合馨香"。所谓"合馨香"，就是把有奇异香味的萧蒿和黍稷捆在一起，醮上油脂，祭礼时点燃，散发香气，

---

① 《礼记·曲礼》孔氏疏："酿黑秬黍为酒，其气芬芳调畅。"
② 凡国栋：《随州叶家山新出"丁子鼎"铭文简释》，罗运环主编《楚简楚文化与先秦历史文化国际学术研讨会论文集》，湖北教育出版社 2013 年版，第 12 页。

以礼神奠魂①。《礼记·郊特牲》讲的"既
奠，然后芮萧"；陆文郁《诗草木今释》讲
的萧"有香气"，可"供祭祀"②，指的都
是这种意义。三是佩服与铺设。如郑国古
俗，每年三月上巳，在溱洧水边礼祀被除，
参加的人手中"执兰"，"作招魂续魄"③。
也即《诗·郑风·溱洧》所描绘的"士与
女，方秉蕳（兰）兮"。

《礼记·檀弓》提到，人死棺葬要"设
萋"。郑注说："设萋"即以香萋为"棺之
墙饰"。《礼记·礼器》说天子的椁中要铺
"重"。所谓"重"，即垫棺之"茵"，犹如
垫床的"褥子"，用浅色的缁布缝制，但里
面装的不是棉絮，而是"茅秀香草著其中"
（陈澔注）。棺椁用香草，也不外乎芳香慰
魂的宗教祈求。由是可见，由香馨诱神引
灵、慰魂礼魄的嗅觉美感的发现，有着宽
阔的巫术文化背景，楚民族香草诱魂的审
美意识，并非孤立偶然，而是植根于上古
文化积累的沃土之上的。

## 四 巫扮神——戏剧美学思维的源头

装扮，是戏剧产生的本质性因素。
中国上古的扮兽活动是戏剧起源的文化
源之一（人类学经验中扮兽事象习见，
图 7 - 20）。

图 7 - 18 马山 1 号楚墓
出土的女性木俑

① 陈奂《诗毛氏传疏》："合馨香者，是萧……染脂，合黍稷烧之。"
② 陆文郁：《诗草木今释》，天津人民出版社 1957 年版，第 48 页。
③ 同上书，第 57 页。

图 7 - 19　随州叶家山新出"丁子鼎"铭文

印第安人扮鹿猎鹿

印第安巫扮熊作法制药

印第安人扮鹰庆猎获

图 7 - 20　人类学经验中扮兽事象举例①

　　楚巫文化中，则有扮神，此亦为古剧产生之肇始。巫扮神，乃因巫是神灵的凭依者。神灵未降其身之际，他（她）仍然是巫，神灵降其身时，他（她）便是神。所以，就整个巫降神的过程而言，巫是时而为巫，时而为神；一会儿深入神灵角色，一会儿还原巫的本相。所谓"自做师婆自做神"，"神不自言寄余口"②。

　　《九歌·东皇太一》，巫扮饰太一神，他的出场告白是"将愉兮上皇"（扮饰迎祭东皇太一神使他愉乐）！他手抚长剑，身佩美玉。在一片笙歌浩唱中，太一神的神灵降在他身上，他俨然成了欣快康乐的太一神。《九歌·云中君》一开始也是巫人穿彩衣、缀桂若，在形式上扮饰云神。由于云神

---

　　①　陈星灿：《虎食人卣及相关图像的史影蠡测》，中国国家博物馆编《俞伟超先生纪念文集》（学术卷），文物出版社 2009 年版，第 235、236、237 页。
　　②　郭勋：《雍熙乐府》卷四《点绛唇·妓者嗟怨》（《四部丛刊》续编景明嘉靖刻本）；唐元稹：《元氏长庆集》卷二十六《华之巫》诗。

一般活动于日月经行的天空，故饰云神之巫，还要努力表现出"驾龙""翱游"的形态。经此而后，云神神灵才真的降于其身。但神灵附体的时间十分短促，云神饮食既饱，便疾然远去。《九歌·东君》里，巫饰日神东君，一上场就把自己置于日神东君的身份与居处环境。自言以扶桑为舍槛（"吾槛兮扶桑"），宣称将登天巡游、普照人间（"抚余马兮安驱"）。经过一番想象的模拟，又配合音乐舞蹈，扮日神之巫才有了内在之神灵。"日神悦喜，于是来下"。他用北斗酌享了桂花琼浆，揽辔驰向远空。《大司命》中的巫，扮饰主管人类生死的司命神。他尽可能模拟司命神开天门、乘玄云的出行方式，并令风伯雨师为他洒道扫尘。他的模拟接近了司命神的特点，司命神神灵便即降下。巫也感受到了司命神神灵的附体，他说道："君（司命神灵）翔兮以下。"当此之时。巫身与司命神灵合为一体，巫便是彻头彻尾、彻里彻外的司命神了。因此他的语吻随即转为司命神的口气，他叹息道："何以人的寿夭都由我主持呢？"（"何寿夭兮在予？"）司命神不再是他称（"君"）口气，而是自称（"予"）口气了。还有《湘君》《湘夫人》，前者由巫扮饰湘夫人，捐玦遗珮，以浮沉之祭致礼于湘君；后者由巫扮饰湘君，捐袂遗衣，以浮沉之祭致礼于湘夫人。两巫扮饰者"后先登场，演出（了一场）彼此偕老百年，永矢不渝之爱，最后乃不得一见之悲剧"[①]。

　　所有这些巫扮神降灵的活动里，巫都处于"两段式"假定思维状态。扮饰某神灵，在神之灵降临前，他仅为"神灵"的空壳，还不是真神；还不能称之为"灵"；只有所扮之神的神灵降在他（她）身上后；他（她）才完全整个地进入"神"的角色，才成为祭祀活动中的真神，才能称为"灵"（或灵保、神保）。因此"巫"（他、她）是一个灵活的"思维运动"者，他的情感想象由巫人身份进位到具体神灵扮饰者，再而进位到具体的"真神"，创造出一个神的形象，完成了人与神之间的神秘沟通。在这里，中国戏剧思维的早期雏形——一种装扮性的美学行为，呈现在我们的面前。

　　戏剧装扮的美学本质，需要一个假定性的艺术观念，即演员在自我头脑中假定他自身在进入角色前，他是他自身；在进入角色后，他就是他所

---

① 　陈子展：《楚辞·九歌之全面观察》，《中华文史论丛》1979 年第 4 期。

"演"的"那个人"。这种"假定"的艺术观念，不仅已由上述楚巫降神的活动做了具体体现而且在楚巫的宗教理论中也已有了明确的表述。《国语·楚语下》观射父向楚昭王解说宗教祭祀文化时说，深秋初冬之际，天气晴明，是神灵愿意降临歆享的季节。此时，国人最宜备设牺牲，"祀其先祖，肃肃济济，如或临之。""如或临之"即所有参加祭祀先祖神灵的人在祭祖迎神时，都应有一种恭诚虔敬的宗教心理，都应在意念想象中假定所迎之神真的来了，真的就在面前了，真的就临身附体了。孔子《论语·八佾》有一句类似的话，说："祭如在，祭神如神在。"也以一个"如"字，指示、强调了祭祀中必须有一个神的"假定性存在"意识。离开了这个"意识"，祭祀的人就谈不上再去感受面前那"无形"的神灵，扮神降灵的巫也不会相信神灵附体己身、相信能扮饰神灵；所以"假定"之观念是所有迎神降灵宗教行为的前提，也是戏剧初型——巫扮神灵、扮饰观念的美学起点。

## 五 方形的"空间"：御邪护魂的"简化"形式

在原始巫人的想象中，幽都地下有着无数可怕的怪灵精魅。人的灵魂到此世界，随时有被折磨、拘虐、吞噬的凶险。一个人的灵魂怎样才能在死后有一块安宁无虞的绿洲呢？原始巫术有它特殊的思路，即采取一种犹似"方阵"的方形——这一"有意味的简化象征形式"，以抵御并解除环绕灵魂的所有精怪魑魅。长沙楚帛书按此方式，在一块接近方形的缯帛上，绘成十二神像构成的平面"方阵"。方形的每一边，有三个神像共守一"方"，东南西北共计十二个"神"，正好构成四方之"御"，去弹压震慑各"方"的妖鬼魑魅。

另外"方阵"的四角，尚有四棵神树，和日本民间除邪的祭台四角插四棵树或竹相类，也含有"四维"（即八方中的另四方：东南、东北、西南、西北）"守御"的意义。这使我们联想到《楚辞·招魂》巫人召唤迷失灵魂回归时所说的："魂兮归来！东方不可以托（安身）些"，那里有身长千丈的巨人专门馋食灵魂；"魂兮归来，南方不可以止（安居）些"，那里有雕额黑齿的野人，喜用人肉去祭神；"魂兮归来"，西方有流沙千里，致害人命；"魂兮归来"，北方有飞雪冰山，不能停留……这里巫人提醒灵魂可能在四个方向碰到的险难，和楚帛书用十二神兽排成"四方之御"恰恰吻合相对，卯榫相接。

由"方"形控御"四面""四周"的巫术思想，从考古学资料分析，至少有四种类型。第一种是立体化的巫术方形祭坛。其方形形式的本身即构成"四方之御"。如位于喀左县大凌河西岸红山文化东山嘴神坛，即呈方形，方坛的边长为 10 米，由成组的立石筑成，周围布着大型人物坐像残件，他们大概是护坛御邪的神物。良渚文化祭坛也呈方形，边长约六至七米，而且"转角方正，布局齐整"①，俨然抵御着四方邪魅，守护祖灵"神徽"。

第一种是立体的"方形器"，数良渚文化玉琮较典型。良渚玉琮多作四方形：每一"方"有"拆半"的"人面"（祖先神）与"兽面"（图腾神），由它们对四方精魅进行巫术厌胜。汉代有方形玉"刚卯"，巫术作用接近玉琮。《续汉书·舆服志》下载，玉刚卯"长寸二分，方六分"，常刻有巫术辟邪文字："刚卯既决，灵殳四方""庶疫刚瘅，莫我敢当"。"既正既直，既觚既方；庶役刚瘅，莫我敢当"。晋灼注《汉书·王莽传》中"刚卯"一物也说，"刚卯长一寸，广五分，四方"，其上刻词有"疾日严卯……莫我敢当"。可见方"刚卯"置于墓中，能起到"灵殳四方"，令四方邪魅不能"当"的巫术作用。50 年代长沙废铜仓库发现商代人面方鼎，鼎身四面是浮雕的四个人面像。其像表情严肃，面宽嘴大，两耳分张，明显是祖先或巫祖形象，其宗教含义无疑也在镇御四方。②

第三种是镇御四方的"四面神"形象。《太平御览》卷 79 引战国佚书《尸子》说"古者黄帝四面"，长沙马王堆 3 号汉墓出战国佚书《十六经·亡命》载黄帝偶像"自为象（像），方四面，傅一心"。意即黄帝长有面对四个方向的四张脸孔。郭兴元先生曾经疑惑，"黄帝所为之像，竟以四面附着心胸四周。胸背二面，尚可想象，腋下二头，如何安立？"③ 其实黄帝四面的神话正是黄帝的"巫化神面"，是巫术思维在利用黄帝上古大神的影响，把他化为"四面神"，以产生四方统御、四面镇魇的巫术法力。这种"四面神"在世界其他民族的古老文明中也有发现。印度大神大梵天的法相就被"描绘成有四个头，每个头（各朝一方）各掌管宇宙的四分

① 陈剩勇：《东南地区：夏文化的萌生与崛起》，《东南文化》1991 年第 1 期。
② 高至喜：《商代人面方鼎》，《文物》1960 年第 10 期。
③ 郭兴元：《读经法》，《中华文史论丛》1979 年第 2 期。

之一"①。《罗摩衍那》后篇 3 章："四面大梵天，看到风神子。"季羡林注："印度神话说，大梵天有四张脸。"② 《五十奥义书》："大梵绯红色，四面，为大父。"③ 而在印度史诗《梨俱吠陀》中，印度原始创世神（即生主，PhaJapata），也如黄帝有四张面孔面对四方，并且"四方有眼，四方有面，四方有背，四方有足"④。

在地中海文明的希伯来神巫想象中，耶和华幻化的精灵形象；也是"四个脸面"。前面"有人的脸"，右面"有狮子的脸"，左面"有牛的脸"，后面"有鹰的脸"。⑤ 这些面朝四方的四面神形象都代表了神巫思维立足于"方"形、对四方进行巫术控制的象征模式。

第四种类型的"四方之御"属于平面型的。即在方版形上刻划太阳、星辰、光芒、箭头、神树、树叶等，以造成对四方精鬼的辟邪功能。如含山凌家滩出土的玉方版，中间同心圆内一八角徽号，八角徽号外为八支箭头，射指八方；再外是四支箭头代表"四维"。这一玉版出土时装在玉龟的腹内，正合纬书"元龟衔符"之说，显然与巫卜有关。又如，曲阜旧县汉墓画像石，在方形的石面上刻太阳纹，梓潼汉墓画像砖在方形的图案中作星纹，邹城东路口汉墓前室顶部方盖石上画星辰图案，等等，都有类似"方版"的平面御凶作用。

楚帛书（图 7-21）由十二神像组成的"方阵"形的"四方之御"，在形式上贴近上面四种类型的第四种，是一种平面型的"四方之御"巫术。《周礼·萩蔟氏》曾载，"以方，书十日之号，十有二辰之号，十有二月之号，十有二岁之号，二十有八星之号，悬其巢上，（夭鸟见此）则去之"。（注云："方、版也"）意思是在平面型的方版上书刻日月、星辰、岁时的字样、符号或神像，能够驱避不祥或赶走吞食灵魂的"夭鸟"。这说明"方形"形式的驱邪象征功用，渊源深厚。楚帛书用十二神像排列"方阵"以对付凶险的幽冥环境，与原始巫术"方形御凶"的浑重基座是有密切联系的。

---

① 阿·基列巴里耶夫：《印度教神及其传说》，《世界宗教资料》1982 年第 4 期。
② 季羡林译：《罗摩衍那》卷七，人民文学出版社 1984 年版，第 286 页。
③ 徐梵澄译：《五十奥义书》，商务印书馆 1995 年版，第 969 页。
④ 叶舒宪：《中国神话哲学》，中国社会科学出版社 1992 年版，第 187 页。
⑤ 《旧约·以西结书》。

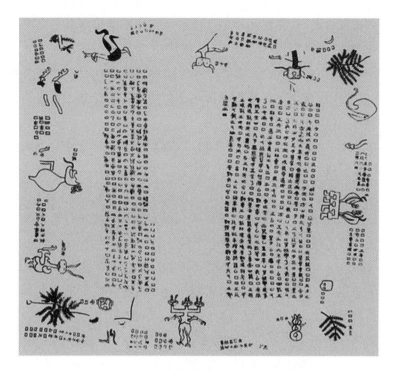

图 7-21　湖南长沙子弹库楚墓出土战国帛书

## 六　交感类比：天象与人事

在楚民族原始宗教意识中，自然界客观现象日月星辰、山川泉流、卉草稼禾、兽畜鳞虫，是作为一种动态的活的文化象征与暗喻密码存在的。它们的出现，一般都与邦社、人事、民生、朝政的凶咎祥祸相关联，并对后者的发展趋向有所喻示、图解甚至交感促发。

《左传》载，楚子连续三天见天空中有赤色云朵犹如鸟形，"夹日而飞"，疑惑之中去问周太史，太史判定"王身"有灾。但若采用"祟"祭巫术，可以将此灾转移给令尹或者司马，楚子认为转灾于臣下，于德不仁；他没有采取"祟"祭。结果是年秋，楚子"卒于城父"。在这里，"赤云夹日"成了楚子毙命的兆象。长沙楚帛书里，也有许多此种类型的象征密码。帛书"中心"两段文字中有"雷震雨土"之象，"雷震"是暴政暴虐及其败亡的秘示。据《太平御览》876 卷引《古今五行纪》说，夏桀末年，有"雷震杀人"；正在此年，成汤革命，放夏桀于南巢。又引《京氏易传·五星占》说"雷霆杀人（者）何？""人君……威福则雷霆杀人"。"雨土"似与内宫淫昏有关。《京房易传》讲"内淫乱，百姓劳苦则天雨土"。所以"雷震雨土"所要透示的不是风雷电击与沙暴尘雨，而是人君朝邦政治的一种象征。

第二段文字有月行"德匿"之象。"德匿"，商承祚先生说，或作"侧慝""仄慝"或"缩朒"（朒又写作朒）。主要是说月亮的运行不符合轨辙；乱行或行得太迟缓。这种"月象"也是具有特殊含义的象征喻码。《汉书·五行志》载有，"王侯缩朒不任事，臣下弛纵，故月行迟也"。因此，帛书列举月行"缩朒"，寓意是说有"乱于邦"的隐忧潜伏。他如，"时雨迟过"，"气辰不也（翳）"，天培星（慧星）降，山泉逆流，"卉木无常"种种"天象"，均不立足于自然界本身去显示或陈述它的运动规则或超常奇异，而都是转化为一种神秘的表象系统，与社会、人世、邦国、民间的灾难、祸殃（所谓"下凶""天地殃""山川丧""佯乱作""东国有吝""西国有吝"），构成交感、对照、互喻的文化关系。安志敏先生早就指出，这种关系"大意为上天垂象，以示吉凶……类似卜筮之辞。"[1] 李学勤先生也说，"天人间的感应，本来是一切灾祥之说的基础"。"（帛书）篇中天象与人间灾祸的关系"，即"反映了这种思想"。[2] 所以很显然，在自然现象与人世现象之间建立感应、垂示的互喻关系，这种方式是天人感应思想的源头。就美学发生学的角度看，无疑已经具备了象征、类比——通过一种"象"标示一种"意旨"的艺术思想。

## 七　舌的象征：巫术吞噬与攻击魇制

楚文物图像中的神兽十其五六为口吐长舌的怪诞形象。信阳长台 1 号墓所出镇墓兽，头颈部生有龙蛇鳞片，巨牙开张，挂出一条宽厚且长的大舌。江陵天星观 1 号墓有双头镇墓兽，每个兽头，口中各垂出长舌。还有一些方座型单头镇墓兽也是舌头外吐，一副饕餮欲食的样子，生动传神。

---

① 安志敏、陈公柔：《长沙战国缯书及其有关问题》，《文物》1963 年第 9 期。
② 楚文化研究会编：《楚文化研究论文集》（一集），荆楚书社 1987 年版，第 22 页。

陈跃清、院文清曾对楚国镇墓兽作综合分类，指出五种类型中除第一类型"无舌"外，其他皆具有"张口、伸舌"，"咧嘴、伸长舌"，或"龇牙、伸长舌"，"口微张、伸舌"的典型特征。[①] 在长沙楚帛书所绘十二神兽中有一被认为"一足"的神兽，形状如牛，头生双角、口中吐出长舌；还有一个"歧尾"神兽，形似狸豹，身足上有圆形花斑，但吻部垂下长舌，颇类虎狼的馋涎之状（图7–22）。

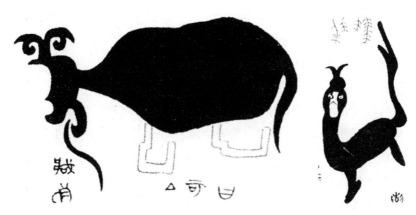

图 7–22　长沙楚帛书"一足"神兽和"歧尾"神兽均吐舌

楚神兽形象中这些口吐长舌的特殊细节，是值得重视的，它说明神兽之舌已经转化为一种特别的象征符号，可能在暗示、转喻某种抽象的巫术玄义或美学意旨，并且这种符号的暗喻也不应是无源之水。日本学者伊藤清司曾说："楚地经常出土一些长舌外吐的怪兽塑像"，它们可能"与《山海经》记录的妖怪鬼神相类似"。[②] 胡健国同志同意他的看法，指出《南次二经》中的"四耳兽"，其名"长右"。"长右"就是"长舌"，是个犹似"猕猴将长舌吐出口外的形象"。[③]

在巴蜀文化中，兵戈或剑器上时常出现神虎吐舌的铸刻符号。四川巴县冬笋坝出土蜀剑，虎形刻纹的虎口部伸出明显的"勾舌"。新都三台场所出蜀戈，握翼铸虎首纹。虎口大张，虎舌尖挺，如同利锥，与戈脊平

①　陈跃清、院文清：《镇墓兽考》，《江汉考古》1983 年第 3 期。
②　伊藤清司：《山海经中的鬼神世界》，中国民间文艺出版社 1990 年版，第 8—69 页。
③　胡健国：《古傩面具与〈山海经〉》，《民族艺术》1995 年第 4 期。

行，指向戈尖。还有四川博物馆藏蜀式铜戈，成都南郊出土蜀戈，戈上均
有猛虎张口伸舌，而伸出的虎舌作戈的中脊，显示出锋刃逼指的挺刺威
力。四川郫县出土蜀戈，也是虎舌作戈的中脊，在脊（舌）的下面尚有几
滴"水滴痕"符点，有学者称为"虎涎滴"，更为形象地渲染突出了虎神
馋食欲啖、流出口水的神态。这种剑戈上的神虎吐舌，应与巫术制胜的象
征意义有关。"巴地有崇虎的部族，蜀地也有崇虎的部族"，"虎是百兽之
王，虎的声撼山川气概是人们所景慕的"。铸虎于兵，并大张其口，舌欲
噬人，"其用意大概是佑护使用者，使使用者免于伤害，（并）给使用者以
力量和勇气"[①]。所以这实际上是一种"原始巫术色彩的吉祥符号"，也是
"巫术神秘的魇制符号"。

神兽吐舌在两汉考古学中也有发现。山西阳高西汉耿婴墓中出有木
枕，枕的两端雕有怪兽。怪兽"竖耳大嘴，口吐长舌"。特别的是其"舌"
用玉镶成[②]。南阳邢营出土画像石，有一长舌吐释的白虎，昂首凸胸，正
扑向一个精怪。报告者称此画面为"虎擒女魅"[③]。

吐舌神怪在后世傩具面形上反映得最为特出。湖南资水上游与广西毗
邻的城步、武冈两地存有一种水魁面具，其口中吐出一条犹似鱼尾的"人
的舌头"。贵州大型吞口傩面，是人口衔一把短刀，舌由刀上翻出。贵州
的鱼傩，傩面上端是鱼头，下部伸吐鱼尾型大舌。湖南泸溪鸟头傩具，嘴
巴张得几乎看不出下巴，而口中有大舌挑举。中国民间这些吐舌怪傩，据
说在美洲西北海岸土著艺术中颇多同类。其地夸扣特人的古傩面具，大都
独角独眼，长舌翻吐。

中国少数民族原始宗教中，神物吐舌也属常见。壮族人说，他们的吉
祥神是雷公。雷公的"舌头像蛇信一样，前头开岔，从嘴里一吞一吐伸出
来缩进去"[④]，令魑魅精怪，望风惊走。纳西族鬼神神谱中，有一种对人有
益无害的傻鬼，叫"朵"（ddop）。他的形象也是"瞪眼吐舌"。[⑤] 纳西人

---

① 孙华：《巴蜀符号初论》，《巴蜀考古论文集》，文物出版社 1987 年版。
② 安志敏、陈公柔：《长沙战国缯书及其有关问题》，《文物》1963 年第 9 期。
③ 南阳市文物工作队：《南阳邢营画像石墓发掘报告》，《中原文物》1996 年第 1 期。
④ 林河：《古傩寻踪》，湖南美术出版社 1997 年版，第 87 页。
⑤ 吕大吉、何耀华：《中国原始宗教资料丛编·纳西族卷》，上海人民出版社 1993 年版，第
378 页。

把他的吐舌怪像做成"鬼牌"，用于禳灾驱邪。

苏联学者 A. 奥克拉德尼科夫在谈到一些宗教祭祀文化的规律时曾说，它们的"基础是一些凝滞的宗教式图形和假约式的象征符号"①。从美学意义看，中国原始魇制巫术中也的确有一个"假约式象征符号"的庞大系统。属于这个系统的角、爪、牙、眼（光或眼神）、舌、手、足（履），等等，又是一个带有强烈攻击镇压特征的子系统。它们出现在汉以前各种文物图像、造型与神话传说中，表现的已经不是各种神兽精怪的外观神态，而是暗喻着巫术性质的威逼、吞食、角触、抓擒、啮咬与鞭击。它们的实质是代表巫人"御用神兽或御用精怪"及其战斗锋芒与制胜魔力。萧兵先生曾从这个角度探讨过"眼"这一"单体符号"内涵，我们这里涉及的吐舌神兽的"舌"，其实也正是上述"子系统"中的一个。可以不容置疑地把它理解为一种魇制巫术中带有吞噬战胜、守灵护魂意义的"假约式象征"或"凝定化"的宗教图形。

# 第三节　博物馆文物陈列美学

在博物馆学中，文物的陈列是一个核心，亦是一门艺术，其间有着纷繁的审美难题要解决，并体现着设计者的美学思考与艺术精神。所以，博物馆的文物陈列也是文物美学学科建设应考虑的重要环节。本节试说如下几点。

（一）博物馆文物陈列艺术的独特审美属性

博物馆陈列艺术不能被理解为应用性学科，它具有区别其他艺术部类的特殊性。这个特殊性就是表现媒介的特殊性。语言艺术的表现媒介是文字符号，戏剧艺术的表现媒介是演员，绘画艺术的表现媒介是线条色彩具像，博物馆陈列艺术的表现媒介则是文物，即利用文物组合来创造博物馆的艺术形象。

这里有两个差异。第一，语言艺术的表现媒介或戏剧艺术表现媒介，在表现形式上不会中断，它们能够很周密连贯地表达它们要表达的意思。而文物媒介则不行，它不能随心所欲想怎么表现就怎么表现，不能呈现连

---

① 转引自广西壮族自治区博物馆编《广西左江岩画》，文物出版社 1988 年版，第 213 页。

贯、周密的表现状态，文物与文物之间具有极大的"跳荡"性，文物所体现的历史文化意义之间会形成没有衔接性的空白地带（由辅助展品或说明词去填补）。文物媒介这种反映功能的局限性，其实也就是它的特异性。第二，作为语言艺术表现媒介的文字符号和作为戏剧艺术表现媒介的演员，其功能仅在于是一种表现手段或表现材料，它们和要创造的艺术形象（语言形象或戏剧形象）不是一回事，表现材料和表现的对象是两个截然分开的实体。但作为博物馆陈列媒介的文物就不同了，它既是表现历史文化现象的材料，又是历史文化现象本身。一个楚式的鼎、豆、盉、壶组合起来，可以典型地反映楚文化的墓葬制度。这个鼎、豆、盉、壶既是反映楚文化形象的一种材料，又是楚文化的具体实物。在博物馆陈列艺术这个领域，作为表现媒介的文物和要表现的形象是合二而一的。这里不存在材料与形象的差别。上述两点就是博物馆陈列艺术的特殊审美属性。

（二）审美注意

审美注意是美的事物或形式对人们注意力的吸引与调度。由于博物馆陈列的主要传达方式是视觉思维的艺术运动，所以其根本的一点就是紧紧地扣住观众的审美注意，使审美注意不分散、不旁移，沿着"展品视移线"活动（展品视移线指展带上由一些非看不可的展品组成的线路）。例如美国一家自然博物馆，为了立体化地表现印第安人戴的羽毛帽子，特地做了一个模特，但模特不装眼睛。问其故，他们说：人已相当传神，再装上眼睛，人就活灵活现了，这样，观众的审美注意就会被模特所吸引，而不再理会它戴的帽子。这个设计就考虑到观众的审美注意可能会游离主要展品，并做了超前性的控制。

（三）"有意味的形式"

李泽厚先生在《美的历程》中提到过这个概念，意思是在一些形式要素上潜含着一定的审美含义或审美意蕴，亦即一些内容或意蕴性的东西已经转化或积淀到形式中去了。陈列艺术处理中，也充满了这种"有意味的形式"。它使陈列表现不是直露地表白某种政治倾向或思想意义，而是把倾向、意义借形式要素曲折、含蓄、蕴藉地透示出来，交给欣赏主体自己去体会玩味。这些形式要素包括空间摆放位置、物与物组合的结构、色彩、光线、尺寸比例、图案造型等，这些都可以成为"有意味的形式"。

如中国革命博物馆反映"蒋家王朝的末日"，把中国人民解放军占领总统府的照片放得很大很高，而蒋介石使用的卷宗、印章、台历等放在很低矮的玻璃柜中，形成高低对比。而且这个玻璃柜的盖子又是外加玻璃棺盖的形状。这就在形式的因素下暗喻了浓厚、深刻的政治评价与审美贬褒。又如反映解放战争的战绩，把战绩表做成一个碑的形状，数字用铜质处理。这就把人民解放军伟大的丰碑性胜利以及历史化的礼赞与歌颂，体现出来了。

（四）光的美学功能

光的美学功能有三点。第一，光是人们"感觉"中的美化材料。它以其美的物理特性诉诸人的视觉感官。美学家埃玛逊说："光线是第一画家。不管多么丑陋的物象，一旦受到强烈光线的照射，则无不是美的。"[1] 这话说得显然有些过头，但却强调出了光的审美属性。如上海博物馆中的菩萨雕像，经灯光一打，出现了奇妙的变化。原来似乎面目可憎、超尘冷漠的脸部竟有了亲切、慈善和笑意。这就是光的美化功能了。第二，在封闭式的陈列中，光是一种较好的审美诱因。它触发人的艺术兴奋与审美快感，牵引着观众视觉的行进方向。因为投照性的光打在展带展品下所构成的一个个"光照单位"，串连起来就形成了一条循序渐进的线路。这条线路不是以硬性规定的方式令观众"就这样走""就由此参观"，而是凭借光对人们视觉兴趣的审美化诱导来完成的。所以可以这样说，在设计师精心安排的光的流向、流程中，观赏者的审美视觉就不知不觉地进入被把握、被引导、被控制的状态。第三，就展带、橱柜放的一大片展品来说，投照光起到了美的特写、美的强调的作用。光的聚点打在一组文物中最典型、最富历史文化意义的那件展品上，使它从组合的状态中显出一个特殊的地位，这个时候，不需要讲解员指令性地解释："这个文物重要"，文物自己就会把观众的审美注意吸引过去了。正如一位日本学者所说的，一个发光体会在一群事物中首先进入人的视界，以它"非同一般的、光线夺目的姿态性引起美的感受"[2]。

---

[1]　转引自笠原仲二《中国人的美意识》，北京大学出版社 1987 年版，第 80 页。

[2]　同上书，第 79 页。

（五）典型化的美学方法

美学家蔡仪先生认为，美就是典型性的东西，美需要典型化的艺术原则。这一思想在陈列中体现的较为充分。因为陈列总是选择那些较有典型意义的文物、资料、细节来反映历史生活的本质，呈现文化现象的命脉，揭示历史人物的特殊性格和贡献。陈列不是一堆器物的自然主义的堆砌，它需要审美的鉴别、审美的开掘、审美的提炼与抽象。如周恩来纪念馆，序厅中放了两张大照片。一张是周恩来和外国朋友在一起；另一张是周总理在人民群众中间。这就十分典型。它突出了总理一生革命实践的两大特征：一是他的外交家的风度，他的世界性影响；二是人民总理爱人民，总理永远活在人民心中。又如马雅可夫斯基故居，桌上摆着一个药瓶子，墙上挂着西班牙地图，一根电话线拖得老长老长。这个表现手法也达到了审美凝缩的高度。它反映了诗人多病的特点，反映了诗人打电话时好在书桌前走来走去的生活习惯以及爱好和平、关注西班牙战争的革命态度，其艺术处理洗练精到，毫不冗繁。

（六）艺术场境与艺术意境的创造

在一些故居性陈列和全封闭式的复原陈列中，陈列艺术能够创造逼真的"复原场境"，使观众走入场境，成为"境"中人、观众就像演员进入虚拟的场景一样，和场境融成一个整体。这种表现的奥秘在于短时间地切断观众与其实际生活时空的联系，让他进入到另一个与实际生活时空完全不同的艺术时空，呼吸艺术时空中的空气，感受艺术时空中事物对他的作用。像美国航海博物馆，一进门是一只大战船。观众就是从船舱的门走进陈列室。里面三面画着大海，海上有许多船只，海涛声、船舶行走的机器声形成"仿生效果"。于是这样的幻觉就产生了：观众不是在陈列室中参观，而是坐在一艘发动着的战舰上。它达到了一种观众与复原场境融为一体的审美效果。在这里，观众和被观看对象那种互为对象的关系已经不存在了，观看与被观看的观念也随之取消。"境"中的"物"也不是原来静止地摆在那里被看的死的物，而是主动对境中人思想情绪、视听感觉发生撞击、影响、暗示的活的物了。

意境比场境更细腻，带有中国古典美学的味道。它在一种场境中设置许多使人流连品味的艺术意象，造成感染力很强的有机的艺术氛围，使

"境"中充满了丰富的"意",借"意"（象）使"境"（界）活起来。如
杭州苏东坡纪念馆,室外置种着石、竹、梅、柳,这显然是根据苏轼喜爱
石、竹、柳、梅而安排的艺术意象。它形成一个显示苏轼"文化人格"的
境界,观众心与境谐、神与景会,会嗅到浓郁的文人士大夫情调,甚至会
油然记起苏轼那些关于石、竹、柳、梅的吟咏来。室内展带用宋代屏风式
样,透露出与苏轼时代一致的文化气息与审美韵律。展带的摆放呈"工"
形,展室轩窗四开,一幅由西湖山水装点起来的天然的水墨图呈现在观众
眼前。于是,苏轼关于西湖"淡妆浓抹总相宜"的审美感受与审美情思也
就相应地在观众心底泛起。展室中的辅助展品,如扇面诗、竹刻诗、题画
诗和古筝等,也都在贴切地暗喻苏轼艺术素养的多面性。所有这些陈设形式
可以说都是"意"（含义）与"象"（形式）的统一,都是构造诗情画意境
界的分子。它们连缀串通,交汇一体,组合成笼盖、熏陶、感化观众欣赏意
识的文化意境。观众置身其间,触境兴感,自然有丰美的心得了。

（七）接受美学

陈列艺术要求观众接受陈列所阐发的历史生活中美的本质。所以它在
某种意义上又是接受美学的具体实践。

接受美学的最大特点就是尊重依靠接受者自身的审美经验与审美理
解。它只提供具体系统的审美喻象,而不陈说任何主题。但当喻象与接受
者审美思维相遇时,主题意蕴就产生了。比如周恩来业绩展览,表现总理
逝世,放了总理用的台历（翻至逝世当日 1 月八日）、上海牌手表（指针
停在逝世时 9 时 57 分）,有"为人民服务"字样的毛主席纪念章,衬底是
洁白绸绢和墨绿色底上绣出《国际歌》"英特纳雄耐尔一定要实现"片段。
这些喻象没有表白什么,放在那儿并不构成所谓的"意义"。但当观众投
入审美联想与艺术理解时,它们就活了,就会产生出许多的解释和含义。
诸如:"为人民服务"纪念章,写照总理忠诚于领袖,又甘为人民公仆的
崇高品质;《国际歌》说明总理在国际共产主义运动中所做出的划时代的
贡献;洁白代表人民对总理的神圣的崇敬;墨绿又寄托了对总理逝世的深
沉忧郁;或者还有很多很多。这表明,陈列中的思想、主题不是设计者能
够单独炮制的,它是设计者提供的陈列喻象与接受主体思维想象碰撞的结
果,是接受者根据自己审美意识活动创造出来的东西。陈列构思,如把观

众当作被动的受教育对象，忽略他们的审美理解与接受效应，那是一厢情愿，收不到预想效果的。

（八）审美诱发与审美触引的艺术原则

既然把观众的接受意识与审美理解放在了一定的位置，那么陈列设计就要为它们的活动留下充分的余地，让它们自己在陈列语言中破译各种形式、符号、物象。这就要求在陈列表现中尽可能少地出现那些陈说性的内容而多一些审美启发与审美触引性的形象，以调动观众的审美思维活动。比如，童话作家安徒生爱好剪纸艺术，生前留有带有童话色彩和形象的图案。丹麦人在举行安徒生纪念展览时，就利用安徒生自己剪的这些图案作展览的装饰。这种装饰就不同于一般的艺术花块，它能够牵引出观众的缅怀之情与审美遐思。又如日本三得利威士忌博物馆，展室中的陈列橱柜仿造酒桶的形状，展品放置其中。这就把陈列的内容化成了引人入胜的具体形式，借形传神，触发观众的对酒的文化思考了。

（九）崇高、古雅、本色

这是新中国成立以来我国博物馆陈列实践中几种主要的美学风格（所谓陈列美学风格指陈列形象或陈列总体观感所透示的独特的审美基调）。

崇高的风格在革命史陈列和英雄人物陈列中多有显现。它不是日常用语"道德崇高"的崇高，而是一个美学范畴。它的内涵有两层。一是所创造的艺术形象在观赏者一方引起由压抑转向振奋的心理感应。如中国革命博物馆"人民的胜利"陈列中，有一座当年八路军战士的塑像，他站在圆台上，圆台既是塑像的底座，又是一个落地圆橱，橱内放着侵华日寇的军衔领章、军刀、勋章、护身符、千人针和太阳旗。这是精心构思的艺术搭配，它先给人以不快与压抑，勾出日军铁蹄践踏祖国母亲、血腥屠杀我国人民的沉痛记忆，然后以八路军战士的高大形象，唤起胜利的兴奋以及中国人民终把入侵者踏翻在地的伟大自豪感。观众的情绪就在陈列形象的引导下经历了一种由低沉痛楚到高扬激昂的转化运动。这就是美学上的崇高了。二是陈列形象闪烁出伟大的思想、情感或意志的光辉，促使观众的心理情感进入艺术升华状态。这也构成美学上的崇高。如中国革命博物馆党史陈列中所反映的刘胡兰就义，一把杀害刘胡兰的铡刀，一座刘胡兰就义的雕像，一幅毛泽东"生的伟大 死的光荣"的题词。三件展品构成三个感受层次：铡刀是凶器，渲染、透示着死神的狰狞与敌人的残暴。但在铡刀面前，是刘胡兰无所畏惧、视死如归的气概和坚贞不屈、勇于牺牲的精神，这使观众为之赞叹、为之倾倒，升腾起崇敬之情。而毛主席题词所宣告、揭示的革命英雄主义主题和革命的人生观、生死观则把观众的感情世界引向振奋、鼓舞与升华。为无产阶级革命献身的崇高思想塑造了刘胡兰的形象，也在观众的心理空间拨响了一曲雄壮的乐章。这也是一种崇高的境界。

古雅即古朴典雅或精工雅致。它以淳朴丰厚的民族文化积淀和古典式的艺术装饰为基点，比较注意陈列形态的和谐、对称、沉稳、优雅与工美。古雅的风格一般体现在历史文物陈列或传统艺术品陈列中。如安徽文房四宝展览的序厅，采用传统民居与园林装饰方法，做一个花格屏风的门槛。花格屏风吸收了园林艺术透而不敞、屏而不死的特点，既有举步可止的障景意味，又有玲珑剔透的审美观感。门栏兼附楹联、门额的艺术形式，写着："褚英铺雪松操凝烟""毫颖如飞石晕金星"，横联是"艺林精华"。门额旁还悬挂着民间铁画宫灯。这就在传统文化的气氛中点化了文房四宝的陈列主题，也形成了古色古香的典雅风格。

本色的风格是很少修饰，以历史真实、历史原貌为审美追求，让历史遗迹、遗物本身向观众诉说陈列的含义，令观者领会到一种朴素、真切感人的美感特征。这在那些故居、遗址性陈列及革命史陈列中有较多的体现。如新四军军部复原陈列项英和叶挺的住室。项英写文章往往不动手，叫来速记班战士，手捧宜兴小泥壶口述成文，故桌上摆放一把宜兴小泥壶。项英午餐后、晚睡前都看书看报，故床上堆放许多书籍报纸。叶挺爱照相，戎马生涯中照相机不离身，故他的住处，八仙桌、条桌上、卧室的衣架上，都散乱地放着、挂着刚冲洗出的胶卷。叶军长夫人李秀文几乎每天都写毛笔字，故叶军长卧室条桌上陈放着文房四宝，一支毛笔放在笔架上，桌面的一块整整齐齐摊着一叠宣纸。这些陈设没有缤纷陆离的色彩，也不用精雕细刻的装点，但逼真亲切，有说服力。它以展品天然本色的面貌和历史事实本来的意趣构成对观众的艺术吸引。这也是一种审美的魅力。

# 第四节　西方博物馆陈列学

国外的博物馆文物陈列学并非把这一门学问仅看作艺术之范畴，而是视为一种"历史文化现象"，且十分注意展示设计文化的人类学内涵及意义。张晖同志编写的《美国博物馆陈列艺术》一书①中，特别选析了艾利斯岛移民博物馆、国立美洲印第安人博物馆、国家自然史博物馆等作例子，重点说明了一些问题。也就是说，国外的博物馆文物陈列学对我们是有借鉴意义的。

（一）作为审美、历史、文化现象思考的博物馆陈列

第一，博物馆陈列的"分离"功能。所谓"分离"，即：实现一种生活环境与艺术欣赏环境的划分与引渡。英国美术评论家克莱夫·贝尔在其著作《艺术》中有一段话："艺术把我们从人的活动的世界带到了一个审美的狂热世界。一时我们脱离了人的趣味，我们的期待和回忆被抑制了。我们被高抬到超出生活之流的地方……"这个"地方"就是由无数陈列品构成的可供享受、沉思的艺术世界②。美国现代美学家沃尔斯托夫也说："如果（欣赏）知觉、沉思行为要完全令人满意地被完成的话，尤其是令人满意的作品需要集中精力时，相当特殊的物质条件则成为必要。""要有意地看一幅画，人们就需要一个光线良好的场所——这恰是美术馆所具备的条件"。③ 在他们看来，博物馆的陈列就在生活与艺术之间划出一道环境的界线，走进了博物馆的陈列厅，就摆脱了生活的凡俗之想，进入艺术的胜境。只有在这个地点，人们才能"集中注意力于艺术作品，埋头于其中"，抛开那些"分心的东西"，让审美的"知觉沉思"，翩飞起舞。

第二，陈列品带来的审美快感。艺术博物馆陈列品作为一种视觉形象会映入观众的记忆。当这种视觉形象与现实生活中的实际形象发生重叠时，生活中的实际形象似乎也成了艺术，并由此产生难以言状的审美快乐。歌德在《诗与真》里曾举过与此有关的事例。一次他参观竺列希敦展

---

① 张晖：《美国博物馆陈列艺术》，辽宁科学技术出版社 2015 年版。
② 转引自沃尔斯托夫《艺术与宗教》，工人出版社 1988 年版，第 36 页。
③ 同上书，第 32 页。

览馆之后说过这样一段话："当我回到我的鞋匠家里吃午饭的时候，我几乎不相信我自己的眼睛，因为我眼前所见的仿佛正是梵·奥斯塔德所作的一幅画，那么完全相像，简直应该把它挂在展览馆里。人物的布置，光和阴影乃至整个场面的棕色的色调，一切在梵·奥斯塔德的作品里受人赞赏的东西，我在这里在现实界里亲眼看到了。"

荷兰画家梵·奥斯塔德喜欢画乡村景物和贫民生活环境，歌德看了他的陈列品后形成的视觉、印象，与回到房东家见到的实景恰好吻合。于是他身边的一切事物都在"观后感"的审美思维作用下，变得艺术化了。所以他接着说，这"使我获得很多的乐趣，却也增加了我的愿望"①。

第三，陈列品透示的历史情蕴。美学家对艺术气氛的感知是敏锐的。他们觉得只要一走进博物馆的陈列室，就有一种由展品释放的它产生那个时代的信仰宗教、历史审美的气氛笼罩过来。它令观览它的人为之感染、沉湎，从而理解它、亲近它，哪怕是一件复制品，在观众心中激起的感受也一样诚敬不伪。英国当代美学家冈布里奇曾用他的亲身经历来说明："我记得，我曾到维多利亚女王的一所住宅——威特岛的奥斯本游览过一次。这所住宅一直是最重要的纪念馆。陈列在那儿的作品中最著名的便是一座原物一般大小的一个长毛狗的大理石雕塑：女王亲爱的宝贝儿'诺贝尔'的肖像。这个肖像……是复制品。我不知道是什么力量促使我向我的向导发问：'我可以敲它一下吗？'她回答说：'不能。因为假如所有经过它的来访者都敲一下——我们就必须一周清洗一次。'"② 维多利亚女王旧居中的长毛狗雕像是个复制品，但它丝毫不影响那种衰落了的"文明趣味"与历史沉思的透示、渲染与传达，它使观者信以为真，以致想触摸敲击一下。陈列品是无声静处的，但蕴含、吐释的传统文化的因子，则能有力召唤观众的诚敬心理和历史幽情，就像那些意味特别的青铜绿锈容易招人眼目一样。

第四，陈列品的"未来"意义。西方美学家对那些明显地向未来伸出触角的陈列品尤加青睐。如冈布里奇对华盛顿国立美术馆所藏乔治·英尼

① 转引自黑格尔《美学》卷三上册，商务印书馆1979年版，第283页。
② 冈布里奇：《艺术与幻觉》，工人出版社1988年版，第111页。

斯的风景画《莱克旺内村庄》非常感兴趣。1855 年，乔治·英尼斯受某地铁路董事长委托，要在画出风景优美的莱克旺内村庄的同时，在村庄旁画一座圆形机车修理房。当时，村庄通往机修房"仅有一条轨道"，"但是，董事长却执意坚持要画上四条或五条，并向他解释说，这些将来总会有的"。英尼斯开始拒绝，后由于经济的缘故不得不做出让步。"他羞怯地后补上的那些实际不存在的轨道掩藏在团团烟雾的后面"。冈布里奇推重的就是这种"羞怯的增补"。他说这正是"引人入胜"的地方，"英尼斯画出来的那些并不存在的轨道。可想而知会给工程师以某种暗示"，"会起到草图或蓝图的作用"①。

在这里，冈布里奇的评说意见不免有些想入非非的嫌忌，但他把陈列品投诸流动的生活去审视它的意义，不能说不是美学家的长处。

第五，观看博物馆陈列，为了回味人类既往的命运。法国美学家安德烈·马尔罗提出："人们为什么要去博物馆？奇怪的是，人们去那里，首先并不是为了从那里聚集的艺术品上得到享受和好处。人们去博物馆是为了去看以具体和生动的方式展示的人对其命运的背叛。"②

马尔罗这一观点是由沃尔斯托夫转述的。下面还有一段他的原话："陈列着的每一件杰作，都公开地或隐晦地讲述着人类对盲目的命运力量的胜利。艺术家的声音把其力量归功于一个事实：它产生于用魔法召唤宇宙的意味深长的寂寞，从而给它强加上了一种人的音调：对我们来说，在以往的伟大艺术中残存下来的是已经消失了的文明的不能消除的内在声音。"③

马尔罗不太明晰的描述，无非要表达如下的思想：博物馆中的艺术品，凝聚了人与异己力量进行斗争的漫长历史，以及与命运抗争的意志力量。不同的文明形态虽然消逝了，但人类在文明史上所踩下的深深足印却永恒地留在博物馆艺术品行列中了。

第六，为在民族中传播知识，搜集可供博物馆陈列的艺术品。这是美国艺术思想家詹姆斯·贾夫斯的观点。美国现代美学家卡伦介绍说，当时

---

① 冈布里奇:《艺术与幻觉》，工人出版社 1988 年版，第 67 页。
② 沃尔斯托夫:《艺术与宗教》，工人出版社 1988 年版，第 340 页。
③ 转引自沃尔斯托夫《艺术与宗教》，工人出版社 1988 年版，第 343 页。

"美国没有优秀艺术的博物馆"，美国的城市和农村是粗俗、原始和未开化的"。"贾夫斯想在自己的民族中传播'艺术知识'"，"他确信美国需要博物馆来收藏过去的优秀作品，需要创作和鉴赏的标准，美国的艺人需要认真完成作品的艺人精神"，并以为在博物馆传播文化的问题上英国开创了先例，美国人应该好好地效仿①。

贾夫斯的这些思想后来都在他的著作《艺术思想：一个美国业余研究者在欧洲的实验和观察》一书中体现了出来。在文化实践上，贾夫斯也付出了极大的劳动与代价。他收集了大量的早期意大利绘画和拉斐尔前派作品，并在美国南北战争前夕，"把他的拉斐尔前派艺术品带到美国纽约展出"。当时纽约的人们既不欣赏也不理解。而且，更为遗憾的是，这些陈列品也没能留在美国。"十年之后，它们分别成了耶鲁大学和克利夫兰大学的收藏品"。②

第七，"没有围墙的博物馆"。由于西方美学家有这么一条思路，博物馆"搜罗""陈列"的只是那些"便于移动"的艺术品，那些"不便于移动"的艺术品则存在于"没有围墙的博物馆"中，它也诉诸人们的"精神视野"，达到和博物馆陈列一样的传播职能与审美效用。沃尔斯托夫说："在我们的世纪中出现的不仅是博物馆，而且是'没有围墙的博物馆'。进入我们的博物馆的是便于移动的东西。但是进入我们精神视野的是世界范围内的所有艺术，不论它是便于移动的还是不便于移动的。"③ 又说："当我们在博物馆里流连，从一个房间踱过另一个房间时，当我们在进入我们精神视野的'没有围墙的博物馆'里从一个展室步入另一个展室时，指引并鼓励我们的……是这里存在具有不同风格的艺术。"④ "没有围墙的博物馆"这一命题的提出，显示了西方美学家对博物馆陈列与文明史关系的深刻认识，也放大性地呈现了博物馆陈列对文明遗迹作文化表现、艺术展示的特殊功能。而且，"没有围墙的博物馆"中所展示的历史精神和艺术风采似乎比围墙中的博物馆展示的更宏伟、更雄壮、更广博。安德烈·马尔

---

①　卡伦：《艺术与自由》，工人出版社 1989 年版，第 687 页。
②　同上书，第 686 页。
③　沃尔斯托夫：《艺术与宗教》，工人出版社 1988 年版，第 325 页。
④　同上书，第 340 页。

罗有一段激动不已的陈述："'没有围墙的博物馆'为过去遗传给我们的无限可能性提供了广阔的场所，揭示长久以来被遗忘的永不衰竭的创造动力……令我们目睹人类凯旋的仪容。每一件杰作都是世界的一次净化，但它们共同的信息……在时间的海面上像涟漪般扩散开，补充着艺术对人类处境的永恒胜利。"① 博物馆以及"没有围墙的博物馆"中所拥有的艺术品像急管繁弦的合奏，谱写着比现实生活音调要亢奋、勇健得多的旋律，其中凝聚的人类创造意识的火花与超越"处境"的理想，永远给人以丰美的启迪和奋进的鼓舞。

第八，审美沉思与中国艺术博物馆何以迟迟不能普及？沃尔斯托夫和马尔罗都提出了"审美沉思"的概念（审美沉思即带着审美享受、审美取悦的目的沉浸于艺术陈列品的鉴赏、玩味与体会），并以为有无"审美沉思"的传统、习惯与博物馆陈列现象的生成极有关系。沃尔斯托夫说："在十八世纪的欧洲"，"普遍地产生了下述感受：人们首先应该为审美享受而沉思艺术作品。正是在这之后不久，即在十九世纪初叶时，我们的美术馆诞生了，这不是巧合。只有当人们对为审美享受而沉思艺术作品普遍感兴趣时，建立拥有大批来自不同时代不同国度作品的美术馆才有了可能"。②

中国人有无明确的审美沉思习惯呢？沃尔斯托夫和马尔罗说得有些暧昧，至少是觉得中国人的审美沉思方式表现得不突出，从而就影响到艺术博物馆的普及。马尔罗指出："艺术博物馆在亚洲出现如此之晚，是因为，对一个亚洲人，特别是对一个远东人来说，艺术的沉思与美术馆是不能共存的。在中国，除宗教艺术所在地外，充分欣赏艺术作品必然涉及所有权的问题。这就使它们（艺术品）处于隔绝状态。"③ 沃尔斯托夫同意马尔罗的观点。他说："美术馆并没有出现在中国人中间，"因为他们只是"为了增进和加强与这个世界的交流而看一幅画卷，"这就自然"导出我们有而中国人却没有美术馆"④。

在这里，把有无审美沉思与中国艺术博物馆晚出及未普及联系起来考

---

① 转引自沃尔斯托夫《艺术与宗教》，工人出版社 1988 年版，第 342 页。
② 沃尔斯托夫：《艺术与宗教》，工人出版社 1988 年版，第 49 页。
③ 转引自沃尔斯托夫《艺术与宗教》，工人出版社 1988 年版，第 44 页。
④ 沃尔斯托夫：《艺术与宗教》，工人出版社 1988 年版，第 45 页。

虑，不能说完全没有必要，但把前者作为后者这样极为复杂的问题的唯一理由，则无疑失之于简单，何况中国人的审美沉思意识不但不是弱智状态，且尤为精健并带有东方特色。

（二）博物馆陈列与文化艺术的发展

第一，博物馆陈列提供了传统文化传播的新路径。由于博物馆陈列艺术的出现，艺术家们找到了一条把文化遗产播布给民众的新途径，那些长期存放于案头的传统东西开始转化为可供观览的艺术品，以陈列的形式展现在社会公众面前。黑格尔发现了"这一点"。他说："例如竺列希敦美术馆里就挂着乔治俄涅的一幅画，画的是雅各布从远方来，招呼拉结，握她的手，吻了她，背景远处有两个年轻人在泉水旁汲水饮牲口，这些牲口成群地在山谷里吃草。"① 这一陈列品一度产生了极好的影响。因为它的内容来自人们熟悉的《旧约》，而在形式上却比《旧约》的故事叙述要生动、细腻、纯真得多了。

黑格尔又以 1828 年德国艺术展览中，杜塞尔多夫派作品"博得称赞"的事实为例，以为他们的成功只是在于，他们的内容大部分是从歌德以及莎士比亚、阿里奥斯陀和塔梭等诗人的作品中借来的。他们把"只有诗才能表达的材料"以绘画的"知解力和技巧"做了形象的易为公众接受的表达②。这些情况表明，陈列艺术的产生拓宽了传统题材向民众宣传的渠道，从而刺激着文化的传播与艺术的发展。

第二，博物馆陈列导致的"两种升华"。美国人本主义美学家马尔罗认为，博物馆陈列造就了一种全新的艺术观念，对传统的某种艺术观念和鉴赏态度产生了冲击、变更与提升。他说："在十九世纪，博物馆大批出现，在我们日常生活中占据了如此重要的地位，以至于我们忘记了它把一整套关于艺术品的全新态度强加给了观众。因为它总是倾向于使它搜罗到一起的作品同其最初的功能分离开来，甚至把肖像改造成'绘画'……我们是否关心《戴头盔的男人》或《戴手套的男人》是谁吗？对我们来说，他们的名字是伦伯朗和蒂施恩……博物馆的作用是使几乎每一幅有像的模

---

① 黑格尔：《美学》第三卷上册，商务印书馆 1979 年版，第 293 页。
② 同上书，第 291 页。

特隐姓埋名……是使艺术品脱离其功能。"① 在这里，一方面是进入博物馆陈列的艺术品不再是那些有名有姓的模特的肖像，它从它取材的依据中跳脱出来，产生艺术的虚泛与超越，上升为某个艺术大师的精彩绝伦的创造品，它的审美价值与社会价值都升华、提高了；另一方面，博物馆中对陈列品做鉴赏，本身就"加给观众"一种要求，使观众的思维、视角不去追究画中人物姓啥名谁，而是持纯然静规、艺术品位的"全新态度"。所以，在这个侧面上，在博物馆中看一幅"肖像画"和在这个人家中看他的肖像就截然不同，前者的环境造就了观众升华、超然状态的欣赏态度。博物馆陈列现象带来的这"两种升华"，与19世纪后期欧洲艺术的发展是有密切关系的。

第三，博物馆陈列与艺术创新、艺术竞争。陈列品是给公众看的。从接受美学关于艺术三要素（创作者、作品、接受者——公众）的理论来说，公众是作品意蕴、效果得以最后实现的不可或缺的环节。于是，艺术家在自己艺术意识得不到同伍支持时，往往从公众的一方打破缺口，让自己的东西为公众所欢迎、所接受，从而冲击艺术阵营内部的惰性。在这个意义上，艺术博物馆的陈列活动就帮了艺术家们的大忙，成了一种检验艺术创新、艺术尝试具体效果的新尺度。冈布里奇意识到这一点，举画家康斯太勃尔为例：当时绘画界，忌用绿色。康斯太勃尔"想尝试一下……在《威芬霍园林》中他的确是扩大了嫩绿色的范围"，结果很成功，作品"在巴黎展出时，法国的艺术家曾为之激动。他们重复着他的实验"。随后，"只要在各个大美术馆随便走走……就可以看到，康斯太勃尔的方法最终得到了承认，绿色不再被视为'令人作呕'的了"。康斯太勃尔的"影响效应"表明，博物馆的陈列及其公众的反应，是能够支持艺术创新的力量，也是判断创新效果究竟如何的"一种新的标志"②。

冈布里奇又举出通过陈列参与艺术竞争的实例："陈列在华盛顿国立美术馆的《寓言》是洛伦佐·洛托的作品"，它借画面人物的"关系"来体现"独特内涵"，"很显然，拿着油罐的森林之神代表我们所称的'黑暗

---

① 沃尔斯托夫：《艺术与宗教》，工人出版社1988年版，第324页。
② 冈布里奇：《艺术与幻觉》，工人出版社1988年版，第51页。

的力量'，身边带着罗盘的健壮的普提处于光明的一面"。这种包含寓意的"关系意识"，无疑"带有一种会在观者心中爆炸的表现意义"，以及"急于推翻习俗"的艺术的思想①。冈布里奇看到《寓言》这个陈列品负载的艺术企图：它欲从观众的角度掀起轰动效应，传达新异的艺术见解，以作用于艺术领域中的世俗势力。这么一来，艺术博物馆的陈列活动岂不介入了现实存在的艺术斗争了吗？

第四，作为艺术史研究"参照系"的陈列品。博物馆陈列品为艺术家观览后，就在他的记忆中形成"标本系列"或"标本参照系"，对而后的作品发现和考古研究发生启示、联想和参证的作用。

如德国现代美学家格罗塞在检索布拉夫·斯迈斯地理学插图中澳洲人头饰样式时，马上记起不列颠博物馆已经存有的类似陈列品，从而证明这种"华美的头饰"就是约克海角人在科罗薄利舞会中所戴的"鹅髻"。格罗塞自喜地写道："鹅髻的发现，是一种特别有趣味的事……我们可以在不列颠博物馆的人种学部门中找到鹅髻的样品，和 Brough Smyth 的图画完全相同，如果我们的记忆并没有大错误的话。"②

第五，对博物馆陈列中"反艺术与非唯美化"倾向的批评。20 世纪初叶，现代艺术思潮开始影响到博物馆的艺术陈列。各种艺术派别、艺术个性的陈列品都突出了一个趋势："反艺术与非唯美化"，即"艺术家故意避免将那会产生审美享受性质的东西引进他们的作品"。沃尔斯托夫举例说："当杜尚在美术馆里展出这一只普通的尿壶时，事情怎么样呢？他的目的是要我们从沉思中得到享受吗？我想不是……在这里；'趣味'这一范畴已经取代了'审美'这个范畴。"这是一个典型的"反艺术的例证"。③ 马塞尔·杜尚把一只普通的尿壶作为美术馆的陈列品"呈献"给观众，除了让观众感受到一种违背常理的对艺术与美的亵渎，别的还能是什么呢？

沃尔斯托夫又举出莫里斯的例子，"在现代艺术空间美术馆中，罗伯特·莫里斯的一项展品是 144 棵挪威云杉树苗。……另一项展品于 1968 年在纽约的利奥·科斯特利美术馆展出。据他描述，这项展品由下列东西的

---

① 冈布里奇：《艺术与幻觉》，工人出版社 1988 年版，第 352—353 页。
② 格罗塞：《艺术的起源》，商务印书馆 1984 年版，第 86 页。
③ 沃尔斯托夫：《艺术与宗教》，工人出版社 1988 年版，第 96 页。

片段和碎片组成：线、镜子、沥青、铝、铅、毛毡、铜和钢。这些展品星星点点地不规则地置放在美术馆地板的大帆布上"。① 更有趣的是，罗伯特·莫里斯还在陈列这些作品的同时，由公证人公证，签署了一份奇特的"声明"，叫作"撤销审美声明"。声明他的陈列品就是有意识取消或不要形式、材料、风格或内容上的"审美性质"。沃尔斯托夫批评这种"反艺术""反审美"的陈列现象说：这些"举动中存在着一种对审美的否定"，也完全忘记了一个基本的事实："公众是为得到审美享受，而从事参观的。"

罗斯金，一位严谨的英国美学家，于 1877 年在格罗夫纳美术馆看到了一件陈列品——印象主义画家惠斯勒的《黑色和金色的夜景》，觉得轻率、混乱，违背了艺术的本质，对之进行了严厉的抨击，以致批评言辞中用了"不希望见到花花公子用 200 个基尼把画卖给公众"一句话，惹出了麻烦，受到惠斯勒纠缠不清的法庭控告②。罗斯金晚年，在自己创建的罗斯金博物馆中，明确提出陈列品艺术美的原则，"禁止邪恶、暴行或虚伪的艺术。禁止不成功的或不完善的艺术形式以及未加艺术修饰的东西"③。他以愤世嫉俗的态度，唾弃那种用金钱玷污博物馆陈列品艺术价值的颓废现象，斥之为"由魔鬼掀起的一股灾难性狂风"。美，总是有信仰美的战士来捍卫的。

（三）博物馆陈列的具体要求

第一，陈列品要有概括历史内容的性能。博物馆的陈列品不是消极的历史遗留，只要选择得好，也具有概括历史本质的"抽象"意义。美国美学家道夫·阿恩海姆举出这么一例："在日本长崎的小博物馆中展出的那些被损坏的老式的钟表，却可以成为一种震慑人心的'抽象物'。在这儿，所有被损坏的钟表指针都停止在 11：02，而这样一种突如其来的在同一时间的一致停顿及和平安定的日常活动的突然结束，直接传达出某种经验，这种经验要比同一展室中那些宣传恐怖的照片强有力得多。这就是说，某一事件中最本质的东西，完全可以使人想起这一事件本身（或成为

---

① 沃尔斯托夫：《艺术与宗教》，工人出版社 1988 年版，第 98 页。
② 卡伦：《艺术与自由》，工人出版社 1989 年版，第 697 页。
③ 同上书，第 710 页。

它的抽象物）。"①

阿恩海姆说的这个小博物馆位于长崎的一座小山顶上，第二次世界大战中美国人投下的原子弹在这儿爆炸，所以展室里陈放的那些停止在十一点零二分的钟表，就成了最能触人联想那恐怖时刻的典型陈列品，而且比其他陈列品（如照片、宣传画）更具有揭示历史事件本质的抽象功能。

第二，陈列背景材料（衬布、橱柜等）的色彩对陈列品的衬托与强化。格罗塞发现原始民族肤色与其装饰品色彩之间一般为审美比照关系："凡明色的饰品，每为皮肤暗色的人所采用，而肤色白皙的人也同样喜欢暗色的饰品。"由此，他指出博物馆陈列品背景色彩的设计，也应效仿这种对比规律。"我们只要稍稍花点钱，费点气力，就可以得到很大的进步"。即"将和使用这些饰品的原始人的肤色相同的褐色或纸制厚板衬托在后面就可以发生效力"。如："澳洲人用袋鼠的白牙齿做的颈带，在明色的背景上是很少感应的，但一用深棕色的背景对照起来看，我们马上就能了解为什么澳洲人喜欢佩带它。"② 他批评现行博物馆中不论陈列品色彩如何，一律把背景"涂以白色、黄色或褐红色"的做法，主张以背景色彩和陈列品色调相互对比的方式，引起观众对陈列品的注意，并启示观众：为什么当时的原始民族喜欢佩戴这些色调的装饰品，这是多有实际意义的经验之谈。

第三，陈列品的科学依据。美学家们虽然大多流连忘返于陈列品的艺术美，但也并未忽视它们的科学性。黑格尔在提到柏林皇家博物馆中意大利雕刻家米尔·安达罗的杰作《死了的基督》时，审慎地用括号标明"复制品"，在论及陈列在比利时布鲁基圣母教堂里的圣母像时，也认真地交代一句："有些人不认为这是真迹。"③ 德国美学家格罗塞也是如此。他在论述原始民族造型艺术的开篇，就对所用陈列品资料做了仔细的注释："1889 年世界博览会的人类学展览室中，有一批雕刻是从 MaSd，AZil 的洞穴中发掘出来的。有些雕刻的艺术造就，比那 Laugerie Basse 的著名驯鹿时代的图形还要进步。为要洗刷对于这些精致雕刻时代问题的怀疑有一种见

---

① 阿恩海姆：《视觉思维》，光明日报出版社 1986 年版，第 261 页。
② 格罗塞：《艺术的起源》，商务印书馆 1987 年版，第 75、87 页。
③ 黑格尔：《美学》卷三上册，商务印书馆 1979 年版，第 210 页。

证是必须指明的，这就是这些发见都是在一定的专家指导之下进行的。"①他把陈列品的科学性作为探究其审美价值的基础，离开了这个基础，陈列品的艺术美及其时代性、进步性就无所依托、难以置信了。

第四，陈列品与陈列环境。陈列品不是摆在哪儿都行的孤立东西，它要与陈列的环境、氛围及四周的诸多因素（色彩、情节、故事、动势等）发生联系并成为一体。黑格尔陈述说："例如摆在罗马卡法罗山上的那两座庞大的《驯养马的马夫》像，据说是代表卡斯陀和泡鲁克斯的。""从构思的卓越、创作加工的精妙看，说它们是这两位大名家的手笔是有理由的。……但完全适合于阿西娜神宫面前的雕像陈列和公开展览，它们原来显然是摆在这个地方"。② 卡斯陀和泡鲁克斯是希腊神话中的俩兄弟。兄擅长驯马，弟擅长拳术，两座"驯马夫"的雕像即以此为题材。从人物的神情、身姿、手势、动态来看，它们的原存处所似不在卡法罗山上，而有一个与人物身份、故事相呼应的陈列环境、背景与气氛，那是阿西娜神宫。黑格尔凭着他艺术的敏锐观察，从陈列品与陈列环境结合的道理入手，达到了只有考古学家才能判定的科学认识。可见，陈列品是怎样依赖于它的陈列环境的。

第五，陈列品与陈列品进行对比的作用。美学家马尔罗和冈布里奇都巧妙地借助这种"对比"，来研究艺术史上的风格的演进，即由"标本肖像"类的陈列艺术品向纯艺术品的过渡。如克雷斯陈列馆中，同时在一个所在陈列着一只"亚种青铜螃蟹"和里乔的绘画作品《蟹伏的盒子》。对于前者，冈布里奇说："当我隔着琉璃柜子观察它时，我的反应是独特的，我想到了……某些'现实主义'倾向。这个东西属于文艺复兴时期的青铜器，属于一种表现螃蟹的亚种青铜器。难怪我们的艺术家都讨厌这种没有生命的标本肖像。"显然，这个陈列品比较呆板，没有活气，代表了"标本肖像"阶段的稚拙艺术；而后者则不同，冈布里奇觉得画像中的螃蟹像真的一般，甚至会"无意识地警告一个小孩，不要碰"，"螃蟹可能会咬"。"谁知道它的长而尖的腿儿和钳是不是用来隐藏和保护箱里的东西以防窥

① 格罗塞：《艺术的起源》，商务印书馆1987年版，第153页。
② 黑格尔：《美学》卷三上册，商务印书馆1979年版，第185页。

探者呢?"① 在这里，"对比"排列的陈列方式，十分醒目地告诉观众："画像"类陈列品比"标本肖像"类陈列品在艺术上更进步。作为艺术史家的冈布里奇，自然比一般的观众更能意识到"对比"中要陈述的主题，他写出了这么一段观后感："当我们用我们称之为'艺术'的更精巧的技术代替肖像制作的古代技术时，我们确实开创了一种杰出的事业。因为没有这种新的'画像'概念，肖像制作还将一直被宗教和习俗方面的戒律所束缚着。"②

第六，陈列品之间的关系与观众的观感。当不同的精美艺术品进入博物馆，成为观众面前的陈列品时，它们就不可避免地产生了相互之间的关系。这种关系又会影响到它们各自艺术性质的表现以及给观众的观感。冈布里奇说："我们清楚地记得，艺术中的各种关系，不仅体现在某一特定的绘画内部，而且也体现在被悬挂展出或被观赏的各种绘画之间。在弗里克美术馆里，如果我们从霍贝玛的《村庄与林中水车》看起，再转向康斯太勃尔的《白马》，那么后一幅画就像康斯太勃尔有意让我们看到的那样，显得光线充足、气氛浓郁。如果我们在美术馆中选择另一条路线，用合于巴尔比松画派的⋯⋯眼睛来看康斯太勃尔的这幅画，它就会显得黯然失色。"③ 霍贝玛是荷兰风景画家，作品亮度较暗，故先看他的《村庄与林中水车》，再看康斯太勃尔的《白马》，会感到亮度鲜亮。但若从19世纪法国的巴尔比松画派作品看起，过渡到康斯太勃尔的《白马》，视觉感受就会灰漠暗淡。这里，冈布里奇从观众对陈列品视觉感受（光线明暗）的角度，表达了他的精彩见解：博物馆陈列品的关系、秩序与摆列应有它独特的审美规律。

第七，陈列品审美范型风格的多样化。博物馆陈列品不能停滞在一种固定不变的美的范型上，必须发展、寻找、认识、接纳新的美的范型，对传统的美的范型做调整。如伦敦美术馆以收藏18世纪色彩凝重的绘画珍品而著称，它以幽暗、静谧、深沉为美的范型，以致"公众（也）已经使自己的眼睛适应了（这种）旧油漆（的）昏暗色彩。"绘画美学家康斯太勃

---

① 冈布里奇：《艺术与幻觉》，工人出版社1988年版，第112页。

② 同上。

③ 同上书，第60页。

尔疾呼要改变这种艺术意识的沉闷与压抑。他"为那些过去习惯于观看污秽油画的人的视觉习惯感到惋惜",他甚至哀叹伦敦国立美术馆的建立,认为它可能意味着"可怜而古老的英格兰艺术的终结"①。冈布里奇说:"我难以接受早先风格的那种宁静、舒缓的色调变化。当我们欣赏过去的绘画时,我们应准备在何种程度上进行调整",使"明亮""浓烈""甚至俗艳"的19世纪后期绘画进入"伦敦国立美术馆"。② 在这里,对艺术美的多样化的要求以及对陈列品美学风格时代感的追踪,也深入美学家关于博物馆陈列的审美思考中了。博物馆陈列品审美范型要丰富多样的观点,就打破了把一种风格、范型奉为楷模的狭隘的艺术理想,以及传统的以某一种风格、范型为审美标准的艺术评价方式,为促进不同风格不同流派的发展提供了契机。沃尔斯托夫说:"博物馆和'没有围墙的博物馆'……使风格不同,甚至截然相反的作品凑到一起。""博物馆迫使风格极不相同的艺术品相依为伴。公众态度的第二种根本改变就在于……容忍……鼓励,甚至欣赏这种现象。从16世纪到19世纪,古希腊风格都被奉为楷模,其他所有风格都要根据它们是否接近这一楷模来作出评价",博物馆陈列范型的多样化,则根本改变了这一传统,从而树立了"如下信念:每种风格都有自己的杰作,每种风格的杰作都不能根据它是否与另一种风格的杰作相似来判断其价值"。"正如美利坚合众国的开国元勋们抛弃了任何一种宗教的'帝国主义'并郑重宣布各种不同宗教都享有同等主权——从而容忍鼓励了宗教的多元倾向一样"③。就是说博物馆陈列品风格、范型的多元化,可以启示并培养出一种新的"公众"欣赏态度与评价标准,每一种风格、范型都有自己存在的合理性,不允许任何一种风格、范型享有霸权,因为艺术陈列品的美不应是一花独放而应是群芳争艳。

(四) 博物馆陈列与理解

第一,博物馆陈列是被理解的"文本"。西方美学家认为,博物馆中的陈列品又是一种被理解的客观存在。它在不同身份、不同文化修养的观众面前所实现的效果不可能是一致的。英国美学家冈布里奇说:"在华盛

① 转引自冈布里奇《艺术与幻觉》,工人出版社1988年版,第56页。
② 冈布里奇:《艺术与幻觉》,工人出版社1988年版,第57页。
③ 沃尔斯托夫:《艺术与宗教》,工人出版社1988年版,第325—326页。

顿国立美术馆的艺术珍品中，悬挂着约翰·康斯太勃尔作的一幅油画《埃塞克斯的威芬霍园林》。无需任何历史知识就可以欣赏这幅画的美。任何人都能领略它那妩媚的田园风光：……这幅画看上去如此轻松、自然，它是对英格兰农村的美丽风光维妙维肖的写照。但是，对历史学家来说，这幅画的吸引力还不止如此，他知道，这种清新的视觉感是通过一场艰苦的斗争赢来的。"① 历史学家依赖于这幅画创作（于 1816 年）的背景，从清新宁静中嗅出"艰苦斗争"的气味。悬殊和差异是显而易见的。所以，从文化阐释学的意义上说，博物馆陈列品就像是摆在不同观众面前有待产生不同理解的"文本"。

第二，以公众的理解为理解。公众对陈列品的理解和评议也逐渐为美学家们所注意，他们认为只有公众的理解才比较接近于陈列品审美效果的客观标准。黑格尔在谈到梵蒂冈好景亭博物馆的阿波罗雕像和麦底契别墅陈列室的维弩斯雕像（原藏于佛罗林斯博物馆）时，就采用、复述了一个观众的观点："一位英国游客甚至把阿波罗叫做一个'戏剧性的花花公子'，他固然承认维弩斯显出高度的柔和、温润、停匀和羞怯的秀美，但仍认为她没有瑕疵也没有精神，只有一种消极的完美和大量的枯燥寡味。"② 这位英国游客的观点见于 1825 年 7 月 26 日伦敦《早晨纪事报》。黑格尔借他的意见来证明自己的艺术理解：雕刻性的陈列品"是一种高度严肃的艺术"，神的形象既要谨严静穆，也要"绝对的喜悦"，否则，想创作生动活泼，"摆脱呆板"的陈列品，是不可能实现的。这种"以公众的理解为理解"的方式，是美学家们评价博物馆陈列时常常用到的。

第三，陈列品的可解性。有些陈列品，如壁画、浮雕、人物雕像、宗教建筑装饰品等都有它产生的"原生环境"。在"原生环境"之中，不需要多加解释也容易理解。一旦离开因地而宜的"原生环境"，把它们摆进艺术博物馆陈列，观众理解的程度也就相对减弱。黑格尔说："在一座教堂里画的大半是施主或本城市护神的故事。""所以画所陈列的地方就可以帮助人理解画的意义。这种对理解的帮助有时是必要的，因为画不象诗，

① 冈布里奇：《艺术与幻觉》，工人出版社 1988 年版，第 41 页。
② 黑格尔：《美学》卷三上册，商务印书馆 1979 年版，第 184 页。

不能借助于语言、文字和题名以及其他多种多样的标志"。"在绘画陈列馆里情况却不如此。这里人们把所藏和搜购的好的艺术品都陈列在一起，因此一幅画就失去它和某一地方的个别联系以及它通过地点而获得的可理解性"。① 黑格尔从"可解性"着眼，认为那些因地而宜的艺术陈列品，能够依赖、借助于陈列地点的具体情境、文化用意和建筑背景来传达自身的内涵，所以观众领会起来，不是十分困难。陈列品布放在艺术博物馆后，就失去了它"因地而宜"的背景材料，也就缩小了它在观众面前的可解性。

第四，博物馆陈列品理解的民族界线。德国美学家格罗塞形象地指出了这一问题。他说："在柏林的人种学博物馆的宝藏中，有着两扇木制的门，那是奥萨地方的黑人用雕刻装饰过的。我们不能再怀疑这种……著名的浮雕全以装饰为目的，但……那粗拙的形象和歪扭的颜面，只容许一种答复，就是这位奥萨艺术家是想造成一种滑稽的局面。事实上，不仅这两扇门，就是黑人们的其他工作，也大半是会叫多数的欧洲人做这种断语的。"② 黑人的著名浮雕却使欧洲文化人感到粗拙可笑。为了说明为什么，格罗塞打了一个浅显的比方："一个五岁的欧洲孩子画在石板上的一幅丑画，我们是要发笑的，但那位小艺术家对于我们的嬉笑却会感到伤心，因为在他的眼光中，这图画并非是滑稽讽刺画，而是很认真地代表着一个严肃的兵士。"同理，假如那位奥萨地方的雕刻家看见他的创作在柏林博物院中产生了令人发笑的效果，那他可能也会像画丑画的孩子一样大为伤心的。这就是民族文化的隔膜给陈列品理解带来的限制了。格罗塞得到的结论："一个外国人在一件外国艺术品上只能看到那画面上所显露的"，而不能够由之体味出"其他印象"，因而就容易造成该艺术陈列品"含义较浅的错误观念"③。

第五，对于博物馆陈列品审美理解的时代局限。处于近代阶段的西方美学家在审视陈列品审美价值时，仍难免没把宗教、神性拴在一起的毛病。黑格尔在谈到应表现基督爱的本质时说："我不得不供认，至少就我

---

① 黑格尔：《美学》卷三上册，商务印书馆 1979 年版，第 294 页。
② 格罗塞：《艺术的起源》，商务印书馆 1987 年版，第 20 页。
③ 同上书，第 21—22 页。

所见到的基督的头像来说，……特别是原属梭勒搜藏现归柏林博物馆的梵·爱克所画的那幅基督的头像以及海姆林的作品（藏在慕尼黑），对我都没有产生我所期待的那种满足。"[①]

15世纪荷兰画家梵·爱克和比利时画家海姆林的基督头像不能渲染、体现爱的精神，黑格尔直言不讳地表白了他对陈列品的不满意。而对于拉斐尔所画的"婴儿基督"，"特别是竺来希敦博物馆所藏的他替罗马什斯图斯小礼拜堂所画的那幅圣母像"，黑格尔则称道："画得美"，"远远胜过梵·爱克所画"。原因即在于拉斐尔陈列品的"躯壳里见出神性的东西"，"使人揣测到……神性"[②]。黑格尔在另一个地方解嘲地说："瞧，这是什么人！背（个）十字架！"其实，他自己对艺术博物馆陈列品的审美理解又何尝不是背了个"十字架"呢？

## 第五节　考古学文化区系与商代前艺术起源事象的谱系化

学界对艺术起源的研究主要依据商周前考古学发现遗物及传世文物，存在着取证的时间跨度太长、地理疆域阔大而不分"地域"差别、考察艺术起源的逻辑起点等诸多问题。我们认为，应从时空定位明确的考古学文化"区系"出发，先归纳总结具体"区系"中艺术萌发的特定经验内涵，然后再概括众多"区系"艺术事象的共有经验、规律，使艺术起源史的推演始终基于"时地"明晰的逻辑线条之上；这样，才能保证艺术起源史研究的时空因素的客观性、科学性，并建构考古学文化"区系"意义的商代前艺术起源事象的编年、系地谱系。

（一）问题的提出

新时期以来，中国艺术起源史的研究进入繁荣期，仅内地学者以史前艺术、图腾艺术、原始艺术、艺术起源、原始思维与创作等冠名的论著就达五十余部，加上各种艺术通史（美术、音乐、舞蹈、诗歌等）著作中的

---

① 黑格尔：《美学》卷三上册，商务印书馆1979年版，第249页。
② 同上书，第251—252页。

史前卷、夏商卷，成果是丰硕的。

研究中，大都按断代、分体的方式进行。断代则史前、夏、商；分体则音乐、舞蹈、绘画、雕塑、工艺装饰。然后，主要从以下四种途径进行论证，揭示各门类艺术在体式、要素、观念、特点诸方面的萌生发展过程。论证的四种途径是：（1）考古学发现遗物及传世文物；（2）历史文献相关论述；（3）"未开化"民族生活习俗中遗留的上古艺术活动技艺及痕迹（包括史诗和神话传说）；（4）儿童艺术心理学对艺术起源的佐证性材料。四种途径中主要是第一种较为常用。

认真反思，第一种论证途径存在如下问题。

一是取证的时间跨度太长，在距今 10000 年至距今 2060 年的近 8000 年的考古学遗存中寻摭反映具体艺术门类发生的论据，在科学的精准度上无疑是值得推敲的。因为目前，我们尚没有可供使用的关于这 8000 年艺术实物遗存"编年系地"的谱系系统（或者说"资料长编"）。

二是取证的地理疆域尤其阔大，北起嫩江的昂昂溪文化，南至邕江的顶狮山文化，西自西藏高原的卡若文化，东到台北的芝山岩文化，凡今之国土疆界的新石器时代到商代的考古学遗存，都取之来"统论"某一门类艺术的一般共性特点及其萌生状态。现代考古学中用文化版块、"区系"进行地域性划分的思想精髓，没有渗透到艺术起源学的学术实践中来。这样，我们实际上是忽略了远古、上古时代那种部族流徙、邦国林立的千差万别的"地块性"因素对艺术生成的制约与规定性。

三是考察艺术起源的逻辑起点，不是某一种有时代上下限、有特定地域范围的考古学文化版块（或曰"区系"，如龙山文化、红山文化、良渚文化等），不是从"文化版块"这种浑整的"社会历史遗留体"去考察其中的艺术根苗；而是从艺术本体出发，从后世成熟的对各门类艺术体式、要素的认识出发，回溯、返观史前及夏商时期的艺术遗存事象。这样，被撷取来论证各门类艺术萌生的诸事象（论据），完全离开了它原来寄生的特定文化时空、特定邦族、特定方国的历史生活根基，成了一种纯然艺术的"抽象"论证，取证真的就变成了"取证"了。打一个比方，这就好像用成熟人的器官去对照胚胎一样了。

（二）解决问题的办法

如何解决上述诸多问题呢？我们觉得应当借鉴考古学近 20 年来的先进

成果体系，使我们需要的艺术起源史实走向科学化，走向"时地界定"的相对精准化。

20世纪70年代以后，苏秉琦、张忠培等先生提出了著名的"考古学文化区系、类型"理论，中国考古学逐步走向成熟。考古学界按"文化区系、类型"理论，将新石器时代至商周时期的考古学遗存，按地层考虑、按时代推演、按地域划分，建构了系统科学的考古学文化谱系。谱系中，各考古学文化版块，又在现代科学技术诸方法（如碳十四断代及AMS，古代树木年轮、古地磁法等）的助翼下，加速了"绝对"年代的数据测定，使得大部分考古学文化遗存、遗物生成了一整套可供参照的年代数据体系，及遗址的地理分布体系。这就为我们研究中国艺术起源，提供了新的视野、条件、路径。

我们的艺术起源史研究，应该从传统的艺术本体逻辑起点，换位到有具体"时地"框架的考古学文化谱系中来。按考古学文化区系，给艺术起源具体事象进行时间定位、地域定位，形成艺术起源史最基础的史实谱系。也即：以具备时空定位的"考古学文化区系"为逻辑起点，先归纳总结具体"文化区系"中艺术萌发的特定经验、特定成就，然后再进一步概括众多"文化区系"艺术事象的共有经验、规律及内涵，使艺术起源史的推演，始终基于"时地"明晰的逻辑线条之上。这样，我们的艺术起源史探究，才可从纯然抽象的艺术本体特征的逻辑推导中挣脱出来，回到它本来植根的特定地域、特定阶段的历史生活原生态，从而保证艺术起源史研究的时空因素的客观性、科学性。

也就是说，只有弄清楚了这种"时地"明确的不同"文化版块"下的不同"艺术版块"，我们才能按时间的序列推演具体艺术门类到底是何时发生、何地发生、何以发生，以及如何发展、如何进步的？也才能将不同"艺术版块"（或曰"谱系"中的一个个"区系"）进行比较，考究、梳理出它们在艺术"发生度""成熟度"上的序列，看出具体艺术门类萌发、成型的前行脚步。

（三）建构考古学文化区系意义的艺术起源事象谱系的基本框架

研究的任务应设定为：考察新石器时代至商代末年各考古学文化"区系"中发现的艺术事象，对它们进行编年、系地，使其构成艺术起源学意义的史实谱系；并以此为依托，探究艺术起源阶段各文化"区系"中的共同性规律。具体框架分为上编、中编、下编及附编。

上编是中国新石器时代，有六个"区系"。一是东北、内蒙古文化区系艺术事象的系地编年，包括兴隆洼文化（前6200—前5400年）、上宅文化（前5300—前4700年）、赵宝沟文化（前5200—前4400年）艺术事象；左家山遗存（前4936—前4773年）、小珠山下层文化（前4500—前4000年）、新乐文化（前4500—前4000年）、元宝沟遗存（前4350—前3990年）、新开流文化（前4239—前3995年）、后洼上层文化（前4000—前3500年）、红山文化（前4400—前3000年）艺术事象；雪山一期文化（前3640—前3374年）、富河文化（前3510—前3107年）、海生不浪文化（前3300—前2800年）、小河沿文化（前3000—前2600年）、偏堡子文化（前3000—前2500年）艺术事象；老虎山文化（前2500—前2300年）、大口一期文化遗存（前2300—前2000年）、小珠山上层文化（前2200—前2000年）艺术事象等。

二是黄河中上游文化区系的艺术事象系地编年，包括裴李岗文化（前6200—前5500年）、磁山文化（前6100—前5400年）、大地湾文化（前5900—前5000年）、老官台文化（前5900—前5300年）艺术事象；仰韶文化半坡类型（距今6700—5900年）、仰韶文化庙底沟类型（距今5900—5300年）、仰韶文化西王村类型（距今5300—4800年）艺术事象；马家窑文化半山类型（前2500—前2300年）、马家窑文化马厂类型（前2300—前2040年）艺术事象；庙底沟二期文化（前2900—前2600年）、大河村五期遗存（前2900—前2600年）、后冈二期文化（前2600—前2000年）、王油坊文化遗存（前2600—前2000年）、陶寺文化（前2600—前2000年）、客省庄文化（前2600—前2000年）艺术事象。

三是黄河下游文化区系的艺术事象系地编年，包括南庄头遗存（前10000—前8600年）、东胡林遗存（前8400—前8000年）、后李文化（前6300—前5400年）、磁山文化（前6100—前5600年）艺术事象；北辛文化（前5400—前4200年）、大汶口文化（前4200—前2600年）艺术事象；黄河下游龙山文化（前2600—前2000）、岳石文化（前1900—前1600年）艺术事象等。

四是川藏及长江上中游文化区系的艺术事象系地编年，包括玉蟾岩遗址（前10000—前8000）、彭头山文化（前7000—前6000年）、城背溪文化（前6500—前5000年）、皂市下层文化（前5900—前5000年）艺术事象；大溪文化（前4500—前3300年）、屈家岭文化（前3400—前2500年）、雕龙碑三期文化遗存（前3300—前2800年）、卡若文化（前3300—前2300年）艺术事象；宝墩文化（前2800—前2000年）、石家河文化（前2625—前2165年）、曲贡文化（前2000—前1500年）、礼州文化（距今3500年前）艺术事象等。

五是长江下游文化区系的艺术事象系地编年，包括仙人洞遗存（前8000—前7000年）、跨湖桥文化（前6000—前5400年）艺术事象；河姆渡文化（前5000—前4000）、马家浜文化（前5000—前4000年）艺术事象；崧泽文化（前4000—前3300年）、北阴阳营文化（前4000—前3300年）、樊城堆文化（前3700—前2700年）、凌家滩文化（距今5600—5300年）、薛家岗文化（前3360—前2800年）、良渚文化（前3300—前2200年）艺术事象等。

六是华南文化区系的艺术事象系地编年，包括甑皮岩一期遗存（前10000—前9000年）、甑皮岩二至四期遗存（前9000—前6000年）、顶蛳山文化、甑皮岩五期遗存（前6000—前5000年）艺术事象；大垒坑文化、壳蚱头文化（前4100—前3500年）、咸头岭文化（前4100—前3000年）艺术事象；石峡文化、昙石山文化、牛鼻山文化（前3000—前2000年）、圆山文化（前2500—前2000年）艺术事象等。

中编是夏商时期，主要有两个"区系"。一是夏文化区系的艺术事象系地编年，包括王湾三期文化（前2132—前2030年）艺术事象；二里头文化一期（前1880—前1640年）艺术事象；二里头文化二期（前1685—前1600年）艺术事象；二里头文化三期（前1610—前1555年）艺术事象等。二是商文化区系的艺术事象系地编年，包括下七垣文化（距今3620年）艺术事象；早商文化（前1600—前1400年，二里冈类型，辉县琉璃阁类型，藁城台西类型，夏县东下冯类型，耀县北村类型，黄陂盘龙城类型，含山大城墩类型，济南大辛庄类型）艺术事象；中商文化（前1400—前1250年，白家庄类型，曹演庄类型）艺术事象；晚商文化（前1250—

前 1046 年；一期武丁；二期武丁末至祖庚、祖甲；三期廪辛、康丁、武乙、文丁；四期帝乙、帝辛）艺术事象等。

下编主要研究夏、商王朝周边考古学文化中的艺术事象系地编年问题，有四个区系值得注意。一是夏商时期黄淮、长江中下游文化区系的艺术事象，包括马桥文化（前 2000—前 1600）、斗鸡台文化（前 1880—前 1600）、岳石文化（前 1685—前 1350）、荆南寺文化（前 1600—1250）、湖熟文化（前 1440—前 1168 年）、吴城文化（前 1400—前 1250）等艺术事象。

二是夏商时期川桂粤闽文化区系与艺术事象，包括黄瓜山文化（距今 4000—3500 年）、闽西北马岭遗存（前 1880—前 1400 年）、东澳湾遗址（距今 3750 年）、黄土仑文化（前 1640—前 1225 年）、三星堆文化（前 1600—前 1046 年）、东莞村头遗址（距今 3500 年）、浮滨文化（距今 3500—3000 年）、白主段遗存（前 1250—前 1046 年）、路家河文化（前 1100—1046 年）等。

三是夏商时期甘青晋陕蒙文化区系的艺术事象，包括齐家文化（前 2183—前 1630 年）、四坝文化（前 1900—前 1500 年）、晋中游邀、白燕遗存（前 1610—前 1400 年；前 1400—前 1046 年）、卡约文化（前 1600—前 1250 年）、刘家遗存（前 1555—前 1046 年），城固青铜遗存（前 1400—前 1100 年）、朱开沟文化（前 1400—前 1200 年）、晋陕高原青铜遗存（前 1250—前 1046 年）等。

四是夏商时期辽燕文化区系的艺术事象，包括双砣子文化遗存（距今 4000—3800 年）、庙后山文化（距今 3885±90 年）、高台山文化（距今 3700—3000 年）、夏家店下层文化（前 1600—前 1400 年）、围坊三期文化与魏营子文化（前 1250—前 1046 年）等。

附编主要研究上述文化区系艺术事象所体现的艺术规律与艺术典型问题。其中艺术规律包括红山、二里头文化中的"两头蛇"、"一首双身龙"与"连体律"，仰韶文化彩陶纹的"右旋律"及其根源，良渚文化与斯特劳斯提出的"拆半律"，夏商文物器表图像的"层叠律"与祖灵世系、玛雅文化的关系，商代前青铜器、玉器造型纹饰中的"回首律"，"一个形象、又是多个形象"的观者视觉"分拆""统合"的自主选择律，环境与生存状态的"对象化"规律，商代前艺术事象中的交感促发、图像魇制律，等等。

探讨艺术典型，则主要是如下问题：如殷墟"鸮形器"及其观念源流，夏商文物上"人面像"形式的典型意义，方形——宗教命意（四方神祇之祈求、邪魅之阻御）给出的空间形式，动物或人像的"额饰"艺术，作为原始"巫符"的手印、足迹、眼睛、牙齿、舌，岩画人物"羽饰"、戴羽即"美"字本义，"人兽负器"造型表现的古代巫术中的"魇""镇"观念，等等。

（四）研究中应注意的问题

一是把握重点难点及目标。难点之一是"编年"。本研究对商代前艺术事象的编年，主要是按考古学界建立的考古学遗存数据库给出一种"年限段"；确有"地层关系"，又必须知晓该艺术遗物更精准年代的，则申请相关考古部门对同地层遗物做碳十四测定，以确定艺术遗物的绝对年代。

研究的重点是：揭示特定考古学文化"区系"中"艺术事象丛"的特定艺术水准及其特色；然后，才可能将一个个有地域版块特点的"艺术事象丛"摆在一起进行综合考察，以见出彼此间艺术发生水平的高下、序列、繁兴式微的走势，以及关联关系。在此基础上，我们再寻找中华艺术起源受多元因素影响的规律性内容。

研究的目标定位，要始终明确，即：建构考古学文化"区系"背景的商代前艺术起源事象"编年系地"谱系，探究其间的艺术发生规律及特征。

二是研究的思路、方法。在研究方法上，上、中、下编以文字描述为主，以系附实图为辅，做到形象直观，便于阅解；附编则带有综论性质，综合考察商代前艺术事象反映的规律性命题、循序生成的艺术经验、已经形成的艺术典型、母题、原型，等等。这样，上、中、下编偏重于艺术起源史实的"系地编年"，并形成谱系化，偏重于研究的基础工作，附编则偏重于宏观思考，理论色彩偏浓。

研究的思路是这样：对考古学发现中的艺术事象，选择以下七个方面（即设计七个类目）进行著录，构建艺术起源事象的谱系。七个类目是：形象（图7-23）、纹样（图7-24）、艺术器物（图7-25）、装饰品（图

图 7 - 23 　人头像（北首岭陶塑）

7 - 26）、题材或母题（图 7 - 27）、符号（图 7 - 28）、技法（图 7 - 29）。

凡与以上七个类目有关的艺术事象均选其有代表性者，或艺术事象反映了上述七方面内涵的，皆系附在考古学文化具体区系之下，注明遗址——出土地点，描述其性相特征，交代与之相关的碳十四测定年代（或其他断代数据）。

三是步骤得当，坚持创新。研究可分为三个阶段进行。第一是考古学文献的检阅阶段。全面检索阅录已发表的关于各考古学文化的"发掘报告"，对各考古学文化区系反映的艺术起源事象进行择选，揭示每一个艺术事象"依托物"的出土地点、时段因素，形成"事典"性的成果。第二是补缺、核实、采录实物图像阶段。即走访国内部分文物机构（考古所、博物馆），对一些断代不明、未发表的艺术文物资料进行调研采录。第三是理论探究阶段。在以上基础上，对整个艺术起源的规律及典型展开综论，完成研究的"理论编"。

图 7 - 24 　舞蹈纹样（马家窑陶盆）

研究中始终坚持创新原则，即对中国艺术起源的探讨，强调以学界已定型的考古学文化"区系"为立论依据及基点，对一个个"地块状"的文明起源区域，予以艺术发生学的观察。观察、提炼的艺术萌生现象带有"地块性"特征与"时段性"特点。这"一个个地块"之间，或衔接，或叠压，亦或断链。我们是在研究了这"一个个"的特殊性以后，再来概括整个艺术起源时期（8000 年）总的艺术发生规律的。这是与以往艺术起源研究明显不同的地方。

另外，从考古学文化区系的视角建构中国艺术起源事象的"系地编

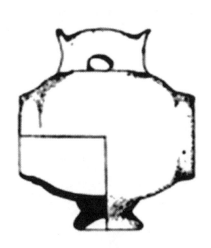

图 7 - 25　陶鼓（黄土伦）

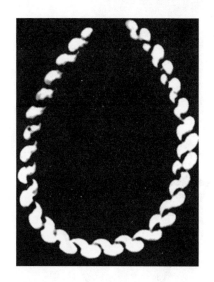

图 7 - 26　螺壳项链（东胡林）

年"谱系，这在艺术起源研究领域，也属首次尝试。从这两个角度而言，本研究进行的学术实践，有其自身的特色及新的路径。用考古学文化区系档案建构艺术起源史实长编的专著，目前还没有，本研究成果的问世应该说填补了空白，故预测有一定的社会效益。

图 7 - 27　渔捞生活题材
　　　　（半坡网纹）

图 7 - 28　日月符号（大汶口）

（五）研究中的主要参考文献

1. 中国社会科学院考古研究所：《中国考古学·新石器时代卷》，中国社会科学出版社 2010 年版。

图 7-29　彩绘（马家窑瓶）

2．中国社会科学院考古研究所：《中国考古学·夏商卷》，中国社会科学出版社2003年版。

3．《中国大百科全书·考古学》，中国大百科全书出版社1986年版。

4．《文物》1959—2014年。

5．《考古》1955—2014年。

6．《考古学报》1953—2014年。

7．格罗塞：《艺术的起源》，商务印书馆1984年版。

8．佛朗兹·博厄斯：《原始艺术》，上海文艺出版社1989年版。

9．简·布洛克：《原始艺术哲学》，上海人民出版社1991年版。

10．朱狄：《艺术的起源》，中国社会科学出版社1982年版。

11．邓福星：《艺术前的艺术——史前艺术研究》，山东文艺出版社1986年版。

12．郑元者：《艺术之根——艺术起源学引论》，湖南教育出版社1998年版。

13．杨志明、章建刚：《艺术的起源》，云南大学出版社2007年版。

# 附编一 文献与考证

## 一 殷周时期的养马与牲畜清点

由于军战及商业物流的需要，殷周时期的养马业已繁盛。这在考古学发现及文献载记中都有反映。这里从《诗经》、殷墟卜辞及其他典籍中的具体描绘出发，对这一时期的养马及牲畜清点现象做一初步的考论。

图1 卧状卷尾马牌饰

（一）

《小雅·白驹》："皎皎白驹，食我场苗。絷之维之，以永今朝。所谓伊人，于焉逍遥。……皎皎白驹，在彼空谷。生刍一束，其人如玉。"诗之所写，似女子欲挽留所爱的畜马之人。

此诗中的"絷之维之"涉及古人养马的"执驹"之礼。古之"执驹"内涵上似有好几种。《周礼·校人》："春祭马祖，执驹。"郑司农云："执驹无令近母，犹攻驹也。① 二岁曰驹……"郑玄说："执犹拘也。春通淫之时，驹弱，血气未定，为其乘匹伤之。"贾公彦疏："春时通淫，求马蕃息，故祭马祖。② ……'玄谓春通淫之时，驹弱，血气未定，为其乘匹伤之'者，《论语》孔子云'血气未定，戒之在色。'马亦如此，故引之而言也。按《月令》，仲夏'絷腾驹'，注云：'为其壮气有余，相蹄啮。'彼'壮气有余，相蹄啮，絷之；不为驹弱'者。絷有二种……"③

温少峰先生说："幼畜初生，仰食母畜之奶。但到幼畜稍长时，则应及时断奶，使之离开母畜，专栏喂养。这种……及时隔离幼驹，使之与母马分别饲养的技术在文献中有明确记载……《夏小正·四月》'执驹也者，离之去母也。'这种技术殷人也已掌握：'□酉卜，角隻玙？角不其隻玙？'（《林》二·一二·五；《林》二·一二·六）王宇信同志分析此辞说：'此为第一期卜辞。角为人名。'隻'字原为以手抓鸟，假为获，有抓而获得之意。玙为象意字，马旁之子表示为马之子，此字当即驹之初文。此辞是先从正面问：某酉日卜，（殷王命令）角去获驹么？又从反面问：（殷王命令）角不去隻驹么？这个名为角的人，当为商王朝的马官。隻驹，就是将马驹抓获，很可能就是'执驹'。商王关心'执驹'，可见'执驹'已成为'马政'中一重要事项。到了周代，'执驹'成为马政中的重典。④

---

① 郑司农所谓"攻驹"即《周礼·校人》"夏祭先牧，颁马，攻特"之"攻特"。郑玄注："养马者……夏通淫（即配种）之后，攻其特。"孙诒让《正义》："谓割去马势，犹今之扇马。"王宇信先生说，甲文中有一字，于马腹下加一"8"字形。此"8"字形"很可能为皮条（或绳索）。我们认为此字可能是用绳（或皮条）为套，将马势绞掉。……据研究生物学史的同志谈，将风干后的动物筋做成皮条（如农村弹棉花用的弓弦），其效果比用刀、剪给动物去势还好，一直到近代我国农村还沿用此法。马匹经过去势处理，既可免去牡马对怀妊牝马的伤害，保证了马匹顺利繁殖，而且还可使经过去势处理的马体强壮，增强了任载力；同时，可把不纯之劣种淘汰掉，保证优质马种的繁衍。"（王宇信：《商代的马与养马业》，《中国史研究》1980 年第 1 期）

② 古人祭"马祖"，似"马"也有祖灵神。《周礼·校人》："春祭马祖"。郑玄注："马祖，天驷也。《孝经说》曰：'房为龙马。'"意思是以"天驷"（天上的房星）为马之祖神。贾公彦《疏》同意郑氏之说："马与人异，无先祖可寻，而言祭祖者，则天驷也，故取《孝经说》'房为龙马'，是马之祖。"

③ 贾公彦等：《周礼注疏》，北京大学出版社 1999 年版，第 862 页。

④ 从卜辞中看，殷王不仅参加"执驹"，且有"省牛"活动。"丙寅卜，殻贞：王往省牛于敦（地名）？贞：王勿往省牛？三月。"（《南》辅七）"丙午卜，宾贞：乎省牛于多（奠）？贞："勿乎省牛于多奠？"（《乙》八四六一）"多奠"即"多甸"。《说文》："甸，天子五百里地。"大概指牧羊之地点。这几条卜辞的意思是殷王在三月份（即"中春通淫"、配合牛马的季节）前往牧场视看畜群繁殖组织实施的情况，与亲临"执驹"礼相类。

如《驹尊》铭载'王初执驹于厈（地名，字不识）。'国王参加'执驹'典礼，说明了对马政的重视。'此说甚确，可从。"①

由上可知，殷周人的"执驹"，具体指三种。一是执拘"血气未定"的雌驹（所谓"驹弱者"）圈养，防止其在春季马群配种中受到伤害。二是拘系那些"壮气有余"的雄驹，防其在配种中相互"踢咬"。三是让幼驹离开母马，便于母马与马驹各自的恢复与成长。三种执驹都是出于马的繁衍考虑。

郭沫若先生以为《小雅·白驹》诗篇所写的就是"拘驹"季节发生的与"拘驹"人有关系的爱情与恋事。他说："这首诗分明是中春通淫、行执驹之礼时的恋诗，……对白驹而絷之维之，即此尊铭所谓执驹或拘驹。诗中言'尔公尔侯'，正表明公侯也参与典礼。牧场里是有女子的。伊人可能是公侯的仆从，或者同来的公子之类。《鲁颂》有《駉牡》和《有駜》两诗，我看毫无疑问也是中春通淫时的颂诗。"② 陈子展先生也说："此所谓中春通淫自指为马育种交配。郭先生似亦联想到《周礼·媒氏》'中春之月，令会男女''奔者不禁'，以谓执驹之礼，郭先生已明指为《周礼·校人》《庾人》之春祭马祖与执驹。如此言之，诚可谓人畜同性，物我皆春。"③ 郭、陈二先生所析可谓破了千年尘封之说，是合于诗旨的。

《鲁颂·駉》篇写到马的繁育。"駉駉牡马，在坰之野。……思无疆，思马斯臧。駉駉牡马，在坰之野。……思无期，思马斯才。駉駉牡马，在坰之野。……思无斁，思马斯作。駉駉牡马，在坰之野。……思无邪，思马斯徂。"

诗写鲁僖公遵伯禽之法，其养马业兴旺，各种马种均有。诗中的"思"是语气词，无疆、无期、无斁、无邪，均指马的繁育无限量、无竟止。于省吾先生说："齐侯盘，庆吊匜并言'男女无期'，无期犹言无算，无算言男女之多，屦吊多父盘称'百子千孙'，翏生盨称'其百男百女千孙'是其例证。钟师父鼎称'眉寿无疆'，沇儿钟称'眉寿无諆（期）'

———————————

①　温少峰：《殷墟卜辞研究》，四川省社会科学院出版社1983年版，第251页。

②　郭沫若：《彝器铭考释》，载《考古学报》1957年第2期。

③　陈子展：《诗经直解》，复旦大学出版社1983年版，第632页。

虢季盘称'万年无疆'，王孙寿甗称'万年无諆。无疆与无期语例相仿，即无止已和无算之义。本诗之无疆和无期，是指牧马繁多，不可胜数为言。……系赞扬牧养的人，马匹繁殖，并非直接就鲁僖公为言。……《论语·为政》'诗三百一言以蔽之，曰，思无邪。'以思为思念之思，邪为邪正之邪……系断章取义。"①

（二）

由于重视马的繁育，"种马"的需求就变得尤为突出。《毛诗正义》卷三《郑风·定之方中》写道："星言夙驾，说于桑田。匪直也人，秉心塞渊，騋牝三千。"毛传："马七尺以上曰騋，騋马与牝马也。"孔颖达疏云："国马供用，牝牡俱有，或七尺六尺，举騋牝以互见……《辀人职》注云：'国马，谓种马、戎马、齐马、道马，高八尺，田马七尺，驽马六尺。'"孔氏有意识的引了《周礼·辀人》注，意谓这三千匹马中正有国马（种马）；反映了国力之盛。故朱熹《诗集传》卷二说："所畜之马，七尺而牝者，亦已至于三千之众矣。……今言騋牝之众如此，则生息之蕃可见。"宋代严粲《诗缉》卷五："文公操心，塞实而渊深，故能致国富强，至于騋马与牝马共有三千匹，举马之蕃息则人之蕃息可知矣。"江永《礼书纲目》卷四十九亦云："盖其所畜之马七尺而牝者，亦已至于三千之众矣。盖人操心诚实而渊深，则无所为而不成，其致此富盛宜矣。《记》曰'问国君之富，数马以对'，今言騋牝之众如此，则生息之蕃可见，而卫国之富亦可知矣。"

"种马"的特点是善于繁殖，且繁殖的马驹与母马或父马尤为相像。"种马"在国马中位之最尊，比例有定限，或说天子的种马亦只四百来匹。《周礼注疏》卷33《校人》："辨六马之属，种马一物、戎马一物。"郑注："种谓上善似母者。以次差之，玉路驾种马，戎路驾戎马"。贾疏云："种马'上善似母'者，以其言种，故知似母。但种类亦有似父，而言似母者，以母为主也。"宋代王与之《周礼订义》卷55："郑锷曰：种马者，马之最善育，其种类使生生不穷。种马者，驾玉路之马，特以种言之，见其最尊，非可以常马驾也。"明彭大翼《山堂肆考》卷220："《周礼》校

---

① 于省吾：《泽螺居诗经新证》，中华书局1982年版，第171—173页。

人掌王马之政……注云：种马，马之善育者。"明代董斯张《广博物志》卷46"'种马一物'，种，谓马之至良而可以为种者。"宫梦仁《读书纪数略》卷53："种马一物，良马可为种者，玉路用之。"按宋代王昭禹的说法，种马不一定要身材特高大，而应是生得精悍者。其《周礼详解》卷28"校人掌王马之政"条云："种马则小马之至良而可以为种者也，故玉路驾种马。戎马、齐马、道马、田马。虽皆良马而又不及种马之为尤良也。"

**图2　圆形花纹、刻划纹卧状马牌饰**

从殷墟卜辞看，殷人十分关注"种马"的选择。"乙未卜，景贞，旧一乙左驶，其采（惠）？不尔？乙未卜，景贞，又史入驶士，其采（惠）？不尔？乙未卜，景贞，囗丁巳，入驶士，一乙，采（惠）？乙未卜，景贞，偁貯入赤駁，其采（惠）？不尔？吉？乙未卜，景贞，左驶其采（惠）？不尔？乙未卜，景贞，在宁田景其马其采（惠），（不尔）？乙未卜，景贞，辰入马，其采（惠）？"（《通》七三三；《缀》二三七）

上辞中的"一乙左"，即一乙左厩，为马厩之号次。"旧"相对新建马厩而言。"又史"，即有司，官名。驶士，马名，雄性之驶马。赤駁，赤色牡马。惠即驯顺之意。此辞卜问选择种马之事。选择的标准为驯化程度较好的牡马，所谓"惠"之与否。

《礼记·月令》季春之月，"乃合累牛、腾马、游牝于牧。"朱彬《礼记训纂》引高诱："累牛，父牛也。腾马，父马也。皆将群游，从牝于牧之野，风合之。"所谓以"腾马"（父马）与"游牝"（母马）"合"（交配）于"牧野"（牧场），即特意安排用种马去繁衍也。

## （三）

《周南·卷耳》篇还写到民间对马瘟病的体察："陟彼崔嵬，我马虺隤。……陟彼高冈，我马玄黄。……陟彼砠矣，我马瘏矣，我仆痡矣，云何吁矣！"毛《传》"虺隤，病也。""玄，马病则黄。""瘏，病也。痡，亦病也。"孔颖达疏："孙炎曰：'虺隤，马罢（疲）不能升高之病。玄黄，马更黄色之病。'然则虺隤者，病之状；玄黄者，病之变色；二章互言之也。"又"孙炎曰'痡，人疲不能行之病。瘏，马疲不能进之病也。'"

**图3  圆形花纹蹲状马牌饰①**

殷人卜辞中早有马病的卜问与探究。"马其□（殟）？"（《陈》一四○）"……争贞：我马亡（咎）？"（《陈》四一一）此殟字在该版卜辞中为"□"字中放一向左侧立的"人"字。胡厚宣释为"死"，张政烺先生读为"殟"（瘟）病。后一条卜辞问马有无"咎"，"咎"也作"灾病"解。两辞均卜问马疾或马之的灾害。王宇信曾说："（殷代）尚未发现马疾施以治疗的材料，但不少贞问马死与否的卜辞，可能是商王借助卜筮，冀求神明、祖先对其珍爱的马匹加以护佑，这是用巫术为马治病的反映。……周代出现了"巫马"，商代出现与之职能相近的巫医不分的原始马医也是很

---

①  图1、图2、图3为战国中晚期铜马牌饰。（1）卧状卷尾马牌饰，原器长8.5厘米。（2）圆形花纹、刻划纹卧状马牌饰，原器长9.3厘米。（3）圆形花纹蹲状马牌饰，原器长9厘米。均为1979年辽宁凌源县五道河子战国墓出土。张道一：《中国图案大系》（二），山东美术出版社1993年版，第182页。

有可能的。"① 此论可供参考。

（四）

殷周养马业的兴盛，使得观看马的外形成为专门学问，所谓"相马术"。战国伯乐有《相马经》已佚，马王堆汉墓出土帛书的《相马经》，当是周秦以来的积淀性"文本"。"相马术"的要点是从马之外形判断马之性能，有学者或称之为"家畜外形学"。对马之外形的探究与定名，《诗经》留下了遗产。《秦风·车邻》："有车邻邻，有马白颠，未见君子，寺人之令。"诗写秦仲有"白颠"之马。《传》："白颠，的颡也。"孔《疏》引舍人曰："的，白也。颡，额也。额有白毛，今之戴星马也。"明代何楷《古周易订诂》卷14："的颡，额有旋毛，中虚，如射者之的。"明代方以智《通雅》卷46："今之戴星马，即古所云白颠、的颡。"亦即《周易》卷9《说卦云》："其于马也……为的颡"；及《易林·大畜之离》所云："《车邻》白颠，知秦兴起。卒兼其国，一统为主。""白颠"马的关键是马额头的白毛斑块要呈"的"形方是良马，能给主人带来吉兆及好运气；若白毛斑块延拖到口角，则非但不吉而为凶了。② 由于白颠之马吉，故古人的马额之饰即仿之而作，所谓"月题"也。明冯复京《六家诗名物疏》卷25陈说此意云："庄子曰：'齐之以月题。'盖月题额上当颅如月者，所以象'颠之白'然；则马之贵的额可知矣。"

又《秦风·小戎》写秦人征西戎"文茵畅毂，驾我骐馵"。《传》"左

---

① 王宇信：《建国以来甲骨文研究》，中国社会科学出版社1981年版，第152页。

② 明代陈耀文《正杨》卷2："马有白毛谓之的。《相马经》曰：额有白额入口至齿者，名曰榆雁，一名的卢。奴乘客死，主乘弃市。"陈耀文引文"白额入口至齿"即破了"的"形，故曰令人"客死""弃市"。不过说这种马叫"的卢"，似在民间有传讹之误。姚炳《诗识名解》卷4交代了这一问题："额有白毛，今之戴星马也。愚按：的颡亦名的卢，卢与颅通，犹颠也。《马政论》云：额有白毛谓之的卢，是也。《世说》载刘备乘的卢得出厄，其为良马无疑。若《相马经》云：'马白额入口至齿者名的卢，奴乘客死，主乘弃市'，此误也。《晋书》庾亮所乘马有的卢，殷浩以为不祥，劝卖之，殆亦因《相经》而误称者。按《释畜》云：'白达素，县。'邢昺以为：其白自额下达鼻茎者，名'县'，俗（所）谓'漫颅彻齿'；此当即《相经》所云'白额入口至齿者'。深源名士，必不妄语，其谓不祥乃'漫颅'，非的卢也。的卢良马而以为杀人，何其冤乎？且秦以牧马开基，马政固其世业，其于良驽自熟悉，必不取杀人者而乘之而夸之，明矣。"姚氏分析的对，《尔雅注疏》卷10《释畜》在说"駒颡、白颠"的同时接着就说了另一种马"白达素，县"，"素"即马"鼻茎也"，就是说这种马也白额，但白到鼻梁以下来了，故郭璞注说此种马即"俗所谓'漫颅彻齿'"；邢昺疏亦同意郭璞说。

— 533 —

足白，曰騿。"梁顾野王《玉篇》卷23："騿，……马县足，又后左足白。"宋代郑樵《尔雅注》卷下《释畜》"膝上皆白惟騽。后右足白，骧；左白，騿。"《钦定音韵述微》卷25："騿，马复左足白，又马足绊且悬也。易为騿足。"秦蕙田《五礼通考》244："马取象"条："马后足白为騿，取其动而见也。"由是，"骐騿"也是一种外形上有特征的"名马"。

图4　战国时期摔跤马纹牌饰①

《鲁颂·驹》状马之外形最充分："……薄言驹者，有骍有皇，有骊有黄，……薄言驹者，有骓有駓，有骍有骐，……薄言驹者，有驒有骆，有骝有雒，……薄言驹者，有骃有騢，有驔有鱼，……"毛《传》解释说："骊马白跨曰骍，黄白曰皇，纯黑曰骊，黄骍曰黄。""苍白杂毛曰骓，黄白杂毛曰駓，赤黄曰骍，苍祺曰骐"。"青骊驎曰驒，白马黑鬣曰骆，赤身黑鬣曰骝，黑身白鬣曰雒"。"阴白杂毛曰骃，彤白杂毛曰騢，豪骭曰驔，二目白曰鱼"。可见，各种马因外形毛色不一样而获得专名，而符合"专名"的马都是名马。温少峰先生说："在《诗·鲁颂·驹》中，诗人夸耀鲁僖公牧业之繁盛，列举出十六种不同毛色、形状的马名：骍、皇、骊、黄、骓、駓、骍、骐、驒、骆、骝、雒、骃、騢、驔、鱼。《中国农学史》据此而作出'我国家畜外形学……在《诗经》时代，它们已经有了萌芽'的结论。"② 从上面介绍看，温氏转述的意见，大

_____

① 战国晚期摔跤马纹牌饰。陕西长安客省庄东周墓出土。张道一：《中国图案大系》（二），山东美术出版社1993年版，第189页。

② 温少峰等：《殷墟卜辞研究》，四川社会科学院出版社1983年版，第256页。

体可信。

（五）

《小雅·无羊》："谁谓尔无羊？三百维群。谁谓尔无牛？九十其犉……或降于阿，或饮于池……三十维物，尔牲则具。"《诗序》云："《无羊》，宣王考牧也。"郑《笺》释："厉王之时，牧人之职废。宣王始兴而复之，至此而成，谓复先王之牛羊之数。"孔颖达疏："宣王……选牧官得人，牛羊蕃息，……复先王牛羊之数也。……王者牛羊之数，经典无文，亦应有其大数。今言考牧，故知复之也。""谁谓是发问之辞。三百维群，九十其犉是报答之语，故知宣王汲汲于其数。"这里所说的"考牧"，"复先王牛羊之数"，并非泛写周宣王时牛羊畜养事业的繁兴，而是从殷商时代起就一直存在着奴隶主对所属牛羊确实进行"考牧""核定数额"的管理制度。孔颖达抓住"发问"与"报答"，以及"宣王汲汲于其数"，可谓在"点子"上了。

图 5 春秋早期奔马牌饰①

这篇"复（核）牛羊之数"的诗，使我们想起了流行于纳西族民间的《数羊歌》："见了，见了，一只黄角小母羊见了，一只无角小白羊见了。见了，见了，长尾母羊见了，花母羊见了。见了，见了，五只长角黑羊见了，七只无角白羊见了。不见，不见，一只公羊不见了，哦，又见了。"②和《无羊》一样，质朴浅明。

卜辞中有殷王盘点牲畜之数的记载："壬子卜，贞：叀（惟）□子

---

① 春秋早期奔马牌饰，北京延庆出土。张道一：《中国图案大系》（二），山东美术出版社1993 年版，第 24 页。

② 和钟华、杨世光主编：《纳西族文学史》，四川民族出版社 1992 年版，第 32 页。

令甫（圃）凡豕？"（《后》一八·四）"□子"，人名。"凡"就是"盘点"、核审、清数。《玉篇》："凡，计数也。"此辞卜问，是否派"□子"去"圃"（之地）盘点一下畜猪到底有多少？类似的卜辞尚有：

> "设贞：凡羊……"（《乙》三八九二）
> "贞：我凡牛？"（《乙》三四二八）
> "贞：我……凡牛十（次，圈舍之义）、羊十（次）、豕十（次）？"（《乙》三四二八）
> "凡羊支（次）……"（《乙》三八九二）

《礼记·月令》也说季春之月，"牺牲、驹、犊，举书其数。"郑玄注："举书其数，以在牧而校录书之，明（放牧）出时无他故，至秋当录内，且以知生息之多少也。"孔颖达疏："游牝之后，畜皆在野，所有牺牲，及小马之驹，小牛之犊，皆书其见在之数，在至秋畜入时，当知其旧数及生息多少也。"意思是，春季牛马交由奴隶放入牧场时，有一个数目清点在案的记录；到了秋后，牛马返圈时可以清点得知整个春夏放牧时期究竟增殖了多少数字。也就是说奴隶主贵族对家畜的清点（"举"）、"书数"是作为一条礼制制度定下来的，它在殷周时期也一定程度地实行过。

## 二 《楚辞》及注疏中的农耕种植事象

其一，《楚辞》及注疏中特别集中地表现了一种种植华木蕙草以净化、美饰居处环境的主题。《招魂》云："坐堂伏槛，临曲池些。芙蓉始发，杂芰荷些。……兰薄户树，琼木篱些。魂兮归来！何远为些？"此写美女于离宫待亡魂归来，离宫有堂有池，有芙蓉有芰荷，且栽有兰蕙琼木，构成篱笆。如此幽雅的环境，魂何不归来！王逸《章句》及《文选》注云："薄，附也。树，种也。五臣云：木丛生曰薄，柴落为篱，言所造舍种树兰蕙，附于门户，外以玉木为其篱落，守御坚重，又芬香也。五臣云：言夹户种丛兰，又栽木为藩篱，以自蔽。琼者，美言也。……五臣云：此足可安居，何用远去为也。"① 朱熹云："草木丛生曰薄，琼木，嘉木之美名也。言兰薄当户而种，又以嘉木为篱落也。何远为，言何用远去为哉？"② 蒋骥云："花如玉，植之如篱，言芳兰薄户而种，又以琼木为藩篱。"③

　　其二，《楚辞》及注疏又谈到自然、地理条件与耕作种植的关系。《大招》有一段说："五谷六仞，设菰粱只。鼎臑盈望，和致芳只。内鸧鸽鹄，味豺羹只。魂乎归来！恣所尝只。"此写招魂，词用五谷香饭及肉羹诱唤亡魂归来品尝。蒋骥云："此招之饮食也。六仞，言积谷之高也。菰粱，蒋实，一名雕葫，为饭香美。臑，熟也，和致芳者，调和极其芳美也。"（173页）王逸《章句》释"五谷"句云："五谷，稻、稷、麦、豆、麻也。七尺曰仞。设，施也。菰粱，蒋实，谓雕葫也。言楚国土地肥美，堪用种植五谷，其穗长六仞。又有菰粱之饭，芬香且柔滑也。"（219页）所谓"土地肥美，堪种五谷"，即言楚国有得天独厚的

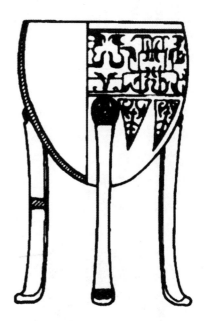

**图6　1978年曾侯乙墓出土的
鼎饰花草垂叶④**

农耕条件，宜于收获也。《九章·橘颂》道："后皇嘉树，橘来服兮。受命不迁，生南国兮。深固难徙，更壹志兮。"王逸《章句》云："言皇天后土生美橘树，异于众木，来服习南土，便其风气。屈原自喻才德如橘树，亦异于众也。南国，谓江南也。迁，徙也。言橘受天命，生于江南，不可移徙。种于北地，则化而为枳也。屈原自比志节如橘，亦不可移徙。屈原见橘根深坚固，终不可徙，则专一己志，守忠信也。"（153页）朱熹云：

　　① 洪兴祖：《楚辞补注》，中华书局2006年版，第207页。楚辞原文、王逸《章句》及五臣注，均见洪兴祖《楚辞补注》书中，故以下随文标出页码。
　　② 朱熹：《楚辞集注》，上海古籍出版社2001年版，第135页。以下随文标出页码。
　　③ 蒋骥：《带山阁注楚辞集》，上海古籍出版社1984年版，第165页。以下随文标出页码。
　　④ 高至喜：《楚文物图典》，湖北教育出版社2000年版，第55页。

"言楚王喜好草木之树，而橘生其土也。《汉书》'江陵千树橘'，楚地正产橘也。受命不迁，《记》所谓'橘踰淮而北为枳也'，旧说屈原自比志节如橘，不可移徙，是也。"（95页）汪瑗《楚辞集解》云："此章文意当串看，本谓橘者乃天地所生之美树，而来服习南土，不可移徙也。嘉树二字，一篇之纲领，篇内皆颂其道德志行之可嘉，而其所以可嘉者，又在乎'受命不迁'也。故不迁之意，一篇之中三致意焉。《庄子》曰'受命于地，唯松柏独也。在冬夏青青。受命于天，唯舜独也。'正其论与屈子受命不迁之意同。……《禹贡》'淮海维扬州，厥包橘柚锡贡'，是南国之有橘也久矣，……'来服'云者，即'受命不迁'之意。王逸所谓'服习南土，便其风气'是矣。"① 在这里，文意本以橘之不可徙喻屈原志节上的守忠信，但顺笔亦将橘之"生于江南，不可移徙；种于北地，则化为枳"的特性陈述出来了。

图7　1953年长沙裕湘纱厂
出土的四花蕾纹战国镜②

其三，《楚辞》里也留下了远古社会耕作兴发萌生的历史记忆。《天问》云："咸播秬黍，莆雚是营。何由并投，而鲧疾修盈？"意思是，要不是鲧恶名昭著被尧杀了，则大禹不得立；禹不立，则后之治水，教民播种五谷亦遂不能。王逸《章句》云："秬黍，黑黍也。雚，草名也。营，耕也。言禹平治水土，万民皆得耕种黑黍于雚蒲之地，尽为良田也。""疾，恶也。……言尧不恶鲧而戮杀之，则禹不得嗣兴，民何得投种五谷乎？"洪兴祖《补注》云："言禹平水土，民得并种五谷矣"（101页）。蒋骥云："言鲧欲使民播种，故于雚蒲之地，营筑为堤，其心非有不善。"（89页）《天问》中还说："启代益作后，……何后益作革，而禹播降？"王逸《章句》云："言禹以天下禅与益，益避启于箕山之阳。天下皆去益而归启，

---

① 汪瑗：《楚辞集解》，北京古籍出版社1994年版，第228页。以下随文标出页码。
② 高至喜：《楚文物图典》，湖北教育出版社2000年版，第191页。

以为君。”“后，君也。革，更也。播，种也。降，下也。言启所以能变更益，而代益为君者，以禹平治水土，百姓得下种百谷，故思归启也”。洪兴祖《补注》也云：“稷降播种而曰禹播降者，水土平然后嘉谷可殖故也。……《天对》云，益革民艰，咸粲厥粒。惟禹授以土，爰稼万亿。”意思是，夏启之所以能够得民拥戴、代“益”为君，盖因禹的平水土，使民可播种五谷的功德太大了，启又为子，其民自然归之。这亦是在说，禹之后，农耕播种成了改变人民生活的主要生产方式（98页）。

其四，《楚辞》中的耕种描写涉及政治批判，《九辩》云：“被荷裯之晏晏兮，然潢洋而不可带。既骄美而伐武兮，负左右之耿介。憎愠惀之修美兮，好夫人之慷慨。众踥蹀而日进兮，美超远而逾迈。农夫辍耕而容与兮，恐田野之芜秽。事绵绵而多私兮，窃悼后之危败。”这一节喻斥楚怀王自以为有贤明之德，其实内无文德，不纳忠言，外好武备，而无名将，且对农人征敛过重，其所为乃“乱国”“失社稷”之政。王逸《章句》释“农夫辍耕”四句云：“愁苦赋敛之重数也。失不耨锄，亡五谷也。政由细微以乱国也。子孙绝嗣，失社稷也。”（194页）朱熹《楚辞集注》则以为“不恤国政而嬉游也”（125页）。

**图8 长沙丝茅冲C区20号墓出土的柿叶陶鼎①**

其五，值得注意的是，《楚辞》中文人的“农耕”又被描述并礼颂为贤者的退隐与高蹈。《九怀·匡机》里讲：“极运兮不中，来将屈兮困穷？余深愍兮惨怛，原一列兮无从。乘日月兮上征，顾游心兮鄗酆。”此写一个忠贤之士不得君王顾信，他退居山野以农桑为务，续修其德。王逸《章句》

① 湖南省博物馆：《长沙楚墓》，《考古学报》1959年第1期。

图9　1975年出土的
楚花树纹木梳①

云："周转求君，道不合也。还就农桑，修播植也。我内愤伤，心切剥也。欲陈忠谋，道隔塞也。想托神明，升天庭也。回盹周京，念先圣也。文王都酆，武王都鄗，二圣有德，明于用贤，故顾其都，冀遭逢也。"王氏把"来将屈兮困穷"解说为"就农桑，修播植"，以之称许贤隐者的修行风范。（269页）《卜居》中屈原被放逐后心烦意乱问太卜詹尹云："吾宁悃悃朴以忠乎？将送往劳来斯无穷乎？宁诛锄草茅以力耕乎？将游大人以成名乎？宁正言不讳以危身乎？将从俗富贵以偷生乎？"王逸《章句》于"诛锄草茅以力耕"处云："刈蒿营也，

种稼穑也。"洪兴祖《补注》则云："锄，……去秽助苗也。"（177页）这几句的意思是，我是应该朴拙地坚守愚忠呢，还是应改变一下去做那无休无止的逢迎周旋呢？我是应去乡野除锄茅草、以力劳作、自耕自食呢，还是应去谒求达官贵人以取盛名呢？我是坚持直言不讳以致有杀身之危呢，还是随波逐流贪图富贵，苟且偷生呢？这里，以力耕作无疑成了贤德之士自护操守、独善其身的一种生存方式。

其六，在《楚辞》及其注疏系统，作为农耕行为的"种植"，已有超出词之表义的喻指性特点。"种植"，含有文化的寓意，有时乃政治话语之喻辞。如《离骚》云："惟草木之零落兮，恐美人之迟暮。不抚壮而弃秽兮，何不改此度？"王逸《章句》释云："美人，谓怀王也。人君服饰美好，故言美人也。言天时运转，春生秋杀，草木零落，岁复尽矣。而君不建立道德，举贤用能，则年老耄晚暮，而功不成，事不遂也。""秽，行之恶也，以喻谗邪。百草为稼穑之秽，谗佞亦为忠直之害也"。"改，更也。言愿令君甫及年德盛壮之时，修明政教，弃去谗佞，无令害贤，改此惑误

_____
①　荆州地区博物馆：《江陵雨台山楚墓》，文物出版社1984年版，第104页。

**图 10　睢宁出土的牛耕画像砖**②

之度，修先王之法也"（6 页）。朱熹《楚辞集注》也云："草荒曰秽，以比恶行。"（8 页）汪瑗《楚辞集解》则云："百草为稼穑之害，犹邪淫为德性之害也。"（39 页）可见，这里是借"农稼"设喻，忠贞之臣犹农人所种"稼穑"，而谗佞小人则犹"害稼"之草。

**图 11　成都出土的收获画像砖**①

又，《离骚》中反复说及种植香草："余既滋兰之九畹兮，又树蕙之百亩。畦留夷与揭车兮，杂杜蘅与芳芷。冀枝叶之峻茂兮，愿俟时乎吾将刈。虽萎绝其亦何伤兮，哀众芳之芜秽。"此处所谓兰蕙、留夷、杜蘅，等等，非漫言草也，而是在暗喻人之德行；种香草，即修其身洁、修其德馨、修其誉美也。王逸《章句》及《文选》注释得好："树，种也。……

①　张文军：《中国汉画学会第十三届年会论文集》，中州古籍出版社 2011 年版，第 124 页。
②　同上书，第 114 页。

言己虽见放流，犹种莳众香，修行仁义，勤身自勉，朝暮不倦也。五臣云：兰蕙喻行，言我虽被斥逐，修行弥多。杜蘅、芳芷，皆香草也。言己积累众善，以自洁饰，复植留夷、杜蘅，杂以芳芷，芬香益畅，德行弥盛也。""刈，获也。草曰刈，谷曰获。言己种植众芳，幸其枝叶茂长，实核成熟，愿待天时，吾将获取收藏，而飨其功也。以言君亦宜蓄养众贤，以时进用，而待仰其治也。言己所种芳草，当刈未刈，蚤有霜雪，枝叶虽蚤萎病绝落，何能伤于我乎？哀惜众芳摧折，枝叶芜秽而不成也。以言己修行忠信，冀君任用，而遂斥弃，则使众贤志士失其所也。五臣云：言我积行，为谗邪所害见逐，亦犹植芳草为霜露所伤而落。虽如是，于我亦何能伤，但恐众贤志士，见而芜秽不自修也。"（11 页）朱熹《楚辞集注》云："言己种莳众香，修行仁义，以自洁饰，朝夕不倦也。"（11 页）

**图 12　绥德墓门立柱牛耕画像①**

　　类似情形又见于以下诸篇。《九歌·少司命》："秋兰兮蘼芜，罗生兮堂下。……秋兰兮青青，绿叶兮紫茎。"王逸《章句》释第一个"秋兰"句云："言己供神之室，空闲清净，众香之草，又环其堂下，罗列而生，诚司命君所宜幸集也。"释第二个"秋兰"句云："言己事神崇敬，重种芳草，茎叶五色，芳香益畅也。"洪兴祖《补注》引《本草》释"蘼芜"云："蘼芜，似蛇床而香，骚人借以为譬，……或莳于园庭，则芳香满

---

　　① 张文军：《中国汉画学会第十三届年会论文集》，中州古籍出版社 2011 年版，第 122 页。

径"。（72 页）汪瑗《楚辞集解》云："此盖以兰之盛兴同僚之众。"（127页）蒋骥云："以香草之罗生，兴善类之众多。"（59 页）《九章·惜诵》云："梼木兰以矫蕙兮，凿申椒以为粮。播江离与滋菊兮，愿春日以为糗芳。"王逸《章句》云："言己虽被放逐，而弃居于山泽，犹重系兰蕙，和糅众以为粮。食饮有节，修善不倦也。""播，种也。《诗》曰：播厥百谷。滋，莳也。言己乃种江离，莳香菊，采之为粮，以供春日之食也"（127页）。朱熹云："春日新蔬未可食，即且以此为糗，而又不忘其芳香，言不变其素守也。"（77 页）

与种植香草佳木相对，栽植杂木恶草乃喻幸宠奸佞之臣。《九叹·愍命》："折芳枝与琼华兮，树枳棘与薪柴。掘荃蕙与射干兮，耘藜藿与襄荷。"意谓：把芳枝、琼华、荃蕙、射干之类的香草馨木折拔丢弃，却去种植那些讨人厌的荆棘、藜藿。王逸《章句》："小枣为棘，枯枝为柴。射干，香草。耘，籽也。《诗》云：千耦其耘。襄荷，尊蒩也。藿，豆叶也。言折弃芳草及与玉华，列种柴棘，掘拔射干，而耨耘藜藿，失其所珍也。以言贱弃君子而育养小人也。"（305 页）又如《九叹·思古》："操绳墨而放弃兮，倾容幸而侍侧。甘棠枯于丰草兮，藜棘树于中庭。"王逸《章句》解说云："言贤者执持法度而见放弃，倾头容身谀谄之人，反得亲近侍于旁侧也。甘棠，杜也。《诗》云：蔽芾甘棠。言甘棠香美之木，枯于草中而不见御，反种蒺藜棘刺之木满于中庭，以言远仁贤近谀贼也。"（308 页）《七谏》篇与上同，其辞云："要褭奔亡兮，腾驾橐驼。铅刀进御兮，遥弃太阿。拔搴玄芝兮，列树芋荷。橘柚萎枯兮，苦李旖旎。"王逸《章句》云："要褭，骏马。太阿，利剑也。言君放远要褭英俊之士，而驾橐驼，任使罢驽顿朽之人，而弃明智之士也。玄芝，神草也。橘柚，美木也。言君乃拔去芝草，贱弃橘柚，种植芋荷，养育苦李，爱重小人，斥逐君子也。"（257 页）所种之"芋荷"、所育之"苦李"乃喻君王所重之小人。[①]

# 三 释"台背"

《诗经·鲁颂·闷宫》有几句祝祷鲁僖公长寿之词："俾尔昌尔炽，俾

---

① 基金项目：安徽省人文社科研究基地重点项目《朱熹〈楚辞集注〉研究》（2010SK233ZD）。

尔寿而富。黄发台背，寿胥与试。俾尔昌尔大，俾尔耆而艾。万有千岁，眉寿无有害。"其中"黄发"与"台背"乃是古人经验中长寿之人的典型特征。故《郑笺》曰："黄发台背，皆寿征也。"

《辞源》释"台背"说："台背，驼背。《诗·大雅·行苇》'黄耇台背，以引以翼。'……"[①] 此解将"台背"说成老人的"驼背"，乃从人老后弓腰俯首、背驼如台的身体形貌上入眼。这似与美颂老者的诗意不相"贴合"；试想，驼背龙钟之态有何可称颂的呢？事实上，诗中的"台背"当为"鲐背"。鲐是一种鱼，意谓长寿老人其背部皮肤形成皱纹，犹似"鲐鱼"的皮，此正是长寿的征象也。《诗·大雅·行苇》"黄耇台背，以引以翼。"郑玄《笺》："台之言鲐也，大老则背有鲐文。"孔颖达《正义》引舍人曰："老人气衰，皮肤消瘠，背若鲐鱼也。"又引刘熙《释名》云："九十曰鲐背，背有鲐文。"《方言》第一："鲐，老也……秦晋之郊、陈兖之会曰耇鲐。"郭璞注："言背皮如鲐鱼。"《尔雅·释诂》"鲐背、耇老，寿也。"郭璞注："鲐背，背皮如鲐鱼。"

后世文辞皆以"鲐背"或"鲐"状老者。《焦氏易林·震之比》"鳌老鲐背，齿牙动摇。近地远天，下入黄泉。"张衡《南都赋》则云："鲐背之叟，皤皤然披黄发者。"谢灵运《撰征赋》"驱鲐稚于淮曲，暴鳏孤于泗滨"。柳宗元《愈膏肓疾赋》"善养命者，鲐背鹤发成童儿"。韩愈《忆昨行和张十一》"殃销祸散百福并，从此直至耇与鲐"。陆龟蒙《彼农二章》"大鳌既鲐，童子未齔"。李贺《昌谷诗》"鲐皮识仁惠，丱角知腼耻"。王勃《乾元殿颂·序》"苇杖沾仁，鲐叟攀轮而不暇"。方孝孺《御书选》"髫童鲐叟，大训宏谟"。刘克庄《水调歌头·和仓部弟寿词》"叹时人，怜黠小，笑鲐黄"。梅尧臣《元日》"举杯更献酬，各尔祝鲐背"。方履篯《万寿颂》"鲐颜黄发，拜舞徜徉"。李心传《建炎以来系年要录·建炎二年三月》："垂髫鲐背，山农野叟，咸以手加额，仰面谢天。"曹寅《集余园看梅》"鸠车竹马曾经处，鲐背庞眉识此生"。《聊斋志异·聂小倩》云："一媪衣褐绯，插蓬沓，鲐背龙钟，偶语月下。"

所以，《辞源》把"台背"释为"驼背"，把长寿者的背部皮肤特征

---

① 《辞源》（缩印合订本），商务印书馆1988年版，第255页。

解为"背弓"的形体特征，是不确切的。

## 四　《全辽金文》误收唐人郑泽文

《全辽金文》在"全金文"部分收了郑泽的《重建龙神庙碑》①。从文章叙说及文词看，此文即唐人郑泽所撰《龙泉记》碑文②，文字上略有异。现将两文合一，予以比勘，《龙泉记》碑文比《重建龙神庙碑》多出的字句，用（ ）号括起；两者用字句不同的，用［ ］号括起；《重建龙神庙碑》比《龙泉记》碑文多出的字句则以下画线标出。如下：

"城北七里<u>许</u>，有古魏城。城西北隅有一泉，其窦如线，派分四流，远护［浇灌］百里。活芮之民，斯水之功也。顷年（已土）遇旱歉，（前）令尹因而祷之，遂得神应，乃降甘雨，始命为龙泉<u>也</u>。（已）制小屋，图其形，写龙之貌，为乡人祷祀之所。迩来十有余载，神屋破［坏］漏，墙壁颓毁，图形剥落，日为牛羊蹂践、秽杂腥臊之地。洎泰［大］和五年（秋），自春徂秋［六年春］，历四甲子无雨。虽有风雪，亦不及农用。土地硗确，垦［首］种不入。夏四月中夜，有神人贻梦于群牧使袁公：'兹土僭［愆］阳日久，子何不亲告龙所？'（察神之有托袁公之意者，表居止危塌，图形曝露，欲其知也。袁）公梦觉曰：'我以职司此地，所部不［非］少。况黎人悬悬之心，思雨如渴，神梦若生，胡不为之行，（即我惠人之念何在？）'乃命驾幸［率］所部，诣神致酒脯，敬陈夜梦，<u>阴</u>以祝之：'（如神三日之内，下降甘雨，即神应可知，我当大谢至灵；如或不刻，即梦不足征矣。'言讫告归。）其夜二更，风起云布，甘泽大降，（稍济农人之急也。）乃择吉日，备椒浆桂醑三牲（具足，大飨）以答神应，爰命官僚同观尊俎之盛也。泽乃诣神祝曰：'泽官忝字人，昧于前知，乃［致］令神居处狭隘［隘狭］，牛羊无禁，斯泽之政阙也。然甘泽降矣，（然今日再启明神，前所感应甘泽救人，降即降矣）；其于耕种之劳，足即未足。神（感如是）能（更）驱作百神，加之大雨，使耕者无碍于捍挌（之窳），种者不怀焦烂之患。如神响应，（可以致之。泽）即集（谕）乡

---

① 阎凤梧主编：《全辽金文》，山西古籍出版社 2001 年版，第 2683 页。
② 周绍良主编：《全唐文新编》第四部第一册，吉林文史出版社 2000 年版，第 8782 页。

人，划除旧舍，建立新宇，绘捏其形，丹艧其壁，炎炎赫赫，必使光明斯神。’神（之）应也，如截道飔、如敲石火之疾不若也。大降甘雨，势如盆倾，霈流百川，原隰滋茂，使禾稼［耨］得所，耕人笑歌。乃命乡人庀工徒，具畚锸（之次，俄有斑虵丈余，锦背龙目，盘屈废蹋之上。故知灵不得不信，人不得不知。众之所睹，诚曰有神，岂曰无神。旋旋而失，即祥抓庭镜，不足以佳也。爰命划除旧屋，毱立新祠。素捏真形，）祠屋重新，丹青四壁。古木环郁，山翠回合，乃自然肃敬之地也。使巫者启导，大陈羊豕，馨香品列，以答神知。（噫乎！）有山有川，即有灵有祈［祇］；有天有地，即有君有臣。向使灵不应，人何以敬；臣不信［任］，君何以知。夫砾石不籔，环璧同之；萧艾不去，兰蕙同之；神之无灵，草木同之。斯人舆神，其道不远矣。泰和六年月日［大和六年岁在壬子七月立秋日］（芮城县令赐绯鱼袋郑泽记。陕虢群牧使、登仕郎行内侍省掖庭局宫教博士、上柱国袁孝和，群牧使判官张稹，朝议郎行丞、上柱国裴凝，承奉郎行主簿独孤景俭，通直郎行尉刘元，给事郎行尉崔申伯）”。

由上可见，《重建龙神庙碑》文乃是《龙泉记》碑文的一个删减本，删减的原因应当是碑文抄录者识读不清或嫌其冗长，敷衍了事使然。

唐人郑泽所撰《龙泉记》，由姚全书写，刻碑立于芮城县五龙庙，是唐大和六年（公元 832 年）五龙庙重修时立建的。此碑今存，无额，高 0.70 米、宽厚各 0.75 米，仍嵌立于山西芮城五龙庙前檐东墙。因该庙唐元和三年（公元 808 年）初建时已立有一块额为“龙泉之记”、题为“广仁王龙泉记”的碑（河东裴少微书），记县令于公凿引龙泉水溉田事，故 24 年后扩建该庙郑泽再撰的《龙泉记》碑文，后之学人或称之为《龙泉后记》，如民国版《芮城县志》、陈尚君《全唐文补编》等。

《全辽金文》将唐人郑泽《龙泉记》文收入，其误源头当自芮城旧志。考清乾隆二十九年莫溥等纂《芮城县志》卷 12《艺文志》收《龙泉记》一文时，已将作者标为“金郑泽”，文末为“斯人舆神，其道不远矣。金太和六年月日。”该志卷 3“坛庙 · 五龙庙”条下亦记：“在古城龙泉上，金建，郑泽记。”该志卷 5“职官”条金代部分列有：“郑泽”，下注：“赐绯鱼袋。”“裴凝，朝议郎行丞上柱国”，“独孤景俭，承奉郎行薄”，“刘元，通直郎行尉，太和六年任"，"崔申伯，给事郎行尉，太和六年任"。就是说，方志编纂者在收录《龙泉记》碑文时将唐之"大和"年号读为"太和"，认作金之年号，并由此将碑文上的郑泽等一干人均定为金时芮城县僚，庙亦金建，碑记也成金代文了。

清光绪间，张金吾编《金文最》，仅凭方志载录，未作实地观摩，也把郑泽视为金人，收志书中所录的《龙泉记》文入其编，并根据文意将碑题换成了《重建龙神庙碑》，文中"太和"也书为"泰和"，且标明出自《芮城县志》。《全辽金文》编者是在沿袭张金吾的误收。

《龙泉记》全文，清光绪间胡骋之据拓本收入《山右石刻丛编》时文后加了一段按语，指出了芮城旧志把唐郑泽文释为金文的错误，其文云："《芮城县志·坛庙》：'五龙庙，在古城上，金建，郑泽记。'《艺文·龙泉记》末题：'金太和六年月日。'《职官》：金县令郑泽，丞裴凝，主簿独孤景俭，尉刘元崔申伯。按此碑，《平津读碑记》以为唐太和刻，《芮城志》以为金太和刻，说各互异。今揭本记文末有'太和六年岁在壬子'文，检《历代帝王年表》纪元编，壬子，唐太和六年；金泰和六年系丙寅，非壬子；则此碑为唐刻无疑。县志于碑文，其道不远矣，下直书'金太和六年月日'，而不知原文有'太和六年岁在壬子七月立秋日'等字，盖据传钞文录之，未核原碑耳。唐文宗年号大和，金章宗年号泰和，间有作'太'字者，亦不作'大'，邑志可笑，不足辨。"① 胡氏辨之甚明，足证《龙泉记》乃唐文而与金无关。《全辽金文》编者显然没有核校胡氏《山右石刻丛编》所收郑泽《龙泉记》文，亦未阅及上一段按语，而独信张金吾《金文最》，遂以讹传讹。

## 五　《四库全书》本宋曹彦约《昌谷集》误收陆游文

《四库全书》"别集类"宋曹彦约《昌谷集》卷7收《与尉论捕盗书》一文（《文渊阁四库全书》"集部"曹彦约《昌谷集》第4册，上海古籍出版社1987年版，第47页）。此文又见于《四库全书》"别集类"陆游

---

① 国家图书馆善本金石组：《历代石刻史料丛编》第二编第一册，北京图书馆出版社2000年版，第721页。

《渭南文集》卷13，文全同。

按，《与尉论捕盗书》实陆游文，作于宁德主薄任上。《渭南文集》系陆游生前自编就，《渭南文集·跋》所谓"先太史未病时，故已编辑"[1]，其子陆通于嘉定十三年刊刻，不会有误。《四库全书总目·昌谷集提要》云"文集乃湮没不显，《宋史·艺文志》亦不著录。惟焦竑《国史经籍志》有《昌谷小集》二十卷。钱溥《秘阁书目》亦有《曹文简公集》十五册。然亦久无传本。……今考《永乐大典》，载彦约诗文颇多。核其篇目，……谨类次排纂，厘为二十二卷。"可见，曹氏《昌谷集》乃从《永乐大典》中辑出，《与尉论捕盗书》一文当是四库馆臣误辑。此误，《全宋文》亦因之，未作辨明。[2] 又，辑本《昌谷集》卷3有七言绝句21首，题为《偶成》，这些诗在《永乐大典》896卷中即录在"曹彦约《昌谷集》"目下，而它们又见于《四库全书》"集部"宋杨简《慈湖遗书》卷6。故有学者指出，此误原误在《永乐大典》，而四库馆臣又误辑之。[3]

## 六　宋诗中的钱神

宋诗中有一些关于钱神的吟咏。它是由于宋代商品货币经济发展而随之产生拜金现象的一种折光。今天读来，仍颇有意趣。

因在宋代诗人的笔下，钱神特有神力。它左右世事，捉弄起人生来，犹似戏耍木偶般的轻巧。做过吏部尚书的韩元吉曾云："愚意平生止墨卿，转喉无奈触钱神。"（《病中放言》）本想当书生，聊以糊口，孰料受钱神崇使，成了个巧舌如簧之人。梅尧臣《倡妪叹》诗则讲："万钱买尔身，千钱买尔笑。"梅氏感慨，妪本良家女，谁逼之为娼？钱也。说到钱神之力，黄庭坚诗最夸张："文殊吐酒卧……普贤盗铸钱"（《解瞌睡颂》）。他谐趣的调侃，连佛国的普贤菩萨亦见钱心动，当了偷钱贼。另外，人世间的黑白曲直，在钱神作用下也会面目皆非。方翥《无题》诗云："官家赤子元何辜，一毫枉直凭青蚨。"释原妙《颂古》诗亦云："情义尽从贫处断，世人偏向有钱家。"钱神能够颠倒是非，妄断曲直，改动

---

① 陆游：《陆放翁全集》，中国书店1986年版，第319页。
② 曾枣庄、刘琳：《全宋文》第293册，上海辞书出版社2006年版，第15页。
③ 傅璇琮：《中国古代诗文名著提要·宋代卷》，河北教育出版社2009年版，第488页。

世人的良知。这种“钱使鬼”[1] 现象的描述，从语辞上看，和晋鲁褒所云“钱能转祸为福，因败为成；危者得安，死者得生”，“贵可使贱，生可使杀”（《钱神论》），以及唐徐夤所写钱“能于祸处翻为福，解向仇家买得恩”（《咏钱》），乃承袭相沿，没有多少新意，然就宋代“钱神通灵于旁蹊，公器反类于互市”的吏治腐败而言[2]，诗人们的咏写是有针对性，且极具现实意义的。

宋诗咏及钱神还有另一个层面，即慨叹不得钱神佑顾，身处穷厄，或为贫病所困。顾逢《和吴中友人见寄韵》诗云：“药圣贫难疗，钱神祷不灵。……半世知心者，书灯一点青。”钱神不听其祷，虽有“药圣”又岂能医其“贫”？类似的吟咏极多。如：王禹偁《伏日偶作》说：“多病形容唯有骨，食贫生计旋无钱。”吕本中《寒食二绝》云：“今年春物更匆匆……底事无钱作寒食。”赵蕃《日者张一麟求诗谩与》讲：“家徒四壁将何赠，乞与两诗赊卦钱。”欧阳澈《寄游良臣》道：“谁念广文穷到骨，倾囊时与杖头钱。”方回《清明日有感》亦有：“自怜久罄青蚨橐……未听啼鹃已断魂。”这些叹贫嗟卑之词呈现了封建时代寒士的典型心态，亦是中国古代诗史与诗思中恒久持存的情结。它从一个侧面透示了那个“钱神世界，公道无权”[3] 的社会现实给文人阶层带来的精神压抑与心灵梦魇。

当然，叹贫未必移志。宋诗又在褒扬那种安贫砺节、不媚钱神的士子风貌。刘克庄《再和二首》诗说：“老去甘为元祐人……固穷不肯媚钱神。”李洪《戏题》（其二）讲：“惟可以君命竹，安能以兄事钱。”黄庭坚《戏呈孔散父》云：“管城子无食肉相，孔方兄有绝交书。”陈宝之《自述》诗道：“少年落魄走京华，老大无钱赴酒家。羞作寺丞门里客，一片明月照梅花。”吕南公《次韵显翁幽居即事》诗亦称：“文高只合论钱神，屈膝须防望贵尘。轩冕未来应有命，丘园随分亦安身。”这些都在称道不向钱神屈膝卑躬、不食嗟来之食的气度，与陶渊明不为五斗米折腰的风节

① 范晞文《酒边和叶亦愚提举》：“坐来谈笑发天真，安得长令酒入唇。俗物但知钱使鬼，书生能遣笔通神。半窗风月聊供醉，四壁琴书不似贫。八百斛椒机未息，梦魂犹自两眉颦。”（陈新等：《全宋诗订补》，大象出版社 2005 年版，第 641 页）

② 刘黻：《率太学诸生上书》，见傅云龙、吴可《唐宋明清文集》第 1 辑《宋人文集》卷 4，天津古籍出版社 2000 年版，第 2536 页。

③ 张廷玉：《明史》第 295 卷《张继孟传》，中华书局 2000 年版，第 7562 页。

类似。

王子今先生曾讲，唐诗中的钱神与酒圣往往为对应语。宋诗亦然。方岳《次韵郑省仓》（其二）云："堪傲轩裳中酒圣，肯污笔砚论钱神。"舒岳祥《次正仲别后见寄韵》讲："何必钱神能使鬼，只须酒圣与逃禅。"梁栋《赠嘉兴徐同年》道："万事不醒中酒圣，一贫无奈讼钱神。"王炎《和至卿叙述三首》（其三）说："妙理自能中酒圣，清谈不肯问钱神。"陈造《再次韵赵景安》也云："且可放狂中酒圣，冷看得意诧钱神。"在这里，崇祀钱神与追慕酒圣，实际上代表着宋代文人的两种价值观或人生观。崇祀钱神即与世俗合污，是丢弃儒家长期坚守的重操行轻利欲的传统；而追效酒圣则是在张扬清贫人格、独立个性以及傲世的风骨。从上述诗语的内涵看，效法酒圣的倾向很鲜明强烈。这大概与宋代包拯、欧阳修、范仲淹、余靖、孙杭、唐介、司马光、苏辙、王安石等一批知识分子坚持"以仁义礼信修其身而移之政"[①] 的清正仕风有关系。

宋代诗人还用另一种价值形态去否弃钱神。方岳《又和诸公作雪月歌》云："月观夜午雪观早，酒兴崔嵬诗潦草。梅花在傍具知状，唤渠收拾秋崖稿。月边雪边同一寒，诗成不许凡人看。……不知天下人，面有三寸尘。政使书痴传癖犹可憎，而况无风无味之钱神。"陆佃《依韵和赵令畴》说："无事何妨数命宾，一湖清境是西邻。……由来景物常无价，谩道钱多会有神。"苏洞《有钱咏》道："树头榆叶水圆荷，黄菊青苔鼓铸多。莫把诗家作穷相，四时浑不奈钱何。"在这些诗人看来，自然界的美景清境、那风花雪月以及诗艺，具有超越凡尘的价值意义，是"无价"的，是钱神不能办到的；相形之下，钱神的面目真"俗"！

宋代诗人陈造，做过浙西路安抚司参议。他在《酬贾学录韵并送炭》一诗中说："何人戴目倚钱神，更问吾徒拂甑尘。"意思是，世人大都不会和钱神过不去，有谁欣赏我的贫而不移的门生呢？陈造透示的是宋代世风的实际情况。有学者统计，宋熙宁十年（1077）朝廷所得赋税达 7070 万贯，而其中的工商税为 4911 万贯，竟占了全部赋税的 70%。这个数字说明了宋时的工商业繁荣。而由此连带的人们在商品活动中对钱利的企慕与

---

① 王安石：《王霸》，《王安石全集》，吉林人民出版社 1996 年版，第 723 页。

追逐，也就可想而知了。就是在这种背景下，宋之诗人文士尚能够冷眼看钱神，睥睨"孔方兄"，实是难能可贵。

另外，从现存宋诗看，不把钱神当回事的还有释家诗人。僧人怀深《骷髅酒色财气颂》云："生前财货因贪得，死后形骸被物拘。毕竟一文不将去，被人骂作守钱奴。"释宗演《颂古十七首》（一五）也云："堪笑梦中夸富贵，觉来那直半分钱。"这些僧诗人们的蔑弃钱神，和上面的情形又或不同。他们是从佛家"成住坏空"及"四方来、八方去"的观念出发的。

# 附编二　地方文化管窥

## 一　安徽淮河流域的中华文明之光

中国文明的起源是多元化的。各大考古学文化版块，像红山、良渚、龙山、齐家、马家浜、河姆渡、三星堆等，都在各自不同的地域和时期先后进入文明时代。处于东夷部落集团大背景之中的淮夷文化、涂山氏文化、皋陶南迁文化，在安徽淮河流域也构成一种"文明的版块"，也是中华文明的发祥地之一。

已故著名上古史专家徐旭生先生曾经描绘了一张中国上古时代华夏、东夷、苗蛮三大族系集团的分布图。从他的图上看，淮河中上流地段以及大别山以东、长江以北的整个安徽西部地区，处于东夷文化圈与华夏、苗蛮文化圈交界接触的特殊位置上。这个特别的位置应该引起我们的特别注意，它反映着安徽淮河流域及西部地域（即那张图中所标的"涂山"这一块）是三大文化族团进行"文明融合"从而构成"中华文明"发祥起源的"中心部位"。这种接触或融合的"部位"在西方文化学上叫作"交互作用圈"，"圈"中一般生成出较有生命力、较有综合性、较有新质地的"文明或文化形态"。因此，从这个意义上，重新估价安徽淮河流域及西部地域在中华文明发祥过程中的特有作用和地位，就显得十分必要，亦颇富趣味了。

（一）禹对安徽淮河流域及西部地域的文明播化

1. 治淮

依据文献传说，和世界上其他民族普遍存在的洪水世纪一样，中国上古也确实有过洪水泛滥的时代。它的泛滥区主要在黄河和淮河两个水系的中下流。由于华夏族团聚居在河南陕西一带,洪水对他们来说首当其冲,所以治水也就成了他们的当务之急。

《孟子·滕文公》(上)讲,"当尧之时,天下犹未平:洪水横流,氾滥于天下……尧独忧之,举舜而敷治焉。舜使……禹疏九河,瀹济漯而注诸海;决汝汉,排淮、泗而注之江。然后中国可得而食也"①。可见华夏族的治水关键是对黄河下流诸支流疏引,但同时也连带了对淮河中下流的开浚。因为只有使淮河本身不再向北泛滥才会给黄河下流减轻压力。大禹作为华夏族的治水首领在淮河流域的动作主要是引泗水入淮,然后疏淮水入长江。这个"疏淮入江",即是后来吴王夫差在淮水与长江间开成邗沟通航的基础。

**图1　四川江安2号石棺画像上的九尾狐**

### 2. 与涂山②氏族通婚

当时东夷皋陶族团生活在山东曲阜一带,东夷的淮夷部族则生活在淮河流域,华夏族大禹的治水与他们的利益相关,故东夷族团由皋陶之子伯益辅佐大禹治水。《秦会要》卷1《世系》记载,"大费,与禹平水土。已

---

① 杨伯峻:《孟子译注》,中华书局2008年版,第94页。

② 王象之《舆地纪胜》卷第十八"当涂县"条:"上倚郭晋书地理志,当涂,古涂山国也。《左传》昭公四年楚椒举曰:穆有涂山之会。注云:涂山在寿春东北,即是今濠州之涂山是也。……自晋成帝时以江北之当涂流人过江,侨立当涂县,于是江南始有当涂之名。《后汉》:徐凤反当涂,章怀太子注,以为宣州之当涂;是盖不察江南之当涂,乃东晋因流人侨立,非古之当涂也。古之当涂乃在今濠州之西,古当涂城耳。"(爱如生《中国基本古籍库》本,第317页)

成，帝锡玄圭，禹受曰：'非予能成，亦大费为辅。'"① 这个大费即伯益。也可能由于伯益的媒介之因，也可能是禹为了赢得淮河流域及江淮间大别山以东地区众多夷人部族的支持，禹在治水活动进入淮河流域的初期，娶了淮夷土著涂山族系的女子女娇为妻，实现了华夏族首脑人物与东夷族支系部落的族系联姻。《吴越春秋·越王无余外传》记："禹三十未娶。行至涂山，恐时之暮，失其度制。乃辞云：'吾娶也，必有应矣。'乃有九尾白狐造于禹。禹曰：'白者，吾之服也；其九尾者，王者之证也。涂山之歌曰：绥绥白狐，九尾庞庞；我家嘉夷，来宾为王。成家成室，我造彼昌；天人之际，于兹则行。明矣哉！'因娶涂山谓之女娇。"② 这一婚娶的意义非同一般，它是华夏族文明与东夷文明融合的渠道，给淮河流域原存在的"淮夷文化圈"注入中原文化的血液③，并标志着在共同创造"中华文明"的漫长历史进程中，东夷族、华夏族两大"集团的合作达到接近理想的地步"④。

　　大禹的淮岸涂山之恋给江淮间的文化史留下生动优美的篇札。《吕氏春秋》记载，"禹娶涂山氏女，不以私害公，自辛至甲，四日，复往治水，故江淮之俗，以辛壬癸甲（为嫁娶）日也"⑤。安徽淮河两岸，特别是大别山以东、巢湖以西地区的皖人婚俗，爱选辛壬癸甲四天为喜迎之日，原来是从禹娶涂山女的"原典"中派生出来的。⑥

---

① 孙楷：《秦会要》，上海古籍出版社 2004 年版，第 1 页。

② 赵晔：《吴越春秋》，《丛书集成初编》本，第 128—129 页。狐九尾喻繁衍旺盛。《白虎通》："必九尾者何？九妃得其所，子孙繁息也。于尾者何？明后当盛也。"（班固：《白虎通·封禅》卷 3 上，《丛书集成初编》本，第 146 页）

③ 禹娶涂山女处留下地名叫"禹聚"，王守春说："《水经注》记载淮河蚌埠有禹聚、禹墟："……禹聚在（涂）山西南，县即其地也……淮水又东北，濠水注之。水出莫邪山东北溪，溪水西北引渎，径禹墟北，又西流，注入淮。'（卷 30《淮水》）禹聚、禹墟，位于今蚌埠市西。文中的当涂县为西汉时期的当涂县，位于今蚌埠市西面，涂山位于蚌埠市西面的怀远县东南。近年在蚌埠市西面的禹会村进行考古发掘，发现大型龙山文化遗址，发现祭台遗迹和大型集会场所，发现有龙纹的陶片，据认为可能是大禹会诸侯之处，说明这里有关禹的传说可能并非虚构。"（王守春：《郦道元与水经注新解》，海天出版社 2013 年版，第 138 页）

④ 徐旭生：《中国古史的传说时代》，科学出版社 1960 年版，第 125 页。

⑤ 案，《吕氏春秋》无此文，据《水经·淮水注》引。

⑥ 睡虎地秦简《日书》甲种二背壹简亦云："癸丑、戊午、己未，禹以取桵山之女也，不弃，必以子死。""桵"，当是"涂"的异文。此简文也谈及禹娶涂山女事。按此简文，禹与涂山女结合的日子乃不祥，不是女子被弃，就是其子会死。这是值得研究的。

《吕氏春秋·季夏纪·音初》载，禹娶妻仅四天就离开了涂山女，在整个治淮中三过家门而未入，其妻涂山女让侍妾在涂山之阴等候禹之路过，女乃作歌，歌曰："候人……"这就是中国音乐韵文史上最早的南方篇章（"南音"）。后来周公、召公时期广泛收集采风，是"为《周南》《召南》。"按此，中国文化史上开篇的诗歌典籍《诗经》中的《周南》《召南》两组诗篇，竟也蕴含了淮河女子（大禹之妻妾）思念丈夫的缠绵情思。真可谓千载风流，长垂余韵。

更加神奇的是禹与涂山女婚后仅四日，儿子启就诞生了，禹为了治水平土，没有尽父亲的义务就离开了他们母子（即史载大禹自己承认的"予不子"）。《尚书·益稷》"娶于涂山，辛壬癸甲，启呱呱而泣，予弗子，惟荒度土功。"① 照此说来，后来做了夏王朝第一代国君的启竟是淮岸女子养育的"天之骄子"，这和后来安徽凤阳出了一个朱元璋开创明王朝当上皇帝，正是千载辉映的无独有偶，真的唤起了安徽淮人的骄傲！

（二）大禹涂山会诸侯：夏代文明由河南"中心"向安徽淮河流域推进的一个标志

翻开《中国历史地图册》，在夏朝地图上，古淮河岸边只有"六"和"涂山"两个地名。"六"即今日六安，涂山在怀远附近的淮河东岸。史载禹正是在涂山这个地方大会诸侯。《左传·哀公七年》大夫对孟孙讲，"禹会诸侯于涂山，执玉帛者万国。"《国语·鲁语》讲"禹致群臣于会稽之山，防风氏后至，禹杀而戮之。"徐旭生认为"今会稽在浙江中部，可是当时的会稽实为今安徽的涂山，为大禹的妇家所在"②。

"禹会诸侯"是中华文明史扉页上一件具有特别意义的事件，犹如一个王朝开国庆典的仪式预演，标志着华夏族政治集团与东夷族各军事部落乃至南方苗蛮部分部族，已以"朝会"的宗教政治形式共同拥认了酋邦盟主式的人物——大禹。中华文明史上第一个"大一统"的夏王朝的实际基础已经奠定了。而这一次"朝会"又恰恰放在与大禹联姻的涂山氏地域进

---

① 孔安国，孔颖达《尚书注疏》卷 5："涂山，国名。……辛日娶妻，至于甲日，复往治水，不以私害公。启，禹子也。禹治水过门不入，闻启泣声，不暇子名之，以大治度土水之功故。"（清嘉庆二十年南昌府学重刊宋本《十三经注疏·尚书注疏》本，第 71 页）

② 徐旭生：《中国古史的传说时代》，科学出版社 1960 年版，第 151 页。

行，其光辉、影响也就使淮河流域以及整个安徽西部地区文明形态与中原华夏族文明的交汇，大大加快了前行的步履。同时，说明当时淮河流域的涂山氏族有较强的实力，它成为禹政治、军事上所倚重的力量，原本以河南伊洛地区为中心的华夏族团已将政治、军事的势力范围拓进、引申到了安徽西部及淮河流域的广大地区。从而华夏文明有了一块新的"根据地"，以致后来禹的子孙把夏王朝闹败了，夏桀还要逃回其母系姒祖（涂山氏族）的疆域（南巢），以求得母亲邦族的庇护与支持。①

（三）文明形态的具体显现

1. 巫术文化

著名历史学家吴泽先生说：殷墟卜辞中就有"淮"字、"霍"字。"淮是淮河，霍地近淮，当即今安徽之霍山，并有霍县，附近且有霍邱，霍即霍山无疑。"② 所谓"霍山""霍邱"的霍字原指一个古老的淮岸氏族，这个氏族"当以雨鸟为图腾"。③ 也就是说在远古的六、霍丘陵山地，生活着一支"以鸟求雨"的巫术信奉部族。因为雨水是原始先民生存中重要的因素。而他们以为向上天求雨水，往往与一种鸟有关，鸟可携来云雨或雨

---

① 詹子庆说："现学者多数认为今安徽蚌埠怀远说最为可靠。其理由如下：一是文献记载最早。始见于《吕氏春秋》，汉唐间多主所说。有杜预注、唐柳宗元《柳河东集涂山铭》、宋苏轼《东坡集涂山诗》俱认定在濠州。因此，此说文献证据最为充足。二是从夏势力发展方向看，夏禹的统治中心在汝颍上游及河洛一带。文献记载'禹巡省南土''禹南省'，即夏禹沿颍水南下治水，就地娶涂山氏女为妻，以婚姻结成联盟。后来夏桀逃南巢，是与该地国原是夏之联盟而打下基础分不开的。三是今涂山一带尚有许多关于大禹传说的遗迹。诸如'禹会村''黄熊庙''防风冢''启母石''禹王宫'等也可作为见证。"（詹子庆：《走近夏代文明》，东北师范大学出版社 2015 年版，第 135 页）

② 吴泽：《殷代世系地理与殷族的建国》，《中国历史大系·古代史——殷代奴隶制社会史》第一篇，华东师范大学出版社 2002 年版，《吴泽文集》第 1 卷。

③ 何光岳：《东夷源流史》，江西教育出版社 1992 年版，第 98 页。雨鸟传说很普遍。在壮山瑶寨有种"唤雨鸟""每当农历四、五、六月份，人们听到这只鸟的叫声，就说：'天快下雨了，唤雨鸟在呼叫呢！'"（罗有助：《田东民间故事集》，中国文史出版社 2008 年版，第 191 页）"危地马拉的森林里，栖息……一种鸟，有如一支晴雨计，天气将变，即发出尖而有力的怪叫，预示着风雨将至。"（丁玫：《拉美奇趣录》，湖南科学技术出版社 1981 年版，第 173 页）法国的河湖边多鸰鸟，由于"它们是伴随着雨季来到……，所以人们将它们叫作'雨鸟'"（布封：《自然史》，新世界出版社 2015 年版，第 85 页）。"加拿大诗歌之父"查尔斯·道格拉斯·罗伯茨《荒野里的呼唤》中亦写道："曼莫泽克尔河两边斜坡上的小白桦树披上了一层微绿的薄纱，散发出浓郁的馨香味。每一棵树顶的报雨鸟都唱着长长的降调旋律互相致意，甜美的歌声周而复始"（C. D. 罗伯茨：《荒野里的呼唤》，湖南少年儿童出版社 2014 年版，第 139 页）。

水。《孔子家语·辨政》记载，齐国有种一只腿的鸟落于朝堂，齐侯派使者请教孔子。孔子说："此鸟名商羊，水祥也。昔童儿谣曰：'天将大雨，商羊鼓舞。'"① 这就是用鸟祭天求雨的遗留。六、霍山地人信奉以鸟求雨的图腾意识，反映到部族及地名上就成了"霍"字（霍字下部，即是远古的鸟字）。

"以鸟求雨"的原始巫术现象在良渚文化、大汶口文化、西南铜鼓文化中均有考古学的反映，安徽淮河流域及西部地域虽然没有考古学的证明，但从上古地名民俗学的材料中已获得平行的结论，说明新石器时代这里"以鸟求雨"的原始宗教意识同样起源了，已和其他大的知名的"中华文明源"处于同一水平。

上古时代六安庐江盛产大龟（特别是一种绿毛龟）。甲骨卜辞中就有："戊戌卜……祀祈六来龟三？一。"（《甲骨续存》下四四）"戊戌卜……贞祀六来龟（三）？三。"（董作宾《殷虚文字甲编》三三五三）《史记》卷128《龟策列传》记："神龟出于江水中，庐江郡常岁时生龟，长尺二寸者二十枚输太卜官。"② 所以商王朝长期要求此地邦族向王朝贡龟，以用于他们的巫术卜筮。在考古发现中，肥西大墩子、含山大城墩、孙家岗、亳州牛市集古堆、寿县斗鸡台均有占卜龟甲出土。且占卜龟甲备于操作，表面都呈修整状态。含山凌家滩出土的玉龟可以标志淮河流域新石器时代巫术占卜的基本方式。据俞伟超的研究，它的方法"大概是先由巫师（或祭司）当众口念占卜的内容，然后在玉龟空腹内放入特定的占卜物品，固定玉龟，加以摇晃，再分开玉龟，倾倒出放入的占卜物品，观其存在的形式，以测吉凶。可以认为，这是一种最早期的龟卜方法。"③

从史料记载看，六安这个地方巫人的巫技在当时也享有盛誉。以致他们到商王朝中仍能担任一定地位的巫卜专职人员。

甲骨卜辞有载："戊戌帚（妇）六示二夕，箙。"（北京大学藏骨）"丁巳（妇）六示夕，岳。"（故宫藏骨）这里的"妇六"就是由六安这个

---

① 《百子全书》第 1 册，岳麓书社 1993 年版，第 30 页。

② 司马迁：《史记》，台湾"中研院"汉籍文献资料库本，第 3227 页。

③ 俞伟超：《含山凌家滩玉器反映的信仰状况》，《文物研究》第 5 集，黄山书社 1989 年版，第 58 页。

地方输送给商王做妃子的女子，她所肩负的具体宫廷职业是担任祭祀和管理卜骨。淮夷部族中巫人的巫技也极高，他们中有的人后来归附周王朝，还被封为"亲信巫祝"。《汲冢周书》卷七《王会解》说到周朝会集诸侯时的人物处立位置云："堂下之右，唐公虞公南面立焉。堂下之左，尹公、夏公立焉，皆南面，绖有繁露，朝服，五十物，皆缙笏。……阼阶之南，祝淮氏、荣氏，次之，皆西面，弥宗旁之，为诸侯有疾病者之医药所居。"晋孔晁注："淮、荣，二祝之氏也。"① 这里这个"淮祝"，即淮夷部族中当上周朝太祝的显要人物，他的序位摆在御医（"弥宗"）之前。实际上退回来说，皋陶其人，本身就是一个大巫师。皋陶面色乌青，脸形如削瓜，声喉发出嘶哑的讲话语调，非常符合上古巫觋特征（上古巫觋一般都有生理上的禀异或残疾）。中国古代巫师一般都有一种神奇的动物作为役使或助手或坐骑。皋陶的动物助手即独角兽（神羊）。他的神羊决狱的方式也是古代巫师常用的，现在仍然流行于少数民族地区的"巫术神判"的方式。皋陶的儿子伯益与禹的儿子启争位，伯益也用巫术的方式进行活动。他用皮袋内盛血浆当作启的偶像，然后用箭射杀。这叫模拟巫术。原始时代的人以为只要射杀或伤害了一个人的偶像，这个人的本身身体必然有灾病、必然灭亡。伯益用模拟巫术的方式去魇制禹子启，可见他也是个巫性十足的人物。巫术是他们父子传承的"文化衣钵"。

2. 图腾遗风

在中华文明初步形成后，龙凤图腾一直是一个主要标志。皋陶部族及其封迁到安徽西部的族裔对凤图腾的贡献较为明显。

---

① 《四部丛刊》景明嘉靖二十二年本。孙诒让《周礼正义》卷50"小祝掌小祭祀"条："案，《周书王会篇》云：'阼阶之南，祝淮氏荣氏次之，弥宗旁之，为诸侯有疾病之医药所居。'孔注云：弥宗，官名。按：彼祝淮祝荣，即大祝，下大夫二人，弥宗，疑即小祝，此官掌弥灾兵远皋疾。古巫祝兼治疾病，故谓之弥宗，而主诸侯疾病医药之事"。（民国二十年湖北篷湖精舍递刻本）清蒋湘南《七经楼文钞》卷3《符箓原始》："闻《白泽》言鬼神之事作祝邪之文以祝之，此用官大祝小祝大巫小巫之所由昉也。大抵黄帝之世医术最甚，而劾治鬼神亦为人疗疾之一端。岐伯曰：邪不能入可移精祝由而止。祝由者，方术家以符水治病，今世所传祝由科也。《周礼》之将事候禳祀衍旁招，皆上古祝由之遗法。盖药石所不能及者，以移精变气治之。《周书·王会篇》云：诸侯有疾病者阼阶之南祝，淮氏荣氏次之。注言淮荣二祝之氏，世居是官，实掌医药，可知祝由为医，成周之初犹然也。"［清同治八年马氏家塾刻本，李伟等：《回族文献》（八），上海古籍出版社2008年版，第3253页］

　　古史家田昌五说，上古东夷远祖少皋（也作吴）以及皋陶的皋，"表示太阳经天而行的意思"。[1] 而古人以为太阳的升起是由鸟载托的（《山海经·大荒东经》："一日方至，一日方出，皆载于鸟。"）[2]，少皋、皋陶的原居地山东大汶口文化所出陶文符号就有"太阳鸟"从海波上（或峰巅）升起的形象。可见少皋集团、皋陶部族原以"太阳鸟"为邦族图腾，这种神异的"太阳鸟"应是凤鸟图腾的原型。

　　根据《淮南子·修务训》的说法，皋陶的面相长得像"马喙"。龚维英先生分析，称马嘴为"喙"似乎不对劲，按《经籍纂诂》"喙，鸟口也"，讲皋陶"马喙"可能是"鸟喙"之讹，若讲"皋陶鸟喙"就对了，因为就吻合了"他隶属于东夷鸟图腾集团"的事实。[3] 皋陶的长子叫伯益，益又作翳，翳即翳鸟，也称鸾，在古代又叫"锦凤"。所以，皋陶长子伯益实以凤凰之一种的"锦凤"为部族图腾。皋陶后裔中有一个支系叫"孟戏"。孟戏族系以孟鸟为图腾，孟鸟即灭蒙鸟（"孟"字快读为"孟"，慢读为"灭蒙"），乃凤凰的别种。皋陶氏鸟图腾的原型，随其后裔移到淮河以南安徽西南部后，广泛地遗存着变异着。其中群舒之舒即舒雁，乃鹅的别名。也就是说，舒人以舒雁（鹅）为氏族图腾。稍后，舒氏族系在与其他氏族通婚中，产生了群舒（舒龚、舒庸、舒龙、舒鲍等），即以舒雁为徽帜的联盟；而舒鸠、舒鹦、巢等小方国仍然维持了皋陶鸟图腾的原型因子。

　　由于上述原因，淮河流域及皖西南地区新石器时代遗迹中鸟形符号多有发现。怀远双古堆遗址出有夹砂陶鸟形器耳，蚌埠吴郢双墩出有鸡冠状附加堆纹釜、鸭嘴形鼎足，薛家岗遗址出有鸡冠状扳手的钵，鬶的把也做成似鸟喙的锥尖形，这些正是皋陶部族后裔或东夷鸟图腾邦族的图腾痕印。

　　3. 文化符号

　　距离淮河北岸约40公里的定远侯家寨新石器时代遗址是淮夷土著先民

① 田昌五：《古代社会形态研究》，天津人民出版社1980年版，第120页。
② 袁珂：《山海经校注》，上海古籍出版社1980年版，第354页。
③ 龚维英：《论东夷族的分化即皋陶族的南迁》，载《皋陶与六安》，黄山书社1993年版，第36页。

较早的文化遗留。出土的外红里黑的软炭陶器由底部刻有许多符号，几何形、三角形、梯形、树叶、猪、鹿，等等。从艺术风格上约相当于河姆渡文化时期，距今已有七千年左右。

1985 年 5 月，蚌埠双墩新石器遗址中出现大量的陶器刻划符号。符号中鱼的题材比例较大。从鱼的符号看，当时淮河水中的鱼多为小头、小尾，扁肥身体，并出现了八种捕鱼工具的符号，此种情况与《禹贡》记载的"淮夷蝲珠暨鱼"① 正相一致。符号中猪的符号神态憨实温顺，除嘴部稍长保留野猪特征外，身体其他部位和家猪相似，表明淮岸先民饲养家猪的历史已相当悠久，刻划符号中还有围猎野猪的图案，用"几"字形，表示已挖好虚饰敷盖着的陷阱，一只中箭的野猪被驱赶着逃向陷阱。桑蚕符号也已出现，有符号作蚕吐丝状，符号中有些造型与甲骨文"丝""束"十分相似，反映了淮河中游先民在新石器时代已有养蚕束丝的活动；所以屈原的《天问》才有禹与"盍山女通于台桑"的记载。在内蒙古阴山、新疆呼图壁、江苏连云港、广西左江岩画中大量出现的"人面像"图形，在双墩遗址符号中也有发现，且人形面孔刻划得十分清楚。这是原始时代祖先崇拜最典型的文化代码。徐大立同志曾将双墩陶文符号与甲骨文字形进行比较，发现像井、田、甲、鹿、卜、风、网、丘、系、八、十等符号，字形上竟是一致的。这也就意味着，淮河中流先民和仰韶、大汶口、巴蜀先民一样在新石器时期已经走到了"符号文字"——这文明发生主要标志的阶段。

淮河流域新石器时代玉器上也出现了重要的"文化符号"，是谓"凌家滩玉牌符号"。符号以图案的形式刻在一块长方形的玉面上。中间有两个同心圆构成的太阳的形象，小圆中间是一个八角徽号，小圆与大圆之间分别为八个区位，每个区伸出圭形的指示箭头。大圆外又刻出四个圭形的指示箭头。俞伟超先生认定小圆大圆中间的八圭形指示箭头是八个树叶，

---

图2　凌家滩玉版、玉人

即《淮南子·坠形训》上讲的天地之间的"八极"①，"八方"的含义。他分析说："《淮南子》中的许多内容，往往是淮河流域一带的风情，而含山凌家滩正是在淮河流域。这就使我们进一步相信玉牌上的八树图案，确是表现了一种八方的观念，并从而可知我国古代的八方观念大概正出现于这片淮河流域的地区，而这在当地至少延续了三千年以上。"② 有的考古学者则把玉牌上的符号称之为"原始八卦"，国际汉学专家饶宗颐教授最后十分惊异，惊异神话传说中的"河图洛书""元龟衔符"等原始八卦图起源的荒诞说法，竟在淮河流域原始文化发现中得到证实与印证，"真是'匪夷所思'！"③

　　淮河流域及皖西南地区考古资料中，植物崇拜的符号不乏其例。肥西古埂下层出有枫叶形鼎足，侯家寨的彩陶上绘着白衣黑彩的草叶花瓣纹饰，薛家岗陶器表饰上流行树叶或花叶的叶脉刻纹，一些镂孔器上有压花

---

　　① 汉刘安《淮南子》卷四《坠形训》："天地之间，九州八极"。"八纮之外，乃有八极，自东北方曰方土之山，曰苍门；东方曰东极之山，曰开明之门；东南方曰波母之山，曰阳门；南方曰南极之山，曰暑门；西南方曰编驹之山，曰白门；西方曰西极之山，曰阊阖之门；西北方曰不周之山，曰幽都之门；北方曰北极之山，曰寒门；凡八极之云，是雨天下"。（台湾"中研院"汉籍文献资料库本，第130—139页）

　　② 张敬国主编：《凌家滩文化研究》，文物出版社2006年版，第16页。

　　③ 同上书，第21页。

形附加堆纹。最典型的是薛家岗出土石斧，斧上绘有花叶萼果的图案，正是一种农耕文明之前的采集时代的生动写照。另外，皋陶之母，其名为"华"，说明皋陶母系中存在着采集时代遗留下来的植物图腾印记。所以在皋陶南迁部族中，处于皖西与湖北交界的"英"，即是其远祖母系徽号的承嗣。今霍邱古称蓼国，史载也为皋陶之后，《读史方舆纪要》卷21"寿州霍邱县"条云："蓼县城，在县西北接固始县界，古蓼国，皋陶之后封此。"这也是皋陶母系氏族（华族，植物族徽）采集文明在迁皖支系中的反映。所以臧文仲听到蓼国被楚国灭亡时叹道：哀哉，皋陶今后没人祭祀了。①

淮河流域的农耕文化也源远流长。史传"舜耕历山"，历山在山东平原，反映了舜部族在山东平原农作文化兴起发达的史影。后来这种"舜耕"的农作文化模式传播、播迁或引起淮河流域东夷人的效法，因此，在淮南八公山区也留下了"舜耕山"之名称。姚治中先生说："近年皖西多处新石器遗址中出之石刀、蚌镰、砺石……公元前23世纪到公元前21世纪，皖西有个农业生产的发展时期。"② 这种分析恰好与"舜耕山"的"文化积淀"相拍合。

研究欧洲文明史的剑桥大学科林·伦福儒教授在《文明的起源》中给文明下定义："野蛮的猎人居住在一个许多方面与野兽没有什么不同的环境，而文明人则住在一个差不多是他自己创造出来的环境。在这种意义上，文明乃是人类自己创造出来的环境，他用来将他自己从纯自然的原始环境中隔离开来。"科林·伦福儒讲的"人创造的环境"是文明发生的主要因素。"人创造的环境"是指人创造的人自己的"居处环境"。所以从人的"居处环境"的角度观察淮夷人与皖西地区文明生成状态至关重要。《孟子·滕文公》（下）曾描述过受洪水侵害的上古先民的居处条件，那是"水逆行，泛滥于中国，……民无所定，下者为巢，上者为营窟。"注曰："水盛则蛇龙居民之地也。民患水避之，故无定居。坤下者于树上为巢，

---

① 《左传》文公五年载："冬，楚公子燮灭蓼，臧文仲闻六与蓼灭，曰：'皋陶庭坚不祀忽诸。德之不建，民之无援，哀哉！'"（《春秋左传注疏》，清嘉庆二十年南昌府学刊本，第311页）
② 姚治中：《古代皖西的皋陶时代》，载《皋陶与六安》，第46页。

犹鸟之巢也；上者高原之上也，凿岸而营度之以为窟穴而处之。"① 孟子这里说的"巢居"的方式正是东夷人、淮夷土著以及安徽西南部上古先民的居住方式。专家们考出，涂山氏族、群舒氏族、江淮间的徐族以及后来迁到南方去的"畲族"，它们最早都有一个族根，那就是"族徽"中都有个"余"字。何光岳先生说："余字，很像树上的鸟巢，后来原始人们仿鸟类亦在树上搭巢而居，以避野兽的袭击"，"善于这种建筑物的人群，便叫作余"。在另一处又说：舒（人）是徐（人）的分支，徐既象征一个人在建筑高脚楼，那么舒字金文象征人肩着一根树木在土台上建庐舍，舒的偏旁舍字，下方象征建了土台；上方象征屋顶，中竖立木柱，建于土台上。"舒字的出现，也象征古人已由树居转变为舍居，确系居住方面的一大进步"。② 著名考古学家徐中舒也说："余，徐，舍等字，都是古代南方民族巢居的象形。"董其祥先生考证，余、舒、徐、涂等字，"都是巢居、干阑式建筑象形"。"《广雅》：'涂者，圬也，塈也。'巢居的进一步发展就是地面建筑。先形成结构，再用草泥涂抹墙壁谓之涂。考古证明，从新石器时代以来，南方的建筑多用芦苇捆扎为壁，外面涂抹草拌泥作为墙，以避风雨"。③ 由上面可以看出，淮河流域"涂山氏族"、安徽西部"群舒"氏族，是新石器时代就能够营造自身居处环境的部族，且很有影响，他们已将创造居处条件这文明的行为与技艺特点反映到他们的"徽族"（"余"字）上去了。

4. 玉器与青铜

在安徽淮河流域和皖西南地区新石器时代遗址发掘中，玉器的出现不断增多。到含山凌家滩墓地，玉器开始占主要倾向，并且出现了代表族系首领神权意义的玉钺。从以陶器为主的随葬，到以玉器为主的随葬，这种葬俗的转变，借鉴于红山文化、良渚文化参照系来观察，也就不能不"认为已闪耀着文明的曙光"，也不能不得出"安徽地区五千年前后，与其他地区的史前文化是同步发展着的"结论④。

① 《孟子注疏》，清嘉庆二十年南昌府学刊本，第 117 页。
② 何光岳：《东夷源流史》，江西教育出版社 1992 年版，第 83 页。
③ 转引自董其祥《涂山新考》，《重庆师范学院学报》1982 年第 1 期。
④ 俞伟超：《含山凌家滩玉器反映的信仰状况》，《文物研究》第 6 集，黄山书社 1989 年版，第 54 页。

图3　父乙彝簋器底铭文

俞伟超先生则指出，凌家滩玉器技术风格所显示的淮河流域文明水平，"远远超过中原"，它可以说"居于我国各古文化中的最高峰"，只有当时北方的红山文化玉器才能和它相媲美。后来中原殷商玉器的水平虽然"后来居上"，但从源流上看，它们显然接受了淮河流域在内的东方的影响才发达起来的。① 俞先生的评价，对真正认识并重估淮河流域文明在中华文明史上的"前导"地位是有启发意义的。另外，文献反映夏代淮河流域有丰富的青铜资源利用。《禹贡》讲"厥贡惟金三品"，《传》云："金银铜也。"〔疏〕云："金既总名，而云三品，黄金以下惟有白银与铜耳，故为金银铜也。《释器》云：黄金谓之璗，其美者谓之镠，白金谓之银，其美者谓之镣。郭璞曰：此皆道金银之别名及其美者也。镠即紫磨金也。郑玄以为金三品者②，铜三色也。"③《禹贡》此记和后来西周王朝说淮夷对

①　俞伟超：《含山凌家滩玉器反映的信仰状况》，《文物研究》第 5 集，黄山书社 1989 年版，第 59 页。

②　上古人即每以品作等次之分。如"父乙彝簋"器底铭文："庚午，王令寝莫口（字莫识）省北田，四品，正月乍（作）册，友史易（赐）贝十朋，用乍（作）父乙尊彝。其万年，孙永宝用。"此以"品"将"北田"划为四等。（崔祥震：《流落扶桑的中国青铜器》）

③　《尚书注疏》，清嘉庆二十年南昌府学刊本，第 82 页。

他们"大赂南金（铜）"实一脉相连。肥西大敦孜夏代遗址曾出土一件单扉铜铃。铜铃为弓形钮，中间有方孔，素面无纹饰，与河南偃师二里头遗址出的铜铃相同。

（四）结语

考古学家吴汝祚先生1989年指出，考古学发现不断提示了中国文明起源多元文化的观点，各大考古学文化，如红山、良渚、龙山、齐家、马家滨、河姆渡等，这些代表着一定文化部落或部落联盟的组织，依据其自身的发展规律，各自在不同的地域内，进入文明时代。这个文明时代出现或将要出现的年代，大约在距今五千年以前；在距今四五千年之间，中国各地区内可能较普遍先后进入文明时代。① 这种多元的"中华文化文明发祥论"的观点已经逐步为人们所接受。根据这一观点，中华文明的发祥不是在某一种文化，也不是在一地，而是有多点多处在成熟后陆续先后进入文明的阶梯。从我们上面所分析的情况看，处于东夷部落集团大背景之中的淮夷土著文化、安徽西部的涂山文化、皋陶南迁的氏族文化在受华夏族文化中影响中，其文明形态的诸种要素发育得较为齐备，较为成熟，它已经毫不逊色地作为一种"文明的版块"出现在新石器时代中华文明发祥的版图上，像"仰韶"版块、"红山"版块、"龙山"、"良渚"版块一样，为后来中华文明的定型形态——殷周辉煌，放出了夺目的光焰。

## 二　安徽地方志与文化软实力建设

在明清及新修的安徽地方志中，保留了大量关于文化活动、文物遗迹、民间风俗事项等史料，特别是山水志中有许多碑刻资料。这些记述，对于我们开发利用地方文化资源，提升安徽省的"文化软实力"，为地方经济发展服务，都具有重要的意义。

（一）

为什么要研究利用安徽地方志资源去建设"文化软实力"？因为"文化软实力"可以带动经济发展。正如美国经济学家雷·罗森所说的："我

---

① 俞伟超：《含山凌家滩玉器反映的信仰状况》，《文物研究》第5集，黄山书社1989年版，第113页。

们的经济将向何处发展？什么能够带动我们前进？——那就是文化。"① 另外，安徽是文化大省，是古代文明遗迹留存的优势省份。因此，对于我省来说，开发利用文化资源，建设"文化软实力"可以说是得天独厚，如果我们不把丰富的文化资源充分利用起来，那就等于放弃了祖先辈丢给我们的遗产与财富。

我们研究安徽省地方志资源与文化软实力建设的关系，为地方经济发展服务，有两个前提。一是，我们首先要明确什么是"文化软实力"？胡锦涛指出："一部人类社会发展史，是人类生命繁衍、财富创造的物质文明发展史，更是人类文化积累、文明传承的精神文明发展史。人类社会每一次跃进，人类文明每一次升华，无不镌刻着文化进步的烙印。"② 可见，文化积累、文明传承因素、文化烙印，等等，都是构成"文化软实力"的重要成分，文化软实力建设要从这些要素入手。二是，我们应当清楚，在全国文化资源格局中，安徽省有否构建"文化软实力"的优势？若有，它们又体现在哪些方面？有否特色？与其他省份相比，有否竞争力？而所有这些，安徽的地方志史实已给我们标示得十分清楚了。这就是我们要从地方志资源入手的原因。

（二）

从上述前提出发，我们觉得可从如下七点考虑安徽地方志资源与"文化软实力建设"的关系问题。

1. 安徽地方志围绕传统岁时节日记载了大量文化活动与事项，它们数百年来保持着恒久性，特别是一些民俗宗教性的文化事象带有民间普遍性。明嘉靖本《铜陵县志》记立春："邑宰率官属迎春于东郊，邑人装故事迎春。"清康熙二十五年《怀宁县志》记"立春，先二三日各行户装故事……演于市，跻于公堂，谓之'演春'。"清乾隆十三年《含山县志》记立春，"前一日迎春东郊，各门采传奇已事，肖人、肖像齐集关圣庙前，名曰：'演春'。"清乾隆八年《无为州志》记"元宵，张灯杂百戏，醵聚为乐，箫鼓喧阗，烛光达旦。"清康熙三十九年《舒城县志》

---

① 王超逸：《软实力与文化力管理》，中国经济出版社 2009 年版，第 109 页。
② 胡锦涛：《在中国文联第八次全国代表大会、中国作协第七次全国代表大会上的讲话》（2006 年 11 月）。

记"元宵，儿张燎，杂百戏，酺聚为乐，箫鼓喧阗，金吾不禁。"清嘉庆十五年刻本《绩溪县志》记"上元"："各处土坛神庙张灯演剧，或扮童戏，持火马，舞青衣，游烛龙，遍巡街巷，名曰'闹元宵'。"民国十年《宿松县志》记"二月二，'福德神诞日'，城市征优演剧，积月兼旬"清光绪二十七年《直隶和州志》记"二十八日，'东岳帝诞日'。烧香烛，演剧，出巡赛会。"清乾隆五十七年《广德直隶州志》记四月十五："州人以四月十五日为'城隍生日'。市人迎赛，递历四城，四日而遍；优人演剧，或至匝月。"清康熙十四年《潜山县志》记端午："五月五日，……官民士女各结彩船，俳优鼓乐，欢饮为乐。"清同治十二年《祁门县志》记中元节："中元节祀祖，设'盂兰会'。闰岁则于是月演剧（名'目连戏'）。"民国二十四年《续石埭县志》记："九月、十月，……迎请观音大士。至期，又倩优人歌舞，名为'演火戏'。"这些现象告诉我们，传统的民间文化活动相当有生命力，文化软实力建设应加以思考、关注并利用；因为它在文化与经济接轨之间给我们提供了最有活力的机缘。

2. 旧本地方志（包括一些山水志）已对各地古迹有或详或略的记录，近年来编撰的新志书材料更丰富，真正显示了安徽省的文化实力。如碑刻一项就不胜枚举，且史料价值极高。新编《齐云山志·崖刻》载：齐云山石桥岩有王子常题刻："知县事葛胜仲鲁卿，洪州新建丞曹文中，北宋政和壬辰正月丁丑日游岐山。"① 钟敏题刻："绍熙壬子春，知县事缙云叶尚，劝农岐山，丞钱塘樊执、簿临安李绍祖偶集，不至者，尉丹丘闶。"② 宋希圣题刻："鄱阳宋希圣，新安汪公伟、朱彦资、庐陵刘子仲。元祐七年季冬初五日同游。"明镜道人题刻的偈语："阿弥陀佛偈曰：'菩提本无树，明镜亦非台，原来无一物，何处染尘埃？'"宋嘉定八年池阳王东的题刻诗："两山环合势相迎，中有修梁石幻成；天地既能开此秘，我来识面胜闻名。"明嘉靖四十五年九月黄来然的题刻诗："结伴到来幽意偏，殊怜胜景隔尘缘；石龙泉落寒侵骨，岩势如虹驾碧天。"明隆庆六年中秋天都仙子江金币题刻："丹井原无底，瑶浆滴土台；昔时天帝凿，今复世人开。

---

① 齐云山志编纂办公室：《齐云山志》，黄山书社 1990 年版，第 113 页。
② 同上书，第 114 页。文多误，据传拓重校。

脉续银河细，声飞玉滴来；穿崖分外沼，长得濯灵台。"清顺治十六年汪始历题刻诗："恒观往哲题桥句，不觉六旬又四年，泉石依然胜迹在，蚪蝌犹自盛名传。神龙滴水知丰歉，玉兔蛮伏望缺圆；我欲攀龙腾驾去，嫦娥宫里君澄瀛。"①《天柱山志》亦载有许多题刻。如潺潺溪东岸岩壁石上，有陈奉古题："提刑主客员外郎陈奉古、同提刑供备库副使石用休、按部至偕虞曹外郎蔡伯希游此。赏爱泉石，移暑忘倦。时甲午季春十二日。"②有李士燮题："李士燮和甫携家游潺湲亭，薄暮乃还。男晞尹、晞说、晞奭从。时熙宁己酉下春丁亥，因刻石以记岁月云。"（271 页）有李师中题："师中十一世祖唐御史大夫讳西筠，生丞相讳吉甫，丞相生尚书讳德修、丞相讳德裕。尚书实师中八世祖也，历舒、湖、楚三州刺史。题名在此岩谷。师中不肖，忝备侍从，坐沮边议，左迁来守滋土，永惟世业未坠于地。后世子孙尚有来者，敢废篆刻式昭前人。熙宁四年十月廿四日。孙尚书右司郎中师中记，纯中从。"（218 页）有曾穜题："延陵吴国佐邦弼、历阳陆同彦和相挈家自城中访真源、过天祚，晚饭山谷。徜徉终日，薄暮而归。彦和之子世良君进、惟良君显偕焉。淳熙丁酉寒食日，泉南曾穜献之识，侄常、男晏侍行。"（222 页）有何维复等题："知潜山县事番禺何维复，县丞李耀，主簿邵炳，典史李夔，儒学教谕范承恩，训导李暹、甄善，嘉靖庚申春祭皖山同游，此题。"（227 页）

《琅琊山志》也载录了一些崖刻。如归云洞西侧有宋人刘汝言题刻："嘉祐辛丑春，被旨湖外，道出琅琊，谒诠师。今被诏江外按水事，再过兹地。治平甲辰秋七月丁亥中山刘汝言昌篆题。"③又如琅琊山寺院后东山坡宋人燕度题刻："皇宋治平四年岁次丁未十一月十有三日丁亥，右谏议大夫新知潭州燕度与弟郡守司农少卿雍同游琅琊山，属吏阎士良书。"（217 页）再如清风亭西北侧宋代茅同等游山题记："开禧之元，秋雨为霖，郡守丁介延礼观音于正堂。既霁，率其属以送典，郡承张镐、博士茅同缘石磴访古迹而后题。于时云雾大（开），豁然千里极目。盖重阳后八日也。"（218 页）濯缨泉东侧则有明人的《琅琊山题记碑》："万历二年冬

① 齐云山志编纂办公室：《齐云山志》，黄山书社 1990 年版，第 115—116 页。
② 编委会：《天柱山志》，社会科学文献出版社 1992 年版，第 216 页。以下随文标页码。
③ 琅琊山志编撰委员会：《琅琊山志》，黄山书社 1989 年版，第 214 页。

仲，南太仆寺卿济南见峰王之垣、少卿衡阳仁山刘稳与寺丞德清敬庵许孚远初游，明年春孟与寺丞青州明宇韩必显再游。又夏季与江陵侍御九泽刘维三游。本寺主簿蜀会川许朝汉立石。"（221 页）这些资源利用得好，可以直接转化为一个城市或乡镇的特殊文化定位，引领旅游经济的发展导向；而事实上有些地方已经收到了很大成效。

3. 在旧志记载的皖地文化资源中，名人的要素值得注意。如清代的《浮山志》收了明代钟惺的《游浮渡山记》，文中说："明日雨止议归矣。度雨后龙湫新瀑益盛，乃沿如来峰，复登金谷。稍寻九曲，炬行数丈，度至金谷地中矣，寒，小前乃止。入寻岩壁，始从阿罗汉座隙，读陆子题字，字甚遵古，文称之，完好可拓，志亦未收。出岩仍入大通，观飞瀑，真浮山第一水也。右折则垂虹井，崖覆之，有石梁一，故曰垂虹。又右为绿萝庵，今废。在两壁中返故道，复山紫霞关登妙高峰，峰为浮山绝处。出没层深，得狮子石，盖首楞顶也。下视绿萝庵。又折而下，蹭蹬竹石，钩巾枳履，乃得龙湫洞。探大通水所出，去金谷远矣。乃出其顶，从洞中呼岩僧取笔墨，上勒'景陵钟惺、闽林古度、新安程胤兆，穷滴珠水源。甲寅二月廿二日，雨霁山朗，远青荟蔚'三十三大字于右。返至首楞，径已夷矣，乃游人所谓难至者也。遂返金谷归。"他自己交代他曾在山中题了词。

像这类透露名人信息记述，志书中尤多。如《天柱山志》收录了清人陈慎容的《重修胭脂井亭记》："子邑潜阳，幸民驯易治。时习其风土人情，亦既熟知复之矣。今禾稼有秋，薄领闲暇，披图史，得乔公墓于彰法山之麓。策骑往游，出郭北，阡陌交横，溪流纡折。行三里许，至广教寺。山门破落，残僧迎门外，小憩禅室，供茗饮。僧导出寺后，绿野平芜，荒冢累累。辄指一小阜，不封不树，曰：'是墓矣！'碣石题：'后汉乔公墓'。……迤东南不数武，见智井，井栏石泐认若'建宁元年十月'。相传为二乔梳妆所，水恒作胭脂色，因号为'胭脂井'。井即乔公故址，后人建亭名'秀英'。黄山谷诗：'松竹二乔宅，雪云三祖山'是也。……今井废亭圮，流览古今，不禁沧桑之感。是以重为浚治，瀹井及泉，井上仍覆以亭，颜其额为'秀英'，沿古迹也。偶与二三父老憩于亭，汲于井，井泉犹带浅红色，古称'胭脂井'有自来矣。亭既成，复之为记。光绪七年辛巳秋八月，诰授中宪大夫知潜山县事岭南陈慎容。"① 此碑现存于潘铺乡土湾村，记录乔公及二女的遗迹。又如，《琅琊山志》载：醉翁亭前有古榆，号"醉翁榆"，最大者高约 32 米，径 90 多厘米，树龄在 180 年以上。光绪《滁州志·古迹》则载，宋庆历六年欧阳修从菱溪塘用三只牛曳得菱溪石，供赏玩。后石之"大者徙置醉翁亭前"，"小者在明伦堂院中"。这是关于欧阳修趣闻的。

《齐云山志》载，齐云山石桥岩有詹景凤题刻："明隆庆二年十月初七日，都御史汪道昆，知县王瑶，山人陈有守，南京进士詹景凤，都御史弟文学道贯，道会，僧祖胤，自齐云山而抵岐山，登石桥，寻棋盘石，下观大龙井，与山中主人国子生朱家相、家宾文学汪尚嗣遇，遂宿于此。"在鹊桥峰齐云岩，原有明兵部左侍郎汪道昆撰文的《无量寿佛赞碑》，碑已毁，然旧版《齐云山志》录下了碑文："持世世尊，时乘龙象。阐教娑婆，盈盈大藏。西极至人，牛车同鞅。沉默非空，庄严非相。其国极乐，其寿无量。四十八愿，普渡众生。千华世界，九品台城。长年丁壮，历劫升平。林端甘露，羽族和鸣。道恒沙众，解脱无明。同登彼岸，率履夷庚。接引何劳，跰跌何寂。无量无凡，无显无密。无度无迷，无道无塞。既无无央，亦无无极。十方三世，斯其第一。"② 这是有关汪道昆的。

在齐云山幽君洞内则还有戚继光题刻："定远戚继光同新都汪时元、邵正魁、汪道会游此。时万历乙酉八月既望，本山道官吴伯宇、胡日章立石。"③ 又《天柱山志》载，潺潺溪东岸石上有宋代王安石皇祐年间题词："水泠泠而北出，山靡靡而旁围，欲穷源而不得，竟怅望以空归。"志书中留下的这些名人遗踪逸事，是极有用的信息。它可以直接导引地方政府对文化遗址的复原，用于旅游开发。

4. 各地志书中还收录一些有价值的文物及"非物质文化遗产"事项。如新编《黄山志》记，在黄山朱砂峰慈光寺，现存有明代玉印一方，印的边径 7.5 公分，阴文篆体，篆文为"文殊真身宝印"，边款则是："嘉靖己

① 乌以风：《天柱山志》，安徽教育出版社 1984 年版，第 380 页。
② 齐云山志编纂办公室：《齐云山志》，黄山书社 1990 年版，第 133 页。
③ 同上书，第 106 页。

卯年，湖州府乌程县南三桑镇弟子顾风昌敬助。"① 像这种对存储在非国家正式文博部门的文物的著录，特别重要；因为此类存储方式的文物特别多，亦是国家的宝贵财富，且"藏在深闺人未识"，一旦知名度打出去，更有效应。

5. 旧志中还记述了一些地方文化活动的经费筹措与列支问题，也颇具启示意义。如《皖政辑要》卷49《祀典》二载："祭祀经费，皖省祀典纪载《通志》綦详，兹独及祭祀经费之多寡，而又各注其支销归于何项者，厥义有在。……至于各州县之支销轻重或不同，则各因其地之岁入以定。周九贡属，天官先征祀贡，则我朝肸蚃之典，虽赋少，行省得正供开支者，有以夫。"以下为《安庆府属祭祀经费表》：怀宁县府学文庙，40两，又朔望香烛2两4钱。县学文庙，24两，又朔望香烛2两4钱。文昌庙，30两。武庙，31两8钱8分8厘。风云、雷雨、乡贤、名宦、忠孝、节义，共9两。以上银两均在地丁项下支销。社稷坛，12两。神祇坛，18两。龙神祠，10两。龙王庙，10两。田祖庙，7两5钱2分。昭忠祠，4两。余公祠，6两。韩公祠，6两。府学散给乐舞生添胙10两。以上银两均系藩库请领。

桐城县文庙，48两。文昌庙，45两。武庙，47两8钱3分3厘。山川、社稷坛，6两。常雩坛，1两6钱。火神，1两6钱。刘猛将军庙，3两。厉坛，4两5钱。八蜡神，1两6钱。土地祠，1两6钱。霜降祭祀，1两5钱。旗纛，1两5钱。节孝祠，12两1钱。狱神，1两6钱。以上银两均在丁地项下支销。文庙香烛2两4钱，地丁俸工项下支销，内文昌庙一项系地丁起运项下支销。……太湖县文庙，61两，又朔望香烛2两4钱。文昌庙，45两。武庙，47两8钱3分3厘。炎帝庙，1两6钱。刘猛将军庙，3两2钱。倡神祠，1两6钱。狱神祠，1两6钱。以上银两均在丁地下支销，内文昌庙一项系地丁起运项下支销。……②这里谈到祭祀所需银两及筹措与列支的方式，对我们今天亦颇具启示意义。

6. 地方文化建设还应考虑各地民间风俗与信仰等，志书中关注到了。

---

① 黄山志编纂委员会：《黄山志》，黄山书社1988年版，第221页。
② 清冯煦：《皖政辑要》，黄山书社2005年版，第457页。

如《巢湖志·艺文》收有隋人卢思道的《祭巢湖文》①："维开皇元年十二月朔甲子，具位姓名遣某宦以清酌庶馐之馈，敬祭巢湖之灵曰：泱莽澄湖，南服之纪，斜通海甸，旁带江汜，深过百仞，润踰九里，彭蠡莫俦，具区非拟，扬越不庭，多历年纪。王师薄伐，六军戾止，戒期指日，马首欲东，常阴作沴，霖雨其蒙，水气朝合，天云夜冥，申之若雾，继以严风，涂泥已甚，轨躅不通，有稽天罚，用沮元戎，惟夫百神，受职水灵为大，皇王御宇，率土天外。当使日月贞明，天地交泰，雨师止其霖沥，云将卷其蔚荟。东渡戈船，南耸雕饰，收尉佗之黄屋，纳孙皓之青盖。然后革车旋轸，戍率凯歌，楚俘雾集，骥马星罗，无德不报，有酒如河，神之听之，斯言匪磋。"（据严可均《全隋文》校）此文作于隋开皇年间，可见巢湖人很早就信奉湖神，唐前即然。我们搞文化实力提升，就要特别留心于此类本省的风俗民情与信奉习惯，留心于本省与周边省相连的"风俗文化圈"，如沿新安江下至杭州，古代金陵北接滁州、西连当涂，与婺源相接的皖赣文化区，由皖江西溯的鄂文化区，萧荡与徐州打成一片的汉文化区，等等。

7. 最后要特别指出的是，文化软实力建设不仅仅是文化资源向经济转化的问题，其中更重要的是从内在上提升安徽省公民的"文化素质""文化潜能"。这里包括道德水准、科学精神、文化素养、地域风俗等。只有"省民"的"文化素质""文化潜能"上去了，一个省的文化资源才有生长的土壤，才能根深叶茂，结出硕果。所以，我们要特别重视地方志所记载的那些优秀传统，那些民族英烈、爱国志士、贤达廉吏等，并把这些内容投入教育活动中。

## 三 淮北文物资源开发及利用

淮北地区文物资源的开发利用，存在着一个"眼力"的问题。要会"看"，要把那些真的具有地方性因素的部分择选出来，加以强调，才有实质性意义。像1988年发掘的濉溪石山子遗址，以夹砂红褐陶为主，出了非常特别的"鹿角靴形器"（与怀远双古堆遗址所出近似）。我们考古学界的

---

① 巢湖志编纂委员会：《巢湖志》，黄山书社1989年版，第136页。

同志原有喜欢用典型文化谱系、类型、标准器及已知文化谱系、类型、标准器去套，去比照，去论证新发现文化遗存之价值的习惯，故当时有不少学者主张将其归入大汶口文化谱系（一期系统）。著名考古学家严文明先生看后却说：遗址和遗存都"看了两遍，觉得不十分懂，东西特别"，"有些因素可以与别的地区对比"，但"我看主要还是有自己的特点，不能归到大汶口文化"。严先生的意见是审慎的，也看得相当准。后来的研究证实了他的看法，石山子遗址是迄今为止淮北地区发现的一块独立而稳定的文化遗存之一，晚于蚌埠双墩遗址下层，与怀远双古堆遗址早期刚好衔接，成为淮北地区新石器遗址谱系的一个重要环节。这就表明：我们只有把这种属于我们自身地方因素的部分找出来，才不会埋没我们的特色，也才不至于丢掉我们的优长所在。

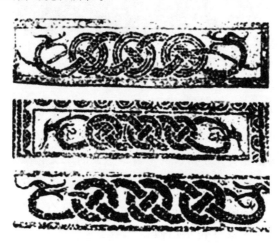

图 4　淮北画像石双龙穿璧

开发利用"淮北"文物资源，如果仅仅把地域概念界定在现行行政区划三区一县的范围内，要想充分揭示"淮北"文化的底蕴及传承内涵，恐怕是难以办到的。我们以为应持有一种"大淮北"的文化观念，或者说"淮北文化版块"的观念，或"淮北文化区域"的观念。苏秉琦先生曾说，从考古学的意义看，应该"把山东的西南一角、河南的东北块、安徽的淮北一块与江苏北部连接起来"，因为这些地方文物遗存"多与徐夷、淮夷有关"，自成区域性"特色"。苏先生是就新石器时期文化遗存而言的。他

图 5 淮北画像石龙马柏树①

认为今骆马湖以西、微山湖以南和西南，以及沱水、浍水、涡水，西至河南睢县这一大块都是东方夷人徐淮夷的活动区域，其文化构成应是个整一性的版块，也即张光直先生所说的考古学意义的"文化圈亚型"中的"次亚型"。苏先生的这一文化版块划分，对我们建立"大淮北"的文化观念是一个启迪。中国汉画像石研究界也曾将国内画像石分为四个区域：川中区域、陕晋无定河区域（包括山西西部数县）、豫鄂交界区域（以南阳、襄樊为中心）、苏鲁豫皖交界区域。其中苏鲁豫皖交界区域为第一大块，北起滕州，南抵蕲县，西至永城，东到泗阳，以徐州为中心，以近五千块汉画像石的客观存在与实际分布，勾画了一个"文物类型学"意义的文化圈，一个撕也撕不开的文化版块。这也是我们提出应有一个大淮北文化区域概念的基础。

从安徽考古学成就的布局与物质文化遗存的时代特色看，皖南徽派文物以明清时期为亮点，江淮间的方国青铜文明以两周时期为亮点，淮北文

---

① 张乐：《中日美术关联性研究》，中国文史出版社 2014 年版，第 62 页。

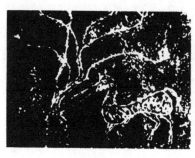

图6　淮北画像石辟邪、车马出行图①

物资源的辉煌年代应该定在什么时期呢？笔者以为应该选择汉魏隋唐为凝聚点，以汉唐文明为中心，展示"大淮北"范畴的文物考古学发现的历史价值及源流体系。其中汉魏画像石、曹魏皇族墓遗存、龙镇新莽铸钱遗址、白土寨肖窑遗址、隋唐大运河文物遗存，等等，摆列出来，分量极重，不但不逊色于江淮之间及皖南，且有自己的特有意义。

图7　淮北画像石龙马亡灵②

另外，在淮北文物资源的利用上，应特别注意它的古生物学、古生态学以及科学史价值，不能太多地沉湎于传统的"历史学科"的兴趣之中。

---

① 张乐：《中日美术关联性研究》，中国文史出版社2014年版，第63页。
② 同上书，第62页。

1992 年发现的楼顶山岩画，刻痕深度 0.3cm—1cm 不等，以鸟的图形为主，有人称之为"巨鸟"，有人称之为"驼鸟"，也有人描述为"鸟蛇相间图"。联系 1958 年，亳州杨庙发现的直径 15cm 的驼鸟蛋化石，以及 1977 年茨淮店出土的直径 9cm 的诺氏雌象象牙化石；对远古时代淮河以北莽原地带生物、生态以及气候状况的研究，就可以找到寻幽探胜的门径了。在淮北地区出土的画像石中，有一块长 190cm、宽 89cm 的纺织图。一位妇女坐在楼式的纺织机上，呈织布状。左右两侧各有一妇女在缀丝纺线。下侧有"建宁四年"（公元 171 年）字迹。这就形象具体地向我们透示了东汉皖北地区民间纺织器械以及手工业生产的实际状态。所有这些，都应该成为我们关注的焦点。"大淮北"的文物资源是丰富的，就看我们如何去开发利用它了。

## 四　清代民国甘宁方志所见民间演剧

在清代及民国所修的甘肃宁夏地方志中，保留了一些记述甘宁地区民间演剧情况的材料。这些材料不多，弥其珍贵，对于研究甘宁风俗民情与戏剧活动的关系，考察民间剧种在甘肃宁夏的播衍，探究中国民间戏剧演出史与剧场史，都具有重要的意义。因此，把它们辑录出来，加以考释。

（一）甘宁方志所记民间剧事与岁时民俗关系

甘肃宁夏方志记述的民间演剧，有一鲜明特点，即剧事多依托于民俗活动，且主要出现在传统的岁时节俗中。下面我们按岁时节俗的先后顺序对演剧活动予以叙介，剧事与民俗的关系，即一目了然。

正月里有三种俗事涉及演剧。一是"迎春"，清乾隆四十四年刻本《甘州府志》卷 4 记："'立春'前一日，迎春东郊，师巫、社火、杂陈百戏，庶民纵观之。"① 卷 20 抄本《岷州志》"正月"云："'立春'前一日，里民具春幡，扮故事，曰'社火'，并赴公堂演春，乃迎春于东郊。岁于是乎告始。"② 二是"元旦"，四卷本《隆德县志》卷一"社会习尚"条

---

① 《甘州府志》，中国方志丛书，台湾成文出版社 1976 年版，第 468 页。
② 丁世良等：《中国地方志民俗资料汇编·西北卷》（以下简称《汇编·西北卷》），北京图书馆出版社 1989 年版，第 212 页。

记:"（元旦）乡人装故事，为吹豳击鼓之戏，男妇纵观，满月乃止。"①
三是"上元节"或"元宵节"，清乾隆十四年刻本《武威县志》"正月"
云:"'元霄（宵）'，四市竖坊悬灯，杂扮花鼓、高跷、演百戏。"光绪三
十四年修一百卷本《甘肃新通志》"正月"条云:"十四日夜，悬灯街巷，
或讽经，或演戏，或扮故事，跃舞通衢，十七日止。"②

二月，有三种俗事的演剧。其一"祭文昌"，民国间八卷本《静宁州
志》卷三"风俗"载:"（二月）三日，祭文昌，各街献戏、放烟火。"③
其二"敬土地神"，民国十四年八卷本《高台县志》"二月"载:"县署大
门前演戏三日，以敬土神。"④ 其三"敬城隍"，《和政县志》"城隍庙"条
载:"春二月望日系王诞辰，人民宰猪十三口祭献，……演戏三日。"⑤

三月也有三项。一为"东岳诞辰"。民国二十四年铅印本《重修灵台
县志》"三月"记:"惟旧例三月二十八，俗传为'东岳大帝诞辰'，城乡
居民多于此日共赴县城东岳庙祀神，焚香祈福，演剧赛会，极其热烈。"⑥
二为"祀城隍"，清道光十五年十卷本《山丹县志》卷九"风俗"记:
"舁城隍于厉坛，演戏设乐，庶民共礼之。"⑦ 民国三十一年十四卷本《临
泽县志》"三月"记:"城隍出府至行宫，演戏。"⑧ 三为"清明"，民国十
四年八卷本《高台县志》"三月"条:"'清明日'，厉坛演戏，观者甚
众。"八卷油印本《平罗纪略》"三月"载:"'清明'，各携酒榼，……观
剧于掩骨寺，士女杂沓。"⑨

四月有两项。一为"扮社火"，乾隆四十四年十六卷本《甘州府志》
"四月"条:"八日，商贾扮社火作戏。"⑩ 二为"浴佛会"，不分卷油印本
《新修张掖县志》"四月"条:"四日，'浴佛会'。在大佛寺献戏三天。八

① 《隆德县志》，中国方志丛书，台湾成文出版社1976年版，第139页。
② 《汇编·西北卷》，北京图书馆出版社1989年版，第219、165页。
③ 《静宁州志》，中国方志丛书，台湾成文出版社1970年版，第98页。
④ 《汇编·西北卷》，北京图书馆出版社1989年版，第227页。
⑤ 《和政县志》，中国方志丛书，台湾成文出版社1976年版，第73页。
⑥ 《重修灵台县志》，中国方志丛书，台湾成文出版社1976年版，第152页。
⑦ 《山丹县志》，中国方志丛书，台湾成文出版社1970年版，第393页。
⑧ 《临泽县志》，中国方志丛书，台湾成文出版社1976年版，第122页。
⑨ 《汇编·西北卷》，北京图书馆出版社1989年版，第227、247页。
⑩ 《甘州府志》，中国方志丛书，台湾成文出版社1976年版，第467页。

日，'佛生日'。城乡人士致祭演戏，以娱乐焉。"①

五月有两项。一是"祀关圣"。嘉庆三年二十二卷本《宁夏府志》"五月"载："五月十三日，竞演剧，祀关圣。"②《灵州志迹》卷二"风俗"条记："五月十三，竞演剧，祀关圣；先日，备仪仗迎神，前列灶火，周游城中，望日祀。"③二卷油印本《花马池志迹》"五月"条所记相同。二是祈雨会。《和政县志》"湫池寺"条载："在县北十里湫池沟，每年五月五日演戏开会，逢旱祈雨，必降甘霖。"④

六月无，七月无。八月两项。一是"过会"，宣统元年十一卷本《固原州志》"信仰"条云："汉民每春二月、秋八月，村庄间演戏酬神，谓之'过会'。"二是"祭阿文成公祠"，光绪三十四年一百卷本《甘肃新通志》"八月"载："三日，祭阿文成公祠，自朔日至初八日陈百戏杂剧，四民云集。"⑤

九月一项，名"关帝诞"。《和政县志》"关帝庙"条记："大殿三楹，过厅三楹，戏楼一座。……每年九月十三日圣诞，以羊一豕一祀之，并演戏三日。"⑥十月也一项，名"城隍神出城"。光绪三十四年一百卷本《甘肃新通志》"十月"记："舁城隍神像出城至厉坛，演戏献牲，多焚楮钱。家有客死他乡者，焚楮钱，祭奠于门外。"⑦十一月、十二月无记述。

由上面的排列可见，甘宁志书所记载的民俗演剧多集中在春月与秋月，冬季夏季虽也有之，然所见甚稀。这可能与甘宁之地的气候及农畜产业有关系，此其一。其二，有些剧事现象并非在某一个岁时节日演戏，而是陆陆续续、延存数天方止；且各处的时日亦非统一。如"祭阿文成公祠"的演戏就有七八天的时间。

(二) 对甘宁方志所载演剧史料的几点认识

1. 旧志中记录的有些风俗扮演现象乃"装扮性行为"，即戏剧史家所谓"戏象"。如抄本《岷州志》记四月佛诞会："十四日，跳护神。结坛于

---

① 《汇编·西北卷》，北京图书馆出版社 1989 年版，第 223 页。
② 《宁夏府志》，中国方志丛书，台湾成文出版社 1968 年版，第 77 页。
③ 《灵州志迹》，中国方志丛书，台湾成文出版社 1968 年版，第 77 页。
④ 《和政县志》，中国方志丛书，台湾成文出版社 1976 年版，第 85 页。
⑤ 《汇编·西北卷》，北京图书馆出版社 1989 年版，第 253、166 页。
⑥ 《和政县志》，中国方志丛书，台湾成文出版社 1976 年版，第 71 页。
⑦ 《汇编·西北卷》，北京图书馆出版社 1989 年版，第 167 页。

山门之内，先一白衣鬼执鞭静坛，次一大头僧执纸扇满坛闲步，次扮龙、虎、狮、象，舞于坛所，诸护神乃出，名曰'二伯马汉'、'四伯马汉'。面具或青、或赤、或黑，各衣大袖绣袍，袖方而劲，虽极跳舞，未尝少委。俄而一人登坛，牛首人身，云是观音变像，名曰'野门达哈'，……随有鬼妇引出一怪，鸟首跣足，一鬼执短棍随之。于是，金鼓齐鸣，诸佛鬼怪绕场三匝而退。继择年少番僧一十八人，如喜佛时装束，以次而登，……且诵且舞，所谓'天魔舞'也。舞毕，众僧送施食于旷野，以火焚之，乃散。"①这是"庆佛诞日"的装扮性表演。诸护神、马汉、观音变像、鬼妇、怪鸟等皆由人装扮，装扮者进入角色后，以所要表现的"对象特质"为"自身特质"，他们竭力实现"自身"已非"自身"、"自身"即"他身"（护神、观音、鬼妇）的摹拟思维与表现目的。可以说，这种装扮活动，虽不是完备的戏剧形式，但其中已包含了戏剧艺术的本质规律。它反映了民间俗事仪式与戏剧思维在内在结构上的一体性。类此记述尚多，如民国十六年《朔方道志》引《采新通志》记蒙俗元旦："大喇嘛台坐念经，对（戴）面具、着彩服蟒袍异色者三十二人，为天王、菩萨、牛头、马面、护法诸像，于寺中坛上跳舞。其始以鼓乐、喇叭、号筒自中迎之，两两继出；其后乃合跳。以炒面和酥油做赤身人形，置三角木盘内，下衬三角绸幅，天王一人以小木剑而肢解之。诵经毕，又以鼓乐鸣锣送之寺外一二里而还。"②

2. 甘宁志书记述了很多古傩遗踪。清光绪三十四年修《甘肃新通志》载：正月"初五、六日，乡民行傩礼，扮演故事。"③ 民国二十四年《重修灵台县志》记：元宵"演社伙（火），又即乡人傩之故事，盖皆俗例使然也。"④ 民国二十四年《重修镇原县志》记："'立春前一日，太守迎春于城东，令官妓扮社火，春梦婆一、春姊一、春吏一、皂隶一、春官一。'……乡党所谓乡人傩，其即此类也乎。"⑤ 民国二十八年《天水县志》记：元旦"有扮演秧歌、杂戏者，盖亦古者傩以逐瘟之意。"⑥ 抄本

---

① 《汇编·西北卷》，北京图书馆出版社 1989 年版，第 212 页。
② 《朔方道志》，中国方志丛书，台湾成文出版社 1968 年版，第 157 页。
③ 《汇编·西北卷》，北京图书馆出版社 1989 年版，第 164 页。
④ 《重修灵台县志》，中国方志丛书，台湾成文出版社 1976 年版，第 151 页。
⑤ 《重修镇原县志》，中国方志丛书，台湾成文出版社 1968 年版，第 641 页。
⑥ 《汇编·西北卷》，北京图书馆出版社 1989 年版，第 201 页。

《和政县志》记，元宵"扮演社火，即古乡人傩之遗意"。① 抄本《洮州厅志》"风俗"记，正月初"各乡行傩礼，扮演故事"。② 这些描述表明，古之傩戏傩仪，旧时在甘宁地区依然存在。

3. 丧礼中也搬演戏剧。如清乾隆十四年一卷刻本《武威县志》"丧礼"条云："送丧多用彩楼、台高、社伙（火），或办秧歌小唱前导，虽云不俭其亲，然凶礼一如吉礼，非圣人与易宁戚之意，所当严行示禁，庶可返侈靡而从朴素也。"③ 民国十六年《朔方道志》"丧礼"条载："每七日奠，客至则宴，以多为胜；俑送尚华饰，或演剧为观。"④ 从这些表述看，撰志者对丧礼演剧之奢华明显持批斥态度，其意在提倡简朴之风。

4. 通过甘宁旧志，还可以察见一些民间剧事的传播信息。如民国二十四年《重修镇原县志》卷五"马社火"条云："远乡社火装演故事于马上，乘之招摇过市。"⑤ 民国三十六年《宁夏纪要》"戏剧以秦腔为主，流行民间最普遍，村竖野老，每于余暇高歌一阕以自娱。次为平剧及河南梆子、坠子戏等"⑥。所谓"远乡社火"、河南梆子、坠子，意即外地的"戏象"及剧种已在甘宁民间找到了市场，且颇迎合村野乡民的喜好。

5. 经济与财力对俗事演剧是否有影响，这在志书中亦谈到了。如抄本《和政县志》记元旦云："四五日内，邻里亲友互相拜贺，遇丰年则扮演社火。"⑦ 遇丰年才扮社戏，说明俗事演戏是由农业收成来决定的。又如民国二十四年铅印本《重修镇原县志》卷五"灯影子戏"条云："四乡农事毕，报赛喜演影戏，以其价廉也。"⑧ 影戏比其他戏种耗资低，故乡民首选。这告诉我们，旧时西北地区资财欠丰，也一定程度地制约了民俗戏事的发展。

6. 甘宁旧志中还注意到了俗事演剧中的观众层面。清宣统元年本《甘

① 《和政县志》，中国方志丛书，台湾成文出版社 1976 年版，第 36 页。
② 《洮州厅志》，中国方志丛书，台湾成文出版社 1968 年版，第 173 页。
③ 《汇编·西北卷》，北京图书馆出版社 1989 年版，第 218 页。
④ 《朔方道志》，中国方志丛书，台湾成文出版社 1968 年版，第 154 页。
⑤ 《重修镇原县志》，中国方志丛书，台湾成文出版社 1968 年版，第 649 页。
⑥ 《汇编·西北卷》，北京图书馆出版社 1989 年版，第 243 页。
⑦ 《和政县志》，中国方志丛书，台湾成文出版社 1976 年版，第 36 页。
⑧ 《重修镇原县志》，中国方志丛书，台湾成文出版社 1968 年版，第 645 页。

肃新通志》记"迎春"："杂陈百戏，庶民纵观之"；记"祭阿文成公祠"，"陈百货、杂剧，四民云集。"抄本《庄浪志略》云："迎土牛，扮戏彩以导芒神，士女竞观。"民国十四年《高台县志》记清明："厉坛演戏，观者甚众。"清道光十五年《山丹县志》记"立春"，"陈百戏，庶民踪（纵）观之"①。这里的"庶民纵观""士女竞观""四民云集""观者甚众"，皆在透示民众喜欢看戏的艺术观赏情绪。

7. 从甘宁志书看，旧时民间演剧有两个明显的内在驱动力。其一，浓郁的民间俗信意识一直是支配剧事活动的重要因素。民国二十四年《重修灵台县志》"正月"条云："三月二十八，俗传为'东岳大帝诞辰'，城乡居民多于此日共赴县城东岳庙祀神，焚香祈福，演剧赛会，及其热烈。"②二卷抄本《合水县志》"祈报"条载："凡会必演剧、卖茶；酒席城沽饮，而啖之，名曰'吃会'。其村中自为祈祷者，多用影戏。"讲得很清楚，"东岳"剧事与"祈福"有牵连，弄"影戏"者乃因有所"祷求"；这之中有趋福获吉、遣灾避祸的民间宗教观念存在。其次，民间生活中固有的文化娱乐意识也在促使演剧发展。中国书店油印不分卷本《新修张掖县志》"四月"条云："四日，'浴佛会'。在大佛寺献戏三天。八日，'佛生日'。城乡人士致祭演戏，以娱乐焉。"③民国二十四年《重修镇原县志》"社火"条云："镇原八镇，由正月初以至灯节后，农村扮社火，锣鼓喧阗，旗帜飘扬，各有固定之里居结合之团体，所以联情谊……也。"④民国二十八年《天水县志》"娱乐"条载："元旦日，多操鼓乐，……停业娱乐。且有扮演秧歌、杂戏者。"⑤所谓"演戏以娱乐""扮社火联谊""停业娱乐"，皆表明寻娱乐、求会聚（也即"群"）的文化意识也在对戏剧的搬演起着作用。

---

①　《汇编·西北卷》，北京图书馆出版社 1989 年版，第 164、166、178、227、224 页。

②　《重修灵台县志》，中国方志丛书，台湾成文出版社 1976 年版，第 152 页。

③　《汇编·西北卷》，北京图书馆出版社 1989 年版，第 188、223 页。

④　《重修镇原县志》，中国方志丛书，台湾成文出版社 1968 年版，第 641 页。

⑤　《汇编·西北卷》，北京图书馆出版社 1989 年版，第 201 页。

# 附编三　艺术美学丛札

## 一　论鲁迅的"审美接受"思想

在鲁迅美学思想体系中，有大量关于审美客体内蕴、形式如何引发审美主体进入"感发"状态的研究；同时对于"感发"中的主体如何发生着作用，亦有许多重要论述与精湛分析。本文主要研究后一层面，考察鲁迅是怎样认识接受主体生存状态、经验储存、能动创造等对审美活动发生影响的，亦即从审美接受的视角对鲁迅美学思想遗产作以探索，以求教于美学界同人。

（一）

鲁迅表述审美接受使用的基本概念："受"。鲁迅认为当人面对美的事物时，只要不是"白痴"，必然发生一种"受动"现象。随着"受动"现象的发生，审美对象与审美主体之间、被接受的美与接受者之间的审美感动关系都就一并构成了。鲁迅在《拟播布美术意见书》中说"凡有人类，能具二性，一曰受，二曰作。受者譬如曙日出海，瑶草作华，若非白痴，莫不领会感动；既有领会感动，则一二才士，能使再现，以成新品，是谓之作"。① 鲁迅这里的"受"就是审美接受，即指人们对自然美现象（海中日出、花卉吐蕊）的体验、领悟与感受，其实质是美的物件"感动"了审美主体。

值得注意的是鲁迅既把"受"描述为审美接受的现象，同时又把"受"认定为人的一种固有能力。谁不具备这种能力，那就不是一个健全

---

① 鲁迅：《集外集拾遗补编》，人民文学出版社 2006 年版，第 48 页。

的人。从这个角度出发，鲁迅认为人之所以在美的对象面前为之感染而成为接受主体，那是由人的审美本能决定的。鲁迅在《二十四孝图》中回忆他童年的小伙伴，天天去读"人之初，性本善"，读得枯燥死了。偶而翻到一本《二十四孝图》，虽然那中间的人像也多是"恶鬼一般的"，但毕竟有一丝图画的生动，可以满足一下小伙伴们那"幼稚的爱美的天性。昨天看这个，今天看这个，然而他们的眼睛里还（是）闪出苏醒和欢喜的光辉来"①。在鲁迅看来，喜欢迎受形象生动或者形式上有美感的东西，这是人的"天性"。

（二）

审美接受与功用的关系。人们接受美的事物而产生愉悦，究竟是纯然的美感诱使，还是包藏了一定的功用因素呢？鲁迅倾向于"功用为本"的审美接受。他在翻译普列汉诺夫《艺术论》后写道："社会人之看事物和现象，最初是从功利底观点的，到后来才移到审美底观点去。在一切人类所以为美的东西，就是于他有用——于为了生存和自然以及别的社会人生的斗争上有着意义的东西，——美底愉乐的根柢里，倘不伏着功用，那事物也就不见得美了。并非人为美而存在，乃是美为人而存在。"② 这一段话是鲁迅审美接受思想的关键性论述。他的意思是：当"事物和现象"（作为审美对象）和接受它的人（审美主体、接受主体）发生关系时，前者须是对后者"有用"的存在，后者才会感到它是美的。后者面对它、接受它时也才会产生美的愉悦。如果"事物和现象"对人是"无用"的东西，人未必作为审美接受的主体对它感兴趣，也不会发生审美接受的愉悦感，审美接受的活动也根本不会存在。

不过这里有一种交代，鲁迅说："功用由理性而被认识，但美则凭直感底能力而被认识。享乐着美的时候，……几乎并不想到功用，但可由科学地分析而被发见。所以美的享乐的特殊性，即在那直接性。"③ "美术诚谛，固在发扬真美，以娱人情，比其见利致用，乃不期之成果。沾沾于

---

① 鲁迅：《朝花夕拾》，人民文学出版社1973年版，第21页。
② 鲁迅：《二心集·〈艺术论〉译本序》，人民文学出版社1973年版，第63页。
③ 同上。

用，甚嫌执持。"① 意思是：艺术审美活动中的"有用性"是一种"潜存"的东西。在审美接受的具体过程中，在美感享受的那个"时间段"，"有用"并不为审美接受者清楚地意识到。它潜藏若虚，如盐释水，隐伏其中，不着痕迹地促成了审美接受的兴趣与愉悦，在接受者自身尚且浑然不觉。所以"有用性"对于审美接受的作用，往往是在"不期"之中潜移默化地完成实现的。

（三）

审美接受与接受主体的现实生存状态。鲁迅认为，审美接受回避不了接受主体的主观心态，接受者对任何美的事物的接受都包含着一种择取，都牵挂着接受者的生存环境或境遇利害。鲁迅《南腔北调集·小品文的危机》中讲，"风沙扑面，狼虎成群的时候，谁还有这许多闲工夫，来赏玩琥珀扇坠，翡翠戒指呢？"当此之时，人们即使有接受美的欲求（"即使要悦目"），"所要的也是耸立于风沙中的大建筑，也是匕首和投枪"。② 而且大建筑"不必怎样精"，"要坚固而伟大"；枪匕"用不着什么雅"，"要锋利而切实"。可见，在鲁迅的思考中，人们对一个事物的审美接受与认可，与接受者本人"生存环境"的现实需求是粘合在一起的。1927 年鲁迅在上海光华大学作《文学与社会》演讲时打过这么一个"比方"，"比方我们有二天没有饭吃，饭的香味就和从前不同"③。这也是在说，接受意识中美的事物（"香饭"），其实有接受者的内在需要在强化着它。

鲁迅还谈到，美的范型在被接受、被认定时，也受制于接受者的生活现状。他讲，他家乡的农民讨媳妇，并不选择那种杏脸柳腰的秀美女子，他们要的是腰圆臂壮、脸色红润能劳作的妇女。④ 30 年代初，梁实秋提出"山水花草的美丽"，没有"阶级的分别"。鲁迅《二心集·硬译与文学的阶级性》里批评说："饥区的灾民，大约总不去种兰花，象阔人的老太爷一样"。⑤ 意思是兰花虽然是美的典型现象，但它不可能成为灾民们审美接

---

① 鲁迅：《集外集拾遗补编》，人民文学出版社 2006 年版，第 50 页。
② 鲁迅：《鲁迅全集》第四卷，人民文学出版社 1981 年版，第 575 页。
③ 童秉国编：《鲁迅演讲全集》，长江文艺出版社 2007 年版，第 177 页。
④ 郑伯奇：《鲁迅先生的演讲》，鲁迅先生纪念委员会编《鲁迅先生纪念集》1937 年第三辑。
⑤ 鲁迅：《鲁迅选集》（下），人民文学出版社 1959 年版，第 129 页。

受的理想化形象。提到梅兰芳，鲁迅在《略论梅兰芳及其他》文中赞扬他的早期风格，认为他后期塑造的贵族仕女形象（那"不死不活的'天女'或林妹妹"），虽然"高贵"，虽然"矜持得可怜"，但社会底层的"大多数"劳动人并不欣赏。"大多数人"倒更喜欢去"看一个漂亮活动的村女"。① 因为那与他们的生存状态"相近"接轨。

（四）

审美接受效果中的主体"创生"。在鲁迅的美学思想中，人们对客观审美对象的接受不是纯然的"受动"，对象在启动接受者的情感、意志与生命意识，接受主体以自己跳动的灵魂对对象进行再创，而往往滋生出一种新的主客体相融合的艺术意象来。鲁迅在《喝茶》中谈自然美及秋色时说："所谓秋思，其实也是这样的。骚人墨客，会觉得什么'悲哉，秋之为气也。'风雨阴晴，都给他一种刺戟，一方面也就是一种'清福'，但在老农，都只知道每年的此际，就要割稻而已。"② 《华盖集续编的续编·厦门通讯》中也讲："我对于自然美，自恨并无敏感，所以即使恭逢良辰美景，也不甚感动。"③

鲁迅说他自己在自然美面前，常常没有调动出"迎受"它们的审美接受意识（所谓"敏感"），故而"良辰美景"，没能启动他（他"不感动"）。当此情形之下，对象还是原来的对象，主体也还是主体自身。但在传统文学中，骚人墨客们面对秋天景象，焕然生出个悲哀的情调来，秋天的一切作为被接受的艺术对象，被加上了别样的文化韵致与审美含蕴。这种情形，与其说看作人们对自然景致的"接受"，倒不如说成接受主体在自然景物"刺戟"中进行的美感创生活动了。所以鲁迅说，这也是"一种清福"，是文人的会享受，老农则不知道这一切。

（五）

主体经验储存与审美接受。鲁迅认识到，对作品内蕴的理解与接受，很大程度上取决于读者经验储存与作品内蕴的"遇合"。缺此"遇合"，主客间格格不入；有此"遇合"，就能抓到痒处。在谈到艺术接受效果时，

---

① 鲁迅：《花边文学》，人民文学出版社 1973 年版，第 129 页。
② 鲁迅：《准风月谈》，人民文学出版社 1973 年版，第 98 页。
③ 鲁迅：《鲁迅全集》第三卷，人民文学出版社 1973 年版，第 355 页。

鲁迅 1933 年 8 月《致董永舒》信说，"看别人的作品，也很有难处，就是经验不同，即不能心心相印。所以常有极要紧，极精彩处，而读者不能感到，后来（读者）自己经验了类似的事，这才了然起来。例如描写饥饿罢，富人是无论如何都不会懂的，如果饿他几天，他就明白那好处。"①《死地》文中亦云："人们未经'死之恐怖'，即不容易为'死之恐怖'所摄，"杀人者"甚至还当作快乐"。②鲁迅看到接受主体是一种客观存在，它用它固有的经验系统去面对它的对象，某种意义上是在"修订""变形"着"对象"（作品内容）的特点，接受生成的东西与"作品本来"反映的东西会有一定的距离，接受主体好像是在"文本"中各取所需。鲁迅说，《红楼梦》的命意，"因读者的眼光而有种种。经学家看见《易》，道学家看见淫，才子看见缠绵，革命家看见排满，流言家看见宫闱秘事……"③鲁迅这里说的"眼光"就是接受主体固有的经验系统，它在与作品内蕴相遇时，实际上是在"用自己"的东西"对作品加以改造"，使作品内蕴成了"为自身服务"的东西了。也即传统文论中所说的"六经注我"。

鲁迅把文艺作品接受主体（欣赏者、阅译者）的"经验内存"称之为"社会体验"。认为它是一个因地因时而异的"变数"。这个"变数"影响着对艺术形象的审美接受。鲁迅《看书琐记》说：中国人可以知道"林黛玉型"的美，但"北极的遏斯吉摩人和非洲腹地的黑人，我以为是不会懂得'林黛玉型'的。"又说："林黛玉这一个人，排除了梅博士'黛玉葬花'照相先入之见，另外想一个，那么，恐怕会想到剪头发、穿印度绸衫，清瘦，寂寞的摩登女郎；或者别的什么模样……但试去和三四十年前出版的《红楼梦图咏》之类里面的画像比一比罢，一定是截然两样的，那上面所画的，是那时的读者心目中的林黛玉。"④

鲁迅以为，让他那个生活时代的读者去想象林黛玉，想象的结果，恐怕会出现一个穿印度绸衫的摩登女郎。这种接受意识中的形象复制和三十

---

① 鲁迅：《鲁迅全集》第 12 卷，人民文学出版社 2005 年版。
② 鲁迅：《华盖集续编》，人民文学出版社 1973 年版，第 65 页。
③ 鲁迅：《集外集拾遗补编》，人民文学出版社 2006 年版，第 177 页。
④ 鲁迅：《花边文学》，人民文学出版社 1973 年版，第 93 页。

四年前读者心目中的封建仕女图中的黛玉形象就大有差异了。原因很显然：相隔三十四年的接受者，他们关于"美人"的社会体验是根本不同的，他们接受想象林黛玉的"经验内存"完全不一样，所以，被接受意识"拷贝"出来的黛玉形象也就变化出了截然不同的面影。

由于接受主体固有经验（眼光）的作用，同一种审美对象在接受活动中形成的审美感受，便是不同的了。所谓"有一千个读者便有一千个哈姆雷特"。鲁迅在《准风月谈·前记》中说："柳下惠看见糖水，说'可以养老'，盗跖见了，却道可以粘门闩。他们是弟兄，所见的又是同一的东西，想到的用法却有这么天差地远。'月白风清，如此良夜何？'好的，风雅之至，……但同时是涉及风月的'月黑杀人夜，风高放火天'呢？这不明明是一联古诗么？"① 这里姑且不论柳下惠和盗跖对同一事物的不同想法，单就自然界的"风""月"而言，诗人对它们的接受情怀便色彩迥异。前一种是"风清月白"，觉得它清雅，是叫人叹美的。后一种是"月黑风高"，感到它凶险出没，是令人惊怖的。同是对自然界"风""月"的接受，但领略到的内蕴却"天差地远"。在批评国粹派的言论中，鲁迅《热风·随感录》里还表述过这样的意思：人民把封建文化的顽劣糟粕视为割之而后快的"疽痈"，然国粹派却看那"红肿之处"，"艳若桃花"；人民憎恶那些"溃烂之处"，国粹派却以为"美如奶酪"。② 所以，鲁迅《致孙伏园》信中云："甲们以为可丑者，在乙们也许以为可宝。"③ 简洁地归纳了被接受对象之美丑随接受者眼光而变异的定理。

（六）

审美接受与心理距离。鲁迅认为在艺术接受中，审美主体与审美对象之间必须保持一定的心理距离，像岸上观潮，墙外看花，持一种"赏鉴的态度"。如果"距离"太近，美将被破坏。《漫谈漫画》云：比如女人臂膊是美的，连杜甫也免不了"清辉玉臂寒"的遐想。但若"用廓大镜照了她露出的搽粉的臂膊，看出她皮肤的褶皱，看见了这些褶皱中间的粉和

---

① 鲁迅：《准风月谈》，人民文学出版社 2006 年版，第 1 页。
② 鲁迅：《鲁迅全集》第一卷，人民文学出版社 1973 年版，第 395 页。
③ 许广平编：《鲁迅书简》上册，人民文学出版社 1952 年版，第 29 页。

泥"①，那就不美了。鲁迅意思是：对美的观照必须有"距离"存在。否则美感就会消失。

　　看小说也一样，读者作为接受主体一定要和作为对象的书中人物保持一种观照的距离，不能把自己等于同于书中某人物，去闹"为何杀我宝玉"的笑话。鲁迅《中国小说的历史的变迁》道："中国人看小说，不能用赏鉴的态度去欣赏它，却自己钻入书中，硬去充一个其中的角色。所以青年看《红楼梦》，便以宝玉黛玉自居，而中、老人看去又多占据了贾政管束宝玉的身份，满心是利害的打算，别的什么也看不见了。"② 又曾说："看小说第一不应把自己跑入小说里面……看小说犹之看铁槛中的狮虎，有槛才可以细细地看，由细看推知其在山中生活情况。……看小说看人生都应站在槛外地位，切不可钻入，一钻入就要生病了。"③ 鲁迅的比喻很形象，对小说内容的接受就像在铁槛外看雄狮斑虎，其威猛壮观或可引发审美激动与人生领悟，如果跑进"槛"去，接受、欣赏的主体方就会被"对方"吃掉；那么，审美主客体的关系就不存在了。所以，审美接受与欣赏是要拉开与对象间的心理距离的。

## 二　审美交互作用与唐代长安风俗

　　这里我们从不同习俗文化中的审美情趣、审美意蕴互相接触、碰撞、交流、渗透的角度，来看唐代长安风俗与西域风俗进行审美交互运演的种种形态，从当时风俗文化发生审美变更的侧面，揭示唐人大胆吸取异域文化精神的襟怀以及唐都文化开放舒展的气象。

　　每一种风俗都有它滋生的土地，这块土地叫作风俗的"本土区域"。当一种风俗离开自己的"本土"向他乡传播、渗透时，它又会获得新的领土，这领土是风俗的"流衍区域"了。一般说来，"流衍区域"的获得都不会一帆风顺，或有温情脉脉的美的征服，或遇开放民族的主动汲取，或伴随激烈乃至血与火的斗争。"流衍区域"形成、获得的过程，也平行地产生着两种（乃至更多种）风俗综合、互渗的过程。从美学的意义来理

① 鲁迅：《且介亭杂文二集》，人民文学出版社 2006 年版，第 21 页。
② 鲁迅：《中国小说史略》，人民文学出版社 2006 年版，第 346 页。
③ 许广平：《鲁迅回忆录》，上海文艺出版社 1978 年版，第 23 页。

解，这种综合、互渗过程也就包含了一种审美的"交互作用"（interaction）。"交"是交接或交锋，"互"是互为效仿或互相拒斥，合起来就是不同民族审美习尚在特定地域内（也即交互作用圈内）进行接触、碰撞、影响、融汇的审美运动与文化整合。唐代长安的习俗文化就曾呈现出这样动态的审美交互现象。

1. 抛开异域习俗事象的原本历史意蕴，而仅以其外在形式或式样与长安臣民的娱乐意识发生媾合，使之在长安"风俗圈"中植根、繁兴起来。如西域人信奉佛教，有扎结佛灯、燃炬礼佛的习俗。唐代，流衍到长安。《旧唐书·睿宗纪》记有西域僧人婆陁，夜燃灯"百千炬"请睿宗看①。《唐会要》九九卷"吐火罗国"条也记西域人祖纥多向朝廷"献玛瑙灯树"②。这种灯树、灯炬在先天年间开始风行。先天二年的元宵节，长安安福门外有皇家操办的灯树20余丈，上结上万盏灯，帝率百僚通宵观灯宴乐，并有宫女数千人罗衣锦绣，珠翠花冠，在灯树下联袂歌舞。诗人张说《踏歌词》有一段欢情的描述："花萼楼前雨露新，长安城里太平人。龙衔火树千灯艳，鸡踏莲花万岁春。""帝宫三五戏春台，行雨流风莫妒来。西域灯轮千影合，东华金阙万重开。"③ 可见，西域人的观灯习俗引进到长安后，原有的"莲花""灯轮"的佛教寓意已为人们漠视。它的光华璀璨的外观形式与长安人君民同乐的习俗心理混合为一体了。即西域人带有佛教色彩的玩灯习俗在特定的"文化圈"（长安城）中已经生成了新的娱乐的意趣。

2. 生活在长安习俗圈中的人们的文化意识是一个变量。他们虽深受该城（"圈内"）文化气息的熏陶，但不会封闭静态、画地为牢。他们会像期待清新空气一样，去迎受属于外来的习俗风尚。如唐代，大量的回鹘人流居都城。回鹘人的衣装、礼仪、用具、嗜好、宗教信仰，也随之弥漫长安。花蕊夫人《宫词》在描写那些艳福丰厚的朝廷官员于腊日携侍女出游

---

① 刘昫《旧唐书·睿宗纪》载："二月丙申，改隆州为阆州，始州为剑州。分冀州置深州。初，有僧婆陁请夜开门然灯百千炬，三日三夜。皇帝御延喜门观灯纵乐，凡三日夜。"（《旧唐书》，台湾"中研院"汉籍文献资料库本，第161页）
② 王溥：《唐会要》，中华书局1955年版，第1773页。
③ 郭茂倩：《乐府诗集》，上海古籍出版社1998年版，第878页。

图1　胡人骑象玉饰①

时说："回鹘衣装回鹘马，就中偏称小腰身。"侍女们乘回鹘骏马，着回鹘衣装，既潇洒倜傥，又英气隽爽，令人看去怜爱称美。在这里，汉族士庶带着对既有城区习尚的腻味感去审视回鹘习俗，视觉的投影上自然有了别具韵味的图像和色彩的感受。回鹘习俗非但没有在长安城中受到鄙夷，反倒成了鲜美的东西。这表明厌旧求异的习俗审美心理在给长安城中的风俗文化灌注着新鲜血液，促进着它的新陈代谢和历史蜕变。

3. 习俗审美势力的交互、渗透、影响不是单向的，而是互逆的。不同习俗存在着一方影响另一方，另一方又反作用过来的互相渗透、互相改造的关系。甲浸润于乙，乙也给甲注输汁液；尽管甲给乙的或乙给甲的在分量程度上不完全对等。如唐代长安，一方面是汉人胡化，歌胡歌，舞胡舞，着胡装，效胡俗，"长安中少年有胡心矣"。元稹《法曲》讲："自从胡骑起烟尘，毛毳腥膻满咸洛。女为胡妇学胡装，妓进胡音务胡乐。"这是真实的。刘肃《大唐新语》：贞观中，有人家被胡人盗劫一空。官府很久不能破案。一位聪明的参军分析说：被盗人家仅记得盗贼戴一胡帽，这不足以说明盗贼就是胡人。现长安胡人也戴汉帽，汉人亦戴胡帽，衣俗仿效之风尤浓。盗贼不仅要到胡人中去找，也要到汉人中搜寻。官府缉捕按

①　张道一：《中国图案大系》（三），山东美术出版社 1993 年版，第 597 页。

**图 2　唐玉带版人弄胡乐①**

此办理，果然很快抓到了行窃者：原是一个汉人；另一方面流寓长安之胡人亦仰慕华风，羡学长安人生活方式。如当时在长安修行里定居的于阗王子尉迟胜，建园林亭榭，逢花晨月夕，邀文人雅士，观赏游览②，完全按照长安士大夫的风俗习惯、审美情趣来安排自己的生活，做风雅之会，行辞让之礼，连同在这种文化环境下长大的儿子都基本抛弃或忘却了胡人固有的习俗，汉化了。

　　4. 一种风俗（或负载一定风俗的人、人群）在异乡土地上与另一种本地风俗发生接触时，往往由于"身在异乡为异客"的脆弱情感，并受本地风俗氛围的笼盖、逼压，而不得不迈出入乡随俗的艰难步履。如唐天宝以后，河、陇等地陷于吐蕃，胡客留居长安不得归，为了生计、婚配，只好学模汉人的生活方式，穿上汉人的服装"诱取妻妾"（向达语），或经商谋生。《资治通鉴》225 卷及 232 卷《唐纪·德宗纪》记："回纥留京师者常千人，商胡伪服而杂居"③，"客留长安久者或四十余年，皆有妻子、买田

---

　　①　张道一：《中国图案大系》（三），山东美术出版社 1993 年版，第 549 页。

　　②　欧阳修、宋祁：《新唐书》卷 110《诸夷蕃将传·尉迟胜》："尉迟胜本王于阗国。天宝中，入朝，献名玉、良马。玄宗以宗室女妻之，授右威卫将军、毗沙府都督。……胜既留，乃穿筑池观，厚宾客，士大夫多从之游。"（台湾"中研院"汉籍文献资料库本，第 4128 页）

　　③　司马光：《资治通鉴》，中华书局 1956 年版，第 7265 页。

**图3　唐海马葡萄镜②**

宅，举质取利，安居不欲归。"② 可见，一种风俗环境对属于另一种风俗环境的人是有塑造力、劝化力的，它能以软性的方式使之在审美情趣、行为规范上向己靠拢。

5. 交互作用中，一个观念必然发生，那就是对风俗的离心倾向的阻止，阻止即维护原来的审美系统。如元和末年，长安女子时兴由西域传入的妆式：圆发锥髻，不设鬓饰，不施朱粉，乌膏涂唇，"状似悲啼"③。白居易作《时世妆》批评说："时世妆，时世妆，出自城中传四方。时世流行无远近，腮不施朱面无粉。乌膏注唇唇似泥，双眉画作八字低。妍媸黑白失本态，妆成尽似含悲啼。圆鬟无鬓堆髻样，斜红不晕赭面状。……元和妆梳君记取，髻堆面赭非华风！"由于白居易胸中揣着个"华风"的审美标准来审视时世妆，故在他眼中，这种妆饰非但不美，反而是有"失本态"的"媸"。多么顽强、敏锐的文化排它意识！

在异俗事象冲击原有风俗审美理想时，还常常构成封建士大夫十分矛

---

① 张道一：《中国图案大系》（三），山东美术出版社 1993 年版，第 434 页。

② 司马光：《资治通鉴》，中华书局 1956 年版，第 7493 页。

③ 欧阳修、宋祁《新唐书·五行志》"服妖"条："元和末，妇人为圆鬟椎髻，不设鬓饰，不施朱粉，唯以乌膏注唇，状似悲啼者。圆鬟者，上不自树也；悲啼者，忧恤象也。"（《新唐书》，台湾"中研院"汉籍文献资料库本，第 879 页）

**图 4 唐狩猎胡俑**[①]

盾的文化心理。如唐代长安盛行泼胡乞寒之戏。此戏出于西域康国，时令在十一月。戏时"以水相泼"，并有歌舞之辞《苏摩遮》。对此戏，中书令张说一方面觉得其新奇豪健，有助欢愉，以诗咏赞："摩遮本出海西胡，琉璃宝眼紫髯须。闻道皇恩遍宇宙，来将歌舞助欢娱。""寒气宜人最可怜，故将寒水散庭前。唯愿圣君无限寿，长取新年续旧年。"（《张说之文集》卷10）另一方面又觉得毕竟近似"下三流"的倡优所为，悖逆于儒家礼仪（"鲁礼"）的审美规定，上疏皇上，要求禁断。疏文说："乞寒泼胡，未闻典故。裸体跳足，盛德何观？挥水投泥，失容斯甚！法殊鲁礼，亵比齐优。恐非干羽柔远之义，樽俎折冲之道。"[②] 这种矛盾的态度多么微妙地揭示了在习俗"交互"现象中新旧审美标准、不同风俗理想的交锋！

6. 在风俗的审美交互作用中，由异域风情带来的生机或文化气氛可以

① 樊英峰：《丝路胡人外来风：唐代胡俑展》，文物出版社 2008 年版，第 114 页。
② 王溥：《唐会要》卷三十四"杂录"引，中华书局 1955 年版，第 629 页。

图5　胡人宴舞图①

启迪原风俗中某些潜在或受抑制因素的抬头，以造成较为宽松、舒展的文化开放气象。如封建时代文人学士有着"且向花间留晚照"的性爱意趣，在他们人性的深层也不无眠花宿柳、依红偎翠的要求；但礼俗规定他们"思无邪""勿近女色"。这就形成内在心理上的矛盾与压抑。唐代，由于少数民族不重礼法婚姻风尚的影响，新科进士奉旨游曲江的习俗事象中，也掺进了狎妓风流的成分。每值此际，长安城里住室半空，公卿富庶皆赴选东床，文人士子更趋之若鹜。王定保《唐摭言》卷三"散序"条："敕下后，人置被袋，例以围障、酒器、钱绢实其中，逢'花'则饮。故张籍诗云：'无人不借花园宿，到处皆携酒器行。'"②《开元天宝遗事》："每年新进士以红笺名纸游谒其中（长安平康坊歌妓），时人谓此坊为风流薮泽。"③"长安名妓刘国容，能吟诗，与进士郭昭述相爱，他人莫敢窥也。后昭述……授天长薄，遂与国容相别。国容送书曰：'恨鸡声之断爱'。"④ 在曲江宴习俗的保护伞下，唐代士子的女性爱摆脱了社会戒律"思无邪"的束缚，一个个得意忘形，寻花觅柳，脂香粉腻，好不惬意！这与唐人总体风俗文化环境中出现"闺门失礼，不以为异"的基调，不能说没有联系。

7. 外化与内化。外化主要是习俗交互现象中一些有意识的审美猎奇和

①　陕西省考古研究所：《西安北周安伽墓》，文物出版社2000年版，第34页。
②　王定保：《唐摭言》，中华书局1960年版，第25页。
③　王仁裕：《开元天宝遗事》，上海古籍出版社1985年版，第79页。
④　同上书，第90页。

图 6　唐海马葡萄孔雀鸾蜓镜①

刻意效仿，效仿中生成出摸得着、看得见的物质文化产品。如向达说：
"长安、洛阳两地出土之古镜甚多，其中有一种上镌海兽、海燕以及葡萄
花纹者，最为精美。前人称此种古镜为海马葡萄镜，以之属于汉镜一类，
近始知其为唐镜。海马葡萄花纹图案，传自西域，以之铸镜，唐代始盛；
是亦唐代两京盛行西域文明之小例也。"② 内化则是一种内在的潜移默化的
渗透与熏染。即长安风俗圈中的人们，不知不觉地受到外来异俗文化深层
韵律的感染与吸引，从而把它转变、积淀为自身的艺术意识或文化心理因
素。如《逸史》记长安笛手李谟与独孤生的故事："独孤曰：'公试吹《凉
州》。'至曲终，独孤生曰：'公亦甚能妙。然声调杂夷乐，得无有龟兹之
侣乎？'李生（李谟）大骇起拜曰：'丈人神绝，某亦不自知，本师实龟兹
人也。'"③ 李生吹笛，精妙绝伦，但音调中似有外域风味。原来他的老师
是龟兹人，他无形中受到了影响，尚且"不自知"哩！这种内在文化心理
结构无意识地受异域风情染化的情况，在唐代长安习俗中极为普遍。

---

① 林乾良：《镜文化与铜镜鉴赏》，西泠印社 2012 年版，第 186 页。
② 向达：《唐代长安与西域文明》，河北教育出版社 2001 年版，第 54 页。
③ 李时人：《全唐五代小说》第 3 册，陕西人民出版社 1998 年版，第 1506 页。

8. 两种不同审美旨趣的习俗相遇，发生交互作用，究竟什么因素决其胜负呢？西方民俗学派提出了一种"优势种"（dominantypes）的概念。即一种习俗在审美内涵与历史渊源上比其他习俗优位、绵厚，更符合人的社会需要与自然要求，因而也更有向外渗透、吞并、同化、扩张的能力。如唐代民族大融合，少数民族略带原始气息的不讲礼法、不重贞操的犷悍风俗，就完全突破了以中原礼仪系统为审美核心的婚姻习俗。高宗可以父太宗的才人（武则天）为昭仪；玄宗可以子寿王的妃子（玉环）为贵妃；中宗在房州可以向韦后许愿给她性自由："一朝见天日，誓不相禁忌"（《旧唐书·中宗韦庶人传》）[1]，不相禁忌即婚外通好的同义语。连专横跋扈的杨国忠也允许妻子有私生子，《开元天宝遗事》记，杨国忠出使江浙，其妻思念至深，昼梦与国忠交媾，有孕。后生一男儿名肥。杨国忠归来，妻子述梦中之事。杨国忠讲："此盖夫妻相念情感所致。"[2] 你看，杨国忠非但不怪妻子，反为其开脱，双方对婚外私生活的允许，多么默契！朱熹曾用一句话概括这种习俗："唐源流出于夷狄，故闺门失礼，不以为异。"[3] 也就是说，在婚恋问题上，这种夷狄习俗比中原汉族固有的礼仪习俗，更能捕系"人心"，具有"优势"的特性。因而它能发展，在唐代都城宫苑中也能有它的市场。

与"优势种"相联的是"优势感"，即对自己民族习惯自我欣赏、自以为是的美感判断。每一个风俗圈中的人都有自己的"优势感"。中原人以华夏蛮夷观念为"优势感"，这种优势感非常狭隘。《资治通鉴》卷197记唐太宗曾说："夷狄亦人耳，其情与中夏不殊。人主患德泽不如，不必猜忌异类。若德泽洽，则四夷可使如一家。"[4] 这种审美心胸才是大度朗阔的。

---

① 刘昫：《旧唐书》，台湾"中研院"汉籍文献资料库本，第2172页。
② 王仁裕：《开元天宝遗事》，上海古籍出版社1985年版，第76页。
③ 朱熹：《朱子语类》卷116《历代类》三。
④ 司马光：《资治通鉴》，中华书局1956年版，第6216页。

## 三　A Study of Artistic Aesthetics from the Angles of Cultural Genealogy and Typology in China's Archaeology About the Period Before 221 BC

One of the key research fields in China's archaeology has been from the Spring and Autumn Period, the Warring States Period, the Western Zhou Dynasty, Shang Dynasty all the way back to the Neolithic Era. Since the twentieth century, the academic achievements of such research have been rather fruitful with its focuses on the sorting out and exploring of the newly-discovered archaeological materials, the categorizing and analyzing of the typical cultural plates, the cleaning up and restoring of the representative cultural sites and unearthed relics. But it is rare to carry out an interdisciplinary research from the perspectives of cultural genealogy and typology by using the archaeological materials about the period before 221 BC to explore the origins of Chinese artistic aesthetics and construct its systematic and basic theories. *A Study of Artistic Aesthetics from the Angles of Cultural Genealogy and Typology in China's Archaeology About the Period Before 221 BC*, the author's book as a result of completing a planned project of humanities and social sciences from the Ministry of Education (published by Anhui University Press in 2006 and reprinted in 2009), was written from the above-mentioned perspectives.

By using for the first time the specific concepts and categories of "cultural genealogy" or "typology" in archaeological research, the fifteen-chapter book containing 350000 Chinese characters with *Constructing "Archaeological Aesthetics of Cultural Relics" as a Cross Discipline* as a preface, re-examines the origins of Chinese artistic aesthetics including burgeoning states of a variety of religious art concepts and aesthetic forms. The logical starting point and academic path for the author's research emphasize that a particular "cultural genealogy" or "typology" (such as Dawenkou Culture, Liangzhu Culture, Sanxingdui Culture or Bronze Culture in Shang and Zhou Dynasties) itself, in its archaeological sense, possesses a certain peculiarity of artistic aesthetics. Namely, a cultural genealogy in archaeology can be established just because there are specific elements of artistic aesthetics underlying and constituting it. This is the dominant academic thought and innovation the book demonstrates.

The book has selected eight representative cultural genealogies ( Yangshao, Redshan, Erlitou, Yin Ruins, Sanxingdui, Chu etc) in China's remote past and six typical cultural typologies ( painted pottery, bronze ware, silk manuscripts, jade articles, rock paintings, stone reliefs) as studying objects, involving various forms of primitive religions and witchcraft ( burying, hunting, extracting teeth, praying for rain, birds, eyes, sacrificial utensils, solar and lunar eclipses) . It is a well-informative and beautifully-illustrated book with more than 400 pictures of cultural relics.

Specifically speaking, in it several valuable aspects are as follows.

1. As for the origin of the concept of "beauty", the author states a new view that the original Chinese character "beauty" is "a person wearing feathers" or "a person adorned with feathers", which is different from his previous suggestion "that the literal meaning of 'beauty' is a pregnant women wearing a sheep's head to pray for giving birth" ( made in a paper published in No. 2, 1996 of Journal of Literature, History and Philosophy) .

2. On the basis of a probe into a series of laws of primitive art forms and aesthetic motifs ( such as law of clockwise rotation, law of split representation, law of turning heads, law of leaving vestiges, decorating on the foreheads, adorning with plumes, perceiving beauty through olfactory sense) , the author summarizes the basic path and research methods of constructing a cross discipline, "Archaeological Aesthetics"; and by analyzing Marx and Engels' research on the academic archaeological materials, he points out that it still has its theoretical value to guide our work in constructing the historical materialistic discipline, "Archaeological Aesthetics" .

3. The book presents a concept for the genealogical theory of primitive art, that is, "form as non-form" . As Claude Lévi-Strauss advances a law of "split representation" in primitive art, Chinese scholars also believe that it is only the symmetry of form. The author argues that "split representation" in the images of

or on ancient artifacts is not the pure form, but the physical reflection of religious imagination, which is merely a transmission and manifestation of fixed styles set objectively.

4. The book sums up a common law of artistic creation of various artifacts in the archaeological discoveries about the period before 221 BC, namely, "images haunting and images interacting". Primitive witchcraft and primitive religious beliefs as the inherent artistic "magic" of ancient artifacts are fundamental while images, symbols, decorative patterns are the realization of their external forms.

山西天马曲村出土西周玉雨师

## 四 A Study of "The Book of Songs" from the Angle of Cultural Anthropology

Like other national classics "*Iliad*", "*Odyssey*", "*Old Testament*", "*Mahabharata*", "*Ramayana*", "*Leaves Collection*" etc., "*The Book of Songs*" is the source of Chinese national culture in the ancient times. In it there is an abundance of legends, myths, witchcraft, etiquette, rituals, beliefs, language representations, artistic prototypes, life customs, object-naming and describing systems, social and familial organization forms and so on, and therefore, it is a rare classic text for the research of cultural anthropology. Just from this special perspective, the author wrote his book, *A Study of "The Book of Songs" from the Angle of Cultural Anthropology*, which was published in 2010 by Huangshan Press and won in 2012 the second prize among Anhui Province humanities and social sciences works.

西周鬲从鼎铭文

The book containing more than 600 thousand Chinese characters, has selected three aspects of prototype and metaphor, customs and witchcraft, myths and rituals, as the concrete and microscopic observation modes for cultural anthropology. In its discussion, firstly, a clear description has been made of the connotations of the selectively explored phenomena of cultural anthropology to reveal their conventional and revolutionized interpretations; and then, the description has been supported with the similar phenomena from among other national literatures and with the materials of field studies and concrete objects. In fact, carrying out the textual research in this empirical way, the naming, implicating and describing of many phenomena recounted in "The Book of Songs" itself and mentioned in its annotations after the Han Dynasty, all constitute the historical continuity of cultural motifs and customs implications, as well as the evolution and inheritance of literary "discourse", and moreover, involve colorful similar representations of other nationalities. Hence, such examination and verification somewhat assume a look of macroscopic study as well.

The book has made great effort to do cross-cultural comparative analysis which cultural anthropology emphasizes. The author has set a special chapter to explore offerings-burning sacrifices in "The Book of Songs" and "Old Testament", comparing offerings-burning by the ancient Chinese with holocaust by the Hebrews, and unexpectedly found that there were many similarities in the altars, offerings and sacrificial methods and so on between the two nationalities with distinctive living environments and religions. This proves that different human cultures sometimes shared the law of the same direction in their early developments.

山西侯马盟书

After the Han Dynasty, starting from the Confucian thought, experts of Confucian classics put forward such viewpoints as "eulogizing", "satirizing" in their annotations of "The Book of Songs", and changed the book into a Confucian classic. However, starting from its actual description, the author vividly describes the life of the ancient Chinese before the Warring States Period (before 221 BC) demonstrated in it, and helps us clearly understand the material life and the spiritual world in that era. This is a certain "restoration" of "The Book

山东嘉祥汉画像虹龙图

*of Songs*" as to its content, the society and culture patterns reflected in it.

Early cultural anthropologists made their cross-cultural comparative studies largely on the basis of ethnographic materials recorded by voyagers, explorers and missionaries. Not until the end of nineteenth century did cultural anthropologists begin to pay attention to the in-depth fieldwork, in which America's Franz Boas (1858 – 1942) and Britain's Bronislaw Kaspar Malinowski (1884 – 1942) have made important contributions. Up to now, the field survey has become the basic academic path for cultural anthropologists to obtain the files. So has the author of this book. In particular, he has made the best of the latest archaeological files, including the written and pictorial ones of bronze ware, jade jewelry, tiles, brocade, pottery, epitaphs, murals, stone inscriptions, rock paintings, stone reliefs and illustrations in ancient books and so on, some of which have been found in the historical records, most of which attained, taken or even traced from National Museum of China, Shanghai Museum, Anhui Province Museum, Xuzhou Art Museum of the Han Dynasty Stone Reliefs. Their full use not only deepens the readers' understanding of culture, but also enhances the visual appeal of the well-informative and beautifully-illustrated book to the readers.

印第安人莫奇卡文化彩陶虹神图

It should be said that in the beginning and the middle of last century, such distinguished scholars as Wen Yiduo (1899 – 1946), Sun Zuoyun (1912 – 1978), Chen Zizhan (1898 – 1990), Gao Heng (1900 – 1986) and Japan' Shirakawa Shizuka (1910 – 2006), analyzed connotation and artistic features of "*The Book of Songs*" through folklore research methods andmade great achievements in its cultural interpretation. In the 1990s, Mr. Ye Shuxian reassessed the book with the methods of cultural anthropology research and advanced a new type of cultural interpretation. No doubt, the author has completed his very study by following those predecessors' paths.

## 五 A Motif History of Chinese Classical Operas

*A Motif History of Chinese Classical Operas*is the achievement of concluding the project with the same title as the book, supported by the National Social Sciences Fund.

The past dozen years has witnessed substantial results in the research about the operas in the Yuan (1271 – 1368), Ming (1368 – 1644) and Qing (1644 – 1911) Dynasties in the academic circle of China. High level works have come into being in the formation history of zaju opera (a poetic drama set to music) in the Yuan Dynasty, the chronicle of legends in the Ming and Qing Dynasties, the general history of operas, the history of opera communication and reception, the theoretical history of classical operas, the history of opera theatres, the studies of opera forms, the studies of cultural relics of operas, the studies of opera audience and the anthropology of operas. But it has not been seen to globally explore, from the "motif" perspective, the implications, forms and historical development in the opera works of the Yuan, Ming and Qing Dynasties so as to systematically construct a motif history of Chinese classical operas. In this sense, the book, *A Motif History of Chinese Classical Operas*, original and ground breaking, is of special significance in its theoretical innovation and stands at the forefront by filling in a research blank.

The academic value of the book lies in establishing a thematic history of literature from the theoretical perspective of the "category" connotation. At present, the compiling of the literary history focuses on the literary history of main genres, the dynastic history of literature, the regional history of literature. However the thematic history of literature from the theoretical perspective of the "category" connotation has not received much attention. Hence this book is a completely new attempt.

The main content of this book is as follows.

1. In the analysis of the concrete opera motifs, the author has compared the similar types of relative phenomena in cited poetry, wenfu (a rhyming prose in ancient Chinese), novels or notes. The comparison by genres can clearly demonstrate that the opera motifs tended to the dramatic driving and leading. Generally, the literary direction in the playwrights' use of traditional motif phenomena focused not on artistic conception, allusion, hidden allusion and narration, but on feelings arousing, the stage interest, the thread guiding and characters' con-

flict and so on. In fact, it was just around dramaticism that the particularity of opera motifs centered.

2. Taking the case analysis of opera motifs as a starting point, and based on the quantitative analysis, the author has recognized and determined the typical motifs with a high frequency, and grasped their universals in the forms, characteristics and origins etc. . The analysis of the state of existing motifs in the case study of the plays——66 zaju operas in the Yuan Dynasty and *A Selection of Zaju Operas* by Zou Shijin (1596 – 1677) ——shows that the number of the motifs in each opera was different, with more the dramatic rhythm looking dense, with less the charming visionary world relaxing. But in any case, the employment of motifs served the purpose of the dramatic themes, structures, characters' personality and the stage atmosphere creating.

3. The author has adhered to the principle of the longitudinal study of motif cases. On the one hand, from the Southern Opera (a local classical opera of the Han nationality in Southern China from 12th to 14th centuries) in the Song (960 – 1279) and Yuan Dynasties to the opera literature in the late Qing Dynasty, what motif cases could be long used, frequently projected and constantly extended? On the other hand, how were these long-standing motif cases consistently updated on the basis of prototypes of the previous times? The inquiry into the former and the questioning of its reasons mean having penetrated into the inner plane of the relationship between the opera motifs and the national cultural traditions, psychological habits, artistic spirit. The inquiry into the latter helps us understand "the evolutionary history" of a motif in different works of different playwrights in different periods, a trace of the transmutation, evolvement and development of "cultural implication units", so as to sense from one side why Chinese culture has ensured its continuity: that is because numerous smallest "implication units" have been renewed and regenerated unceasingly, maintaining their dynamic characteristics at all times.

4. The author has emphasized the form of "motif chains". Often a motif is not isolated. It can bring about its natural associations according to its historicized

familiality, and form a "cluster" or linking phenomenon. This form is called "a motif chain". It is a relatively stable familial combination and a link of intertwining dramatic plots. For instance, in the operas in the Yuan and Ming Dynasties, around the frequent emergence of the motif, Queen Mother of the West, were connected a series of submotifs: boy and girl attendants of fairies, fairies thinking about and descending to the secular world, immortals' messengers released from purgatory. This had a practical effect on arranging the "double" plot, interlinking a series of stories, expressing multiple implications.

5. Generally speaking, the narration of dramatic motifs advances along with the tides of the times. In different periods, the dramatists' selection and use of motifs were, to a certain extent, affected by their ideological trends and characteristics of everyday phenomena: mundane customs of northern nationalities in Jin (1115 – 1234) and Yuan Dynasties, daily trifles of the petty city-dwellers in the Ming Dynasty, plotting units with ideas of adherents of the former overthrown Ming Dynasty in the early Qing Dynasty.

6. The tendency towards the formation of opera schools in the Ming and Qing Dynasties branded the dramatic motifs. For example, the opera plottings in the early Ming Dynasty revealed the "peace" purport; the dramatic motifs in the Kunshan School manifested the habits of literati's unconventional romance and self-admiration; the dramatic units in the Wujiang School unfolded the allegorical spirit upon the society in the late Ming Dynasty; the Linchuan School laid emphasis on the use of the typical plots about love, dreams, paintings and souls; the playwrights, remaining adherents of the former overthrown Ming Dynasty in the early Qing Dynasty, exhibited their dramatic motifs tinged with sentimentality; the scenic units in Huabu Operas (various operas of Han nationality except the Kun Opera) displayed the vulgar banter——all these were closely linked to aesthetic ideas and artistic implication of different schools.

7. Many dramatic motifs derived from religions, customs, institutions, folk legends into the opera writing. The playwrights chose them for their own artistic aim to serve story structures, dramatic conflicts, characterizations and theme ex-

pressions in their works. Therefore we have been able to be aware of many aspects of Chinese traditional culture from the cross section in the opera entity, which is so vivid and specific, glowing with a bright radiance of national traditions.

In addition, our research is also on the origin retrospection of a phenomenon or motif. This, from the perspective of Chinese opera literature, reflects the evolutionary patterns of the Chinese cultural subelements (phenomena or motifs) at their micro levels. In other words, a motif history of classical operas is an evolutionary history of micro units of Chinese traditional culture.

# 参考文献

（秦）吕不韦：《吕氏春秋》，上海书店 1986 年版。

（汉）刘安：《淮南子》，上海书店 1986 年版。

（晋）王嘉：《拾遗记》，中华书局 1981 年版。

（晋）干宝：《搜神记》，中华书局 1979 年版。

（晋）陶潜：《搜神后记》，中华书局 1981 年版。

（晋）崔豹：《古今注》，上海书店 1989 年版。

（晋）葛洪：《西京杂记》，江苏广陵古籍刻印社 1983 年版。

（梁）释僧佑：《出三藏记集》，中华书局 1995 年版。

（梁）释慧皎：《高僧传》，中华书局 1992 年版。

（梁）殷芸：《殷芸小说》，上海古籍出版社 1984 年版。

（梁）萧统：《文选》，中华书局 1977 年版。

（唐）杜佑：《通典》，中华书局 1988 年版。

（唐）欧阳询：《艺文类聚》，上海古籍出版社 1982 年版。

（唐）徐坚：《初学记》，中华书局 1962 年版。

（唐）张鷟：《朝野佥载》，中华书局 1979 年版。

（唐）刘肃：《大唐新语》，中华书局 1984 年版。

（唐）郑处诲：《明皇杂录》，中华书局 1994 年版。

（唐）张读：《宣室志》，中华书局 1983 年版。

（唐）李冗：《独异志》，中华书局 1983 年版。

（唐）段成式：《西阳杂俎》，中华书局 1981 年版。

（唐）薛用弱：《集异记》，中华书局 1980 年版。

（唐）谷神子：《博异志》，中华书局 1980 年版。

（宋）江少虞：《宋朝事实类苑》，上海古籍出版社1981年版。

（宋）李焘：《续资治通鉴长编》，上海古籍出版社1988年版。

（宋）郑樵：《通志》，中华书局1987年版。

（宋）宇文懋昭：《大金国志》，崔文印校证，中华书局1986年版。

（宋）李昉：《太平御览》，中华书局1960年版。

（宋）李昉：《太平广记》，中华书局1961年版。

（宋）王钦若：《册府元龟》，中华书局1960年版。

（宋）高承：《事物纪原》，中华书局1989年版。

（宋）李昉：《文苑英华》，中华书局1982年版。

（宋）孙光宪：《北梦琐言》，上海古籍出版社1981年版。

（宋）邵伯温：《邵氏闻见录》，中华书局1983年版。

（宋）周辉：《清波杂志》，中华书局1994年版。

（宋）庄绰：《鸡肋编》，中华书局1983年版。

（宋）周密：《癸辛杂识》，中华书局1988年版。

（宋）徐铉：《稽神录》，中华书局1996年版。

（宋）洪迈：《夷坚志》，中华书局1981年版。

（宋）王溥：《唐会要》，上海古籍出版社1991年版。

（宋）孟元老：《东京梦华录》，邓之诚注，中华书局1982年版。

（宋）洪迈：《容斋随笔》，上海古籍出版社1996年版。

（宋）苏轼：《仇池笔记》，华东师范大学出版社1983年版。

（宋）苏轼：《东坡志林》，中华书局1981年版。

（宋）罗大经：《鹤林玉露》，中华书局1983年版。

（宋）赞宁：《宋高僧传》，中华书局1987年版。

（宋）普济：《五灯会元》，中华书局1984年版。

（宋）张君房：《云笈七签》，书目文献出版社1992年版。

（宋）陆游：《剑南诗稿》，上海古籍出版社1985年版。

（宋）陆九渊：《陆九渊集》，中华书局1980年版。

（金）元好问：《续夷坚志》，中华书局1986年版。

（元）马端临：《文献通考》，浙江古籍出版社1988年版。

（元）陶宗仪：《南村辍耕录》，辽宁教育出版社1998年版。

（元）陶宗仪：《说郛三种》，上海古籍出版社 1988 年版。

（元）熊梦祥：《析津志辑佚》，北京古籍出版社 1983 年版。

（明）刘侗、于奕正：《帝京景物略》，北京古籍出版社 1980 年版。

（明）叶盛：《水东日记》，中华书局 1980 年版。

（明）施显卿：《奇闻类记摘抄四》，商务印书馆 1938 年版。

（明）郎瑛：《七修类稿》，上海书店 2001 年版。

（明）谢肇淛：《五杂组》，上海书店 2001 年版。

（明）顾起元：《客座赘语》，中华书局 1987 年版。

（明）陆粲：《庚巳编》，中华书局 1987 年版。

（明）张岱：《陶庵梦忆》，上海古籍出版社 1982 年版。

（明）清溪道人：《禅真逸史》，吉林文史出版社 1999 年版。

（明）于慎行：《穀山笔麈》，中华书局 1984 年版。

（明）张岱：《夜航船》，浙江古籍出版社 1987 年版。

（明）李中馥：《原李耳载》，中华书局 1987 年版。

（明）陈子龙：《明经世文编》，中华书局 1962 年版。

（清）纪昀：《阅微草堂笔记》，中国华侨出版社 1994 年版。

（清）宣鼎：《夜雨秋灯录》，上海古籍出版社 1987 年版。

（清）徐松：《宋会要辑稿》，中华书局影印本 1957 年版。

（清）王士禛：《池北偶谈》，中华书局 1982 年版。

（清）龙文彬：《明会要》，中华书局 1956 年版。

（清）潘荣陛：《帝京岁时纪胜》，北京古籍出版社 1981 年版。

（清）吴长元：《宸垣识略》，北京古籍出版社 1983 年版。

（清）屈大钧：《广东新语》，中华书局 1985 年版。

（清）吕熊：《女仙外史》，内蒙古人民出版社 1985 年版。

（清）梁章钜：《枢垣记略》，中华书局 1984 年版。

（清）昭梿：《啸亭杂录》，中华书局 1980 年版。

（清）钱泳：《履园丛话》，中华书局 1979 年版。

（清）蒲松龄：《聊斋志异》，上海古籍出版社 1979 年版。

（清）袁枚：《子不语》，河北人民出版社 1987 年版。

（清）陈其元：《庸闲斋笔记》，中华书局 1989 年版。

（清）陈康祺：《郎潜纪闻四笔》，中华书局 1990 年版。

（清）毕沅：《续资治通鉴》，中华书局 1957 年版。

（清）马骕：《绎史》，江苏广陵古籍刻印社 1990 年版。

（清）于敏中等：《日下旧闻考》，北京古籍出版社 1981 年版。

（清）张英：《渊鉴类函》，中国书店 1985 年版。

（清）陈元龙：《格致镜原》，江苏广陵古籍刻印社 1989 年版。

（清）陈梦雷：《古今图书集成》，台湾鼎文书局 1977 年版。

（清）徐珂：《清稗类抄》，中华书局 1986 年版。

（清）阮元校刻：《十三经注疏》，中华书局影印本 1980 年版。

（清）马瑞辰：《毛诗传笺通释》，陈金生点校，中华书局 1989 年版。

（清）方玉润：《诗经原始》，李先耕点校，中华书局 1986 年版。

（清）苏舆：《春秋繁露义证》，中华书局 1992 年版。

（清）段玉裁：《说文解字注》，上海古籍出版社 1988 年版。

（清）钱绎：《方言笺疏》，上海古籍出版社 1984 年版。

（清）严可均：《全上古三代秦汉三国六朝文》，中华书局 1981 年版。

（清）董诰：《全唐文》，中华书局 1983 年版。

（清）顾嗣立：《元诗选》，中华书局 1987 年版。

（清）黄宗羲：《明文海》，中华书局 1987 年版。

（清）陈衍：《元诗纪事》，上海古籍出版社 1987 年版。

（清）琅嬛山樵：《补红楼梦》，北京大学出版社 1988 年版。

（清）琅嬛山樵：《增补红楼梦》，北京大学出版社 1988 年版。

（清）陈少海：《红楼复梦》（上、下），北京大学出版社 1988 年版。

（清）归锄子：《红楼梦补》，北京大学出版社 1988 年版。

（清）临鹤山人：《红楼圆梦》，北京大学出版社 1988 年版。

（清）云槎外史：《红楼梦影》，北京大学出版社 1988 年版。

（清）郭则芸：《红楼真梦》，北京大学出版社 1988 年版。

（清）白云外史：《后红楼梦》，北京大学出版社 1988 年版。

（清）秦子忱：《续红楼梦》，北京大学出版社 1988 年版。

（清）兰皋主人：《绮楼重梦》，北京大学出版社 1990 年版。

（清）阚铎：《红楼梦抉微》，天津大公报馆 1925 年版。

（清）爱新觉罗·敦敏：《懋斋诗钞》，文学古籍刊行社 1955 年版。

（清）富察明义：《绿烟琐窗集》，文学古籍刊行社 1955 年版。

（清）张宜泉：《春柳堂诗稿》，文学古籍刊行社 1955 年版。

（清）爱新觉罗·裕瑞：《枣窗闲笔》，文学古籍刊行社 1957 年版。

（清）曹寅：《楝亭集》，上海古籍出版社 1978 年版。

郭沫若：《卜辞通纂》，科学出版社 1983 年版。

郭沫若：《甲骨文字研究·释祖妣》，《郭沫若全集》第 1 册，科学出版社 1982 年版。

陈梦家：《殷墟卜辞综述》，中华书局 1988 年版。

胡厚宣：《甲骨学商史论丛初集》，河北教育出版社 2002 年版。

胡厚宣：《甲骨文与商学史》，上海人民出版社 1983 年版。

吴浩坤、潘悠：《中国甲骨学史》，上海人民出版社 1985 年版。

赵诚：《甲骨文与商代文化》，辽宁人民出版社 2000 年版。

温少峰：《殷墟卜辞研究》，四川社会科学院出版社 1983 年版。

马承源：《上海博物馆藏战国楚竹书》（二），上海古籍出版社 2002 年版。

杨伯峻：《春秋左传注》，中华书局 1981 年版。

袁珂：《山海经校注》，上海古籍出版社 1980 年版。

黄晖：《论衡校释》，中华书局 1990 年版。

向宗鲁：《说苑校证》，中华书局 1987 年版。

吴树平：《风俗通义校释》，天津古籍出版社 1980 年版。

楼宇烈：《王弼集校释》，中华书局 1980 年版。

王国维：《水经注校》，上海人民出版社 1984 年版。

王明：《抱朴子内篇校释》，中华书局 1980 年版。

范宁：《博物志校证》，中华书局 1980 年版。

陈夔龙：《梦蕉亭杂记》，北京古籍出版社 1985 年版。

汪辟疆：《唐人小说》，上海古籍出版社 1978 年版。

周勋初：《唐语林校正》，中华书局 1987 年版。

季羡林：《大唐西域记校注》，中华书局 1985 年版。

曾枣庄、刘琳：《全宋文》（1—50 册），巴蜀书社 1988 年版。

傅璇琮：《全宋诗》，北京大学出版社 1993 年版。

黄汝成：《日知录集释》，花山文艺出版社1990年版。

王希廉等：《红楼梦（三家评批本）》（四册），上海古籍出版社1988年版。

冯其庸：《脂砚斋重评石头记汇校》（五册），文化艺术出版社1989年版。

冯其庸：《八家评批红楼梦》（三册），文化艺术出版社1991年版。

编辑部编：《红楼梦研究参考资料选辑》第一辑，人民文学出版社1973年版。

编辑部编：《红楼梦研究参考资料选辑》第二辑，人民文学出版社1973年版。

编辑部编：《红楼梦研究参考资料选辑》第三辑，人民文学出版社1973年版。

周清泉：《文字考古》第1册，四川人民出版社2003年版。

邓拓：《中国救荒史》，商务印书馆1937年版。

竺可桢：《竺可桢全集》第1卷，上海科技教育出版社2004年版。

陈高佣：《中国历代天灾人祸表》，上海书店1986年影印本。

闻一多：《闻一多全集》，生活·读书·新知三联书店1982年版。

高洪兴：《黄石民俗学论集》，上海文艺出版社1999年版。

钱小柏：《顾颉刚民俗学论集》，上海文艺出版社1998年版。

萧兵：《楚辞与神话》，江苏古籍出版社1987年版。

萧兵：《楚辞的文化破译》，湖北人民出版社1991年版。

叶舒宪：《中国神话哲学》，中国社会科学出版社1992年版。

叶舒宪：《神话—原型批评》，陕西师范大学出版社1987年版。

丁山：《古代神话与民族》，商务印书馆2005年版。

吕思勉、童书业：《古史辨》第七册，上海古籍出版社1982年版。

袁珂：《中国神话传说辞典》，上海辞书出版社1985年版。

陶阳、钟秀：《中国创世神话》，上海人民出版社1989年版。

刘城淮：《中国上古神话》，上海文艺出版社1998年版。

陈建宪：《神祇与英雄——中国古代神话的母题》，生活·读书·新知三联书店1994年版。

万建中：《解读禁忌——中国神话、传说和故事中的禁忌主题》，商务印书馆2001年版。

吕大吉、何耀华:《中国原始宗教资料丛编》,上海人民出版社 1993 年版。

吕大吉、何耀华:《中国各民族原始宗教资料集成》,中国社会科学出版社 1999 年版。

乌丙安:《神秘的萨满世界——中国原始文化根基》,生活·读书·新知三联书店 1989 年版。

詹鄞鑫:《神灵与祭祀》,江苏古籍出版社 1992 年版。

杨学政:《宗教调查与研究》,云南省社会科学院宗教研究所 1986 年编。

张泽洪:《道教斋醮科仪研究》,巴蜀书社 1999 年版。

龚方震、晏可佳:《祆教史》,上海社会科学院出版社 1998 年版。

李德洙:《中国少数民族文化史》,辽宁人民出版社 1994 年版。

苑利:《二十世纪中国民俗学经典·信仰民俗卷》,社会科学文献出版社 2002 年版。

季羡林:《罗摩衍那》,人民文学出版社 1980 年版。

徐梵澄:《五十奥义书》,中国社会科学出版社 1984 年版。

中国大百科全书编辑委员会:《中国大百科全书·考古学卷》,中国大百科全书出版社 1986 年版。

中国大百科全书编辑委员会:《中国大百科全书·民族卷》,中国大百科全书出版社 1986 年版。

中国大百科全书编辑委员会:《中国大百科全书·文物博物馆卷》,中国大百科全书出版社 1993 年版。

辞书编写组:《考古学辞典》,知识出版社 1991 年版。

何贤武、王秋华:《中国文物考古辞典》,辽宁科学技术出版社 1993 年版。

康昱:《汉英考古分类词汇》,黑龙江科学技术出版社 1992 年版。

吉林大学词典编写组:《英汉·汉英文化考古词典》,外文出版社 1998 年版。

王殿明、杨绮华:《汉英文物考古词汇》,紫禁城出版社 2005 年版。

高春媛、陶广正:《文物考古与中医学》,福建科学技术出版社 1993 年版。

国家文物局、中国历史博物馆:《中国古代科技文物》,朝华出版社 1997 年版。

路迪民、王大业:《中国古代冶金与金属文物》,陕西科学技术出版社 1998

年版。

崔乐泉：《中国古代体育文物图录》，中华书局 2000 年版。

夏路、刘永生：《山西省博物馆馆藏文物精华》，山西人民出版社 1999 年版。

邹纪新：《淘石斋所藏中国古代水晶玛瑙器》，香港中文大学文物馆 2000 年版。

刘炜：《中华文明传真》，上海辞书出版社、商务印书馆（香港）2001 年版。

中国国家博物馆：《文物中国史》，山西教育出版社 2003 年版。

中国历史博物馆：《华夏之路》，朝华出版社 1997 年版。

中国历史博物馆：《博古之旅——古文物中的中国史》，知识出版社 2001 年版。

上海博物馆：《草原瑰宝：内蒙古文物考古精品》，上海书画出版社 2000 年版。

中国国家博物馆：《大夏寻踪：西夏文物辑萃》，中国社会科学出版社 2004 年版。

南京市博物馆：《金与玉：公元 14—17 世纪中国贵族首饰》，文汇出版社 2004 年版。

中国国家博物馆：《徐州西汉楚王陵墓文物辑萃》，中国社会科学出版社 2005 年版。

首都博物馆：《古代印度瑰宝》，北京美术摄影出版社 2007 年版。

福建博物院：《寻找夏威夷：波利尼西亚土著文化展》，福建教育出版社 2011 年版。

袁行霈：《中华文明史》，北京大学出版社 2006 年版。

巫鸿：《黄泉下的美术：宏观中国古代墓葬》，生活·读书·新知三联书店 2010 年版。

陈星灿：《考古随笔》，文物出版社 2010 年版。

汪宁生：《古俗新研》，敦煌文艺出版社 2001 年版。

李济：《安阳》，河北教育出版社 2000 年版。

苏秉琦：《中国文明起源新探》，商务印书馆（香港）有限公司 1997 年版。

张光直：《考古人类学随笔》，生活·读书·新知三联书店 1999 年版。

李零：《入山与出塞》，文物出版社 2004 年版。

陈淳：《当代考古学》，上海社会科学院出版社 2004 年版。

陈淳：《考古学研究入门》，北京大学出版社 2009 年版。

周国兴：《时光倒流一万年》，湖南教育出版社 1999 年版。

许宏：《最早的中国》，科学出版社 2009 年版。

唐际根：《殷墟：一个王朝的背影》，科学出版社 2008 年版。

河南省文物考古研究所编：《曹操高陵考古发现与研究》，文物出版社 2010 年版。

王仁湘：《饮食与中国文化》，人民出版社 1993 年版。

杜金鹏、焦天龙、杨哲峰：《中国古代酒具》，上海文化出版社 1995 年版。

杨泓、孙机：《寻常的精致》，辽宁教育出版社 1996 年版。

秦大树：《石与火的艺术：中国古代瓷器》，四川教育出版社 1996 年版。

叶文宪：《趣味考古》，上海古籍出版社 2002 年版。

朱顺龙：《陶瓷与中国文化》，汉语大词典出版社 2003 年版。

高蒙河：《铜器与中国文化》，汉语大词典出版社 2003 年版。

杨泓：《逝去的风韵：杨泓谈文物》，中华书局 2007 年版。

孙机：《汉代物质文化资料图说》，上海古籍出版社 2008 年版。

夏鼐、王世民：《敦煌考古漫记》，百花文艺出版社 2002 年版。

林梅村：《楼兰：一个世纪之谜的解析》，中共中央党校出版社 1999 年版。

齐东方：《走进死亡之海》，新疆人民出版社 2000 年版。

郭物：《镀中乾坤——青铜镀与草原文明》，上海社会科学院出版社 2003 年版。

齐东方：《唤醒沉睡的王国：尼雅探秘》，陕西师范大学出版社 2004 年版。

刘文锁：《尼雅：静止的家园和时间》，外文出版社 2005 年版。

贾建飞：《文明之劫——近代中国西北文物的外流》，人民美术出版社 2004 年版。

郭物：《马背上的信仰——欧亚草原动物风格艺术》，人民美术出版社 2005 年版。

林梅村：《丝绸之路考古十五讲》，北京大学出版社 2006 年版。

李伯谦、徐天进：《考古探秘》，科学技术文献出版社 1999 年版。

后晓荣、王涛：《科学发现历史——科技考古的故事》，北京出版社 2004

年版。

曹兵武：《考古学：追寻人类遗失的过去》，学苑出版社 2004 年版。

汤惠生：《考古三峡》，广西师范大学出版社 2005 年版。

高蒙河：《考古不是挖宝：中国考古的是是非非》，山东画报出版社 2009
年版。

朱光潜：《朱光潜全集》，安徽教育出版社 1987 年版。

宗白华：《美学散步》，上海人民出版社 1981 年版。

李泽厚：《美的历程·华夏美学·美学四讲》，安徽文艺出版社 1994 年版。

叶朗：《现代美学体系》，北京大学出版社 1987 年版。

杨辛、甘霖：《美学原理》，北京大学出版社 1993 年版。

杨恩寰、李范：《美学教程》，中国社会科学出版社 1987 年版。

司有仑：《新编美学教程》，中国人民大学出版社 1993 年版。

张法：《美学导论》，中国人民大学出版社 1999 年版。

彭吉象：《中国艺术学》，高等教育出版社 1997 年版。

刘骁纯：《从动物快感到人的美感》，山东文艺出版社 1982 年版。

朱狄：《艺术的起源》，中国社会科学出版社 1986 年版。

北京大学哲学系美学教研室：《中国美学史资料选编》，中华书局 1981 年版。

北京大学哲学系美学教研室：《西方美学家论美和美感》，商务印书馆 1982
年版。

马奇：《西方美学思想资料汇编》，上海人民出版社 1987 年版。

朱立元：《美学》，高等教育出版社 2001 年版。

周宪：《美学是什么》，北京大学出版社 2002 年版。

邓福星：《艺术前的艺术》，山东文艺出版社 1986 年版。

赵鑫珊：《科学·艺术·哲学断想》，生活·读书·新知三联书店 1985 年版。

顾准：《顾准文集》，贵州人民出版社 1994 年版。

张汝伦：《意义的探究》，辽宁人民出版社 1986 年版。

［美］摩尔根：《古代社会》，商务印书馆 1977 年版。

［英］弗雷泽：《金枝》，中国民间文艺出版社 1987 年版。

［英］马林诺夫斯基：《巫术科学宗教与神话》，上海文艺出版社 1987 年版。

［英］马林诺夫斯基：《文化论》，中国民间文艺出版社 1987 年版。

［法］列维－斯特劳斯：《野性的思维》，商务印书馆 1987 年版。

［法］列维·布留尔：《原始思维》，商务印书馆 1981 年版。

［苏］托卡列夫：《世界各民族历史上的宗教》，中国社会科学出版社 1985 年版。

［日］白川静：《中国古代文化》，台湾文津出版社 1983 年版。

［日］直江广治：《中国民俗文化》，上海古籍出版社 1991 年版。

［奥］弗洛伊德：《图腾与禁忌》，中国民间文艺出版社 1986 年版。

［奥］弗洛伊德：《梦的解析》，作家出版社 1986 年版。

［英］马丁·琼斯：《宴飨的故事》，山东人民出版社 2009 年版。

［美］路易斯·宾福德：《追寻人类的过去：解释考古材料》，生活·读书·新知三联书店 2009 年版。

［美］保罗·麦克金德里克：《会说话的希腊石头》，浙江人民出版社 2000 年版。

［英］哈里特·克劳福德：《神秘的苏美尔人》，浙江人民出版社 2000 年版。

［英］诺曼·哈蒙德：《寻找玛雅文明》，浙江人民出版社 2000 年版。

［美］乔纳森·马克基诺耶：《走近古印度城》，浙江人民出版社 2000 年版。

［英］巴里·克姆普：《解剖古埃及》，浙江人民出版社 2000 年版。

［英］保罗·巴恩：《剑桥插图考古史》，山东画报出版社 2000 年版。

［英］理查德·利基：《人类的起源》，上海科学技术出版社 1995 年版。

［意］卡瓦利－斯福扎：《人类的大迁徙——我们来自非洲吗》，科学出版社 1998 年版。

［美］恩斯特·迈尔：《进化是什么》，上海科学技术出版社 2003 年版。

［英］布莱恩·赛克斯：《追寻人类遗传先祖的科学故事》，上海科学技术出版社 2005 年版。

［英］科林·伦福儒、保罗·巴恩：《考古学：理论、方法与实践》，文物出版社 2004 年版。

［美］罗伯特·沙雷尔等：《考古学：发现我们的过去》，上海人民出版社 2009 年版。

［英］戈登·柴尔德：《考古学导论》，上海三联书店 2008 年版。

［德］格罗塞：《艺术的起源》，商务印书馆 1984 年版。

［美］房龙：《人类的艺术》，中国和平出版社 1996 年版。

［德］温克尔曼：《古代艺术史》，文化艺术出版社 1983 年版。

［德］莱辛：《拉奥孔》，人民文学出版社 1982 年版。

［法］丹纳：《艺术哲学》，人民文学出版社 1981 年版。

［法］让·皮埃尔·韦尔南：《希腊思想的起源》，生活·读书·新知三联书店 1996 年版。

［英］丹尼斯·哈伊：《意大利文艺复兴的历史背景》，生活·读书·新知三联书店 1988 年版。

［英］罗素：《西方哲学史》，商务印书馆 1981 年版。

［德］马克斯·韦伯：《新教伦理与资本主义》，生活·读书·新知三联书店 1987 年版。

［苏］兹拉特科夫斯卡娅：《欧洲文化的起源》，生活·读书·新知三联书店 1984 年版。

［英］柯特勒尔：《爱琴文明探源》，四川人民出版社 1985 年版。

［美］房龙：《人类的故事》，生活·读书·新知三联书店 1988 年版。

［美］罗伯特·路威：《文明与野蛮》，生活·读书·新知三联书店 1986 年版。

［苏］罗塞娃等：《古代西亚埃及美术》，人民美术出版社 1985 年版。

［法］巴赞：《艺术史》，上海人民美术出版社 1991 年版。

［英］迈克尔·列维：《西方艺术史》，江苏美术出版社 1987 年版。

［埃及］阿拉姆：《中东艺术史》（古代），上海人民美术出版社 1985 年版。

［瑞士］沃尔夫林：《艺术风格学》，辽宁人民出版社 1987 年版。

［英］里德：《艺术的真谛》，辽宁人民出版社 1987 年版。

［英］罗宾·乔治·科林伍德：《艺术原理》，中国社会科学出版社 1985 年版。

［美］李普曼：《当代美学》，光明日报出版社 1986 年版。

［美］托马斯·门罗：《走向科学的美学》，中国文艺联合出版公司 1984 年版。

［波］符·塔达基维奇：《西方美学概念史》，学苑出版社 1990 年版。

［美］鲁道夫·阿恩海姆：《艺术与视知觉》，四川人民出版社 1998 年版。

［俄］康定斯基：《论艺术的精神》，中国社会科学出版社 1987 年版。

［德］阿多诺：《美学理论》，四川人民出版社 1998 年版。

［美］布洛克：《现代艺术哲学》，四川人民出版社 1998 年版。

［德］彼得·比格尔：《先锋派理论》，商务印书馆 2002 年版。

［法］福柯、哈贝马斯、布尔迪厄：《激进的美学锋芒》，中国人民大学出版社 2003 年版。

［美］杰姆逊：《后现代主义与文化理论》，北京大学出版社 1997 年版。

［捷］米兰·昆德拉：《小说的艺术》，生活·读书·新知三联书店 1992 年版。

［美］雷·韦勒克、奥·沃伦：《文学理论》，生活·读书·新知三联书店 1984 年版。

［美］哈罗德·布鲁姆：《西方正典》，译林出版社 2005 年版。

［美］丹尼尔·贝尔：《资本主义文化矛盾》，生活·读书·新知三联书店 1989 年版。

［美］马泰·卡林内斯库：《现代性的五副面孔》，商务印书馆 2002 年版。

［法］伊夫·瓦岱：《文学与现代性》，北京大学出版社 2001 年版。

［澳］休斯：《新的冲击》，百花文艺出版社 2003 年版。

［美］约翰·拉塞尔：《现代艺术的意义》，江苏美术出版社 1990 年版。

［英］尼古斯·斯坦戈斯：《现代艺术观念》，四川美术出版社 1988 年版。

［美］阿瑟·丹托：《艺术的终结》，江苏人民出版社 2001 年版。

［英］马·布雷德伯里、詹·麦克法兰：《现代主义》，上海外语教育出版社 1992 年版。

［美］卡斯顿、海雷斯：《现代艺术的美学奥蕴》，湖南美术出版社 1988 年版。

［英］贡布里希：《艺术发展史：艺术的故事》，天津人民美术出版社 1998 年版。

［法］德卢西奥·迈耶：《视觉美学》，上海人民美术出版社 1990 年版。

［美］卡洛琳·M. 布鲁墨：《视觉原理》，北京大学出版社 1987 年版。

［英］彼得·伯克：《图像证史》，北京大学出版社 2008 年版。

［美］W. C. 布斯：《小说修辞学》，北京大学出版社 1987 年版。

［美］希利斯·米勒：《文学死了吗》，广西师范大学出版社 2007 年版。

［英］拉曼·塞尔登、彼得·威德森等：《当代文学理论导读》，北京大学出版社 2006 年版。

［法］安托瓦纳·贡巴尼翁：《现代性的五个悖论》，商务印书馆 2005 年版。

［英］约翰·凯里：《艺术有什么用?》，译林出版社 2007 年版。

［美］韦勒克：《批评的概念》，中国美术学院出版社 1999 年版。

［法］波德莱尔：《1846 年的沙龙：波德莱尔美学论文选》，广西师范大学出版社 2002 年版。

［英］布洛克：《西方人文主义传统》，生活·读书·新知三联书店 1998 年版。

［德］恩斯特·卡西尔：《人论》，上海译文出版社 1997 年版。

［德］本雅明：《经验与贫乏》，百花文艺出版社 1999 年版。

［英］约翰逊：《知识分子》，江苏人民出版社 1999 年版。

［美］桑塔格：《反对阐释》，上海译文出版社 2003 年版。

［美］卡斯比特：《艺术的终结》，北京大学出版社 2009 年版。

［美］罗伯特·威廉姆斯：《艺术理论：从荷马到鲍德里亚》，北京大学出版社 2009 年版。

［德］马克思：《1844 年经济学哲学手稿》，人民出版社 1979 年版。

［希腊］柏拉图：《文艺对话集》，人民文学出版社 1963 年版。

［德］康德：《判断力批判》，商务印书馆 1964 年版。

［英］柏克：《崇高与美》，上海三联书店 1990 年版。

［德］黑格尔：《美学》，商务印书馆 1979 年版。

［法］柏格森：《笑：滑稽之研究》，中国戏剧出版社 1980 年版。

［英］科林伍德：《艺术原理》，中国社会科学出版社 1985 年版。

［俄］康定斯基：《论艺术的精神》，中国社会科学出版社 1987 年版。

［德］鲁道夫·阿恩海姆：《艺术与视知觉》，中国社会科学出版社 1984 年版。

［法］杜夫海纳：《美学与哲学》，中国社会科学出版社 1985 年版。

［德］海德格尔：《诗·语言·思》，黄河文艺出版社 1989 年版。